中国科学院大学研究生教材系列

岩石断裂力学

李世愚　和泰名　尹祥础　编著

科学出版社
北　京

内 容 简 介

本书主要论述岩石断裂力学的基础理论及其在地球科学中的应用.全书围绕三个核心问题.一、岩石断裂的物理要素.包括线弹性断裂力学、非线性断裂力学、断裂准则(包括力学条件和扩展途径)、破裂面的摩擦准则、流体(特别是超临界流体)的作用、裂纹系的破裂、三维裂纹的自然破裂、岩石的剪切破坏、库仑应力变化、力源位置与破裂的起始和破裂的停止等.二、模拟实验的相似性.引进了相似理论的三个定理,探讨了小尺度实验成果向野外大尺度推广的尺度不变性问题,并介绍了矿山中尺度地震试验场一些研究成果.三、地面物理测度.即地壳深部岩石破裂的孕育过程的物理效应在地面的可测问题.主要涉及形变、声发射活动、介质波速变化、波速各向异性、破裂前低频波辐射.探讨了与震源物理相关的问题,包括膨胀-扩容模式、地震破裂成核、地震破裂动力学等.

本书可供高等院校有关专业的研究生学习使用,也可供有关研究人员参考.

图书在版编目(CIP)数据

岩石断裂力学/李世愚,和泰名,尹祥础编著.—北京:科学出版社,2015
中国科学院大学研究生教材系列
ISBN 978-7-03-044399-1

Ⅰ.①岩… Ⅱ.①李… ②和… ③尹… Ⅲ.①岩石力学-断裂力学-研究生-教材 Ⅳ.①TU45

中国版本图书馆CIP数据核字(2015)第110944号

责任编辑:钱 俊 裴 威/责任校对:彭 涛
责任印制:赵 博/封面设计:陈 敬

科学出版社出版
北京东黄城根北街16号
邮政编码:100717
http://www.sciencep.com
北京华宇信诺印刷有限公司印刷
科学出版社发行 各地新华书店经销
*
2016年2月第 一 版 开本:720×1000 1/16
2025年8月第六次印刷 印张:35 1/4 彩插:1
字数:678 000

定价:198.00元

(如有印装质量问题,我社负责调换)

前　言

我国大约于1970年开展对断裂力学的研究，并将其理论应用于地震与断层问题.有关地震断层端部的应力集中问题的论述最早见于李四光(1973)的文献.1978年，中国科学院和中国科学技术大学研究生院地学部开设了“固体力学”课，其中包含断裂力学的内容，由尹祥础讲授.1982年7月26～29日，国家地震局在北京举办了“断裂力学及其在地震学中的应用”学习班，陈颙、尹祥础、陈培善、牛志仁、许忠淮、康仲远等授课.1982年，阿特金森(Atkinson)曾来中国访问.他在《岩石断裂力学》(*Rock Fracture Mechanics*)一书的中译本序言中写道：“回顾往事，当西方国家的地球科学家对断裂力学这门学科及其可能发挥的作用还不甚领会的时候，一些中国的研究小组已经开始将断裂力学应用于地球断裂物理学了.也许由于受到不少工作在地球物理学界的中国科学家的影响，中国在这一领域内的研究方向是在阐明断裂理论的同时，通过对岩石主要断裂参数的实验室测定，将断裂力学应用于地球中的断裂现象；而在西方，我们还在积累岩石强度的数据，但是岩石强度是一个意义不大的而且与试验条件关系密切的概念.”

岩石断裂力学已经成为震源物理中的一门基础学科.它不仅被用来解释构造地震的成因和断层行为，而且被延拓到岩土工程的岩爆、矿山的冲击地压、煤岩体突出、水库诱发地震、山地滑坡等现象成因机理的研究，在突发事件的预测预警、减轻灾害方面起着重要作用.2000年，中国科学院研究生院将“岩石断裂力学及其在地学中的应用”单独列为一门课，2001年改名为“岩石断裂力学”.本书是著者在多年授课讲义的基础上收集有关科研进展与应用成果而写成的，主要为了满足研究生和从事地球物理与岩土工程的科研与技术人员在了解学科前沿进展方面的需求.

本书是在2009年版《岩石断裂力学导论》的基础上改写而成，对章节作了许多调整和增删，纠正了一些错误，例如图7.9(b)是对“导论”图2.14(h)的修正，8.1.2节和8.2.9节是对“导论”7.1.1节和7.1.2节的修正和增补.第12章推倒重写.13.3.3节和13.3.4节是对“导论”14.4.3节和14.4.4节的修正.另外增加了一些新内容.

(1)在第11章三维脆性破裂问题中，增加了对国外已有的2欧拉角搜索法的批评与修正，以及对第一主微分面集合法与修正后的3欧拉角的等效性证明.另外，补充了对Roesler(1956)印痕接触破裂问题的理论分析.

(2)增加了相似性的三个定理内容以及在岩石断裂力学实验中的应用,用来论证岩石破裂实验怎样设计才能满足向大尺度外推的条件.

(3)在震源物理的应用中,增加了地震震中地面破裂出露与震源机制的关系,以及矿山开采诱发地震的内容.

岩石断裂力学以地球为研究和应用对象,因此又是一门以实验和野外观测为基础的学科.本书针对地学的需求,着重探讨以下三个特殊问题:

(1)现场岩体破裂的物理要素问题.它不仅包含应力条件,还包括流体的作用和裂纹面之间相互作用.

(2)小样品实验向大尺度现场的推广,即尺度不变性问题.这就是相似性的三个定理在岩石断裂力学实验中的应用.

(3)地壳深部岩石断裂的孕育与破裂过程在地面的观测,即地面物理测度.

这三个问题与震源物理和地震预测直接相关,尤其是第(3)项研究工作至今举步维艰,对岩石断裂力学构成严峻挑战.

岩石断裂力学本质上是物理学.物理学是一门以实验为基础的学科.这里谈一下数值模拟和实验的关系问题.在计算机技术和数值模拟技术极大发展的今天,如何认识数值模拟在岩石断裂力学中的地位,就显得十分重要.数值模拟工作应该加强是没有疑问的,但有一种说法,就是可以用计算机代替样品实验,甚至可以用计算机来做实验,这是一种误解.数值模拟不是实验,它是数学物理方法的一个分支(梁昆淼,《数学物理方法》).数值模拟是理论分析的重要环节,是弥补解析方法不足的重要工具.数值模拟所应用的物理模型、本构关系、物性参数、边界条件和初始条件都是从实验和观测中得到的.数值模拟在总结实验和观测资料的过程中能起到十分重要的作用,但不等于可以脱离实验和观测.离开实验和观测,数值模拟就成为调参数的游戏.实验研究成本较高,又费时费力,出成果周期较长,但不能因此回避实验.付承义教授曾指出,理论地球物理工作者有时会沉湎于复杂的计算,而忘记问题的实际意义,这是应当注意的.(傅承义等,1985,《地球物理学基础》).据考察,MIT(麻省理工学院)地学部规定所有的研究生都必须先到岩石物理实验室实习,并将其作为必修的学位课,这是值得我们深思的.

本书可供高等院校和科研院所有关专业的教学与参考使用.书中凡有不正确的地方,希望能得到读者的批评与指正.

本书所收录的课题成果归属于中国地震局地球物理研究所(地震观测与地球物理成像重点实验室),在与本书相关内容的研究过程中,曾经得到国家自然科学基金(49774217、4987007、49674216、40474018),地震学联合基金重点项目(9507435),科技部社会公益项目(2001DIB20107),中国地震局重点课题(85-907-03-02-04 或 85-

06-03-02)，重点项目(85-11-07、95-04-03-02(科委号 96-913-03-02)、95-03-03-04)，中国地震局地震行业科研专项资助项目(8-54)，2013 年中国地震局地球物理研究所基本科研业务项目(DQJB13B06)，国家自然科学基金重大项目(41090292)和中国地震局老专家科研基金课题(201403)等的多次资助.没有这些资助，是不可能完成这些研究工作和本书写作工作的.陈运泰院士、陈颙院士给予了指导和帮助.Kuksenko 教授等曾多次来华合作进行实验研究.邓大量教授、Maruyama 教授、范天佑教授、李钦组教授、谢洪森教授与本书作者进行了多次交流，并给予作者重要支持和鼓励.耿乃光、姚孝新、许忠淮、张天中、滕春凯、高原、王健、卢振业、李红、刘万琴、蒋秀琴、潘科、宋绪友等参加了合作.蔡戴恩、刘晓红、郝晋升、张来凤、李纪汉等在实验工作中给予了很大帮助.许向红、钟放庆、王裕仓、叶剑红、刘建新、唐林波、刘绮亮以他们的学位论文为本书增添了丰富的内容.王宝善、宋莉莉等为本书的写作提供了他们在各自研究工作中所获得的前沿进展和各自的研究成果.抚顺老虎台煤矿和山东兖州矿业集团有限公司对矿山地震研究给予了充分配合，在此深表感谢.

本书中的许多阐述引用了范天佑教授、褚武杨教授、徐秉业教授、陈颙院士等著作的内容.作者从他们的著作中受益匪浅.

感谢中国地震局地球物理研究所多年来对作者从事科研的支持；感谢中国科学院研究生院(现为中国科学院大学)多年来对作者从事本课程教学的支持；感谢科学出版社对本书出版给予的大力支持.

作　者

2015 年 10 月于北京

主要符号表

A	功
B	板的厚度
C_0	单轴抗压强度
E	杨氏弹性模量
G	能量释放率
I_1, I_2, I_3	应力张量不变量
I'_1, I'_2, I'_3	应变张量不变量
J'_1, J'_2, J'_3	应变偏量不变量
K	体积弹性模量
$K_{\mathrm{I}}, K_{\mathrm{II}}, K_{\mathrm{III}}$	Ⅰ，Ⅱ，Ⅲ型裂纹的应力强度因子
T_i	应力矢量在坐标轴上的投影
S_1, S_2, S_3	应力偏量不变量
S	S 判据中的应变能密度因子
T_0	介质宏观单轴抗拉强度
σ_c	介质微观抗拉强度
τ_c	介质的微观抗剪切强度
U_{E}	弹性应变能
W	弹性应变能密度
W_{F}	形状改变应变能密度
W_{V}	体积改变应变能密度
$Z_{\mathrm{I}}, Z_{\mathrm{II}}, Z_{\mathrm{III}}$	威斯特嘎德应力函数
f_i	体积力在 x_i 轴上的投影
$\sigma_{rr}, \sigma_{\theta\theta}, \tau_{r\theta}$	极坐标中的应力分量
u_r, u_θ, u_z	位移矢量在柱坐标系中的分量
u_r, u_θ, u_φ	位移矢量在球坐标系中的分量
δ_{ij}	克罗内克尔符号
ε_{ij}	应变分量
$\varepsilon_1, \varepsilon_2, \varepsilon_3$	主应变
κ	材料常数，$\kappa=3-4\nu$（平面应变），$\kappa=(3-\nu)/(1+\nu)$（平面应力）
k_{c}	介质抗脆断能力，$k_{\mathrm{c}}=p_{1\mathrm{c}}\sqrt{\pi a}$
K_{Ic}	断裂韧性
λ	拉梅弹性常数

μ	剪切模量
f	摩擦系数
a	裂纹或椭圆切口长轴半长度
b	椭圆切口短轴半长度
β	裂纹角
θ_0	断裂角
ρ	介质密度
τ_{max}	最大剪应力
σ_{N0}	八面体上的正应力
σ_0	应力球张量或平均应力 $\sigma_0=\sigma_{ii}$
σ_{ij}	应力分量
$\sigma_1,\sigma_2,\sigma_3$ 或 σ_i	主应力
σ_N	正应力
φ,ψ	克罗索夫-穆斯海里什维里应力函数
ϕ	内摩擦角
σ_{ij}^{c}	裂纹扰动(附加)应力
τ_0	八面体上的剪应力或材料固有的抗剪切强度、内聚力
τ_e	有效剪应力
$\Delta\tau$	应力降
$\Delta\tau_e$	有效应力降
γ	无量纲应力降
p_0	孔隙压力
p_1,p_2,p_3	压力载荷
p	静水压或伪三轴实验围压

外国人名译名对照表

Aki K	安艺敬一
Airy G B	艾里
Atkinson B K	阿特金森
Barenblatt G I	巴仁布莱特
Beckner H F	贝克纳尔
Benioff H	本尼奥夫
Betti E	贝蒂
Boussinesq J	波西涅斯克
Byerlee J D	拜尔利
Cauchy A L	柯西
Castigliano A	卡斯提杨诺
Chebyshev P L	切比雪夫
Clapeyron E P E	克拉珀龙
Cook N G W	库克
Coulomb C A	库仑
Dugdale D S	达格德尔
Erdogan F	厄都根
Gooder J N	古地尔
Griffith A A	格里菲斯
Gutenberg B	古登堡
Hooke R	胡克
Husseini M I	侯赛因
Irwin G R	欧文
Jaeger J C	耶格
Knauss W G	瑙斯
Kolossoff M C	克罗索夫
Kroneker L	克罗内克
Lamé G	拉梅
Laurant P M H	洛朗
Lemaitre J	勒迈特
Liouville J	刘维尔
Love A E H	勒夫
Maruyama T	丸山卓男
Maxwell C	麦克斯韦
Mogi K	茂木清夫
Mohr K O	莫尔
Muskhelishvili N I	穆斯海里什维里
Palaniswamy K	帕兰尼斯威米
Paries P C	帕里斯
PossionS D	泊松
Reid H F	里德
Richter C F	里克特
Saint Venant	圣维南
Sih G C	薛昌明
Stirling J	斯特林
Timoshenko S P	铁摩辛柯
Taylor G I	泰勒
Westergaard H M	威斯特嘎德
Williams J G	威廉斯
Колосов Г В	克罗索夫
Мусхелишвили Н И	穆斯海里什维里
Щамина О Г	莎米娜
Жемочкин Б Н	热莫奇金
Черепанов Г П	切列帕诺夫
Чебышёв П Л	切比雪夫

目　　录

第1章　绪　　论

1.1　岩石断裂力学的内容和意义

岩石断裂问题与我们的关系如此之密切，乃至无人能置身于局外."我们就生活在一块旋转着的大岩石上"(CCTV，纪录频道).这块大岩石每年会发生5百万次以上大大小小的破裂.大破裂辐射的地震能量，其摧毁之力使全球都为之震惊.我们每天都在努力使一部分岩石材料断裂，这包括矿山和隧道工程的掏挖与掘进.我们每天又在努力防止另一部分岩石材料发生断裂，这就是加固一切建筑和设施.岩石断裂问题如此之重要，乃至成为从猿到人的进化过程中的关键一步."利用断裂过程制造原始工具，标志着人类文明的重要起点"(Lawn and Wilshaw，1975).这个时期就是以"旧石器时代"命名的.普遍意义上的断裂问题实际上就充斥着我们的生活.人类制造断裂或是防止断裂的活动，概括起来就是制造"矛"与"盾".对它们各自功能的需求，成为社会生产力发展的驱动力.曾经有过"以子之矛攻子之盾"的寓言，成为有名的悖论.这个悖论的形成原因是用静止的眼光看待"矛"与"盾".若以动态发展的理念，这个悖论其实并不难破解.以今日之"矛"攻昨日之"盾"，以明日之"盾"御今日之"矛"，完全可以自圆其说.岩石中的裂纹已经成为一种艺术形象.一些岩石中的裂纹和节理被画在陶器和电子游戏的背景中，作为图案装饰.矛盾的对立与相互转化在人们观念中如此深入，乃至成为一种辩证的思维方式，渗透到东西方哲学之中.例如老子《道德经》里所说的"反者道之动"就包含这个意思.

总之，制造断裂与防止断裂是人类历史上最古老的行为，但将这种行为上升到理性认识却很晚，直到20世纪20年代才有了Griffith的先驱性工作，到了20世纪50年代才被重视，逐渐成为一门新学科.近代断裂力学的诞生，是从材料强度问题的研究中发展起来的.断裂力学研究的是含有裂纹型缺陷的固体材料中的应力分析、材料强度以及裂纹的扩展规律.它是近年来迅速发展起来的固体力学的一个新的分支.虽然时间很短，却在工程技术及许多科学领域中获得广泛的运用，成为固体力学中一个极为活跃的部分.自20世纪60年代以来，断裂力学被引入到地学中，较好地解释了地震震源的低应力降和差应力引起岩石膨胀-扩容的现象，成为震源物理学科发展的新起点.利用断裂力学的方法与成果，研究地震及断层的产生与运动，已经成为国际地震学界的重要研究内容.

岩石断裂力学是固体力学、断裂力学、岩石力学和统计力学的结合.岩石断裂力学又是力学与地学、岩土工程的交叉学科，其应用十分广泛，除了建筑物、大坝、核电站地基、隧道等岩土工程外，还涉及断层破裂问题. 由此发展出了地震震源力学，以及矿山、水库等诱发的地震成因等，甚至涉及天体的破裂问题. 本书探讨了以下特殊问题.

1. *岩石断裂的物理要素*

构造地震在本质上就是大尺度的岩体突然断裂的后果. 岩石断裂不仅是力学过程，同时还伴随其他各种物理要素. 因此岩石断裂力学是震源物理中的基础学科. 岩石断裂的物理要素首先是应力条件，涉及库仑应力变化、力源的作用距离，其次是流体的参与，涉及地球深部存在的超临界流体，再次是破裂面的滑动弱化或速率强化. 这些要素不仅决定破裂的起始，还决定着破裂的停止. 本书第 13 章、第 15 章和第 16 章就物理要素问题作了一些探讨.

2. *小样品实验与百公里大尺度的推广*

和一切物理学科一样，岩石断裂力学是一门以实验为基础的学科. 实验的尺度覆盖了从微米级到百公里量级. 小样品的研究结果能否外推到野外大尺度岩体的问题，通常称为尺度效应或尺度不变性问题. 在理论上，衡量小样品实验是否满足尺度不变性的条件有三个相似性定理. 关于这三个相似性定理的应用在其他学科已经有不少论著，但在岩石破裂实验中却论证不足. 这关系到如何评价几十年来岩石破裂实验的成果以及震源物理实验去向何处的问题. 这就是本书 4.8 节的内容.

小样品实验固然是重要的，但是涉及环境因素的岩体破坏问题，特别是存在流体和重力作用问题时，仅仅有小样品实验是不够的，还需要开展矿山等中尺度试验，并结合地震断层破裂的应用进行研究. 本书第 17 章的内容与此有关.

3. *地球内部岩石断裂的地面物理测度*

岩石断裂力学与地震预测问题密切相关. 岩石破裂前的物理效应主要是声学现象，包括声发射(中小地震)、波速变化、波速各向异性、低频辐射等，其次是热效应、断层蠕变的加速、电磁效应和化学效应等. 地震预测的进展主要受到地球内部的“不可人性”、大地震的“非频发性”以及地震物理过程复杂性等困难的制约(陈运泰，2007). 构造地震的震源深度一般在 12km 以下，孕震的物理过程和物理效应通常都很微弱，如何在地面观测就成为极其困难的事情. 我们希望能直接观测到震源深处的情况，但人类实施的可取岩芯的深井钻孔代价高昂，至今才寥寥几个，最深也才 11 660m，这就是 20 世纪 80 年代苏联科学家们在科拉半岛上的 CK-3 超深钻井. 因此，对孕震物理过程的直接观测在短时期内还得不到解决. 地震预测的需求迫使人类必须做出努力，寻找在地面观测孕震的物理过程和物理效应的方法. 这就是前兆物理的地面物理测度问题. 震源孕育的物理效应到底有多强？这些物理效应是怎样传播到地面上的？地面在震前观测到的物理现象有多少是真正由孕震过程引起的？这些问题是震源物理和前兆物理研究中最难、同时也是研究最不充分的问题. 几十年来，前兆物理的地面物理测度主要在声学(或中小地震活动性)、地应力、热辐射(遥感)、地形变、水化学和电磁学(包括电磁波和大地电阻率)获得一些进展.但至今所得到的结果仍是片段的、零碎的,并没有能够将地震孕育到发震过程的全部物理效应的内容、传播方式直到地面的观测接收形成完整的信息链,换句话说,就是没有能给出破解地震成因之谜的完整证据链.地震预测遇到困难以及地震预测的可行性受到公众质疑都与这些问题相关.本书第 14 章就声学方法作了一些地面物理测度的探讨,期望能起到抛砖引玉的作用.

随着研究的深入,经典意义上的断裂力学已经无法解释实际岩体的许多破坏现象.这是因为岩石的结构是十分复杂、极不均匀的,其破坏过程不能用一个或有限几个裂纹的扩展来描述.近代的岩石断裂力学已经和损伤理论结合,并引入了非线性的理论.但是,就其基本概念和破坏的基本单元来说,断裂力学的物理意义并没有失去它的作用.如同一切物理问题一样,解析的方法、简化的模型仍然是基本的研究方法.这样做的目的是抓住对象的物理特征.如果一开始就用复杂模型来研究复杂对象,有可能使其特征互相掩盖,最终什么也得不到.如果我们抛弃断裂力学的基本概念,损伤理论就会变成唯象的描述,而非线性也就只剩下了数学的形式.这就是为什么岩石断裂力学至今仍然还充满着活力.

早期岩石断裂力学的研究内容以岩体破坏的临界条件为主,并没有和时间因素关联.随着需求的拓宽和研究的深入,与时间因素相关的课题不断涌现.这些问题的解答不仅需要考虑静态应力问题,而且需要应力作用的时间因素,例如,加载速率、亚临界扩展、流变和疲劳断裂等问题,最终产生了断裂动力学.与此相应,在地学中有地震破裂动力学.这部分内容已超出本书范围,本书仅做简要介绍.

1.2 岩石结构的不均匀性和力学特征

岩石大体分火成岩和水成岩.火成岩由多种不同的矿物晶体混合胶结而成.图 1.1为一个黑花岗岩(济南青)的切片显微观察照片.该样品未经任何加载.从中可以看出多种矿物颗粒、颗粒之间的胶结物和孔隙.这些晶体是按照不同方向杂乱排列的,中间还有结晶状或沉积状填充物.晶体内部存在大量的缺陷和位错.结晶面之间的结合部位有许多孔隙.微裂纹既在晶面之间存在,也在晶体内部穿过.这些结晶、微裂纹、缺陷的排布在方向上是各向异性的,在原始状态下,中间还有孔隙流体的存在.水成岩还具有成层结构.这样,岩石的宏观物理性质就和这许多复杂的因素有关.部分矿物颗粒或结晶的彩色是光的偏振形成的.晶面和裂纹面是相对薄弱的部分,造成了该尺度上的不连续性和各向异性.由于这些晶体分布的随机性,在分米或米级尺度上,岩石大致可以看成均匀、连续的,但又由裂缝、节理、层面和断层所分割.

图 1.1　黑花岗岩(济南青)的切片显微观察照片

该样品未经任何人为加载(姚孝新提供)

岩石的不连续性在任何一个尺度上都是存在的.但是,当这种不连续性结构对于所考察的岩体尺度来说很小时,就可以将该岩体看成大致连续、均匀的.岩石断裂力学的宗旨,就是研究这些不连续结构的力学行为.在研究的过程中,将断层或裂纹等不连续结构的周围介质作为大致均匀、连续来处理.

岩石断裂力学的宗旨,就是引入断裂力学的原理,来解释岩石强度实验中遇到的部分现象.从岩石的强度实验中我们发现,许多现象都和岩石内部不同尺度的裂纹发育过程有密切关系.为了理解这些联系,首先需要对岩石强度的实验现象和初步解释有一些必要的了解.

材料强度的试验和研究最早是从金属开始的.在金属材料的强度研究中定义了一系列术语.然而这些观念和术语对于岩石来说并不适当.无论是宏观还是微观,这两类材料都非常不同.因此,对岩石材料力学性能的研究,只能建立在岩石真实行为的基础上,不能照搬金属强度的研究结果.

本章主要涉及岩石应力应变曲线的性质,并由此讨论术语“脆性”“塑性”“延性”“破坏”“破裂”和“强度”的定义.这些术语在文献中往往被赋予不同的意义.“破裂”一般指裂纹端部内聚力完全损失的脆性破裂.至于破坏与破裂的区别,必须结合应力应变曲线的讨论进行.术语“塑性”通常指包括屈服的过程,主要用于晶体之间和晶体内部分子之间产生不可恢复的滑移的现象.而延性则主要和微观、细观的大量破裂的群体可延展性有关.塑性的本构关系往往被用于描述岩石的延性行为,然而这只是在数学表达上的一致,二者的物理意义并不相同.因此,Scholz(1990)曾专门就此详细讨论,主张在岩石力学中严格界定“延性”与“塑性”,指出地壳岩石在深部高温高压条件下实际是向塑性转换.

大多数实验是用三轴实验进行的. 在三轴实验中，通常称主应力 $\sigma_1>\sigma_2>\sigma_3$ 的条件为真三轴实验，称 $\sigma_1>\sigma_2=\sigma_3$ 的条件为“伪三轴”实验.“伪三轴”实验实际是将实验样品置于以固体(如叶腊石)、油或氦气为传压介质的压力容器中，同时加上轴压.

断裂力学从根本上来说，就是给出一定条件下材料的破坏准则. 在破坏准则的讨论中，我们经常采用二维模型，为了和一般情况比较，我们采用最大和最小主应力 σ_1 和 σ_3 表示，中间主应力 σ_2 往往不出现. 但是必须指出，中间主应力 σ_2 的作用实际上是不可忽视的. 陈颙等(1979)通过实验发现，应力途径对岩石断裂有重要影响. 岩石破坏情况不仅与应力场有关系，而且和应力场的变化方式有关系. 其中中间主应力的作用也是十分重要的.

1.3 岩石的全应力-应变曲线

研究岩石力学性质的最普通方法是采用长度为其直径的 2～3 倍的圆柱的轴向压缩. 圆柱体的应力用串接在样品和压头之间的压力传感器测量，轴向和侧向应变可用粘贴在圆柱体上的应变片来测量. 或者通过位移计来测量. 将应力对应变作图，就得到应力-应变曲线.

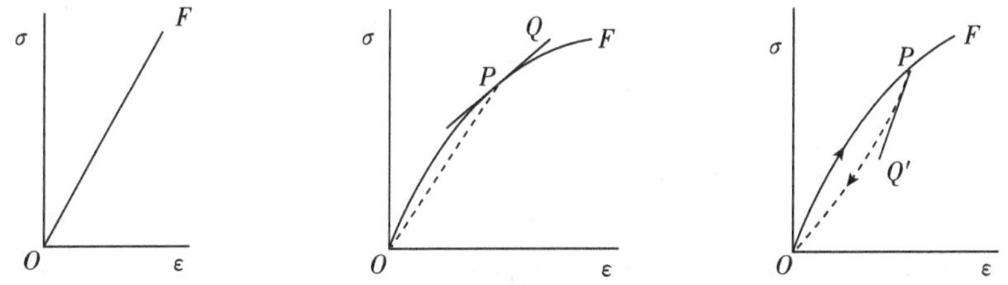

(a) 线性弹性材料　(b) 非线性弹性材料　(c) 有滞变的弹性材料

图 1.2 几种不同类型弹性介质的应力-应变曲线

完全理想的线弹性体的应力应变曲线用图 1.2(a)的直线显示.“线弹性”指外加载荷不超过某一值时，载荷与受力物体的变形成线性关系(即材料服从胡克定律)，若将外加载荷去除后，物体的变形可全部恢复，这类物体称为线性弹性体. 常温下的玻璃的行为基本符合这种情况，它在 F 点以突然破坏而终结. 这可用

$$\sigma = E\varepsilon \tag{1.3.1}$$

来表示. 然而，绝大多数岩石的行为都不完全是这种线弹性的，实际上只有在应力应变曲线的某一段近似符合这种关系. 如果在应力和应变之间有唯一的关系

$$\sigma = f(\varepsilon) \tag{1.3.2}$$

它不一定是线性的，如图 1.2(b)，那么材料就是完全弹性的.“加载”定义为实验中向试件施加逐渐增加的应力，“卸载”用于实验中减小该应力的过程. 完全弹性意味着，如果材料加载，接着卸载，则经历由方程(1.3.2)给出的相同过程；并且在加载时储存

在试样中的全部能量在卸载时释放. 弹性模量的定义有三种. 一种是切线模量,它定义为相应于某一 P 点的 σ 值,曲线的切线 PQ 的斜率

$$E_{切} = \mathrm{d}\sigma/\mathrm{d}\varepsilon \tag{1.3.3}$$

第二种是割线模量,定义为割线 OP 的斜率.

$$E_{割} = \sigma/\varepsilon \tag{1.3.4}$$

如果在加载后接着卸载到零应力,应变回到零,但可能经过不同的路线,称为滞变. 这种弹性称为滞弹性. 在该过程中,加载时对物体所做的功比卸载时所做的功大,因此在加载和卸载的循环中,在物体内要消耗能量,其消耗能量的数值就是加、卸载曲线所包围的面积. 由此导出第三种模量——卸载模量,它定义为曲线在任意点 P 的切线 PQ' 的斜率.

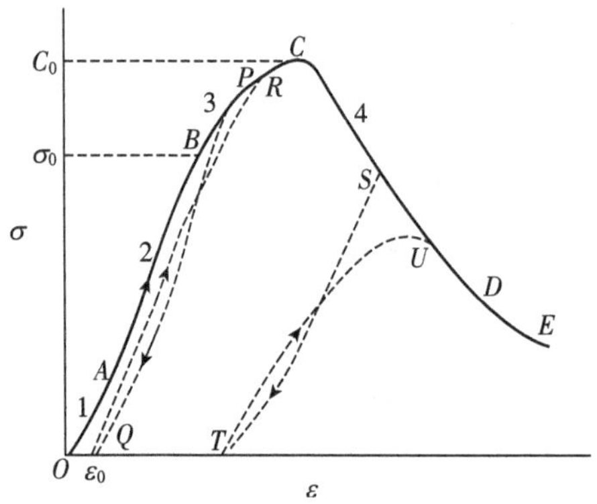

图 1.3　岩石的全应力-应变曲线
(Jaeger and Cook,1979)

图 1.3 为一个岩石样品的全应力-应变曲线,它给出了大多数岩石的本构关系. 对岩石的更真实行为按五个区域描述如下. ①OA,这部分曲线向上凹. ②AB,这部分非常接近直线. ③BC,这一部分向下凹,在 C 点达到最大. ④下降的区域 CD. 岩石在这些不同区域的表现,由微观机制所决定,特别是和微裂纹的行为有关. ⑤DE 区域,岩石破坏完成的阶段. 不同文献对此的划分略有不同. 例如,耶格和库克(1983)划分为四个阶段,而陈颙和黄庭芳(2001)则划分为五个阶段.

在 OA 段,随应力增加,应变增长速度减慢,仿佛岩石随应力增加(做功)而变硬,被称为"做功硬化"阶段. 从微观机制上看,OA 段的弯曲实际是岩石中存在的大量微裂纹在压应力作用下闭合所造成的.

在 AB 段,岩石的行为非常接近于线弹性,该段的斜率称为有效杨氏模量. 在该区域加载和卸载,可以观察到轻微的滞变,但岩石的结构和性质基本上是可逆的.

在 BC 段,B 点通常位于 C 点应力的 2/3 处,在该段中岩石出现非弹性变形,应力应变的斜率随着应力的增加逐渐地减少到零,称为"软化". 岩石表现为延性,它定义为材料能够维持永久变形而不失去其抵抗载荷能力. 称 B 为软化点,它定义为发生弹性到延性行为的过渡点. 在 BC 段中,非弹性体积应变增加,即出现体积膨胀(dilatancy). 从微观机制来看,岩石的体积膨胀是由于差应力导致微裂纹加速萌生和张性扩展所引起,这个阶段也叫做损伤的发育阶段. 令 B 所对应的应力为 σ_0. 在 BC 区域,在岩石中引起不可逆变化,并且连续的加载和卸载循环画出不同的曲线. 一个卸载循环 PQ,在应力回零时出现永久变形 ε_0. 如果材料重新加载,则画出曲线 QR,它位于曲线 $OABC$ 的下面,但最后和它连接.

研究 AB,BC 段岩石微破裂萌生、发育导致膨胀的机理,是岩石断裂力学极为重要的课题. 这部分内容和地质工程的岩体损伤与构造地震的孕育过程有密切联系.

第四个区域 CD,开始点为应力-应变曲线的最大值 C 点. C 点表示岩石在一定条件下所能承受的最大载荷. C 点所对应的应力 C_0 是峰值应力,叫做岩石的强度或破坏应力. C 点将应力-应变曲线分成两个部分,C 点以前称为破坏前区域,C 点以后称为破坏后区域. 在破坏后区域,应力应变的斜率变为负. 卸载循环 ST 经常导致大的永久变形,而接着的重新加载循环 TU,在低于与 S 相应的应力时,会趋近于曲线 CD. 在 CD 区域里,材料抵抗载荷的能力随变形的增加而减少,称这种行为为脆性. 因此,C 点也成为延性向脆性的过渡点. CD 段的研究包括岩石破坏的稳定性,岩样变形的局部化,损伤破坏导致的失稳等. CD 段的研究与地质工程破坏的发生,地震的发生过程有密切的联系.

在岩石力学实验中,能够得到岩石破坏后的应力-应变曲线,是 20 世纪 70 年代后期,在试验机中采用电液闭环伺服控制技术之后才实现的. 用普通试验机对样品加载时,一旦达到岩石的破坏强度(C 点),样品的承受能力下降,应变加速,储存在压机中的弹性能快速释放出来,结果造成在 C 点岩样发生猛烈的破坏,实验只能得到破坏前的应力-应变曲线.

在 DE 段,岩石的宏观破裂已经完成,断裂面已经形成. 岩石的应力-应变曲线所表示的是沿断裂面两侧岩石的摩擦滑动.

1.4 岩石破坏的类型

1.4.1 纵向破裂

纵向破裂主要出现在单轴压力下,表现为不规则的纵向裂缝,与 σ_1 作用方向平行. 位移方向与 σ_1 作用方向垂直,如图 1.4(a)所示. 这种类型的破坏常出现在煤矿中,表现为煤层柱的劈裂或巷道片帮. 在构造运动的踪迹中则见的不多. 纵向破裂其实也是一种张破裂.

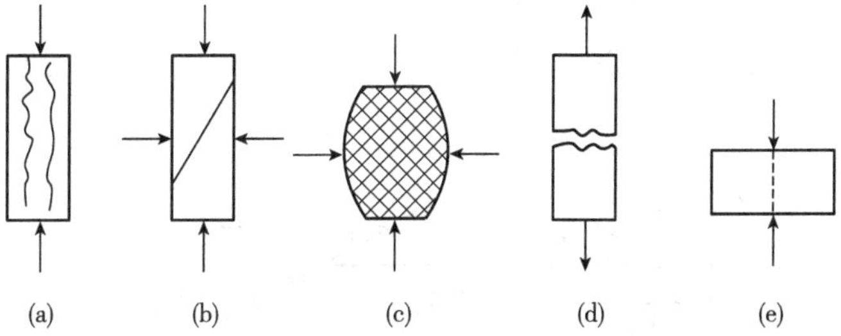

图 1.4 岩石破坏类型(Jaeger and Cook,1979)

1.4.2 剪切破坏

剪切破坏一般在中等围压和单轴压力下出现，在单轴压力下的部分样品中也可发生．破裂面与 σ_1 作用方向成 β_m 角，通常称为优势角．其特征为沿破裂面的剪切位移和沿破裂面所在平面扩展，也叫做自相似扩展，如图 1.4(b)所示．断层运动和地震破裂多出现这种形式．

如果增加围压，材料将变成完全延性的，则出现网格状的剪切破裂，并伴随个别晶体的塑性变形，如图 1.4(c)所示．

1.4.3 拉伸破裂

拉伸破裂典型地出现在单轴拉伸，其破裂面明显分离，在表面间没有错动，如图 1.4(d)所示．如果平板受到线载荷压力，则在载荷之间发生拉伸破裂，如图 1.4(e)所示．仔细查看图 1.4(a)的破裂面时，会发现一些部分呈剪切破裂状态，而其他一些部分呈拉伸破裂．

如何解释这些类型破坏的机制，是岩石断裂力学的重要课题．

1.5 地壳中的断层

1.4 节介绍了岩石破坏的几种类型．其中，剪切破坏是与断层运动和地震破裂相联系的重要类型．我们称裂纹在剪应力作用下沿其所在平面的扩展为剪切破坏，把裂纹沿垂直于最大张应力方向的翼状扩展称为张性破裂．关于翼状破裂，将在第 8 章中论述．在地球物理学中，岩石类介质剪切破坏与构造地震震源和断层的形成有密切关系．通常意义下的剪切破坏是指沿断层面沿自身所在平面的持续扩展，而断层两盘为剪切位错，包括平面内剪切(Ⅱ型)和反平面剪切(Ⅲ型)．在地震破裂动力学里，也通常对断层的破裂采取这种模型，因此对它的机理研究是个重要的问题．

地壳中岩石的剪切破坏在宏观上主要表现为断层．有三种基本类型的断层：逆断层、走滑断层和正断层．这三种断层的情况是由主应力轴在空间的取向决定的(图 1.5)．其中图 1.5(a)是逆断层，其中 $\sigma_H>\sigma_h>\sigma_v$；图 1.5(b)是走滑断层，其中 $\sigma_H>\sigma_v>\sigma_h$；图 1.5(c)是正断层，其中 $\sigma_v>\sigma_H>\sigma_h$．断层面的倾角 δ 规定为断层面与水平面之间的夹角．

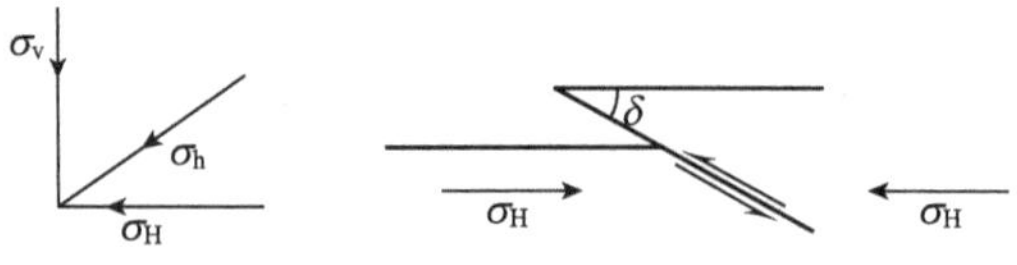

(a) 逆断层

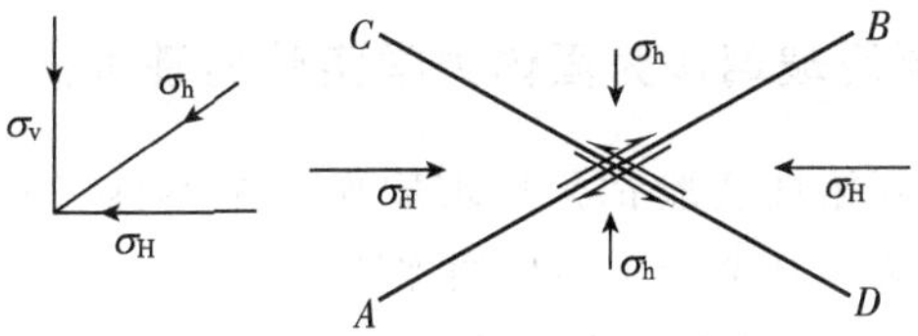

(b) 走滑断层

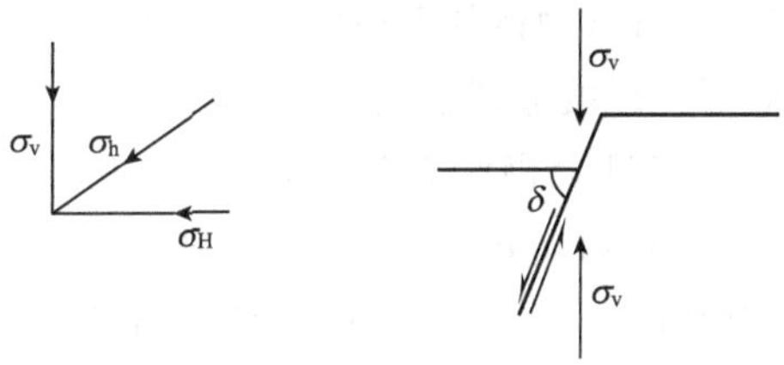

(c) 正断层

图 1.5　断层类型

实际情况要比上述情形复杂，一般的断层兼有走滑和倾滑两种分量(图 1.6). 如果断层面上的走向滑动和倾向滑动的分量都很明显，则称这种断层为斜(向)滑(动)断层，相应的滑动叫做斜滑. 断层面两侧的块体运动可以用滑动矢量 $\boldsymbol{e}$ 描述. 滑动矢量是表示断层的上盘相对于下盘运动方向的单位矢量. 对于剪切滑动，滑动矢量可以位于断层面上的任何方向. 滑动矢量与断层面走向的夹角 λ 叫做滑动角. 断层面的走向是断层面与地面的交线，它有两个方向，相差 180°. 为明确起见，规定选取站在上盘向右看的方向为断层面的走向.

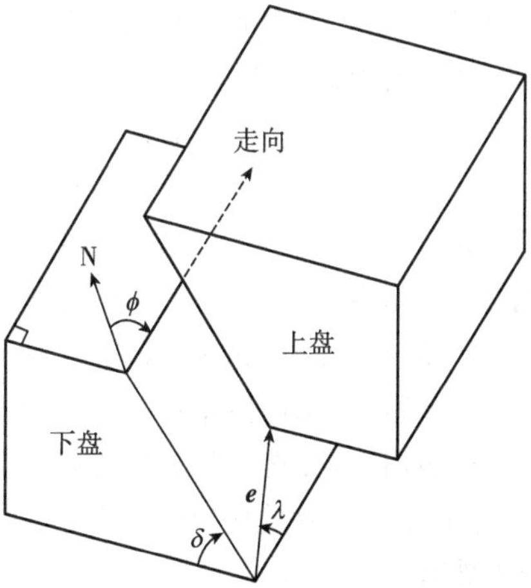

图 1.6　斜滑断层

图示出断层面的走向 ϕ、倾向 $\phi+90°$、倾角 δ、断层的上盘、下盘、滑动矢量 $\boldsymbol{e}$、滑动角 λ

补充 1.1　为什么要用玻璃作为固体力学实验的基本样品之一

固体力学的所有开拓性实验都采用玻璃作为基本样品材料. 断裂力学也不例外. 这里有两个原因,第一是希望用理想的连续、均匀、各向同性、线弹性和脆性的材料作为对比,第二是首先需要研究单个裂纹的行为. 这些目标直接用岩石显然不行,只有玻璃能够满足上述条件.

严格说来,玻璃不属于固体(固体的严格定义为结晶体),而是无定型材料. 但在各种材料中,玻璃在常温下是最接近理想的连续、均匀、各向同性、线弹性和脆性的材料. 好的玻璃在接近分子尺度上仍然表现为如此. 对玻璃的物理-化学性质的研究要追究到分子-原子尺度(Balta and Balta,1976). 和金属不同,普通玻璃在室温条件和高差应力状态下没有从线弹性转变为塑性变形的表现. 和岩石不同,玻璃内部没有孔隙,当然也不存在孔隙流体问题. 一般玻璃在加载开始时没有微裂纹的闭合,在卸载过程几乎没有残余形变,整个应力-应变本构关系曲线上几乎完全表现为线性. 近来的研究表明,制作工艺较好的玻璃内部几乎没有微裂纹(Ernsberger,1973).

由于上述原因,玻璃在连续介质力学实验中就成为经典材料,这几乎已经成为不成文的传统. 例如,Griffith(1921)关于证明材料低应力脆断与裂纹存在有关的实验,就是用普通玻璃做的. 断裂力学的几个开拓性实验,例如,Roesler(1956)、Sommer(1969)、Knauss(1970)、Horri 和 Nemat-Nasser(1985)、姚孝新等(1988,1990)的实验都是用玻璃做的. 不过他们中的大多数用的是丙烯酸树脂玻璃,而不是普通玻璃. 原因是他们认为普通玻璃太脆,不容易控制破裂过程.

材料力学主要研究金属和岩石等工程和自然过程问题. 但是,在研究物理机制时一般先必须做经典实验. 这是因为经典实验首先要将对象简单化,排除各种复杂因素. 这是一切物理实验所遵循的原则. 根据实验的相似性定理,模拟实验所用的材料必须针对研究的目标,建立物理模型,并确定模拟内容. 模拟的相似条件分为几何相似和物理相似. 全面模拟的实验必须满足 π 定理(谢多夫 ЛИ,1982)(见本书第 4 章 4.8 节). 但是在小样品实验中,由于尺度效应和加载速率不满足相似条件,满足 π 定理的实验很难实现. 因此,就必须利用相似性第三定理,将研究内容拆分成不同问题,确定模拟材料和实验技术路线. 无论使用哪种模拟材料,都存在一定的多因素问题,都必须和经典材料实验做出对比. 这就是玻璃材料实验的重要性所在.

熔融的岩浆在一定条件下可以形成玻璃,例如玄武岩玻璃. 石英可以形成石英玻璃,长石也可以形成硅铝玻璃.

第 2 章　线弹性断裂力学

2.1　格里菲斯理论和断裂力学的发展

断裂力学是从材料强度问题提出的.随着固体物理、物理力学等学科的发展,人们已能够大致从理论上计算出某些固体材料(特别是单晶体)的理论抗拉强度 σ_t.例如,Orowan(1949)得到 $\sigma_t \approx E/2\pi$;Zhurkov(1957)得到 $\sigma_t \approx E$,其中 E 为杨氏模量.但试验中测得的实际材料强度远远低于计算所得的理论强度,两者往往相差几个数量级.这一情况吸引着不少科学家去研究现有材料的强度比理论强度低的原因.人们很早就认识到这是由于实际固体中存在着大量缺陷所致.但这种认识在很长一段时期里只停留在定性说明阶段.而对于缺陷如何定量地影响材料的强度,直到断裂力学的产生,才得到较明显的进展.

最早人们试图用含椭圆孔平板受拉伸时的弹性解作为裂纹模型(参见第 6 章).当拉伸应力 σ 垂直于椭圆长轴时,长轴端点处的环向应力最大,为

$$\sigma_{\max} = (1 + 2a/b)\sigma \qquad (2.1.1)$$

其中,$2a$ 为椭圆长轴长度,$2b$ 为椭圆短轴长度.又椭圆长轴端点处的曲率半径为 $\rho = b^2/a$,因此式(2.1.1)又可以改写成

$$\sigma_{\max} = (1 + 2\sqrt{a/\rho})\sigma \qquad (2.1.2)$$

弹性力学称具有椭圆孔一类结构特殊点的应力远大于远处(或净截面)应力(名义应力)的现象为**应力集中**,并定义**应力集中系数**为

$$\alpha = \frac{\sigma_{\max}}{\sigma} \qquad (2.1.3)$$

因而椭圆长轴端部的应力集中系数 α 为

$$\alpha = 1 + 2\sqrt{a/\rho} \qquad (2.1.4)$$

当 ρ 很小时,α 很大.当 $b \to 0$ 时,椭圆孔就退化为长为 $2a$ 的直线裂纹.更一般的提法是 $\rho \to 0$.按上述计算公式得到 $\alpha \to \infty$.这样的结果不能用传统的连续介质力学的观点来解释.

格里菲斯(Griffith,1921)没有直接考虑裂纹尖端的应力,绕过这一矛盾,而计算由于裂纹的存在,在板厚为单位 1,并假定为平面应力的情况下,整个弹性板所释放的弹性势能为

$$W_c = \pi\sigma^2 a^2 / E' \qquad (2.1.5)$$

其中

$$E'=\begin{cases}E/(1-\nu^2) & (\text{平面应变})\\ E & (\text{平面应力})\end{cases},\quad \nu'=\begin{cases}\nu/(1-\nu) & (\text{平面应变})\\ \nu & (\text{平面应力})\end{cases} \tag{2.1.6}$$

其中,ν 为泊松比;E 为杨氏弹性模量. 格里菲斯在计算上式时利用了 Inglis(1913)得到的扁椭圆孔周围的应力分布积分(Lawn and Wilshaw,1975),第 3 章中,将用贝克纳尔公式给出更简单的证明. 由于裂纹的出现,增加的表面能为

$$S=4a\Gamma \tag{2.1.7}$$

其中,Γ 为单位面积的表面能. 格里菲斯认为当裂纹端部扩展一小段长度 $\mathrm{d}a$(裂纹长度从 $2a\to 2a+2\mathrm{d}a$)时,弹性势能的释放率 $\mathrm{d}W_c/\mathrm{d}a$,如果大于或等于表面能的增加率 $\mathrm{d}S/\mathrm{d}a$,则裂纹处于不稳定状态,势必进一步扩展,因此得到裂纹扩展的条件为

$$\frac{\mathrm{d}W_c}{\mathrm{d}a}=\frac{\mathrm{d}S}{\mathrm{d}a} \tag{2.1.8}$$

上式所表述的判据就叫做格里菲斯能量判据. 将式(2.1.5)和式(2.1.7)代入上式,得临界应力 σ_g 为

$$\left.\begin{aligned}\sigma_g&=\sqrt{2E\Gamma/\pi a} && (\text{平面应力})\\ \sigma_g&=\sqrt{2E\Gamma/\pi a(1-\nu^2)} && (\text{平面应变})\end{aligned}\right\} \tag{2.1.9}$$

其中,E 和 Γ 是材料常数. 式(2.1,9)最引人注目之点在于 σ_g 不仅与材料性质有关,而且与裂纹长度有密切关系. 它预言对于同一种材料,如果 a 不同,σ_g 也不同,但 $\sigma_g\cdot\sqrt{a}$ 应该为常数.

为了验证自己的理论,格里菲斯进一步做了实验. 他用玻璃管及玻璃球做内压实验,用金刚钻在试件上刻划出不同长度的人为刻痕(预制裂纹),用实验测出对于不同裂纹长度的

$$\sigma_g\cdot\sqrt{a}=2.63\times10^5\ \mathrm{N\cdot m^{-3/2}} \tag{2.1.10}$$

实验数据的最大离散度约为 5%,因此其实验结果证实了理论预言.

格里菲斯将式(2.1.10)给出的玻璃的实验结果和玻璃的杨氏模量 $E=6.2\times10^{10}\,\mathrm{N\cdot m^{-2}}$ 代入式(2.1.9),还测出了玻璃的表面能 $\Gamma=1.75\ \mathrm{J\cdot m^{-2}}$. 格里菲斯为了证实他的裂纹模式,对于玻璃的表面能又做了第二种独立的估计. 当温度为 1020～1383 K 时,玻璃很容易流动,这时格里菲斯测量了玻璃的表面张力,并把它外推到室温的情况. 这时可得到 $\Gamma=0.54\mathrm{N\cdot m^{-1}}(\mathrm{J\cdot m^{-2}})$. 考虑到当时即使测量固体表面能的技术也只能准确到一倍,所以上面两种表面能的估计,在数量级大小上是一致的,这表示了格里菲斯理论的成功(Lawn and Wilshaw,1975).

格里菲斯的工作从思想方法上看,在两点上突破了以往连续介质力学中研究材料强度时的传统观念:①格里菲斯理论建立在普遍适用的能量概念的基础上;②以整个包含裂纹的物体作为研究对象,突破了传统的局部分析方法. 格里菲斯被认为是断裂力学的开创人.

格里菲斯的工作建立在弹性力学的基础上,因此只适用于所谓"理想脆性材料",即材料直到断裂之前,应力应变关系仍是弹性的. 这种破坏情况称之为脆性断裂,简称脆断.

由于在当时的生产力水平条件下(如工程上多使用强度较低的韧性材料),发生脆断事故的情况不多,所以格里菲斯的工作在长达几十年的时间里没有受到足够的重视.

随着生产与科学技术的发展,新的高强度钢,超高强度钢被研制出来并得到广泛使用. 再加上机械与设备的大型化,焊接工艺的大量使用,工作条件的复杂多样化(低温、原子辐射、化学腐蚀等)各种原因,工程上发生了一系列所谓低应力脆断事故(即工作应力低于屈服应力时发生的脆性断裂). 直接导致断裂力学诞生的,是 1950 年美国北极星导弹发动机壳试验时发生的爆炸事件. 试验爆炸时的工作应力只有 700 MPa,远远低于其屈服应力 1600 MPa. 事故发生后美国国防部建议美国材料试验学会(ASTM)及美国航空航天局(NASA)组织专门机构研究断裂力学.

Irwin 与 Orowan 研究了材料的塑性对裂纹扩展的影响,建议将格里菲斯公式

$$\sigma_g = \sqrt{2E\Gamma/(\pi a)}$$

修改为

$$\sigma_g = \sqrt{2E(\Gamma+\Gamma_p)/(\pi a)} \tag{2.1.11}$$

其中,Γ_p 为塑性功. 根据低碳钢实验结果估计 Γ_p 比 Γ 大三个数量级以上.

Sneddon(1946)从数学力学出发,证明了裂纹前缘的应力分量具有 $r^{-1/2}$ 阶的奇异性. Irwin(1957)提出了应力强度因子的概念. 这个概念在断裂力学中占有重要地位. 断裂韧性测试技术也随之建立和发展起来. 至此线弹性断裂力学已奠定了坚实的基础.

在 20 世纪六七十年代,断裂力学得到飞速的发展.

Dugdale(1960)得出考虑裂纹尖端塑性区的带状模型. Wells(1961)提出了裂纹顶端张开位移准则. Rice(1968)提出用 J 积分作为断裂扩展的判据. Rice、罗森兰和 Atkinson 几乎同时于 1968 年得到了硬化材料中裂纹端部弹塑性应力渐近近似解(通常称为 R. H. H. 解). 上述代表性的工作标志着弹塑性断裂力学取得了相当的进展,但是比之线弹性断裂力学,仍然存在不少根本性的有待解决的问题.

在断裂动力学方面,莫特(1948)将动能项引入格里菲斯理论的能量判据中,但实质上仍然是准静态问题. Broburg(1960)得到了裂纹匀速扩展的解. Kostrov(1966, 1975)在自然扩展的破裂动力学中做出了开拓性的工作. 范天佑(1990)详细介绍了断裂动力学的基本理论,并做出了补充和发展. Dmowska 和 Rice(1983)详细综述了断裂力学理论及其在地震学中的应用.

2.2　克罗索夫-穆斯海里什维里应力函数

2.2.1　裂纹的三种基本类型

Irwin(1957)将简单裂纹分为三种类型(图 2.1). Ⅰ型裂纹代表在垂直于裂纹面的拉应力作用下,裂纹表面位移垂直于裂纹面的情况,因此又称为张开型. Ⅱ型及Ⅲ型裂纹代表在剪应力作用下,裂纹内表面互相滑移的情形,称为剪切型裂纹. 其中Ⅱ型裂纹内表面的滑移方向与裂纹走向相平行,称为平面内剪切裂纹;Ⅲ型裂纹内表面的滑移方向与裂纹走向相垂直,称之为平面外剪切或反平面剪切裂纹.

更复杂的裂纹,可以由这几种简单裂纹组合而成,称为复合型裂纹.

在工程中,Ⅰ型裂纹最重要. 因此,Ⅰ型裂纹也研究得最充分. 在地学中,剪切型裂纹则具有特殊重要的意义.

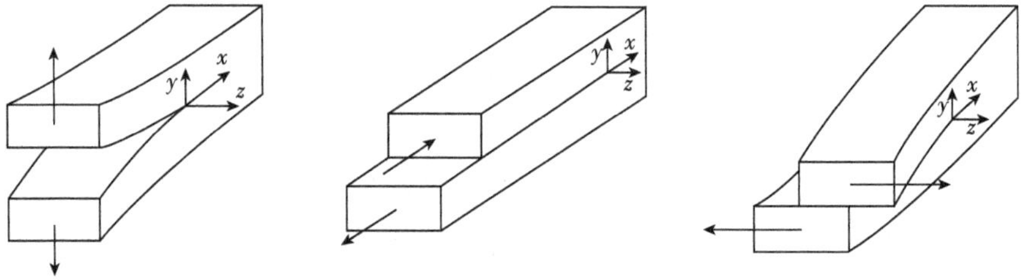

(a) Ⅰ型(张开型)　(b) Ⅱ型(滑开型)　(c) Ⅲ型(撕开型)

图 2.1　裂纹的三种基本类型(图中箭头表示相对运动方向)

2.2.2　克罗索夫-穆斯海里什维里函数

克罗索夫-穆斯海里什维里函数以下简称为 K-M 应力函数(见补充 2.1),是一种复变函数方法,定义为

$$U=\mathrm{Re}[\bar{z}\varphi(z)+g(z)]$$

其中,$\varphi(z)$和 $g(z)$为复变量 z 的解析函数(更严格些说是全纯函数,即单值的解析函数). 可以验证,由上式所构成的实函数 U,一定为双调和函数,即$\nabla^4 U=0$(见附录Ⅰ). 应力分量与函数 U 的关系为

$$\sigma_{xx}=\frac{\partial^2 U}{\partial y^2},\quad \sigma_{yy}=\frac{\partial^2 U}{\partial x^2},\quad \tau_{xy}=-\frac{\partial^2 U}{\partial x\partial y} \tag{2.2.1}$$

引入函数 $\psi(z)=g'(z)$,得到应力分量为

$$\left.\begin{aligned}&\sigma_{yy}+\sigma_{xx}=4\mathrm{Re}[\varphi'(z)]\\&\sigma_{yy}-\sigma_{xx}+2\mathrm{i}\tau_{xy}=2[\bar{z}\varphi''(z)+\psi'(z)]\end{aligned}\right\} \tag{2.2.2}$$

或

$$\sigma_{yy}+\mathrm{i}\tau_{xy}=2\mathrm{Re}\varphi'(z)+\bar{z}\varphi''(z)+\psi'(z) \tag{2.2.3}$$

及位移关系式

$$2\mu(u+\mathrm{i}\nu)=\kappa\varphi(z)-z\overline{\varphi'(z)}-\overline{\psi(z)} \tag{2.2.4}$$

其中

$$\kappa=\begin{cases}3-4\nu & (\text{平面应变})\\ (3-\nu)/(1+\nu) & (\text{平面应力})\end{cases} \tag{2.2.5}$$

2.2.3　Ⅰ型裂纹的 K-M 应力函数

图 2.2 所示为一无限大平板，板内有一长为 $2a$ 的穿透裂纹，边缘受到分布力 $\sigma_{xx}=0,\sigma_{yy}=\sigma_y^\infty,\tau_{xy}=0$ 的作用. 本问题即为格里菲斯所研究过的单轴拉伸的例子.

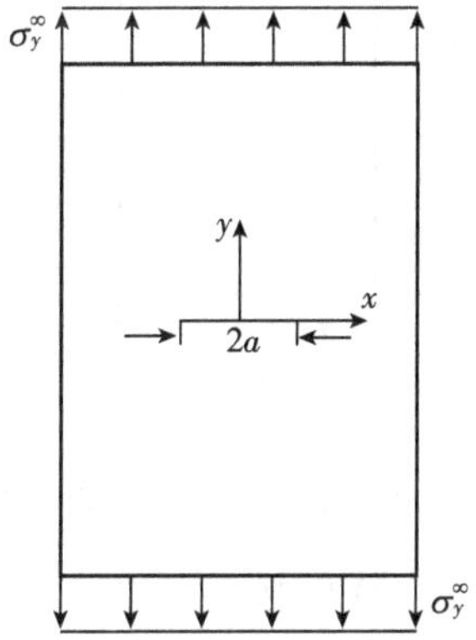

图 2.2　单向拉伸的中心穿透裂纹

本问题的边界条件如下. 当 $|z|\to\infty$ 时，

$$\sigma_{xx}=0,\quad \sigma_{yy}=\sigma_y^\infty,\quad \tau_{xy}=0 \tag{2.2.6}$$

在裂纹表面上（$y=0,|x|<a$）

$$\sigma_{yy}=0,\quad \tau_{xy}=0 \tag{2.2.7}$$

利用 $z=\omega(\zeta)=a(\zeta^{-1}+\zeta)/2$，把 z 平面上的裂纹变换为 ζ 平面上的单位圆. 利用向圆变换(Muskhelishvili, 1953)(参见第 5 章)，可得应力函数为

$$\left.\begin{aligned}\varphi'(z)&=\frac{\sigma_y^\infty}{2}\frac{z}{\sqrt{z^2-a^2}}-\frac{\sigma_y^\infty}{4}\\ \psi'(z)&=\frac{a^2\sigma_y^\infty}{2}\cdot\frac{z}{(z^2-a^2)^{3/2}}+\frac{\sigma_y^\infty}{2}\end{aligned}\right\} \tag{2.2.8}$$

当 $z\to\infty,\varphi'(z)\to\dfrac{\sigma_y^\infty}{4},\psi'(z)\to\dfrac{\sigma_y^\infty}{2}$，代入克罗索夫公式(2.2.2)和(2.2.3)，得 $\sigma_{xx}=0,\sigma_{yy}=\sigma_y^\infty,\tau_{xy}=0$. 证明无穷远处边界条件已经满足.

裂纹面上（$y=0,|x|<a$），由式(2.2.3)，得

$$(\sigma_{yy}+\mathrm{i}\tau_{xy})\Big|_{\substack{y=0\\|x|<a}}=0$$

上式实部为 $\sigma_{yy}=0$，虚部为 $\tau_{xy}=0$,可见内边界条件也是满足的.

在Ⅰ型裂纹受双向拉伸问题中,$\sigma_{xx}^{\infty}\neq 0$,图 2.3(a)表示的问题可以看成图2.3(b)与图 2.3(c)两个问题的线性叠加.其中图 2.3(b)的应力函数由式(2.2.8)给出,而图 2.3(c)的边界条件为

$$\sigma_{xx}=\sigma_{x}^{\infty},\quad \sigma_{yy}=0,\quad \tau_{xy}=0$$

相应的应力函数为

$$\varphi(z)=\sigma_{x}^{\infty}z/4,\quad \psi(z)=-\sigma_{x}^{\infty}z/2 \tag{2.2.9}$$

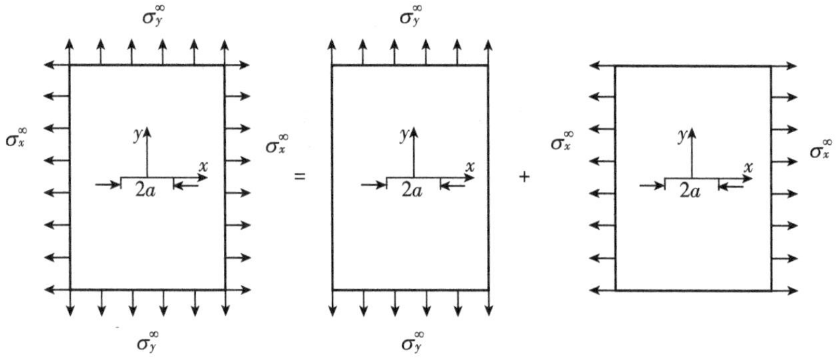

图 2.3 含中心裂纹的无限大板受双向拉伸

因此,在Ⅰ型裂纹受双向拉伸问题中,复应力函数为

$$\left.\begin{aligned}\varphi'_{\mathrm{I}}(z)&=\frac{\sigma_{y}^{\infty}}{2}\frac{z}{\sqrt{z^{2}-a^{2}}}+\frac{\sigma_{x}^{\infty}-\sigma_{y}^{\infty}}{4}\\ \psi'_{\mathrm{I}}(z)&=\frac{a^{2}\sigma_{y}^{\infty}}{2}\cdot\frac{z}{(z^{2}-a^{2})^{3/2}}-\frac{\sigma_{x}^{\infty}-\sigma_{y}^{\infty}}{2}\end{aligned}\right\} \tag{2.2.10}$$

2.2.4 Ⅱ型裂纹的 K-M 应力函数

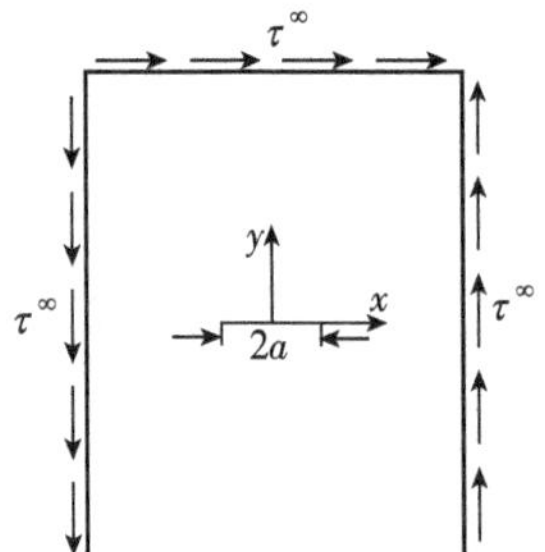

图 2.4 Ⅱ型裂纹

如图 2.4 所示,无穷大板中有一长为 $2a$ 的穿透裂纹,边界条件为

$$\left.\begin{aligned}&\text{于 } z\to\infty,\ \tau_{xy}=\tau^{\infty},\sigma_{xx}=\sigma_{yy}=0\\ &\text{在裂纹表面上}(z=x\pm \mathrm{i}0,\ |x|<a),\sigma_{yy}=\tau_{xy}=0\end{aligned}\right\} \tag{2.2.11}$$

本问题的解如下：

$$\left.\begin{aligned}\varphi'_{\mathrm{II}}(z)&=-\mathrm{i}\,\frac{\tau^{\infty}z}{2\sqrt{z^{2}-a^{2}}}+\mathrm{i}\,\frac{\tau^{\infty}}{2}\\ \psi'_{\mathrm{II}}(z)&=\mathrm{i}\,\frac{\tau^{\infty}z}{\sqrt{z^{2}-a^{2}}}-\mathrm{i}\,\frac{a^{2}\tau^{\infty}z}{2\,(z^{2}-a^{2})^{3/2}}\end{aligned}\right\} \tag{2.2.12}$$

用类似的方法,不难验证上式完全满足给定的边界条件.

2.3　威斯特嘎德应力函数——Ⅰ型裂纹

2.3.1　威斯特嘎德应力函数

威斯特嘎德(Westergaard,1939)提出一种方法,对于具有某种对称性,如图 2.2 和图 2.3 等所示的情况,可以用一个复变函数 $Z(z)$(称为威斯特嘎德函数)代替 $\varphi(z)$ 与 $\psi(z)$ 两个函数,使问题得到简化.

由数学物理方法,任一复变解析函数,其实部和虚部满足柯西-黎曼条件,因此其实部和虚部必然分别是调和函数,即 $\nabla^2 U_i=0, i=1,2,3$. 设 U_1, U_2 和 U_3 分别为 x, y 的调和函数,则不难证明

$$U(x,y)=U_1+xU_2+yU_3 \tag{2.3.1}$$

一定满足双调和方程 $\nabla^4 U=0$.

威斯特嘎德定义了一个复应函数 $Z(z)$,设为解析函数. 记 $Z', Z'', \cdots$ 为其导数; $\tilde{Z}, \tilde{\tilde{Z}}, \cdots$表示它的积分. 根据解析函数的性质,其导数和积分仍为解析函数. 应力函数与应力分量之间的关系应满足式(2.2.1),这样,应力函数就满足了双调和方程 $\nabla^4 U=0$ 的条件.

2.3.2　含Ⅰ型裂纹无限大板的应力分布

对于含Ⅰ型裂纹无限大板的情况,威斯特嘎德应力函数为

$$U(x,y)=\mathrm{Re}\,\tilde{\tilde{Z}}_{\mathrm{I}}(z)+y\mathrm{Im}\tilde{Z}_{\mathrm{I}}(z)+U'_1 \tag{2.3.2}$$

上式右边的 U'_1 为双调和实函数,加上去是为了满足远场边界条件. 将式(2.3.2)代入式(2.2.1),对于如图 2.2 所示的单轴拉伸问题,设 $U'_1=A(y^2-x^2)/2$,代入式(2.2.1),得到

$$\left.\begin{aligned}\sigma_{xx}&=\mathrm{Re}Z_{\mathrm{I}}(z)-y\mathrm{Im}Z'_{\mathrm{I}}(z)+A\\ \sigma_{yy}&=\mathrm{Re}Z_{\mathrm{I}}(z)+y\mathrm{Im}Z'_{\mathrm{I}}(z)-A\\ \tau_{xy}&=-y\mathrm{Re}Z'_{\mathrm{I}}(z)\end{aligned}\right\} \tag{2.3.3}$$

或写成

$$\left.\begin{aligned}\sigma_{xx}+\sigma_{yy}&=2\mathrm{Re}Z_{\mathrm{I}}(z)\\ \sigma_{xx}-\sigma_{yy}&=-2y\mathrm{Im}Z'_{\mathrm{I}}(z)+A\\ \tau_{xy}&=-y\mathrm{Re}Z'_{\mathrm{I}}(z)\end{aligned}\right\} \tag{2.3.4}$$

其中

$$Z_{\mathrm{I}}(z)=\frac{\sigma_y^{\infty} z}{\sqrt{z^2-a^2}}+B \tag{2.3.5}$$

根据边界条件，得

$$A=B=-\frac{\sigma_y^\infty}{2} \tag{2.3.6}$$

在Ⅰ型裂纹受双向拉伸问题中，利用叠加原理，常数

$$A=B=\frac{\sigma_x^\infty-\sigma_y^\infty}{2} \tag{2.3.7}$$

这样得到双轴拉伸情况下的复应力函数为

$$Z_{\mathrm{I}}(z)=\frac{\sigma_y^\infty z}{\sqrt{z^2-a^2}}+\frac{\sigma_x^\infty-\sigma_y^\infty}{2} \tag{2.3.8}$$

2.3.3　Ⅰ型裂纹的威斯特嘎德函数与K－M应力函数的换算关系

Ⅰ型裂纹的威斯特嘎德函数和K－M应力函数都是分别独立导出的，都是满足边界条件的适定解. 根据弹性力学解的唯一性，二者必然是等效的. 因此这里只需找到二者的相互换算关系. 由式(2.2.8)中的第一式，与式(2.3.5)相比，可知

$$\mathrm{Re}Z_{\mathrm{I}}(z)=2\mathrm{Re}\varphi'(z)$$

又由前设可知这两类函数都是解析函数，而解析函数的实部和虚部通过柯西-黎曼方程互相联系，并不独立. 因此，只要知道解析函数的实部(或虚部)，就能通过柯西-黎曼方程求出相应的虚部(或实部). 令 $\varphi'(z)=p(x,y)+\mathrm{i}q(x,y)$，可知 $Z_{\mathrm{I}}(z)=2p(x,y)+\mathrm{i}q'(x,y)$. 按照柯西-黎曼方程，

$$\frac{\partial p}{\partial x}=\frac{\partial q}{\partial y},\qquad \frac{\partial p}{\partial y}=-\frac{\partial q}{\partial x}$$

$$\frac{2\partial p}{\partial x}=\frac{\partial q'}{\partial y},\qquad \frac{2\partial p}{\partial y}=-\frac{\partial q'}{\partial x}$$

于是

$$\mathrm{d}q'=\frac{\partial q'}{\partial x}\mathrm{d}x+\frac{\partial q'}{\partial y}\mathrm{d}y=2\left(\frac{\partial q}{\partial x}\mathrm{d}x+\frac{\partial q}{\partial y}\mathrm{d}y\right)=2\mathrm{d}q$$

积分得

$$q'=2q+C$$

其中，C 为积分常数. 因此

$$\varphi'(z)=\frac{1}{2}Z_{\mathrm{I}}(z)+\mathrm{i}C'$$

其中，C' 为实常数. 但从各个应力分量关系式可以看出，$\mathrm{i}C'$ 不起作用，因此可以取 $C'=0$. 最后得

$$\varphi'(z)=\frac{1}{2}Z_{\mathrm{I}}(z) \tag{2.3.9}$$

又由式(2.2.8)直接可以看出，$\psi'(z)=-z\cdot\varphi''(z)+\frac{\sigma_y^\infty}{2}$，即

$$\psi'(z) = -\frac{1}{2}z \cdot Z_{\mathrm{I}}'(z) - A \tag{2.3.10}$$

将式(2.3.10)和式(2.3.9)代入克罗索夫公式(2.2.2),得到的结果和用式(2.3.4)的组合结果完全一致.因此,Ⅰ型裂纹两种应力函数之间的换算关系可以由式(2.3.9)和式(2.3.10)给出.

2.3.4　含Ⅰ型裂纹无限大板的位移场

利用广义胡克定律,裂纹周围的应变为

$$\varepsilon_{xx} = \frac{1}{E'}(\sigma_{xx} - \nu'\sigma_{yy}) = \frac{1}{E'}[(1-\nu')\mathrm{Re}Z_{\mathrm{I}} - (1+\nu')y\mathrm{Im}Z'_{\mathrm{I}} + A(1+\nu')]$$

$$\varepsilon_{yy} = \frac{1}{E'}(\sigma_{yy} - \nu'\sigma_{xx}) = \frac{1}{E'}[(1-\nu')\mathrm{Re}Z_{\mathrm{I}} + (1+\nu')y\mathrm{Im}Z'_{\mathrm{I}} - A(1+\nu')]$$

其中,$\nu' = \begin{cases} \nu/(1-\nu) & (\text{平面应变}) \\ \nu & (\text{平面应力}) \end{cases}$,$\nu$ 为泊松比.再利用应变与位移的关系式$\varepsilon_{xx} = \partial u/\partial x$,积分可得到位移,其中积分常数 C 为刚体平移部分,故取 $C=0$.再利用式(2.2.5),就得到积分

$$2\mu u = \frac{k-1}{2}\mathrm{Re}\tilde{Z}_{\mathrm{I}} - y\mathrm{Im}Z_{\mathrm{I}} + Ax \tag{2.3.11}$$

利用 $\varepsilon_{yy} = \partial\nu/\partial y$,舍去了代表刚体平移的积分常数,再利用式(2.2.5),得到

$$2\mu\nu = \frac{k+1}{2}\mathrm{Im}\tilde{Z}_{\mathrm{I}} - y\mathrm{Re}Z_{\mathrm{I}} - Ay \tag{2.3.12}$$

以上推导还可参见文献(褚武扬,1979).

2.3.5　Ⅰ型裂纹周围应力和位移的辐角式

利用式(2.3.3),式(2.3.11)和式(2.3.12)可以计算裂纹周围的应力和位移分量.但上述公式中的复变函数并不是在全平面解析的.所有的应力函数都包含因子

$$\frac{1}{(z^2-a^2)^{1/2}} = \frac{1}{(z+a)^{1/2}(z-a)^{1/2}}$$

因此所有的应力分量都包含两个奇点,即 $z=a$ 和 $z=-a$.这两个奇点就是裂纹的两个端点.这两个点不但带来了奇异性,而且带来了多值性,因为它们还是支点.为了保证函数值在物理上的合理性,我们必须明确函数所在的单值分支.为此,我们需要采用辐角式,也就是用极坐标给出应力场的表达式.通过约束辐角的取值范围,来确定函数所在的单值分支.我们选择在实轴上的点$(-a,0)$和$(a,0)$之间做割线.并定义$\lambda = (z^2-a^2)^{1/2}$的分支,使 z 沿实轴→∞时,$\lambda \to |z|$.

Maruyama(1969)利用索米亚那(Somigliana)位错理论给出了一些类型裂纹应力场的分布.和 Maruyama(1969)不同的是,我们不是从位错模型的假定出发,而是

从边界应力条件出发,来导出裂纹应力场和位移场,包括裂纹面上的位移间断. 另外,Maruyama(1969)的原文献也出现了一些失误,即假定裂纹面的法向位移可以为负数,这样就导致了裂纹两面的介质互相侵入的情况,这在物理上是不能接受的. 因此,在以下的叙述中,不得不将所有问题均做重新计算,并重新绘制出各物理量的等值线图. 其中,有些图形和 Maruyama(1969)的结果相同,有个别图形不同,有些则是我们增补的.

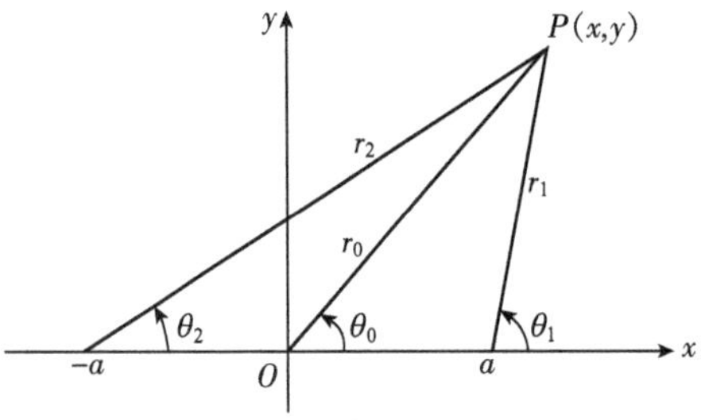

图 2.5　裂纹多极坐标系

建立裂纹坐标系 Oxy,裂纹长度为 $2a$,O 为裂纹中点. 再建立裂纹极坐标系. 记 r_0 为点 $P(x,y)$ 距离裂纹中心的距离,θ_0 为极角,r_1,r_2 分别为点 $P(x,y)$ 距离裂纹两个端部的距离,θ_1,θ_2 分别为矢径 r_1,r_2 的极角(图 2.5). 这样建立的多极坐标系和 Maruyama(1969)的相同. 于是

$$z=r_0\mathrm{e}^{\mathrm{i}\theta_0},z-a=r_1\mathrm{e}^{\mathrm{i}\theta_1},z+a=r_2\mathrm{e}^{\mathrm{i}\theta_2} \tag{2.3.13}$$

式(2.3.5)就可以写成

$$Z_{\mathrm{I}}=\frac{r_0\sigma_y^{\infty}}{\sqrt{r_1\cdot r_2}}\mathrm{e}^{\mathrm{i}\left(\theta_0-\frac{\theta_1+\theta_2}{2}\right)}+B \tag{2.3.14}$$

同时,

$$Z_{\mathrm{I}}'=\frac{-a^2\sigma_y^{\infty}}{(z^2-a^2)^{3/2}}=\frac{-a^2\sigma_y^{\infty}}{(r_1\cdot r_2)^{3/2}}\mathrm{e}^{-\mathrm{i}\frac{3}{2}(\theta_1-\theta_2)} \tag{2.3.15}$$

$$\widetilde{Z}_{\mathrm{I}}=\sigma_y^{\infty}\sqrt{z^2-a^2}+Bz=\sigma_y^{\infty}\sqrt{r_1r_2}\,\mathrm{e}^{\mathrm{i}\frac{1}{2}(\theta_1+\theta_2)}+Br_0\mathrm{e}^{\mathrm{i}\theta_0} \tag{2.3.16}$$

将式(2.3.14)~式(2.3.16)代入式(2.3.4),就得到裂纹周围应力场的辐角式,代入式(2.3.11)和式(2.3.12),就得到Ⅰ型裂纹周围位移场的辐角式.

2.3.6　Ⅰ型裂纹面上的位移

在裂纹面上,$y=0$,即 $\theta_0=0$ 或 $\theta_0=\pm\pi$. 在上裂纹面,$\theta_1=\pi$,$\theta_2=0$,代入式(2.3.11)和式(2.3.12),得到上裂纹面的位移

$$\left.\begin{aligned}2\mu u^+&=\frac{\kappa+1}{2}A\cdot x\\2\mu v^+&=\left(\frac{\kappa+1}{2}\right)a\sigma_y^{\infty}\sqrt{1-(x/a)^2}\end{aligned}\right\}\quad y=0^+,|x|<a \tag{2.3.17}$$

在下裂纹面,$\theta_1=-\pi$,$\theta_2=0$,代入式(2.3.11)和式(2.3.12),得到下裂纹面的位移

$$\left.\begin{aligned}2\mu u^-&=\frac{\kappa+1}{2}A\cdot x\\2\mu v^-&=-\left(\frac{\kappa+1}{2}\right)a\sigma_y^{\infty}\sqrt{1-(x/a)^2}\end{aligned}\right\}\quad y=0^-,|x|<a \tag{2.3.18}$$

裂纹上下面的位移间断为

$$\left.\begin{aligned}\Delta u&=u^{+}-u^{-}=0\\ \Delta \nu&=\nu^{+}-\nu^{-}=2V_0\cdot\sqrt{1-(x/a)^2}\end{aligned}\right\}\tag{2.3.19}$$

其中

$$\begin{aligned}V_0&=\left(\frac{\kappa+1}{4\mu}\right)a\sigma_y^{\infty}\\&=\frac{2a}{E'}\sigma_y^{\infty}\end{aligned}\tag{2.3.20}$$

原裂纹面上的$(x,\pm 0)$点移动至

$$x'=x+u=\left(1+\frac{\kappa+1}{4\mu}A\right)x,\quad y'=0\pm\nu=\pm V_0\sqrt{1-(x/a)^2}\tag{2.3.21}$$

令 $h=1+\dfrac{\kappa+1}{4\mu}A$，则 $x'=hx$，$a'=ha$，代入式(2.3.21)，就得到

$$y'=\pm V_0\sqrt{1-(x'/a')^2}\tag{2.3.22}$$

由上式得到变形后的裂纹形状为

$$\frac{y'^2}{V_0^2}+\frac{x'^2}{a'^2}=1\tag{2.3.23}$$

由此可见，Ⅰ型格里菲斯裂纹变形后近似为一椭圆. 对于单轴拉伸的情况，$A=-\sigma_y^{\infty}/2$，对于双轴拉伸的情况，$A=(\sigma_x^{\infty}-\sigma_y^{\infty})/2$.

2.3.7　Ⅰ型裂纹周围应力分布的全场图

各应力分量的等值线分别显示在图 2.6(a)～(c)中，这里令 $\sigma_y^{\infty}=100$. 图 2.6(d)～(e)分别显示的是最大主应力 σ_1 和最大剪切力 τ_{max} 的等值线.

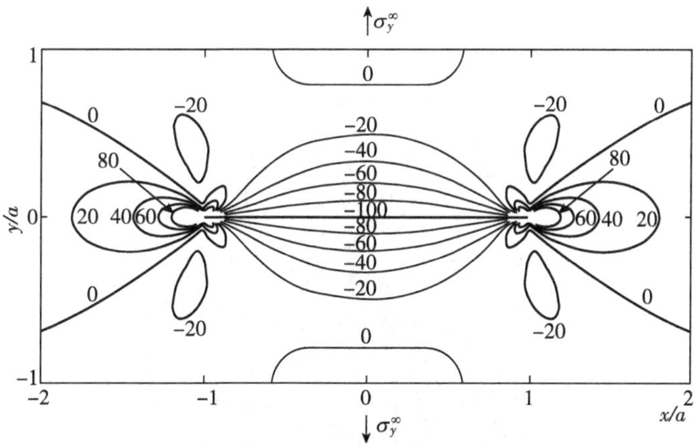

(a)受单轴拉伸Ⅰ型裂纹周围 σ_{xx} 的等值线

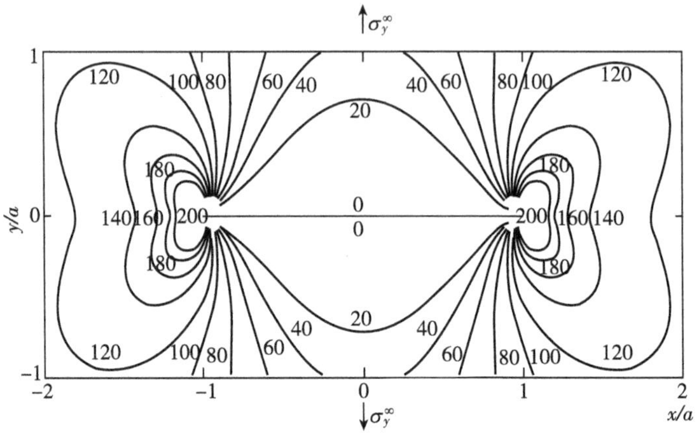

(b)受单轴拉伸Ⅰ型裂纹周围 σ_{yy} 的等值线

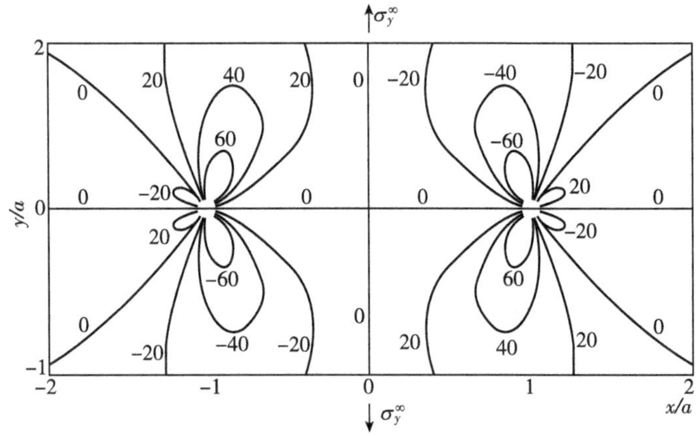

(c)受单轴拉伸Ⅰ型裂纹周围 τ_{xy} 的等值线

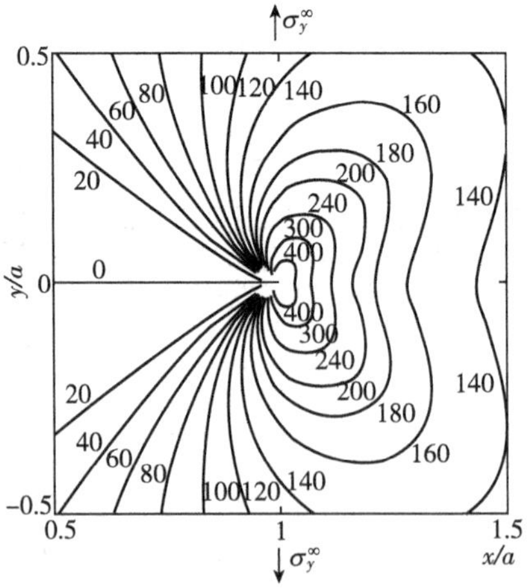

(d)受单轴拉伸Ⅰ型裂纹周围 σ_1 的等值线

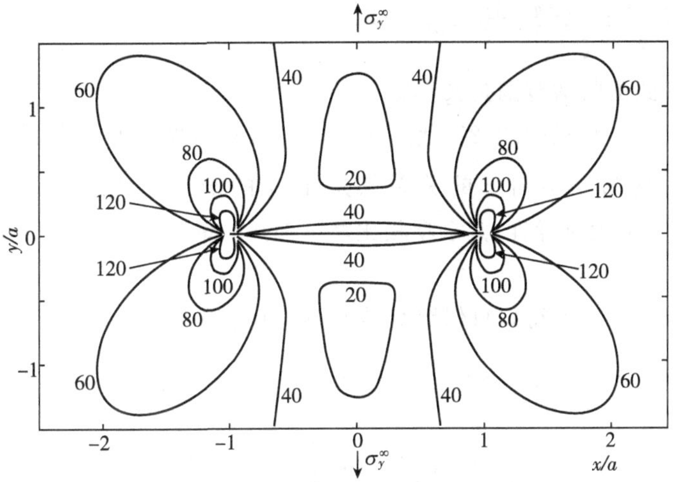

(e)受单轴拉伸Ⅰ型裂纹周围 $\tau_{\max}$ 的等值线

图 2.6 受单轴拉伸Ⅰ型裂纹周围应力分布等值线，$\sigma_y^\infty=100$

2.3.8 Ⅰ型裂纹端部的应力与位移

引入以裂纹端点为原点的极坐标 $\zeta=re^{i\theta}$（通常称为裂纹前缘坐标系），如图 2.7 所示.

$$z=a+re^{i\theta}=a+\zeta$$

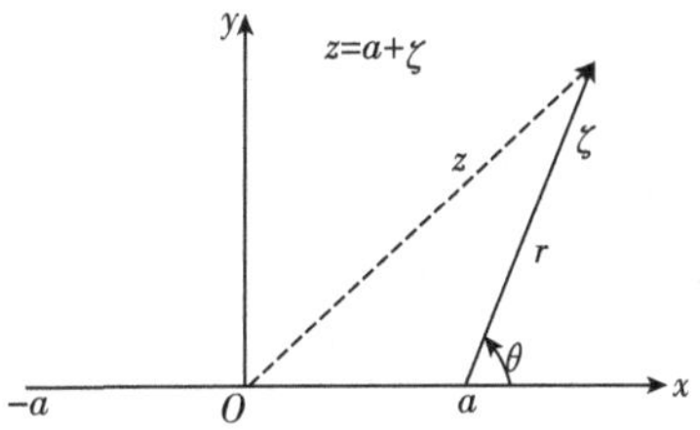

图 2.7 裂纹前缘极坐标系

于是 $z^2-a^2=(2a+\zeta)\cdot\zeta$. 在裂纹端部附近的区域内，$|\zeta|=r\ll 2a$. 利用二项式定理，将 $Z_{\mathrm{I}}, Z'_{\mathrm{I}}$ 在裂纹端部作泰勒展开，得到

$$Z_{\mathrm{I}}=\frac{\sigma_y^\infty z}{\sqrt{z^2-a^2}}+A=\frac{\sigma_y^\infty}{\sqrt{2}}\left[\sqrt{\frac{a}{\zeta}}+\frac{3}{4}\left(\frac{\zeta}{a}\right)^{1/2}-\frac{5}{32}\left(\frac{\zeta}{a}\right)^{3/2}+\cdots\right]+A \tag{2.3.24}$$

$$=\frac{\sigma_y^\infty\sqrt{\pi a}}{\sqrt{2\pi r}}e^{-i\theta/2}+o(r^{-1/2}) \tag{2.3.25}$$

其中，$o(r^{-1/2})$ 表示比 $r^{-1/2}$ 更高阶的小量.

$$Z'_{\mathrm{I}}=\frac{-a^2\sigma_y^\infty}{(z^2-a^2)^{3/2}}=\frac{-a^2\cdot\sigma_y^\infty}{(2a\zeta)^{3/2}}\left[1-\frac{3}{2}\left(\frac{\zeta}{2a}\right)+\frac{15}{8}\left(\frac{\zeta}{2a}\right)^2+\cdots\right] \tag{2.3.26}$$

$$=\frac{-\sigma_y^{\infty}\sqrt{\pi a}}{2r\cdot\sqrt{2\pi r}}e^{-i\frac{3}{2}\theta}+o(r^{-3/2}) \tag{2.3.27}$$

以上泰勒展开式的收敛范围是$|\zeta|<a$.

将式(2.3.24)和式(2.3.27)代入式(2.3.3),从结果中可以看出,在裂纹端点附近σ_{xx},σ_{yy},τ_{xy}的第一项与r的关系都是$1/\sqrt{r}$的函数形式.当$r\to 0$时,σ_{xx},σ_{yy},$\tau_{xy}\to\infty$,即存在应力奇异性.其余项相比之下都是小量.应力分量中含$r^{-1/2}$的项称为应力奇异项.

代入式(2.3.3),就得到只保留奇异项的应力分量为

$$\left.\begin{aligned}
\sigma_{xx}&=\frac{K_{\mathrm{I}}}{\sqrt{2\pi r}}\cos\frac{\theta}{2}\left(1-\sin\frac{\theta}{2}\cdot\sin\frac{3}{2}\theta\right)\\
\sigma_{yy}&=\frac{K_{\mathrm{I}}}{\sqrt{2\pi r}}\cos\frac{\theta}{2}\left(1+\sin\frac{\theta}{2}\cdot\sin\frac{3}{2}\theta\right)\\
\tau_{xy}&=\frac{K_{\mathrm{I}}}{\sqrt{2\pi r}}\cos\frac{\theta}{2}\sin\frac{\theta}{2}\cos\frac{3}{2}\theta
\end{aligned}\right\}+o(r^{-1/2}) \tag{2.3.28}$$

上式称为Ⅰ型裂纹应力的近场式,其中K_{I}称为Ⅰ型裂纹的应力强度因子

$$K_{\mathrm{I}}=\sigma_y^{\infty}\sqrt{\pi a} \tag{2.3.29}$$

利用坐标变换,得到Ⅰ型裂纹端部的应力分量在极坐标中的表达式为

$$\left.\begin{aligned}
\sigma_{rr}&=\frac{K_{\mathrm{I}}}{2\sqrt{2\pi r}}\cos\frac{\theta}{2}(3-\cos\theta)\\
\sigma_{\theta\theta}&=\frac{K_{\mathrm{I}}}{2\sqrt{2\pi r}}\cos\frac{\theta}{2}(1+\cos\theta)\\
\tau_{r\theta}&=\frac{K_{\mathrm{I}}}{2\sqrt{2\pi r}}\cos\frac{\theta}{2}\sin\theta
\end{aligned}\right\}+o(r^{-1/2}) \tag{2.3.30}$$

式(2.3.28)和式(2.3.30)各应力分量可以统一写成

$$\sigma_{ij}=\frac{K_{\mathrm{I}}}{\sqrt{2\pi r}}f_{ij}(\theta)+o(r^{-1/2}) \tag{2.3.31}$$

其中,$o(r^{-1/2})$表示比$r^{-1/2}$更高阶的小量.图2.8给出了$f_{ij}(\theta)$的函数曲线,其中图2.8(a)和(b)分别为直角坐标和极坐标的分量.

将式(2.3.24)、式(2.3.27)代入式(2.3.11)和式(2.3.16)可得裂纹端部($r\ll a$)的近场位移为

$$\left.\begin{aligned}
u&=\frac{K_{\mathrm{I}}}{4\mu}\sqrt{\frac{r}{2\pi}}\left[(2\kappa-1)\cos\frac{\theta}{2}-\cos\frac{3}{2}\theta\right]\\
\nu&=\frac{K_{\mathrm{I}}}{4\mu}\sqrt{\frac{r}{2\pi}}\left[(2\kappa+1)\sin\frac{\theta}{2}-\sin\frac{3}{2}\theta\right]
\end{aligned}\right\}+o(r^{1/2}) \tag{2.3.32}$$

在极坐标中近场位移分量为

$$\left.\begin{aligned} u_r &= \frac{K_{\mathrm{I}}}{4\mu}\sqrt{\frac{r}{2\pi}}\left[(2\kappa-1)\cos\frac{\theta}{2}-\cos\frac{3}{2}\theta\right] \\ u_\theta &= -\frac{K_{\mathrm{I}}}{4\mu}\sqrt{\frac{r}{2\pi}}\left[(2\kappa+1)\sin\frac{\theta}{2}-\sin\frac{3}{2}\theta\right] \end{aligned}\right\}+o(r^{1/2}) \tag{2.3.33}$$

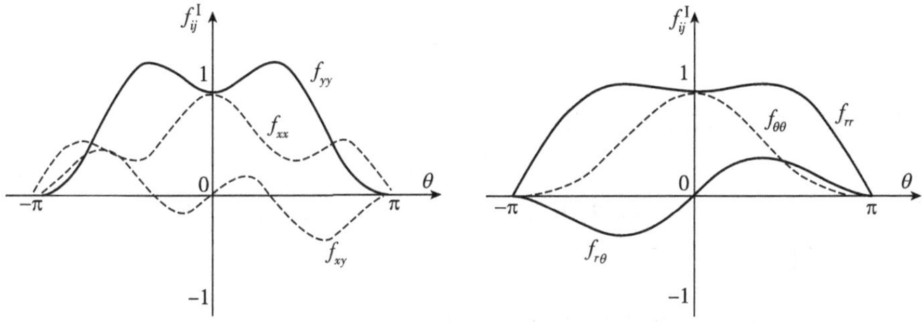

(a) 直角坐标的分量　　(b) 极坐标的分量

图 2.8　Ⅰ型裂纹 $f_{ij}(\theta)$ 的函数曲线

从式(2.3.28)很明显看出，对于Ⅰ型裂纹，无疑地 σ_{yy} 是最受关注的分量. 当 $\theta=0$ 时，$\sigma_{yy}=K_{\mathrm{I}}/\sqrt{2\pi r}+o(r^{-1/2})$，其变化如图 2.9 所示.

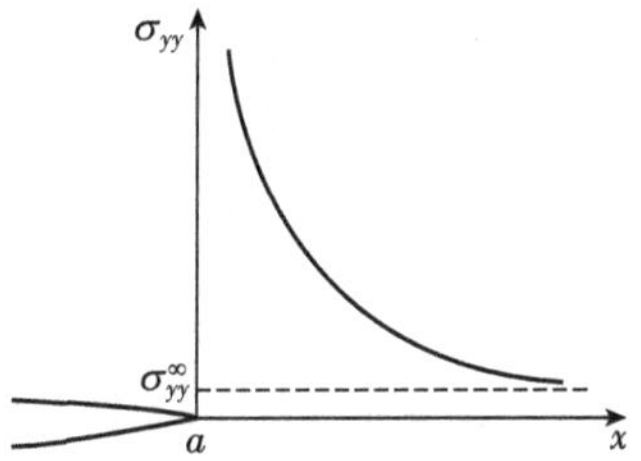

图 2.9　Ⅰ型裂纹在 $\theta=0$ 方向上 σ_{yy} 的变化

2.4　威斯特嘎德应力函数——Ⅱ型裂纹

2.4.1　无限大板含中心Ⅱ型裂纹的威斯特嘎德应力函数

如图 2.4 所示，边界条件由式(2.2.11)显示，取

$$U(x,y)=-y\mathrm{Re}\tilde{Z}_{\mathrm{II}}+Cxy \tag{2.4.1}$$

代入式(2.2.1)，得到Ⅱ型裂纹应力的全场式为

$$\left.\begin{aligned} \sigma_{xx} &= 2\mathrm{Im}Z_{\mathrm{II}}+y\mathrm{Re}Z'_{\mathrm{II}} \\ \sigma_{yy} &= -y\mathrm{Re}Z'_{\mathrm{II}} \\ \tau_{xy} &= \mathrm{Re}Z_{\mathrm{II}}-y\mathrm{Im}Z'_{\mathrm{II}}-C \end{aligned}\right\} \tag{2.4.2}$$

采用与 2.2.3 节类似的步骤，得到Ⅱ型裂纹位移的全场式为

$$\left.\begin{aligned}2\mu u&=\frac{\kappa+1}{2}\mathrm{Im}\widetilde{Z}_{\mathrm{II}}+y\mathrm{Re}Z_{\mathrm{II}}-Cy\\2\mu\nu&=\frac{\kappa-1}{2}\mathrm{Re}\widetilde{Z}_{\mathrm{II}}-y\mathrm{Im}Z_{\mathrm{II}}-Cx\end{aligned}\right\}\tag{2.4.3}$$

Z_{II} 称为Ⅱ型裂纹的威斯特嘎德函数,可取

$$Z_{\mathrm{II}}(z)=\frac{z\tau^{\infty}}{\sqrt{z^2-a^2}}+D\tag{2.4.4}$$

根据本节无穷远处的边界条件,得到

$$C=D=-\tau^{\infty}\tag{2.4.5}$$

将式(2.4.5)代入式(2.4.2),采用与2.2.2节类似的方法,不难验证式(2.4.5)完全满足内边界条件式(2.2.11).

2.4.2 Ⅱ型裂纹的威斯特嘎德函数与K-M应力函数的关系

由式(2.4.2)与式(2.2.2)对比可以看出

$$\mathrm{Im}\varphi'(z)=-\frac{1}{2}\mathrm{Im}\mathrm{i}Z_{\mathrm{II}}(z)$$

经过与2.3.3节类似的证明,得到

$$\varphi'(z)=-\frac{\mathrm{i}}{2}Z_{\mathrm{II}}(z)\tag{2.4.6}$$

由式(2.2.12)直接可以看出,$\psi'(z)=-z\varphi''(z)-2\varphi'(z)-\mathrm{i}C$,将式(2.4.6)代入就得到

$$\psi'(z)=\frac{\mathrm{i}}{2}zZ'_{\mathrm{II}}(z)+\mathrm{i}Z_{\mathrm{II}}(z)-\mathrm{i}C\tag{2.4.7}$$

将式(2.4.6)和式(2.4.7)代入克罗索夫公式(2.2.2)的第2式,得到

$$\sigma_{yy}-\sigma_{xx}+2\mathrm{i}\tau_{xy}=2[-yZ'_{\mathrm{II}}(z)+\mathrm{i}Z_{\mathrm{II}}(z)-\mathrm{i}C]\tag{2.4.8}$$

式(2.4.8)的结果和用式(2.4.2)的组合得到的结果完全一致,因此两种应力函数对于无限大板中心Ⅱ型裂纹也是等效的.

2.4.3 Ⅱ型裂纹周围应力和位移的辐角式

将式(2.3.13)代入式(2.4.4),得到

$$Z_{\mathrm{II}}=\tau^{\infty}\left(\frac{r_0}{\sqrt{r_1\cdot r_2}}\mathrm{e}^{\mathrm{i}\left(\theta_0-\frac{\theta_1+\theta_2}{2}\right)}-1\right)\tag{2.4.9}$$

代入式(2.4.2)和式(2.4.3),分别得到Ⅱ型裂纹应力和位移的辐角式.

2.4.4 Ⅱ型裂纹面上的位移

在裂纹面上,$y=0$,即 $\theta_0=0$ 或 $\theta_0=\pm\pi$. 在上裂纹面,$\theta_1=\pi$,$\theta_2=0$,在下裂纹面,

$\theta_1=-\pi,\theta_2=0$. 分别代入式(2.4.3)，得到上下裂纹面的位移分别为

$$\left.\begin{aligned}u^+&=\left(\frac{\kappa+1}{4\mu}\right)a\tau^\infty\sqrt{1-(x/a)^2}\\ \nu^+&=\left(\frac{\kappa+1}{4\mu}\right)\tau^\infty\cdot x\end{aligned}\right\}\tag{2.4.10}$$

$$\left.\begin{aligned}u^-&=-\left(\frac{\kappa+1}{4\mu}\right)a\tau^\infty\sqrt{1-(x/a)^2}\\ \nu^-&=\left(\frac{\kappa+1}{4\mu}\right)\tau^\infty\cdot x\end{aligned}\right\}\tag{2.4.11}$$

由式(2.4.10)和式(2.4.11)得到裂纹上下面的位移间断为

$$\left.\begin{aligned}\Delta u&=u^+-u^-=2U_0\sqrt{1-(x/a)^2}\\ \Delta\nu&=\nu^+-\nu^-=0\end{aligned}\right\}\tag{2.4.12}$$

其中

$$U_0=\begin{cases}\dfrac{2(1-\nu^2)}{E}a\tau^\infty & \text{(平面应变)}\\ \dfrac{2}{E}a\tau^\infty & \text{(平面应力)}\end{cases}$$

注意，Ⅱ型裂纹的纵向位移间断 $\Delta\nu$ 虽然为零，但是裂纹上下面各自的纵向位移 ν^+ 和 ν^- 却不为零. 裂纹面左边和右边的位移方向为反对称，原裂纹变形后形成 S 形弯曲状. 这个结果对于解释一些剪切裂纹的变形实验(如张文佑的泥巴实验结果)是有意义的.

2.4.5　Ⅱ型裂纹周围的应力全场分布图形

图 2.10(a)～(c)分别画出了无限大板中心受远场剪切力Ⅱ型裂纹周围的应力各个分量等值线，图 2.10(d)～(e)则分别画出了最大主应力 σ_1 和最大剪切力 $\tau_{\max}$ 的等值线，其中取 $\tau^\infty=100$.

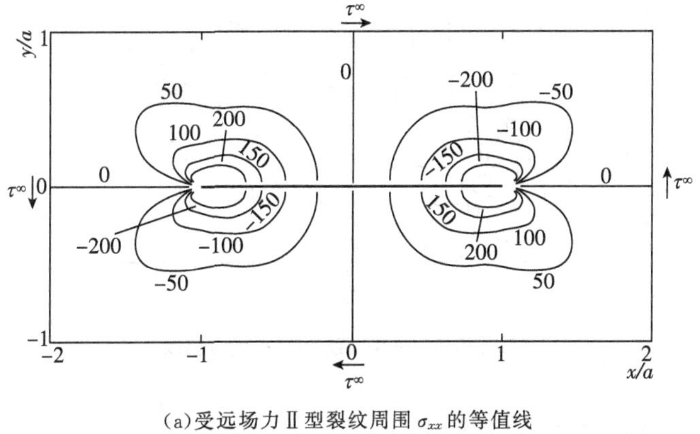

(a)受远场力Ⅱ型裂纹周围 σ_{xx} 的等值线

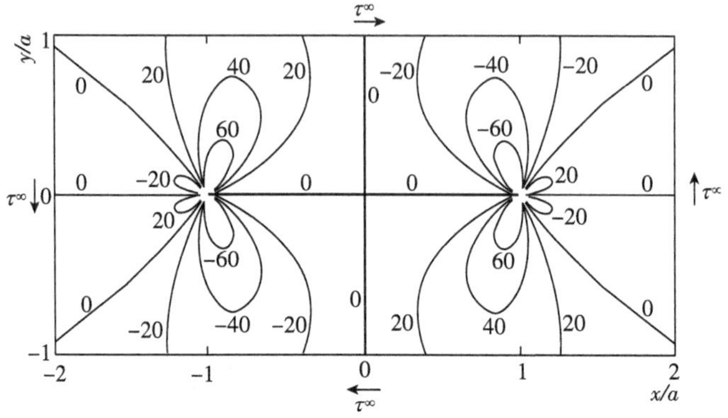

(b)受远场力Ⅱ型裂纹周围 σ_{yy} 的等值线

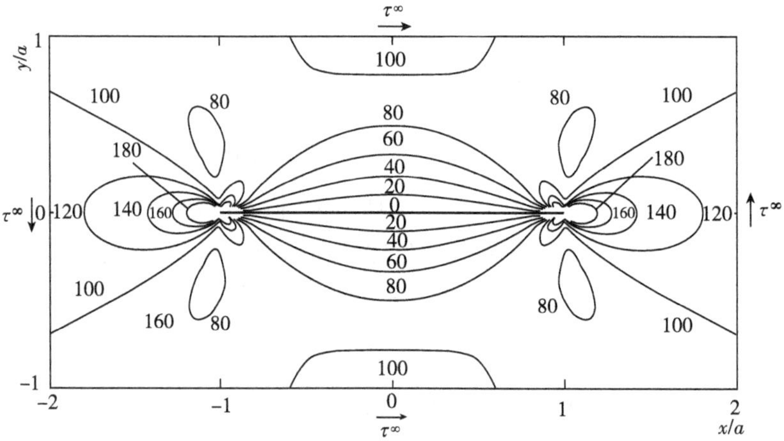

(c)受远场力Ⅱ型裂纹周围 τ_{xy} 的等值线

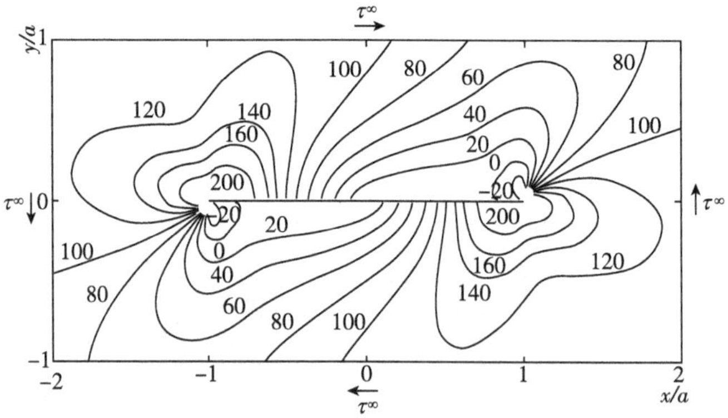

(d)受远场力Ⅱ型裂纹周围 σ_1 的等值线

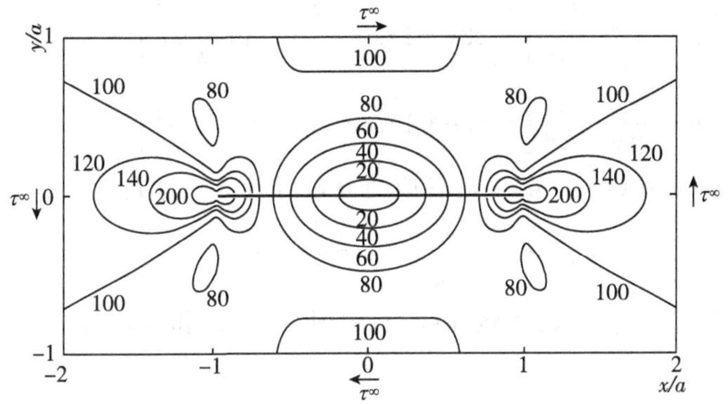

(e)受远场力Ⅱ型裂纹周围 τ_{max} 的等值线

图 2.10　受远场力Ⅱ型裂纹周围应力分布的等值线. 其中 $\tau^\infty=100$

2.4.6　Ⅱ型裂纹端部的应力与位移

仍采用裂纹前缘坐标 $z=a+re^{i\theta}=a+\zeta$. 将式(2.4.4)代入式(2.4.2)和式(2.4.3),并利用在裂纹端点附近 $r/a\ll1$ 的条件,可得Ⅱ型裂纹端点附近的应力场及位移场为

$$\left.\begin{aligned}\sigma_{xx}&=-\frac{K_{\mathrm{II}}}{\sqrt{2\pi r}}\sin\frac{\theta}{2}\left(2+\cos\frac{\theta}{2}\cdot\cos\frac{3}{2}\theta\right)\\\sigma_{yy}&=\frac{K_{\mathrm{II}}}{\sqrt{2\pi r}}\cos\frac{\theta}{2}\sin\frac{\theta}{2}\cos\frac{3}{2}\theta\\\tau_{xy}&=\frac{K_{\mathrm{II}}}{\sqrt{2\pi r}}\cos\frac{\theta}{2}\left(1-\sin\frac{\theta}{2}\cdot\sin\frac{3}{2}\theta\right)\end{aligned}\right\}+o(r^{-1/2})\tag{2.4.13}$$

$$\left.\begin{aligned}u&=\frac{K_{\mathrm{II}}}{4\mu}\sqrt{\frac{r}{2\pi}}\left[(2\kappa+3)\sin\frac{\theta}{2}+\sin\frac{3}{2}\theta\right]\\v&=-\frac{K_{\mathrm{II}}}{4\mu}\sqrt{\frac{r}{2\pi}}\left[(2\kappa-3)\cos\frac{\theta}{2}-\cos\frac{3}{2}\theta\right]\end{aligned}\right\}+o(r^{1/2})\tag{2.4.14}$$

其中

$$K_{\mathrm{II}}=\tau^\infty\sqrt{\pi a}\tag{2.4.15}$$

称为Ⅱ型裂纹的应力强度因子.

在极坐标系中的应力分量与位移分量为

$$\left.\begin{aligned}\sigma_{rr}&=\frac{K_{\mathrm{II}}}{2\sqrt{2\pi r}}\sin\frac{\theta}{2}(3\cos\theta-1)\\\sigma_{\theta\theta}&=-\frac{K_{\mathrm{II}}}{2\sqrt{2\pi r}}3\sin\theta\cos\frac{\theta}{2}\\\tau_{r\theta}&=\frac{K_{\mathrm{II}}}{2\sqrt{2\pi r}}\cos\frac{\theta}{2}(3\cos\theta-1)\end{aligned}\right\}+o(r^{-1/2})\tag{2.4.16}$$

$$\left.\begin{aligned} u_r &= \frac{K_{\mathrm{II}}}{4\mu}\sqrt{\frac{r}{2\pi}}\left[-(2\kappa-1)\sin\frac{\theta}{2}+3\sin\frac{3}{2}\theta\right] \\ u_\theta &= \frac{K_{\mathrm{II}}}{4\mu}\sqrt{\frac{r}{2\pi}}\left[-(2\kappa+1)\cos\frac{\theta}{2}+3\cos\frac{3}{2}\theta\right] \end{aligned}\right\}+o(r^{1/2}) \tag{2.4.17}$$

式(2.4.13)和式(2.4.16)中的各应力分量可以统一写成

$$\sigma_{ij}=\frac{K_{\mathrm{II}}}{\sqrt{2\pi r}}f_{ij}(\theta)+o(r^{-1/2}) \tag{2.4.18}$$

图 2.11 给出了 $f_{ij}(\theta)$的函数曲线,其中图 2.11(a)和(b)分别为直角坐标和极坐标的分量.

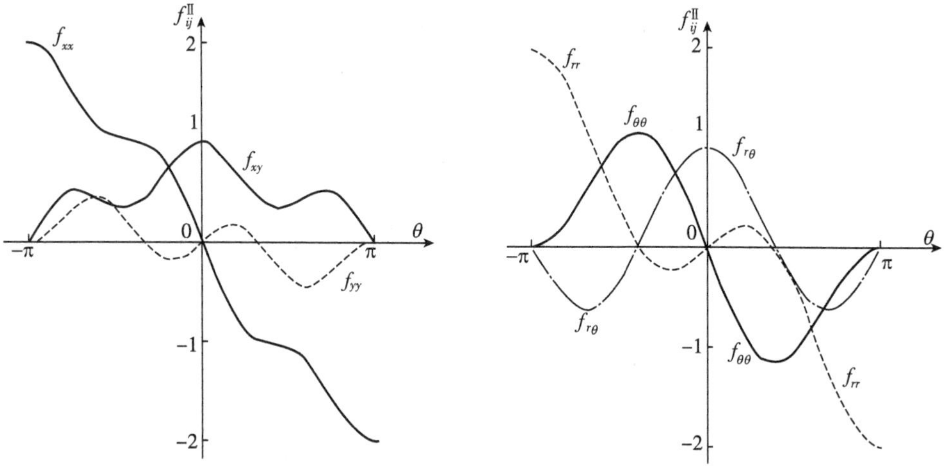

(a) 直角坐标的分量　　(b) 极坐标的分量

图 2.11　Ⅱ型裂纹端部 $f_{ij}(\theta)$的函数曲线

2.5　威斯特嘎德应力函数——Ⅲ型裂纹

2.5.1　无限大板含中心Ⅲ型裂纹的威斯特嘎德应力函数

如图 2.12 所示,在一无穷大板中央有一长为 $2a$ 的穿透裂纹.在板的两端作用以均匀剪应力 $\tau_{yz}=\tau^\infty$.

本问题不是平面问题,故不能直接应用弹性力学中平面问题的解法.但在此问题中各物理量(σ_{ij},ε_{ij},u_i)都与 z 无关,只依赖于坐标 x,y,所以仍然是二维问题.通常称之为反平面或法平面剪切问题.反平面剪切问题的特点是

$$u=v=0,w=w(x,y) \tag{2.5.1}$$

根据应变分量与位移间的关系 $\varepsilon_{ij}=(u_{i,j}+u_{j,i})/2$,可得

$$\varepsilon_{xz}=\frac{1}{2}\frac{\partial w}{\partial x},\quad \varepsilon_{yz}=\frac{1}{2}\frac{\partial w}{\partial y} \tag{2.5.2}$$

其余四个应变分量恒为 $\varepsilon_{xx}=\varepsilon_{yy}=\varepsilon_{xy}=\varepsilon_{zz}=0$.

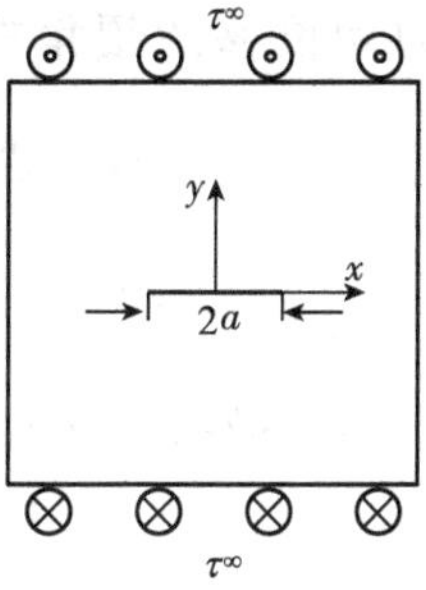

图 2.12　无限大板中心受远场剪切力Ⅲ型裂纹

由广义胡克定律可得 $\sigma_{xx}=\sigma_{yy}=\tau_{xy}=\sigma_{zz}=0$.

$$\left.\begin{aligned}\tau_{xz}&=2\mu\varepsilon_{xz}=\mu\frac{\partial w}{\partial x}\\ \tau_{yz}&=2\mu\varepsilon_{yz}=\mu\frac{\partial w}{\partial y}\end{aligned}\right\}\tag{2.5.3}$$

于是,三个平衡方程中两个自动满足,仅剩下一个为

$$\frac{\partial\tau_{xz}}{\partial x}+\frac{\partial\tau_{yz}}{\partial y}=0\tag{2.5.4}$$

将式(2.5.3)代入式(2.5.4)得

$$\nabla^2 w=0$$

因此,问题归结为在给定的边界条件下解拉普拉斯方程,而 w 必须为调和函数.可以取

$$w=\frac{1}{\mu}\mathrm{Im}\tilde{Z}_{\mathrm{III}}\tag{2.5.5}$$

其中,μ 为剪切模量.Z_{III} 称为Ⅲ型裂纹的威斯特嘎德函数.式(2.5.5)就是Ⅲ型裂纹位移的全场式.

根据解析函数的性质,只要 Z_{III} 为解析函数,则式(2.5.5)必然满足调和方程.将式(2.5.5)代入式(2.5.3)得到Ⅲ型裂纹应力的全场式

$$\left.\begin{aligned}\tau_{xz}&=\mathrm{Im}Z_{\mathrm{III}}\\ \tau_{yz}&=\mathrm{Re}Z_{\mathrm{III}}\end{aligned}\right\}\tag{2.5.6}$$

对于图 2.12 所示的裂纹问题,其边界条件为

$$\left.\begin{aligned}&\text{于 } z\to\infty, &&\tau_{yz}=\tau^{\infty}\\ &\text{于 } y=0,\ |x|<a, &&\tau_{yz}=0\end{aligned}\right\}\tag{2.5.7}$$

根据上述边界条件取

$$Z_{\mathrm{III}}=\frac{\tau^{\infty}\cdot z}{\sqrt{z^2-a^2}}\tag{2.5.8}$$

采用与 2.2 节类似的方法，不难验证式(2.5.8)完全满足边界条件式(2.5.7).

2.5.2 Ⅲ型裂纹周围全场应力和位移的辐角式

将式(2.3.13)代入式(2.5.8)，得到Ⅲ型裂纹威斯特嘎德应力函数的辐角式为

$$Z_{\mathrm{III}}=\frac{r_0\tau^{\infty}}{\sqrt{r_1\cdot r_2}}\mathrm{e}^{\mathrm{i}\left(\theta_0-\frac{\theta_1+\theta_2}{2}\right)} \tag{2.5.9}$$

将式(2.5.9)代入式(2.5.6)，得到Ⅲ型裂纹周围的应力辐角式为

$$\left.\begin{aligned}\tau_{xz}&=\frac{r_0\tau^{\infty}}{\sqrt{r_1\cdot r_2}}\sin\left(\theta_0-\frac{\theta_1+\theta_2}{2}\right)\\ \tau_{yz}&=\frac{r_0\tau^{\infty}}{\sqrt{r_1\cdot r_2}}\cos\left(\theta_0-\frac{\theta_1+\theta_2}{2}\right)\end{aligned}\right\} \tag{2.5.10}$$

其余应力分量 $\sigma_{xx}=\sigma_{yy}=\tau_{xy}=\sigma_{zz}=0$.

将式(2.5.9)代入式(2.5.5)，得到Ⅲ型裂纹周围位移辐角式为

$$w=\frac{\tau^{\infty}}{\mu}\sqrt{r_1\cdot r_2}\sin\frac{1}{2}(\theta_1+\theta_2) \tag{2.5.11}$$

2.5.3 Ⅲ型裂纹面上的位移

在裂纹面上，$y=0$，即 $\theta_0=0$ 或 $\theta_0=\pm\pi$. 在上裂纹面，$\theta_1=\pi$，$\theta_2=0$，在下裂纹面，$\theta_1=-\pi$，$\theta_2=0$. 分别代入式(2.5.11)，得到上下裂纹面的位移分别为

$$w^{+}=\frac{\tau^{\infty}}{\mu}\sqrt{a^2-x^2},\quad w^{-}=-\frac{\tau^{\infty}}{\mu}\sqrt{a^2-x^2}$$

因此裂纹上下面的位移间断为

$$\Delta w=w^{+}-w^{-}=\frac{2\tau^{\infty}}{\mu}\sqrt{a^2-x^2} \tag{2.5.12}$$

2.5.4 受远场剪切力Ⅲ型裂纹周围全场应力分布图形

图 2.13(a)～(c)显示的是受远场力Ⅲ型裂纹全场应力 τ_{xz} 和 τ_{yz} 的等值线. 其中 $\tau^{\infty}=100$. 利用求应力张量矩阵特征值的方法(附录Ⅰ)，可以求得三个主应力为

$$\sigma_1=\tau^{\infty}\frac{r_0}{\sqrt{r_1r_2}},\quad \sigma_2=0,\quad \sigma_3=-\tau^{\infty}\frac{r_0}{\sqrt{r_1r_2}} \tag{2.5.13}$$

σ_1 等值线由图 2.13(c)显示. 最大剪切应力为 $\tau_{\max}=\dfrac{\sigma_1-\sigma_3}{2}$，就是

$$\tau_{\max}=\tau^{\infty}\frac{r_0}{\sqrt{r_1\cdot r_2}} \tag{2.5.14}$$

由于 $\tau_{\max}=\sigma_1$，因此 $\tau_{\max}$ 等值线不再另画.

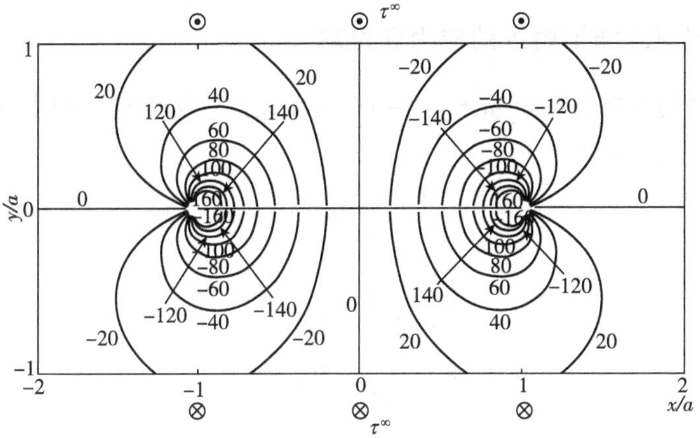

(a)受远场力Ⅲ型裂纹周围 τ_{xz} 的等值线

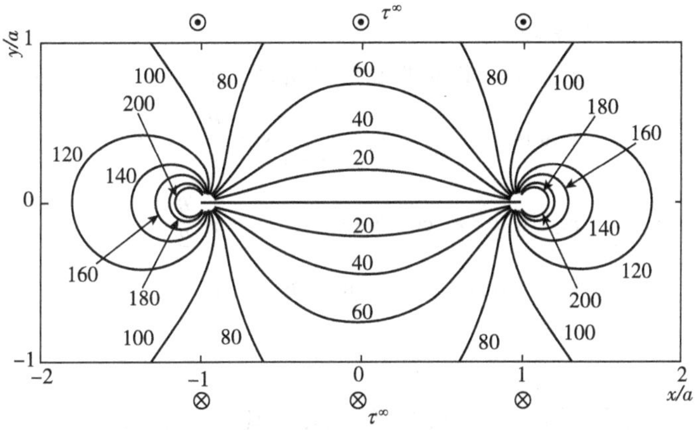

(b)受远场力Ⅲ型裂纹周围 τ_{yz} 的等值线

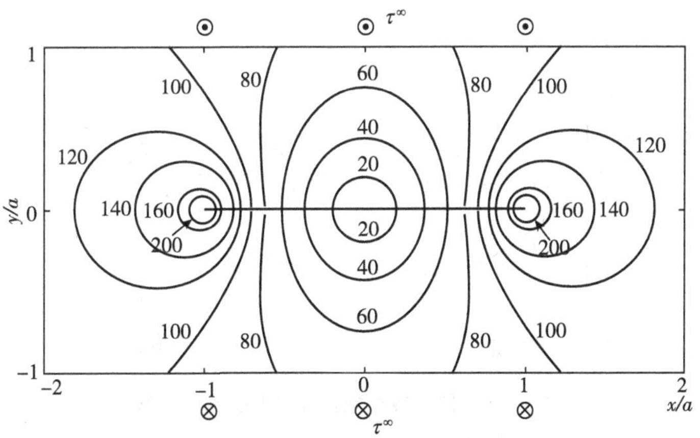

(c)受远场力Ⅲ型裂纹周围 σ_1 的等值线

图 2.13　受远场力Ⅲ型裂纹周围应力分布的等值线($\tau_{\max}=\sigma_1$,因此 $\tau_{\max}$ 等值线不再另画)

2.5.5 Ⅲ型裂纹端部附近的应力和位移

引入裂纹前缘坐标系 $z=a+re^{i\theta}=a+\zeta$，在裂纹端部附近区域内($r/a \ll 1$)，其应力和位移的近场式为

$$\left.\begin{aligned}\tau_{xz}&=-\frac{K_{\mathrm{III}}}{\sqrt{2\pi\cdot r}}\sin\frac{\theta}{2}+o(r^{-1/2})\\ \tau_{yz}&=\frac{K_{\mathrm{III}}}{\sqrt{2\pi\cdot r}}\cos\frac{\theta}{2}+o(r^{-1/2})\\ w&=\frac{2K_{\mathrm{III}}}{\mu}\sqrt{\frac{r}{2\pi}}\sin\frac{\theta}{2}+o(r^{1/2})\end{aligned}\right\}\tag{2.5.15}$$

其余分量 $\sigma_{xx}=\sigma_{yy}=\tau_{xy}=\sigma_{zz}=0$. 其中

$$K_{\mathrm{III}}=\tau^{\infty}\sqrt{\pi a}\tag{2.5.16}$$

称为Ⅲ型裂纹的应力强度因子.

利用坐标变换(见附录Ⅰ)，得到Ⅲ型裂纹近场式在柱坐标中的应力分量为

$$\left.\begin{aligned}\tau_{rz}&=\tau_{xz}\cos\theta+\tau_{yz}\sin\theta=\frac{K_{\mathrm{III}}}{\sqrt{2\pi\cdot r}}\sin\frac{\theta}{2}+o(r^{-1/2})\\ \tau_{\theta z}&=-\tau_{xz}\sin\theta+\tau_{yz}\cos\theta=\frac{K_{\mathrm{III}}}{\sqrt{2\pi\cdot r}}\cos\frac{\theta}{2}+o(r^{-1/2})\end{aligned}\right\}\tag{2.5.17}$$

其余分量 $\sigma_{rr}=\sigma_{\theta\theta}=\tau_{r\theta}=\sigma_{zz}=0$，应力分量可以统一写成

$$\sigma_{ij}=\frac{K_{\mathrm{III}}}{\sqrt{2\pi r}}f_{ij}(\theta)+o(r^{-1/2})$$

图 2.14 给出了Ⅲ型裂纹 $f_{ij}(\theta)$的函数曲线，其中图 2.14(a)和(b)分别为直角坐标和柱坐标的分量.

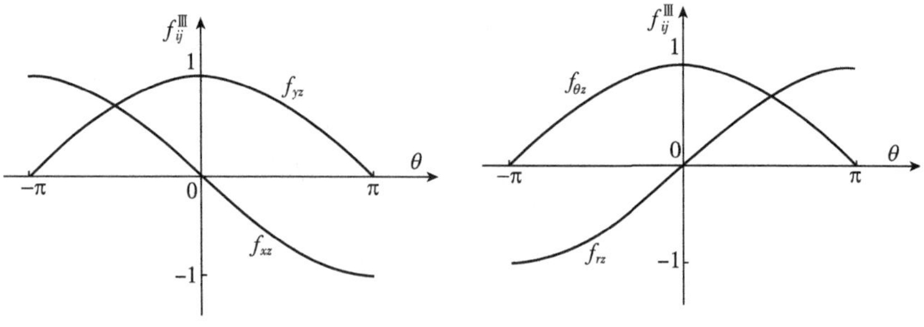

(a) 直角坐标的分量　　(b) 柱坐标的分量

图 2.14　Ⅲ型裂纹端部 $f_{ij}(\theta)$的函数曲线

2.6　破裂周围应力的近场式与全场式的关系

首先，考察裂纹周围应力近场公式成立并收敛的范围(李世愚等，2004).

以纯Ⅰ型裂纹为例. 在 2.4 节中，裂纹端部附近$|\zeta|=r<2a$ 的范围内，利用二项式定理，将 $Z_{\mathrm{I}}=\dfrac{\sigma_y^{\infty}z}{\sqrt{z^2-a^2}}+A$ 中的因子 $1/\sqrt{2a+\zeta}$ 在裂纹端部作泰勒展开，然后逐项相乘，得到

$$Z_{\mathrm{I}}=\frac{\sigma_y^{\infty}}{\sqrt{2}}\left[\sqrt{\frac{a}{\zeta}}+\frac{3}{4}\left(\frac{\zeta}{a}\right)^{1/2}-\frac{5}{32}\left(\frac{\zeta}{a}\right)^{3/2}+\cdots\right]+A \tag{2.6.1}$$

其次，考察裂纹周围应力远场公式成立并收敛的范围(李世愚等，2004).

在$|\zeta|=r>2a$ 区域内，Z_{I} 不能采用泰勒展开式，而应采用洛朗展开式，然后逐项相乘，得到

$$Z_{\mathrm{I}}=\frac{\sigma_y^{\infty}(a+\zeta)}{\zeta\sqrt{1+2a/\zeta}}+A=\sigma_y^{\infty}\left[1+\frac{1}{2}\left(\frac{a}{\zeta}\right)^2-\left(\frac{a}{\zeta}\right)^3\cdots\right]+A \tag{2.6.2}$$

其中，$\zeta=re^{i\theta}$. 将式(2.6.2)与式(2.6.1)比较，可以看出在形式上已完全不同，代入式(2.3.3)，得到Ⅰ型裂纹的应力分量也已不出现 $r^{-1/2}$ 阶项. 因此，应力近场项只在$|\zeta|=r<2a$ 的范围内存在并收敛. 这就意味着 $r^{-1/2}$ 阶奇异项仅在$|\zeta|=r<2a$ 的范围内存在，而在$|\zeta|=r>2a$ 的范围内不存在. 换句话说，在$|\zeta|=r>2a$ 的范围内讨论应力的 $r^{-1/2}$ 阶奇异项的作用没有意义.

补充 2.1　克罗索夫-穆斯海里什维里(K－M)函数

1. 复应力函数的构筑

令

$$P=\sigma_{xx}+\sigma_{yy}=\frac{\partial^2 U}{\partial x^2}+\frac{\partial^2 U}{\partial y^2}=\nabla^2 U \tag{1}$$

显然

$$\nabla^2 P=\nabla^2\nabla^2 U=\nabla^4 U=0$$

因此 $P(x,y)$是调和函数. 以 $P(x,y)$为实部，以 $P(x,y)$的共轭调和函数为虚部，可构成一个解析函数 $f(z)$，

$$f(z)=P(x,y)+\mathrm{i}Q(x,y) \tag{2}$$

其中，$z=x+\mathrm{i}y$. 再考虑函数

$$\varphi(z)=\frac{1}{4}\int f(z)\mathrm{d}z=p(x,y)+\mathrm{i}q(x,y) \tag{3}$$

显然

$$\varphi'(z)=\frac{1}{4}f(z) \tag{4}$$

$\varphi(z)$必定是解析函数,因而其实部与虚部都是调和函数,即

$$\nabla^2 p=0,\nabla^2 q=0 \tag{5}$$

由式(5)可得

$$\frac{\partial p}{\partial x}+\mathrm{i}\,\frac{\partial q}{\partial x}=\frac{1}{4}(P+\mathrm{i}Q)$$

所以

$$\frac{\partial p}{\partial x}=\frac{P}{4}$$

再由柯西-黎曼条件

$$\frac{\partial p}{\partial x}=\frac{\partial q}{\partial y},\quad \frac{\partial p}{\partial y}=-\frac{\partial q}{\partial x}$$

得

$$\frac{\partial p}{\partial x}=\frac{\partial q}{\partial y}=\frac{P}{4} \tag{6}$$

现在研究实函数 p_1.

$$p_1=U-px-qy \tag{7}$$

并证明 p_1 为调和函数,即

$$\nabla^2 p_1=0 \tag{8}$$

只要将式(7)对 x,y 分别求导两次

$$\frac{\partial^2 p_1}{\partial x^2}=\frac{\partial^2 U}{\partial x^2}-2\,\frac{\partial p}{\partial x}-x\,\frac{\partial^2 p}{\partial x^2}-y\,\frac{\partial^2 q}{\partial x^2}$$

$$\frac{\partial^2 p_1}{\partial y^2}=\frac{\partial^2 U}{\partial y^2}-2\,\frac{\partial q}{\partial y}-y\,\frac{\partial^2 q}{\partial y^2}-x\,\frac{\partial^2 p}{\partial y^2}$$

于是

$$\nabla^2 p_1=\frac{\partial^2 p_1}{\partial x^2}+\frac{\partial^2 p_1}{\partial y^2}=\nabla^2 U-2\left(\frac{\partial p}{\partial x}+\frac{\partial q}{\partial y}\right)-x\,\nabla^2 p-y\,\nabla^2 q$$

式中,$\nabla^2 p=\nabla^2 q=0$.

由式(1)$\nabla^2 U=P$,以及式(6)$2\left(\frac{\partial p}{\partial x}+\frac{\partial q}{\partial y}\right)=P$,证明了$\nabla^2 p_1=0$.

由式(7)可将 U 表示为

$$U=px+qy+p_1 \tag{9}$$

式(9)又可以表示为

$$U=\mathrm{Re}[\bar{z}\varphi(z)+g(z)] \tag{10}$$

其中,$\bar{z}=x-\mathrm{i}y$,$g(z)=p_1+\mathrm{i}q$. Re 表示复变函数的实部,Im 表示其虚部. 式(10)也可以改写为

$$U=\frac{1}{2}[\bar{z}\varphi(z)+z\overline{\varphi(z)}+g(z)+\overline{g(z)}] \tag{11}$$

上式称为古莎公式，$\overline{\varphi(z)}$和$\overline{g(z)}$分别表示 $\varphi(z)$和 $g(z)$的共轭函数. 将 $\varphi(z)$和$g(z)$中所有的 i 换成−i，即得到$\overline{\varphi(z)}$及$\overline{g(z)}$.

式(10)表示，双调和函数 U 总可以由两个解析函数 $\varphi(z)$和 $g(z)$来表示，即只要 $\varphi(z)$和 $g(z)$为复变量 z 的解析函数(更严格些说是全纯函数，即单值的解析函数)，则由式(10)所构成的实函数 U，一定为双调和函数，即$\nabla^4 U=0$.

2. 应力的复变函数表示

将式(10)代入式(2.2.1)，组合，可以得到如下的简单表达式

$$\left.\begin{aligned}\sigma_{yy}+\sigma_{xx}&=4\mathrm{Re}[\varphi'(z)]\\ \sigma_{yy}-\sigma_{xx}+2\mathrm{i}\tau_{xy}&=2[\bar{z}\varphi''(z)+g''(z)]\end{aligned}\right\} \tag{12}$$

在以后的计算中，用到的都是 $g(z)$的导数，而不是 $g(z)$本身. 因此引入函数$\psi(z)=g'(z)$，式(14)可以改写成

$$\left.\begin{aligned}\sigma_{yy}+\sigma_{xx}&=4\mathrm{Re}[\varphi'(z)]\\ \sigma_{yy}-\sigma_{xx}+2\mathrm{i}\tau_{xy}&=2[\bar{z}\varphi''(z)+\psi'(z)]\end{aligned}\right\} \tag{13}$$

有时再引入函数 $\Phi(z)$及 $\Psi(z)$，它们分别是 $\varphi(z)$与 $\psi(z)$的导数，

$$\Phi(z)=\varphi'(z),\quad \Psi(z)=\psi'(z)$$

则式(15)又可表示为

$$\left.\begin{aligned}\sigma_{yy}+\sigma_{xx}&=4\mathrm{Re}[\Phi(z)]\\ \sigma_{yy}-\sigma_{xx}+2\mathrm{i}\tau_{xy}&=2[\bar{z}\Phi'(z)+\Psi(z)]\end{aligned}\right\} \tag{14}$$

式(14)～式(16)都称为克罗索夫公式.

3. 位移的复变函数表示

由广义胡克定律式(平面应力情形)

$$\frac{\partial u}{\partial x}=\varepsilon_{xx}=\frac{1}{E}[\sigma_{xx}-v\sigma_{yy}]=\frac{1}{E}[\sigma_{xx}+\sigma_{yy}-(1+v)\sigma_{yy}]=\frac{1}{E}\left[P-(1+v)\frac{\partial^2 U}{\partial x^2}\right]$$

$$=\frac{1}{E}\left[4\frac{\partial p}{\partial x}-(1+v)\frac{\partial^2 U}{\partial x^2}\right]$$

同理

$$\frac{\partial v}{\partial y}=\frac{1}{E}\left[4\frac{\partial q}{\partial y}-(1+v)\frac{\partial^2 U}{\partial y^2}\right]$$

将上面两式积分得

$$\left.\begin{aligned}u&=\frac{1}{E}\left[4p-(1+v)\frac{\partial U}{\partial x}\right]+f_1(y)\\ v&=\frac{1}{E}\left[4q-(1+v)\frac{\partial U}{\partial y}\right]+f_2(x)\end{aligned}\right\} \tag{15}$$

其中，$f_1(y)$和 $f_2(x)$分别为 y 及 x 的任意函数.

广义胡克定律的第三式 $\tau_{xy}=2\mu\varepsilon_{xy}$ 可改写为

$$-\frac{\partial^2 U}{\partial x\partial y}=\mu\left(\frac{\partial v}{\partial x}+\frac{\partial u}{\partial y}\right)$$

将式(17)代入上式，并利用关系式

$$\frac{\partial p}{\partial y}+\frac{\partial q}{\partial x}=0$$

可得

$$f_1'(y)+f_2'(x)=0$$

由此得

$$\left.\begin{aligned}f_1(y)&=2\mu(-\varepsilon y+\alpha)\\ f_2(x)&=2\mu(\varepsilon x+\beta)\end{aligned}\right\}\tag{16}$$

其中，ε、α、β 均为常数(因为 μ 是考虑以后的方便特意引入的). 可见 $f_1(y)$和$f_2(x)$代表着刚体位移，它对应力、应变不起影响，在一般情况下可不予考虑而令此三常数均为零.

现计算 $u+\mathrm{i}v$，利用式(17)及式(12)得

$$2\mu(u+\mathrm{i}v)=\kappa\varphi(z)-z\overline{\varphi'(z)}-\overline{\psi(z)}\tag{17}$$

其中

$$\kappa=\begin{cases}(3-v)/(1+v)&(\text{平面应力})\\ 3-4v&(\text{平面应变})\end{cases}$$

利用坐标变换可以得出在极坐标系中，克罗索夫公式可以表示为

$$\left.\begin{aligned}\sigma_{rr}+\sigma_{\theta\theta}&=4\mathrm{Re}[\varphi'(z)]\\ \sigma_{\theta\theta}-\sigma_{rr}+2\mathrm{i}\tau_{r\theta}&=2[\bar{z}\varphi''(z)+\psi'(z)]\mathrm{e}^{2\mathrm{i}\theta}\\ 2\mu(u_r+\mathrm{i}u_\theta)&=[\kappa\varphi(z)-z\overline{\varphi'(z)}-\overline{\psi(z)}]\mathrm{e}^{-\mathrm{i}\theta}\end{aligned}\right\}\tag{18}$$

将式(18)中的第一式减第二式得到另一个相当有用的公式

$$\sigma_{rr}-\mathrm{i}\tau_{r\theta}=\varphi'(z)+\overline{\varphi'(z)}-[\bar{z}\varphi''(z)+\psi'(z)]\mathrm{e}^{2\mathrm{i}\theta}\tag{19}$$

4. 边界条件的复变函数表示

(1)力的边界条件

通常给定物体边界上应力矢量 T_x 和 T_y. 利用柯西公式(附录 I)

$$\left.\begin{aligned}T_x&=l\sigma_{xx}+m\tau_{yx}\\ T_y&=l\tau_{xy}+m\sigma_{yy}\end{aligned}\right\}\tag{20}$$

由图 2.15 可知

$$l=\cos(N,x)=\mathrm{d}y/\mathrm{d}s,\qquad m=\cos(N,y)=-\mathrm{d}x/\mathrm{d}s$$

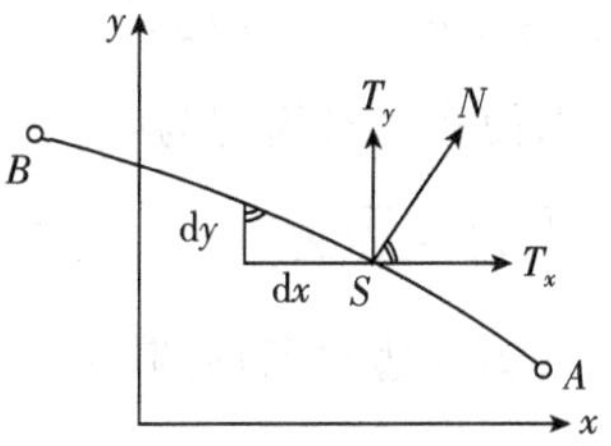

图 2.15　力的边界条件

再利用式(2.2.1),将应力用应力函数表示,得到

$$T_x = \frac{\partial^2 U}{\partial y^2}\frac{\mathrm{d}y}{\mathrm{d}s} + \frac{\partial^2 U}{\partial x \partial y}\frac{\mathrm{d}x}{\mathrm{d}s} = \frac{\partial}{\partial y}\left(\frac{\partial U}{\partial y}\right)\frac{\mathrm{d}y}{\mathrm{d}s} + \frac{\partial}{\partial x}\left(\frac{\partial U}{\partial y}\right)\frac{\mathrm{d}x}{\mathrm{d}s}$$

所以

$$T_x = \frac{\mathrm{d}}{\mathrm{d}s}\left(\frac{\partial U}{\partial y}\right), \qquad T_y = -\frac{\mathrm{d}}{\mathrm{d}s}\left(\frac{\partial U}{\partial x}\right) \tag{21}$$

参照克罗索夫公式,我们用应力矢量的复数表达式

$$T_x + \mathrm{i}T_y = \frac{\mathrm{d}}{\mathrm{d}s}\left(\frac{\partial U}{\partial y}\right) - \mathrm{i}\frac{\mathrm{d}}{\mathrm{d}s}\left(\frac{\partial U}{\partial x}\right) = -\mathrm{i}\frac{\mathrm{d}}{\mathrm{d}s}\left(\frac{\partial U}{\partial x} + \mathrm{i}\frac{\partial U}{\partial y}\right)$$

利用古莎公式(11),记 $\psi(z) = g'(z)$,得到

$$\frac{\partial U}{\partial x} + \mathrm{i}\frac{\partial U}{\partial y} = [\varphi(z) + z\overline{\varphi'(z)} + \overline{\psi(z)}] \tag{22}$$

因此得

$$T_x + \mathrm{i}T_y = -\mathrm{i}\frac{\mathrm{d}}{\mathrm{d}s}[\varphi(z) + z\overline{\varphi'(z)} + \overline{\psi(z)}]$$

或者

$$\mathrm{i}(T_x + \mathrm{i}T_y) = \frac{\mathrm{d}}{\mathrm{d}s}\left[\varphi(z) + z\overline{\varphi'(z)} + \overline{\psi(z)}\right] \tag{23}$$

将上式沿物体边界对弧长积分,例如从 A 到 B(图 2.15),则得

$$\mathrm{i}\int_A^B (T_x + \mathrm{i}T_y)\mathrm{d}s = [\varphi(z) + z\overline{\varphi'(z)} + \overline{\psi(z)}]_A^B \tag{24}$$

上式中 $\int_A^B (T_x + \mathrm{i}T_y)\mathrm{d}s$ 等于在边界上 AB 段内应力矢量的主矢量 $X + \mathrm{i}Y$,其中 X、Y 分别为 AB 段上应力矢量的主矢量 R 在 x、y 方向上的投影.

如果选定 A 点为边界上的某一基点(定点),B 点为边界上的任意点(动点),则 z_B 记为 z,而式(24)可写成

$$[\varphi(z) + z\overline{\varphi'(z)} + \overline{\psi(z)}] = \mathrm{i}\int_A^B (T_x + \mathrm{i}T_y)\mathrm{d}s + [\varphi(z) + z\overline{\varphi'(z)} + \overline{\psi(z)}]_{z=z_A} \tag{25}$$

可以证明(尹祥础,1985),如果取

$$[\varphi(z)+z\overline{\varphi'(z)}+\overline{\psi(z)}]_{z=z_A}=0$$

并不影响应力和位移,因而可以使式(25)简化为

$$[\varphi(z)+z\overline{\varphi'(z)}+\overline{\psi(z)}]=\mathrm{i}\int_A^B(T_x+\mathrm{i}T_y)\mathrm{d}s \tag{26}$$

上式就是用 $\varphi(z)$ 、$\psi(z)$ 表示的力的边界条件. 其中 A 点为边界上的某一固定点,B 点代表动点 (x,y).

同理可得

$$M_{AB}=\mathrm{Re}[g(z)-z\psi(z)-z\bar{z}\varphi'(z)]_A^B \tag{27}$$

其中,M_{AB} 表示作用在边界 AB 段上所有外力对原点的合力矩.

(2)位移的边界条件

对于边界上的位移给定为

$$u=u(x,y),\qquad v=v(x,y)$$

的情况,按克罗索夫公式,可立即得到其边界条件为

$$\kappa\varphi(z)-z\overline{\varphi'(z)}-\overline{\psi(z)}=2\mu[u(x,y)+\mathrm{i}v(x,y)] \tag{28}$$

第 3 章　应力强度因子、断裂韧性和能量释放率

3.1　应力强度因子与断裂韧性

3.1.1　应力强度因子的基本概念

根据第 2 章的论述，可以将各类裂纹端部的各个应力分量和位移分量归纳为一个统一的表达式

$$\sigma_{ij}=\frac{K_J}{\sqrt{2\pi r}}f_{ij}^J(\theta)+o(r^{-1/2})\quad (i,j=1,2,3;J=\mathrm{I},\mathrm{II},\mathrm{III}) \tag{3.1.1}$$

$$u_i=\frac{K_J}{4\mu}\sqrt{\frac{r}{2\pi}}\cdot g_i^J(\theta)+o(r^{1/2})\quad (i=1,2,3;J=\mathrm{I},\mathrm{II},\mathrm{III}) \tag{3.1.2}$$

它说明对于每一同种类型的裂纹，端部应力场的分布规律(即 σ_{ij} 随 r 及 θ 的变化规律)是相同的，其大小则完全取决于参数 K_J. 所以 $K_J(J=\mathrm{I},\mathrm{II},\mathrm{III})$是表征裂纹端部应力场的特征物理量，因而称为应力场强度因子或应力强度因子(Irwin，1957).

如式(3.1.1)所示，应力在裂纹端部具有奇异性. 而 K_J 也正是用以描述这种奇异性的参数.

由 2.3.8 节可知

$$\sigma_{yy}\big|_{\theta=0}=\frac{K_{\mathrm{I}}}{\sqrt{2\pi r}} \tag{3.1.3}$$

即 $K_{\mathrm{I}}=[\sigma_{yy(\theta=0)}]\cdot\sqrt{2\pi r}$. 此式仅在 $r/a\ll 1$ 时才适用，因而

$$\left.\begin{aligned}K_{\mathrm{I}}&=\lim_{r\to 0}[\sigma_{yy(\theta=0)}]\sqrt{2\pi r}\\K_{\mathrm{II}}&=\lim_{r\to 0}[\tau_{xy(\theta=0)}]\sqrt{2\pi r}\\K_{\mathrm{III}}&=\lim_{r\to 0}[\tau_{yz(\theta=0)}]\sqrt{2\pi r}\end{aligned}\right\} \tag{3.1.4}$$

上式即应力强度因子 K_J 的定义.

应力强度因子 K 的量纲为[应力]×[长度]$^{1/2}$. 在 SI 单位制中其单位为 MPa·m$^{1/2}$，在工程单位中为 kgf·cm$^{1/2}$(千克力·厘米$^{1/2}$). 在英制中为 lbf·in$^{1/2}$(磅力·英寸$^{1/2}$)，它们之间的换算关系(见附录Ⅱ)为

1 MPa·m$^{1/2}$=9.10036×10^2 lbf·in$^{1/2}$，　或者 1 lbf·in$^{1/2}$=1.09886×10^{-3} MPa·m$^{1/2}$

1 MPa·m$^{1/2}$=1.01972×10^2 kgf·cm$^{1/2}$，　或者 1 kgf·cm$^{1/2}$=9.80665×10^{-3} MPa·m$^{1/2}$

3.1.2 断裂韧性

由上面的分析可知，应力强度因子 K_J 是表征裂纹端应力场的唯一需要确定的参量. 不同样品中的裂纹，几何参数及受载情况可以完全不同. 但只要其 K_J 相同，则裂纹端部的应力场是完全相同的. 进一步由式(3.1.2)可知，其位移场，进而其应变能场也是相同的. K_J 完全表征了裂纹端部的物理状态（即端部各种物理场的情况），因此它必然是度量裂纹稳定程度的可靠参数. 用实验的方法可以测出某些材料中裂纹开始失稳扩展时临界的 K_J 值，称为材料的断裂韧性，用符号 K_{Jc}（$J=\mathrm{I},\mathrm{II},\mathrm{III}$）表示. 它是表示材料抗脆断能力的一个全新的材料参量.

至此，得到断裂力学中关于材料的新判据(Irwin，1957)：

$$K_J \geqslant K_{Jc} \quad (J=\mathrm{I},\mathrm{II},\mathrm{III}) \tag{3.1.5}$$

这样的准则称之为欧文(Irwin)准则.

关于岩石断裂韧性 K_{Jc} 的具体测试方法，本书没有列入，读者可参照国际岩石力学学会(ISRM)测试方法委员会推荐的《建议采用的岩石断裂韧度测定方法》. 全文发表于 *International Journal of Rock Mechanics and Mining Science & Geomechanics Abstract* 第 25 卷第 2 期. 其中部分内容曾由尹祥础、余建中译成中文载于《世界地震译丛》1989 年第 6 期，并作为附录，刊登在(阿特金森主编)《岩石断裂力学》中文版(尹祥础、修济刚等译，1992). 另外还可参见褚武杨(1979)和陈篪等(1977)的工作. 有关岩石断裂韧度测试结果的数据，参见文献(Atkinson，1987)，本书附录Ⅲ仅列出了最重要的部分.

3.1.3 应力强度因子的计算

如前所述，应力强度因子 K_J 是衡量裂纹端部物理状态（应力场，位移场）的重要参数，也是进行工程设计的重要依据. 因而寻求不同几何形状及载荷情况下的应力强度因子，无论在理论上还是实用上都有重大意义. 近几年来断裂力学中的大量工作就是求应力强度因子，现在已经有不少专门的手册，如薛昌明(Sih，1973)、Tada 等(1973)及中国航空研究院(1981)的工作成果.

求应力强度因子的方法是各式各样的，可分为计算与实验两大类. 计算方法中又分为解析法及数值法. 解析方法中又有许多方法. 这里我们仅介绍复变函数的方法.

如果某一裂纹问题已求得其应力函数 $\varphi(z)$、$\psi(z)$ 或 $Z(z)$，则可求其裂纹尖端的应力场. 根据式(3.1.4)即可求得其 K_J.

下面我们来研究一下 K_J 与应力函数的直接关系.

根据应力强度因子的定义，K_J（$J=\mathrm{I},\mathrm{II},\mathrm{III}$）与 r 和 θ 无关，因此和坐标系的选取也无关.

对于平面裂纹体（含有裂纹的物体以下简称裂纹体），在一般的情况下 K_I、K_II

常同时存在.对于板内含Ⅰ型裂纹，记裂纹右端的辐角为 $\theta_1(-\pi<\theta_1<\pi)$(图 3.1)，

$$\left.\begin{aligned}\sigma_{xx}^{(\mathrm{I})}&=\frac{K_{\mathrm{I}}}{\sqrt{2\pi r}}\cos\frac{\theta_1}{2}\left(1-\sin\frac{\theta_1}{2}\sin\frac{3}{2}\theta_1\right)\\ \sigma_{yy}^{(\mathrm{I})}&=\frac{K_{\mathrm{I}}}{\sqrt{2\pi r}}\cos\frac{\theta_1}{2}\left(1+\sin\frac{\theta_1}{2}\sin\frac{3}{2}\theta_1\right)\end{aligned}\right\}\quad(-\pi<\theta_1<\pi)$$

对于Ⅱ型裂纹，

$$\left.\begin{aligned}\sigma_{xx}^{(\mathrm{II})}&=\frac{K_{\mathrm{II}}}{\sqrt{2\pi r}}\sin\frac{\theta_1}{2}\left(-2-\cos\frac{\theta_1}{2}\cos\frac{3}{2}\theta_1\right)\\ \sigma_{yy}^{(\mathrm{II})}&=\frac{K_{\mathrm{II}}}{\sqrt{2\pi r}}\sin\frac{\theta_1}{2}\left(\cos\frac{\theta_1}{2}\cos\frac{3}{2}\theta_1\right)\end{aligned}\right\}\quad(-\pi<\theta_1<\pi)$$

对于Ⅰ、Ⅱ型裂纹相结合的情况，

$$\begin{aligned}\sigma_{xx}+\sigma_{yy}&=(\sigma_{xx}^{(\mathrm{I})}+\sigma_{yy}^{(\mathrm{I})})+(\sigma_{xx}^{(\mathrm{II})}+\sigma_{yy}^{(\mathrm{II})})\\&=\frac{K_{\mathrm{I}}}{\sqrt{2\pi r}}2\cos\frac{\theta_1}{2}-\frac{K_{\mathrm{II}}}{\sqrt{2\pi r}}2\sin\frac{\theta_1}{2}\quad(-\pi<\theta_1<\pi)\end{aligned}\tag{3.1.6}$$

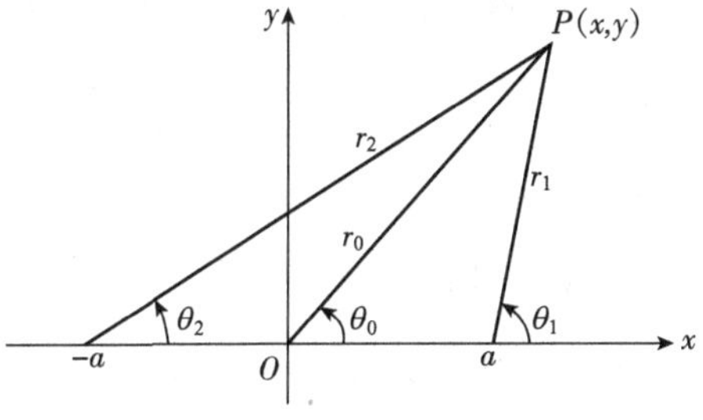

图 3.1　裂纹多极坐标系

注意到在裂纹端部，$\zeta=z-a=r_1\mathrm{e}^{\mathrm{i}\theta_1}$，$\dfrac{1}{\sqrt{\zeta}}=\dfrac{1}{\sqrt{r_1}}\left(\cos\dfrac{\theta_1}{2}-\mathrm{i}\sin\dfrac{\theta_1}{2}\right)$，式(3.1.6)可表示为

$$\sigma_{xx}+\sigma_{yy}=\mathrm{Re}\left[(K_{\mathrm{I}}-\mathrm{i}K_{\mathrm{II}})\frac{1}{\sqrt{\zeta}}\right]\frac{2}{\sqrt{2\pi}}\tag{3.1.7}$$

根据克罗索夫公式 $\sigma_{xx}+\sigma_{yy}=4\mathrm{Re}\varphi'(z)$.综合上述两式可得

$$K_{\mathrm{I}}-\mathrm{i}K_{\mathrm{II}}=\lim_{\zeta\to0}2\sqrt{2\pi\zeta}\varphi'(z)=\lim_{z\to a}2\sqrt{2\pi(z-a)}\varphi'(z)\tag{3.1.8}$$

如定义复应力强度因子 $K=K_{\mathrm{I}}-\mathrm{i}K_{\mathrm{II}}$，则得

$$K=K_{\mathrm{I}}-\mathrm{i}K_{\mathrm{II}}=\lim_{z\to a}2\sqrt{2\pi(z-a)}\varphi'(z)\tag{3.1.9}$$

式中之所以要加上极限符号是因为式(3.1.3)只适用于 $z/a\ll1$ 的情况.依式(3.1.9)可直接由 $\varphi'(z)$求得 K_{I}、K_{II} 而不必再求裂纹端部的应力分量.

对于板内单裂纹问题，式(3.1.9)表示的是裂纹右端部的复应力强度因子，记为

$$K^{+}=K_{\mathrm{I}}^{+}-\mathrm{i}K_{\mathrm{II}}^{+}=\lim_{z\to a}2\sqrt{2\pi(z-a)}\varphi'(z)\tag{3.1.10}$$

在裂纹左端部，由于割线位于 $\theta_2=0$，即实轴上 $z=-a$ 和 $z=a$ 之间，在割线上岸，应力函数 $\varphi'(z)$ 的单值解析范围为 $0<\theta_2<2\pi$.

由上述关系我们介绍两种计算裂纹左端部的应力强度因子的方法.

1. 坐标变换法

建立局部坐标系 $z'=-z$，并在裂纹左端部建立极坐标系 (r',θ')，θ' 的单值解析范围为 $-\pi<\theta'<\pi$，于是有 $\theta_2=\theta'+\pi$. 在局部坐标系中，应力函数 $\varphi'(z)$ 变换成 $\varphi'(z')$，裂纹左端在局部坐标中位于 $z'=a$，裂纹端部的应力分量与式(3.1.6)在形式上相同.

$$\begin{aligned}\sigma_{xx}+\sigma_{yy}&=(\sigma_{xx}^{(\mathrm{I})}+\sigma_{yy}^{(\mathrm{I})})+(\sigma_{xx}^{(\mathrm{II})}+\sigma_{yy}^{(\mathrm{II})})\\&=\frac{K_{\mathrm{I}}^{-}}{\sqrt{2\pi r'}}2\cos\frac{\theta'}{2}-\frac{K_{\mathrm{II}}^{-}}{\sqrt{2\pi r'}}2\sin\frac{\theta'}{2}\quad(-\pi<\theta'<\pi)\end{aligned}\tag{3.1.11}$$

因此直接可以将式(3.1.9)变换成

$$K^{-}=K_{\mathrm{I}}^{-}-\mathrm{i}K_{\mathrm{II}}^{-}=\lim_{z'\to a}2\sqrt{2\pi(z'-a)}\,\varphi'(z')\tag{3.1.12}$$

以受单轴拉伸纯Ⅰ型裂纹为例，由 2.2.3 节，应力函数为

$$\varphi'(z)=\frac{\sigma_y^{\infty}}{2}\frac{z}{\sqrt{z+a}\cdot\sqrt{z-a}}-\frac{\sigma_y^{\infty}}{4}$$

代入式(3.1.10)，得到裂纹右端部

$$K^{+}=K_{\mathrm{I}}^{+}-\mathrm{i}K_{\mathrm{II}}^{+}=\lim_{z\to a}2\sqrt{2\pi(z-a)}\,\varphi'(z)=\sigma_y^{\infty}\sqrt{\pi a}$$

结果是 $K_{\mathrm{I}}^{+}=\sigma_y^{\infty}\sqrt{\pi a}$，$K_{\mathrm{II}}^{+}=0$. 上述结果和 1.4 节的结果是相同的.

对于左端部，在局部坐标系 $z'=-z$ 内，由对称性直接看出，

$$\varphi'(z')=\frac{\sigma_y^{\infty}}{2}\frac{z'}{\sqrt{z'+a}\cdot\sqrt{z'-a}}-\frac{\sigma_y^{\infty}}{4}\tag{3.1.13}$$

代入式(3.1.12)同样得到 $K_{\mathrm{I}}^{-}=\sigma_y^{\infty}\sqrt{\pi a}$，$K_{\mathrm{II}}^{-}=0$.

坐标变换法的优点是较容易掌握，缺点是需要重建应力函数.

2. 解析延拓法

在裂纹左端部建立极坐标系 (r',θ')，θ' 的单值解析范围为 $-\pi<\theta'<\pi$. 于是有 $\theta_2=\theta'+\pi$. 将 $\theta'=\theta_2-\pi$ 代入式(3.1.6)，就得到在原坐标系中

$$\sigma_{xx}+\sigma_{yy}=\frac{K_{\mathrm{I}}^{-}}{\sqrt{2\pi r'}}2\sin\frac{\theta_2}{2}+\frac{K_{\mathrm{II}}^{-}}{\sqrt{2\pi r'}}2\cos\frac{\theta_2}{2},\ 0<\theta_2<2\pi\tag{3.1.14}$$

在裂纹左端部，$\zeta'=z+a=r_2\mathrm{e}^{\mathrm{i}\theta_2}$，$\dfrac{1}{\sqrt{\zeta'}}=\dfrac{1}{\sqrt{r_2}}\left(\cos\dfrac{\theta_2}{2}-\mathrm{i}\sin\dfrac{\theta_2}{2}\right)$，$0<\theta_2<2\pi$，式(3.1.14)可表示为

$$\sigma_{xx}+\sigma_{yy}=\mathrm{Re}\left[(K_{\mathrm{I}}^{-}-\mathrm{i}K_{\mathrm{II}}^{-})\frac{\mathrm{i}}{\sqrt{\zeta'}}\right]\frac{2}{\sqrt{2\pi}}\tag{3.1.15}$$

裂纹左端部的复应力强度因子可以写成 $K^{-}=(K_{\mathrm{I}}^{-}-\mathrm{i}K_{\mathrm{II}}^{-})\mathrm{i}$，于是

$$\begin{aligned}K^{-}=(K_{\mathrm{I}}^{-}-\mathrm{i}K_{\mathrm{II}}^{-})\mathrm{i}&=\lim_{\zeta\to 0}2\sqrt{2\pi\zeta}\,\varphi'(z)\\&=\lim_{z\to -a}2\sqrt{2\pi(z+a)}\,\varphi'(z)\end{aligned}\tag{3.1.16}$$

式中，$\varphi'(z)$的因子$(z-a)^{-1/2}$在 $z\to -a$ 的过程中必须进行解析延拓. 当 z 沿实轴$x<-a$ 的部分$\to -a$ 时，$\theta_2\to\pi$

$$\lim_{z\to -a}(z-a)^{1/2}=|-a-a|^{1/2}\mathrm{e}^{\mathrm{i}\cdot\pi/2}=\mathrm{i}\sqrt{2a}\tag{3.1.17}$$

仍以受单轴拉伸纯Ⅰ型裂纹为例，对于裂纹左端部，将式(3.1.13)代入式(3.1.16)，并利用式(3.1.17)，得到

$$\begin{aligned}K^{-}=(K_{\mathrm{I}}^{-}-\mathrm{i}K_{\mathrm{II}}^{-})\mathrm{i}&=\lim_{z\to -a}2\sqrt{2\pi(z+a)}\,\varphi'(z)\\&=2\sqrt{2\pi}\cdot\sigma_y^{\infty}\frac{-a}{\mathrm{i}\sqrt{2a}}=\mathrm{i}\sigma_y^{\infty}\sqrt{\pi a}\end{aligned}$$

得到 $K_{\mathrm{I}}^{-}=\sigma_y^{\infty}\sqrt{\pi a}$，$K_{\mathrm{II}}^{-}=0$. 这个结果和第 1 种方法得出的结果是一致的.

同理，如果已知威斯特嘎德应力函数 $Z_J(z)$($J=$Ⅰ，Ⅱ，Ⅲ)，由第 2 章式(2.3.9)

$$\varphi_{\mathrm{I}}'(z)=\frac{1}{2}Z_{\mathrm{I}}(z)$$

以及式(2.4.6)，

$$\varphi_{\mathrm{II}}'(z)=-\frac{\mathrm{i}}{2}Z_{\mathrm{II}}(z)$$

组合起来就是

$$\varphi'(z)=\varphi_{\mathrm{I}}'(z)+\varphi_{\mathrm{II}}'(z)=\frac{1}{2}[Z_{\mathrm{I}}(z)-\mathrm{i}Z_{\mathrm{II}}(z)]\tag{3.1.18}$$

代入式(3.1.9)就得到

$$K=K_{\mathrm{I}}-\mathrm{i}K_{\mathrm{II}}=(Z_{\mathrm{I}}-\mathrm{i}Z_{\mathrm{II}})\sqrt{2\pi\zeta}\tag{3.1.19}$$

对于Ⅲ型裂纹，由 1.5 节，

$$\tau_{yz}=\mathrm{Re}Z_{\mathrm{III}}\tag{3.1.20}$$

以及

$$\tau_{yz}=\frac{K_{\mathrm{III}}}{\sqrt{2\pi r}}\cos\frac{\theta}{2}+o(r^{-1/2})=\frac{K_{\mathrm{III}}}{\sqrt{2\pi}}\mathrm{Re}\frac{1}{\sqrt{\zeta}}+o(r^{-1/2})\tag{3.1.21}$$

将上式代入式(3.1.20)，得到

$$K_{\mathrm{III}}=\lim_{\zeta\to 0}Z_{\mathrm{III}}\sqrt{2\pi\zeta}\tag{3.1.22}$$

总之

$$\begin{aligned}K_J&=\lim_{\zeta\to 0}Z_J\sqrt{2\pi\zeta}\\&=\lim_{z\to a}Z_J\sqrt{2\pi(z-a)}\quad(J=\text{Ⅰ},\text{Ⅱ},\text{Ⅲ})\end{aligned}\tag{3.1.23}$$

对于裂纹左端部，将式(3.1.18)代入式(3.1.16)，得到

$$K_J^- = \lim_{\zeta'\to 0}(-\mathrm{i})Z_J\sqrt{2\pi\zeta'} = \lim_{z\to -a}(-\mathrm{i})Z_J\sqrt{2\pi(z+a)} \quad (J=\mathrm{I},\mathrm{II}) \tag{3.1.24}$$

对于Ⅲ型裂纹，在局部坐标中，$\theta'=\theta_2-\pi$，代入式(3.1.21)，

$$\tau_{yz}=\mathrm{Re}Z_{\mathrm{III}}=\frac{K_{\mathrm{III}}^-}{\sqrt{2\pi r'}}\cos\frac{\theta'}{2}+o(r'^{-1/2}) = \frac{K_{\mathrm{III}}^-}{\sqrt{2\pi r'}}\sin\frac{\theta_2}{2}+o(r'^{-1/2}) \tag{3.1.25}$$

将 $\zeta'=z+a=r'\mathrm{e}^{\mathrm{i}\theta_2}$，$\dfrac{\mathrm{i}}{\sqrt{\zeta'}}=\dfrac{1}{\sqrt{r'}}\left(\sin\dfrac{\theta_2}{2}+\mathrm{i}\cos\dfrac{\theta_2}{2}\right)$代入式(3.1.25)，就有

$$\tau_{yz}=\mathrm{Re}Z_{\mathrm{III}}=\frac{K_{\mathrm{III}}^-}{\sqrt{2\pi}}\mathrm{Re}\frac{\mathrm{i}}{\sqrt{\zeta'}}+o(r'^{-1/2})$$

总之

$$K_J^- = \lim_{\zeta'\to 0}(-\mathrm{i})Z_J\sqrt{2\pi\zeta'} = \lim_{z\to -a}(-\mathrm{i})Z_J\sqrt{2\pi(z+a)} \quad (J=\mathrm{I},\mathrm{II},\mathrm{III}) \tag{3.1.26}$$

式中，Z_J 的因子$(z-a)^{-1/2}$在 $z\to -a$ 的过程中同样必须进行解析延拓，同样可以利用式(3.1.17)的结果.

3.2 无限大裂纹体中集中力及集中力偶作用时的应力强度因子

3.2.1 集中力

设 $\boldsymbol{F}(x,y,z,t)$是 t 时刻介质中作用于 $P(x,y,z)$单位体积内的质点的体力的合力. 如果 $\boldsymbol{F}(x,y,z,t)$在包含坐标原点 O 在内的小体积 V_0 内不为零，而在 V_0 外为零，并且当 V_0 的线性尺度趋于零时 $\boldsymbol{F}(x,y,z,t)$趋于无穷大，而积分

$$\lim_{V_0\to 0}\iiint_{V_0}\boldsymbol{F}(x,y,z,t)\mathrm{d}V = \boldsymbol{g}(t) \tag{3.2.1}$$

保持有限，则函数 $\boldsymbol{F}(x,y,z,t)$就叫做作用于坐标原点的集中力. 用狄拉克(Dirac)-δ 函数，可以把作用于坐标原点的集中力表示为

$$F(x,y,z,t)=\boldsymbol{g}(t)\delta(x)\delta(y)\delta(z) \tag{3.2.2}$$

式中，$\boldsymbol{g}(t)$是作为矢量的集中力的时间函数，$\delta(x)$是狄拉克-δ 函数. 式(3.2.2)写成矢量形式就是

$$\boldsymbol{F}(\boldsymbol{r},t)=\boldsymbol{g}(t)\delta(\boldsymbol{r}) \tag{3.2.3}$$

其中，$\delta(\boldsymbol{r})$为三维的狄拉克-δ 函数，

$$\delta(\boldsymbol{r})=\delta(x)\delta(y)\delta(z) \tag{3.2.4}$$

其定义为

$$\delta(\boldsymbol{r}-\boldsymbol{r}_0)=\begin{cases}0, & \boldsymbol{r}\neq\boldsymbol{r}_0\\ \infty, & \boldsymbol{r}=\boldsymbol{r}_0\end{cases}$$

当点 $\boldsymbol{r}_0$ 在体积 V 内时，

$$\iiint_V \delta(\boldsymbol{r}-\boldsymbol{r}_0)\mathrm{d}V = 1$$

对于任一连续函数 $f(\boldsymbol{r})$，当点 $\boldsymbol{r}_0$ 在体积 V 内时，

$$\iiint_V f(\boldsymbol{r})\delta(\boldsymbol{r}-\boldsymbol{r}_0)\mathrm{d}V = f(\boldsymbol{r}_0) \tag{3.2.5}$$

本节所说对于裂纹面上作用一集中力 $\boldsymbol{F}(x_0)$的情况，实际上力不是集中在一个点，而是分布在与 z 轴平行的线上，在平面 Oxy 内的投影为位于点$(x_0, y=\pm 0)$(裂纹上、下表面)处，我们把力 $\boldsymbol{F}(x_0)$当做二维的平面问题的集中点力来处理. 另外，还假定集中力在足够长时间内没有变化，即可以作为与时间 t 无关的静态问题来处理.

3.2.2　集中力及集中力偶作用时的应力强度因子

如图 3.2 所示，无限大板中有一长为 $2a$ 的穿透裂纹. 在体内某点受集中力 P、Q 及力偶 M 作用. 取裂纹中点为坐标原点，力的作用点为 $z_0=x_0+\mathrm{i}y_0$，$\mathrm{i}=\sqrt{-1}$. P、Q、M 均为施于单位厚度上的力(下同). 设总的力为 P、Q、M，则 $P=P/h$，$Q=Q/h$，$M=M/h$. 其中 h 为板厚.

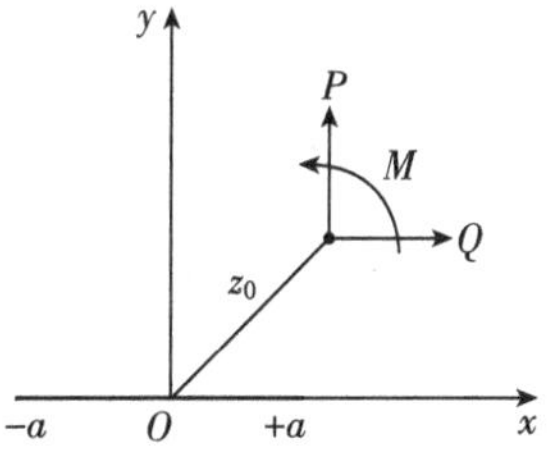

图 3.2　无限大板中心裂纹受集中力及力偶作用

在 1.2 节中，克罗索夫公式的形式为

$$\left.\begin{aligned}&\sigma_{yy}+\sigma_{xx}=4\mathrm{Re}[\varphi'(z)]\\&\sigma_{yy}-\sigma_{xx}+2\mathrm{i}\tau_{xy}=2[\bar{z}\varphi''(z)+\psi'(z)]\end{aligned}\right\}$$

根据 Erdogan(1962)的结果，记 $\phi(z)=\varphi'(z)$，并记 $\Omega(z)=\bar{\phi}(z)+z\bar{\phi}'(z)+\overline{\psi'}(z)$，克罗索夫公式就成为

$$\left.\begin{aligned}&\sigma_{xx}+\sigma_{yy}=2[\phi(z)+\bar{\phi}(z)]\\&\sigma_{yy}-\sigma_{xx}+2\mathrm{i}\tau_{xy}=2[(z-\bar{z})\phi'(z)-\phi(z)+\bar{\Omega}(z)]\end{aligned}\right\} \tag{3.2.6}$$

对于图 3.2 显示的无限大板中心裂纹受集中力及力偶作用的情况，Erdogan(1962)给出复应力函数为

$$\left.\begin{aligned}\phi(z)&=-\frac{S}{z-z_0}+\phi_0(z)\\ \Omega(z)&=\frac{\kappa S}{z-z_0}+\frac{\bar{S}(z-z_0)+\mathrm{i}m}{(z-z_0)^2}+\Omega_0(z)\end{aligned}\right\}\tag{3.2.7}$$

其中，$S=\dfrac{Q+\mathrm{i}P}{2\pi(1+\kappa)}$，$m=\dfrac{M}{2\pi}$，$\kappa=\begin{cases}(3-\nu)/(1+\nu)(\text{平面应力})\\ 3-4\nu(\text{平面应变})\end{cases}$.

$$\begin{aligned}\phi_0(z)=\Omega_0(z)=&\frac{1}{2\pi\,(z^2-a^2)^{1/2}}\left\{\frac{S}{z-z_0}[I(z)-I(z_0)]-\frac{\kappa S}{z-\bar{z}_0}[I(z)-I(\bar{z}_0)]\right.\\ &\left.-[\bar{S}(\bar{z}_0-z_0)+\mathrm{i}m]\cdot\left[\frac{I(z)-I(\bar{z}_0)}{(z-\bar{z}_0)^2}-\frac{J(\bar{z}_0)}{z-\bar{z}_0}\right]\right\}\end{aligned}\tag{3.2.8}$$

$$\left.\begin{aligned}I(z)&=\int_{-a}^{a}\frac{(a^2-t^2)^{1/2}}{t-z}\mathrm{d}t=\pi\,(z^2-a^2)^{1/2}-\pi\cdot z\\ J(z)&=\int_{-a}^{a}\frac{(a^2-t^2)^{1/2}}{(t-z)^{1/2}}\mathrm{d}t=\frac{\pi\cdot z}{(z^2-a^2)^{1/2}}-\pi\end{aligned}\right\}\tag{3.2.9}$$

上式对于除裂纹面外的所有 z_0 都适用.

将式(3.2.9)代入式(3.1.9)，得到复应力强度因子为

$$\begin{aligned}K=K_{\mathrm{I}}-\mathrm{i}K_{\mathrm{II}}&=\lim_{z\to a}2\sqrt{2\pi(z-a)}\,\phi(z)\\ &=\lim_{z\to a}2\sqrt{2\pi(z-a)}\left[-\frac{S}{z-z_0}+\phi_0(z)\right]\\ &=\frac{1}{\sqrt{\pi a}}\left\{\frac{S}{a-z_0}[I(a)-I(z_0)]-\frac{\kappa S}{a-\bar{z}_0}[I(a)-I(\bar{z}_0)]\right.\\ &\qquad\left.-[\bar{S}(\bar{z}_0-z_0)+\mathrm{i}m]\cdot\left[\frac{I(a)-I(\bar{z}_0)}{(a-\bar{z}_0)^2}-\frac{J(\bar{z}_0)}{a-\bar{z}_0}\right]\right\}\\ &=\frac{1}{2\sqrt{\pi a}(1+\kappa)}\left\{(Q+\mathrm{i}P)\left[\frac{a+z_0}{\sqrt{z_0^2-a^2}}-\kappa\frac{a+\bar{z}_0}{\sqrt{\bar{z}_0^2-a^2}}+(\kappa-1)\right]\right.\\ &\qquad\left.+\frac{1}{(\bar{z}_0-a)\sqrt{\bar{z}_0^2-a^2}}[a(Q-\mathrm{i}P)(\bar{z}_0-z_0)+\mathrm{i}a(1+\kappa)M]\right\}\end{aligned}\tag{3.2.10}$$

在求裂纹左端的应力强度因子时，可以应用式(3.1.16)所给出的方法，也可以在左端建立局部坐标，即 $x'=-x$，$y'=-y$. 在 $Ox'y'$ 坐标系中，力的作用点变为 $z_0=-x'_0-\mathrm{i}y_0$.

式(3.2.10)即为所求得的点力作用下裂纹端部的应力强度因子，也叫做零频 Green 函数.

3.3　其他一些情况下求应力强度因子

3.3.1　集中力作用于裂纹上表面

如图 3.3 所示，此时，$M=0$，$z=b+\mathrm{i}0$.

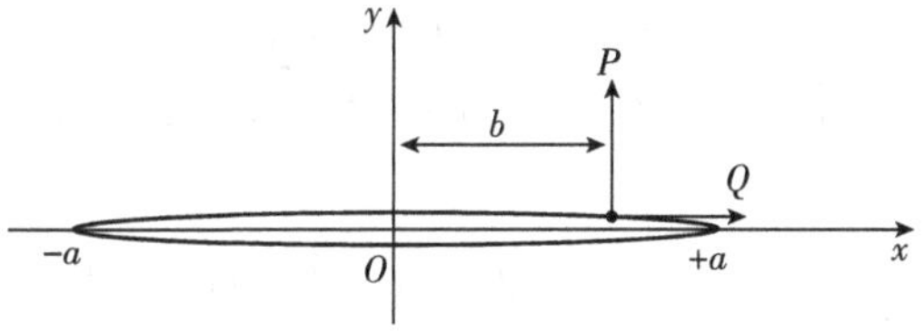

图 3.3　集中力作用于裂纹上表面

由解析延拓，令当 z_0 沿实轴趋于 $+\infty$ 时，$(z_0-a)^{1/2}=(x-a)^{1/2}$，则当 z_0 沿实轴趋于 $b^+<a$ 时，

$$(b^+-a)^{1/2}=|b^+-a|^{1/2}\mathrm{e}^{\mathrm{i}\pi/2}=\mathrm{i}\sqrt{a-b^+} \tag{3.3.1}$$

当 z_0 沿实轴趋于 $b^-<a$ 时，

$$(b^--a)^{1/2}=|b^--a|^{1/2}\mathrm{e}^{-\mathrm{i}\pi/2}=-\mathrm{i}\sqrt{a-b^-} \tag{3.3.2}$$

由式(3.2.10)得到

$$\begin{aligned}K^+&=K_{\mathrm{I}}^+-\mathrm{i}K_{\mathrm{II}}^+\\&=\frac{1}{2\sqrt{\pi a}(1+\kappa)}\left\{(Q+\mathrm{i}P)\left[\frac{a+b^+}{\sqrt{(b^+)^2-a^2}}-\kappa\frac{a+b^+}{\sqrt{(b^-)^2-a^2}}+(\kappa-1)\right]\right.\\&\quad\left.+\frac{\mathrm{i}a(1+\kappa)M}{(b^--a)\sqrt{(b^-)^2-a^2}}\right\}\\&=\frac{(P-\mathrm{i}Q)}{2\sqrt{\pi a}}\sqrt{\frac{a+b}{a-b}}+\frac{(Q+\mathrm{i}P)}{2\sqrt{\pi a}}\left(\frac{\kappa-1}{\kappa+1}\right)+\frac{\sqrt{a}M}{2\sqrt{\pi}(a-b)\sqrt{a^2-b^2}}\end{aligned} \tag{3.3.3}$$

特别地，当 $M=0$ 时，裂纹右端点的复应力强度因子为

$$K^+=K_{\mathrm{I}}-\mathrm{i}K_{\mathrm{II}}=\frac{(P-\mathrm{i}Q)}{2\sqrt{\pi a}}\sqrt{\frac{a+b}{a-b}}+\frac{(Q+\mathrm{i}P)}{2\sqrt{\pi a}}\left(\frac{\kappa-1}{\kappa+1}\right) \tag{3.3.4}$$

在求裂纹左端的应力强度因子时，可以应用式(3.1.16)所给出的方法，但在这里，我们宁愿采用坐标变换的方法. 在左端建立局部坐标，即 $x'=-x$，$y'=-y$. 在 $Ox'y'$ 坐标系中，力的作用点变为 $z_0'=-b-\mathrm{i}0$，作用力为 $-P$，$-Q$. 由解析延拓，令当 z_0' 沿实轴趋于 $+\infty$ 时，$(z_0'-a)^{1/2}=(x'-a)^{1/2}$，则当 z_0 沿实轴趋于 $-b^-<a$ 时，

$$(-b^--a)^{1/2}=|-b-a|^{1/2}\mathrm{e}^{-\mathrm{i}\pi/2}=-\mathrm{i}\sqrt{a+b} \tag{3.3.5}$$

当 z_0' 沿实轴趋于 $-b^+<a$ 时，

$$(-b^+-a)^{1/2}=|-b-a|^{1/2}e^{i\pi/2}=i\sqrt{a+b} \tag{3.3.6}$$

由式(3.2.10)，得到裂纹左端点的复应力强度因子为

$$K^-=K_{\mathrm{I}}^- - iK_{\mathrm{II}}^- = \frac{1}{2\sqrt{\pi a}(1+\kappa)}\left\{(-Q-iP)\left[\frac{a-b^-}{\sqrt{(b^-)^2-a^2}}-\kappa\frac{a-b^-}{\sqrt{(b^+)^2-a^2}}+(\kappa-1)\right]\right.$$
$$\left.+\frac{ia(1+\kappa)M}{(b^+-a)\sqrt{(b^+)^2-a^2}}\right\}$$
$$=\frac{(P-iQ)}{2\sqrt{\pi a}}\sqrt{\frac{a-b}{a+b}}-\frac{(Q+iP)}{2\sqrt{\pi a}}\left(\frac{\kappa-1}{\kappa+1}\right)-\frac{\sqrt{a}M}{2\sqrt{\pi}(a+b)\sqrt{a^2-b^2}} \tag{3.3.7}$$

当 $M=0$ 时，就得到

$$K^-=K_{\mathrm{I}}^- - iK_{\mathrm{II}}^- = \frac{(P-iQ)}{2\sqrt{\pi a}}\sqrt{\frac{a-b}{a+b}}-\frac{(Q+iP)}{2\sqrt{\pi a}}\left(\frac{\kappa-1}{\kappa+1}\right) \tag{3.3.8}$$

由式(3.3.4)和(3.3.8)，取 $Q=0$ 得

$$左端\ K_{\mathrm{I}}^-=\frac{P}{2\sqrt{\pi a}}\sqrt{\frac{a-b}{a+b}},\qquad 右端\ K_{\mathrm{I}}^+=\frac{P}{2\sqrt{\pi a}}\sqrt{\frac{a+b}{a-b}} \tag{3.3.9}$$

(请读者考虑，此时裂纹两端的 K_{II} 是否为零？应为多少？)

取 $P=0$，得

$$左端\ K_{\mathrm{II}}^-=\frac{Q}{2\sqrt{\pi a}}\sqrt{\frac{a-b}{a+b}},\qquad 右端\ K_{\mathrm{II}}^+=\frac{Q}{2\sqrt{\pi a}}\sqrt{\frac{a+b}{a-b}} \tag{3.3.10}$$

(请读者考虑，此时裂纹两端的 K_{I} 是否为零？应为多少？)

3.3.2 相等的集中力作用于裂纹上下表面的对应点上

如图 3.4 所示，首先求集中力作用于裂纹下表面的解. 此时，作用力分别为 $-P$ 和 $-Q$，$M=0$，$z=b^- - i0$，代入式(3.2.10)得到裂纹右端

$$K^+=K_{\mathrm{I}}^+ - iK_{\mathrm{II}}^+ = \frac{-Q-iP}{2\sqrt{\pi a}(1+\kappa)}\left[\frac{a+b^-}{\sqrt{(b^-)^2-a^2}}-\kappa\frac{a+b^-}{\sqrt{(b^+)^2-a^2}}+(\kappa-1)\right]$$
$$=\frac{(P-iQ)}{2\sqrt{\pi a}}\sqrt{\frac{a+b}{a-b}}-\frac{(Q+iP)}{2\sqrt{\pi a}}\left(\frac{\kappa-1}{\kappa+1}\right) \tag{3.3.11}$$

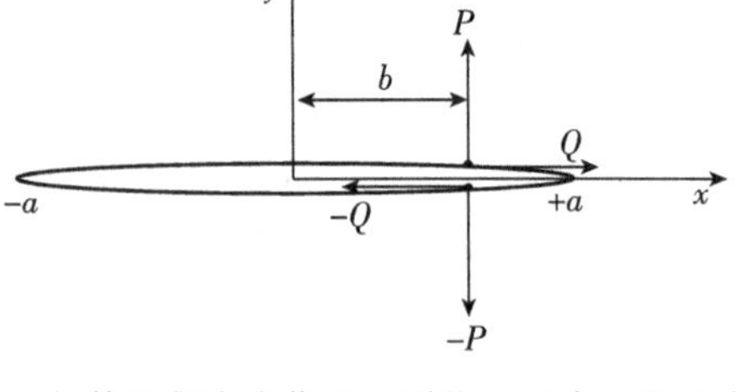

图 3.4　相等的集中力作用于裂纹上下表面的对应点上

将式(3.3.4)和式(3.3.11)的结果相加，就得到相等的集中力作用于裂纹上下表面的对应点上的解

$$K^{+}=K_{\mathrm{I}}^{+}-\mathrm{i}K_{\mathrm{II}}^{+}=\frac{(P-\mathrm{i}Q)}{\sqrt{\pi a}}\sqrt{\frac{a+b}{a-b}} \tag{3.3.12}$$

与式(3.3.12)的求解相似，由式(3.3.8)，得到裂纹左端的复应力强度因子为

$$K^{-}=K_{\mathrm{I}}^{-}-\mathrm{i}K_{\mathrm{II}}^{-}=\frac{(P-\mathrm{i}Q)}{\sqrt{\pi a}}\sqrt{\frac{a-b}{a+b}} \tag{3.3.13}$$

对比式(3.3.12)和式(3.3.13)可以看出，式(3.3.13)就是将式(3.3.12)中的 b 换成了 $-b$. 但这种做法只是在作用力关于 x 轴对称的条件下才能成立. 由于问题的对称性或反对称性，也可以直接用威斯特嘎德函数.

3.3.3 裂纹面上作用一对集中力的威斯特嘎德函数

威斯特嘎德函数可以用复应力函数 $\phi(z)$ 与 Z_J 之间的关系求出，也可以用其他较简便的方法求出.

如图 3.4 所示，无限宽板中心，有长为 $2a$ 的贯穿裂纹，在距裂纹中心 b 点处，裂纹面上下有一对集中力 P 作用，求裂纹端部的威斯特嘎德函数.

该问题的边界条件如下：

(1)无限远处没有力，即 $y=0$，$|x|\to\infty$ 时，$\sigma_{yy}=\sigma_{xx}=0$.

(2)裂纹内部不受力，即 $y=0$，$|x|<a$ 时，$\sigma_{yy}=0$.

(3)裂纹前端有应力集中，即 $y=0$，$|x|>a$ 时，$\sigma_{yy}>0$，且 $|x-a|$ 越小，σ_{yy} 越大.

参照 1.4 节的方法，很显然，为了满足上述三个要求，复应力函数必然和 $\frac{1}{\sqrt{z^2-a^2}}$($y=0$ 时变为 $\frac{1}{\sqrt{x^2-a^2}}$)成比例，即 $Z_{\mathrm{I}}\propto\frac{1}{\sqrt{z^2-a^2}}$.

(4)如果这对力不是作用在裂纹面上，而是作用在体内任一点，即 $b\geqslant a$，这时作用在同一点上的一对力互相抵消，试样不受力，$\sigma_{yy}=\sigma_{xx}=0$，$z=0$，这就要求 $Z_{\mathrm{I}}\propto\sqrt{a^2-b^2}$.

(5)在集中力作用点 $x=b$，应力趋于无限大，故 $Z_{\mathrm{I}}\propto\frac{1}{z-b}$.

根据上面的分析，可取

$$Z_{\mathrm{I}}(z)=\frac{P\sqrt{a^2-b^2}}{\pi(z-b)\sqrt{z^2-a^2}} \tag{3.3.14}$$

当 $z\to\infty$ 时，$Z_{\mathrm{I}}\to 0$，$Z'_{\mathrm{I}}\sim z^{-3}$，代回

$$\left.\begin{aligned}\sigma_{xx}&=\mathrm{Re}Z_1(z)-y\mathrm{Im}Z_1'(z)+A\\ \sigma_{yy}&=\mathrm{Re}Z_1(z)+y\mathrm{Im}Z_1'(z)-A\\ \tau_{xy}&=-y\mathrm{Re}Z_1'(z)\end{aligned}\right\}$$

并取 $A=0$，容易验证

$$\sigma_{xx}=\sigma_{yy}=\tau_{xy}=0 \qquad (z\to\infty)$$

成立，因此式(3.3.14)也可以满足远场的边界条件.

Z_{II} 和 Z_{III} 可以用类似的方法求出. 以上推导，还可以参见文献(褚武杨，1979).

以下将载荷 P,Q,S 统一写成 $q_J(J=\mathrm{I},\mathrm{II},\mathrm{III})$，三种裂纹面上受集中力的威斯特嘎德函数可以写成

$$Z_J(z)=\frac{\sqrt{a^2-b^2}}{\pi(z-b)\sqrt{z^2-a^2}}q_J \quad (J=\mathrm{I},\mathrm{II},\mathrm{III}) \tag{3.3.15}$$

将式(3.3.15)中的 $Z_J(z)(J=\mathrm{I},\mathrm{II},\mathrm{III})$ 代入式(3.1.23)，得裂纹右端部的应力强度因子为

$$\begin{aligned}K_J^{+}&=\lim_{z\to a}\sqrt{2\pi(z-a)}\cdot\frac{q_J\sqrt{a^2-b^2}}{\pi(z-b)\sqrt{z^2-a^2}}\\&=\frac{q_J}{\sqrt{\pi a}}\cdot\sqrt{\frac{a+b}{a-b}} \quad (J=\mathrm{I},\mathrm{II},\mathrm{III})\end{aligned} \tag{3.3.16}$$

在求裂纹左端部的应力强度因子时，利用式(3.1.26)和(3.1.17)，

$$\begin{aligned}K_J^{-}&=\lim_{z\to -a}(-\mathrm{i})Z_J\sqrt{2\pi(z+a)}\\&=\frac{q_J}{\sqrt{\pi a}}\cdot\sqrt{\frac{a-b}{a+b}}\end{aligned} \tag{3.3.17}$$

3.3.4 裂纹面上作用对称于 x、y 轴的集中力

如图 3.5 所示，裂纹面上作用对称于 x、y 轴的集中力 P、Q、S. 利用叠加原理，由式(3.3.15)，

$$\begin{aligned}Z_J&=\frac{\sqrt{a^2-b^2}}{\pi\sqrt{z^2-a^2}}\left(\frac{1}{z-b}+\frac{1}{z+b}\right)q_J\\&=\frac{2z\cdot q_J\cdot\sqrt{a^2-b^2}}{\pi(z^2-b^2)\sqrt{z^2-a^2}} \quad (J=\mathrm{I},\mathrm{II},\mathrm{III})\end{aligned} \tag{3.3.18}$$

由式(3.3.16)经过叠加，并利用对称性，得到裂纹两个端部的应力强度因子是一致的，

$$\begin{aligned}K_J^{+}=K_J^{-}&=\frac{1}{\sqrt{\pi a}}\left(\sqrt{\frac{a+b}{a-b}}+\sqrt{\frac{a-b}{a+b}}\right)\cdot q_J\\&=\frac{2q_J\cdot\sqrt{a}}{\sqrt{\pi(a^2-b^2)}} \quad (J=\mathrm{I},\mathrm{II},\mathrm{III})\end{aligned} \tag{3.3.19}$$

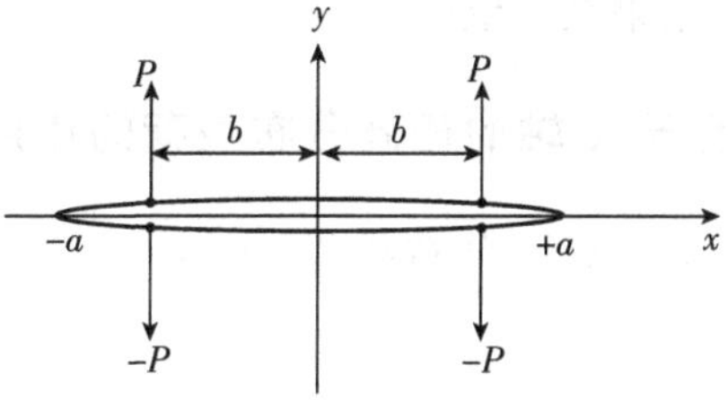

图 3.5　裂纹面上作用对称于 x、y 轴的集中力

3.3.5　裂纹面上作用对称于 x、y 轴的分布载荷

如图 3.6 所示，裂纹面上作用对称于 x、y 轴的分布载荷 $p(x)$、$q(x)$、$s(x)$. 图中只画出 $p(x)$. 由式(3.3.18)将 b 作为分布载荷的微元位置，改写为 ξ 并对其积分，并利用其对称性，就成为

$$Z_J = \frac{2z}{\pi\sqrt{z^2-a^2}}\int_0^a q_J(\xi)\frac{\sqrt{a^2-\xi^2}}{z^2-\xi^2}\mathrm{d}\xi \quad (J = \mathrm{I},\mathrm{II},\mathrm{III}) \qquad (3.3.20)$$

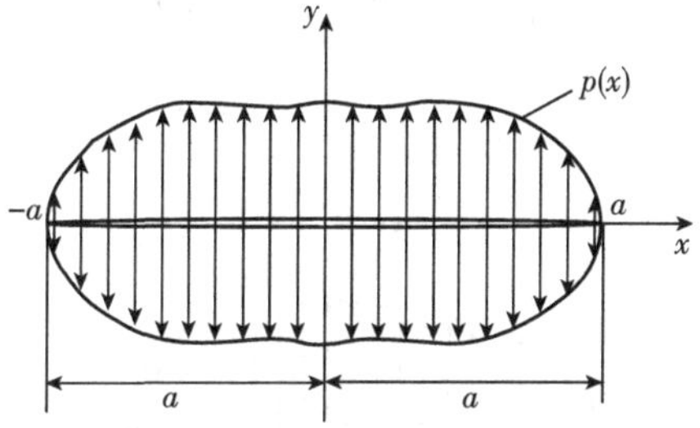

图 3.6　裂纹面上作用对称于 x、y 轴的分布载荷

特别地，当分布载荷 $q_J(\xi)$ 为常数时，上式的威斯特嘎德函数就成为

$$Z_J=\left(\frac{z}{\sqrt{z^2-a^2}}-1\right)q_J \quad (J=\mathrm{I},\mathrm{II},\mathrm{III}) \qquad (3.3.21)$$

其中应用了积分

$$\int_0^a \frac{\sqrt{a^2-\xi^2}}{z^2-\xi^2}\mathrm{d}\xi = \frac{\pi}{2}\left(1-\frac{\sqrt{z^2-a^2}}{z}\right) \qquad (3.3.22)$$

式(3.3.21)的结果和用均匀分布载荷条件直接推导的结果(见 2.6 节)是一致的.

在载荷对称分布的情况下，裂纹两个端部的应力强度因子是一样的

$$K_J = \frac{2\sqrt{a}}{\sqrt{\pi}}\int_0^a \frac{q_J(\xi)}{\sqrt{a^2-\xi^2}}\mathrm{d}\xi \quad (J = \mathrm{I},\mathrm{II},\mathrm{III}) \qquad (3.3.23)$$

特别地，当分布载荷为常数时，由上式可以得出

$$K_J=q_J\sqrt{\pi a} \quad (J=\mathrm{I},\mathrm{II},\mathrm{III}) \qquad (3.3.24)$$

这个结果和第 2 章得到的结果是一致的.

3.3.6 裂纹面上受对称于 x 轴的任意分布载荷的作用

裂纹面上受对称于 x 轴的任意分布载荷 $p(x)$、$q(x)$、$s(x)$的作用. 如图 3.7 所示,图中仅画了 $p(x)$.

由式(3.3.15),威斯特嘎德应力函数为

$$Z_J = \frac{1}{\pi\sqrt{z^2-a^2}}\int_{-a}^{a} q_J(\xi)\,\frac{\sqrt{a^2-\xi^2}}{z-\xi}\mathrm{d}\xi \quad (J = \mathrm{I}, \mathrm{II}, \mathrm{III}) \tag{3.3.25}$$

利用式(3.3.16)得到裂纹右端部的应力强度因子为

$$K_J^+ = \frac{1}{\sqrt{\pi a}}\int_{-a}^{a} q_J(\xi)\cdot\sqrt{\frac{a+\xi}{a-\xi}}\mathrm{d}\xi \quad (J = \mathrm{I}, \mathrm{II}, \mathrm{III}) \tag{3.3.26}$$

上式也可以利用式(3.1.23)和式(3.3.25)得到. 利用式(3.3.17)积分得到裂纹左端部的应力强度因子为

$$K_J^- = \frac{1}{\sqrt{\pi a}}\int_{-a}^{a} q_J(\xi)\,\sqrt{\frac{a-\xi}{a+\xi}}\mathrm{d}\xi \quad (J = \mathrm{I}, \mathrm{II}, \mathrm{III}) \tag{3.3.27}$$

上式也可以利用式(3.1.17)、(3.1.26)和(3.3.25)得到.

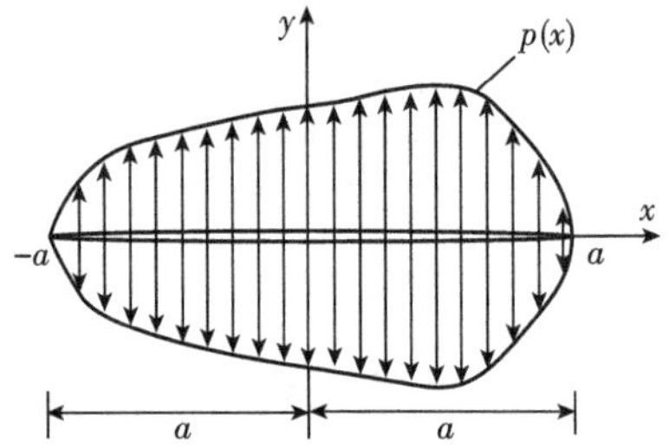

图 3.7 裂纹面上受对称于 x 轴的任意分布载荷的作用

3.3.7 裂纹面上的载荷对于 x 对称,但对于 y 反轴对称分布

在 $q_{Ja}(x) = -q_{Ja}(-x)$的情况下,其威斯特嘎德函数由式(3.3.25)叠加给出

$$\begin{aligned} Z_{Ja} &= \frac{1}{\pi\sqrt{z^2-a^2}}\left[\int_{-a}^{0}\frac{\sqrt{a^2-\xi^2}}{z-\xi}q_{Ja}(\xi)\mathrm{d}\xi + \int_{0}^{a}\frac{\sqrt{a^2-\xi^2}}{z-\xi}q_{Ja}(\xi)\mathrm{d}\xi\right] \\ &= \frac{2}{\pi\sqrt{z^2-a^2}}\int_{0}^{a} q_{Ja}(\xi)\cdot\xi\cdot\frac{\sqrt{a^2-\xi^2}}{z^2-\xi^2}\mathrm{d}\xi \quad (J = \mathrm{II}, \mathrm{III}) \end{aligned} \tag{3.3.28}$$

注意:式(3.3.28)对于 Ⅰ 型裂纹不能用,因为符号反向的载荷只能使裂纹面闭合,不能在端部产生附加应力场.

裂纹右端部的应力强度因子可以由式(3.3.28)利用式(3.1.23)导出，得到

$$K_{Ja}^{+}=\lim_{z\to a}Z_{Ja}\sqrt{2\pi(z-a)}$$
$$=\frac{2}{\sqrt{\pi a}}\int_0^a q_{Ja}(\xi)\frac{\xi\mathrm{d}\xi}{\sqrt{a^2-\xi^2}}\quad(J=\mathrm{II},\mathrm{III})\tag{3.3.29}$$

在求裂纹左端的应力强度因子时，利用式(3.1.26)可以用解析延拓法直接得出

$$K_{Ja}^{-}=\lim_{z\to -a}(-\mathrm{i})Z_{Ja}\sqrt{2\pi(z+a)}$$
$$=\lim_{z\to -a}(-\mathrm{i})\frac{2\sqrt{2\pi(z+a)}}{\pi\sqrt{z^2-a^2}}\int_0^a q_{Ja}(\xi)\frac{\xi\sqrt{a^2-\xi^2}}{z^2-\xi^2}\mathrm{d}\xi$$
$$=\frac{-2}{\sqrt{\pi a}}\int_0^a q_{Ja}(\xi)\frac{\xi\mathrm{d}\xi}{\sqrt{a^2-\xi^2}}\quad(J=\mathrm{II},\mathrm{III})\tag{3.3.30}$$

显然，

$$K_{Ja}^{-}=-K_{Ja}^{+}\tag{3.3.31}$$

下面介绍几个例子.

3.3.8 有限宽板中心裂纹受无限远分布载荷的作用

研究有限尺寸平板中的裂纹问题具有很大的实际意义，但是由于寻找严格满足边界条件的解十分困难，至少目前还没有得到闭合形式的解，而只得到其近似解，如图 3.8(a)所示.

$$K_I=Y\sigma_y^{\infty}\sqrt{\pi a}$$

其中，Y 称为几何修正因子

$$Y=\sqrt{\sec(\pi a/W)}\tag{3.3.32}$$

如果 $a/W\ll 1$，则 $Y=1$.

3.3.9 有限宽板中边缘裂纹受无限远分布载荷的作用

如图 3.8(b)所示.

$$K_I=Y\cdot\sigma\sqrt{\pi a}$$

$$Y\approx 1.12-0.231\frac{a}{W}+10.55\left(\frac{a}{W}\right)^2-21.72\left(\frac{a}{W}\right)^3+30.39\left(\frac{a}{W}\right)^4\tag{3.3.33}$$

3.3.10 有限宽板中心裂纹受有限远对称于 x 轴点载荷的作用

如图 3.8(c)所示，P 为单位厚度上所受的力.

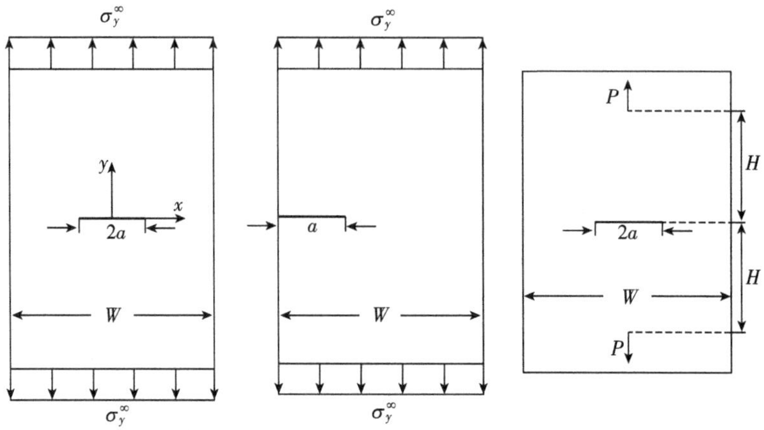

(a)中心裂纹，载荷分布无限远　(b)边缘裂纹，载荷分布无限远　(c)中心裂纹，对称于 x 轴点载荷于有限远

图 3.8　有限宽板受载荷作用

$$K_{\mathrm{I}}=\frac{P}{\sqrt{W}}\cdot F$$

$$F=f_1(\xi,\eta)\cdot f_2(\xi,\eta)\cdot f_3(\xi,\eta)$$

其中，$\xi=2a/W$；$\eta=2H/W$.

$$f_1(\xi,\eta)=1+\left[0.297+0.115\left(1-\operatorname{sech}\frac{\pi\eta}{2}\right)\sin\pi\xi\right]\times\left(1-\cos\frac{\pi\xi}{2}\right)$$

$$f_2(\xi,\eta)=1+\alpha\frac{(\pi\eta/2)\tan\mathrm{h}(\pi\eta/2)}{\dfrac{\mathrm{ch}^2(\pi\eta/2)}{\cos^2(\pi\xi/2)}-1}$$

其中

$$\alpha=\begin{cases}(1+\nu)/2 & (\text{平面应力})\\ 1/2(1-\nu) & (\text{平面应变})\end{cases}$$

$$f_3(\xi,\eta)=\frac{\sqrt{\tan(\pi\xi/2)}}{\sqrt{1-\cos^2(\pi\xi/2)/\cos^2(\pi\eta/2)}}\tag{3.3.34}$$

3.3.11　应用叠加原理求 K 的例子

如图 3.9 所示的问题，应用叠加原理可求得其 K.

$$K_A=K_B+K_C-K_D$$

K_A,K_B,K_C,K_D分别表示图中(a)、(b)、(c)、(d)四种情况下的 K_{I}，而 $K_D=K_A$. 所以

$$K_A=\frac{1}{2}(K_B+K_C)$$

而 K_B和 K_C的结果是已知的.

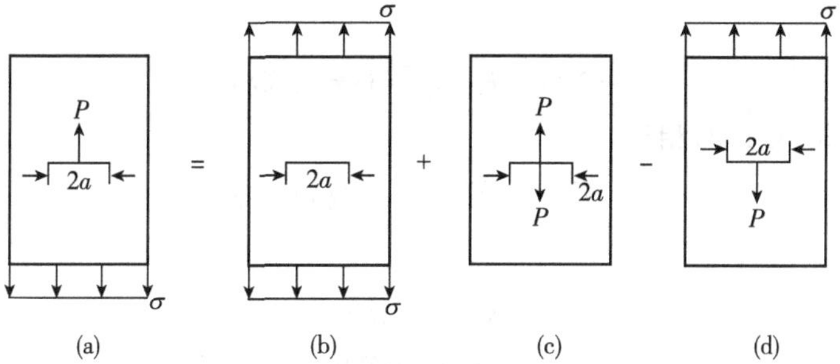

图 3.9　应用叠加原理求 K

3.3.12　无限大弹性体中有一圆盘形裂纹，无限远处在垂直于裂纹面的方向上作用均匀拉应力

如图 3.10 所示，在无限大弹性体中有一圆盘形裂纹，无限远处在垂直于裂纹面的方向上作用均匀拉应力 σ^∞，圆的半径为 a，则由轴对称性，裂纹端部(即圆盘外缘)的应力强度因子处处相等，

$$K_{\mathrm{I}} = \frac{2}{\pi}\sigma^\infty \sqrt{\pi a} \tag{3.3.35}$$

此处 K_{I} 的定义为

$$K_{\mathrm{I}} = \lim_{r\to a}\left[\sqrt{2\pi(r-a)}\,\sigma_{zz}\big|_{z=0}\right] \tag{3.3.36}$$

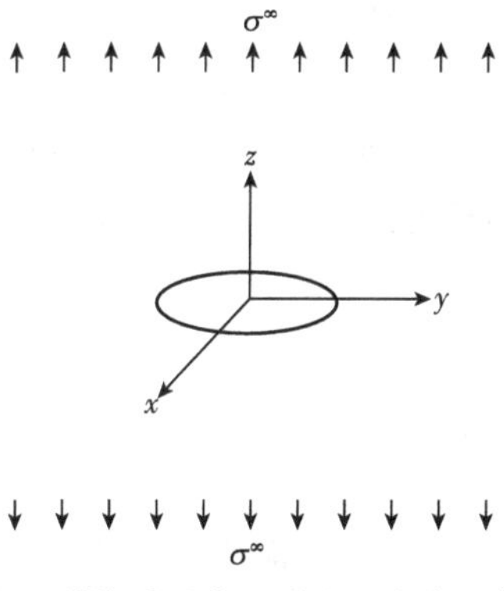

图 3.10　圆盘形裂纹受垂直于裂纹面方向上作用的拉应力

3.4　能量释放率及其与应力强度因子间的关系

3.4.1　基本概念

将式(3.1.5)应用于格里菲斯问题，可得

$$K_{\mathrm{I}} = \sigma^\infty \cdot \sqrt{\pi a} = K_{\mathrm{Ic}}$$

所以

$$\sigma^{\infty}\sqrt{a}=K_{\mathrm{Ic}}/\sqrt{\pi}(\text{材料常数}) \tag{3.4.1}$$

式(3.4.1)与式(3.1.8)相比，

$$\sigma^{\infty}\sqrt{a}=\sqrt{2E\Gamma}/\sqrt{\pi}(\text{材料常数}) \tag{3.4.2}$$

或

$$K_{\mathrm{Ic}}=\sqrt{2E\Gamma} \tag{3.4.3}$$

二者是一致的.这不是偶然的巧合，而有其深刻的内在联系.

格里菲斯研究裂纹稳定性的能量方法一直是断裂力学的重要理论基础.现在从能量角度作进一步的分析.

裂纹扩展必然消耗能量.如裂纹扩展，裂纹表面积就增加.记裂纹表面能为 Γ，记 G 为能量释放率或裂纹扩展力.设裂纹扩展 ΔS_c 时所需供给的能量为 $\Delta\Gamma$，而 $\Delta\Gamma=R\cdot\Delta S_c$，因此 $R=\Delta\Gamma/\Delta S_c$，或者更严格地表示为

$$R=\lim_{\Delta S_c\to 0}\frac{\Delta\Gamma}{\Delta S_c} \tag{3.4.4}$$

式中，R 为裂纹扩展单位面积时所需要的能量，称为裂纹扩展阻力.如材料为理想脆性材料，则

$$R=\Gamma \tag{3.4.5}$$

其中，Γ 为单位面积的表面能，它一般与裂纹尺寸无关.如材料不是理想脆性的，则裂纹扩展时由于材料的非弹性效应(如塑性变形等)要消耗能量 Γ_p，因而

$$R=\Gamma+\Gamma_p \tag{3.4.6}$$

这时，R 一般与裂纹的尺寸有关.因而在裂纹扩展过程中 R 不再是常数.

要使裂纹扩展，必需提供动力.设裂纹扩展单位面积，系统提供的动力为 G.很显然，裂纹扩展过程中

$$G\geqslant R \tag{3.4.7}$$

式(3.4.7)就是格里菲斯能量准则的表述：裂纹每扩展单位面积，系统提供的动力 G 大于或等于裂纹扩展的阻力.设整个系统(试样和试验机一起构成一个系统)的能量(即势能)用 Π 表示，则裂纹扩展 ΔS_c 的面积所消耗的能量为 $R\cdot\Delta S_c=G\cdot\Delta S_c$.按照能量守恒，能量的消耗相当于系统势能下降 $-\Delta\Pi$(因为裂纹扩展所需的能量由系统势能来提供，裂纹扩展，系统势能下降)，即

$$G\cdot\Delta S_c=-\Delta\Pi \tag{3.4.8}$$

在极限条件下就有

$$G=-\lim_{\Delta S_c\to 0}\frac{\Delta\Pi}{\Delta S_c} \tag{3.4.9}$$

G 就是裂纹扩展单位面积系统能量的下降率(或称系统能量释放率)，它是裂纹扩展的动力.

设板的厚度为 B，则 $\Delta S_c = B\Delta l$，就有

$$G = -\frac{1}{B}\frac{\partial \Pi}{\partial l} \tag{3.4.10}$$

式(3.4.8)和式(3.4.7)比较，格里菲斯能量准则的另一种表述就是

$$-\Delta\Pi = \Pi_0 - \Pi^* \geqslant R\Delta S_c \tag{3.4.11}$$

3.4.2 常位移的情形

如图 3.11 所示，设板的厚度为 B，裂纹面积为 S_c. 将板拉伸后使两端刚性固定，因此在此之后外力之功为零.

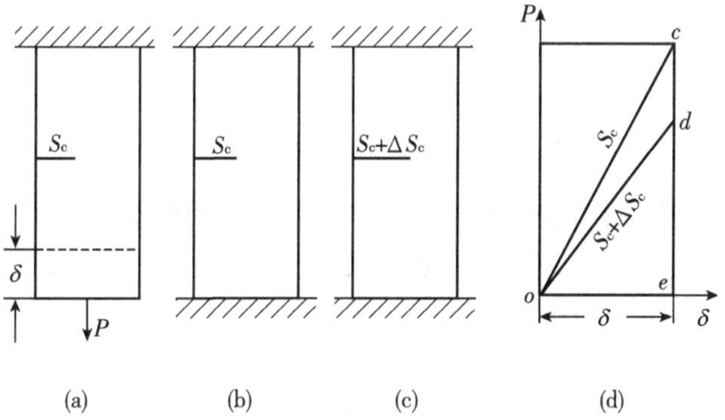

图 3.11　常位移情况

设其扩展前板内总应变能为 U_0，由图 3.11(d)，$U_0 = \frac{1}{2}P \cdot \delta = \triangle oce$. 设裂纹作一微小的扩展，扩展的面积为 ΔS_c. 扩展后总应变能为 U，$U^* = \frac{1}{2}P' \cdot \delta = \triangle ode$，由于松弛作用，$P' < P$. 因此，由于裂纹的虚拟扩展，应变能的变化为

$$\Delta U = U^* - U_0 = \frac{1}{2}(P' - P) \cdot \delta = -\triangle ocd$$

这里的应变能没有增加，而是减少了. 我们称应变能的减少量 $-\Delta U = U_0 - U^*$ 为裂纹扩展过程中整个弹性板所释放的应变能. 按照热力学第一定律，$\Delta A = \Delta U + G\Delta S_c$，由于这里 $\Delta A = 0$，因此

$$G\Delta S_c = -\Delta U = U_0 - U^*$$

这就意味着，在目前的情况下 $-\Delta U$ 是使裂纹扩展的唯一能源. 在极限情况下，

$$G = \lim_{\Delta S_c \to 0}\left(-\frac{\Delta U}{\Delta S_c}\right)$$

和式(3.4.8)相比较，$\Delta U = \Delta\Pi$. 因此

$$G = -\lim_{\Delta S_c \to 0}\frac{\Delta\Pi}{\Delta S_c} = -\lim_{\Delta S_c \to 0}\frac{\Delta U}{\Delta S_c} = \lim_{\Delta S_c \to 0}\frac{\triangle ocd}{\Delta S_c} \tag{3.4.12}$$

总之,在常位移的情况下,整个弹性板所释放的应变能和裂纹扩展所消耗的能量相等.

3.4.3　常载荷的情况

如图 3.12 所示,设裂纹作一微小的扩展.扩展的面积为 ΔS_c.裂纹扩展前样品的总变形为 d,板内总的应变能为

$$U_0=\frac{1}{2}P\delta=\triangle oce$$

裂纹虚拟扩展 δS 后,新的变形量为 $d\delta$,板内总的应变能为

$$U^*=\frac{1}{2}P(\delta+d\delta)=\triangle ofg$$

应变能的增加量为

$$\Delta U=U^*-U_0=\frac{1}{2}Pd\delta=\triangle ocf$$

这意味着对于常载荷情形,在虚拟扩展 δS 时应变能增加,即释放的应变能为负值.在这种情形下外力在此过程中做功为 ΔA,

$$\Delta A=\square cegf=2\triangle ocf=2\Delta U \tag{3.4.13}$$

按热力学第一定律,$\Delta A=\Delta U+G\Delta S_c$,因此

$$G\Delta S_c=\Delta A-\Delta U=\frac{1}{2}\Delta A=\Delta U=\triangle ocf \tag{3.4.14}$$

式(3.4.14)意味着,对于常载荷情形,外力做功正好分成了两半,一半用于供给裂纹扩展所消耗的能量,另一半用于增加应变能.或

$$G=\lim_{\Delta S_c\to 0}\frac{\Delta U}{\Delta S_c} \tag{3.4.15}$$

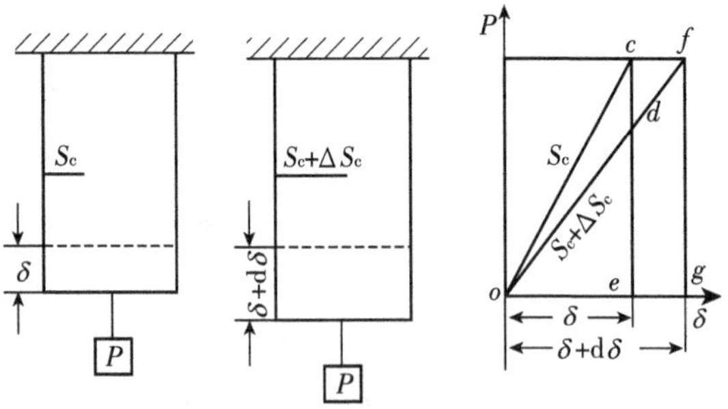

图 3.12　常载荷情况

由式(3.4.8),

$$\Delta\Pi=-G\cdot\Delta S_c=\Delta U-\Delta A=\Delta(U-A)$$

因此,系统的总势能为

$$\Pi=U-A \tag{3.4.16}$$

因此

$$-\Delta\Pi=\Delta A-\Delta U=\triangle ocf$$

于是，能量释放率 G 就是

$$G=\lim_{\delta S_c\to 0}\frac{-\Delta\Pi}{\Delta S_c}=\lim_{\delta\Delta l\to 0}\frac{-\Delta\Pi}{B\Delta l}=\lim_{\delta S_c\to 0}\frac{\triangle ocf}{\Delta S_c} \tag{3.4.17}$$

当 $\Delta S_c\to 0$ 时，$\triangle ocf=\triangle ocd$. 所以在常位移和常载荷条件下，系统势能的下降是相同的，即

$$-\Delta\Pi|_{\Delta}=-\Delta\Pi|_{p} \tag{3.4.18}$$

3.4.4　更一般的情形

由图 3.13 可以看出，在其他条件均相同时，其能量释放率与 1、2 两种情况相同. 当 $\Delta S_c\to 0$ 时，$\triangle ocd=\triangle ocf$. 所以在一般的情况下，系统势能的下降等同于常位移和常载荷情形，即

$$G\cdot\Delta S_c=-\Delta\Pi|_{一般}=-\Delta\Pi|_{\Delta}=-\Delta\Pi|_{p} \tag{3.4.19}$$

这样，能量释放率就可以用一种统一的方法来计算. 上述讨论为 3.4.5 节贝克纳尔公式的导出给出了重要的物理依据.

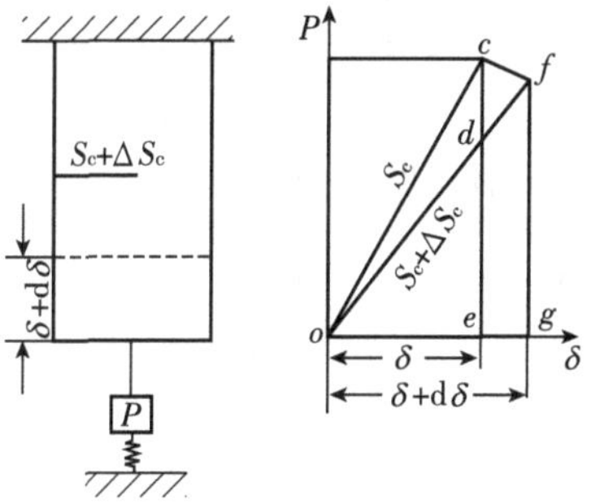

图 3.13　一般情况

需要强调指出的是，以上讨论都是对于裂纹的虚拟扩展而言的. 扩展的方式（如扩展方向）是任意给定的，或假定的. 实际的扩展方式则是满足一定准则的（参看后面第 5 章）. 只有当给定的虚拟扩展方式与真实扩展方式相同时，计算所得的能量释放率才有意义.

3.4.5　贝克纳尔公式

系统的总势能为

$$\Pi=U-A=\iiint_V W\mathrm{d}V-\iiint_V f_i u_i\mathrm{d}V-\iint_{S'} T_i u_i\mathrm{d}S \tag{3.4.20}$$

其中，W 为单位体积内的应变能，又称为应变能密度. 用上式求 Π 一般来说是不方便的. 利用贝克纳尔公式（Bueckner，1958）可使能量释放率的计算大为简化. 推导如下.

设某裂纹体在一定的边界条件下体内各点的位移场为 u_i，应力场为 σ_{ij}，总势能为 Π. 当其中的裂纹从面积 S 沿自身所在平面扩展(即自相似扩展)至 $S+\Delta S$ 时，体内各点的位移场为 u_i^*，应力场为 σ_{ij}^*，总势能为 Π^*. 按式(3.4.20)，

$$\Pi=\iiint\limits_V W_1\mathrm{d}V-\iiint\limits_V f_i u_i\mathrm{d}V-\iint\limits_{S'} X_i u_i\mathrm{d}S \tag{3.4.21}$$

$$\Pi^*=\iiint\limits_V W_1^*\mathrm{d}V-\iiint\limits_V f_i u_i^*\mathrm{d}V-\iint\limits_{S'+\Delta S_c} X_i u_i^*\mathrm{d}S \tag{3.4.22}$$

其中，f_i 为体力；X_i为面力. 在以上各式的第三项中 S'表示物体(体积为 V)的表面. S'包括物体的外表面与内表面. 外表面包括两部分：S_f 代表规定力的那一部分表面；S_u 则代表规定位移的那部分表面. 内表面则指裂纹面 S_c 和 ΔS_c. 所以

$$S'=S_f+S_u+S_c$$

在 S_c和 ΔS_c 表面上，因为 $X_i=0$，积分为零. 所以式(3.4.21)和式(3.4.22)的最后一项积分的积分域简化为 S_f+S_u.

$$\Delta\Pi=\Pi^*-\Pi=\iiint\limits_V (W_1^*-W)\mathrm{d}V-\iiint\limits_V f_i(u_i^*-u_i)\mathrm{d}V-\iint\limits_{S_f+S_u} X_i(u_i^*-u_i)\mathrm{d}S \tag{3.4.23}$$

在上式的最后一项积分中，在 S_u 表面上，$u_i^*=u_i$，所以积分域由 S_f+S_u 进一步简化为 S_f.

现在计算式(3.4.23)中的第一项积分

$$W^*-W=\frac{1}{2}(\sigma_{ij}^*\varepsilon_{ij}^*-\sigma_{ij}\cdot\varepsilon_{ij})$$

根据功的互换定理(附录Ⅰ)，$\sigma_{ij}\varepsilon_{ij}^*=\sigma_{ij}^*\varepsilon_{ij}$，因此

$$W^*-W=\frac{1}{2}(\sigma_{ij}^*\varepsilon_{ij}^*-\sigma_{ij}\varepsilon_{ij})=\frac{1}{2}(\sigma_{ij}^*\varepsilon_{ij}^*+\sigma_{ij}\varepsilon_{ij}^*-\sigma_{ij}^*\varepsilon_{ij}-\sigma_{ij}\varepsilon_{ij})$$

$$=\frac{1}{2}(\sigma_{ij}^*+\sigma_{ij})(\varepsilon_{ij}^*-\varepsilon_{ij})$$

由位移和应变间的关系及 $\sigma_{ij}=\sigma_{ji}$，注意到

$$\sigma_{ij}\varepsilon_{ij}=\frac{1}{2}\sigma_{ij}(u_{i,j}+u_{j,i})=\frac{1}{2}(\sigma_{ij}u_{i,j}+\sigma_{ji}u_{j,i})=\sigma_{ij}u_{i,j}$$

可得

$$W^*-W=\frac{1}{2}(\sigma_{ij}^*+\sigma_{ij})\cdot(u_i^*-u_i)_{,j}$$

应用高斯定理及平衡方程 $\sigma_{ij,j}=-f_i$，有

$$W^*-W=\frac{1}{2}(\sigma_{ij}^*+\sigma_{ij})\cdot(u_i^*-u_i)_{,j}$$

$$=\frac{1}{2}[(\sigma_{ij}^*+\sigma_{ij})\cdot(u_i^*-u_i)]_{,j}-\frac{1}{2}(\sigma_{ij}^*+\sigma_{ij})_{,j}\cdot(u_i^*-u_i)$$

$$=\frac{1}{2}[(\sigma_{ij}^{*}+\sigma_{ij})\cdot(u_i^{*}-u_i)]_{,j}+f_i\cdot(u_i^{*}-u_i)$$

进一步得到

$$\iiint_V (W^{*}-W)\mathrm{d}V=\frac{1}{2}\iint_S(\sigma_{ij}^{*}+\sigma_{ij})n_j(u_i^{*}-u_i)\mathrm{d}S+\iiint_V f_i(u_i^{*}-u_i)\mathrm{d}V \tag{3.4.24}$$

式中,等号右方的第一项为

$$\frac{1}{2}\iint_S(\sigma_{ij}^{*}+\sigma_{ij})n_j(u_i^{*}-u_i)\mathrm{d}S=\frac{1}{2}\iint_{(S_f+S_u+S_c+\Delta S_c)}(\sigma_{ij}^{*}+\sigma_{ij})n_j(u_i^{*}-u_i)\mathrm{d}S \tag{3.4.25}$$

以下分别讨论. 在 S_f 上,

$$\sigma_{ij}^{*}n_j=\sigma_{ij}n_j=X_i$$

$$\frac{1}{2}\iint_{S_f}(\sigma_{ij}^{*}+\sigma_{ij})n_j(u_i^{*}-u_i)\mathrm{d}S=\iint_{S_f}X_i(u_i^{*}-u_i)\mathrm{d}S$$

在 S_u 面上,

$$u_i^{*}=u_i,\ \frac{1}{2}\iint_{S_u}(\sigma_{ij}^{*}+\sigma_{ij})n_j(u_i^{*}-u_i)\mathrm{d}S=0$$

在裂纹面 S_c 上,

$$\sigma_{ij}^{*}n_j=\sigma_{ij}n_j=X_i=0,\ \frac{1}{2}\iint_{S_c}(\sigma_{ij}^{*}+\sigma_{ij})n_j(u_i^{*}-u_i)\mathrm{d}S=0$$

在 ΔS_c 上,

$$\sigma_{ij}^{*}n_j=X_i=0$$

$$\frac{1}{2}\iint_{\Delta S_c}(\sigma_{ij}^{*}+\sigma_{ij})n_j(u_i^{*}-u_i)\mathrm{d}S=\frac{1}{2}\iint_{\Delta S_c}X_i(u_i^{*}-u_i)\mathrm{d}S$$

若 ΔS_c 在 $\theta=0$ 的方向上,可以验证上式中

$$X_i u_i=0 \tag{3.4.26}$$

这是因为在 $\theta=0$ 的方向上,上表面 $\boldsymbol{n}=(0,-1,0)$,下表面 $\boldsymbol{n}=(0,+1,0)$,$\boldsymbol{u}=(u,v,w)$. 利用柯西方程,$\boldsymbol{X}=\mp(\tau_{xy},\sigma_{yy},\tau_{zy})$.

对于Ⅰ型裂纹,$\tau_{xy}=\tau_{yz}=0$,$v=0$,故 $\boldsymbol{X}=\mp(0,\sigma_{yy},0)$,$\boldsymbol{u}=(u,0,w)$.

对于Ⅱ型裂纹,$\sigma_{yy}=\tau_{yz}=0$,$u=0$,故 $\boldsymbol{X}=\mp(\tau_{xy},0,0)$,$\boldsymbol{u}=(0,v,w)$.

对于Ⅲ型裂纹,$\sigma_{yy}=\tau_{xy}=0$,$w=0$,故 $\boldsymbol{X}=\mp(0,0,\tau_{yz})$,$\boldsymbol{u}=(u,v,0)$.

这样,3 种类型裂纹都得到 $X_i u_i=\boldsymbol{X}\cdot\boldsymbol{u}=0$. 于是式(3.4.25)成为

$$\frac{1}{2}\iint_S(\sigma_{ij}^{*}+\sigma_{ij})n_i(u_i^{*}-u_i)\mathrm{d}S=\iint_{S_f}X_i(u_i^{*}-u_i)\mathrm{d}S+\frac{1}{2}\iint_{\Delta S_c}X_i u_i^{*}\mathrm{d}S$$

代回到式(3.4.24)就得到

$$\iiint_V (W^* - W)\mathrm{d}V = \iint_{S_f} X_i(u_i^* - u_i)\mathrm{d}S + \frac{1}{2}\iint_{\Delta S_c} X_i u_i^* \mathrm{d}S + \iiint_V f_i(u_i^* - u_i)\mathrm{d}V$$

将上式代入式(3.4.23)，最后得

$$\Delta \Pi = \frac{1}{2}\iint_{\Delta S_c} X_i u_i^* \mathrm{d}S \tag{3.4.27}$$

上式即贝克纳尔公式.利用它可以计算裂纹扩展 ΔS_c 后系统总势能的增量，进而求得能量释放率

$$G = \lim_{\delta S_c \to 0} -\frac{\delta \Pi}{\delta S_c} = \lim_{\delta S_c \to 0} \frac{-1}{2\delta S_c}\iint_{\Delta S_c} X_i u_i^* \mathrm{d}S \tag{3.4.28}$$

对于平面裂纹，设板厚为 B，裂纹长为 a，则

$$G = \lim_{\delta l \to 0} \frac{-1}{2\delta a}\int_0^{\delta a} X_i u_i^* \mathrm{d}l \tag{3.4.29}$$

这就是贝克纳尔公式.

3.4.6 G 与 K 之间的关系

根据贝克纳尔公式可简便地求出 G 与 K 之间的关系.实际的平面裂纹在扩展过程中会形成上下两个面，因此消耗的表面能应该是 $G=2\Gamma$，因此

$$G = \lim_{\delta l \to 0} \frac{-1}{\delta a}\int_0^{\delta a} X_i u_i^* \mathrm{d}l \tag{3.4.30}$$

1. Ⅰ型裂纹

在图 3.14 中，以扩展前裂纹端部 o 作为坐标原点，并利用裂纹前缘的应力分布式(见 2.3.8 节)，可得扩展前裂纹端部 $\theta=0$ 方向上，裂纹上表面 $\boldsymbol{n}=(0,-1,0)$，受到的力为

$$X_{\mathrm{i}} = -\sigma_{yy} = -K_{\mathrm{I}}/\sqrt{2\pi \cdot r} \tag{3.4.31}$$

若裂纹扩展长度为 δa，新的端部为 o'，扩展后 $\theta=\pi$ 的裂纹面上表面的位移分布(见 2.3.8 节)为

$$u_i^* = v = K_{\mathrm{I}}(\kappa+1)\sqrt{\delta a - r}/2\mu\sqrt{2\pi} \tag{3.4.32}$$

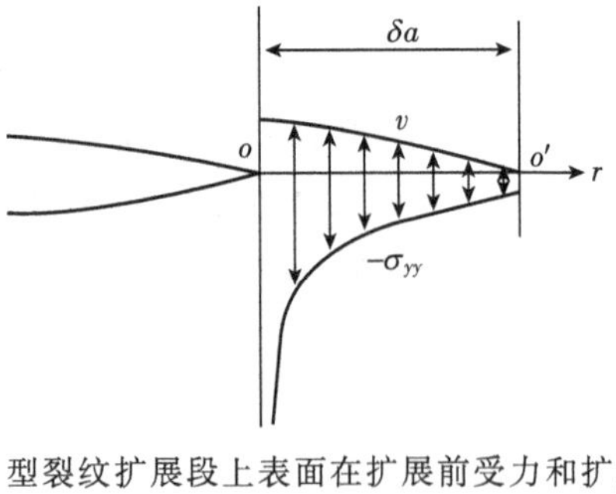

图 3.14 Ⅰ型裂纹扩展段上表面在扩展前受力和扩展后的位移

将式(3.4.31)、式(3.4.32)代入式(3.4.30)，积分后得

$$G_{\mathrm{I}} = \lim_{\delta a\to 0}\frac{1}{\delta a}\int_0^{\delta a}\sigma_{yy}v\,\mathrm{d}l = \lim_{\delta a\to 0}\frac{1}{\delta a}\int_0^{\delta a}\frac{K_{\mathrm{I}}}{\sqrt{2\pi r}}\cdot\frac{K_{\mathrm{I}}(\kappa+1)}{2\mu\sqrt{2\pi}}\sqrt{\delta a - r}\,\mathrm{d}r$$

$$= \lim_{\delta a\to 0}\frac{K_{\mathrm{I}}^2(\kappa+1)}{\delta a\cdot 4\pi\mu}\int_0^{\delta a}\frac{\sqrt{\delta a - r}}{\sqrt{r}}\mathrm{d}r = \frac{K_{\mathrm{I}}^2(\kappa+1)}{4\pi\mu}\frac{\pi}{2} = \frac{K_{\mathrm{I}}^2}{E'} \quad (3.4.33)$$

其中，利用了弹性常数 $2\mu=E/(1+\nu)$，以及

$$E'=\begin{cases}E/(1-\nu^2) & (\text{平面应变})\\ E & (\text{平面应力})\end{cases},\quad \nu'=\begin{cases}\nu/(1-\nu) & (\text{平面应变})\\ \nu & (\text{平面应力})\end{cases}$$

$$\kappa=\begin{cases}3-4\nu & (\text{平面应变})\\ (3-\nu)/(1+\nu) & (\text{平面应力})\end{cases}$$

在脆性破裂的条件下，将 $G_{\mathrm{I}}=2\Gamma$ 和 $K_{\mathrm{I}}=K_{\mathrm{Ic}}$ 代入式(3.4.33)，就得到

$$\Gamma=\frac{K_{\mathrm{Ic}}^2}{2E'} \quad (3.4.34)$$

上式取平面应力的情况和式(3.4.3)等效，这正是格里菲斯导出的理论结果，见 1.1 节.

2. Ⅱ型裂纹

同理可得

$$G_{\mathrm{II}}=K_{\mathrm{II}}^2/E' \quad (3.4.35)$$

3. Ⅲ型裂纹

同理可得

$$G_{\mathrm{III}}=\frac{1+\nu}{E}K_{\mathrm{III}}^2 \quad (3.4.36)$$

对于复合型裂纹

$$G=G_{\mathrm{I}}+G_{\mathrm{II}}+G_{\mathrm{III}}=\frac{K_{\mathrm{I}}^2}{E'}+\frac{K_{\mathrm{II}}^2}{E'}+\frac{1+\nu}{E}K_{\mathrm{III}}^2 \quad (3.4.37)$$

因为 G 与 K 之间存在上述关系，所以在静力学中，断裂力学准则 $K_J=K_{Jc}$ 及 $G_J=G_{Jc}$ 是一致的.

3.4.7　裂纹应变能

一个含裂纹板中所储存的弹性应变能 U，与其他条件(载荷，几何形状，材料)均相同但不含裂纹的板中的应变能 U_0 的差称为裂纹应变能 U_c. 根据上述内容可很容易求得 U_c(图 3.14).

Ⅰ型裂纹：对于裂纹从零长度开始双向扩展到长度为 $2a$，

$$U_c = 2B\int_0^a G\mathrm{d}a = 2B\int_0^a \frac{K_{\mathrm{I}}^2}{E'}\mathrm{d}a$$

$$= \frac{2B}{E'}\int_0^a \sigma^2 \pi a \mathrm{d}a = \frac{B\pi}{E'}\sigma_0^2 a^2 \tag{3.4.38}$$

B 为板厚. 和式(3.1.4)的 $W_c=\pi\sigma^2 a^2/E$ 比较,上式正是板厚为单位 1,并假定为平面应力的情况. 这正是格里菲斯在导出其理论时所采用的整个弹性板所释放的弹性势能.

Ⅱ型裂纹:

$$U_c=\frac{B\pi}{E'}\tau_0^2 a^2 \tag{3.4.39}$$

Ⅲ型裂纹:

$$U_c=\frac{B\pi}{E}(1+\nu)\tau_0^2 a^2 \tag{3.4.40}$$

3.4.8　两种判据的等效条件

本章包含如下两种判据:

(1)能量判据,即格里菲斯判据(简称 G 判据). 认为当能量释放率和裂纹扩展所消耗的表面能相等时,系统处于临界状态,此时 G 到达临界值,即 $G=G_{Jc}$时,裂纹开始扩展.

(2)断裂韧性判据,即欧文准则(简称 K 判据),认为当应力强度因子到达临界值时,即 $K_J=K_{Jc}$时,裂纹开始扩展.

必须强调指出,G 判据与 K 判据的等效性是在静力学中,即破裂速度 $v=0$ 的条件下导出的. 在破裂动力学中 $v\neq 0$,式(3.4.35)不成立,G 判据与 K 判据不等效. 其次,贝克纳尔公式以及式(3.4.37)~式(3.4.39)都是在裂纹自相似扩展(即沿自身平面扩展)的前提下推导出来的. 若裂纹不是自相似扩展,则上述公式不能应用. 对于纯Ⅱ型、纯Ⅲ型裂纹及混合型裂纹,常为非共面扩展,这时上述公式不能成立. 此外,对于非弹性情况上述公式也不能成立.

第 4 章　脆性断裂的判据与相似性定理

4.1 基本概念

4.1.1 破裂判据

破裂判据是断裂力学的核心问题. 作为一个完整的破裂判据, 至少应该能够回答两个问题:

(1)破裂在什么可测条件下起始或继续?

(2)破裂向什么方向扩展?

这两个问题并不独立,它们之间相互关联.

在第 3 章中,介绍了格里菲斯(Griffith,1921)的能量判据(G 判据)和欧文(Irwin,1957)提出的断裂韧性判据(K 判据). K 判据不能回答破裂方向问题,特别是剪切型和复合型裂纹问题,因此产生了一系列脆性断裂理论.

断裂力学从根本上来说,就是给出一定条件下材料的破坏准则. 破裂判据是针对某一特定尺度、特定层次提出的. 本章的判据主要是针对细观-宏观尺度,即尺度在微米~米(μm~m)的连续介质内含个数有限裂纹的脆性破裂,这些判据在非线性断裂和大尺度断层剪切破裂问题中是否仍然适用,就涉及到尺度不变性,也就是相似性是否成立的问题. 这个问题在 4.8 节将给予初步讨论,在后面的章节中逐步展开. 但应指出的是,这个问题在地学中仍然研究不足,现有成果远远不能满足需要.

4.1.2 受压裂纹问题的特殊性

岩石断裂力学研究的内容中有很大一部分,是岩石介质在地下条件下的破裂. 因此,它不仅需要针对岩石这样一种特殊材料,还要面临压力条件. 然而,断裂力学首先是在金属材料强度领域发展起来的,研究最多的是研究材料的抗拉强度,因此对Ⅰ型裂纹问题进行的研究相对充分. 对于受压裂纹问题,在材料强度研究领域则很少涉及. 因此,研究裂纹在压力下的行为,就成为岩石断裂力学的重点内容.

地壳内受压裂纹有三个特殊性:

(1)裂纹类型. 由于裂纹面互相之间的物质不可入性,使得受压闭合的裂纹面只能产生滑动,从而成为剪切型裂纹. 由于这个原因,地壳内的断层主要是Ⅱ型和Ⅲ型.

(2)裂纹面之间有相互作用. 由于摩擦本构关系的复杂性,裂纹面之间的相互作用成为高度非线性问题,同时还影响到裂纹端部的扩展.

(3)岩石孔隙内存在流体的孔隙压力,在孔隙压力较大的情况下,也会导致Ⅰ型破裂.另外,剪切型断层也会产生翼状破裂(在后面几章还会讨论),实际也是Ⅰ型扩展.

这3个特殊问题中,第(1)个特殊性在不少文献中出现了理论上的失误.在本章介绍薛昌明(Sih,1972)的 S 判据时,就遇到了这个问题.我们指出,不少论文和书籍中将受压裂纹的应力强度因子取 $K_{\mathrm{I}}<0$.这种假设的前提是裂纹面两侧法向位移间断为负值,也就是默认裂纹两侧的物质可以互相超越,这在物理学中是不能接受的.还有的文献将受压裂纹等效为与压力正交方向上的拉力,这样做不仅不能解释断裂角的实验结果,而且忽视了裂纹面之间的相互作用.这个问题在理论上的混乱,妨碍了断裂力学在地学中的应用.

由于这个问题在地学中带有根本性意义,因此有必要反复强调.

第(2)个特殊性,即裂纹面之间的相互作用涉及摩擦学.摩擦问题在材料科学领域已有几百年的研究历史.近几十年来,随着高技术在表面物理的应用,和赫兹接触问题的应用,摩擦学的机理研究基本结束了凹凸说和黏着说的争论(Halling,1975),使库仑定律的机理统一在近代摩擦学的基础上.但摩擦学如何与断裂问题结合起来,则是近十几年来在地学中迅速发展的新课题,而剪切裂纹问题在材料科学中则仅有少量研究.

第(3)个特殊性涉及固体和流体之间的相互作用,我们放在后面第15章中讨论.

4.2 最大环向应力理论

4.2.1 最大环向张应力准则

最大环向应力理论主要用于解释Ⅰ型、Ⅱ型及Ⅰ-Ⅱ复合型二维裂纹的破裂问题.其实验依据是Erdogan与薛昌明(Sih)(1963)进行的单轴拉伸破裂实验,实验原理相当于一个倾斜裂纹受远场均布单轴拉伸力 σ 作用(图4.1),这是一个Ⅰ-Ⅱ复合型裂纹的破裂问题.

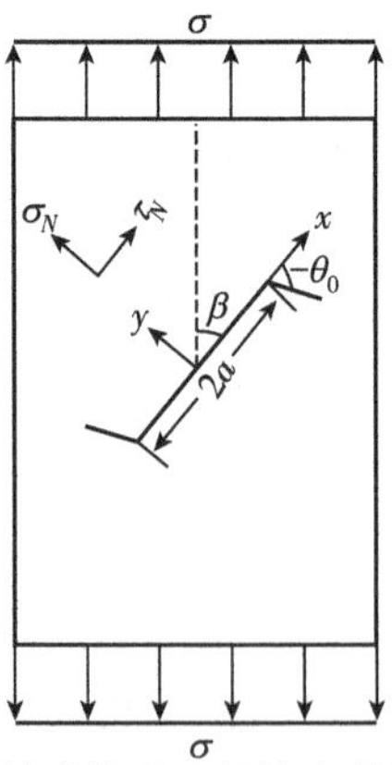

图4.1 斜裂纹受远场均布单轴拉伸力

实验中裂纹的破裂扩展方向由图 4.1 的 θ_0 表示. θ_0 称为断裂角，以 x 轴方向定义为 $\theta_0=0$ 的方向. 由实验结果可以知道，在一般情况下，裂纹扩展方向不是沿着裂纹自身所在平面，而是出现拐折，即 $\theta_0\neq 0$. 这样生成的破裂称为翼状破裂. 由于这种破裂是在张应力作用下形成的，扩展途径上的两盘位移自然应该是以张开位移为主. 只有当 $\beta=90°$，裂纹成为纯 Ⅰ 型时才有 $\theta_0=0$，此时裂纹沿自身所在平面扩展，叫做自相似扩展.

Erdogan 与薛昌明(Sih)(1963)基于上述实验观测结果，提出了最大环向拉应力准则. 该准则认为：裂纹沿 $\sigma_{\theta\theta\max}$所对应的 θ 方向扩展，该方向满足以下条件

$$\partial\sigma_{\theta\theta}/\partial\theta=0,\quad \partial^2\sigma_{\theta\theta}/\partial\theta^2<0 \tag{4.2.1}$$

以下我们求解裂纹端部附近 $\sigma_{\theta\theta}$ 的表达式. 如图 4.1 所示的受单向拉伸斜裂纹. 裂纹长度为 $2a$，受远场力 σ 的作用. x,y 为直角坐标系，x 轴与裂纹走向重合. β 为 σ 作用方向与 x 轴夹角，叫做裂纹角. 记 $\sigma_x^\infty=\sigma_{xx}^\infty$，$\sigma_y^\infty=\sigma_{yy}^\infty$，$\tau^\infty=\tau_{xy}^\infty$. 利用坐标变换等方法可以得到远场应力分量为

$$\sigma_x^\infty=\sigma\cos^2\beta,\quad \sigma_y^\infty=\sigma\sin^2\beta,\quad \tau^\infty=\sigma\sin\beta\cos\beta \tag{4.2.2}$$

4.2.2　应力只保留奇异项的分析

在第 2 章中，我们已经分别得到了 Ⅰ 型和 Ⅱ 型裂纹端部在极坐标下的应力，将它们叠加，就得到 Ⅰ-Ⅱ 复合型斜裂纹前缘极坐标中的应力分量奇异项表达式(Erdogan and Sih，1963)

$$\left.\begin{aligned}
\sigma_{rr}&=\frac{1}{2\sqrt{2\pi r}}\left[K_{\mathrm{I}}(3-\cos\theta)\cdot\cos\frac{\theta}{2}+K_{\mathrm{II}}(3\cos\theta-1)\cdot\sin\frac{\theta}{2}\right]\\
\sigma_{\theta\theta}&=\frac{1}{2\sqrt{2\pi r}}\cos\frac{\theta}{2}\left[K_{\mathrm{I}}(1+\cos\theta)-3K_{\mathrm{II}}\sin\theta\right]\\
\tau_{r\theta}&=\frac{1}{2\sqrt{2\pi r}}\cos\frac{\theta}{2}\left[K_{\mathrm{I}}\sin\theta+K_{\mathrm{II}}(3\cos\theta-1)\right]
\end{aligned}\right\}+o(r^{-1/2}) \tag{4.2.3}$$

其中，K_{I} 和 K_{II} 分别为 Ⅰ 型和 Ⅱ 型应力强度因子，取值与边界条件有关. 对于无限大平板中心斜裂纹受拉伸的简单问题，

$$K_{\mathrm{I}}=\sigma_y^\infty\sqrt{\pi a},\quad K_{\mathrm{II}}=\tau^\infty\sqrt{\pi a}$$

将式(4.2.2)代入，得到单向拉伸斜裂纹

$$K_{\mathrm{I}}=\sigma\sqrt{\pi a}\sin^2\beta,\quad K_{\mathrm{II}}=\sigma\sqrt{\pi a}\sin\beta\cos\beta \tag{4.2.4}$$

在仅保留奇异项的推导中，凡是冠以裂纹前缘应力的公式中都将高阶小量 $o(r^{-1/2})$略去不写.

将式(4.2.3)中第二式对 θ 微分后，得到裂纹前缘

$$\frac{\partial \sigma_{\theta\theta}}{\partial \theta}=-\frac{1}{\sqrt{2\pi r}}\cdot \frac{3}{2}\cos \frac{\theta}{2}[K_{\mathrm{I}}\sin \theta+K_{\mathrm{II}}(3\cos \theta-1)] \tag{4.2.5}$$

$$\frac{\partial^2 \sigma_{\theta\theta}}{\partial \theta^2}=\frac{3}{8\sqrt{2\pi r}}\left[K_{\mathrm{I}}\left(\sin \frac{\theta}{2}\sin \theta-2\cos \frac{\theta}{2}\cos \theta\right)+K_{\mathrm{II}}\left(3\cos \theta+6\cos \frac{\theta}{2}\sin \theta-1\right)\right] \tag{4.2.6}$$

令$\partial\sigma_{\theta\theta}/\partial\theta=0$，可得

$$\cos \frac{\theta}{2}[K_{\mathrm{I}}\sin \theta+K_{\mathrm{II}}(3\cos \theta-1)]=0 \tag{4.2.7}$$

上式的一个解为 $\cos(\theta/2)=0$，$\theta=\pm\pi$，$\sigma_{\theta\theta}=0$. 但此解求得的是裂纹面上已破裂方向，无实际意义. 因此 θ_0 只可能是方程

$$K_{\mathrm{I}}\cdot\sin \theta+K_{\mathrm{II}}(3\cos \theta-1)=0 \tag{4.2.8}$$

的根. 当 K_{I} 和 K_{II} 都不为零且为正数时，由上式得出

$$\theta_0=2\arctan\frac{[(1\pm\sqrt{1+8(K_{\mathrm{II}}/K_{\mathrm{I}})^2})]}{4(K_{\mathrm{II}}/K_{\mathrm{I}})} \tag{4.2.9}$$

我们需要确定上式中的正负号究竟如何取舍. 由式(4.2.3)的第2式考察 $\sigma_{\theta\theta}$ 的值中 K_{I} 和 K_{II} 的系数. 分别见图2.8(b)的 $f_{\theta\theta}^{\mathrm{I}}$ 和图2.1(b)的 $f_{\theta\theta}^{\mathrm{II}}$，从各自的曲线关于 $\theta=0$ 的对称性和反对称性可以看出，Ⅰ-Ⅱ复合型裂纹的 $\sigma_{\theta\theta}$ 取极大值的范围只可能在 $\theta_0<0$. 据此，满足应力分析的分支取为

$$\theta_0=-2\arctan\frac{\sqrt{1+8(K_{\mathrm{II}}/K_{\mathrm{I}})^2}-1}{4(K_{\mathrm{II}}/K_{\mathrm{I}})} \tag{4.2.10}$$

由式(4.2.8)可以得到

$$K_{\mathrm{II}}/K_{\mathrm{I}}=-\frac{\sin \theta_0}{3\cos \theta_0-1} \tag{4.2.11}$$

由式(4.2.11)可以看出，由于 $K_{\mathrm{II}}/K_{\mathrm{I}}>0$，$\sin\theta_0<0$，因此必然有 $3\cos\theta_0-1>0$，$|\theta_0|<70.52878°$. 将式(4.2.8)或式(4.2.11)代入式(4.2.6)得到

$$\left.\frac{\partial^2 \sigma_{\theta\theta}}{\partial \theta^2}\right|_{\theta=\theta_0}=-\frac{3K_{\mathrm{I}}}{4\sqrt{2\pi r}}\cos \frac{\theta_0}{2}\cdot\frac{(3-\cos \theta_0)}{(3\cos \theta_0-1)}<0 \tag{4.2.12}$$

这个结果证明了式(4.2.10)给出的解 $\theta=\theta_0$ 确实满足 $\sigma_{\theta\theta}$ 在该处为极大值的条件.

比较式(4.2.8)与式(4.2.3)的第3式，可知 $\sigma_{\theta\theta\max}$ 最大的平面上，$\sigma_{r\theta}=0$，也即该平面为主平面. 因此，如果在各应力分量中仅保留奇异项，则最大环向应力也就是最大张应力.

由式(4.2.8)，当 $K_{\mathrm{II}}=0$(纯Ⅰ型裂纹)时，$\theta_0=0$，即裂纹沿自身平面扩展，我们称之为自相似扩展. 图4.2还显示出，当 $K_{\mathrm{II}}\neq0$，但值不很大时，$|\theta_0|$ 即急剧增加. 这个结果对于纯Ⅰ型裂纹扩展实验提出了比较高的要求，即预制裂纹走向与主拉应力作用方向必须严格垂直.

由式(4.2.8)，当 $K_{\mathrm{I}}=0$，但 $K_{\mathrm{II}}\neq0$(纯Ⅱ型裂纹)，即 $K_{\mathrm{II}}/K_{\mathrm{I}}\to\infty$ 时，

$$\theta_0 = \arccos\frac{1}{3} = -70.52878° \tag{4.2.13}$$

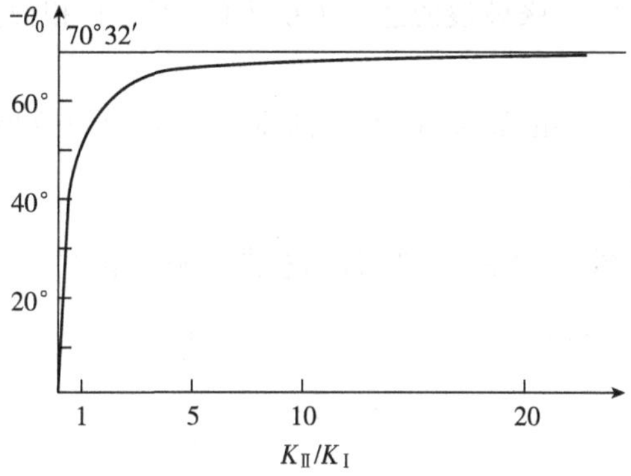

图 4.2　断裂角 θ_0 与比值 $K_{\mathrm{II}}/K_{\mathrm{I}}$ 的关系

4.2.3　裂纹开始扩展的应力条件

最大环向应力理论认为，当

$$\sigma_{\theta\theta\max}\big|_{\theta=\theta_0} = \sigma_{\theta\theta c} = \sigma_c \tag{4.2.14}$$

即达到一定临界情况时，裂纹开始扩展.

由于当 $r\to 0$ 时，$\sigma_{\theta\theta\max}\to\infty$，所以不能用具体的 $\sigma_{\theta\theta\max}$ 临界值来表征. 如利用纯 Ⅰ 型裂纹进行参照，则

$$K_{\mathrm{II}} = 0,\theta_0 = 0$$

由式(4.2.3)可得

$$\sigma_{\theta\theta c} = \frac{1}{\sqrt{2\pi r_0}}K_{\mathrm{Ic}} \tag{4.2.15}$$

在一般情况下的裂纹开始扩展的准则为

$$\frac{1}{2}\cos\frac{\theta_0}{2}[K_{\mathrm{I}}(1+\cos\theta_0) - 3K_{\mathrm{II}}\sin\theta_0] = K_{\mathrm{Ic}} \tag{4.2.16}$$

从某种意义上，可以认为，对于 Ⅰ 型与 Ⅱ 型的复合型裂纹，可以等效为一个纯 Ⅰ 型裂纹，其等效的应力强度因子为

$$K_e = \frac{1}{2}\cos\frac{\theta_0}{2}[K_{\mathrm{I}}(1+\cos\theta_0) - 3K_{\mathrm{II}}\sin\theta_0] \tag{4.2.17}$$

而其裂纹开始扩展的准则为

$$K_e = K_{\mathrm{Ic}}$$

利用 $K_{\mathrm{I}} = 0$(即纯 Ⅱ 型裂纹)，代入式(4.2.16)，这时式中的 $K_{\mathrm{II}} = K_{\mathrm{IIc}}$，由此可得

$$-\frac{3}{2}\sin\theta_0\cos\frac{\theta_0}{2}K_{\mathrm{IIc}} = K_{\mathrm{Ic}} \tag{4.2.18}$$

将式(4.2.13)代入上式，得到

$$\frac{K_{\mathrm{IIc}}}{K_{\mathrm{Ic}}}=\frac{\sqrt{3}}{2} \tag{4.2.19}$$

注意,这里的 K_{IIc} 是在翼状张破裂的意义上引入的,不是自相似剪切破坏意义上的临界值.

式(4.2.19)为 Erdogan 和 Sih(1963)的奇异项分析的结果,称该模型为经典模型,其解也称为经典解.

4.2.4　单轴拉伸条件下含斜裂纹材料的抗拉脆断能力

将式(4.2.4)代入式(4.2.3)中的第二式就成为

$$\sigma_{\theta\theta}=\frac{\sigma\sqrt{\pi a}}{\sqrt{2\pi r}}F(\theta,\beta) \tag{4.2.20}$$

其中

$$F(\theta,\beta)=\frac{1}{4}\cos\frac{\theta}{2}[2\sin^2\beta(1+\cos\theta)-3\sin 2\beta\sin\theta] \tag{4.2.21}$$

定义材料抗拉伸脆断能力为

$$k_{\mathrm{c}}=\sigma_{\mathrm{c}}\sqrt{\pi a} \tag{4.2.22}$$

其中,σ_{c} 为 σ 的临界值.式(4.2.20)的临界值就是

$$\sigma_{\theta\theta\max c}=\frac{\sigma_{\mathrm{c}}\sqrt{\pi a}}{\sqrt{2\pi r_0}}F(\theta_0,\beta)=\frac{k_{\mathrm{cr}}}{\sqrt{2\pi r_0}}F(\theta_0,\beta) \tag{4.2.23}$$

将式(4.2.23)与式(4.2.15)相比较就得到

$$k_{\mathrm{c}}=\frac{K_{\mathrm{Ic}}}{F(\theta_0,\beta)} \tag{4.2.24}$$

求 $\sigma_{\theta\theta\max}$ 应满足式(4.2.1),$\partial\sigma_{\theta\theta}/\partial\theta=0$ 也意味着$\partial F/\partial\theta=0$.将式(4.2.4)代入,就是

$$\frac{\partial F}{\partial\theta}=-\frac{3}{4}\cos\frac{\theta}{2}[2\sin^2\beta\sin\theta+\sin 2\beta(3\cos\theta-1)]=0 \tag{4.2.25}$$

排除 $\cos(\theta/2)=0$ 的解,由上式求得的根 θ_0 可写成

$$\tan\beta=\frac{1-3\cos\theta_0}{\sin\theta_0} \tag{4.2.26}$$

求 k_{cr} 关于 β 的极小值,也就是求 $F(\theta_0,\beta)$ 关于 β 的极大值.但 θ_0 也是 β 的函数.因此 $F_{\max}$ 必须满足全微分

$$\mathrm{d}F/\mathrm{d}\beta=0,\qquad \mathrm{d}^2F/\mathrm{d}\beta^2<0 \tag{4.2.27}$$

其中

$$\frac{\mathrm{d}F}{\mathrm{d}\beta}=\frac{\partial F}{\partial\theta}\frac{\partial\theta}{\partial\beta}+\frac{\partial F}{\partial\beta} \tag{4.2.28}$$

$$\frac{\mathrm{d}^2F}{\mathrm{d}\beta^2}=\frac{\partial^2F}{\partial\theta^2}\left(\frac{\partial\theta}{\partial\beta}\right)^2+2\frac{\partial^2F}{\partial\theta\partial\beta}\cdot\frac{\partial\theta}{\partial\beta}+\frac{\partial F}{\partial\theta}\frac{\partial^2\theta}{\partial\beta^2}+\frac{\partial^2F}{\partial\beta^2} \tag{4.2.29}$$

将$\partial F/\partial\theta=0$代入式(4.2.28)，得到

$$\partial F/\partial\beta|_{\theta=\theta_0}=0 \tag{4.2.30}$$

将式(4.2.25)和式(4.2.30)代入式(4.2.29)，得到

$$\left.\frac{d^2F}{d\beta^2}\right|_{\theta=\theta_0}=\left.\left[\frac{\partial^2F}{\partial\theta^2}\left(\frac{\partial\theta}{\partial\beta}\right)^2+2\frac{\partial^2F}{\partial\theta\partial\beta}\cdot\frac{\partial\theta}{\partial\beta}+\frac{\partial^2F}{\partial\beta^2}\right]\right|_{\theta=\theta_0} \tag{4.2.31}$$

又由式(4.2.21)和式(4.2.30)，就是

$$\partial F/\partial\beta|_{\theta=\theta_0}=\frac{1}{2}\cos\frac{\theta_0}{2}[(1+\cos\theta_0)\sin 2\beta-3\sin\theta_0\cos 2\beta]=0 \tag{4.2.32}$$

如前讨论，排除$\cos\dfrac{\theta_0}{2}=0$的根，因此满足条件的只能是

$$(1+\cos\theta_0)\sin 2\beta-3\sin\theta_0\cos 2\beta=0 \tag{4.2.33}$$

即

$$\tan 2\beta=\frac{3\sin\theta_0}{1+\cos\theta_0} \tag{4.2.34}$$

式(4.2.34)与式(4.2.26)联立，就得到

$$\sin\theta_0(12\cos^2\theta_0-11\cos\theta_0+1)=0 \tag{4.2.35}$$

该方程的根有 3 个：$\theta_{01}=0°$，$\theta_{02,03}=\arccos\dfrac{11\pm\sqrt{73}}{24}$，或$\theta_{02}=-35.4784°$和$\theta_{03}=-84.12646°$. 由前面的讨论，$|\theta_0|\leqslant 70.5°$，因此$\theta_{03}$不满足条件，我们只需要验证前两个根. 以下逐个验证.

(1)$\theta_{01}=0$，代入式(4.2.26)得到$\beta=\pi/2$. 代入式(4.2.4)，可知$K_{\mathrm{II}}=0$(纯Ⅰ型裂纹). 代入式(4.2.31)，得到

$$\left.\frac{d^2k_c}{d\beta^2}\right|_{\substack{\theta=\theta_0=0\\ \beta=\pi/2}}=-2K_{\mathrm{Ic}}<0$$

上式不能满足$d^2k_c/d\beta^2>0$的条件，因此$\beta_{m1}=\pi/2$，$\theta_0=0$不是能使k_c为最小的解. 将这组解代入式(4.2.21)，得到

$$F(\theta_{01},\beta_{m1})=1$$

代入式(4.2.24)，得到

$$k_{c1}=K_{\mathrm{Ic}} \tag{4.2.36}$$

(2)$\theta_{02}=-35.4784°$，代入式(4.2.26)得到

$$\beta_{m2}=68.0893° \tag{4.2.37}$$

将这组解代入式(4.2.21)，得到

$$F(\theta_{01},\beta_{m2})=1.0308$$

$$k_{c2}=0.97014K_{\mathrm{Ic}} \tag{4.2.38}$$

显然$k_{c2}<k_{c1}$，且两者有 3%的系统偏差. 另外，将这组解代入式(4.2.31)，得到

$$\frac{d^2k_c}{d\beta^2}=5.26\frac{K_{\mathrm{Ic}}}{F^2}\cos\frac{\theta_0}{2}>0$$

上式满足 $d^2k_c/d\beta^2>0$ 的条件，因此 $\beta_{m2}=68.0893°$ 确实能使 k_c 为最小.

由式(4.2.38)和式(4.2.22)，$\beta=\beta_{m2}$ 条件下材料的单轴拉伸临界载荷为

$$\sigma_c=\frac{0.97014K_{Ic}}{\sqrt{\pi a}} \tag{4.2.39}$$

此时，岩石拉伸断口应略有锯齿状. 但因后期扩展仍沿 $\beta=\pi/2$ 方向趋近，则断口锯齿状可能不明显.

式(4.2.24)中，使 $k_c\to\infty$ 的 β 值取决于方程

$$F(\theta_0,\beta)=0 \tag{4.2.40}$$

上式的一个解为 $\beta_{\infty1}=0$，即 $k_c=0$，从式(4.2.4)看出这种情况下 $K_{\mathrm{I}}=K_{\mathrm{II}}=0$. 此时无论载荷多大，也不能使裂纹扩展.

式(4.2.40)的另一个解为

$$\tan\beta=\frac{3\sin\theta_0}{1+\cos\theta_0} \tag{4.2.41}$$

可以看出这个解不满足题设条件和实验结果. 因为如果题设条件为 $\beta>0$，则实验与应力分析结果应该是 $\theta_0<0$. 而由上式得出的 $\theta_0>0$，因此这个解只是一种数学形式，在物理上没有意义.

关于受压条件下含裂纹材料的抗压脆断能力，参见第 8 章.

4.2.5　应力保留到零阶项修正

应力保留到零阶项的修正是 Williams 和 Ewing(1972)最早提出的. Williams 和 Ewing(1972)也进行了单轴拉伸下斜裂纹的破裂实验，并且得到更详细的断裂角数据(图 4.3). 这些数据表明，式(4.2.21)的理论结果在 $\beta<30°$ 的范围内和实验结果有较大的偏差. 而这一部分在 Erdogan 和 Sih(1963)的实验数据中比较缺乏. 他们认为，式(4.2.3)的理论模型有缺陷，主要是只注意了奇异项而忽视了非奇异项. 由于只有奇异项，在求 $\partial\sigma_{\theta\theta}/\partial\theta=0$ 时，自然把方程中的因子 $r^{-1/2}$ 消掉了，r 的大小问题自然也就回避掉了. 但如果在应力分量展开式中不仅保留奇异项，同时也保留高阶项，则 r 不能消掉. 这样，就提出了如何取 r 的问题. 我们需要找到最佳 r 值 $r=r_0$，使得裂纹角 β 和断裂角 θ 的理论值能和实验观测达到最佳拟合.

由第 2 章可知，对于纯 I 型裂纹，

$$\sigma_{\theta\theta c}\big|_{\theta=0}=\sigma_{yyc}=T_c=\frac{K_{Ic}}{\sqrt{2\pi r}} \tag{4.2.42}$$

其中，T_c 为介质的局部抗拉强度，也叫做理想抗拉强度. T_c 是有限的，$\sigma_{yyc}\big|_{\theta=0}$ 不可能超越 T_c. 我们自然会问：在 $r<r_0$ 的区域的本构关系是什么？线弹性断裂力学还成立吗？在我们尚不清楚的情况下，不妨采用黑箱操作的办法，称 $r<r_0$ 为非线性区. 由式(4.2.42)自然得出

$$r_0=\frac{K_{\mathrm{Ic}}^2}{2\pi T_{\mathrm{c}}^2} \tag{4.2.43}$$

然而上式中 r_0 和 T_{c} 都不知道,因此上式对于这两个参数的测定不具备适定解,没有可操作意义.

非线性区的概念和 r_0 的具体测量方法是 Williams 和 Ewing(1972)在讨论断裂角问题中引入的.他们计算的是一个倾斜裂纹受远场单轴拉伸作用(图 4.1),在裂纹端部的应力分量中,如果不仅保留奇异项,也保留零阶项(即常数项),则环向应力可以写成

$$\sigma_{\theta\theta}=\sigma_{\theta\theta}^{(s)}+\sigma_{\theta\theta}^{(0)}+o(r^0) \tag{4.2.44}$$

其中,$\sigma_{\theta\theta}^{(s)}$ 为奇异项;$\sigma_{\theta\theta}^{(0)}$ 为零阶项.奇异项由式(4.2.3)给出.裂纹周围的应力分量为

$$\left.\begin{aligned}
\sigma_{xx}&=\mathrm{Re}Z_{\mathrm{I}}+2\mathrm{Im}Z_{\mathrm{II}}-y(\mathrm{Im}Z'-\mathrm{Re}Z'_{\mathrm{II}})+\frac{\sigma_x^\infty-\sigma_y^\infty}{2}\\
\sigma_{yy}&=\mathrm{Re}Z_{\mathrm{I}}+y(\mathrm{Im}Z'_{\mathrm{I}}-y\mathrm{Re}Z'_{\mathrm{II}})-\frac{\sigma_x^\infty-\sigma_y^\infty}{2}\\
\tau_{xy}&=-y(\mathrm{Re}Z'_{\mathrm{I}}+\mathrm{Im}Z'_{\mathrm{II}})+\mathrm{Re}Z_{\mathrm{II}}+\tau^\infty
\end{aligned}\right\} \tag{4.2.45}$$

其中,$Z_{\mathrm{I}}(z)$和 $Z_{\mathrm{II}}(z)$分别由第 2 章给出

$$Z_{\mathrm{I}}(z)=\frac{\sigma_y^\infty z}{\sqrt{z^2-a^2}}+\frac{\sigma_x^\infty-\sigma_y^\infty}{2} \tag{4.2.46}$$

$$Z_{\mathrm{II}}(z)=\frac{z\tau^\infty}{\sqrt{z^2-a^2}}-\tau^\infty \tag{4.2.47}$$

由式(4.2.45)可知 σ_{xx} 的泰勒展开式的零阶项为 $\sigma_{xx}^{(0)}=\sigma_x^\infty-\sigma_y^\infty$,而 σ_{yy} 和 τ_{xy} 的泰勒展开式的零阶项为 $\sigma_{yy}^{(0)}=\tau_{xy}^{(0)}=0$.转换为极坐标,得到 $\sigma_{\theta\theta}$ 的零阶项为

$$\sigma_{\theta\theta}^{(0)}=\sigma_{xx}^{(0)}\sin^2\theta+\sigma_{yy}^{(0)}\cos^2\theta-2\tau_{xy}^{(0)}\sin\theta\cos\theta=(\sigma_{xx}^\infty-\sigma_{xy}^\infty)\sin^2\theta \tag{4.2.48}$$

因此,式(4.2.44)成为

$$\sigma_{\theta\theta}=\frac{1}{2\sqrt{2\pi r}}\cos\frac{\theta}{2}[K_{\mathrm{I}}(1+\cos\theta)-3K_{\mathrm{II}}\sin\theta]+(\sigma_{xx}^\infty-\sigma_{yy}^\infty)\sin^2\theta+o(r^0) \tag{4.2.49}$$

将式(4.2.2)代入上式,得到

$$\sigma_{\theta\theta}=\frac{1}{2\sqrt{2\pi r}}\cos\frac{\theta}{2}[2K_{\mathrm{I}}(1+\cos\theta)-3K_{\mathrm{II}}\sin\theta]+\sigma\cos 2\beta\sin^2\theta+o(r^0) \tag{4.2.50}$$

由上式取$\partial\sigma_{\theta\theta}/\partial\theta=0$,就得到当 $\theta=\theta_0$ 时,

$$-\frac{3}{4}\frac{1}{\sqrt{2\pi r}}\cos\frac{\theta_0}{2}[K_{\mathrm{I}}\sin\theta_0+K_{\mathrm{II}}(3\cos\theta_0-1)]+\sigma\cos 2\beta\sin 2\theta_0+o(r^0)=0 \tag{4.2.51}$$

在临界状态下,$\sigma_{\theta\theta}=\sigma_{\mathrm{c}}$,$r=r_0$,记 $\alpha=\sqrt{2r_0/a}$(在 Williams 等的文献中,r_0 记为 c),上式成为

$$\cos\frac{\theta_0}{2}[\sin^2\beta\sin\theta_0+\sin\beta\cos\beta(3\cos\theta_0-1)]-\frac{4}{3}\alpha\cos2\beta\sin2\theta_0+o(r^0)=0 \tag{4.2.52}$$

式(4.2.52)就是 β 与 θ_0 的关系方程. Finnie 等(1973)将上式整理成

$$\tan^2\beta-\left(\frac{1-3\cos\theta_0}{\sin\theta_0}\right)\tan\beta-\left[\frac{16\alpha\sin(\theta_0/2)}{3\tan\theta_0}\right](1-\tan^2\beta)=0 \tag{4.2.53}$$

Finnie 等(1973)还指出 Williams 等(1972)的原拟合公式有误,并进行了纠正.

Williams 和 Ewing(1972)取 $r_0\approx0.002$in(≈0.05mm),而实验中裂纹半长度 $a\approx0.5$in(≈13mm),于是得到 $r_0/a=0.004$,$\alpha=0.1$,代入到式(4.2.53),所得到的根 θ_0 能较好地拟合他们的实验结果(图 4.3).图 4.3 中还显示了 Finnie 等(1973)纠正 Williams 和 Ewing(1972)的失误后得到的拟合曲线,显然效果有了改善.

在纯拉伸的情况下,$\beta=\pi/2$,$\theta=0$ 时,就可以将拟合的 r_0 尺度代回到式(4.2.42)和式(4.2.43),求出介质抗拉强度为

$$T_c=\frac{K_{\mathrm{Ic}}}{\sqrt{2\pi r_0}} \tag{4.2.54}$$

r_0 的引入给出了线弹性断裂力学的尺度下限.它不仅在解释断裂角时具有重要意义,而且为后面研究三维破裂问题时奠定了重要理论基础.但是,从 Williams 等(1972)所描述的实验技术路线来看,他们所给出的 $\alpha\approx0.1$,即 $r_0\approx0.05$ mm 似乎并不代表有机玻璃中裂纹的非线性尺度,而是预制切口的非线性区尺度.根据 Williams 等(1972)的工作,预制的切口是在丙烯酸树脂玻璃中进行的,切口半长轴长度 $a\approx0.5$ in$=12.7$ mm,切割用的剃刀的刀韧宽度为 $b\approx0.05$ in$=0.127$ mm$\approx2r_0$.

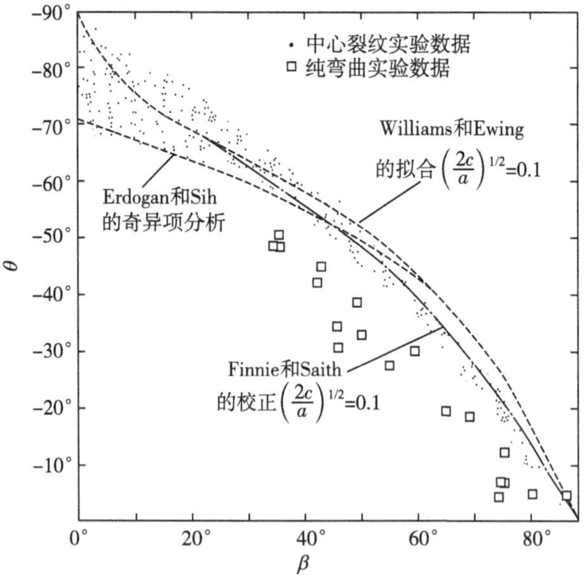

图 4.3 断裂角与裂纹角之间的关系实验结果

(Williams and Ewing,1972;Finnie et al.,1973)

单轴压力下的断裂角实验及分析，参见第 8 章.

4.3　应变能密度因子理论

Sih(1973)提出应变能密度因子判据，即 S 判据.

4.3.1　应变能密度因子的概念

考察最普遍的复合型裂纹——K_{I}，K_{II}，K_{III} 均不为零的情形. 这时裂纹端部各应力分量为

$$\sigma_{xx}=\frac{K_{\mathrm{I}}}{\sqrt{2\pi r}}\cos\frac{\theta}{2}\left[1-\sin\frac{\theta}{2}\sin\frac{3}{2}\theta\right]-\frac{K_{\mathrm{II}}}{\sqrt{2\pi r}}\sin\frac{\theta}{2}\left(2+\cos\frac{\theta}{2}\cos\frac{3}{2}\theta\right)$$

$$\sigma_{yy}=\frac{K_{\mathrm{I}}}{\sqrt{2\pi r}}\cos\frac{\theta}{2}\left[1+\sin\frac{\theta}{2}\sin\frac{3}{2}\theta\right]+\frac{K_{\mathrm{II}}}{\sqrt{2\pi r}}\sin\frac{\theta}{2}\cdot\cos\frac{\theta}{2}\cdot\cos\frac{3}{2}\theta$$

$$\tau_{xy}=\frac{K_{\mathrm{I}}}{\sqrt{2\pi r}}\sin\frac{\theta}{2}\cdot\cos\frac{\theta}{2}\cdot\cos\frac{3}{2}\theta+\frac{K_{\mathrm{II}}}{\sqrt{2\pi r}}\cos\frac{\theta}{2}\left(1-\sin\frac{\theta}{2}\sin\frac{3}{2}\theta\right)$$

$$\tau_{xz}=-\frac{K_{\mathrm{III}}}{\sqrt{2\pi r}}\sin\frac{\theta}{2}$$

$$\tau_{yz}=\frac{K_{\mathrm{III}}}{\sqrt{2\pi r}}\cos\frac{\theta}{2}$$

$$\sigma_{zz}=\begin{cases}0 & \text{(平面应力)}\\ 2\nu\left(\dfrac{K_{\mathrm{I}}}{\sqrt{2\pi r}}\cos\dfrac{\theta}{2}-\dfrac{K_{\mathrm{II}}}{\sqrt{2\pi r}}\sin\dfrac{\theta}{2}\right) & \text{(平面应变)}\end{cases}\tag{4.3.1}$$

由附录Ⅰ，单位体积内的应变能(又称应变能密度)为

$$W=\frac{1}{2E}[\sigma_{11}^2+\sigma_{22}^2+\sigma_{33}^2-2\nu(\sigma_{11}\sigma_{22}+\sigma_{22}\sigma_{33}+\sigma_{33}\sigma_{11})+2(1+\nu)(\sigma_{12}^2+\sigma_{23}^2+\sigma_{31}^2)]$$

将式(4.3.1)代入上式，得到裂纹端部各点的应变能密度 W 为

$$W=\frac{1}{r}(a_{11}K_{\mathrm{I}}^2+2a_{12}K_{\mathrm{I}}K_{\mathrm{II}}+a_{22}K_{\mathrm{II}}^2+a_{33}K_{\mathrm{III}}^2)\tag{4.3.2}$$

其中

$$\left.\begin{aligned}a_{11}&=\frac{1}{16\pi\mu}[(3-4\nu-\cos\theta)(1+\cos\theta)]\\a_{12}&=\frac{1}{16\pi\mu}(\cos\theta-1+2\nu)\cdot2\sin\theta\\a_{22}&=\frac{1}{16\pi\mu}[4(1-\nu)(1-\cos\theta)+(1+\cos\theta)(3\cos\theta-1)]\\a_{33}&=\frac{1}{4\pi\mu}\end{aligned}\right\}\tag{4.3.3}$$

由式(4.3.2)可知,W 在裂纹端部呈 $1/r$ 的奇异性,若将式(4.3.2)改写为

$$W=S/r \tag{4.3.4}$$

则

$$S=a_{11}K_{\mathrm{I}}^2+2a_{12}K_{\mathrm{I}}K_{\mathrm{II}}+a_{22}K_{\mathrm{II}}^2+a_{33}K_{\mathrm{III}}^2 \tag{4.3.5}$$

式中,S 称为应变能密度因子,显然 $S=S(\theta)$.

应变能密度因子理论的基本假设是

(1)裂纹沿 $S=S_{\min}$ 的方向扩展,即裂纹沿满足如下条件的方向扩展.

$$\partial S/\partial\theta=0,\quad \partial^2 S/\partial\theta^2>0$$

(2)当 $S_{\min}$ 达到某一临界值,裂纹开始扩展,即

$$S_{\min}=S(\theta_0)=S_c$$

4.3.2 应用

现在讨论 S 理论在几种典型情形的应用结果.

1. 纯Ⅰ型裂纹

这时,$K_{\mathrm{II}}=K_{\mathrm{III}}=0$,

$$S=\frac{K_{\mathrm{I}}^2}{16\pi\mu}[(3-4\nu-\cos\theta)(1+\cos\theta)] \tag{4.3.6}$$

$$\frac{\partial S}{\partial\theta}=\frac{K_{\mathrm{I}}^2}{8\pi\mu}\sin\theta(\cos\theta-1+2\nu)$$

$$\frac{\partial^2 S}{\partial\theta^2}=\frac{K_{\mathrm{I}}^2}{8\pi\mu}[\cos 2\theta-(1-2\nu)\cos\theta]$$

令 $\partial S/\partial\theta=0$ 可得到

$$\left.\begin{array}{l}\theta=0\\ \cos\theta=1-2\nu\end{array}\right\} \tag{4.3.7}$$

其中,$\theta=0$ 这个解使$\partial^2 S/\partial\theta^2>0$,所以是问题的解,即

$$S\Big|_{\theta_0=0}=S_{\min}=\frac{(1-2\nu)\sigma^2 a}{4\mu}=S_c$$

这样可求得临界应力

$$\sigma_c=\left[\frac{4\mu S_c}{(1-2\nu)a}\right]^{1/2}$$

及

$$S_c=\frac{1-2\nu}{4\pi\mu}K_{\mathrm{Ic}}^2 \tag{4.3.8}$$

由式(4.3.8)可通过 K_{Ic} 求 S_c.

2. 纯Ⅱ型裂纹

在这种情况下,$K_{\mathrm{I}}=K_{\mathrm{III}}=0$,

$$S=(K_{\mathrm{II}}^2/16\pi\mu)[4(1-\nu)(1-\cos\theta)+(1+\cos\theta)\cdot(3\cos\theta-1)] \tag{4.3.9}$$

$$\frac{\partial S}{\partial\theta}=(K_{\mathrm{II}}^2/16\pi\mu)(1-2\nu-3\cos\theta)\sin\theta$$

$$\frac{\partial^2 S}{\partial\theta^2}=(K_{\mathrm{II}}^2/16\pi\mu)[(1-2\nu)\cos\theta-3\cos 2\theta]$$

由$\partial S/\partial\theta=0$,可以得到两个解

$$\left.\begin{aligned}&\theta=0\\&\cos\theta=(1-2\nu)/3\end{aligned}\right\}$$

后者满足$\partial^2 S/\partial\theta^2>0$,使 S 取极小值,所以是我们所需要的解. 由此得

$$\theta_0=\arccos[(1-2\nu)/3]$$

由此式可以看出断裂角 θ_0 与 ν 有关(表 4.1).

表 4.1　断裂角 θ_0 与的 ν 关系

ν	0.0	0.1	0.2	0.3	0.4	0.5
$-\theta_0$	70.5°	74.5°	78.5°	82.3°	86.2°	90.0°

以 $\cos\theta_0=(1-2\nu)/3$ 代入式(4.3.8)得

$$S_{\min}=K_{\mathrm{II}}^2\frac{2(1-\nu)-\nu^2}{12\pi\mu} \tag{4.3.10}$$

这种情况下断裂准则为

$$\frac{2(1-\nu)-\nu^2}{12\pi\mu}K_{\mathrm{IIc}}^2=S_c \tag{4.3.11}$$

与同一材料在纯 I 型情况下的断裂实验值做比较,则得

$$S_c=\frac{2(1-\nu)-\nu^2}{12\pi\mu}K_{\mathrm{IIc}}^2=\frac{1-2\nu}{4\pi\mu}K_{\mathrm{Ic}}^2$$

因而

$$\frac{K_{\mathrm{IIc}}}{K_{\mathrm{Ic}}}=\left[\frac{3(1-2\nu)}{2(1-2\nu)-\nu^2}\right]^{1/2} \tag{4.3.12}$$

3. 混合型裂纹

仍以带有斜裂纹的平板进行分析(图 4.4). 对于图 4.4(a)和(b)所示的情况

$$\left.\begin{aligned}\sigma_N&=\pm\sigma\sin^2\beta\\\tau_N&=\pm\sigma\sin\beta\cos\beta\end{aligned}\right\} \tag{4.3.13}$$

因此,对于图 4.4(a)的情况,

$$\left.\begin{aligned}K_{\mathrm{I}}&=\sigma\sqrt{\pi a}\sin^2\beta\\K_{\mathrm{II}}&=\sigma\sqrt{\pi a}\sin\beta\cos\beta\end{aligned}\right\} \tag{4.3.14}$$

以上式代入式(4.3.5)得

$$S=\sigma^2\pi a(a_{11}\sin^2\beta+2a_{12}\sin\beta\cos\beta+a_{22}\cos\beta) \tag{4.3.15}$$

$$\frac{\partial S}{\partial \theta}=\frac{\sigma^2 \pi a}{16\mu}\sin^2\beta[2(1-2\nu)\sin(\theta-2\beta)-2\sin 2(\theta-\beta)-2\sin 2\theta] \quad (4.3.16)$$

令$\partial S/\partial \theta=0$,得

$$2(1-2\nu)\sin(\theta_0-2\beta)-2\sin 2(\theta_0-\beta)-\sin 2\theta_0=0 \ (\beta\neq 0) \quad (4.3.17)$$

给定β后从上式可求得θ_0.令

$$16\mu S_{\min}/\sigma^2 a=\eta(\beta) \quad (4.3.18)$$

则

$$\sigma^2 a=16\mu S_{\min}/\eta(\beta)$$

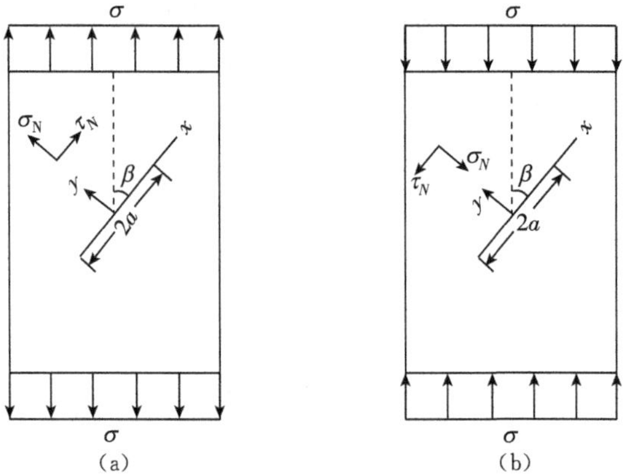

图 4.4 带斜中心裂纹的无限大平板受单轴拉伸(a)和压缩(b)

按S理论,$S_{\min}$的临界值S_{cr}为材料的抗脆断能力的材料常数.

$$\sigma_{cr}^2 a=16\mu S_{cr}/\eta(\beta) \quad (4.3.19)$$

这说明当η值越大时,在其他条件相同的情况下σ_{cr}越小.对于拉伸情况而言,η是β的单调增函数($0\leqslant\beta\leqslant\pi/2$),$\beta=\pi/2$时$\eta$为最大,因而$\sigma_{cr}$最小.实验结果证明了这一点.

由S理论得到的θ_0与β间的关系如图4.5中实线所示.

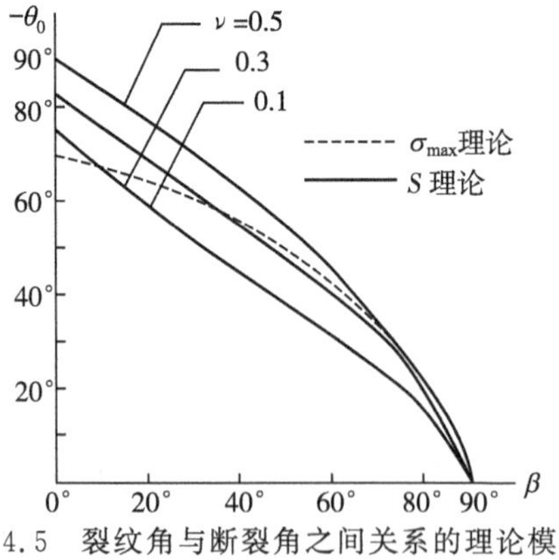

图 4.5 裂纹角与断裂角之间关系的理论模型

虚线为最大环向应力理论,实线为S理论

对于图4.4(b)所示情况，Sih认为，因为应变能密度因子S的表达式(4.3.15)中只出现σ^2项，所以式(4.3.15)～式(4.3.17)同时适用于图4.4(a)和(b)两种情况.对于同一个β，方程(4.3.17)有两个根，他断定：$-\theta_0$对应于拉伸情形，$+\theta_0$对应于压缩情形.这个结论的意思是，当$\sigma<0$时，

$$K_{\mathrm{I}}=\sigma\sqrt{\pi a}\sin^2\beta=-|\sigma|\sqrt{\pi a}\sin^2\beta<0$$

尹祥础早在1980年中国地球物理学会苏州会议的论文中就提出，这在物理上是不能接受的，因为在图4.4(b)中，裂纹面之间受压闭合.由于裂纹面物质的不可重叠，裂纹面之间只存在剪切错动，这个问题应属于纯Ⅱ型剪切裂纹.且裂纹之间存在相互作用.假定裂纹面之间的摩擦系数为常数，则应有

$$\left.\begin{aligned}&K_{\mathrm{I}}=0\\&K_{\mathrm{II}}=-\sigma\sqrt{\pi a}\,(\sin\beta\cos\beta-f\sin^2\beta)\end{aligned}\right\}\tag{4.3.20}$$

即使$f=0$，这种剪切型裂纹也不等同于拉伸作用下的情况，这些问题在后面章节中还要进一步讨论.

总的来说，由于S理论应用比较方便，二维模型与实验结果对比符合得也比较好(压缩的情形例外)，适用范围也比较广泛，因此，到目前为止，S理论在工程上采用得比较多.

S理论也引起了不少其他争议.S理论与材料的破坏(裂纹扩展)之间在物理本质上的联系不够清晰，裂纹在$S=S_{\min}$的方向上扩展的假设缺乏说服力.由此引起了一些讨论.在解决三维问题时，S判据就无法解释实验事实了，原因就是W是应力对应变的一次积分，本身是标量，和应力分量相比降低了一个自由度，它在裂纹前缘柱坐标中只与r和θ两个参数有关，而实际的三维破裂面不仅与r和θ有关而且与z有关.特别是对于纯Ⅲ型问题$S=K_{\mathrm{III}}^2/(4\pi\mu)$.按照$S$理论，裂纹应沿$S=S_{\min}$的方向扩展，但上式的$S$是常数，与裂纹前缘柱坐标$r,\theta,z$均无关，$S_{\min}$不存在，字面上就是三维破裂任何方向都有扩展，但是无法给出破裂面细节.

4.4 最大能量释放率理论

在第3章中我们讨论过能量释放率G，它实际上是Griffith理论的进一步发展.在讨论复合型裂纹的断裂准则时，很自然会想到用能量释放率G来作为断裂判据，即

$$G\geqslant G_{\mathrm{c}}\tag{4.4.1}$$

其中，G由2.4节给出.

$$G=K_{\mathrm{I}}^2/E'+K_{\mathrm{II}}^2/E'+(1+\nu)K_{\mathrm{III}}^2/E\tag{4.4.2}$$

但是，式(4.4.2)成立的前提是裂纹沿自身方向扩展.对于复合型裂纹(特别是

当 $K_{\mathrm{II}} \neq 0$ 的情形)，裂纹往往不沿自身扩展，而沿与原裂纹方向偏转 θ_0(θ_0 称为断裂角)拐折扩展，如图 4.1 所示. 所以式(4.4.2)就不再适用了.

Palaniswamy(1972)在其博士论文中提出一种新的看法(Palaniswamy and Knauss, 1978)，他认为：

(1)裂纹沿产生最大能量释放率的方向扩展.

(2)当最大能量释放率 $G_{\max}$ 达到某临界值时，裂纹开始扩展.

从物理上考虑，能量释放率是最容易被接受的. 但是，具体到如何解释实验观测到的破裂路径(图 4.1)就比较困难了. 到目前为止，至今没有统一的结论.

Husseini 等(1975)研究了如图 4.1 所示的拐折裂纹的能量释放率 $G(\theta_0)$(当支裂纹长度 $\Delta a \to 0$ 时)

$$G(\theta_0)=\frac{4}{E}\left(\frac{1}{3+\cos^2\theta_0}\right)^2\left(\frac{1-\theta_0/\pi}{1+\theta_0/\pi}\right)^{\theta_0/\pi}$$
$$\times\left[(1+3\cos^2\theta_0)K_{\mathrm{I}}^2+8\sin\theta_0\cos\theta_0 K_{\mathrm{I}}K_{\mathrm{II}}+(9-5\cos^2\theta_0)K_{\mathrm{II}}^2\right] \quad (4.4.3)$$

其中，θ_0 为支裂纹与主裂纹间的夹角；K_{I}，K_{II} 为没有支裂纹时，原裂纹端部的应力强度因子.

根据条件

$$\frac{\partial G(\theta_0)}{\partial \theta_0}=0, \quad \frac{\partial^2 G(\theta_0)}{\partial \theta_0^2}<0$$

可求得使 $G(\theta_0)$ 取最大值的方向 θ_0

薛昌明得到纯Ⅲ型裂纹出现支裂纹时的能量释放率为

$$G(\theta_0)=\frac{K_{\mathrm{III}}^2}{2\mu}\left(\frac{1-\theta_0/\pi}{1+\theta_0/\pi}\right)^{\theta_0/\pi} \quad (4.4.4)$$

4.5 最大张应力理论

最大张应力理论是针对三维破裂的实验现象而提出的. 这里所说的三维破裂，是指三维裂纹(或断层)的自然破裂，多半是纯Ⅲ型裂纹或含Ⅲ型成分的复合型裂纹.

4.5.1 最大张应力判据

Palaniswamy 和 Knauss(1978)针对三维破裂实验结果提出了最大张应力判据，其要点是：

(1)裂纹从前缘部分点(或逐点)张破裂；

(2)裂纹扩展方向与该处最大张应力 σ_{Nmax} 作用方向相垂直；

(3)当裂纹端部的最大张应力 σ_{Nmax} 为临界值时，裂纹开始扩展.

Palaniswamy 和 Knauss(1978)认为，最大张应力实际上就是最大主应力，因此，最大张应力判据也叫做张应力判据.

4.5.2 欧拉角极值搜索法

Palaniwamy 和 Knauss(1978)采用调整欧拉角搜索最大张应力的方法来拟合三维破裂(图 4.5),简称为双欧拉角极值搜索(2EA)法. 但 Palaniwamy 没有给出拟合的具体结果. Yin 等(1989),尹祥础等(1991)对 2EA 方法做出了具体化. 2EA 方法的结果是一个平面,和实验结果有较大差异. 因此,2EA 方法不能解释三维破裂的曲面形状.

李世愚(1990,1991)提出了第一主微分面合成(COFPDP)法,成功地拟合了上述实验中的三维初始破裂曲面. 从 2EA 法到 COFPDP 法,该方法的改进可以分为三个步骤.

(1)指出 Palaniswamy 和 Knauss(1978)提出的欧拉角极值方法存在重要缺陷,主要是只考虑了两个欧拉角(2EA),忽略了第三个欧拉角的变化. 如果改为用三个欧拉角(3EA),其弥合效果会有质的变化,能够弥合成实验观测到的曲面,而不是平面.

(2)证明三欧拉角法(3EA)可以等效为法向矢量法(NSDV).

(3)证明法向矢量法可以优化为求第一主面合成法(COFPDP).

有关的详细内容,参见后面第 11 章的"三维破裂".

4.6 岩石发生破坏的条件

本节采用岩石力学领域的符号制,即正应力以压为正. 剪应力在以坐标轴正向为法向的坐标面上,正向规定为朝向坐标的反向.

4.6.1 库仑-莫尔准则

库仑-莫尔准则是判断岩石内发生剪切破坏临界条件的宏观判据. 该准则认为,抵抗平面产生剪切破坏的阻力来自材料的内聚力 τ^f,在孔隙压力 $p_0 \neq 0$ 的情况下,库仑-莫尔准则为

$$|\tau^f| = \tau_0 + f \cdot (\sigma_N - p_0) \tag{4.6.1}$$

其中,f 为剪切面上的内摩擦系数. "内摩擦"指岩石变形时内部晶格和微裂纹面之间的摩擦. σ_N 为剪切面受到的法向压力,p_0 为孔隙压力. 在 τ-σ_N 平面中(图 4.6),τ_0 为破裂线在 τ 轴上的截距,它表示材料在没有受到正应力的情况下的抗剪切强度,也叫做固有的抗剪切强度,或称之为内聚力(Jaeger and Cook,1979). 在一般情况下,莫尔准则破裂线应为曲线,库仑准则实际是莫尔准则的破裂线为线性假定的特例,因此我们称之为库仑-莫尔准则.

为简便起见,以下讨论中暂时假定 $p_0 = 0$,将式(4.6.1)表示成

$$|\tau^f| = \tau_0 + f \cdot \sigma_N \tag{4.6.2}$$

按照库仑-莫尔准则，在 σ_N -$|\tau|$ 平面内，当**莫尔圆**与式(4.6.1)或式(4.6.2)所表示的破裂线相切时，岩石发生破坏，如图 4.6 所示. 其中破裂线与 σ_N 轴的夹角为 ϕ，称为内摩擦角，由此得到

$$\tan\phi = f \tag{4.6.3}$$

且

$$\tau_0 = T \cdot \tan\phi = f \cdot T \tag{4.6.4}$$

莫尔圆的圆心 C 与切线的垂线为 CA. CA 与 σ_N 轴的夹角为 2α，显然有

$$2\alpha = \phi + \pi/2 \tag{4.6.5}$$

于是

$$\tan 2\alpha = -\cot\phi = -1/f \tag{4.6.6}$$

解得

$$\tan\alpha = \sqrt{f^2+1} + f \tag{4.6.7}$$

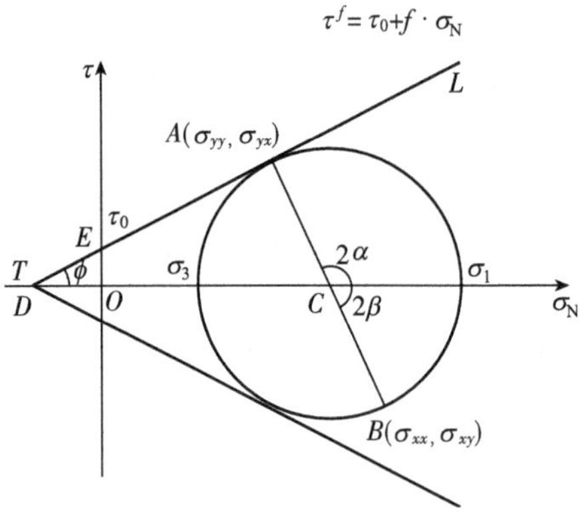

图 4.6　库仑-莫尔准则，这里暂时假定孔隙压力 $p_0=0$

在 σ_N -$|\tau|$ 平面内，准则式(4.6.1)由直线 DEL 表示，见图 4.6，其斜率为 $\tan\phi$，在 $|\tau|$ 轴上的截距为 $OE=\tau_0$，平面上的法向应力 σ_N 和剪应力 τ 由直径为 $\sigma_1-\sigma_3$ 的莫尔圆给出. 如果此圆与直线 DEL 相切，则发生破坏. 由几何关系可得

$$CA = (DO + OC)\sin\phi$$

或

$$\frac{1}{2}(\sigma_1 - \sigma_3) = \left[\tau_0 \cot\phi + \frac{1}{2}(\sigma_1 + \sigma_3)\right]\sin\phi \tag{4.6.8}$$

根据莫尔圆的规定，α 是破裂面法向(oy 轴)与 σ_1 作用方向的夹角，而破裂面走向(ox 轴)与 σ_1 作用方向的夹角为 β. 注意，本书规定的 β 与 Jaeger 和 Cook(1979)的规定不同. 由图 4.7 可以看出，α 和裂纹角 β 互为余角，即

$$\alpha = \pi/2 - \beta \tag{4.6.9}$$

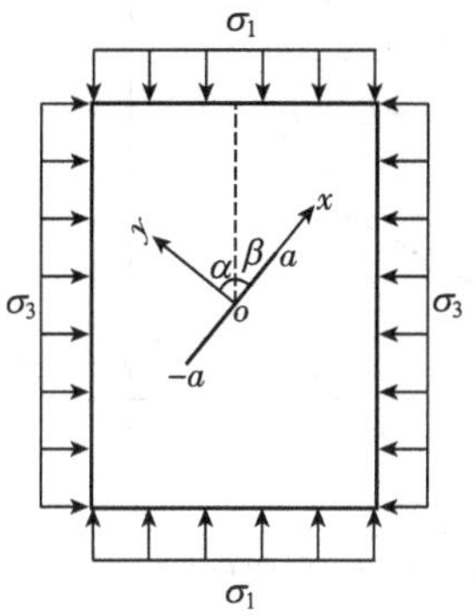

图 4.7　受双向压力无限大板示意图

将式(4.6.9)代入式(4.6.3)就得到 $\phi=\pi/2-2\beta$,或者

$$2\beta=\frac{\pi}{2}-\phi \tag{4.6.10}$$

代入式(4.6.3)就得到

$$\tan 2\beta=1/f \tag{4.6.11}$$

利用莫尔圆,得到作用于裂纹面的正应力和剪应力为

$$\sigma_N=\frac{1}{2}(\sigma_1+\sigma_3)-\frac{1}{2}(\sigma_1-\sigma_3)\cos 2\beta \tag{4.6.12}$$

$$\tau^f=\frac{1}{2}(\sigma_1-\sigma_3)\sin 2\beta \tag{4.6.13}$$

于是,材料固有的抗剪切强度为

$$\tau_0=\frac{1}{2}(\sigma_1-\sigma_3)(\sin 2\beta+f\cos 2\beta)-\frac{1}{2}f(\sigma_1+\sigma_3) \tag{4.6.14}$$

由式(4.6.11),

$$\sin 2\beta=\frac{1}{\sqrt{1+f^2}},\ \cos 2\beta=\frac{f^2}{\sqrt{1+f^2}} \tag{4.6.15}$$

代入式(4.6.14)就得到

$$\tau_0=\frac{1}{2}(\sigma_1-\sigma_3)\sqrt{1+f^2}-\frac{1}{2}f(\sigma_1+\sigma_3) \tag{4.6.16}$$

式(4.6.16)为库仑准则的主应力表达式.它的意义是:当等式右方小于 τ_0 时,破坏不会发生,只有当等式右方等于 τ_0 时,破坏才会发生.式(4.6.16)还可以写成

$$\sigma_1(\sqrt{1+f^2}-f)-\sigma_3(\sqrt{1+f^2}+f)=2\tau_0 \tag{4.6.17}$$

式(4.6.17)表达了 σ_1 与 σ_3 的线性关系.在 σ_1-σ_3 平面中,它显示为一条直线 TC_0P,见图 4.8(a).在式(4.6.17)中取 $\sigma_3=0$,得到岩石的单轴抗压强度为

$$C_0=2\tau_0(\sqrt{1+f^2}+f) \tag{4.6.18}$$

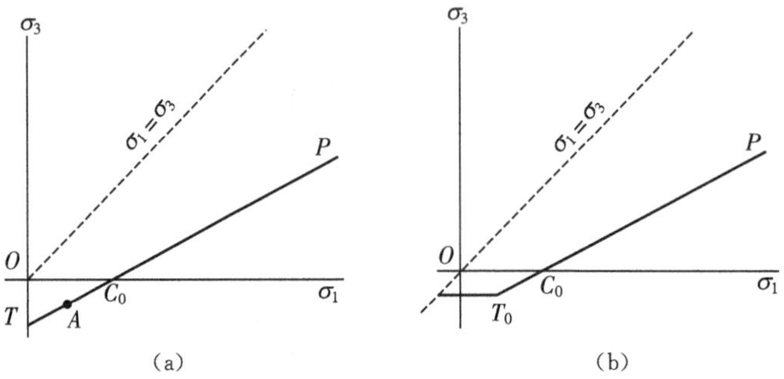

图 4.8　σ_1-σ_3 平面中的库仑-莫尔准则

或者

$$\tau_0=\frac{C_0}{2}(\sqrt{1+f^2}-f) \tag{4.6.19}$$

以下考虑 σ_1-σ_3 平面中这条直线 TC_0P 上的有效条件. 由式(4.6.12)可知有隐含条件 σ_N 为正，即 $\sigma_N>0$. 将式(4.6.15)代入式(4.6.12)，即

$$\sigma_1(\sqrt{1+f^2}-f)+\sigma_3(\sqrt{1+f^2}+f)>0 \tag{4.6.20}$$

式(4.6.20)与式(4.6.17)联立，得到对 σ_1 的有效条件为

$$\sigma_1>\tau_0(\sqrt{1+f^2}+f)=\frac{1}{2}C_0 \tag{4.6.21}$$

由此得到，仅直线 AC_0P 部分代表有效准则，见图 4.8(a).

对于 σ_3 的某些负值，由实验可知在垂直于 σ_3 的平面内发生拉伸破裂($\beta=0$)，特别是在单轴拉伸中于抗拉强度 T_0 时发生. 这个行为完全不同于压应力下发生的剪切破裂. 将 $\sigma_3=-T_0$ 代入式(4.6.17)，并与式(4.6.18)联立，就得到 σ_1 的分界值为

$$\sigma_1=C_0(1-C_0T_0/4\tau_0^2) \tag{4.6.22}$$

因此，考虑到拉伸破裂的库仑-莫尔准则为

$$\sigma_1(\sqrt{1+f^2}-f)-\sigma_3(\sqrt{1+f^2}+f)=2\tau_0,\quad \sigma_1>C_0(1-C_0T_0/4\tau_0^2) \tag{4.6.23}$$

$$\sigma_3=-T_0,\quad \sigma_1<C_0(1-C_0T_0/4\tau_0^2) \tag{4.6.24}$$

上述关系由图 4.8(b)显示.

将式(4.6.7)和式(4.6.18)代入式(4.6.17)，得到

$$\begin{aligned}\sigma_1&=2\tau_0\tan\alpha+\sigma_3\tan^2\alpha\\&=C_0+\sigma_3\tan^2\alpha\end{aligned} \tag{4.6.25}$$

或

$$\sigma_1=C_0+q\sigma_3 \tag{4.6.26}$$

其中

$$q=\tan^2\alpha=[\sqrt{f^2+1}+f]^2 \tag{4.6.27}$$

式(4.6.25)～式(4.6.27)提供了一种测量内摩擦角 ϕ 和内摩擦系数 f 的可操作试验方法，即在测得岩石单轴抗压强度 C_0 后，改变一定 σ_3 条件下岩石破坏时的 σ_1，代入式(4.6.25)，在 σ_1-σ_3 平面中的破坏线上确定斜率 q，就可以利用式(4.6.27)求得 $\alpha=\arctan\sqrt{q}$，再代入式(4.6.5)就可以得到 $\phi=2\alpha-\pi/2$，并利用式(4.6.3) $f=\tan\phi$ 就可以计算出 f.

以下引入式(4.6.17)的另一种表示法. 记

$$\sigma_{\mathrm{m}}=\frac{1}{2}(\sigma_1+\sigma_3),\quad \tau_{\mathrm{m}}=\frac{1}{2}(\sigma_1-\sigma_3) \tag{4.6.28}$$

式(4.6.17)就成为

$$\sqrt{1+f^2}\,\tau_{\mathrm{m}}-f\cdot\sigma_{\mathrm{m}}=\tau_0 \tag{4.6.29}$$

利用式(4.6.3)，$\tan\phi=f$，代入式(4.6.29)，就得到

$$\tau_{\mathrm{m}}=\sin\phi\cdot\sigma_{\mathrm{m}}+\cos\phi\cdot\tau_0 \tag{4.6.30}$$

这和式(4.6.8)是一致的.

4.6.2　拜尔利定律

16 世纪末，Amontons 对摩擦滑动进行了经验总结，提出了 Amontons 定律和滑动界面上存在凹凸体的概念. Amontons 总结出摩擦滑动的条件是

$$F=\mu\cdot W \tag{4.6.31}$$

式中，F 是摩擦力；W 是界面上的正压力；μ 是一个常数，与界面性质有关，但与 W，F 无关. Archard(1958)提出的摩擦滑动的条件是

$$F=\mu\cdot W^m \tag{4.6.32}$$

其中，$2/3<m<1$. Bowden 等(Bowden and Tabor，1964)提出了关于摩擦的黏合理论. Jaeger(1959)则使用下述线性定律(Jaeger and Cook，1979)

$$\tau=S_0+\mu\sigma_{\mathrm{N}} \tag{4.6.33}$$

霍林(Halling，1975)对近代摩擦学原理的研究给出了系统总结.

上述研究是针对金属的. 至于岩石摩擦滑动发生的条件是在高温高压下，上述研究成果是否有效是有疑问的. 拜尔利(Byerlee，1978)重新搜集了有关岩石的实验结果，发现岩石沿预存面发生摩擦滑动遵从的实验定律：

$$\left.\begin{aligned}&\tau_{\mathrm{m}}=0.85\sigma_{\mathrm{N}}, && \sigma_{\mathrm{N}}<200\mathrm{MPa}\\&\tau_{\mathrm{m}}=50+0.6\sigma_{\mathrm{N}}, && \sigma_{\mathrm{N}}>200\mathrm{MPa}\end{aligned}\right\} \tag{4.6.34}$$

除含大量黏土的岩石外，绝大多数岩石均遵从此定律，与岩性无关.

图 4.9 显示的是低压下由最大摩擦力得到岩石摩擦滑动时，滑动面上正应力与剪应力的关系(Byerlee，1978). 资料多来自与民用工程相关的试验，滑动面上的正应力一般在 $\sigma_{\mathrm{N}}<5$ MPa. 其特点如下：

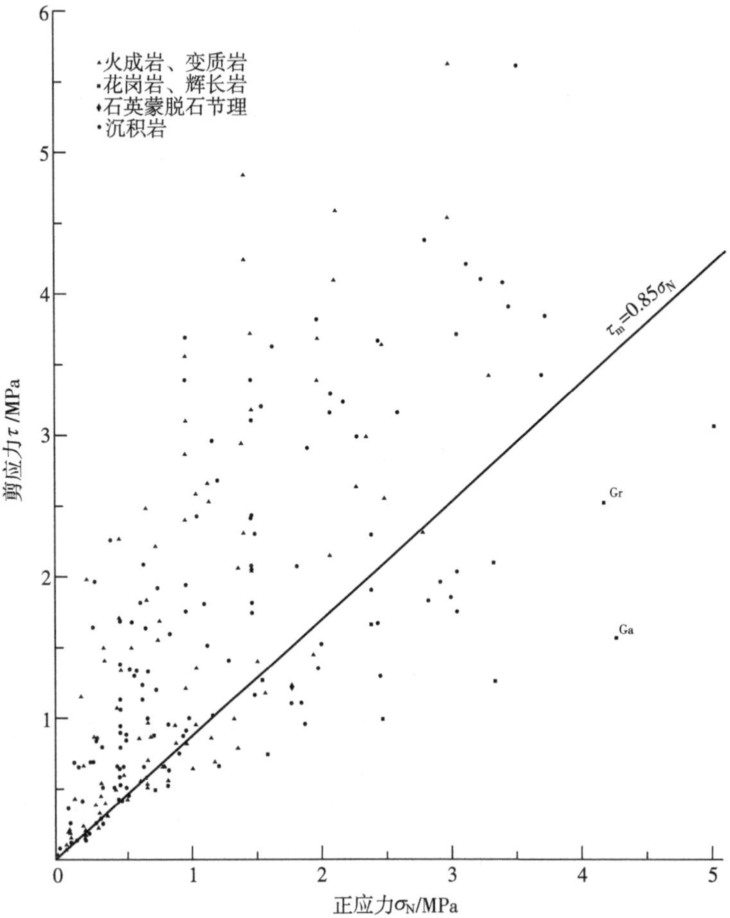

图 4.9　低压($\sigma_N<5$MPa)下由最大摩擦力得到岩石摩擦滑动时,滑动面上正应力与剪应力的关系
图中直线 $\tau_m=0.85\sigma_N$ 没有意义,主要是便于和中压资料(图 4.10)与高压资料(图 4.11)进行对比(Byerlee,1978)

(1)资料点非常分散.如果定义摩擦系数 $\mu=\tau/\sigma_N$,则 μ 的变化可以从 0.5～10.

(2)摩擦系数 μ 与岩石种类几乎无关,而与滑动面的粗糙程度关系最大.

图 4.10 显示的是中等正应力下($\sigma_N<100$ MPa)由最大摩擦力得到岩石摩擦滑动时,滑动面上正应力与剪应力的关系(Byerlee,1978).资料多与深 3 000 m 的采矿工程有关.其特点是:

(1)资料点比较接近 $\tau_m=0.85\sigma_N$ 的直线附近,说明岩石滑动面的粗糙程度的影响已经不向低压下那么明显.

(2)摩擦系数与岩石种类有一定关系,但不甚密切.

图 4.11 显示的是高压下由最大摩擦力得到岩石摩擦滑动时,滑动面上正应力与剪应力的关系(Byerlee,1978).σ_N 可达 2 GPa,大约相当于地壳底部和上地幔顶部.其特点如下:

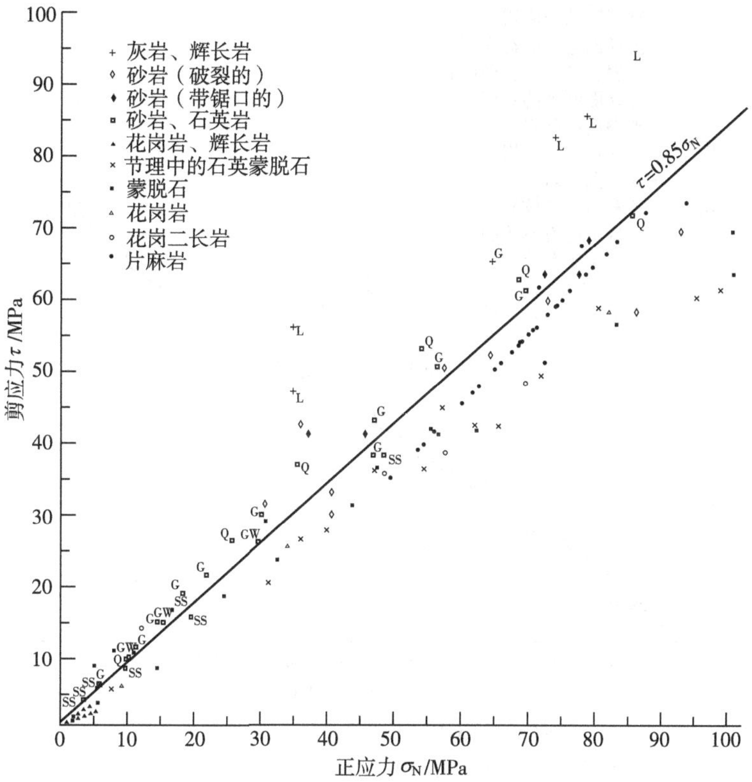

图 4.10　中等正应力(σ_N<100 MPa)下由最大摩擦力得到岩石摩擦滑动时，滑动面上正应力与剪应力的关系(Byerlee,1978)

(1)资料点相当集中，总体构成略向下弯曲的曲线. 可以用两条直线来拟合这些实验资料，见式(4.6.34).

(2)摩擦与岩石种类无关.

(3)摩擦与滑动面的粗糙程度无关.

(4)假定滑动面之间充填了很厚的断层泥，只要这层断层泥不是由蒙脱石、蛭石和伊利石组成，岩石的摩擦滑动就好像断层泥根本就不存在，与两块岩石彼此接触在一起摩擦滑动情况一样. 但是，如果滑动面之间充填有以上三种矿物的断层泥，哪怕是很薄的一层，摩擦滑动都将非常容易发生，即摩擦系数是一个十分小的值.

以上还可参见文献(陈颙和黄庭芳，2001).

由于地壳中存在各种取向的滑动面，式(4.6.11)给出了岩石内最容易发生剪切破坏的裂纹角为 $\beta_m=(1/2)\arctan(1/f)$. 在 $f\approx0.85$ 的情况下，$\beta_m\approx24.82°$；在 $f\approx0.6$ 的情况下，$\beta_m\approx29.52°$. 此时，拜尔利定律式(4.6.34)可以用主应力表示出来. 利用式(4.6.12)和式(4.6.17)，取其中的 $\tau_0=0$ 就可以得到

$$\sigma_1=5\sigma_3\quad(\sigma_3<104\ \text{MPa})\tag{4.6.35}$$

$$\sigma_1=3.1\sigma_3+120\quad(\sigma_3\geqslant104\ \text{MPa})\tag{4.6.36}$$

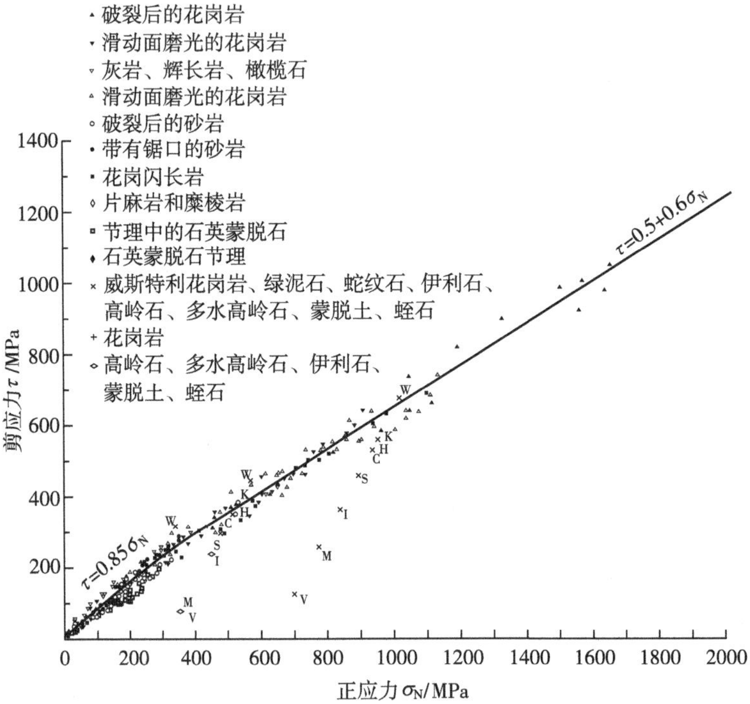

图 4.11　高压(σ_N<2 GPa)下由最大摩擦力得到岩石摩擦滑动时,滑动面上正应力与剪应力的关系(Byerlee,1978)

4.7　岩石失稳破坏的条件

4.7.1　加载系统的刚度

试验机刚度对试样的影响最初由 Whitney(1943)给出. Cook(1965)明确指出,当试样的应力应变曲线的下降斜率超过压机刚度的斜率时,破坏过程就变成不稳定的. 普通试验机称为柔性试验机. 用普通试验机对样品加载时,一旦达到岩石的破坏强度(C 点),样品的承受能力下降,应变加速,储存在压机中的弹性能快速释放出来,结果造成在 C 点岩样发生猛烈的破坏,实验只能得到破坏前的应力应变曲线. 1966 年 Cook 和 Hojem 设计并建造了一台刚性试验机,得到了岩石即 Wombeyan 大理岩试样的第一条完整的应力应变曲线. 20 世纪 70 年代以来,研究者普遍采用电动液压伺服控制试验机来测量完整应力应变曲线以及相应的性质(Hudson et al.,1971; Jaeger and Cook,1979).

这里我们改用载荷-位移($F-u$)来表征岩石的本构关系,如图 4.13 所示. 记应力应变曲线的斜率为 $f'=\mathrm{d}F/\mathrm{d}u$. C 点将应力应变曲线分成两个部分,C 点以前称为破坏前区域,C 点以后称为破坏后区域. 在破坏前区域,$f'>0$;在破坏后区域,$f'<0$.

这里采用陈颙等(1988,2001)的论述. 为了分析弹性加载,把加载系统看成是一个弹簧,用图 4.12 的力学模型来表示. 以岩样下端为固定的参考点,岩样上端坐标记为 x,当岩样不受力时弹簧另一端的坐标记为 x_0. 当弹簧一端发生 u_0 位移时,岩样上端面位移将为 u(位移方向正负规定如图 4.12 所示). 根据胡克定律,弹簧施加于岩样的力 F 将与弹簧的相对压缩(u_0-u)成正比,即

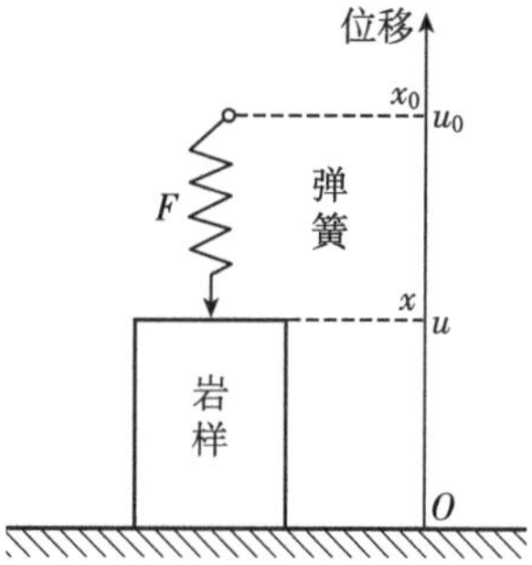

图 4.12　加载系统的力学模型
(陈颙等,2001)

$$F=k(u_0-u) \tag{4.7.1}$$

其中,k 是表征弹簧特性的一个常数,叫做刚度. 由式(4.7.1)定义的刚度称为加载系统的静态刚度. 加载系统的动态刚度定义为

$$k=-\frac{\mathrm{d}F}{\mathrm{d}u} \tag{4.7.2}$$

进一步把式(4.7.1)改写为

$$F=F_0+F_1 \tag{4.7.3}$$

其中,$F_0=ku_0$,是与岩样位移 u 无关的初始力. 在单轴压缩实验中,我们不断地增加弹簧上端的位移 u_0,也就是不断地增加 F_0 对岩样加载. 式(4.7.3)的第二项$F_1=ku$ 是与岩样位移 u 有关的弹性力.

在对岩样加载时,如果岩样位移 u 发生变化(如 $\mathrm{d}u>0$),则由式(4.7.2)可以看出,压机施加于岩样之上的力 F 必然随之变化($\mathrm{d}F<0$). 这表明岩样(的变形)与压机(的加力)是相互影响、相互作用的. 当压机的 $k=0$ 时,无论岩样位移如何变化,压机施加于岩样的力始终不变. 另外,当 $k=\infty$时,则不论施加于岩样上的力如何变化活样的位移始终不变. 在一般情况下,岩样与压机的相互作用,完全可以用刚度这个参数定量地表示出来.

上面的式(4.7.1)和式(4.7.2)就是以岩样位移 u 为系统参量的压机本构关系.

4.7.2　失稳条件

选取岩样一端相对于另一端的位移 u 作为系统的参量. 外力做功为

$$W_{\mathrm{L}}=\int_0^u F\mathrm{d}u=\int_0^u (F_0+F_1)\mathrm{d}u=F_0u-\frac{k}{2}u^2 \tag{4.7.4}$$

岩样应变能 U_{E} 与耗散能 U_{S} 之和由岩样本构关系 $f(u)$- u 曲线下方的面积给出(图 4.13),即

$$U_{\mathrm{E}}+U_{\mathrm{S}}=\int_0^u f(u)\mathrm{d}u \tag{4.7.5}$$

设整个系统(试样和试验机一起构成一个系统)的能量(即势能)用 Π 表示. 根据最小势能定理,系统的总势能 Π 为

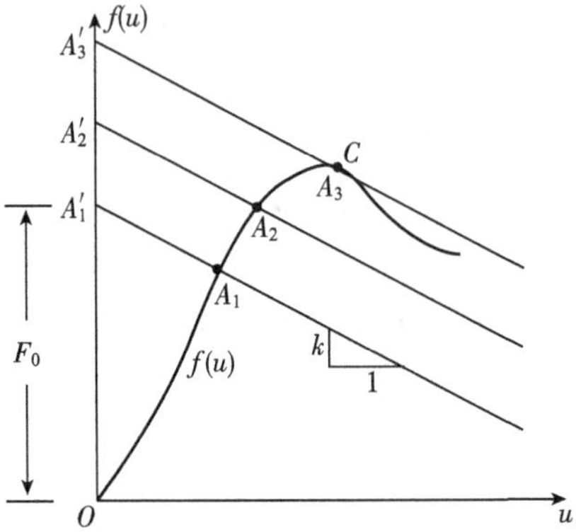

图 4.13 岩样变形稳定性的图解分析(陈颙和黄庭芳,2001)

$$\Pi = -W_L + U_E + U_S = -\int_0^u F\mathrm{d}u + \int_0^u f(u)\mathrm{d}u$$

$$= -F_0 u + \frac{k}{2}u^2 + \int_0^u f(u)\mathrm{d}u \tag{4.7.6}$$

平衡条件

$$\frac{\mathrm{d}\Pi}{\mathrm{d}u} = 0 \quad 即\ F = f(u) \tag{4.7.7}$$

失稳条件

$$\frac{\mathrm{d}^2\Pi}{\mathrm{d}u^2} < 0 \quad 即\ k + f'(u) < 0 \tag{4.7.8}$$

这里,$f'(u)=\mathrm{d}f(u)/\mathrm{d}u$ 代表岩样本构关系 $f(u)-u$ 曲线的切线的斜率.在图 4.13 中,$f(u)$代表了岩样的本构曲线,而直线 A'_1A_1 代表了压机的本构关系.从式(4.7.1)容易看出,A'_1A_1 直线与纵轴的交点 A'_1距坐标原点 O 的距离 A'_1O 恰好是初始力 F_0,而该直线的斜率是$-k$.系统的平衡条件 $F=f(u)$代表了两条本构关系曲线的交点 A_1.也就是说,在给定 F_0 的条件下,系统在 A_1 代表的状态下达到了平衡.在 A_1 点,$f'(u)>0$,而 k 是大于或等于零的常数,因此 $k+f'(u)>0$,即在破坏前(岩样中应力达到峰值之前),系统不会失稳,岩样的变形总是稳定的.如果不断地增加 F_0,则压机本构曲线将逐渐地移到 A'_2A_2,A'_3A_3 等位置.当直线 A'_3A_3 与岩样本构关系在 A_3 点相切时

$$k + f'(u) = 0 \tag{4.7.9}$$

则从 A_3 点开始,将有 $k+f'(u)<0$,岩样变形就是不稳定的了.A_3 点是岩样失稳的开始.由图 4.13 可以看到,岩样变形的失稳不是发生在应力的最大峰值,而是发生在过了峰值以后进入到破坏后区域的 A_3 点.由此得到一个十分重要的结果:岩样变形的稳定性不是取决于应力水平(或应力状态)本身,而是取决于压机刚度 k 和岩样等效刚度 $f'(u)$的相对大小.如果压机刚度足够大,以致在破坏后区域,仍然有 $k+f'(u)>0$(即 $k>|f'(u)|$),则系统不会失稳,我们称这种情况为刚性加载,称这种刚度足够高的压机为刚性压机.反之,若压机刚度不够大,则可能出现 $k+f'(u)<0$(即

$k<|f'(u)|$)，则岩样变形将在破坏后区域的某一点发生失稳，而发生猛烈地破坏，我们称这种加载为柔性加载，称这种压机为柔性压机或软压机.

从上面的讨论，我们得到了对岩样破坏后特征的一种描述方法，即用 $f'(u)=\mathrm{d}f(u)/\mathrm{d}u$ 来描述其特征. 在破坏后，岩样 $f'(u)$ 越大，表示岩样的等效刚度也越大，岩样变形也就容易失稳. 不同种类的岩石破坏后 $f'(u)$ 的值亦不同，例如大理岩 $|f'(u)|$ 比花岗岩要小，许多断层泥的 $|f'(u)|$ 值则更小，因此，断层泥容易发生稳定变形，而花岗岩则不然. 同一种岩石，围压越高，温度越高，$|f'(u)|$ 越小，因此，在很高的围压(如 2 GPa)和很高的温度(6000 ℃)下，绝大多数岩石破坏后区域的 $|f'(u)|$ 变得很小，这是为什么在这种高温高压条件下岩石变形趋于稳定的原因. 而这种高温高压状态，大致相当于地壳底部和地幔顶部的环境条件，有人利用这一点，解释了为什么大多数地震(岩石的一种不稳定变形)只发生在地壳上部和中部，而不发生在地壳下部.

应该指出的是，上述分析是在岩石单轴压缩条件下进行的. 把岩石视为一地质体，而压机则看成是与该岩石相互作用的另一地质体(陈颙和黄庭芳，2001). 按照上述内容，对于实际地质条件下岩石失稳的判据就是，当孕震体岩石介质在破坏后的刚度大于负载体的刚度时容易发生失稳. 这就是地震成因的刚度理论. 该理论在矿山地震研究中得到应用，成为判断矿山煤岩体是否存在矿震(冲击地压)倾向的判据(Petukhov et al.，1979，1983).

4.8　相似理论和岩石断裂力学实验设计基础

前面几节中我们阐述的几种破裂判据，多半是通过小样品的室内实验得到的. 然而，岩石断裂力学的研究目标是百米～千米尺度的岩土工程到百公里～千公里尺度的板块、断块中的断层运动的问题. 这样，就存在小样品的研究结果能否外推到野外大尺度岩体的问题，通常称为尺度效应或尺度不变性问题.

本书已经列举了若干尺度不变性的物理参数，例如应力强度因子、断裂韧性、摩擦系数等. 有了这些是否就能最终解决相似性问题呢？答案是否定的，原因如下：

(1)任何过程，即使是最简单的可解析过程，其物理规律都不是由单一参量决定的，即使其中某些参量满足尺度不变性，也不能保证其他参量也满足尺度不变性.

(2)现场的大尺度问题远比小样品实验复杂，其所包含的物理因素远多于小样品实验.

(3)小样品实验的边界条件是封闭的，是由人工编制的程序来控制的，而现场大尺度问题的边界是开放的，是自然界整体问题的一个有机部分，其包含的物质与能量交换用小样品实验是难以模拟的，甚至是迄今尚未认识的.

一般情况下，对自然的研究都是从弄清最简单的经验事实入手，根据这些事实来确立支配研究对象的规律，并建立相应的数学方程. 理论研究总是希望能将有关的各种物理判据和各种几何关系表述为函数方程,通常是微分方程,以便进行解析的或数值模拟.但是,我们往往遇到难以克服的数学困难,这是因为我们面临的研究的对象多半是极其复杂的,至今还没有满意的模型.为了找到岩石行为的规律和研究对象的模型,模拟实验就成为主要方法.这些问题经常需要用量纲分析和相似性理论来帮助解决.有关量纲分析和相似性理论已经有许多著作进行了详细介绍(Седов,1977;张如一和陆耀桢,1981; 陈建华,1984),因此本书不准备详细介绍这些理论的论述和严格推导,仅介绍一些基本概念及有关的实验模型设计原则.

4.8.1 量纲分析的基本概念

任何一个物理量都是用测量单位和以此单位度量该物理量所得的倍数来表示.测量单位有两种意义,一是表示被度量物理量的类型,二是表示度量单位的大小.我们把度量物理量的类型称为该物理量的量纲.如选定一组彼此独立的量纲作为基本单位,则其他量纲的单位可以根据自然规律的数学方程来导出.这样导出的单位叫做导出单位.基本单位不是固定不变的,任何一组彼此独立并可以导出其他单位的单位制都可以作为基本单位.国际计量大会于1960年通过了国际单位制(SI).在SI单位制中,规定以长度(米)、时间(秒)和质量(千克)作为基本物理量,它们的量纲称为基本量纲,分别表示为[L]、[T]和[M],导出物理量的量纲可由基本量纲组成,例如,速度的量纲$[v]=[LT^{-1}]$,力的量纲$[F]=[MLT^{-2}]$等.一般说任意一个导出物理量的量纲都可用基本量纲的幂乘积组成.因此任一物理量Q的量纲可表示为

$$[Q]=[M^pL^qT^r] \tag{4.8.1}$$

上式表示导出单位与基本单位之间的关系,称为量纲公式.附录Ⅱ中表A2.2列出了力学系统若干常用物理量的量纲公式.

采用不同基本单位时,导出单位量纲表达式不同,但量纲本身的性质并未改变.在应力分析中一般采用三个基本单位,就能导出附录Ⅱ表A2.2中的其他单位.在热应力研究中则需要增加温度基本单位,因此基本单位数量要根据问题性质而定.

基本单位的大小可以人为地任意选取,例如,长度可以选米(m),也可以选毫米(mm).因此当基本单位变更时,各物理量的数值也跟着改变.导出单位的变化可由量纲公式求得,因此变化后导出物理量的数值也就可以求得.

例如,设M,L,T的度量单位分别增大到$\alpha_1,\alpha_2,\alpha_3$倍,则根据式(4.8.1)求得物理量$Q$的单位增大到$\alpha_1^p\cdot\alpha_2^q\cdot\alpha_3^r$倍.这样变更度量单位后,各物理量的数值为

$$\left.\begin{aligned}
M^* &= \frac{1}{\alpha_1}M\\
L^* &= \frac{1}{\alpha_2}L\\
T^* &= \frac{1}{\alpha_3}T\\
Q^* &= \frac{1}{\alpha_1^p}\cdot\frac{1}{\alpha_2^q}\cdot\frac{1}{\alpha_3^r}\cdot Q
\end{aligned}\right\} \tag{4.8.2}$$

其中,带有“ * ”号的是变更度量单位后,基本物理量和导出物理量的数值.显然,变更基本单位时,无量纲量(如应变、泊松比)的数值不变.

量纲表示了各种物理量的类型,因此表示物理量之间关系的方程式,其各项的量纲必须相同,同名物理量应采用同一度量单位,这称为量纲的均匀性.当变更度量单位时,物理方程的形式不变,这称为物理方程量纲的齐次性.

4.8.2 相似第一定理

在相似理论中,将两物理现象相似定义为:如果在几何相似的物理系统中,现象进行的是具有同一物理性质的变化过程,而且两物理现象中各对应的同名物理量之间有固定的比例常数,则称两物理现象相似.

设有两个彼此相似的现象,可用同一个方程式来表示,如牛顿第二定律的数学表达式,即作用力 F 等于质量 m 与加速度 a 的乘积,其方向与加速度方向相同,即 $F=ma$.对于第一现象

$$F'=m'a' \tag{4.8.3}$$

对于第二现象

$$F''=m''a'' \tag{4.8.4}$$

若此两现象各物理量之间存在下列关系

$$F''=C_F F',\quad m''=C_m m',\quad a''=C_a a' \tag{4.8.5}$$

其中,C_F,C_m 和 C_a 为力、质量和加速度的相似系数.将上面的关系式代入式(4.8.4),得

$$C_F F'=C_m C_a m' a'$$

上式表明,若两现象转变时不破坏原有方程式,则必须使 $C_F=C_m C_a$.令

$$C_i=\frac{C_F}{C_m C_a} \tag{4.8.6}$$

若此两现象相似,必须使

$$C_i=\frac{C_F}{C_m C_a}=1 \tag{4.8.7}$$

上式说明相似系数之间存在一定的关系,在式中两个相似系数任意选定后,第三个相似系数必须由式(4.8.7)确定.因此式(4.8.7)是判别现象相似的条件,称为相似指标.

将式(4.8.5)代入式(4.8.7),可写成另一种形式

$$\frac{F''}{m''a''}=\frac{F'}{m'a'} \tag{4.8.8}$$

上式表示彼此相似现象中的各物理量之间有一定关系.如去掉式中的上标则可写成一般形式.令

$$\pi=\frac{F}{ma} \tag{4.8.9}$$

称为相似判据. 注意，这里所说的相似判据和前面讨论的破坏判据不是一回事. 从式(4.8.9)可以看出，对于所有相似的现象，其相似判据是相同的，它是一个不变量，可用 π=idem(即同一数值)表示，因此可以利用相似判据，来确定两个相似现象中的物理量之间的关系.

相似第一定理可归纳如下：

对于彼此相似的现象，其相似指标为 1，或其相似判据为一不变量.

应该注意相似系数与相似判据的不同之处，相似系数在两个相似现象中是常数，但对第三个与此两个现象互相相似的现象中，具有不同的数值，而相似判据则在所有互相相似的现象中都是一个不变量.

4.8.3 用方程式分析结构相似

对于已经知道物理量之间的关系方程式的问题，应用相似理论可以很容易求得模型与原型的相应物理量之间的关系式，从而从模型测得实验结果，再换算成原型的相应数值.

例 1 如图 4.14 所示的一个受单位长度均布载荷 q 的简支梁，其挠度 y，弯矩 M 和应力 σ(梁的上、下表面弯曲应力)的方程式如下：

$$\left.\begin{aligned} y &= \frac{q \cdot x}{24EI}(-L^3 + 2Lx^2 - x^3) \\ M &= \frac{q \cdot x}{2}(L - x) \\ \sigma &= \frac{q \cdot x}{2W}(L - x) \end{aligned}\right\} \tag{4.8.10}$$

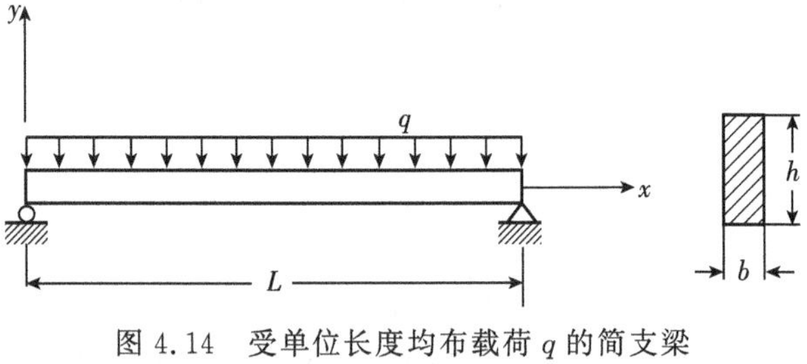

图 4.14 受单位长度均布载荷 q 的简支梁

式中，E 为梁的弹性模量；I 为截面惯性矩；W 为抗弯截面模数.

$$I = 1 \times \iint_A y^2 \, \mathrm{d}x \mathrm{d}y = b \times \int_{-h/2}^{h/2} y^2 \, \mathrm{d}y = \frac{bh^3}{12}$$

$$W = \frac{I}{h/2} = \frac{1}{6} bh^2$$

如设原型与模型诸物理量有下列关系式

$$y' = C_y y, \quad M' = C_M M, \quad \sigma' = C_\sigma \sigma, \quad q' = C_q q, \quad x' = C_L x$$

$$L' = C_L L, \quad E' = C_E E, \quad I' = C_L^4 I, \quad W' = C_L^3 W$$

上面诸关系式中，带有“′”的为原型，不带有“′”的为模型，以下均如此. 若模型与原型相似，从方程(4.8.10)中可得

$$C_y=\frac{C_q}{C_E},\quad C_M=C_q\cdot C_L^2,\quad C_\sigma=\frac{C_q}{C_L} \tag{4.8.11}$$

根据相似第一定理，相似指标等于 1，

$$C_1=\frac{C_q}{C_E C_y}=1,\quad C_2=\frac{C_q\cdot C_L^2}{C_M}=1,\quad C_3=\frac{C_q}{C_L C_\sigma}=1 \tag{4.8.12}$$

相应的判据方程

$$\pi_1=\frac{q}{Ey},\quad \pi_2=\frac{qL^2}{M},\quad \pi_3=\frac{q}{L\sigma} \tag{4.8.13}$$

因相似判据在模型与原型中有相同数值，即 $\pi_1=\pi_1'$，$\pi_2=\pi_2'$，$\pi_3=\pi_3'$，可得模型与原型诸物理量之间的关系式

$$\left.\begin{aligned} y'&=\frac{q'}{q}\frac{E}{E'}y\\ M'&=\frac{q'}{q}\frac{(L')^2}{L^2}M\\ \sigma'&=\frac{q'}{q}\frac{L}{L'}\sigma \end{aligned}\right\} \tag{4.8.14}$$

从上式可知，若要使模型中应力与原型中应力相等，则模型实验时要使 $\frac{q}{q'}=\frac{L}{L'}$，即 $C_q=C_L$；若要使模型中挠度与原型中挠度相等，则从上式的第 1 式中可以看出，必须使 $\frac{q'}{q}=\frac{E'}{E}$. 因 E 和 E' 是模型与原型的弹性模量，不能任意选择，所以必须选择 $\frac{q'}{q}$，使其等于 $\frac{E'}{E}$.

例 2　如图 4.15 所示，一无限大平板，板内有一长为 $2a$ 的穿透裂纹，边缘受到分布力 σ_y^∞ 的作用，为简单起见，这里只讨论应力分量 σ_{yy} 和位移分量 u，方程式如下

$$\sigma_{yy}=\sigma\left[\mathrm{Re}\,\frac{z}{\sqrt{z^2-a^2}}-a^2y\,\mathrm{Im}\,\frac{1}{(z^2-a^2)^{3/2}}\right] \tag{4.8.15}$$

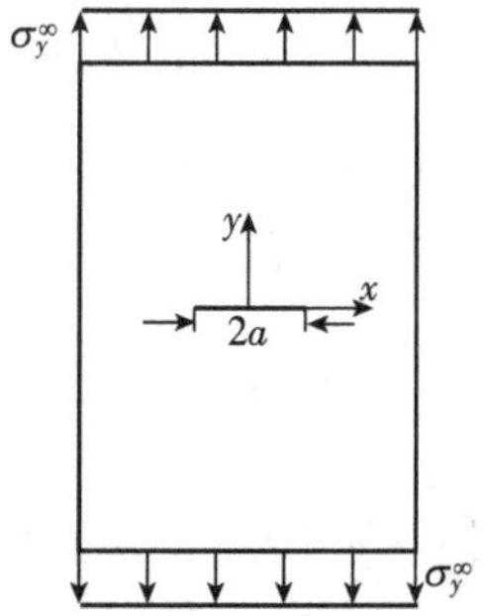

图 4.15　单向拉伸的中心穿透裂纹

$$u=\frac{\sigma(1+\nu)}{2E}\left[\frac{k-1}{2}\mathrm{Re}\left(\sqrt{z^2-a^2}-\frac{z}{2}\right)-y\mathrm{Im}\frac{z}{\sqrt{z^2-a^2}}-\frac{x}{2}\right] \tag{4.8.16}$$

式中，$z=x+\mathrm{i}y$；$\mathrm{i}=\sqrt{-1}$；$\kappa=\begin{cases}3-4\nu & (\text{平面应变})\\ (3-\nu)/(1+\nu) & (\text{平面应力})\end{cases}$；$\nu$ 为泊松比；E 为杨氏模量. 如设原型与模型诸物理量有下列关系式

$$\sigma'_{yy}=C_{\sigma_{yy}}\sigma_{yy},\quad \sigma'=C_\sigma\sigma,\quad u'=C_u u,\ a'=C_L a$$
$$x'=C_L x,\quad y'=C_L y,\quad E'=C_E E,\quad \nu'=C_\nu\nu$$

若模型与原型相似，从方程(4.8.16)直接看出首先必须满足 $C_\nu=1$，其次从式(4.8.15)和式(4.8.16)中可得

$$C_{\sigma_{yy}}=C_\sigma,\quad C_u=\frac{C_\sigma C_L}{C_E} \tag{4.8.17}$$

根据相似第一定理，相似指标等于 1，

$$C_1=\frac{C_\sigma}{C_{\sigma_{yy}}}=1,\quad C_2=\frac{C_u C_E}{C_\sigma C_L}=1\quad C_3=C_\nu=1 \tag{4.8.18}$$

相应的判据方程

$$\pi_1=\frac{\sigma}{\sigma_{yy}},\quad \pi_2=\frac{uE}{\sigma a},\quad \pi_3=\nu \tag{4.8.19}$$

因相似判据在模型与原型中有相同数值，即 $\pi_1=\pi'_1,\pi_2=\pi'_2,\pi_3=\pi'_3$. 因此根据上面相似判据方程式，可得模型与原型诸物理量之间的关系式

$$\sigma'_{yy}=\frac{\sigma'}{\sigma}\sigma_{yy} \tag{4.8.20}$$

$$u'=\frac{\sigma'}{\sigma}\frac{a'}{a}\frac{E}{E'}u \tag{4.8.21}$$

从式(4.8.20)可知，若要使原型中应力 σ'_{yy} 与模型中应力 σ_{yy} 相等，则模型实验时只需要在满足几何相似的前提下，使 $\sigma=\sigma'$ 即可. 类似的结论对于 σ_{xx} 和 τ_{xy} 也成立，但对于 σ_{zz} 则不够，这是因为在平面应变的情况下，$\sigma_{zz}=\nu(\sigma_{xx}+\sigma_{yy})$. 因此若要使模型中应力 σ'_{zz} 与原型中应力 σ_{zz} 相等，还需要加上 $C_\nu=1$，即 $\nu=\nu'$ 的条件.

从式(4.8.21)可知，若要使原型中位移 u' 与模型中的位移 u 相等，则模型实验时必须满足 $\frac{E'}{E}=\frac{\sigma' a'}{\sigma a}$，即 $C_E=C_\sigma C_L$，且 $\nu=\nu'$ 的条件.

例 3　第 2 章和第 3 章已证明，在只需要保留应力奇异项的情况下，裂纹端部各个应力分量和位移分量归纳为一个统一的表达式

$$\sigma_{ij}=\frac{K_J}{\sqrt{2\pi r}}f_{ij}^J(\theta)\quad (i,j=1,2,3;J=\text{Ⅰ},\text{Ⅱ},\text{Ⅲ}) \tag{4.8.22}$$

$$u_i=\frac{K_J(1+\nu)}{2E}\sqrt{\frac{r}{2\pi}}\cdot g_i^J(\theta)\quad (i=1,2,3;J=\text{Ⅰ},\text{Ⅱ},\text{Ⅲ}) \tag{4.8.23}$$

其中，K_J 为应力强度因子；r 和 θ 为以裂纹端部为极点的极坐标. $f_{ij}^J(\theta)$ 和 $g_i^J(\theta)$ 均由

三角函数的四则运算组成. 如设原型与模型诸物理量有下列关系式

$$\sigma'=C_\sigma\sigma,\quad u'=C_u u,\quad K'=C_K K,\quad r'=C_L r$$

$$\theta'=C_\theta\theta,\quad E'=C_E E,\quad \nu'=C_\nu\nu$$

直接可以看出，若要使原型中应力 σ' 与模型中应力 σ 相等，则必须满足 $C_\nu=1$ 和 $C_\theta=1$. 将其他关系式代入式(4.8.22)和式(4.8.23)可得

$$C_\sigma=\frac{C_{K_J}}{C_L^{1/2}},\quad C_u=\frac{C_K C_L^{1/2}}{C_E} \tag{4.8.24}$$

根据相似第一定理，相似指标等于 1，

$$C_1=\frac{C_K}{C_\sigma C_L^{1/2}}=1,\quad C_2=\frac{C_K C_L^{1/2}}{C_u C_E}=1,\quad C_3=C_\nu=1,\quad C_4=C_\theta=1 \tag{4.8.25}$$

相应的判据方程

$$\pi_1=\frac{K}{\sigma\cdot r^{1/2}},\quad \pi_2=\frac{Kr^{1/2}}{u\cdot E},\quad \pi_3=\nu,\quad \pi_4=\theta \tag{4.8.26}$$

因相似判据在模型与原型中有相同数值，即 $\pi_1=\pi'_1$，$\pi_2=\pi'_2$，$\pi_3=\pi'_3$，$\pi_4=\pi'_4$，根据上面四个相似判据方程式，可得模型与原型诸物理量之间的关系式

$$\sigma'=\frac{K'r^{1/2}}{Kr'^{1/2}}\sigma_{ij} \tag{4.8.27}$$

$$u'=\frac{E}{E'}\frac{K'}{K}\frac{r'^{1/2}}{r^{1/2}}u_i \tag{4.8.28}$$

由式(4.8.27)可以看出，在引入应力强度因子后，裂纹端部的应力只需要由 K_J 来决定，而与弹性模量及其他边界条件无关，在只进行应力分析的情况下，就大大放宽了模型试验需要满足的相似条件.

4.8.4　相似第二定理——π 定理

π 定理又称为巴金汉(E. Buckingham)定理. π 定理可陈述如下：如一个物理现象可由 n 个物理量构成的物理方程描述，n 个物理量中有 k 个独立的物理量，即有 k 个基本物理量，可选 k 个基本单位，则该物理现象也可以用这些物理量组成的$(n-k)$个无量纲量群的关系式来描述. 下面介绍 π 定理的证明.

设物理现象的物理方程为

$$x_n=f(x_1,x_2,\cdots,x_k,x_{k+1},\cdots,x_i,\cdots,x_{n-1}) \tag{4.8.29}$$

其中，$x_1,x_2,\cdots,x_k$ 为该物理现象的 k 个基本物理量，故可选 k 个基本单位.

k 个基本量纲表为$[x_1]$，$[x_2]$，…，$[x_k]$，其余$(n-k)$个导出物理量的量纲可表为

$$[x_i]=[x_1^{p_i}\cdot x_2^{q_i}\cdots x_k^{w_i}]\quad (i=k+1,k+2,\cdots,n) \tag{4.8.30}$$

根据基本单位可以任意选取的性质，我们可以这样地变更基本单位的大小，使变更后 x_1 的单位增大到 x_1 倍，x_2 的单位增大到 x_2 倍，……，x_k 的单位增大到 x_k 倍. 则采用变更后的单位各物理量的数值为

$$x_1^* = \frac{1}{x_1} \cdot x_1 = 1$$

$$x_2^* = \frac{1}{x_2} \cdot x_2 = 1$$

$$\vdots$$

$$x_k^* = \frac{1}{x_k} \cdot x_k = 1$$

根据式(4.8.2)，导出单位的数值为

$$x_i^* = \frac{x_i}{x_1^{p_i} \cdot x_2^{q_i} \cdots x_k^{w_i}} \qquad (i = k+1, k+2, \cdots, n)$$

根据量纲公式(4.8.30)，可知各量群$\dfrac{x_i}{x_1^{p_i} \cdot x_2^{q_i} \cdots x_k^{w_i}}$都是无量纲的，记为$\pi_i$，则有

$$\pi_i = \frac{x_i}{x_1^{p_i} \cdot x_2^{q_i} \cdots x_k^{w_i}} = x_i^* \tag{4.8.31}$$

按照量纲的齐次性，采用变更后的单位系统，物理方程仍可写成

$$\begin{aligned} x_n^* &= f(x_1^*, x_2^*, \cdots, x_k^*, x_{k+1}^*, \cdots, x_i^*, \cdots, x_{n-1}^*) \\ &= f(1, 1, \cdots, 1, x_{k+1}^*, \cdots, x_i^*, \cdots, x_{n-1}^*) \end{aligned}$$

为方便起见，改写为

$$x_n^* = F(x_{k+1}^*, x_{k+2}^*, \cdots, x_i^*, \cdots, x_{n-1}^*)$$

亦即

$$\pi_n = F(\pi_{k+1}, \pi_{k+2}, \cdots, \pi_i \cdots, \pi_{n-1}) \tag{4.8.32}$$

由式(4.8.29)转变为式(4.8.32)证明了π定理.

把由n个物理量构成的物理方程无量纲化为$(n-k)$个无量纲群的关系式，使物理方程的变数减少，这就大大地简化了问题的理论研究和实验研究工作.

根据π定理的证明，物理方程(4.8.29)可以无量纲化为式(4.8.32). 相似的物理现象其物理方程可表为

$$x_n' = f(x_1', x_2', \cdots, x_k', x_{k+1}', \cdots, x_i', \cdots, x_{n-1}') \tag{4.8.33}$$

式中，$x_1' = C_1 x_1$，$x_2' = C_2 x_2$，$\cdots$，$x_k' = C_k x_k$，$\cdots$，$x_n' = C_n x_n$，其中，$C_1, C_2, \cdots, C_k, \cdots, C_n$为相似常数.

按照证明π定理的方法，同样可以把式(4.8.33)无量纲化为

$$\pi_n' = F(\pi_{k+1}', \pi_{k+2}', \cdots, \pi_i', \cdots, \pi_{n-1}') \tag{4.8.34}$$

式中

$$\pi_i' = \frac{x_i'}{x_1'^{p_i} \cdot x_2'^{q_i} \cdots x_k'^{w_i}} \qquad (i = k+1, k+2, \cdots, n)$$

把相似关系代入，并利用式(4.8.31)，得

$$\pi_i' = \frac{C_i}{C_1^{p_i} \cdot C_2^{q_i} \cdots C_k^{w_i}} \pi_i \tag{4.8.35}$$

比较式(4.8.34)和式(4.8.32),并注意到式(4.8.35),可得$(n-k)$个相似指标

$$\frac{C_i}{C_1^{p_i}\cdot C_2^{q_i}\cdots C_k^{w_i}}=1\quad(i=k+1,k+2,\cdots,n)\tag{4.8.36}$$

由相似指标求得$(n-k)$个相似判据

$$\pi_i=\frac{x_i}{x_1^{p_i}\cdot x_2^{q_i}\cdots x_k^{w_i}}\quad(i=k+1,k+2,\cdots,n)\tag{4.8.37}$$

这和式(4.8.31)所定义的$(n-k)$个无量纲群完全相同. 因此,可以说式(4.8.31)所定义的$(n-k)$个无量纲群就是$(n-k)$个相似判据.

以下应用π定理来解上一节所提到的受均布载荷简支梁的例题. 由式(4.8.33)可知梁中应力与载荷、弯矩以及梁的尺寸有关,和弹性模量无关,因此表示应力的方程为

$$\sigma=f(q,M,L)\tag{4.8.38}$$

共有 4 个物理量,它们的量纲分别为

$$\sigma:[\mathrm{FL}^{-2}];\quad q:[\mathrm{FL}^{-1}];\quad M:[\mathrm{FL}];\quad L:[\mathrm{L}]$$

以上诸式表明,此 4 个物理量只能有 2 个独立的基本单位,因此有 4－2＝2 个π项,任选两个如 M 和 L 作基本单位,则π项可如下写出

$$\left.\begin{aligned}\pi_1&=\frac{\sigma}{M^aL^b}\sim\frac{FL^{-2}}{F^aL^aL^b}=\frac{F^{1-a}}{L^{a+b+2}}\\ \pi_2&=\frac{q}{M^cL^d}\sim\frac{FL^{-1}}{F^cL^cL^d}=\frac{F^{1-c}}{L^{c+d+1}}\end{aligned}\right\}\tag{4.8.39}$$

π_1 和 π_2 为无量纲项,因此要满足此条件,必须使

$$\left.\begin{aligned}&1-a=0\\&a+b+2=0\\&1-c=0\\&c+d+1=0\end{aligned}\right\}$$

解上列诸式得 $a=1,b=-3$, $c=1,d=-2$,则

$$\pi_1=\frac{\sigma L^3}{M},\quad \pi_2=\frac{qL^2}{M}\tag{4.8.40}$$

π项即为相似判据,因相似判据在模型与原型中有相同数值,即 $\pi_1=\pi_1'$,$\pi_2=\pi_2'$,因此从上两式可得到模型与原型物理之间的关系式

$$\frac{\sigma'(L')^3}{M'}=\frac{\sigma L^3}{M},\quad \frac{q'(L')^2}{M'}=\frac{qL^2}{M}$$

从以上两式中可得

$$\sigma'=\frac{q'}{q}\frac{L}{L'}\sigma\tag{4.8.41}$$

$$M'=\frac{q'}{q}\frac{(L')^2}{L^2}M\tag{4.8.42}$$

此两式即为上节用方程式方法分析所得到的结果.

同时经分析梁的挠度可用下列方程式表示

$$y=f(q,M,L,E) \tag{4.8.43}$$

式中,有 2 个独立基本单位,5 个物理量,因此可有 3 个 π 项,选 M 和 L 作基本单位,则

$$\left.\begin{aligned}\pi_3&=\frac{y}{M^aL^b}=\frac{L}{F^aL^aL^b}=\frac{L^{1-a-b}}{F^a}\\ \pi_4&=\frac{E}{M^cL^d}\sim\frac{FL^{-2}}{F^cL^cL^d}=\frac{F^{1-c}}{L^{c+d+2}}\\ \pi_5&=\frac{q}{M^eL^f}\sim\frac{FL^{-1}}{F^eL^eL^f}=\frac{F^{1-e}}{L^{e+f+1}}\end{aligned}\right\} \tag{4.8.44}$$

π_5 项与 π_2 项相同,用上面相同的方法解得

$$\pi_3=\frac{y}{L},\quad \pi_4=\frac{EL^3}{M},\quad \pi_5=\frac{qL^2}{M} \tag{4.8.45}$$

因相似判据在模型与原型中有相同数值,即 $\pi_3=\pi_3'$,$\pi_4=\pi_4'$,$\pi_5=\pi_5'$. 从这三式中可得

$$y'=\frac{q'}{q}\frac{E}{E'}y \tag{4.8.46}$$

这个结果和 4.8.3 节用方程式分析得到的有关挠度的关系式,即式(4.8.14)的第 1 式是一致的. 因此采用量纲分析的方法,可在不知道方程式的情况下,求得模型与实物的诸物理量之间的关系式,但必须正确选择有关的物理量.

以下给出几点归纳和说明:

(1)由 n 个物理量(其中有 k 个基本物理量)构成的物理方程可以变换为$(n-k)$个无量纲量群的关系式. 这$(n-k)$个无量纲量群即为相似判据.

(2)相似判据总是无量纲的,反之,无量纲量群都是相似判据. 例如,泊松比、应变等,本身就是相似判据. 因此,在模型试验中要使模型与原型相似,模型材料的泊松比必须与原型材料的泊松比相同.

(3)一个由 n 个物理量(其中有 k 个基本物理量)构成的物理方程描述的物理现象有$(n-k)$个独立的相似判据.

(4)在相似理论中称式(4.8.32)为判据方程. 相似现象的物理方程形式相同,而相似现象的判据方程不但形式相同而且各项也相同.

(5)比较式(4.8.32)和式(4.8.34)可以看出,不论判据方程的具体形式如何,要使两物理现象的判据方程全等,只要满足 $\pi'_{k+1}=\pi_{k+1}$,$\pi'_{k+2}=\pi_{k+2}$,…,$\pi'_{n-1}=\pi_{n-1}$ 等$((n-1)-k)$个相似判据相等即可. 通常在写出物理方程(4.8.29)时,x_1,x_2,…,x_{n-1} 个物理量是已知的,或者说已经决定,因此 π_{k+1},π_{k+2},…,π_{n-1} 个由已决定的物理量组成的判据称为决定判据或单值量判据. 由此得出结论:要使两物理现象相似的条件是$((n-1)-k)$个单值量判据相等. 这一条件称为相似条件,为设计相似模型提供了重要依据.

4.8.5 弹性力学静力学的相似关系

1. 线性弹性力学问题

线性弹性力学的应力和弹性模量无关，只有集中力 g 与面布荷载 p 作用时，σ 的表达式可写为

$$\sigma=f_1(g,l,p,\nu) \tag{4.8.47}$$

可以证明（证法从略），当物理量 y 是 n 个物理量 $x_1,x_2,\cdots,x_n$ 的函数时，y 的量纲等于 $x_1,x_2,\cdots,x_n$ 的量纲的幂乘积，即若

$$y=f(x_1,x_2,\cdots,x_n)$$

则

$$[y]=[x_1]^{\alpha_1}\cdot[x_2]^{\alpha_2}\cdot[x_3]^{\alpha_3}\cdots[x_n]^{\alpha_n}$$

因此，σ 的量纲可表为

$$[\sigma]=[g]^a\cdot[l]^b\cdot[p]^c\cdot[\nu]^d \tag{4.8.48}$$

从附录Ⅱ表 A2.2 中查出各量的量纲公式

$[\sigma]=[\mathrm{ML^{-1}T^{-2}}]$，$[g]=[\mathrm{MLT^{-2}}]$，$[p]=[\mathrm{ML^{-1}T^{-2}}]$，$[l]=[\mathrm{L}]$，$[\nu]=[\mathrm{M^0L^0T^0}]$

代入式(4.8.48)得

$$\begin{aligned}[\mathrm{ML^{-1}T^{-2}}]&=[\mathrm{MLT^{-2}}]^a\cdot[\mathrm{L}]^b\cdot[\mathrm{ML^{-1}T^{-2}}]^c\cdot[\mathrm{M^0L^0T^0}]^d\\&=[\mathrm{M}]^{a+c}\cdot[\mathrm{L}]^{a+b-c}\cdot[\mathrm{T}]^{-2(a+c)}\end{aligned}$$

比较上式两边同类量纲的指数可得

$$\left.\begin{aligned}a+c&=1\\a+b-c&=-1\\-2(a+c)&=-2\end{aligned}\right\} \tag{4.8.49}$$

方程组(4.8.49)只有两个独立，故只能求得

$$a=1-c,\quad b=2c-2$$

代回式(4.8.48)得

$$[\sigma]=[g]^{1-c}\cdot[l]^{-2c-2}\cdot[p]^c\cdot[\nu]^d=\left[\frac{g}{l^2}\right]\cdot\left[\frac{pl^2}{g}\right]^c\cdot[\nu]^d$$

把 $\left[\frac{g}{l^2}\right]$ 移到等式左边得

$$\left[\frac{\sigma l^2}{g}\right]=\left[\frac{pl^2}{g}\right]^c\cdot[\nu]^d \tag{4.8.50}$$

我们把 $\left(\frac{\sigma l^2}{g}\right)$，$\left[\frac{pl^2}{g}\right]^c$ 和 ν 都看成一个量，则根据式(4.8.50)可写出它们的函数关系

$$\left(\frac{\sigma l^2}{g}\right)=F\left(\frac{pl^2}{g},\nu\right) \tag{4.8.51}$$

式中，各项均是无量纲的，故式(4.8.51)是式(4.8.47)无量纲化的关系式. 令

$$\pi_1=\frac{\sigma l^2}{g},\quad \pi_2=\frac{pl^2}{g},\quad \pi_3=\nu$$

式(4.8.51)改写成

$$\pi_1=F(\pi_2,\pi_3) \tag{4.8.52}$$

式(4.8.52)就是线性弹性力学静力问题的判据方程,其中 π_2 和 π_3 为决定判据.

设计模型时只需满足相似条件使

$$\pi'_2=\pi_2,\quad \pi'_3=\pi_3$$

也就是使相似常数满足相似指标

$$\frac{C_pC_l^2}{C_g}=1,\quad C_\nu=1 \tag{4.8.53}$$

在设计模型时,各相似常数不能任取,应满足相似指标式(4.8.53),其中第 2 式的含义是泊松比必须与原物相同.若模型与原型相似,则由 $\pi'_1=\pi_1$ 求得

$$C_\sigma=\frac{C_g}{C_l^2}=C_p \tag{4.8.54}$$

由上式求得原型的应力和模型的应力换算关系为

$$\sigma=\frac{C_l^2}{C_g}\sigma' \tag{4.8.55}$$

如果只有面布荷载 p 作用在结构物上而没有集中力 g,利用上述方法可以得到更加简化的条件,即相似指标应满足

$$C_\nu=1,\quad C_\sigma=C_p \tag{4.8.56}$$

由上式求得原型的应力和模型的应力换算关系为

$$\sigma=\frac{1}{C_p}\sigma' \quad 或 \quad \frac{\sigma'}{\sigma}=\frac{p'}{p} \tag{4.8.57}$$

上面是假设只有集中力 g 和面布荷载 p 作用在结构物上.如果在结构物上还作用有线荷载 q,集中力矩 m 和考虑结构自重产生的应力(考虑自重影响时,以容重 γ 作为影响参数),可把它们作为影响应力的因素放入式(4.8.47),再由量纲分析求得它们的决定判据.根据相似条件求出与它们有关的相似指标,应满足下列关系

$$\left.\begin{aligned}&\frac{C_qC_l}{C_g}=1, &&\frac{C_pC_l^2}{C_g}=1\\ &\frac{C_m}{C_gC_l}=1, &&\frac{C_\gamma C_l^3}{C_g}=1\end{aligned}\right\}$$

线性弹性力学问题由于引入了应力和弹性常数模量无关的知识,不再要求满足与 C_E 有关的相似指标,放宽对模型设计的要求.这种情况称为广义相似.

对于线弹性断裂力学问题,本部分的结果仍然适用,只是需要将参数 l 理解为包括裂纹半长度和样品尺度.

2. 非线性弹性问题

若结构物或机械零部件的应力和位移与作用荷载不成线性关系,但结构材料的应力-应变关系仍为线性,即应力低于比例极限时,属于非线性弹性问题.例如,薄板的

大挠度、薄板的纵横弯曲等便属于这类问题.

这类问题中,应力与荷载 g(为简单起见设只有集中荷载作用)、结构尺寸、结构材料的弹性常数 E 和 ν 有关. 故结构上的应力可表为

$$\sigma = f_1(g, l, E, \nu) \tag{4.8.58}$$

采用与第(1)部分类似的方法可以得到相似常数满足相似指标

$$\frac{C_E C_l^2}{C_g} = 1, \quad C_\nu = 1, \quad C_\sigma = \frac{C_g}{C_l^2} = C_E \tag{4.8.59}$$

由上面的第 3 式求得模型应力换算原型应力的关系为

$$\sigma = \frac{1}{C_E}\sigma' \quad \text{或} \quad \frac{\sigma'}{\sigma} = \frac{E'}{E} \tag{4.8.60}$$

同样,如果结构上还有 q,m 和 γ 的作用,则它们的相似常数应按下列关系选取

$$\left.\begin{aligned} &\frac{C_q}{C_E C_l} = 1, \qquad && \frac{C_P}{C_E} = 1 \\ &\frac{C_m}{C_E C_l^2} = 1, \qquad && \frac{C_\gamma C_l}{C_E} = 1 \end{aligned}\right\} \tag{4.8.61}$$

4.8.6　需要说明的问题

(1)同类物理量的量纲相同,因此在进行量纲分析时,把物理量按类别考虑. 例如,应力有在结构上各点的应力,每一点的应力又分正应力、剪应力等. 但它们都属于应力类的物理量,因此都用应力 σ 来概括. 尺度有在结构上各部分的几何尺寸,也包括裂纹的尺度, 以及观测点的坐标等,但它们都属于尺度类的物理量,因此都用尺度 l 来概括. 自然,由量纲分析所求得的相似常数,如泊松比,凡属于此类的物理量都应遵守.

(2)对某一问题用量纲分析法求判据方程时,只有正确的认定哪些物理量与问题有关,并在量纲分析时把它们都考虑到了,量纲分析的结果才是正确的. 如果在量纲分析时遗漏了与问题有关的物理量,将会得出错误的结果. 反之,如果在量纲分析时引入了与问题无关的物理量,将会导致求得一些多余的,不必遵循的判据,设计模型时将产生很大的不必要的困难.

(3)对一个新的比较复杂的问题,必须对该问题进行深入研究,对问题有比较正确的了解后,才能着手进行量纲分析,而且所得结果并不一定十分可靠,还需要试验加以验证. 从这一点看,量纲分析不能独立解决任何问题,它只是一种辅助性的方法. 一般说来,如果物理方程已知,则用分析方程所得的结果较为可靠.

(4)对物理方程未知的物理现象,量纲分析是求得判据方程的唯一方法,这就是量纲分析法的最大实用价值.

(5)量纲分析法没有考虑物理现象的单值条件,因而由判据方程得出的相似条件只是使现象相似的必要条件,还不是充分条件. 例如,用量纲分析法求得的线性弹性力学问题的判据方程问题都适用,但对属于这类问题的某一具体问题的单值条件(如

支承条件、荷载作用位置、物体几何条件、边界条件等)则均没有考虑. 这些单值条件，将在相似第三定理中明确提出.

(6)在叙述三个相似定理时，为了简便起见，没有采用微积分运算方程式，但此三个定理对微积分方程同样适用. 例如，微分符号 dx，我们可以看成 x_2-x_1，它并不改变物理量 x 的量纲，因此 dx 与 x 具有同样的物理意义和量纲，在确定相似系数与相似判据时可不考虑微积分符号.

4.8.7　相似第三定理

相似第三定理指出，在物理方程相同的情况下，如两个现象的单值条件相似，亦即从单值条件下引出的相似判据若与现象本身的相似判据相同，则这两个现象一定相似.

所谓单值条件，是指一个现象区别于一群现象的那些条件. 属于单值条件的因素有：系统的几何特性，对所研究的对象有重大影响的介质特性，系统的初始条件和边界条件等.

(1)几何相似. 在几何相似系统中，任何相应点的坐标应满足

$$\frac{x_i'}{x_i}=C_L$$

(2)边界条件相似，包括支承(或约束)条件相似，即支承的形式，支承的相对位置相似；荷载的形式和作用相对位置相似等.

(3)物理参数相似，即对应的同类已知物理量的比例常数相同. 例如，各集中荷载 $\frac{P_i'}{P_i}=C_P$；各线载荷 $\frac{q_i'}{q_i}=C_q$，线弹性体内各点的弹性常数

$$\frac{E'(x',y',z')}{E(x,y,z)}=C_E,\quad \frac{\mu'(x',y',z')}{\mu(x,y,z)}=C_\mu,\quad \frac{\rho'(x',y',z')}{\rho(x,y,z)}=C_\rho$$

等等.

对于动力学问题单值条件还应包括：

(4)时间相似 $\frac{t'}{t}=C_t$.

(5)初始条件相似，即初始几何位置、初始速度相似等.

总之，相似第三定理陈述如下：发生在几何相似系统中的物理现象，服从同一物理方程、单值条件相似、单值对应成常数比例、单值量判据相等，则现象相似.

在物理方程相同的条件下，单值条件决定所研究过程中各物理量的大小. 这时，单值条件相似就成为相似的充分条件.

例　对于岩石破裂问题，在模拟实验中需要保证应变速率 $\dot{\varepsilon}=d\varepsilon/dt$ 的相似性. 令

$$t'=C_t t,\quad \dot{\varepsilon}'=C_{\dot{\varepsilon}}\dot{\varepsilon},\quad \varepsilon'=C_\varepsilon\varepsilon,$$

由相似第一定理，相似判据为 $\frac{C_{\dot{\varepsilon}}C_t}{C_\varepsilon}=1$. 由于 ε 本身就是无量纲的，要满足 $C_\varepsilon=1$ 就必

须满足 $C_\varepsilon C_t=1$. 或者 $\frac{\dot{\varepsilon}}{\dot{\varepsilon}'}=C_t$. 对比地震孕育时间尺度，华北地区孕震周期为 $t'\approx 100y\approx 3.2\times 10^9\,\mathrm{s}$，假定地震破裂时介质按弹脆性考虑，$\varepsilon_{\max}=6\times 10^{-3}$（见图 5.8），则 $\dot{\varepsilon}'\approx 2\times 10^{-12}/\mathrm{s}$. 这个应变速率对于小样品实验来说是无法进行到底的. 在条件放宽的条件下，实验室实验时间 $t\approx 10\mathrm{h}\approx 3.6\times 10^4\,\mathrm{s}$，$C_t\approx 10^5$，这就必须保证模拟实验的应变速率处于 $\dot{\varepsilon}=C_t\dot{\varepsilon}'=2\times 10^{-7}/\mathrm{s}$ 的水平. 若实验在 2 小时内完成，则应变速率可以加快到 $\dot{\varepsilon}=10^{-6}/\mathrm{s}$ 的水平. 实际上，由于其他条件的约束，例如过程区微破裂发育的充分性，实验时间不能无限缩短.

4.8.8　弹性结构中的相似性

在解各向同性弹性结构问题时，可以应用弹性力学的 15 个基本方程和三个边界条件解出全部的应力和变形. 如设原型与模型诸物理量有下列关系式

$$L'=C_L L,\quad \sigma'=C_\sigma\sigma,\quad u'=C_\Delta u,\quad E'=C_E E,\quad \nu'=C_\nu\nu$$
$$\varepsilon'=C_\varepsilon\varepsilon,\quad f'=C_f f,\quad T'=C_T T,\quad g'=C_g g$$

其中，u 为位移；f 为体积力；T 为单位面积上作用的载荷；g 为三维空间中的集中力.

1. 由平衡方程求相似判据

弹性力学的平衡方程为

$$\sigma'_{ij,j}+f'_i=0\quad (i=1,2,3) \tag{4.8.62}$$

上面三式中求得相似判据相同，因此可用其中任一式来求相似判据. 同时如前所说，可以不考虑微分符号. 将有关相似系数代入第一式，得

$$\frac{C_\sigma}{C_L}\sigma_{1j,j}+C_f f_1=0 \tag{4.8.63}$$

其相似指标为

$$C_1=\frac{C_\sigma}{C_L C_f}=1 \tag{4.8.64}$$

相应的相似判据为

$$\pi_1=\frac{\sigma}{L\cdot f} \tag{4.8.65}$$

若模型与原型相似，则由 $\pi'_1=\pi_1$ 求得原型与模型的应力换算为

$$\sigma'=\frac{L\cdot f}{L'\cdot f'}\sigma \tag{4.8.66}$$

若不考虑体积力的作用，则式(4.8.63)成为

$$\frac{C_\sigma}{C_L}\sigma_{1j,j}=0 \tag{4.8.67}$$

上式表示 $\frac{C_\sigma}{C_L}=$ 任意常数，都能符合相似条件. 因此不考虑体积力的平衡微分方程，对 C_σ 和 C_L 无制约关系，只要其他条件相似，模型中的应力与原型中的应力保持相似.

2. 由位移方程求得相似判据

位移方程的原型为

$$\varepsilon'_{ij}=\frac{1}{2}(u'_{j,i}+u'_{i,j}) \tag{4.8.68}$$

类似地,将有关相似系数代入上面任意一式可得相似指标

$$C_2=\frac{C_\varepsilon C_L}{C_\Delta}=1 \tag{4.8.69}$$

将位移 u,v,w 统一记为 Δ,得出相似判据

$$\pi_2=\frac{\varepsilon L}{\Delta} \tag{4.8.70}$$

若模型与原型相似,则由 $\pi'_2=\pi_2$ 得到模型与原型的换算关系

$$\varepsilon'=\frac{L}{L'}\frac{\Delta'}{\Delta}\varepsilon \tag{4.8.71}$$

3. 由应力和应变关系求得相似判据

由广义胡克定律,应力和应变关系原型为

$$\varepsilon'_{ij}=\frac{1+\nu'}{E}\sigma'_{ij}-\frac{3\nu'}{E}\sigma'_0\delta_{ij}\quad (i,j=1,2,3) \tag{4.8.72}$$

其中,$\sigma_0=(\sigma_{11}+\sigma_{22}+\sigma_{33})/3$;$\delta_{ij}$ 为 Kroneker 符号.

将有关相似系数代入上面任意一式可得相似指标

$$C_3=\frac{C_\varepsilon C_E}{C_\sigma}=1,\quad C_4=\frac{C_\varepsilon C_E}{C_\nu C_\sigma}=1 \tag{4.8.73}$$

要同时满足以上二式,必须使 $C_\nu=1$,即 $\nu=\nu'$. 因此在模型实验中要使模型与原型相似,模型材料的泊松比必须与原型材料的泊松比相同,否则将带来误差.

假设 $C_\nu=1$(即 $\nu=\nu'$),则相似判据

$$\pi_{3,4}=\frac{\varepsilon E}{\sigma} \tag{4.8.74}$$

若模型与原型相似,则由 $\pi'_{3,4}=\pi_{3,4}$ 得到模型与原型的换算关系

$$\sigma'=\frac{\varepsilon'}{\varepsilon}\frac{E'}{E}\sigma \tag{4.8.75}$$

4. 由边界条件求得相似判据

边界条件原型由柯西方程表示为

$$T'^{(n)}_j=\alpha_{ni}\sigma'_{ij}\quad (i,j=1,2,3) \tag{4.8.76}$$

将有关相似系数代入上面任意一式可以得到(α_{ni} 为外法线的夹角余弦,对原型和模型应保持一致,即 T 力方向相同)相似指标

$$C_5=\frac{C_T}{C_\sigma}=1 \tag{4.8.77}$$

相似判据

$$\pi_5 = \frac{T}{\sigma} \tag{4.8.78}$$

若模型与原型相似，则由 $\pi_5' = \pi_5$ 得到模型与原型的换算关系

$$\sigma' = \frac{T'}{T}\sigma \tag{4.8.79}$$

注意式中 T 为单位面积上所作用的载荷，如果载荷为 xy 平面上的集中力 P（实质上是沿 z 轴方向均匀分布的载荷，其量纲为$[FL^{-1}]$或$[MT^{-2}]$），则需经下式换算

$$P' = \frac{T'}{T}\frac{L'}{L}P \tag{4.8.80}$$

如果载荷为空间中的集中力 g，则需经下式换算

$$g' = \frac{T'}{T}\frac{(L')^2}{L^2}g \tag{4.8.81}$$

在材料力学中，梁上分布载荷 q 为单位长度分布载荷，则需经下式换算

$$q' = \frac{T'}{T}\frac{L'}{L}q \tag{4.8.82}$$

归纳起来，如果模型与原型相似，则须使模型与原型中的各物理量满足上面所列 $\pi_1, \pi_2, \pi_3, \pi_4$ 和 π_5 诸相似判据. 将式(4.8.66)、式(4.8.71)、式(4.8.75)和式(4.8.79)整理后，可得弹性结构在相似条件下各物理量的转换关系. 在不考虑体积力的情况下：

应力换算公式

$$\sigma' = \frac{T'}{T}\sigma \tag{4.8.83}$$

应变换算公式

$$\varepsilon' = \frac{T'}{T}\frac{E}{E'}\varepsilon \tag{4.8.84}$$

位移换算公式

$$\Delta' = \frac{T'}{T}\frac{E}{E'}\frac{L'}{L}\Delta \tag{4.8.85}$$

如果将式(4.8.83)～式(4.8.85)中的单位面积分布载荷，按式(4.8.82)换算成单位长度载荷 q，将会发现与 4.8.3 节中受均布载荷简支梁例题所得结果完全相同.

上面换算公式是在力的边界条件下推出的，对于位移边界条件的问题，在边界上应该是 $u = u^*, v = v^*, w = w^*$，其中 u^*, v^*, w^* 为边界上的位移分量. 将模型值统一记为 Δ^*，原型值统一记为 $(\Delta')^*$，由相似关系直接得出位移换算公式

$$\frac{\Delta'}{\Delta} = \frac{(\Delta')^*}{\Delta^*}$$

由式(4.8.71)得出应变换算公式

$$\frac{\varepsilon'}{\varepsilon} = \frac{L}{L'}\frac{(\Delta')^*}{\Delta^*}$$

由式(4.8.66),得出$\frac{\sigma'}{\sigma}=\frac{L\cdot f}{L'\cdot f'}$,代入式(4.8.75)推出应力换算公式

$$\frac{\sigma'}{\sigma}=\frac{L\cdot f}{L'\cdot f'}$$

$$\frac{\sigma'}{\sigma}=\frac{E'}{E}\frac{(\Delta')^*}{\Delta^*}\frac{L}{L'}$$

如果不考虑体积力可略去应力换算公式中的第一式.

设计模型时，应使模型满足相似第三定理要求的必要和充分条件.对一些比较复杂的问题,有时要同时满足全部单值量判据相等十分困难.这种情况下应保证对问题起主要作用的单值量判据相等,对较次要的因素而且实现起来困难的单值量,可以放松要求使其得到大致近似的情况,甚至可以略去不考虑.在具体设计模型时,通常先根据试验条件选定模型尺寸比例(试验条件包括加载机具、模型材料、制作工艺、测量技术和试验场所等),确定尺寸比例后,再根据单值量判据确定其他参数.

对于某些复杂问题,采用数学方法对方程求解往往是很困难的,如果利用这些方程和边界条件建立相似判据方程,模型上测量所得的结果,可以方便地换算成实物(原型)所需数值.

4.8.9 量纲分析与相似定理在岩石断裂力学中的应用

量纲分析与相似定理在岩石断裂力学的应用主要针对两大类问题.第一类是岩土工程,第二类是野外断层的活动.第一类在结构和边界条件上比较清楚,因此在模型试验的设计方面也相对成熟一些,第二类在结构和边界条件方面均不太清楚,甚至在物理机制方面连概念上还没有取得共识,而这恰恰是断层与地震机制需要研究的重点问题.在一个相当长的时期内,这方面的主要任务是如何满足相似第三定理所要求的所有单值条件.

在设计模型时,应使模型满足第三定理要求的必要和充分条件,保证模型与原型相似.其物理方程内容,就是寻找满足尺度不变性的物理参数.

下面来列举几种本书涉及的尺度不变性的物理参数.

(1)应力强度因子和断裂韧性,见第2、3章;

(2)摩擦系数,见本章拜尔利定律;

(3)大数量裂纹群体集结(成核)前无量纲密度的临界值K,见后面第5章;

(4)声发射和地震活动性的b值,见后面第14章;

(5)岩石样本在破裂时声发射(AE)的波形记录与区域台网记录到的地震波形相似.见后面14.1节.

(6)地震震源应力降的尺度不变性,见后面17.5.1节.

第 5 章　非线性断裂力学

5.1 引　　言

线弹性断裂力学使我们对理想连续、均匀线弹性介质中单个裂纹的行为有了初步的认识. 但是,这些理论描述和岩石的实际行为显然有很大差距.

在 1.3 节和 1.4 节中我们讨论过,岩石的应力应变行为仅仅在某一应力大小范围内是近似线弹性的,而且还只能针对一定尺度,这个尺度要远远大于岩石的颗粒尺度. 当我们的考察尺度小到接近颗粒尺度,或当应力超出一定范围时,岩石就表现出越来越强烈的非线性. 岩石的行为不仅与颗粒造成的不均匀性、各向异性有关,而且与晶体内部存在的微裂纹有关. 另外,岩石的行为不是由单一裂纹决定的,而且不是由单一尺度的裂纹群体决定的. 无论是考察岩体的整体行为,还是考察岩体中某条断层的行为,都不能用现有的线弹性模型.

线弹性断裂力学理论本身也存在严重的缺陷. 这个理论虽然成功地解释了裂纹端部应力集中的现象和材料的低应力脆断问题,但是对于介质的本构关系采取线弹性假定,使得裂纹前缘的应力出现了奇异性,这在物理上是不可接受的. 为了克服这种物理上的不合理性,人们提出了几种修正理论,其中包括达格德尔(1960)提出的塑性区理论,或称带状屈服模型,以及巴仁布莱特(Barenblatt,1962)的内聚力模型. 这些模型使得裂纹端部的本构关系出现了非线性.

5.2 岩石微裂纹的演化与成核

5.2.1 热缺陷与热激活

岩石的不连续结构有许多是在原始形成时就存在的. 形成这些不连续结构的机理非常复杂. 例如,在火成岩冷却过程中因各局部膨胀系数不同就可能形成部分缺陷和微裂纹. 在一定环境下,微破裂从形成热缺陷开始. 这种理论被称为热激活理论.

根据热力学和统计物理,分子运动速度的最可几分布为玻尔兹曼分布. 根据量子理论,对于一个由 N 个原子组成的晶体体系的热运动,这个体系相当于一个由 $3N$ 个质量为 m,弹力为 f 的独立的单维简谐振子组成的体系,晶体中分布在能级 $\varepsilon(\nu)$ 上的单维简谐振子数为

$$n(\nu)=\frac{3N}{Q}\mathrm{e}^{-\varepsilon(\nu)/kT} \tag{5.2.1}$$

其中，k 为玻尔兹曼常数，T 为热力学温度，$\varepsilon(\nu)$为这些处于量子状态的能量或振子的能谱

$$\varepsilon(\nu)=\left(n+\frac{1}{2}\right)h\nu,\quad n=0,1,2,\cdots \tag{5.2.2}$$

式中，h 为普朗克常数；ν 为为简谐振子的基本频率. Q 为配分函数

$$Q=\sum_j \mathrm{e}^{-\varepsilon(\nu)/kT}=\sum_j \mathrm{e}^{\left(n+\frac{1}{2}\right)h\nu/kT}=\frac{\mathrm{e}^{-\frac{1}{2}h\nu/kT}}{1-\mathrm{e}^{-h\nu/kT}} \tag{5.2.3}$$

根据量子理论，即使在低能级下，也总有一定概率的原子能通过隧道效应，“渗透”过原有势阱，形成缺陷. 产生缺陷的原因，除原子空间的无序和不成对电子自旋取向分布的无序以外，晶体中还可以出现偏离点阵周期性的缺陷. 晶体的缺陷可以分为点缺陷和线缺陷等. 线缺陷的主要形式是位错. 点缺陷一般指空位和填隙原子等缺陷，而这样的缺陷在达成平衡的晶体中是按照热力学规律形成和增减的，称为热缺陷. 可以引入似化学平衡法，将晶体中有序－无序转化过程和缺陷的生成过程模拟为一个似化学反应. 根据阿伦尼乌斯方程和过渡理论（唐有祺，1979），这种似化学反应基本过程的速度常数为

$$v=v_0\exp\left[-\frac{U_0}{kT}\right] \tag{5.2.4}$$

其中，U_0 为活化能；v_0 为指数前因子或频率因子. 显然，当温度升高时，生成缺陷的速度加快. 当材料受到外力 σ 时，原子之间的结合能降低为 $U_0-\beta\sigma$，其中，β 为与结构或受力方式有关的参数. 此时的缺陷生长速度为

$$v=v_0\exp\left[-\frac{U_0-\beta\sigma}{kT}\right] \tag{5.2.5}$$

缺陷在应力保持不变的情况下持续生长，在损伤理论中称为“徐变”. 显然，缺陷生长速度随应力的增加呈指数增长. 特别在张应力集中部位，这种生成缺陷的速度会变快.

5.2.2 缺陷的塞积与微裂纹的成核

缺陷中的滑移或晶体中的位错在晶粒边界上堆积，称为塞积. 缺陷的塞积可能导致裂纹成核（Atkinson，1987）.

由式(5.2.5)可以看出，岩石微破裂演化实际是岩体多种状态参量的变化过程. 例如，

(1)热开裂：当温度升高（如侵蚀引起岩层抬升）时，由于缺陷加速生成和不均匀晶体热膨胀系数有差异，造成形变量的差异，从而导致热开裂. 热开裂形成的微裂纹分布比较均匀.

(2)应力的原因：在外力作用下，原有的晶粒、晶面、微裂纹、节理、间断等构造可能导致局部应力分布不均匀，使得局部形成缺陷速度提高. 这种情况下形成的微裂纹

呈非均匀分布.

(3)应力腐蚀:实质上是通过某种化学作用,导致活化能 U_0 的减少,降低了活化的"壁垒".关于应力腐蚀问题,在第15章中还要进行更详细的讨论.

其他如塑性应变、孔隙度、渗透率,以及导出量,包括流体孔隙压、热力学熵值、应变能释放等,都会影响成核数量和密度分布.这些因素会一直影响破坏的全过程.

回顾第1章图1.1,其中显示的就是自然状态下黑花岗岩(济南青)的光片显微观察照片,其中的矿物颗粒出现彩色是用偏振光得到的效果.可以看出,晶粒内部已存在穿晶裂纹,是在自然应力场作用下产生的,在长期地质作用下,裂纹面之间已有填充物渗入并固结.在人为加载条件下形成的新鲜裂纹中不存在固结的填充物.因此,在岩石内部裂纹中是否存在固结的填充物是区分自然形成的微裂纹与人为加载条件下生成微裂纹的最重要标志.

图5.1显示的也是黑花岗岩(济南青)样品,受单轴恒载 $\sigma_1=215$ MPa, 用时11天,变形速率为 $10^{-10}\,s^{-1}$,破坏前卸载,制成光片后的显微观察照片.可以看出在晶粒内部分布密度很高的微裂纹,和图1.1所示不同的是:裂纹面之间没有填充物,表明这些微裂纹是在人为加载条件下新生成的.

图5.1　黑花岗岩(济南青)No.6样品,受单轴恒载 $\sigma_1=215$ MPa, 11天时间,变形速率为 $10^{-10}\,s^{-1}$,失稳破坏前卸载,切割制成光片,在显微镜下观察(姚孝新提供)

显微观察表明,岩石的破坏不是一下从原始状态就突然发生的,它要经历微裂纹的萌生、发育、集结(成核)等一系列演化过程."成核"一词来自气象学,在描述雨滴的形成过程时,认为首先要有尘埃等微粒作为核心,吸附水蒸气形成云雾微粒成核,并进一步集结成为雨滴,才能克服空气阻力下降成雨.岩石断裂力学借助"成核"一词来描述微裂纹的集结形成初始破裂的过程,以解释宏观破裂的起始.因此这里的"核"并不是坚硬的,恰恰相反,它往往比周围介质软弱.

5.2.3　微裂纹的演化导致成核的实验观测

完整岩石内部微裂纹的演化导致成核主要表现在岩石变形的局部化上. 有关实验如激光全息(陈颙,1986)、反射式光弹、白光数字散斑等方法,所得到的结果是一致的.

白光数字散斑方法要求在实验前用人工制斑的方法在被测样品表面喷黑、白漆以形成散斑图像. DSCM 的图像采集系统由 AVEMR TV ZOOM 镜头、MINTRON MTV-1881EX CCD 摄像机、Matrox Meter Ⅱ 图像采集卡和计算机组成. 光源采用冷光源,从左右两个方向照明,由光纤导出. 镜头和 CCD(分辨率为 768×576 Pixels,拍照速度为 25 帧/s)用来拍摄岩样表面的图像. CCD 拍摄的模拟图像经图像卡转化为数字图像信号后,传输到计算机中存储.

图 5.2 为用白光数字散斑方法测量的大理岩在单轴压力下的表面白光散斑,经过处理得到位移值,再经过计算得到应变场 ε_{22}^{*} 图像. 从图中可以清楚地看到表面应变由随机分散到逐渐局部化,最后形成剪切破裂面(许向红,2005).

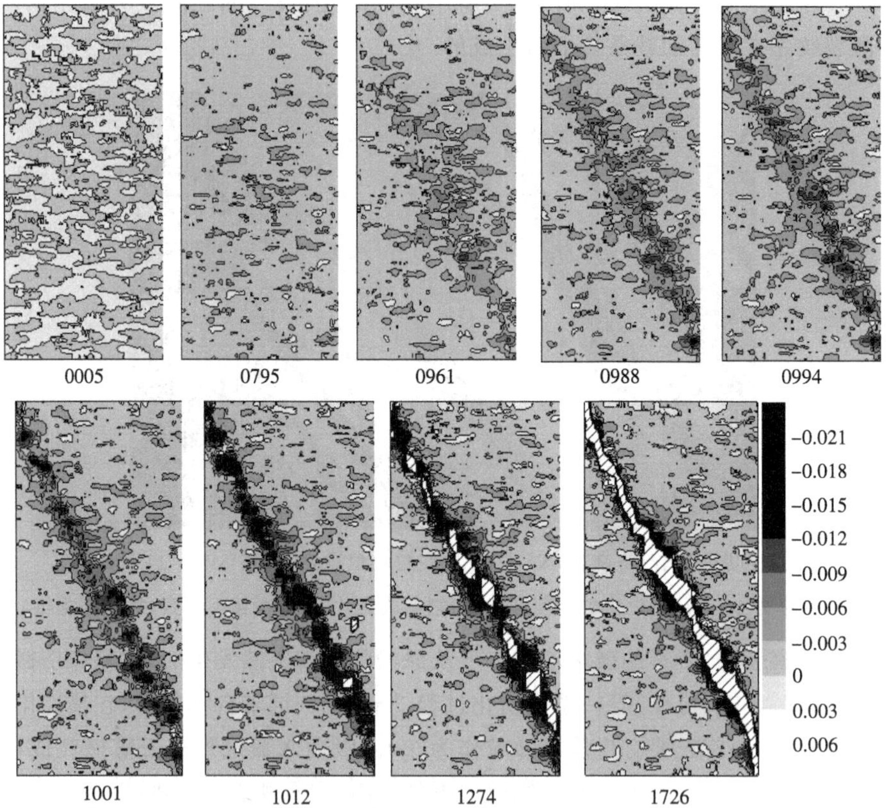

图 5.2　用白光数字散斑方法测量的岩石表面应变场 ε_{22}^{*}(许向红,2005)

材料:大理岩 B,No. 090;尺寸:20 mm×20 mm×40 mm;有效图像尺寸:400×768 Pixels,占整个图像的比例为 69.4%

5.2.4 过程区

在含裂纹或切口的岩石中，微裂纹的演化区域主要分布在原宏观裂纹（或切口）的端部附近高应力区，这个区域被称为过程区（图 5.3）.

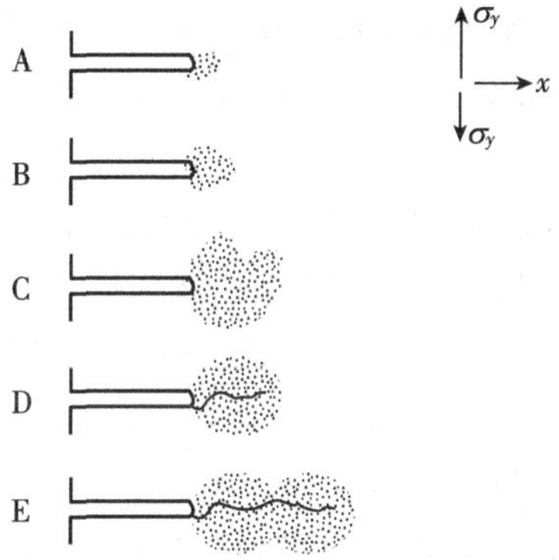

图 5.3　说明过程区发展过程及其对宏观裂纹影响的示意图（Atkinson，1987）
沿平面 $y=0$ 单向拉伸，从图 A 到图 E，应力不断增加

5.2.5 微破裂成核理论

本节继续从细观（几个 Å 到十几个 Å～mm）或更大的尺度进一步考虑微破裂成核问题.

裂纹前端微破裂集结过程称为成核（nucleation）. 这个概念最先产生于金属断裂力学的显微研究. 该理论认为在应力环境或介质弱化的条件下，缺陷首先在较大范围内广泛产生，但具有一定优势方向和不均匀分布，分布格局受当地构造背景控制. 由于缺陷自身应力场分布的双偶极性，缺陷之间相互作用导致部分缺陷愈合，部分缺陷新产生，叫做缺陷迁移. 缺陷的迁移往往带有集结趋向，缺陷的塞积导致微裂纹的产生，微裂纹的定向排列导致介质的各向异性.

岩石微裂纹成核理论认为，在微裂纹萌生的初期，由于密度不高，其相互作用可以忽略. 每个微裂纹的行为可以看成孤立的. 但当微裂纹的密度达到一定阈值时，其相互作用不能忽略.

如果取样品中全部缺陷的形成作为破坏的形成，则全部生成缺陷的时间就是样品的寿命 t，并假定一块固体处于不变的张力 σ 作用之下，由式（5.2.5）就得到固体样品的寿命为

$$t=t_0\exp\left[\frac{U_0-\gamma\sigma}{kT}\right] \tag{5.2.6}$$

上式由 Zhurkov（1965）导出. 其中，t_0 为固体内原子自激振动的周期，$t_0\approx10^{-13}$ s. 其后的一系列实验遍及各种材料，实验结果表明，该公式对各种材料，包括岩石都可以满足（Kuksenko，1995）.

由式(5.2.6)可知,载荷越小,样品的寿命越长.反过来,加载时间越长,样品的强度越低.在地壳内,由于区域应力场在地质时期内多保持不变或变化很小,一般采用载荷不变的模型.在室内实验中,往往用蠕变仪来模拟这种情况.

许多实验表明,大数量微破裂在处于归并前的临界状态时,其微裂纹的平均间距 R 和裂纹尺度满足 $R/L=$ 常数(Kuksenko et al.,1975;Betekhtin et al.,1976;Albrecht et al.,1977;Zhurkov et al.,1977;Lockner et al.,1991b;Moore and Lockner,1995).

根据上述实验结果,Zhurkov 等(1984)通过数值模拟,进一步提出大数量微破裂从演化到集结应分为两个阶段,第一阶段为微破裂慢速发育阶段,在这个阶段,各个微破裂随机分布,相互独立,互不干扰,其扩展事件满足准静态的泊松过程.在第二阶段,微破裂之间因间距缩小,相互作用逐渐加强,因而扩展速度加快,逐渐形成局部化.在局部满足临界条件时则集结(成核).成核区最终贯通形成较大尺度的破裂.这个理论成为地震孕育的 IPE 模式即广义成核理论的重要基础.

Zhurkov 等(1984)提出了由第一阶段过渡到第二阶段的临界条件——裂纹密集度的判据.按照这个判据,含个数为 S 的微裂纹群体在归并时的密集度为 C_S.其中,L_S 为参与归并的微裂纹尺度;C 为参与归并的微裂纹的密集度.定义比例

$$K=C^{-1/3}/L_S \tag{5.2.7}$$

为无量纲密集度参量,它描述了以裂纹尺度为单位表示的裂纹之间的平均距离.$K>$ e 的大数量($S\gg 1$)的裂纹群体在 $K=\mathrm{e}\cong 3$ 时将迅速扩展.其中,e 为自然对数底.因此,$K=\mathrm{e}$ 成为破裂成核(集结)的阈值.而一系列研究结果表明上述规律存在尺度不变性(自相似)(Zhurkov et al.,1977;Sobolev and Zavialov,1981;Gor et al.,1989),其尺度涵盖了从 10^{-6} cm(聚合物)至 10^{6} cm(地震)的尺度(图 5.4).

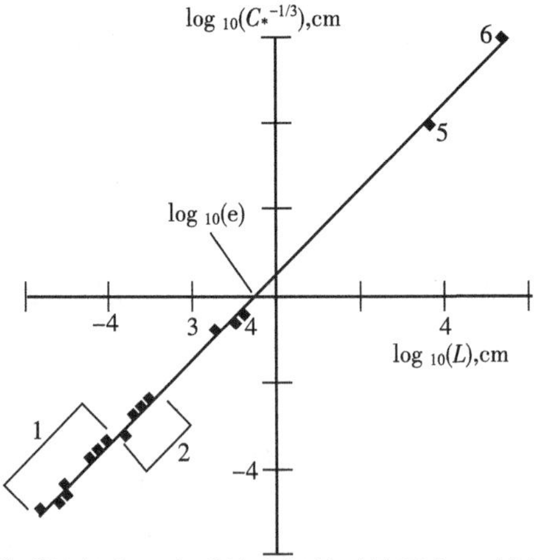

图 5.4　断裂之前裂纹长度 L 与裂纹之间的平均距离 $C_*^{-1/3}$ 的对数-对数曲线

1.聚合物;2.金属;3.合成材料;4.岩石;5.岩爆;6.地震(Zhurkov et al.,1984).

原文献该图纵坐标的单位为 cm^{-1},根据原文文字,单位改为 cm

5.2.6　岩石破裂成核的分形

上述实验和理论结果表明，在岩石介质中，同一层次尺度的大量微裂纹通过相互归并，形成尺度更大的破裂，但总体数量会减少，不同尺度的破裂形成不同层次，破裂群体呈自相似特征. 该群体显然为分形.

记第 i 层次破裂的特征尺寸为 r_i，则在同一段长度为 $L=r_i$ 的裂纹群体中，按照分维的定义(Xie，1993)，特征尺寸为 r_i 的破裂的数量为

$$N_i=\frac{c}{r_i^D} \tag{5.2.8}$$

其中，c 为常数；D 为分维的维数. 于是在第 j 层次，特征尺寸为 r_j 的破裂的数量为

$$N_j=\frac{c}{r_j^D} \tag{5.2.9}$$

以上两式相除，得到

$$\frac{N_i}{N_j}=\left(\frac{r_j}{r_i}\right)^D \tag{5.2.10}$$

这里，D 为分维的维数.

上述研究表明，破裂成核(集结)可以在岩体内各种不同尺度上发生，大到几百公里尺度的断层，小到毫米级的岩石晶粒. 这些跨尺度的多重破裂叠加在一起，就构成了我们经常见到的岩体、岩块乃至断层泥等大大小小的破碎现象.

5.3　损伤理论介绍

统计断裂理论(邢修三，1986)从非平衡统计的概念和方法，来研究微裂纹的演化与主破裂的关系. 但统计断裂理论遇到困难，进展缓慢. 损伤理论的发展，较好地解释了微破裂的演化. 目前在地学里，以损伤理论为指导，寻找表征破裂集结的特征物理量，以判断地震的危险性，已成为震源物理的重要研究内容.

5.3.1　损伤变量

近年来，损伤力学的发展对微破裂集结的机理和测度问题的研究开拓了新思路(Ashby and Sammis，1990；余天庆和钱济成，1993). 损伤理论弥补了断裂力学的不足. 损伤理论定义的损伤变量为一张量，以及依据热力学导出的一系列损伤状态变量，这些状态变量的总和反映了介质的损伤程度和损伤历史，为材料的破坏危险性估计提供了重要依据. 损伤变量可以有多种定义，主要取决于观测系统，如应力-应变、波速(比)、各向异性、波能量衰减(Q 值)、孔隙度、声发射频度和特征能级、准绝热过程的温升和红外、微波辐射等.

损伤理论研究材料或构件指从原生缺陷到形成宏观裂纹直至断裂的全过程(余

天庆和钱济成,1993),也就是通常指的微裂纹的萌生、扩展和失稳扩展的全过程.损伤理论的研究方法之一,是连续介质力学的唯象方法.它是以材料的表观现象为依据,建立与损伤耦合的力学分析模型.

损伤变量的一种定义是:在物体内部取一个小面,假设该面受 F 力到一定大小后产生均匀的损伤.若该面的总横截面积为 A,受损后其损伤面积(包括微裂纹和空隙)为 A^*,则该面的净面积或有效面积为 $\widetilde{A}=A-A^*$. 拉博诺夫在研究金属蠕变时引入了一个与连续变量相对应的变量 D,称为损伤变量

$$D=\frac{A^*}{A}=\frac{A-\widetilde{A}}{A} \tag{5.3.1}$$

式中,$D=0$,对应于无损伤状态;$D=1$,对应于完全损伤(断裂)状态;$0<D<1$,对应于不同程度的损伤状态.

令 $\sigma=F/A$ 为横截面积上的名义应力,$\tilde{\sigma}=F/\widetilde{A}$ 为净截面或有效截面上的应力,分别称为净应力和有效应力,则利用式(5.3.1)并由

$$\sigma \cdot A=\tilde{\sigma} \cdot \widetilde{A} \tag{5.3.2}$$

得

$$\tilde{\sigma}=\frac{\sigma}{1-D} \tag{5.3.3}$$

应变等价的原理由勒迈特(1996)提出,内容是假设应力 σ 作用在受损材料上引起的应变与有效应力 $\tilde{\sigma}$ 作用在无损材料上引起的应变等价.根据这一原理,受损材料的本构关系可通过无损材料中的名义应力得到,即

$$\varepsilon=\sigma/\widetilde{E}=\sigma/(1-D)E \tag{5.3.4}$$

或

$$\sigma=E(1-D)\varepsilon \tag{5.3.5}$$

上式为一维问题中受损材料在加载过程中的本构关系.式(5.3.4)中 $\widetilde{E}=E(1-D)$ 为受损材料的弹性模量,称为有效弹性模量,由此得到

$$D=1-\widetilde{E}/E \tag{5.3.6}$$

对于各向异性损伤,损伤变量与所取面的法向有关,损伤变量成为张量,用 D 表示.

损伤理论所给出的断裂准则用体元完全断裂时的损伤值 D_c 和损伤能量释放率 G_c 表示.从理论上说,当 $D=1$ 时,体元完全断裂.但很多实验证明,当 $D<1$ 时,体元已完全断裂.因此断裂准则为

$$D=D_c \tag{5.3.7}$$

$$|G|=G_c \tag{5.3.8}$$

式中，D_c 和 G_c 为材料常数，可由单轴应力实验确定. 可以证明

$$D_c = 1 - \sigma_c / \sqrt{2EG_c} \tag{5.3.9}$$

式中，σ_c 为断裂时的应力，对于金属材料，实验表明 $0.2 \leqslant D_c \leqslant 0.8$. 对于受压下的非金属材料，则需要另外讨论. 还需要指出的是，式(5.3.4)仅适用于加载过程.

损伤状态变量还可以有多种其他选择，主要取决于观测方法. 从微观方面，可以选择空隙的数目、长度、面积或体积；从宏观方面，可以选择弹性系数、屈服应力、拉伸强度、伸长率、密度、电阻、超声波速和声发射等.

应该指出，损伤理论终究是一种唯象的思维模式，它对于许多现象的研究方法主要以统计为主，并不能主动地解决物理机制，并提出相应的物理测度. 因此，在发展损伤理论的同时，仍然需要结合以断裂力学为内容的物理机制研究.

5.3.2　细观非均匀性的表征及其统计分布

细观是介于宏观(m～km)和微观(<μm)之间的尺度，大体在几个 Å 到十几个 Å～mm 之间(杨卫，1992). 这三种尺度是一种人为概念，它们之间的界限其实很模糊. 细观的非均匀性可以用宏观可测的统计分布来表征. 定义 x 为介质的某种宏观特征参数，例如，局部密度、强度、损伤变量、应变、应力等，则假定 x 的统计分布遵从 Weibull 函数

$$f(x) = \frac{m}{\eta}\left(\frac{x}{\eta}\right)^{m-1} e^{-\left(\frac{x}{\eta}\right)^m} \tag{5.3.10}$$

其中，m 为分散性指标；M 值和 η 值可以用实验数据拟合. 该分布在不同尺度上被认为是相似的，叫做尺度不变性. 当然，这个尺度不变性是有下限的，这个下限一般认为到岩石晶粒的尺度.

5.3.3　统计细观损伤力学介绍

统计细观损伤力学是以统计物理学为基础，处理多尺度无序非均匀介质的损伤演化和破坏的理论(Bai et al.，2001)，它包括细观尺度上的损伤动力学、宏观尺度上的连续介质力学和连接细观尺度和宏观尺度的跨尺度耦合模型. 根据细观单元的不同描述方式，可以将统计细观损伤力学分为两类：一类是基于细观损伤群体表象，把细观损伤作为统计理论的基本细观单元，研究系统内大量细观损伤群体的统计演化及其对系统性质的影响；另一类则基于细观物质单元表象. 基于不同表象的理论框架原则上是可以等价的，但由于细观单元的表征是一种近似的表征，而不同的细观表象所作的近似有差别，因此，基于不同表象的统计细观损伤力学实际上会是各有特点，互不等价的. 非均匀介质变形、损伤和破坏的复杂性的一些共性可以概括为以下几点(夏蒙棼等，1995).

(1)演化导致灾变，由细小的随机损伤演化导致的破坏可能带有突变性.

(2)样本个性行为,初始宏观物性相同的样本,其破坏行为可呈现显著的差异,使得灾变的发生具有不确定性.

(3)损伤局部化,在介质破坏以前,由于微损伤的萌生、扩展和连接,在介质内会形成损伤相对较为集中的区域,这就是损伤局部化现象.

(4)跨尺度涨落,在宏观系统从全局稳定到演化诱致突变的过程中,细观单元在不同尺度上的应力和损伤的涨落都有显著的增加.

(5)临界敏感性,临近灾变时,系统对宏观控制变量响应的敏感程度显著增加.

同时,他们认为损伤局部化、跨尺度涨落和临界敏感性可能作为灾变预测的前兆.

5.4　内聚力模型

5.4.1　自相似内聚带——Ⅰ型裂纹

巴仁布莱特(Barenblatt,1962)从1959年起,发表了一组论文,提出了内聚力模型.巴仁布莱特从分析裂纹端点的应力奇异性出发认为,从物理上考虑,应力奇异性的出现是不合理的.应力奇异性的出现,是人们所采用的模型的不完善所引起的,不是不可避免的.为了消除裂纹端点的应力奇异性,巴仁布莱特提出了如图5.5所示的内聚力模型.在裂纹端部的小区域内,二裂纹面间距离很近,因此二表面原子或分子间的内聚力 $g'(x)$ 是不能忽略的.

内聚力 $g'(x)$ 所对应的应力强度因子 K'_{I} 叫做内聚模量,按3.3节可知为

$$K_{\mathrm{I}}' = \frac{-2\sqrt{a}}{\sqrt{\pi}}\int_{a-\rho}^{a} \frac{g'(x)\mathrm{d}x}{\sqrt{a^2 - x^2}} \tag{5.4.1}$$

式中,$\sqrt{a^2-x^2}=\sqrt{(a+x)(a-x)}$,记 $a-x=r$,$g'(x)=g(r)$.但 $g(r)$ 只在端部很小的局域 ρ 里存在,且 $\rho \ll a$,因此 $r<\rho\ll a$,$a+x=2a-r\approx 2a$,$\sqrt{(a+x)(a-x)}\approx\sqrt{2ar}$.将上述公式代入式(5.4.1),并变换积分变量得

$$K_{\mathrm{I}}' = -\sqrt{\frac{2}{\pi}}\int_{0}^{\rho} \frac{g(r)\mathrm{d}r}{\sqrt{r}} \tag{5.4.2}$$

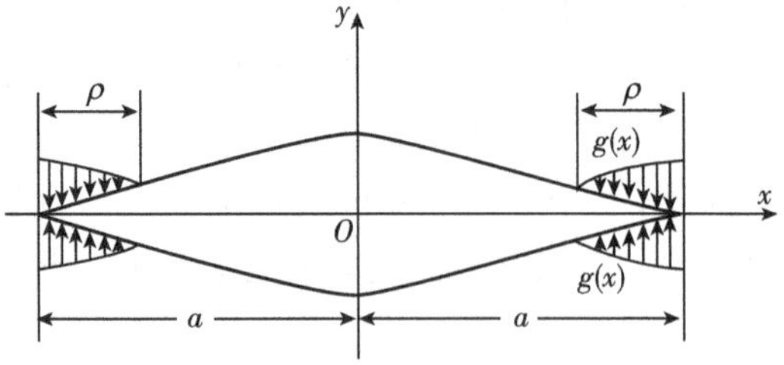

图5.5　巴仁布莱特的内聚力模型

为了消除应力奇异性，外载荷所产生的应力强度因子 K''_{I} 与内聚模量 K'_{I} 之和（代数和）必须为零. 即 $K_{\mathrm{I}}=K'_{\mathrm{I}}+K''_{\mathrm{I}}=0$，由此得

$$K''_{\mathrm{I}}=-K'_{\mathrm{I}}=\sqrt{\frac{2}{\pi}}\int_0^{\rho}\frac{g(r)\mathrm{d}r}{\sqrt{r}} \tag{5.4.3}$$

巴仁布莱特还研究了裂纹端部的位移，并且得到裂纹端部结构与应力强度因子 K_{I} 的关系，如图 5.6 所示. 其中图 5.6(a)表示 $|K''_{\mathrm{I}}|>|K'_{\mathrm{I}}|$，从而 $K_{\mathrm{I}}>0$，裂纹端部仍然存在应力的奇异性. 图 5.6(b)表示 $|K''_{\mathrm{I}}|<|K'_{\mathrm{I}}|$，从而 $K_{\mathrm{I}}<0$，裂纹端部不仅存在应力的奇异性，而且裂纹面上的位移反向，导致物质相互超越，这在物理上是不可接受的. 总之，图 5.6(a)和(b)的假设都是不合理的.

因此，对于处于平衡状态的裂纹，K_{I} 必须为零. 而裂纹端部的构造如图 5.6(c)所示，上下二裂纹面在端点处相切.

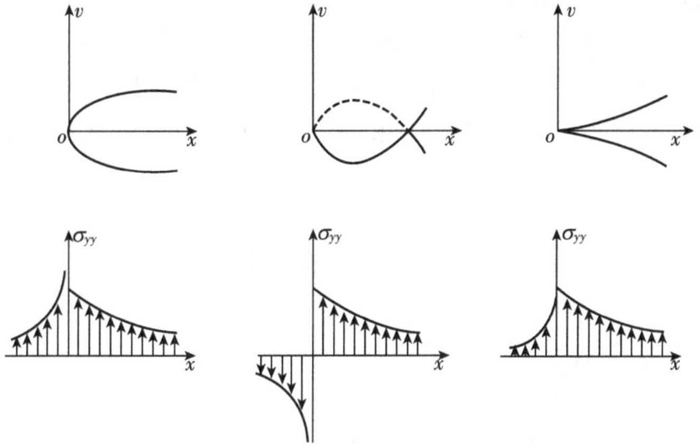

(a) $K_{\mathrm{I}}>0$　　(b) $K_{\mathrm{I}}<0$　　(c) $K_{\mathrm{I}}=0$

图 5.6　裂纹端部位移、应力 σ_{yy} 及 K_{I} 之间的关系

5.4.2　非自相似内聚带模型——Ⅱ或Ⅲ型裂纹

巴仁布莱特(1962)在提出内聚带理论时，是以纯Ⅰ型裂纹作为例子的. 而纯Ⅰ型裂纹的内聚带恰恰就分布在裂纹自身所在的平面上，它和裂纹的扩展方向正好吻合. 我们称这种内聚带为自相似内聚带. 在各种类型的裂纹中，这种自相似内聚带只有在纯Ⅰ型裂纹中存在，至于其他类型的裂纹，其内聚带就不一定是自相似的.

在第 4 章中，依据最大环向应力理论，解释了含Ⅱ型成分裂纹的扩展途径，结果表明扩展途径为拐折弯曲的翼状张破裂. 此时，自相似的内聚带模型已经不适合.

在实验的基础上，作者(李世愚等，2009)进一步提出一种非自相似内聚带模型. 其原理为如下.

(1)根据分子-原子理论，断裂实际是分子键拉张形成的不可恢复变形，因此无论

哪种类型的破裂,其微观机理都是内聚带分子键的张破裂.

(2)断裂实际是沿已有的内聚带扩展的,大量的分子键之间的破裂排列成新的破裂面.这个破裂面是沿着原有的内聚带扩展的.

(3)裂纹端部的内聚带是沿着各个邻接点的最大张性形变集合成的条带;条带的形状可以是直线(如Ⅰ型裂纹),也可以是曲线(如 Ⅱ型裂纹),甚至是曲面(如Ⅲ型裂纹).

(4)在边界上的载荷比例不变,只是增加其数值的情况下,如果介质是线弹性的,而内聚带内部的介质处于非线弹性状态,则裂纹内聚带的变形虽有变化,但内聚带的外缘大体轮廓不会有明显改变.因此,可以用内聚带的分布轮廓形状来预测断裂扩展的轨迹或曲面形状.

作者(李世愚等,1998)提出一种半解析半数值的方法,该方法首先在纯Ⅱ型裂纹中用二维曲线拟合原裂纹的翼状内聚带,得到的结果与实验相符.具体例子将在第 8 章中给出.将这种方法推广到Ⅱ型共线剪切裂纹系,会得到互锁形式的翼状内聚带,与实验结果相符,具体内容将在第 12 章中详细描述.推广到Ⅲ型裂纹,会得到一个三维双曲率曲面内聚带模型,与实验结果相符,将在第 11 章“三维脆性破裂”中给予详细描述.

5.5 岩石的塑性

5.5.1 塑性理论的基本概念

脆性材料与塑性材料是通过普通光滑试样的拉伸试验来划分的.通常将延伸率 $\delta>5\%$ 的材料划分为塑性材料;以 $\delta<5\%$ 的材料划分为脆性材料.因此延伸率 δ 成了表征材料塑性的一项力学指标.岩石介质的性质在高温高压条件下会由脆性向塑性转化.另外,由于岩石其本身性质的极端复杂性(不完整性、多相性、非弹性及非均匀性等),再加上环境因素(高温、高压、长时期作用、化学腐蚀,特别是超临界流体的应力腐蚀等)的影响,在一定差应力条件下,也会像金属表现为延性,在本构关系上与塑性的表现类似.

图 5.7 显示的是几种塑性材料的应力-应变简化模型.其中,图 5.7(a)显示的是理想弹塑性材料模型.它假设材料在弹性阶段以后表现出理想塑性的性质,其应力-应变关系可以表达为

$$\left.\begin{aligned}\sigma&=E\varepsilon\,, & \varepsilon&\leqslant\varepsilon_{\mathrm{e}}\\ \sigma&=\sigma_{\mathrm{y}}\,, & \varepsilon&>\varepsilon_{\mathrm{e}}\end{aligned}\right\} \tag{5.5.1}$$

图 5.7(b)显示的是理想刚塑性材料模型,即将理想弹塑性材料模型中的弹性变形略去不计.图 5.7(c)显示的是线性强化塑性模型,其本构关系可表达为

$$\left.\begin{aligned} &\sigma=E\varepsilon, && \varepsilon\leqslant\varepsilon_e \\ &\sigma=\sigma_e+E_1(\varepsilon-\varepsilon_e), && \varepsilon>\varepsilon_e \end{aligned}\right\} \tag{5.5.2}$$

其中,E,E_1 分别为两段直线的斜率,E_1 称为强化模量.

图 5.7(d)显示的是幂强化塑性模型,其应力-应变关系假设为

$$\sigma=A\varepsilon^n \quad (A>0) \tag{5.5.3}$$

其中,$0<n<1$,n 称为强化系数.随 n 的取值不同,曲线的形状也不同.

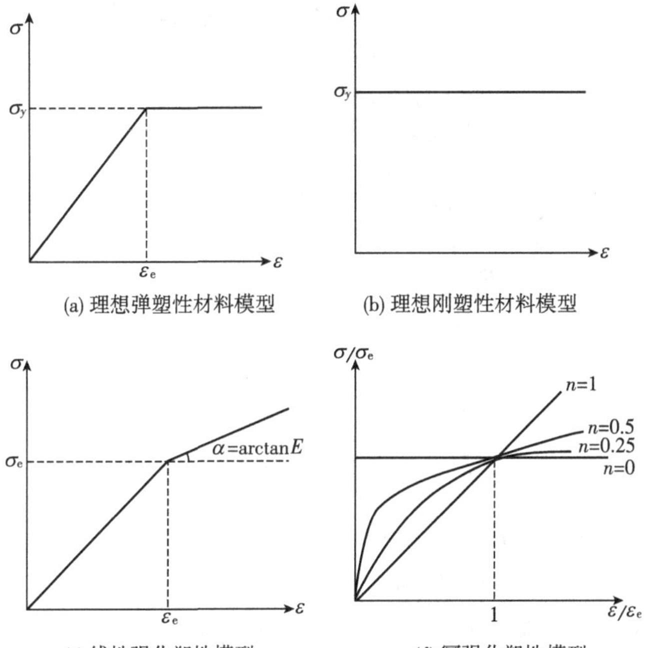

(a) 理想弹塑性材料模型　(b) 理想刚塑性材料模型

(c) 线性强化塑性模型　(d) 幂强化塑性模型

图 5.7　几种应力-应变关系的简化模型

岩石在一定围压和温度下会从脆性向塑性转变.例如,图 5.8 显示 Carara 大理岩在各种围压下的应力-应变曲线(Von Karman,1911),当围压在 $\sigma_3=68.5$ MPa (685 bar)时,就表现出塑性,此时材料可承受 7%以上的应变而不丧失强度.当围压继续增高,如图 5.8 中的 1650 bar 和 3260 bar 时,σ_1 稳定地随着应变的增加而增加,这个现象叫做工作一硬化.又如在 500 MPa(5 kbar)的围压下,花岗岩在温度增高到 800 ℃时几乎完全转化为塑性.这里所说的**塑性**和岩石在单轴压力下应力-应变曲线的 BC 段虽然在宏观表现上类似,但是有区别,后者称为**延性**.在 Jaeger 和 Cook (1979)的原著以及其他许多有关论著中,对于这种转换现象的术语就是完全延性 (fully ductile).对此,Scholz(1990)提出了不同看法,在其论著的 1.4 节"脆一塑性转换"部分进行了详细的讨论.他认为,"延性"和"塑性"是有区别的.延性是用来描述允许大应变,以宏观均质形变为特征而不管所包括的微观机制如何的流变性质,塑性则

暗指潜在变形的机制是某种形式的位错运动,可能还包括扩散. 这里避免使用"脆-延性转换"这一术语,原因是它已经在形变模式和机制之间引起了混乱,并进一步导致了关于地球力学行为(尤其是断层化过程)的这种转换的误解. 因此,Scholz(1990)主张采用"脆-塑性转换"来表示从纯脆性行为到纯塑性行为的整个转换过程,包括半脆性区域.

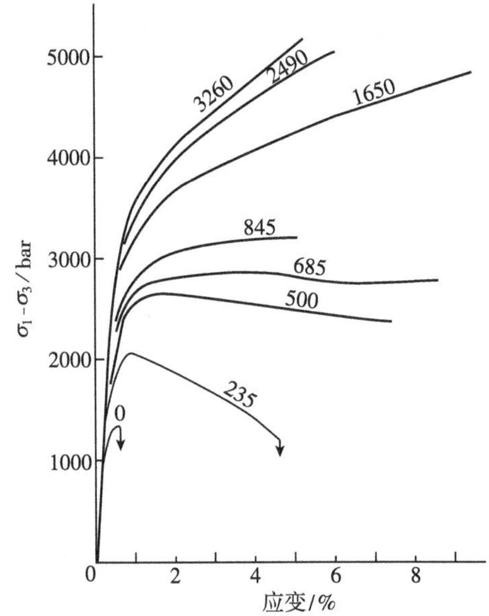

图 5.8　Carara 大理岩在各种围压下的应力-应变曲线

(Jaeger and Cook,1979,引自 Von Karman,1911)

对塑性比较充分的研究主要是在金属材料中进行的. 图 5.9 显示的就是一种高强度结构中碳钢的应力-应变曲线. 当应力低于某一临界应力 σ_L(称为比例极限)时,应力与应变之间成正比. 应力超过比例极限 σ_L 之后,应力-应变曲线不再呈线性关系,而是略有弯曲,但是只要应力低于某一应力值 σ_e,仍只发生弹性变形,即应力应变之间仍存在着单值的对应关系. 这个应力的临界值 σ_e 称为弹性极限. 当应力超过弹性极限 σ_e 后,就进入塑性阶段. 此时,应力-应变间不再保持一一对应的单值关系. 这时的变形是不可恢复的,从热力学上看是不可逆过程. 从这个阶段上的任意一点(如曲线上的 C 点)再卸载时,应力、应变不再按原来的应力-应变曲线变化,而沿着直线 CD 变化. 直线 CD 与最初加载时应力-应变的直线段 OA 大致平行,即 CD 斜率大致等于杨氏模量 E. 当完全卸载至 D 点时,应变并不恢复为零,而留下不可恢复应变 OD,称为塑性应变或残余应变 ε_e,而可恢复应变 DE 称为弹性应变. 对于没有明显屈服阶段的塑性材料,通常规定:取对应于试件卸载后产生残余应变 $\varepsilon_e=0.2\%$时的应力值为材料的名义屈服极限,以 $\sigma_{0.2}$表示,它是衡量材料强度的一项力学指标.

如果材料发生塑性变形后进行卸载(图 5.9 中的 CD 段),然后进行加载,则其应力应变关系仍大致沿直线 DC 变化. 当重新加载至原来的弹性极限 σ_e 时(图 5.9 中的 F 点),材料并不产生新的变形,而一直沿直线 DC 变化,直到 C 点,才产生新的塑性变形. 这相当于材料的弹性极限提高了,从 σ_e 提高到 σ_c. 这种现象称为**加工硬化**或**应变硬化**.

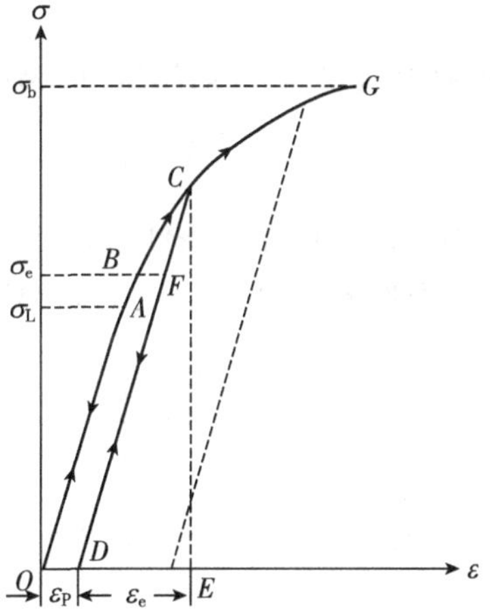

图 5.9　中碳钢的应力-应变曲线

塑性屈服的判据主要有 Mises 条件和 Tresca 条件.

5.5.2　Mises 屈服条件

当应力条件达到一定数值时,材料开始屈服,即

$$\sigma_i = \sigma_s \tag{5.5.4}$$

其中

$$\sigma_i = \sqrt{\sigma_{xx}^2 + \sigma_{yy}^2 + \sigma_{zz}^2 - \sigma_{xx}\sigma_{yy} - \sigma_{yy}\sigma_{zz} - \sigma_{zz}\sigma_{xx} + 3(\sigma_{xy}^2 + \sigma_{yz}^2 + \sigma_{zx}^2)}$$

用主应力表示就是

$$(\sigma_1 - \sigma_2)^2 + (\sigma_2 - \sigma_3)^2 + (\sigma_3 - \sigma_1)^2 = 2\sigma_s^2 \tag{5.5.5}$$

在单轴拉伸实验中,$\sigma_2 = \sigma_3 = 0$,屈服极限记为 $\sigma_1 = \sigma_y$. 代入上式可知

$$\sigma_s = \sigma_y \tag{5.5.6}$$

Hencky 的解释是:Mises 条件相当于弹性形状应变能 W_F 等于常数. 由附录 I,

$$W_F = [(\sigma_1 - \sigma_2)^2 + (\sigma_2 - \sigma_3)^2 + (\sigma_3 - \sigma_1)^2]/(12\mu)$$

因此屈服条件是

$$W_F = \sigma_s^2/(6\mu) \tag{5.5.7}$$

Nadai 的解释是:当正八面体上剪应力 τ_0 达到一定数值时,材料屈服. 由式(2.1.41)和式(5.5.6),

$$\tau_0 = \frac{1}{3}\sqrt{(\sigma_1 - \sigma_2)^2 + (\sigma_2 - \sigma_3)^2 + (\sigma_3 - \sigma_1)^2} = \frac{\sqrt{2}}{3}\sigma_s \tag{5.5.8}$$

而由式(2.1.41),$\tau_0=\sqrt{2J_2/3}$,其中 J_2 是应力偏量的第二不变量. 因此 Mises 屈服条件还可以表示为

$$J_2=\sigma_s^2/3 \tag{5.5.9}$$

5.5.3 Tresca 屈服条件

当最大剪应力达到一定数值时,材料开始屈服. 如规定 $\sigma_1\geqslant\sigma_2\geqslant\sigma_3$,则

$$\tau_{\max}=\frac{\sigma_1-\sigma_3}{2}=k$$

其中,k 为材料常数. 当在应力空间讨论屈服条件时,不能采用 $\sigma_1\geqslant\sigma_2\geqslant\sigma_3$ 这个规定. 在主应力空间中,Tresca 屈服条件表示为一个正六边形柱体,由下列六个平面构成

$$\left.\begin{aligned}|\sigma_1-\sigma_2|&=2\tau_m\\|\sigma_2-\sigma_3|&=2\tau_m\\|\sigma_3-\sigma_1|&=2\tau_m\end{aligned}\right\} \tag{5.5.10}$$

在单向拉伸时,$\sigma_1=\sigma_s$,$\sigma_2=\sigma_3=0$,所以 $\sigma_1=2\tau_m=\sigma_s$,

$$\tau_m=\sigma_s/2 \tag{5.5.11}$$

5.6 裂纹端部塑性区大小的估算

有些材料即使其宏观性质接近弹性体,但是,由于裂纹端部的应力集中程度很高,因此势必产生或多或少的塑性变形,存在着或大或小的塑性区. 由于材料性质不同,工作环境各异,裂纹端部塑性区的大小差别很大. 如果令 r_p 表示塑性区的特征尺寸,则比值 r_p/a 表征着塑性区的相对大小. 当 $r_p/a\ll 1$ 时,称之为小规模屈服. 在这种情况下,除了裂纹端部极小的区域内产生塑性变形以外,大部分区域仍处于弹性范围. 对于这种情况,我们可以在线弹性断裂力学的基础上进行适当修正.

5.6.1 塑性区尺寸的一级估算

1. Ⅰ型裂纹

由 1.3 节所给出的Ⅰ型裂纹端部应力分量,可以得出裂纹端部的三个主应力为

$$\sigma_1=\frac{K_{\mathrm{I}}}{\sqrt{2\pi r}}\cos\frac{\theta}{2}\left(1+\sin\frac{\theta}{2}\right),\quad \sigma_2=\frac{K_{\mathrm{I}}}{\sqrt{2\pi r}}\cos\frac{\theta}{2}\left(1-\sin\frac{\theta}{2}\right)$$

$$\sigma_3=\begin{cases}0 & (\text{平面应力})\\ \nu(\sigma_1+\sigma_2)=2\nu\dfrac{K_{\mathrm{I}}}{\sqrt{2\pi r}}\cos\dfrac{\theta}{2} & (\text{平面应变})\end{cases} \tag{5.6.1}$$

设材料服从 Mises 屈服条件

$$(\sigma_1-\sigma_2)^2+(\sigma_2-\sigma_3)^2+(\sigma_3-\sigma_1)^2=2\sigma_y^2 \tag{5.6.2}$$

其中，σ_y 为材料常数，相当于单轴拉伸情况下的屈服应力. 将式(5.6.1)代入上式中，可得到塑性区边界的极坐标形式的曲线方程. 方程为

$$r_1=\begin{cases}\dfrac{K_{\mathrm{I}}^2}{2\pi\sigma_y^2}\cos^2\dfrac{\theta}{2}\left(1+3\sin^2\dfrac{\theta}{2}\right) & (\text{平面应力})\\ \dfrac{K_{\mathrm{I}}^2}{2\pi\sigma_y^2}\left[\dfrac{3}{4}\sin^2\theta+(1-2\nu)^2\cos^2\dfrac{\theta}{2}\right] & (\text{平面应变})\end{cases}\tag{5.6.3}$$

平面应力曲线的形状如图 5.10 中的实线所示. 其中，以裂纹端点为极坐标原点，坐标 r_1 以无量纲 r_1/r_{01} 表示. r_{01} 为 $\theta=0$(即裂纹延长线上)时平面应力的塑性区尺寸. 由式(5.6.3)第一式得

$$r_{01}=\frac{K_{\mathrm{I}}^2}{2\pi\sigma_y^2}\tag{5.6.4}$$

平面应变所表示的曲线如图 5.10 中虚线所示，坐标 r'_1 也以无量纲 r'_1/r_{01} 表示. 可见，在其他条件相同的前提下，平面应变情况下的塑性区，明显地小于平面应力情况下的塑性区.

以 $\theta=0$ 时的塑性区尺寸 r'_{01} 作为平面应变条件下塑性区的特性尺寸，则以 $\theta=0$ 代入式(5.6.3)可得

$$r'_{01}=\frac{K_{\mathrm{I}}^2}{2\pi\sigma_y^2}(1-2\nu)^2\tag{5.6.5}$$

比较式(5.6.4)和式(5.6.5)，可得$\dfrac{r_{01}}{r'_{01}}=\dfrac{1}{(1-2\nu)^2}$.

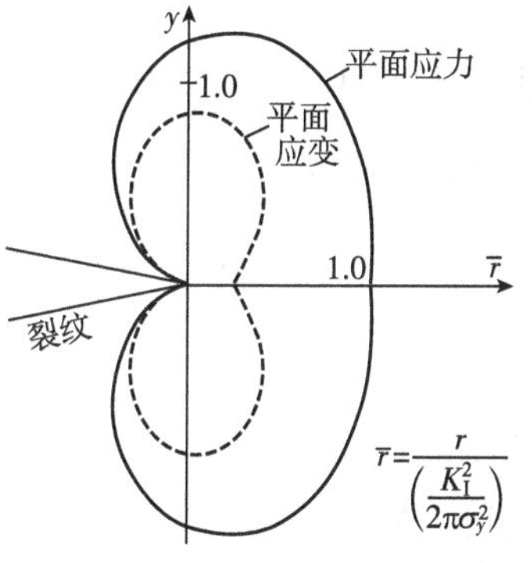

图 5.10　Ⅰ型裂纹塑性区的一级估算

2. Ⅱ型裂纹

由 2.4 节所给出的Ⅱ型裂纹端部应力分量，可以得出裂纹端部的三个主应力为

$$\sigma_1=\frac{K_{\mathrm{II}}}{\sqrt{2\pi r}}\left(-\sin\frac{\theta}{2}+\sqrt{1-\frac{3}{4}\sin^2\theta}\right)$$

$$\sigma_2=\frac{K_{\mathrm{II}}}{\sqrt{2\pi r}}\left(-\sin\frac{\theta}{2}-\sqrt{1-\frac{3}{4}\sin^2\theta}\right)$$

$$\sigma_3=\begin{cases}0 & (\text{平面应力})\\ -2\nu\dfrac{K_{\mathrm{II}}}{\sqrt{2\pi r}}\sin\dfrac{\theta}{2} & (\text{平面应变})\end{cases}\tag{5.6.6}$$

代入式(5.6.2)得到塑性区尺寸为

$$r_2=\begin{cases}\dfrac{K_{\mathrm{II}}^2}{2\pi\sigma_y^2}\left(3-\dfrac{9}{4}\sin^2\theta+\sin^2\dfrac{\theta}{2}\right) & (\text{平面应力})\\ \dfrac{K_{\mathrm{II}}^2}{2\pi\sigma_y^2}\left[3-\dfrac{9}{4}\sin^2\theta+(1-2\nu)^2\sin^2\dfrac{\theta}{2}\right] & (\text{平面应变})\end{cases}\tag{5.6.7}$$

塑性区边界线如图 5.11 所示. 坐标 r_2 以无量纲 r_2/r_{02} 表示. r_{02} 为 $\theta=0$(即裂纹延长线上)时平面应力的塑性区尺寸.

$$r_{02}=\frac{3K_{\mathrm{II}}^2}{2\pi\sigma_y^2}\tag{5.6.8}$$

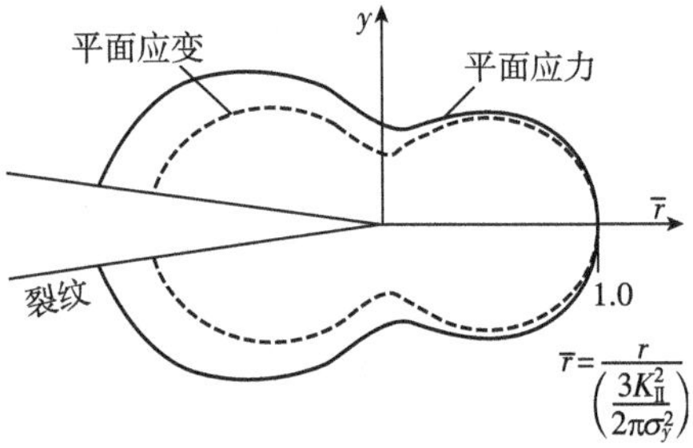

图 5.11　Ⅱ型裂纹塑性区的一级估算

3. Ⅲ型裂纹

Ⅲ型裂纹不是平面问题. 由附录Ⅰ,可以求出裂纹端部的三个主应力为

$$\sigma_1=\frac{K_{\mathrm{III}}}{\sqrt{2\pi r}},\quad \sigma_2=0,\quad \sigma_3=-\frac{K_{\mathrm{III}}}{\sqrt{2\pi r}}\tag{5.6.9}$$

而三个主方向均不和 Oxy 平面平行. 将式(5.6.9)代入式(5.6.2),得到塑性区边界的方程为

$$r_3=\frac{3K_{\mathrm{III}}^2}{2\pi\sigma_y^2}\tag{5.6.10}$$

所得到的塑性区外缘是一个圆柱,中心轴即为 z 轴,在 Oxy 平面的投影是一个圆(图 5.12). 和以往的参考文献看法不同,这个结果不分平面应变和平面应力.

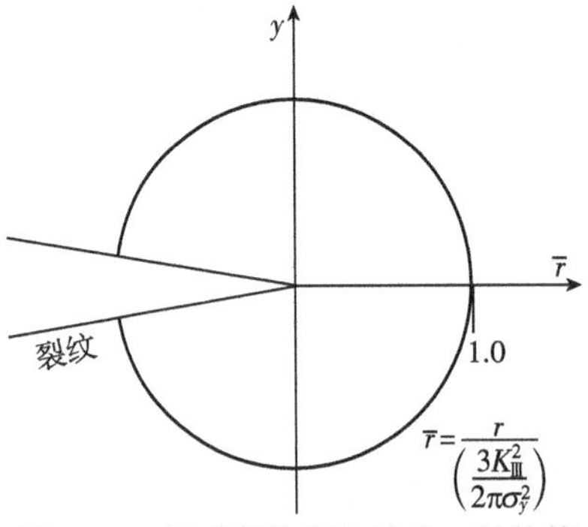

图 5.12　Ⅲ型裂纹塑性区的一级估算

5.6.2　塑性区应力松弛的影响——塑性区尺寸的二级估算

以Ⅰ型裂纹为例进行分析. 如图 5.13 所示,虚线 AB 为无塑性区时裂纹端部的

弹性应力场. Ⅰ型裂纹的主要应力分量

$$\sigma_{yy}=K_{\mathrm{I}}/\sqrt{2\pi\cdot r}$$

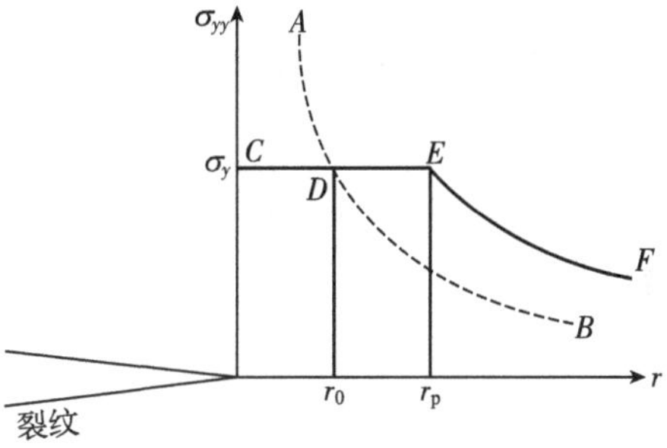

图 5.13　Ⅰ型裂纹塑性区尺度的二级估算

但是,在 $r<r_0$ 范围内发生塑性屈服

$$\sigma_{yy}=\sigma_y$$

塑性区($r<r_0$)内的应力松弛还必然影响弹性区($r>r_0$)内的应力分布. 由 y 轴方向上力的平衡要求,近似地假定,曲线 ADB 下面的面积与 CEF 下面的面积相等,同时 EF 下面的面积与 DB 下面的面积也相等,即

$$S_{CEF下}=S_{ADB下} \tag{5.6.11}$$

$$S_{EF下}=S_{DB下} \tag{5.6.12}$$

式(5.6.12)与式(5.6.11)相减,就得到 CE 下的面积(矩形)应等于曲线 AD 下的面积,即

$$S_{CE下}=S_{AD下}$$

于是有

$$\sigma_y r_{\mathrm{p}}=\int_0^{r_0}\sigma_{yy}\,\mathrm{d}r=\int_0^{r_0}\frac{K_{\mathrm{I}}}{\sqrt{2\pi r}}\mathrm{d}r=K_{\mathrm{I}}\sqrt{\frac{2r_0}{\pi}}$$

将式(5.6.4)代入上式得

$$r_{\mathrm{p}}=\frac{1}{\pi}\left(\frac{K_{\mathrm{I}}}{\sigma_y}\right)^2=2r_{01} \tag{5.6.13}$$

对于无限远处垂直裂纹面作用均布拉力 σ 的情况,$K_{\mathrm{I}}=\sigma\sqrt{\pi a}$,由式(5.6.13)还可以得出

$$r_{\mathrm{p}}=a\left(\frac{\sigma}{\sigma_y}\right)^2 \tag{5.6.14}$$

上述结果与实验结果符合得相当好.

5.6.3　Irwin 的等效裂纹修正

对于高强度钢及某些脆性材料,其 K_{Ic} 较小,而 σ_y 很高,因而塑性区尺寸远小于

a. 这种情况称为小规模屈服. Irwin(1948)提出,只需在计算应力强度因子 K 时,以等效裂纹长度 $2c$ 代替原裂纹长度 $2a$,则线弹性断裂力学的结论仍然有效. 等效裂纹长度 $2c$ 选取如下

$$c=a+r_{\mathrm{p}} \tag{5.6.15}$$

因此

$$K=Y\sigma\sqrt{\pi(a+r_{\mathrm{p}})} \tag{5.6.16}$$

其中,r_{p} 由式(5.6.13)给出.

5.6.4 带状屈服模型

达格德尔(Dugdale,1960)提出的模型,可以用来计算塑性区的尺度. 达格德尔也认为,裂纹端部产生塑性区后,可以用一个等效裂纹所代替,如图 5.14 所示. 裂纹 AB 长为 $2a$,等效裂纹 $A'B'$的长度为 $2c$,而

$$c=a+\rho$$

其中,ρ 为塑性区尺度.

在塑性区内裂纹实际上没有张开,这一段内的 $\sigma_{yy}=\sigma_y$. 由于 AA'和 BB'段实际并未裂开,所以等效裂纹端点 A'及 B'处的应力强度因子 K_{I} 应该为零.

在塑性区内等效裂纹面间相互作用着均匀的拉应力 σ_y. σ_y 产生的应力强度因子 K'为负值,因为它的作用是使裂纹闭合. K'的绝对值等于外载作用下的应力强度因子 K''.

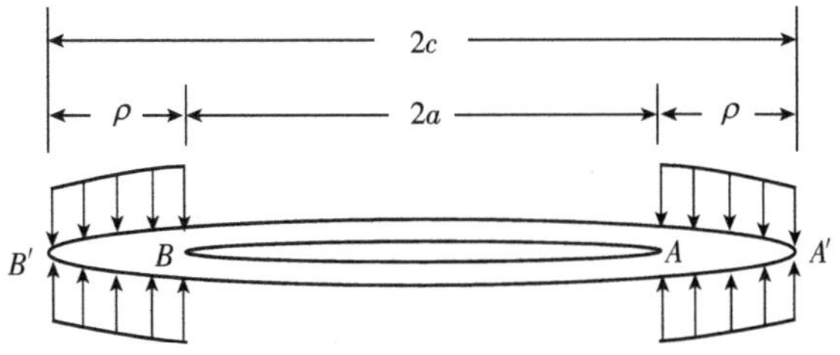

图 5.14 达格德尔带状屈服模型

由 3.3 节可知,

$$K'=-\int_a^c \frac{\sigma_y \cdot 2\sqrt{c}\,\mathrm{d}x}{\sqrt{\pi}\ \sqrt{c^2-x^2}}$$

积分后得

$$K'=-2\sigma_y\sqrt{\frac{a+\rho}{\pi}}\arccos\left(\frac{a}{a+\rho}\right)$$

而

$$K''=\sigma\sqrt{\pi(a+\rho)}$$

令 $|K'|=K''$,得

$$\frac{a}{a+\rho}=\cos\frac{\pi\sigma}{2\sigma_y} \tag{5.6.17}$$

如果 $\sigma/\sigma_y \ll 1$,则可将 $\cos\frac{\pi\sigma}{2\sigma_y}=1-\frac{1}{2}\left(\frac{\pi\sigma}{2\sigma_y}\right)^2+\cdots$按级数展开后的高次项略去.从而得

$$\rho=\frac{\pi}{8}\left(\frac{K_{\mathrm{I}}}{\sigma_y}\right)^2 \tag{5.6.18}$$

将上式与式(5.6.13)比较可知,二者非常接近($1/\pi\approx 0.3183$,$\pi/8\approx 0.3927$),此模型得到的塑性区略大.

图 5.14 中塑性区呈狭长条形,所以有人称之为带状屈服模型.此外,达格德尔分析这种模型的数学方法,主要是根据 Muskhelishvili 所建立的方法,所以有时又简称为 D-M 模型.D-M 模型看成巴仁布莱特的内聚力模型的一种特殊情形,即内聚力为一个常数.

5.7　裂纹端部张开位移 δ

5.7.1　COD 判据

裂纹端部张开位移(crack tip opening displacement,CTOD),是指裂纹端部二裂纹面间张开的距离.现常叫做裂纹张开位移(COD),通常以符号 δ 表示.

Wells(1963)提出,每种材料存在一个 COD 的临界值 δ_c.当裂纹的 COD 达到这一临界值时,裂纹将失稳扩展.所以,按照他的提法,裂纹断裂判据为

$$\delta=\delta_c \tag{5.7.1}$$

COD 或 CTOD 到底指裂纹端部哪一点的位移,至今还有争议.本书中采用Irwin弹塑性区交界点上裂纹面间的张开距离作为 CTOD,以后简称 COD.

在 5.6.3 节中已经介绍过,按 Irwin 的方法,引入长为 $2c$ 的等效裂纹后,裂纹前缘坐标的端点也从 O 点(原裂纹端点)移至等效裂纹端点 O'处,裂纹面上沿 y 轴方向产生位移 v_0(图 5.15).定义

$$\delta=2v_0 \tag{5.7.2}$$

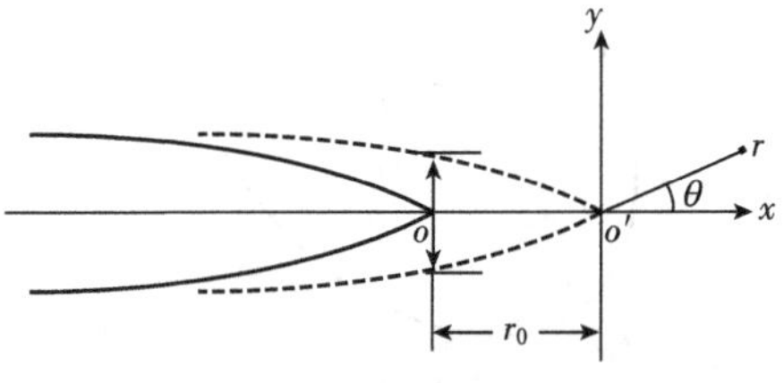

图 5.15　裂纹端部张开位移 CTOD

为 CTOD. 由 2.3 节，Ⅰ型裂纹前缘的纵向位移

$$v_0=\frac{K_{\mathrm{I}}}{4\mu}\sqrt{\frac{r}{2\pi}}\left[(2\kappa+1)\sin\frac{\theta}{2}-\sin\frac{3\theta}{2}\right]$$

令 $r=r_0=\frac{1}{2\pi}\left(\frac{K_{\mathrm{I}}}{\sigma_y}\right)^2$，将 $\theta=\pi$ 及 $\kappa=\left(\frac{3-\nu}{1+\nu}\right)$(平面应力)代入上式得

$$\delta=2v_0=\frac{4K_{\mathrm{I}}^2}{\pi E\sigma_y}=\frac{4}{\pi}\cdot\frac{G_{\mathrm{I}}}{\sigma_y} \tag{5.7.3}$$

由此可见，δ 与 K_{I} 及 G_{I} 有非常密切的关系. 因此，在小规模屈服的条件下，下述断裂准则

$$K_{\mathrm{I}}=K_{\mathrm{Ic}},G_{\mathrm{I}}=G_{\mathrm{Ic}}$$

与

$$\delta=\delta_c$$

是一致的. 因此，δ_c 也和 K_{Ic} 与 G_{Ic} 一样，是表征材料抗断裂能力的材料常数.

需要注意的是，原裂纹端部外的屈服段落 OO' 实际是没有张开位移的，但在按 Irwin 的方法引入等效裂纹后，就解除了这个位移约束，该屈服区的上下表面可存在相对位移，造成位移的间断. 因此这段位移是由图 5.15 的计算模型化引起的. 在实际测试中，多在裂纹自由表面点测试张开位移，并采用如下经验性办法：扣去弹性张开位移以后裂纹自由表面各点的实测张开位移曲线中近似为直线部分(弹性区部分应近似为直线)线性外推到裂纹顶端所得到的张开位移. 具体操作，可参见文献(陈篪等，1977).

当塑性区尺度接近或超过裂纹长度时，称为大规模屈服. 在这种情况下，线弹性断裂判据已不再适用. Wells(1963)认为，COD 判据式(5.7.1)仍然适用.

在大规模屈服条件下，Irwin 的塑性区修正理论已不再适用，以下采用 D－M 模型作一些分析.

5.7.2 帕里斯位移公式

如图 5.16 所示的含裂纹板，假定板的厚度为单位 1，受力 P 作用，现在求裂纹面上下两点 D_1，D_2 沿其连线方向的相对位移 δ.

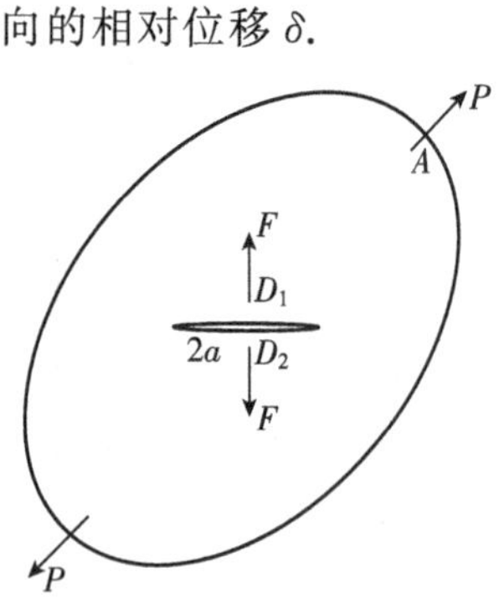

图 5.16 虚力对和相对位移 A

根据卡斯提杨诺定理(见附录Ⅰ),外力作用点沿作用力方向的位移等于应变能对外力的偏导数,故 A 点沿 P 方向的位移 δ 为

$$\delta=\frac{\partial U}{\partial P} \tag{5.7.4}$$

如在 A 点作用着一对大小相等方向相反核,则上式就表示 A 点沿 P 方向的相对位移.

为了求 D_1 和 D_2 点之间的相对位移,可以设想沿 D_1 和 D_2 连线方向引入一对虚力 F. 这时系统应变能 U 就不仅和 P,a 有关,也和 F 有关. 即

$$U=U(P\cdot a\cdot F)$$

虚力对引起的相对位移为

$$\delta=\lim_{F\to 0}\left(\frac{\partial U}{\partial F}\right)_{P\cdot a} \tag{5.7.5}$$

按式(5.7.5)先求出偏导数$\partial U/\partial F$(它和 F 有关),再让虚力 F 趋于零,这样就可获得没有虚力,仅是力 P 在 D_1 与 D_2 间的相对位移.

由 3.4 节,在恒载荷条件下,有 $G_{\mathrm{I}}=\left(\frac{\partial U}{\partial a}\right)_P$,积分得

$$U(P\cdot F\cdot a)=U_0(P\cdot F)+\int_0^a G_{\mathrm{I}}\,\mathrm{d}a \tag{5.7.6}$$

其中,$U_0(P,F)$是无裂纹体($a=0$)的应变能.

用 K_{IP}、K_{IF}分别代表力 P 和力 F 所提供的应力强度因子,则总的应力强度因子是二者之和,即 $K_{\mathrm{I}}=K_{\mathrm{IP}}+K_{\mathrm{IF}}$.

由第 3 章可知,$G_{\mathrm{I}}=\frac{K_{\mathrm{I}}^2}{E'}$,其中

$$E'=\begin{cases}E/(1-\nu^2) & (\text{平面应变})\\ E & (\text{平面应力})\end{cases}$$

把 $G_{\mathrm{I}}=\frac{1}{E'}(K_{\mathrm{IP}}+K_{\mathrm{IF}})^2$ 代入式(5.7.6),再代入式(5.7.5),得

$$\delta=\lim_{F\to 0}\left[\frac{\partial U_0}{\partial F}+\frac{1}{E'}\int_0^a 2(K_{\mathrm{IP}}+K_{\mathrm{IF}})\cdot\frac{\partial K_{\mathrm{IF}}}{\partial F}\mathrm{d}a\right]$$

因为 $K_{\mathrm{IF}}\propto Y\sqrt{a}\cdot F$, 故在 $F\to 0$ 的极限过程中 $K_{\mathrm{IF}}=0$. 上式变为

$$\delta=\left(\frac{\partial U_0}{\partial F}\right)_{F=0}+\frac{2}{E'}\int_0^a K_{\mathrm{IP}}\cdot\frac{\partial K_{\mathrm{IF}}}{\partial F}\mathrm{d}a \tag{5.7.7}$$

这就是帕里斯(Paries,1961)位移公式. 其中第一项是无裂纹时,D_1,D_2 点在力 P 作用下沿其连线方向的相对位移. 如 D_1,D_2 点是裂纹面上下表面的对应点,无裂纹时,D_1,D_2 点重合,没有相对位移,即 $\delta_0=(\partial U_0/\partial F)_{F=0}=0$,这时

$$\delta=\frac{2}{E'}\int_0^a K_{\mathrm{IP}}\cdot\frac{\partial K_{\mathrm{IF}}}{\partial F}\mathrm{d}a \tag{5.7.8}$$

应当指出,在应用这个位移公式时,力 P 以及 D_1,D_2 点的位置是不变的. 裂纹长度(或面积)是变量,积分过程就相当裂纹长度不断增大的过程.

5.7.3 无限远处均匀应力产生的张开位移

如图 5.17 所示,无限大板中心贯穿裂纹,长 $2c$,在无限远处作用着均匀的拉应力 σ. 求距离裂纹中心为 x 处的裂纹张开位移(即 D_1,D_2 点相对位移 δ_1). 为此在 D_1,D_2 处各引入一对虚力 F,根据 3.3 节可知,该对称的虚力对引起的应力强度因子为

$$K_{\mathrm{IF}}=\frac{F}{\sqrt{\pi c}}\cdot\frac{2c}{\sqrt{c^2-x^2}} \tag{5.7.9}$$

如以 2ξ 代表裂纹在增大时的瞬间长度,则用 ξ 代替 c,就得

$$K_{\mathrm{IF}}=\frac{F}{\sqrt{\pi\xi}}\frac{2\xi}{\sqrt{\xi^2-x^2}} \tag{5.7.10}$$

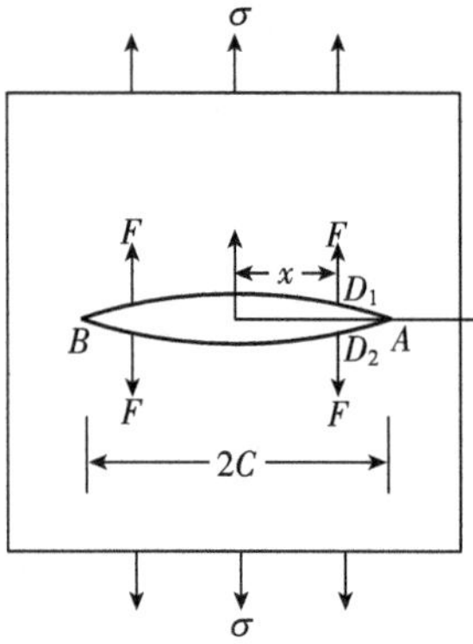

图 5.17 中心贯穿裂纹,受均匀拉应力

由第 2 章可知,无限远处均匀应力 σ 在裂纹前端产生的应力场强度因子为 $K_{\mathrm{IP}}=\sigma\sqrt{\pi c}$,对于长为 2ξ 的瞬时裂纹,

$$K_{\mathrm{IP}}=\sigma\sqrt{\pi\xi} \tag{5.7.11}$$

由式(5.7.8)

$$\delta_1=\frac{2}{E'}\int_0^c K_{\mathrm{IP}}\frac{\partial K_{\mathrm{IF}}}{\partial F}\mathrm{d}\xi=\frac{2}{E'}\left[\int_0^x K_{\mathrm{IP}}\frac{\partial K_{\mathrm{IF}}}{\partial F}\mathrm{d}\xi+\int_x^c K_{\mathrm{IP}}\frac{\partial K_{\mathrm{IF}}}{\partial F}\mathrm{d}\xi\right]$$

因为当裂纹瞬时长度 $\xi<x$ 时,点力对 F 并不作用在裂纹上下界面上. 这时作用在同一点上的点力对(大小相等,方向相反)互相抵消,对 K_{I} 无贡献,故上式第一个积分为零,即

$$\delta_1=\frac{2}{E'}\int_x^c K_{\mathrm{IP}}\frac{\partial K_{\mathrm{IF}}}{\partial F}\mathrm{d}\xi \tag{5.7.12}$$

把式(5.7.11)和式(5.4.8)代入得

$$\delta_1=\frac{2}{E'}\int_x^c\sigma\sqrt{\pi\xi}\cdot\frac{1}{\sqrt{\pi\xi}}\cdot\frac{2\xi}{\sqrt{\xi^2-x^2}}\mathrm{d}\xi=\frac{4\sigma}{E'}\sqrt{c^2-x^2} \tag{5.7.13}$$

这个结果和用应力函数得到的结果(参见 2.3 节)是相同的.

5.7.4　点力对引起的张开位移

如图 5.18 所示,距裂纹中心$\pm b$处的裂纹上下表面,各作用有一对压力$-P$.求距裂纹中心x处D_1,D_2点的相对位移δ_2.

如裂纹瞬时长为2ξ,则一对压力$-P$产生的应力强度因子(参见 3.3 节)为

$$K_{\mathrm{IP}}=\frac{-P}{\sqrt{\pi\xi}}\frac{2\xi}{\sqrt{\xi^2-b^2}} \tag{5.7.14}$$

把式(5.7.11)与式(5.7.14)代入式(5.7.12)就得

$$\begin{aligned}\delta_2 &= \frac{2}{E'}\int_x^c K_{\mathrm{IP}}\frac{\partial K_{\mathrm{IF}}}{\partial F}\mathrm{d}\xi = \frac{2}{E'}\int_x^c \frac{-2P\xi}{\sqrt{\pi\xi}}\cdot\frac{1}{\sqrt{\xi^2-b^2}}\cdot\frac{2\xi}{\sqrt{\pi\xi}}\cdot\frac{1}{\sqrt{\xi^2-x^2}}\mathrm{d}\xi \\ &= \frac{-8P}{E'\pi}\int_x^c\frac{\xi}{\sqrt{(\xi^2-b^2)(\xi^2-x^2)}}\mathrm{d}\xi \end{aligned} \tag{5.7.15}$$

如果压力$-P$作用在D_1,D_2点的右边,即$b>x$.这时,当$\xi<b$时,外力对$-P$不作用在裂纹面上,互相抵消,$K_{\mathrm{IP}}=0$,故积分下限应为b,即

$$\delta_2=-\frac{8P}{\pi E'}\int_b^c\frac{\xi}{\sqrt{(\xi^2-b^2)(\xi^2-x^2)}}\mathrm{d}\xi$$

由于$\xi<x$时,K_{IF}没有贡献;$x<\xi<b$时,K_{IP}没有贡献,故$\frac{2}{E'}\int_x^b K_{\mathrm{IP}}\frac{\partial K_{\mathrm{IF}}}{\partial F}\mathrm{d}\xi=0$,即

$$\frac{-8P}{E'\pi}\int_x^b\frac{\xi}{\sqrt{(\xi^2-b^2)(\xi^2-x^2)}}\mathrm{d}\xi=0$$

把它加在上式,就得

$$\delta_2+0=-\frac{8P}{\pi E'}\int_x^c\frac{\xi\mathrm{d}\xi}{\sqrt{(\xi^2-b^2)(\xi^2-x^2)}}$$

这就表明,在作用力左边或右边,裂纹面上下的张开位移都可用式(5.7.15)来表示.

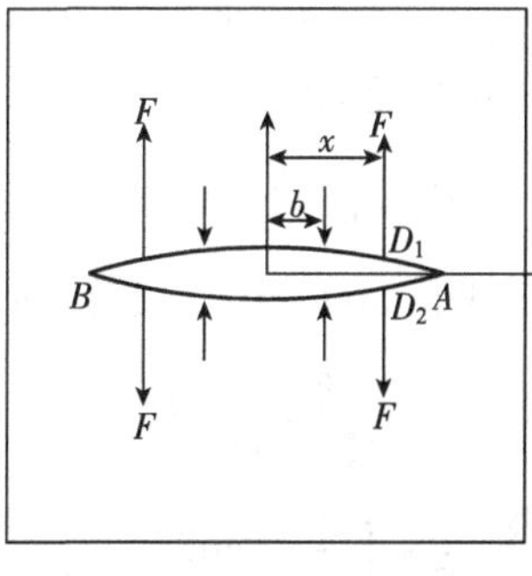

图 5.18　中心贯穿裂纹受集中力作用

5.7.5 分布力引起的张开位移

如图 5.19 所示，在$(-c,-a)$以及(a,c)区间内分布应力为$-\sigma(b)\cdot db$. 按式(5.7.14)，分布压力对引起的应力场强度因子为

$$K_{\mathrm{IP}}=\int_a^c \frac{-2\xi}{\sqrt{\pi\xi}}\cdot\frac{\sigma(b)}{\sqrt{\xi^2-b^2}}db \tag{5.7.16}$$

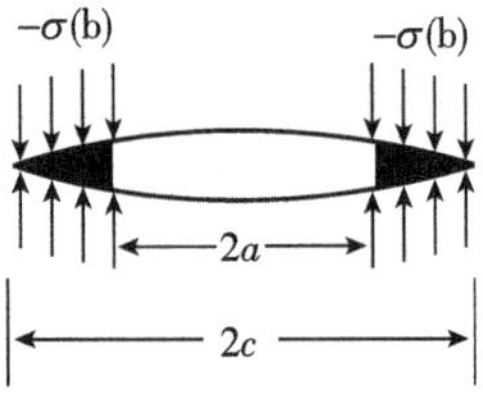

图 5.19 受分布力作用的中心贯穿裂纹

当裂纹扩展到$\xi<c$时，在(ξ,c)区间内的分布压力对由于并不作用在裂纹面上，互相抵消，对K_{IP}没有贡献，故式(5.7.16)在(ξ,c)区间内的积分为零，即积分上限为ξ.

$$K_{\mathrm{IP}}=\int_a^\xi \frac{-2\xi}{\sqrt{\pi\xi}}\cdot\frac{\sigma(b)}{\sqrt{\xi^2-b^2}}db \tag{5.7.17}$$

把式(5.7.17)与式(5.7.11)代入式(5.7.12)，就得分布力引起的位移为

$$\delta_2=\frac{2}{E'}\int_x^c\frac{\partial K_{\mathrm{IF}}}{\partial F}K_{\mathrm{IP}}d\xi=\frac{2}{E'}\int_x^c\frac{2\xi}{\sqrt{\pi\xi}\sqrt{\xi^2-x^2}}d\xi\int_a^\xi\frac{-\sigma(b)}{\sqrt{\pi\xi}}\cdot\frac{2\xi}{\sqrt{\xi^2-b^2}}db$$

$$=\frac{-8}{\pi E'}\int_x^c\frac{\xi d\xi}{\sqrt{\xi^2-x^2}}\cdot\int_a^\xi\frac{\sigma(b)}{\sqrt{\xi^2-b^2}}db \tag{5.7.18}$$

5.7.6 D-M 模型的裂纹顶端张开位移

如图 5.14 所示的 D-M 模型，求裂纹顶端(即$\pm a$处)的张开位移δ. 在$x=a$的D_1和D_2点引入虚力对F，就可用前面的方法求出D_1和D_2点的相对位移(即裂纹顶端张开位移). 它由两部分构成，一是无限远处均匀应力σ在$x=a$处产生的张开位移δ_1，二是$(-c,-a)$，(a,c)之间的分布应力$-\sigma_s$在$x=a$处产生的位移δ_2，即

$$\delta=\delta_1+\delta_2 \tag{5.7.19}$$

δ_1由式(5.7.13)给出，但x要用a代替，即

$$\delta_1=\frac{4\sigma}{E'}\sqrt{c^2-a^2} \tag{5.7.20}$$

δ_2由式(5.7.18)给出，但x用a代替，$\sigma(b)$用σ_s代替，即

$$\delta_2=\frac{-8}{\pi E'}\int_a^c\frac{\xi d\xi}{\sqrt{\xi^2-a^2}}\int_a^\xi\frac{\sigma_s}{\sqrt{\xi^2-b^2}}db$$

$$=\frac{-8\sigma_s}{\pi E'}\int_a^c\frac{\xi d\xi}{\sqrt{\xi^2-a^2}}\cdot\left[\frac{\pi}{2}-\sin^{-1}\frac{a}{\xi}\right]\quad\text{(第二项分部积分)}$$

$$=\frac{-4\sigma_s}{E'}\sqrt{c^2-a^2}+\frac{8\sigma_s}{\pi E'}\cdot\sqrt{c^2-a^2}\sin^{-1}\frac{a}{c}+\frac{8a\sigma_s}{\pi E'}\cdot\ln\frac{c}{a} \tag{5.7.21}$$

由式(5.6.17)知,对于 D-M 模型,$\arccos\frac{a}{c}=\frac{\pi\sigma}{2\sigma_s}$,$\frac{c}{a}=\sec\frac{\pi\sigma}{2\sigma_s}$. 又 $\arcsin\frac{a}{c}=\frac{\pi}{2}-\arccos\frac{a}{c}$. 把它们代入式(5.7.21)就得

$$\delta_2=-\frac{4\sigma}{E'}\cdot\sqrt{c^2-a^2}+\frac{8a\sigma_s}{\pi E'}\ln\left(\sec\frac{\pi\sigma}{2\sigma_s}\right) \tag{5.7.22}$$

故裂纹顶端张开位移(即 COD)δ 为

$$\delta=\delta_1+\delta_2=\frac{8a\sigma_s}{\pi E'}\cdot\ln\left(\sec\frac{\pi\sigma}{2\sigma_s}\right) \tag{5.7.23}$$

由于 D－M 模型对薄板较合适,故是平面应力状态,上式中的 E' 就是 E,即

$$\delta=\frac{8a\sigma_s}{\pi E}\ln\left(\sec\frac{\pi\sigma}{2\sigma_s}\right) \tag{5.7.24}$$

当 $\sigma/\sigma_y\ll1$ 时,将上式按级数展开,并略去高次项后可得

$$\delta=\frac{\sigma^2\pi a}{E\sigma_y}=\frac{K_{\mathrm{I}}^2}{E\sigma_y}=\frac{G_{\mathrm{I}}}{\sigma_y} \tag{5.7.25}$$

比较式(5.7.3)与式(5.7.25),可见二者的因子很接近(前者为 $4/\pi$,后者为 1).

按照上述 CTOD 的定义,显然它只适用于Ⅰ型裂纹. 但经过修正后,这一方法也能用于Ⅱ和Ⅲ型裂纹. 这时 δ 的定义应分别为

$$\left.\begin{aligned}\delta&=2u_0 \quad (\text{Ⅱ型})\\ \delta&=2w_0 \quad (\text{Ⅲ型})\end{aligned}\right\} \tag{5.7.26}$$

此处,u_0 及 w_0 分别代表弹塑性交接处,二裂纹面沿 x 轴及 z 轴方向的相对位移. 这时的 δ 应该称为裂纹端部滑开位移(Ⅱ型)及裂纹端部撕开位移(Ⅲ型).

以上推导,还可以见文献(褚武扬,1979). COD 准则应用及其具体操作,还可参见文献(黄克智和余寿文,1985;陈篪等,1977).

5.8　裂纹扩展阻力 R 和亚临界扩展

5.8.1　微裂纹的亚临界扩展

第 3 章讨论了在临界条件下,$K_J=K_{Jc}(J=\text{Ⅰ},\text{Ⅱ},\text{Ⅲ})$,裂纹失稳扩展. 裂纹失稳扩展的速度会迅速增加,Ⅰ型裂纹的破裂速度甚至接近瑞利波速度. 地震破裂动力学的研究则表明平面内剪切断层的破裂速度可以接近 P 波速度,见 17.10.3 节.

在外力为无穷远作用的情况下,$K_J=\sigma_J^\infty\sqrt{\pi a}$. 在 σ_J^∞ 保持不变的条件下,只有当裂纹的半长度达到 $a=a_c$ 时,裂纹才能失稳扩展.

$$a_c=\frac{K_{Jc}^2}{\pi(\sigma_J^\infty)^2}\quad(J=\text{Ⅰ},\text{Ⅱ},\text{Ⅲ}) \tag{5.8.1}$$

称为裂纹的临界尺度. 裂纹的临界尺度 a_c 似乎有个下限 a_0，称为格里菲斯缺陷的有效长度. 取 $\sigma_J^\infty=\sigma_c$，其中 σ_c 为材料的抗拉强度，就得到

$$a_0=\frac{K_{Jc}^2}{\pi(\sigma_c)^2} \tag{5.8.2}$$

如果已知表面能 Γ 和杨氏模量 E，还可以应用格里菲斯能量理论公式(参见 2.1 节)，在平面应力的情况下，

$$\sigma_c=\sqrt{2E\Gamma/\pi a_0} \tag{5.8.3}$$

得到

$$a_0=\frac{2E\Gamma}{\pi(\sigma_c)^2} \tag{5.8.4}$$

例如，将玻璃试样的最大拉伸强度 $\sigma_c=1.7\times10^8$ Pa，$E=6.2\times10^{10}$ Pa，$\Gamma=1.75$ J/m^2 等值(参见 2.1 节)代入式(5.8.4)中，则得到格里菲斯缺陷的有效长度为 $a_0=2$ μm (Griffith，1920；Lawn and Wilshaw，1975). 实际材料的 a_0 值是很难测得的，当 $\sigma_J^\infty<\sigma_c$ 时，自然有 $a_c>a_0$.

但是实验发现，当 $a<a_c$ 时，在 σ_J^∞ 的长时间作用下，裂纹也会扩展，但是属于慢速的扩展，我们称之为**亚临界扩展**. 亚临界扩展即使在载荷不提高的条件下也会发生，这是线弹性断裂力学所不能解释的.

微裂纹亚临界扩展的速度 v 与各种条件有关. 作为归一化，图 5.20 给出了温度不变条件下，裂纹扩展速度 v 与裂纹半长度 a 的关系. K_0 是应力腐蚀的极限. v_s 为溶解单独引起的裂开速度的阈值；K_{dc} 为裂纹扩展极限，低于它则体积扩散蠕变占统治地位，扩散蠕变是指由于岩石内部的缺陷(空位)或原子的扩散导致岩体的蠕变，此时裂纹扩展被抑制. K_{dc} 可以高于或低于 K_0，这取决于温度，图中选择是为了方便. 本图是在温度、压力和应力腐蚀因素的活动性保持恒定的条件下制成的(Atkinson，1987). 可以看出，当 $a\downarrow a_0$(向下趋近)时，$v\downarrow 0$(向下趋近)；当 $a\uparrow a_c$(向上趋近)时，v 接近失稳. 因此，长时间亚临界扩展的过程中，裂纹速度是逐渐加快的(Atkinson，1987)

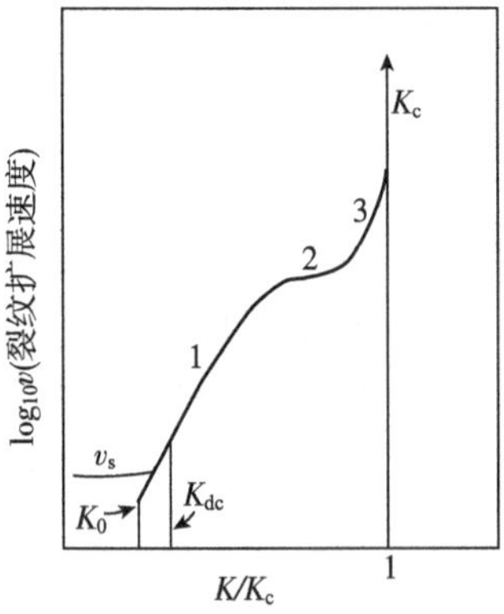

图 5.20　受应力腐蚀的岩石中亚临界裂纹扩展的裂纹速度-应力强度因子示意图(Atkinson，1987)

微裂纹的亚临界扩展机制，主要是热激活和应力腐蚀. 在微裂纹的端部，同样存在应力集中，或使端部原子活化能降低，从而使原子以更高的概率渗透过势阱形成缺陷或摆脱束缚键而形成新表面. 应力腐蚀主要是流体的作用，具体内容在后面第 15 章中介绍.

5.8.2 塑性条件下的断裂准则

首先从能量观点来讨论这个问题. 在第 3 章中，曾经介绍过能量释放率 G 及扩展阻力 R 的概念. 对于理想脆性体，其断裂准则由下式给出

$$G \geqslant R \tag{5.8.5}$$

其中

$$R = \Gamma = \text{常数} \tag{5.8.6}$$

而能量释放率 G(以 Ⅰ 型裂纹为例)则为

$$G = \frac{K_{\mathrm{I}}^2}{E'} = \frac{\pi \cdot a \cdot \sigma^2}{E'} \tag{5.8.7}$$

所以一旦加载至 $G=R$，裂纹开始扩展. 此后，随着裂纹的扩展，G 不断增大，而 R 保持不变. 因此必然发生失稳断裂. 用这样的材料进行断裂实验时，其 P(载荷)-a(裂纹半长)曲线如图 5.21(a)所示. 当载荷 P 小于某一临界值 P_c 时，裂纹不扩展；而当 P 到达 P_c 时，裂纹即失稳扩展.

但是，对于通常的韧性材料(如中低碳结构钢)，特别是试件厚度很薄，成为平面应力状态时(在其他条件相同的前提下，平面应力状态下的裂纹端部塑性区比平面应变状态下的塑性区要大得多，参见图 5.10)，用这样的试件进行断裂实验，其 $P-a$ 曲线如图 5.21(b)所示(在实际实验中，更常用的是 $P-\Delta$ 曲线，Δ 为位移，这里为概念清楚起见，改用 $P-a$ 曲线进行说明). 它与图 5.21(a)显然不同. 当载荷达到某一载荷 P_i 时，裂纹开始扩展. 当裂纹扩展很小一段长度 Δa 后，如果不进一步增大载荷 P，裂纹就不再继续扩展. 只有不断增大 P，裂纹才随之不断扩展，这种扩展属于亚临界扩展. 当载荷 P 达到临界载荷 P_c 时，裂纹才开始失稳扩展.

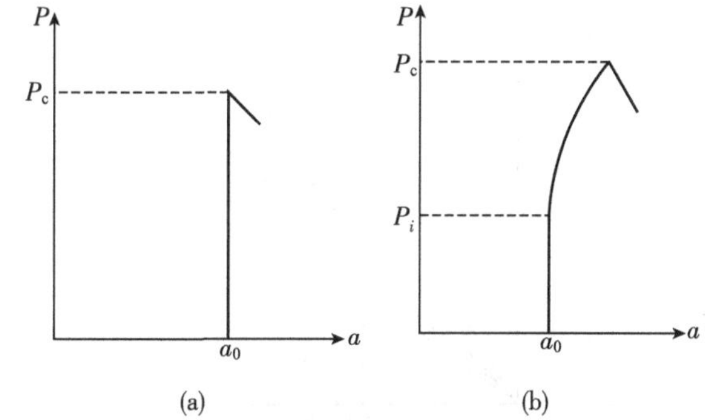

图 5.21 不同断裂类型的 $P-a$ 曲线

在亚临界扩展阶段，必定有关系

$$G=R \tag{5.8.8}$$

因为如果 $G<R$，则裂纹不可能扩展(包括亚临界扩展)；如果 $G>R$，则裂纹将加速扩展.

由式(5.8.7)可知，随着裂纹扩展，a 不断增大，因而 K 及 G 也不断增大. 因此在亚临界扩展阶段，阻力 R 必定随 a 不断增大，也就是说，在亚临界扩展时，R 不是常数，而是 a 的函数.

R 随着裂纹长度增大的主要原因，在于裂纹端部塑性区的尺度随着 a 的增加而增大，见式(5.6.14).

根据热力学第一定律，在裂纹扩展面积 ΔS_c 的过程中，

$$\Delta A=\Delta U_E+\Delta U_s+\Delta U_d \tag{5.8.9}$$

其中，ΔA 为外力功，ΔU_E 为弹性应变能增量，ΔU_s 为裂纹表面能增量，ΔU_d 为在此过程中所耗损的机械能(主要是塑性功 ΔA_p).

对于平面情形，$\Delta S_c=B\Delta a$. B 为试件厚度. 以 ΔS_c 除式(5.8.9)中各项，并引入

$$\Delta \Pi=\Delta U_E-\Delta A$$

得

$$-\frac{\Delta \Pi}{B\Delta a}=\frac{\Delta A}{B\Delta a}-\frac{\Delta U_E}{B\Delta a}=\frac{\Delta U_s}{B\Delta a}+\frac{\Delta U_d}{B\Delta a}$$

将上式取极限($\Delta a\to 0$)得

$$G=\lim_{\Delta a\to 0}\frac{-\Delta \Pi}{B\Delta a}=R=\lim_{\Delta a\to 0}\left(\frac{\Delta U_s}{B\Delta a}+\frac{\Delta U_d}{B\Delta a}\right) \tag{5.8.10}$$

由上式可知，R 由两项组成，第一项为

$$\lim_{\Delta a\to 0}\frac{\Delta U_s}{B\Delta a}=\Gamma \qquad (材料常数)$$

第二项主要是裂纹扩展单位面积时所消耗的塑性功. 塑性功的大小主要与塑性区的体积有关(此外还和材料的加工硬化有关). 塑性区体积正比于 r_p^2，而由式(5.6.14)，$r_p \propto a$，所以，R 随着 a 的增加而增加. 有人从理论上探讨过 $R(a)$ 的解析表达式，但还不够成熟. 到目前为止，主要还是从实验方法测定材料的 $R(a)$，称为阻力曲线. 典型的阻力曲线的形状，如图 5.22 中实线所示.

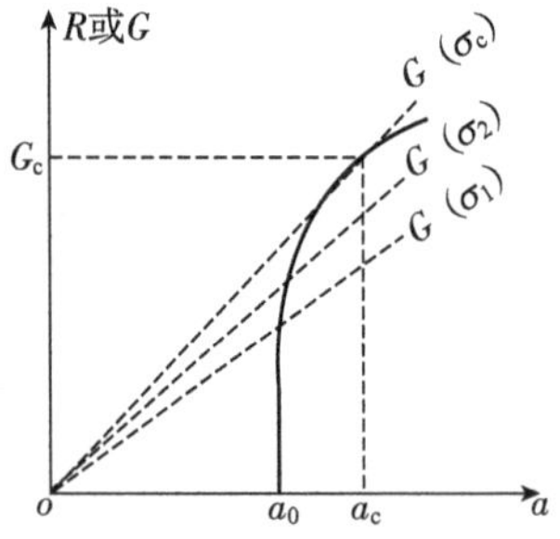

图 5.22　阻力(R)曲线

图 5.22 中三条通过原点的虚线，代表不同应力水平下的能量释放率(或裂纹扩展力)G 随 a 的变化情况. 按式(5.8.7)，$G=(\pi\sigma^2/E)a$，因此它是通过原点的直线. 但是，这个公式是线弹性断裂力学的结论. 当裂纹端部产生塑性区后，严格说来，它可能不适用. 不过对于小规模屈服的情形，应该仍然近似适用，因此在图中我们仍然画成直线. 由图中可见，当应力不够大时(图中的 $G(\sigma_1)$，$G(\sigma_2)$)，虽然裂纹可能扩展，但只能是亚临界扩展. 因为裂纹扩展 Δa 后，$G < R$. 当应力增大至某一临界值 σ_c 时，它所对应的 $G(a)$ 曲线与 $R(a)$ 曲线相切. 除切点外，$G > R$，裂纹将发生失稳扩展.

综上所述，裂纹失稳扩展的条件为

$$\left.\begin{array}{l} G\geqslant R \\ \dfrac{\partial G}{\partial a}\geqslant\dfrac{\partial R}{\partial a} \end{array}\right\} \tag{5.8.11}$$

5.9 J 积分

Rice 于 1968 年提出 J 积分. J 积分的提出是断裂力学的重要进展，在许多方面得到广泛的应用，成为弹塑性断裂力学的判据. 现简要介绍如下.

5.9.1 J 积分的定义

J 积分的定义如下

$$J=\int_{\Gamma}\left(W\mathrm{d}y-T_i\frac{\partial u_i}{\partial x}\mathrm{d}s\right) \tag{5.9.1}$$

其中，W 为应变能密度

$$W(\varepsilon_{ij})=\int_0^{\varepsilon_{ij}}\sigma_{kl}\,\mathrm{d}\varepsilon_{kl}$$

Γ 是积分回路，是从裂纹下表面上一点起，沿逆时针方向，绕过裂纹端点，止于裂纹上表面一点的任一光滑曲线，如图 5.23 所示.

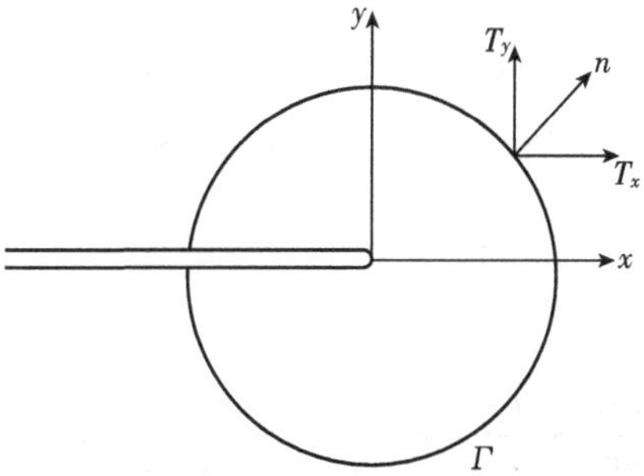

图 5.23　定义 J 积分的简图

$T(T_x, T_y)$是Γ上任一点的应力矢量；n是Γ上任一点的外法线；ds 是Γ上的线元.

5.9.2　J 积分的守恒性

现在来阐明J积分的守恒性，即J积分与所选路径Γ无关.J积分的守恒性是J积分可能成为一个有意义的物理量的前提.

先计算如下的积分I

$$I = \int_C \left(W\mathrm{d}y - T_i \frac{\partial u_i}{\partial x}\mathrm{d}s\right) \tag{5.9.2}$$

其中，C为单连通域D的周界. 先计算式(5.9.2)中I的第二项. 由柯西公式，$T_i = \sigma_{ij} n_i$，因此

$$\int_C T_i \frac{\partial u_i}{\partial x}\mathrm{d}s = \int_C \sigma_{ij} n_j \frac{\partial u_i}{\partial x}\mathrm{d}s$$

应用格林公式

$$\int_C (P\mathrm{d}x + Q\mathrm{d}y) = \iint_D \left(\frac{\partial Q}{\partial x} - \frac{\partial P}{\partial y}\right)\mathrm{d}x\mathrm{d}y \tag{5.9.3}$$

取 $P \to -Q$,　$Q \to P$，又如图 5.24 的一段弧元，$\mathrm{d}x = -\cos(\boldsymbol{n}, y)\mathrm{d}s$，$\mathrm{d}y = \cos(\boldsymbol{n}, x)\mathrm{d}s$（可以验证，这个关系在积分路径上任意段落都成立），式(5.9.3)成为

$$\int_C [P\cos(\boldsymbol{n}, x) + Q\cos(\boldsymbol{n}, y)]\mathrm{d}s = \iint_D \left(\frac{\partial P}{\partial x} + \frac{\partial Q}{\partial y}\right)\mathrm{d}x\mathrm{d}y \tag{5.9.4}$$

$$\int_C T_i \frac{\partial u_i}{\partial x}\mathrm{d}s = \iint_D \frac{\partial}{\partial x_j}\left(\sigma_{ij} \frac{\partial u_i}{\partial x}\right)\mathrm{d}x\mathrm{d}y \tag{5.9.5}$$

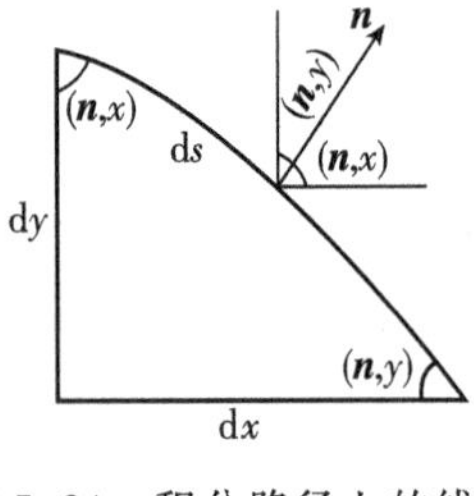

图 5.24　积分路径上的线元

再来计算式(5.9.2)中I的第一项. 根据格林公式(5.9.3)形式，取$P=0$，可得

$$\int_C W\mathrm{d}y = \iint_D \frac{\partial W}{\partial x}\mathrm{d}x\mathrm{d}y$$

式中的被积函数

$$\frac{\partial W}{\partial x} = \frac{\partial W}{\partial \varepsilon_{ij}} \cdot \frac{\partial \varepsilon_{ij}}{\partial x} = \sigma_{ij}\frac{\partial \varepsilon_{ij}}{\partial x} = \sigma_{ij}\frac{\partial}{\partial x}\left[\frac{1}{2}(u_{i,j} + u_{j,i})\right]$$

由于$\sigma_{ij} = \sigma_{ji}$及对$u_i$的微分运算可以交换次序，所以

$$\frac{\partial W}{\partial x}=\sigma_{ij}\frac{\partial}{\partial x}(u_{i,j})=\sigma_{ij}\frac{\partial}{\partial x_j}(u_{i,x})$$

$$=\frac{\partial}{\partial x_j}(\sigma_{ij}u_{i,x})-(\sigma_{ij,j})(u_{i,x})$$

当体力为零时，由平衡方程得 $\sigma_{ij,j}=0$，可得

$$\frac{\partial W}{\partial x}=\frac{\partial}{\partial x_j}(\sigma_{ij}u_{i,x}) \tag{5.9.6}$$

将式(5.9.3)和式(5.9.5)代入式(5.9.2)中得

$$I=\int_C\left(W\mathrm{d}y-T_i\frac{\partial u_i}{\partial x}\mathrm{d}s\right)=0$$

现在取 C 为图 5.25 所示的积分路线 $C=\Gamma+\overline{CD}-\Gamma'+\overline{AB}$，则

$$\int_{\Gamma+\overline{CD}-\Gamma'+\overline{AB}}\left(W\mathrm{d}y-T_i\frac{\partial u_i}{\partial x}\mathrm{d}s\right)=0$$

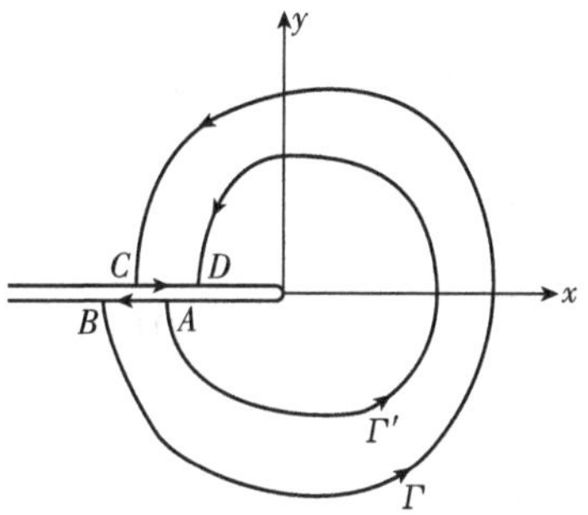

图 5.25　证明 J 积分守恒的积分路线图

由于在 $\overline{CD}$ 及 $\overline{AB}$ 段上 $\mathrm{d}y=0$，$T_i=0$，因而得

$$\int_{\Gamma-\Gamma'}(W\mathrm{d}y-T_i\frac{\partial u_i}{\partial x}\mathrm{d}s)=0$$

即

$$\int_{\Gamma}(W\mathrm{d}y-T_i\frac{\partial u_i}{\partial x}\mathrm{d}s)=\int_{\Gamma'}(W\mathrm{d}y-T_i\frac{\partial u_i}{\partial x}\mathrm{d}s)$$

前面讲过，Γ 及 Γ' 是围绕裂纹端点两条任意的分段光滑曲线，因此 J 积分与积分路径无关.

在上面关于 J 积分守恒性的证明中，应用了关系式 $\sigma_{ij}=\partial W/\partial\varepsilon_{ij}$. 这个关系式是弹塑性全量理论的结果(尹祥础，1985). 而全量理论仅适用于简单加载情形. 因此，在有卸载的情况下，J 积分的守恒性至今尚未得到证明.

5.9.3　J 积分与 K 及 G 的关系

前面证明了 J 积分的守恒性，但 J 这个量到底有什么物理意义？自 J 积分提出后有不少关于它的物理意义的解释，有些解释至今还有些争议. 在这里，首先证明，在

线弹性条件下

$$J=G \tag{5.9.7}$$

仅以Ⅰ型裂纹为例，按平面应变进行证明. 由附录Ⅰ可知，

$$W=\frac{1}{2}\sigma_{ij}\varepsilon_{ij} \tag{5.9.8}$$

由第2章，Ⅰ型裂纹端部的应力场公式为

$$\left.\begin{aligned}\sigma_{xx}&=\frac{K_{\mathrm{I}}}{\sqrt{2\pi r}}\cos\frac{\theta}{2}\left(1-\sin\frac{\theta}{2}\cdot\sin\frac{3}{2}\theta\right)\\ \sigma_{yy}&=\frac{K_{\mathrm{I}}}{\sqrt{2\pi r}}\cos\frac{\theta}{2}\left(1+\sin\frac{\theta}{2}\cdot\sin\frac{3}{2}\theta\right)\\ \tau_{xy}&=\frac{K_{\mathrm{I}}}{\sqrt{2\pi r}}\cos\frac{\theta}{2}\sin\frac{\theta}{2}\cos\frac{3}{2}\theta\end{aligned}\right\}+o(r^{-1/2}) \tag{5.9.9}$$

将广义胡克定律(附录Ⅰ)代入式(5.9.8)，按平面应变

$$W=\frac{K_{\mathrm{I}}^2}{2\pi r}\frac{(1+v)}{E}\left[\left(1-2\nu+\sin^2\frac{\theta}{2}\right)\cos^2\frac{\theta}{2}\right] \tag{5.9.10}$$

利用 $2\mu=\frac{E}{1+\nu}$，上式也可以写成

$$W=\frac{K_{\mathrm{I}}^2}{16\pi r\mu}[(3-4\nu-\cos\theta)(1+\cos\theta)] \tag{5.9.11}$$

利用关系式

$$\kappa=\begin{cases}3-4\nu & (\text{平面应变})\\ (3-\nu)/(1+\nu) & (\text{平面应力})\end{cases}$$

将式(5.9.11)改写成

$$W=\frac{K_{\mathrm{I}}^2}{16\pi r\mu}[(\kappa-\cos\theta)(1+\cos\theta)]\quad(\text{平面应变}) \tag{5.9.12}$$

由于 J 积分与路径 Γ 无关，为方便起见，取 Γ 为以裂纹端点为圆心，半径为 r 的圆，则 J 积分中的第一项为

$$\int_\Gamma W\mathrm{d}y=\int_{-\pi}^{\pi}Wr\cos\theta\mathrm{d}\theta$$

将式(5.9.12)代入上式并积分得

$$\int_\Gamma W\mathrm{d}y=\frac{\kappa-1}{16\mu}K_{\mathrm{I}}^2 \tag{5.9.13}$$

再计算 J 积分式(5.9.1)的第二项 $\int_\Gamma T_i\frac{\partial u_i}{\partial x}\mathrm{d}s=\int_\Gamma\left(T_x\frac{\partial u}{\partial x}+T_y\frac{\partial v}{\partial x}\right)\mathrm{d}s$.

由于积分路径 Γ 是以裂纹端点为圆心，半径为 r 的圆，因此 Γ 上的弧元外法线 $n_x=\cos\theta, n_y=\sin\theta$. 利用柯西方程(参见附录Ⅰ)

$$\begin{pmatrix}T_x\\ T_y\end{pmatrix}=\begin{pmatrix}\sigma_{xx} & \tau_{xy}\\ \tau_{yx} & \sigma_{yy}\end{pmatrix}\begin{pmatrix}\cos\theta\\ \sin\theta\end{pmatrix}=\begin{pmatrix}\sigma_{xx}\cos\theta+\tau_{xy}\sin\theta\\ \tau_{xy}\cos\theta+\sigma_{yy}\sin\theta\end{pmatrix}$$

将Ⅰ型裂纹端部应力式(5.9.9)代入,就得到

$$\left.\begin{aligned}T_x&=\frac{K_{\mathrm{I}}}{\sqrt{2\pi r}}\left(\frac{3}{2}\cos\theta-\frac{1}{2}\right)\cos\frac{\theta}{2}\\T_y&=\frac{K_{\mathrm{I}}}{\sqrt{2\pi r}}\left(\frac{3}{2}\sin\theta\cdot\cos\frac{\theta}{2}\right)\end{aligned}\right\}\tag{5.9.14}$$

由第 2 章,Ⅰ型裂纹(平面应变)端部的位移分量为

$$\left.\begin{aligned}u&=\frac{K_{\mathrm{I}}}{4\mu}\sqrt{\frac{r}{2\pi}}\left[(2\kappa-1)\cos\frac{\theta}{2}-\cos\frac{3}{2}\theta\right]\\v&=\frac{K_{\mathrm{I}}}{4\mu}\sqrt{\frac{r}{2\pi}}\left[(2\kappa+1)\sin\frac{\theta}{2}-\sin\frac{3}{2}\theta\right]\end{aligned}\right\}$$

注意到 $r=\sqrt{x^2+y^2}$, $\frac{\partial r}{\partial x}=\frac{x}{r}=\cos\theta,\theta=\arctan\frac{y}{x}$, $\frac{\partial\theta}{\partial x}=\frac{1}{1+(y/x)^2}\left(-\frac{y}{x^2}\right)=-\frac{\sin\theta}{r}$

$$\frac{\partial u}{\partial x}=\frac{\partial u}{\partial\theta}\frac{\partial\theta}{\partial x}+\frac{\partial u}{\partial r}\frac{\partial r}{\partial x}=\frac{K_{\mathrm{I}}}{8\mu\sqrt{2\pi r}}\left[2(\kappa-1)\cos\frac{\theta}{2}-2\sin\frac{3}{2}\theta\sin\theta\right]\tag{5.9.15}$$

$$\frac{\partial v}{\partial x}=\frac{\partial v}{\partial\theta}\frac{\partial\theta}{\partial x}+\frac{\partial v}{\partial r}\frac{\partial r}{\partial x}=\frac{K_{\mathrm{I}}}{8\mu\sqrt{2\pi r}}\left[-2(\kappa+1)\sin\frac{\theta}{2}+2\sin\theta\cos\frac{3}{2}\theta\right]\tag{5.9.16}$$

由式(5.9.14)～式(5.9.16)

$$T_x\frac{\partial u}{\partial x}+T_y\frac{\partial v}{\partial x}=\frac{K_{\mathrm{I}}^2}{16\pi r\mu}\left[-2\kappa-2+\kappa\cos\theta+(3\kappa+1)\cos^2\theta-\cos^3\theta\right]\tag{5.9.17}$$

将上式代入 J 积分的第二项并积分,

$$\int_\Gamma T_i\frac{\partial u_i}{\partial x}\mathrm{d}s=\int_{-\pi}^{+\pi}\left(T_x\frac{\partial u}{\partial x}+T_y\frac{\partial v}{\partial x}\right)r\,\mathrm{d}\theta=-\frac{\kappa+3}{16\mu}K_{\mathrm{I}}^2\tag{5.9.18}$$

将式(5.9.13)和式(5.9.18)相减后得到平面应变情况下对Ⅰ型裂纹的 J 积分

$$J_{\mathrm{I}}=\frac{\kappa+1}{8\mu}K_{\mathrm{I}}^2\tag{5.9.19}$$

或者利用式 $\kappa=3-4\nu$(平面应变),以及 $2\mu=\frac{E}{1+\nu}$,上式可以写成

$$J_1=\frac{(1-\nu^2)}{E}K_{\mathrm{I}}^2\tag{5.9.20}$$

在平面应变条件下

$$J_1=\frac{K_{\mathrm{I}}^2}{E'}\tag{5.9.21}$$

在第 3 章中,已经给出能量释放率 $G_1=\frac{K_{\mathrm{I}}^2}{E'}$,和式(5.9.12)比较,就得到

$$J_1=G_1\tag{5.9.22}$$

式(5.9.22)表明,在线弹性条件下,J 积分代表着能量释放率. Rice(1968)进一

步证明了在非线弹性及弹塑性加载条件下

$$J=G \tag{5.9.23}$$

对于 J 积分的物理意义，还有一些其他的解释与研究，如 J 积分与能通率的关系，与裂纹端部应力场的奇异性的关系，与试样应变能的关系等.

总之，J 积分在弹塑性断裂力学中是一个很重要的物理量. 虽然到目前为止，其守恒性还只是用弹塑性全量理论(尹祥础，1985)进行了证明，而全量理论仅适用于比例加载的情形. 当裂纹扩展时，必然有某些区域卸载. 因此，严格来说，J 积分不能用于裂纹扩展问题，而只能用作裂纹扩展前的断裂判据.

关于 J 积分与张开位移 COD 的关系，以及测试方法，也可参见文献(陈篪等，1977；楮武扬等，1979).

第 6 章　扁椭圆裂纹模式

在断裂力学产生之前，裂纹周围应力分布的是从扁椭圆孔口问题的解答中得到的，因此扁椭圆模式可以说是断裂力学产生之前的模式. 在格里菲斯-欧文模式提出以后，扁椭圆模式就被格里菲斯-欧文模式所取代，从而诞生了断裂力学. 但扁椭圆孔口问题的解仍然是裂纹模式应力解的基础. 另外，在岩石断裂力学中，扁椭圆模式仍被许多文献所采用，这是因为岩石中除了微裂纹以外，也含有大量的其他形状的孔隙，对这些孔隙行为的力学分析仍需要用到扁椭圆模型.

6.1　保角变换—曲线坐标中的复势、应力和位移

如果 $\omega(\zeta)$是解析函数，并且 $\omega'(\zeta)\neq 0$，利用关系式

$$z=\omega(\zeta) \tag{6.1.1}$$

所作的变换即为保角变换. 通过保角变换，总可以把 z 平面上形状复杂而不易求解的单连域 S(边界为 L)，通过一个正则函数，映射为 ζ 平面(数学平面)上的另一条形状较为简单的曲线，从而使问题的求解变得简便和可能.

设 $z=x+\mathrm{i}y$，$\zeta=\xi+\mathrm{i}\eta$，$\mathrm{i}=\sqrt{-1}$. 在 ζ 平面上每给定一点，z 平面上必有一点 $z=\omega(\zeta)$跟它相对应. 这样，在 ζ 平面上每给定一根曲线，z 平面必有一根对应的曲线(图 6.1). 在相应的两曲线上各截取相应的一小段(z，$z+\Delta z$)和(ζ，$\zeta+\Delta\zeta$)，则有

$$\lim_{\Delta\zeta\to 0}\frac{\Delta z}{\Delta\zeta}=\frac{\mathrm{d}z}{\mathrm{d}\zeta}=\lim_{\Delta\zeta\to 0}\frac{|\Delta z|}{|\Delta\zeta|}\mathrm{e}^{\mathrm{i}(\arg\Delta z-\arg\Delta\zeta)} \tag{6.1.2}$$

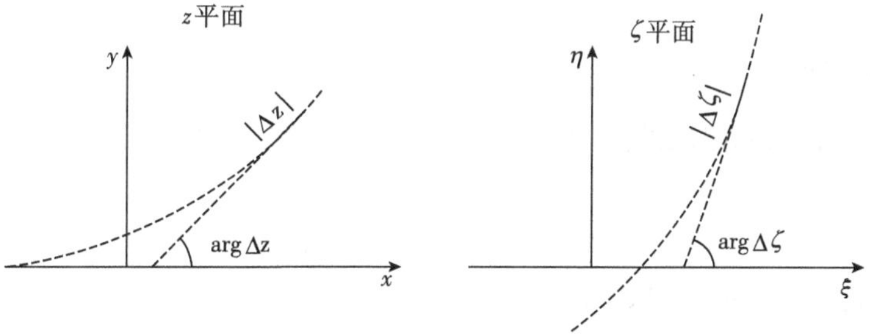

图 6.1　z 平面与 ζ 平面之间的保角映射

其中，$\arg\Delta z$ 和 $\arg\Delta\zeta$ 分别为 Δz 和 $\Delta\zeta$ 的辐角的主值. 由式(6.1.1)，有

$$\mathrm{d}z=\omega'(\zeta)\mathrm{d}\zeta \tag{6.1.3}$$

由式(6.1.2)，

$$\omega'(\zeta)=\frac{dz}{d\zeta}=\lim_{\Delta\zeta\to 0}\frac{|\Delta z|}{|\Delta\zeta|}e^{i(\arg\Delta z-\arg\Delta\zeta)}=Je^{i\delta} \tag{6.1.4}$$

式中

$$J=|\Delta z|/|\Delta\zeta|,\quad \delta=\arg\Delta z-\arg\Delta\zeta$$

可以看出，J 和 δ 的物理意义分别如下：J 是保角变换时，z 平面上微元线段变换为 ζ 平面上线段的尺寸放大(或缩小)系数；而 δ 是表示 z 平面上微元线段变换到 ζ 平面上微元线段时旋转的角度. J 和 δ 皆是点的函数，即与 ξ,η 有关. 但对于指定点(ξ,η)，J 和 δ 是完全确定的. 显然 δ 即为曲线 $\eta=$常数的切线(向着 ξ 增加的方向)与 z 平面 x 轴之间的夹角(此时 $\arg\Delta\zeta=0$)，而曲线 $\xi=$常数的切线(向着 η 增加的方向)与 z 平面 x 轴之间的夹角为 $\delta+\pi/2$. 同时对于 $\xi=$常数和 $\eta=$常数上的微元线段 ds_ξ 和 ds_η 有

$$ds_\xi=Jd\xi,\quad ds_\eta=Jd\eta$$

这样便建立了对应于 z 平面上各点的曲线坐标(ξ,η)(梁昆淼，1978).

由式(6.1.4)得到$\overline{\omega'(\zeta)}=Je^{-i\delta}$，因此

$$e^{2i\delta}=\frac{\omega'(\zeta)}{\overline{\omega'(\zeta)}} \tag{6.1.5}$$

利用局部坐标变换，可以得到曲线坐标中各应力分量与直角坐标中应力分量的关系(见附录Ⅰ).

$$\left.\begin{aligned}&\sigma_{\xi\xi}+\sigma_{\eta\eta}=\sigma_{xx}+\sigma_{yy}\\&\sigma_{\eta\eta}-\sigma_{\xi\xi}+2i\tau_{\xi\eta}=[\sigma_{yy}-\sigma_{xx}+2i\tau_{xy}]e^{2i\delta}\\&2\mu(u_\xi+iu_\eta)=2\mu(u_x+iu_y)e^{-i\delta}\end{aligned}\right\} \tag{6.1.6}$$

6.2 无限大平板中椭圆孔受均布作用力的问题

6.2.1 椭圆坐标系

具有椭圆孔的无限域的问题由 Stevenson(1945)在椭圆坐标系中解得. 应用椭圆坐标系 ξ,η，定义

$$z=x+iy,\quad \zeta=\xi+i\eta \tag{6.2.1}$$

则 $z=c\cdot\mathrm{ch}\zeta$，$\omega(\zeta)=c\cdot\mathrm{ch}\zeta$，即

$$z=c\cdot\mathrm{ch}\zeta=c\cdot\mathrm{ch}\xi\cos\eta+ic\cdot\mathrm{sh}\xi\sin\eta \tag{6.2.2}$$

由此得出

$$\left.\begin{aligned}x=c\cdot\mathrm{ch}\xi\cdot\cos\eta\\y=c\cdot\mathrm{sh}\xi\cdot\sin\eta\end{aligned}\right\} \tag{6.2.3}$$

以及

$$\frac{dz}{d\zeta}=\omega'(\zeta)=c\cdot \mathrm{sh}\zeta \tag{6.2.4}$$

坐标 ξ 为常数,令 $\xi=\xi_0$ 表示直角坐标系中的椭圆孔.椭圆孔的方程为

$$\frac{x^2}{a^2}+\frac{y^2}{b^2}=1$$

或写成参数方程为

$$x=a\cos\eta,\quad y=b\sin\eta \tag{6.2.5}$$

若椭圆的半径给出为 a 和 b,则应有

$$a=c\cdot \mathrm{ch}\xi_0,\ b=c\cdot \mathrm{sh}\xi_0 \tag{6.2.6}$$

其中

$$c^2=a^2-b^2 \tag{6.2.7}$$

$$\xi_0=\mathrm{ch}^{-1}\frac{a}{c} \tag{6.2.8}$$

当 ξ 逐渐变大时,以 ξ 为参数所表示的椭圆也逐渐变大.当 $\xi\to\infty$ 时所代表的是无限大的椭圆.当参变量 η 从 x 轴正向由零到 2π 时,任一椭圆上一点就绕椭圆一周(此时 $\xi=$常数).根据式(6.2.3),任意给定一对参数 ξ 和 η,在 Oxy 平面中就对应一个点,因此也称 ξ 和 η 为平面上点的椭圆坐标,分别相当于极坐标中的 r 和 θ.位移和应力分量的连续性要求这些分量在 η 方向是周期性的,周期为 2π,使当 $\eta=0$ 和 $\eta=2\pi$ 时,这些分量有相同的值.因此可能选取下列形式的复应力函数

$$\begin{aligned}\mathrm{sh}n\zeta&=\mathrm{sh}n\xi\cos n\eta+\mathrm{ich}n\xi\sin\eta\\ \mathrm{ch}n\zeta&=\mathrm{ch}n\xi\cos n\eta+\mathrm{ish}n\xi\sin\eta\end{aligned} \tag{6.2.9}$$

其中,n 为整数.另外,函数 $c^2\zeta$ 也适合单值条件,因此也可以作为复应力函数.

6.2.2　无限大平板中椭圆孔受单向拉伸问题

无限大平板中椭圆孔,受远场均匀拉力 σ_1 作用,椭圆的长短轴各为 $2a$ 和 $2b$,σ_1 与 x 轴夹角为 β(图 6.2).由应力分量的坐标变换,远场的应力状态为

$$\sigma_x^\infty=\sigma_1\cos^2\beta,\quad \sigma_y^\infty=\sigma_1\sin^2\beta,\quad \tau_{xy}^\infty=\sigma_1\sin\beta\cos\beta$$

设坐标系 $Ox'y'$ 是将坐标系转动 β 角使其与拉力 σ_1 平行的直角坐标系,于是由坐标变换,

$$\begin{aligned}&\sigma_{x'x'}+\sigma_{y'y'}=\sigma_{xx}+\sigma_{yy}\\ &\sigma_{y'y'}-\sigma_{x'x'}+2\mathrm{i}\tau_{xy}=[\sigma_{yy}-\sigma_{xx}+2\mathrm{i}\tau_{xy}]e^{2\mathrm{i}\beta}\end{aligned}$$

边界条件为,在无穷远处

$$\sigma_{x'x'}=\sigma_1,\quad \sigma_{y'y'}=\tau_{x'y'}=0$$

因此,在无穷远处

$$\sigma_{xx}+\sigma_{yy}=\sigma_1,\quad \sigma_{yy}-\sigma_{xx}+2\mathrm{i}\tau_{xy}=-\sigma_1e^{-2\mathrm{i}\beta} \tag{6.2.10}$$

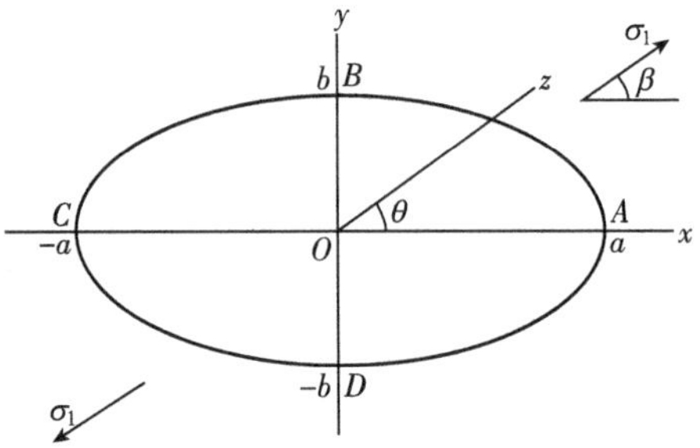

图 6.2　无限大平板中椭圆孔受单向拉伸

克罗索夫公式成为

$$\left.\begin{aligned}&\sigma_{\xi\xi}+\sigma_{\eta\eta}=4\mathrm{Re}[\varphi'(z)]\\&\sigma_{\eta\eta}-\sigma_{\xi\xi}+2\mathrm{i}\sigma_{\xi\eta}=2[\bar{z}\varphi''(z)+\psi'(z)]\mathrm{e}^{2\mathrm{i}\delta}\\&2\mu(u_\xi+\mathrm{i}u_\eta)=[\kappa\varphi(z)-z\overline{\varphi'(z)}-\overline{\psi(z)}]\mathrm{e}^{-\mathrm{i}\delta}\end{aligned}\right\}\tag{6.2.11}$$

由式(6.1.5)，$\mathrm{e}^{2\mathrm{i}\delta}=\dfrac{\overline{\omega'(\zeta)}}{\omega'(\zeta)}$，得到其中

$$\mathrm{e}^{2\mathrm{i}\delta}=\frac{\overline{(c\cdot\mathrm{ch}\zeta)'}}{(c\cdot\mathrm{ch}\zeta)'}=\frac{\overline{\mathrm{sh}\zeta}}{\mathrm{sh}\zeta}\tag{6.2.12}$$

将式(6.2.10)代入式(6.2.11)得，当 $z\to\infty$ 时

$$4\mathrm{Re}\varphi'(z)=\sigma_1,\quad 2[\bar{z}\varphi''(z)+\psi'(z)]=-\sigma_1\mathrm{e}^{-2\mathrm{i}\beta}$$

在椭圆孔边界上，即 $\xi=\xi_0$ 时应有

$$\sigma_{\xi\xi}=\tau_{\xi\eta}=0$$

取

$$\left.\begin{aligned}&\varphi(z)=\frac{1}{4}\sigma_1 c[\mathrm{e}^{2\xi_0}\cos 2\beta\cdot\mathrm{ch}\zeta+(1-\mathrm{e}^{2\xi_0+2\mathrm{i}\beta})\mathrm{sh}\zeta]\\&\psi(z)=-\frac{1}{4}\sigma_1 c^2[\mathrm{ch}2\xi_0-\cos 2\beta+\mathrm{e}^{2\xi_0}\mathrm{sh}2(\zeta-\xi_0-\mathrm{i}\beta)]\mathrm{csch}\zeta\end{aligned}\right\}\tag{6.2.13}$$

由上式的第一式，并利用式(6.2.4)，$\dfrac{\mathrm{d}\zeta}{\mathrm{d}z}=\dfrac{1}{c\cdot\mathrm{sh}\zeta}$，得到

$$\varphi'(z)=\frac{\mathrm{d}\varphi}{\mathrm{d}\zeta}\frac{\mathrm{d}\zeta}{\mathrm{d}z}=\frac{1}{4}\sigma_1[\mathrm{e}^{2\xi_0}\cos 2\beta+(1-\mathrm{e}^{2\xi_0+2\mathrm{i}\beta})\mathrm{cth}\zeta]\tag{6.2.14}$$

可以验证满足无穷远处和孔洞表面 $\xi=\xi_0$ 处所有边界条件. 可以由式(6.2.11)中的第三式求出相应的位移，并且位移是单值的.

由式(6.2.11)求出孔边的环向应力 $\sigma_{\eta\eta}$ 为

$$(\sigma_{\eta\eta})_{\xi=\xi_0}=\sigma_1\frac{\mathrm{sh}2\xi_0+\cos 2\beta-\mathrm{e}^{2\xi_0}\cos 2(\beta-\eta)}{\mathrm{ch}2\xi_0-\cos 2\eta}\tag{6.2.15}$$

或利用式(6.2.6)，$a=c\cdot\mathrm{ch}\xi_0$，$b=c\cdot\mathrm{sh}\xi_0$，得到

$$(\sigma_{\eta\eta})_{\xi=\xi_0}=\sigma_1\frac{2ab+(a^2-b^2)\cos 2\beta-(a+b)^2\cos 2(\beta-\eta)}{a^2+b^2-(a^2-b^2)\cos 2\eta} \tag{6.2.16}$$

这里特别讨论 $\beta=\pi/2$ 的情形，此时拉力作用方向和椭圆长轴方向垂直，孔边的应力式(6.2.15)可写为

$$(\sigma_{\eta\eta})_{\xi=\xi_0}=\sigma_1 e^{2\xi_0}\left[\frac{\mathrm{sh}2\xi_0(1+e^{-2\xi_0})}{\mathrm{ch}2\xi_0-\cos 2\eta}-1\right] \tag{6.2.17}$$

当 $\eta=0$ 或 $\eta=\pm\pi$ 时，$\cos 2\eta=1$，即在椭圆的长轴两端处，代入 $a=c\cdot\mathrm{ch}\xi_0, b=c\cdot\mathrm{sh}\xi_0$

$$(\sigma_{\eta\eta})^{\max}_{\xi=\xi_0}=\sigma_1\left(1+2\frac{a}{b}\right) \tag{6.2.18}$$

这正是在 2.1 节所引用的结果.

在椭圆的短轴两端处，$\eta=\pm\pi/2, \cos 2\eta=-1$，

$$(\sigma_{\eta\eta})^{\min}_{\xi=\xi_0}=-\sigma_1 \tag{6.2.19}$$

6.2.3　椭圆变成一条直裂纹的情形

在 6.2.2 节的情况下，考察一种最重要的情况，即当椭圆孔变得越来越细长时，应力 $(\sigma_{\eta\eta})^{\max}_{\xi=\xi_0}$ 也逐渐变大. 当 $\xi_0\to 0$，即 $b\to 0$ 时，椭圆变成一条直裂纹，可以得到在任意点应力值是

$$\sigma_{\xi\xi}+\sigma_{\eta\eta}=\sigma_1\cos 2\beta+\alpha\sigma_1[(1-\cos 2\beta)\mathrm{sh}2\xi-\sin 2\beta\sin 2\eta] \tag{6.2.20}$$

$$\begin{aligned}\sigma_{\xi\xi}-\sigma_{\eta\eta}=&\alpha\cdot\sigma_1\cdot\mathrm{ch}2\xi\cdot\cos 2(\eta-\beta)+\alpha^2\sigma_1[(1-\cos 2\beta)(\cos 2\eta-1)\mathrm{sh}2\xi\\&-\mathrm{ch}2\xi\cdot\cos 2\beta+\cos 2(\eta-\beta)-\mathrm{ch}2\xi\cdot\sin 2\beta\cdot\sin 2\eta]\end{aligned} \tag{6.2.21}$$

$$\begin{aligned}\tau_{\xi\eta}=&\frac{1}{2}\sigma_1\cdot\alpha\cdot\mathrm{sh}2\xi\sin 2(\beta-\eta)+\frac{1}{2}\sigma_1\alpha^2[\mathrm{sh}2\xi\cdot\sin 2\beta(\cos 2\eta-1)\\&+(1-\cos 2\beta)(\mathrm{ch}2\xi-1)\sin 2\eta]\end{aligned} \tag{6.2.22}$$

其中

$$\alpha=(\mathrm{ch}2\xi-\cos 2\eta)^{-1} \tag{6.2.23}$$

在 $\beta=\pi/2$(应力 σ_1 垂直于椭圆长轴)的情况下，孔边最大应力位于椭圆的长轴两端处，可以从式(6.2.18)直接得到

$$(\sigma_{\eta\eta})^{\max}_{\xi=\xi_0}\to\infty \tag{6.2.24}$$

应力显示出了奇异性. 这正是第 2 章中讨论的问题.

椭圆孔周围的应力的数学已由许多作者进行了讨论，参见文献(铁摩辛柯和古地尔，1951). Inglis(1913)确定了各种条件的应力和位移. 王龙甫(1979)和徐秉业(1981)较详尽地介绍了推导过程. Pöschl(1921～1922)使用了 Airy 应力函数，Starr(1928)基于 Airy 应力函数非常仔细地讨论了受纯剪力的裂缝. 以上给出的文献均采用椭圆坐标系，这是处理切口问题或椭圆孔问题经典的应用数学方法. 但是也可利用其他方法，特别是向圆保角变换.

6.2.4 含椭圆孔的无限平板受双向拉伸的问题

将上述问题叠加上一个受远场均匀拉力 σ_3 的作用，其作用方向与 σ_1 垂直，即 σ_3 与椭圆长轴夹角为 $\beta+\pi/2$(图 6.3)，就得到相应的应力函数、应力分量和位移分量. 其中，孔边环向应力式(6.2.16)替换为

$$(\sigma_{\eta\eta})_{\xi=\xi_0}=\frac{(\sigma_1+\sigma_3)\mathrm{sh}2\xi_0+(\sigma_3-\sigma_1)[\mathrm{e}^{2\xi_0}\cos 2(\beta-\eta)-\cos 2\beta]}{\mathrm{ch}2\xi_0-\cos 2\eta} \tag{6.2.25}$$

或代入式(6.2.6)，$a=c\cdot\mathrm{ch}\xi_0$，$b=c\cdot\mathrm{sh}\xi_0$，有

$$(\sigma_{\eta\eta})_{\xi=\xi_0}=\frac{2ab(\sigma_1+\sigma_3)+(\sigma_3-\sigma_1)[(a+b)^2\cos 2(\beta-\eta)-(a^2-b^2)\cos 2\beta]}{a^2+b^2-(a^2-b^2)\cos 2\eta} \tag{6.2.26}$$

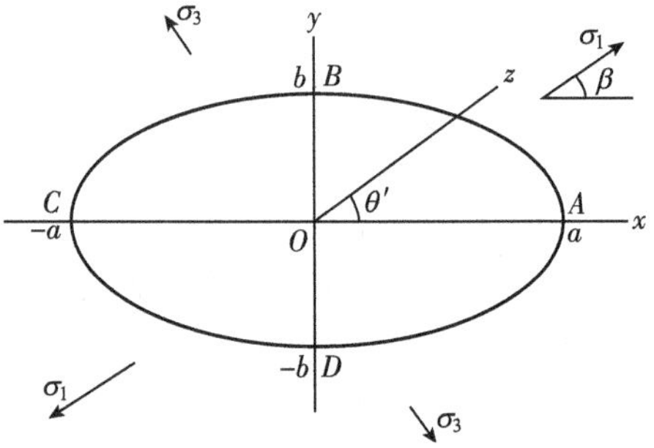

图 6.3　无限大平板中椭圆孔受双向拉伸

6.2.5 含椭圆孔的无限平板受纯剪应力的问题

在 6.2.2 节中取 $\beta=\pi/4$，$\sigma_3=-\sigma_1$，就得该问题的应力函数、应力分量和位移分量. 其中各应力分量为

$$\sigma_{\xi\xi}=\sigma_1(\mathrm{ch}2\xi-1)(\alpha-\alpha^2)\sin 2\eta \tag{6.2.27}$$

$$\sigma_{\eta\eta}=\sigma_1[\alpha^2(\mathrm{ch}2\xi-1)-\alpha(\mathrm{ch}2\xi+1)]\sin 2\eta \tag{6.2.28}$$

$$\tau_{\xi\eta}=\sigma_1[\alpha\cdot\cos 2\eta-\alpha^2(1-\cos 2\eta)]\mathrm{sh}2\xi \tag{6.2.29}$$

其中，α 由式(6.2.23)给出，$\alpha=(\mathrm{ch}2\xi-\cos 2\eta)^{-1}$.

6.2.6 含椭圆孔的无限平板在椭圆孔内部周边上受均布压力的问题

在 6.2.5 节中取 $\sigma_1=\sigma_3=p$，将得到的解与应力函数 $\varphi(z)=-pz/2$，$\chi(z)=0$ 导出的应力状态 $\sigma_{\xi\xi}=\sigma_{\eta\eta}=-p$ 叠加，就得到本问题的解答，即

$$z=c\cdot\mathrm{ch}\zeta$$

$$\varphi(z)=\frac{1}{2}p(c\cdot\mathrm{sh}\zeta-z) \tag{6.2.30}$$

$$\psi(z)=-\frac{1}{2}pc^2(\text{ch}2\xi_0)\zeta \tag{6.2.31}$$

按照以上应力函数，并利用式(6.2.11)，就得到相应的应力分量和位移分量. 其中，孔边的环向应力为

$$\sigma_{\eta\eta}=p-\frac{4abp}{a^2+b^2-(a^2-b^2)\cos 2\eta} \tag{6.2.32}$$

6.3　受压情况下的扁椭圆裂纹模型

受压扁椭圆与受拉情况主要区别在于有个闭合裂纹面相互不可超越和相互作用问题，因此需要另作讨论. 为方便起见，本节采用岩石力学领域沿用的符号制，即正应力以压为正. 剪应力在以坐标轴正向为法向的坐标面上，正向规定为朝向坐标的反向.

6.3.1　压力下孔边最大张应力

考察无限大线弹性平板，平板边缘受到均布单轴压力 p_1，板内有一个扁椭圆孔. 有关椭圆坐标的设定参见式(6.2.1)～式(6.2.6). 椭圆孔长轴方向和 p_1 作用方向的夹角为 β，称之为**裂纹角**. 这里规定的 p_1 与文献(耶格和库克，1979)中的 σ_2 相当. 建立直角坐标系，x 轴与裂纹方向平行，y 轴与裂纹中垂线重合(图 6.4). 由应力分量的坐标变换，远场的应力状态为

$$\sigma_x^\infty=p_1\cos^2\beta,\quad \sigma_y^\infty=p_1\sin^2\beta,\quad \tau_{xy}^\infty=p_1\sin\beta\cos\beta \tag{6.3.1}$$

此时的应力函数为

$$\left.\begin{aligned}\varphi(z)&=\frac{1}{4}p_1c[\mathrm{e}^{2\xi_0}\cos 2\beta\cdot\text{ch}\zeta+(1-\mathrm{e}^{2\xi_0+2\mathrm{i}\beta})\text{sh}\zeta]\\ \psi(z)&=-\frac{1}{4}p_1c^2[\text{ch}2\xi_0-\cos 2\beta+\mathrm{e}^{2\xi_0}\text{ch}2(\zeta-\xi_0-\mathrm{i}\beta)]\text{csch}\zeta\end{aligned}\right\} \tag{6.3.2}$$

$$\varphi'(z)=\frac{\mathrm{d}\varphi}{\mathrm{d}\zeta}\frac{\mathrm{d}\zeta}{\mathrm{d}z}=\frac{1}{4}p_1[\mathrm{e}^{2\xi_0}\cos 2\beta+(1-\mathrm{e}^{2\xi_0+2\mathrm{i}\beta})\text{cth}\zeta] \tag{6.3.3}$$

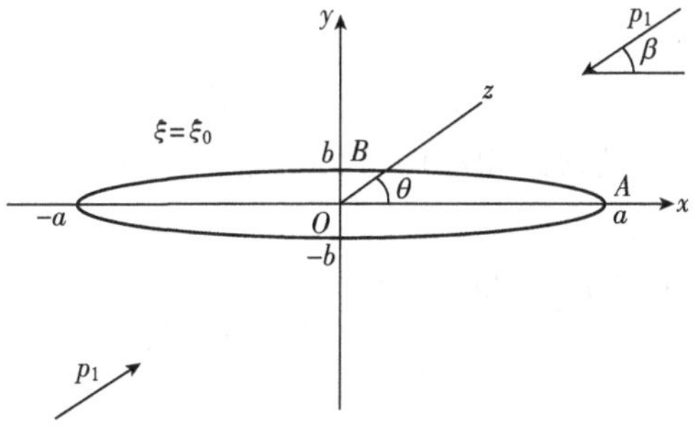

图 6.4　单向受压扁椭圆孔原理示意

代入式(6.2.11)和式(6.2.12)，得到孔边的周向应力 $\sigma_{\eta\eta}$ 为

$$(\sigma_{\eta\eta})_{\xi=\xi_0}=p_1\frac{\mathrm{sh}2\xi_0+\cos 2\beta-\mathrm{e}^{2\xi_0}\cos 2(\beta-\eta)}{\mathrm{ch}2\xi_0-\cos 2\eta} \tag{6.3.4}$$

或利用式(6.3.1)，$a=c\cdot\mathrm{ch}\xi_0$，$b=c\cdot\mathrm{sh}\xi_0$，得到

$$(\sigma_{\eta\eta})_{\xi=\xi_0}=p_1\frac{2ab+(a^2-b^2)\cos 2\beta-(a+b)^2\cos 2(\beta-\eta)}{a^2+b^2-(a^2-b^2)\cos 2\eta} \tag{6.3.5}$$

利用椭圆参数方程

$$x=a\cos\eta,\quad y=b\sin\eta \tag{6.3.6}$$

并引入极坐标

$$x=r\cos\theta,\quad y=r\sin\theta$$

于是有

$$\tan\theta=\frac{y}{x}=\mathrm{th}\xi_0\cdot\tan\eta=\frac{b}{a}\tan\eta \tag{6.3.7}$$

图 6.5 给出了内表面周向拉应力 $\sigma_{\eta\eta}$ 随 θ 的变化. 曲线上的数目是 β 之值.

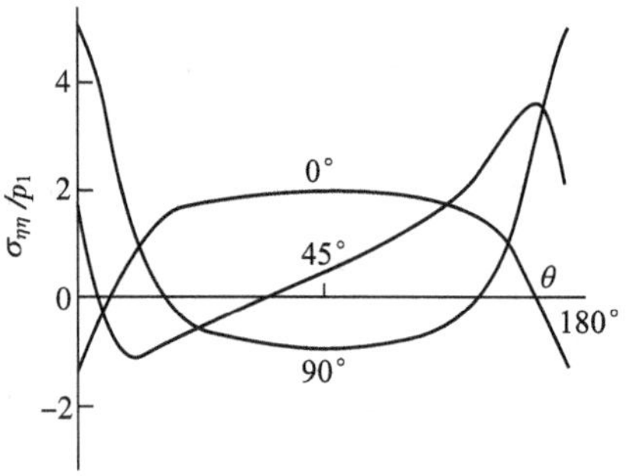

图 6.5　内表面周向拉应力 $\sigma_{\eta\eta}$ 随极坐标内极角 θ 的变化. 曲线上的数目是 p_1 和主轴间角度 β 之值，$a=2b$(Jaeger and Cook, 1979)(本书对应力符号作了调整)

将上述问题叠加上一个受远场均匀压力 p_3 的作用，p_3 的作用方向与 p_1 垂直，就成为双向受压情况(图 6.6)，远场应力为

$$\sigma_x^{\infty}=p_1\cos^2\beta+p_3\sin^2\beta,\quad \sigma_y^{\infty}=p_1\sin^2\beta+p_3\cos^2\beta$$
$$\tau_{xy}^{\infty}=(p_1-p_3)\sin\beta\cos\beta \tag{6.3.8}$$

以下记 $\sigma_x=\sigma_x^{\infty}$，$\sigma_y=\sigma_y^{\infty}$，$\tau_{xy}=\tau_{xy}^{\infty}$，$p_3$ 的作用方向与椭圆长轴夹角为 $\beta+\pi/2$(图 6.6)，利用叠加原理，就得到相应的应力函数、应力分量和位移分量. 其中，孔边周向应力为

$$(\sigma_{\eta\eta})_{\xi=\xi_0}=\frac{(p_1+p_3)\mathrm{sh}2\xi_0-(p_1-p_3)[\mathrm{e}^{2\xi_0}\cos 2(\beta-\eta)-\cos 2\beta]}{\mathrm{ch}2\xi_0-\cos 2\eta} \tag{6.3.9}$$

或利用式(6.3.8)，

$$p_1-p_3=\tau_{xy}\sec\beta\mathrm{cosec}\beta,\quad p_1+p_3=2\sigma_y+2\tau_{xy}\cot 2\beta$$

代入式(6.3.9)，得到

$$(\sigma_{\eta\eta})_{\xi=\xi_0}=\frac{2\sigma_y\mathrm{sh}2\xi_0+2\tau_{xy}[(1+\mathrm{sh}2\xi_0)\cot 2\beta-\mathrm{e}^{2\xi_0}\cos 2(\beta-\eta)\mathrm{cosec}2\beta]}{\mathrm{ch}2\xi_0-\cos 2\eta} \tag{6.3.10}$$

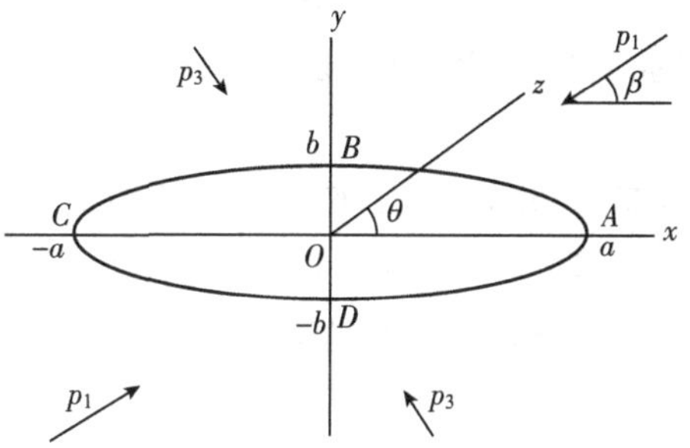

图 6.6　双向受压扁椭圆孔

在扁椭圆孔的情况下，ξ_0 很小. 若 η 也很小，即相应于椭圆右端部附近，$\mathrm{sh}2\xi_0\approx 2\xi_0$，$\mathrm{ch}2\xi_0\approx 1+2\xi_0^2$，$\mathrm{sh}2\eta\approx 2\eta$，$\cos 2\eta\approx 1-2\eta^2$，$\mathrm{e}^{2\xi_0}\approx 1+2\xi_0$，则式(6.3.10)成为

$$\sigma_{\eta\eta}=\frac{2(\xi_0\sigma_y-\eta\tau_{xy})}{\xi_0^2+\eta^2} \tag{6.3.11}$$

以下，以 η 作为自变量来求周向应力的极大值和极小值. 微分式(6.3.11)，$\mathrm{d}\sigma_{\eta\eta}/\mathrm{d}\eta=0$，得到

$$\eta^2\tau_{xy}-2\eta\xi_0\sigma_y-\xi_0^2\tau_{xy}=0 \tag{6.3.12}$$

求得

$$\eta=\frac{\xi_0}{\tau_{xy}}(\sigma_y\pm\sqrt{\sigma_y^2+\tau_{xy}^2}) \tag{6.3.13}$$

由式(6.2.1)～式(6.2.6)中的设定，ξ 和 η 为平面上点的椭圆坐标，分别相当于极坐标中的 r 和 θ，因此总有 $\xi_0\geqslant 0$. 在式(6.3.13)中选择

$$\eta=\frac{\xi_0}{\tau_{xy}}(\sigma_y+\sqrt{\sigma_y^2+\tau_{xy}^2}) \tag{6.3.14}$$

代入式(6.3.11)，得到

$$\begin{aligned}\xi_0\sigma_{\eta\eta}&=\frac{-\tau_{xy}^2\sqrt{\sigma_y^2+\tau_{xy}^2}}{\sigma_y^2+\tau_{xy}^2+\sigma_y\sqrt{\sigma_y^2+\tau_{xy}^2}}\\&=\sigma_y-\sqrt{\sigma_y^2+\tau_{xy}^2}<0\end{aligned} \tag{6.3.15}$$

正是这个张应力被假定引起破坏，因此切口内表面的最大张应力为

$$\xi_0\sigma_{\eta\eta\mathrm{m}}=\sigma_y-\sqrt{\sigma_y^2+\tau_{xy}^2} \tag{6.3.16}$$

或

$$\xi_0\sigma_{\eta\eta\mathrm{m}}=(p_1\sin^2\beta+p_3\cos^2\beta)-\sqrt{p_1^2\sin^2\beta+p_3^2\cos^2\beta} \tag{6.3.17}$$

反之，如果在式(6.3.13)的括号内两项之间的正负号中选负号，也就是选择了

$$\eta=\frac{\xi_0}{\tau_{xy}}\left(\sigma_y-\sqrt{\sigma_y^2+\tau_{xy}^2}\right) \tag{6.3.18}$$

将上式代入式(6.3.11)，解得

$$\xi_0\sigma_{\eta\eta}=\sigma_y+\sqrt{\sigma_y^2+\tau_{xy}^2}>0 \tag{6.3.19}$$

这样得到的是切口内表面的压应力，而不是张应力. 因此，式(6.3.14)的选择是合理的.

特别在单轴压力下，在式(6.3.17)中取 $p_3=0$，就得到孔边最大张应力为

$$\xi_0\sigma_{\eta\eta\text{m}}=-p_1\sin\beta(1-\sin\beta) \tag{6.3.20}$$

对于扁椭圆孔，$\xi_0\approx\text{sh}\xi_0=b/c\approx b/a$，又在椭圆长轴端部，$\rho=b^2/a$，因此有 $\xi_0=\sqrt{\rho/a}$，在临界破坏时，

$$-p_{1\text{c}}\sqrt{a}=\frac{\sigma_{\eta\eta\text{c}}\sqrt{\rho}}{\sin\beta(1-\sin\beta)} \tag{6.3.21}$$

这个结果在第 8 章分析实验结果中还会用到. 由式(6.3.14)，孔边最大周向拉应力发生的位置是

$$\begin{aligned}\eta/\xi_0&=\frac{\sigma_y+\sqrt{\sigma_y^2+\tau_{xy}^2}}{\tau_{xy}^{\infty}}\\&=\frac{2\left[(p_1\sin^2\beta+p_3\cos^2\beta)+\sqrt{p_1^2\sin^2\beta+p_2^2\cos^2\beta}\right]}{(p_1-p_3)\sin2\beta}\end{aligned} \tag{6.3.22}$$

6.3.2　使孔边最大张应力为最大的 β 值

下面来确定式(6.3.17)中使 $\sigma_{\eta\eta\text{m}}$ 为最大的 β_m 值. 微分式(6.3.17)得到

$$\xi_0\frac{\partial\sigma_{\eta\eta\text{m}}}{\partial\beta}=\left[2(p_1-p_3)-\frac{p_1^2-p_3^2}{\sqrt{p_1^2\sin^2\beta+p_3^2\cos^2\beta}}\right]\sin\beta\cos\beta \tag{6.3.23}$$

令上式为零，求得其根有三个：①$\beta_\text{m}=0$，②$\beta_\text{m}=\pi/2$ 或③

$$\cos2\beta_\text{m}=\frac{1}{2}\frac{(p_1-p_3)}{(p_1+p_3)} \tag{6.3.24}$$

先讨论第③种情形. 由式(6.3.24)有

$$\cos^2\beta_\text{m}=\frac{1}{2}(1+\cos2\beta_\text{m})=\frac{3p_1+p_3}{4(p_1+p_3)}$$

由上式可知式(6.3.24)成立的必要条件是 $0<\cos^2\beta_\text{m}<1$，即

$$0<\frac{3p_1+p_3}{4(p_1+p_3)}<1$$

解该不等式得到

$$p_1+3p_3>0 \tag{6.3.25}$$

这是式(6.3.24)成立的必要条件.

将式(6.3.24)用于式(6.3.17)，得到这种情形下的 $\sigma_{\eta\eta m}$ 值为

$$\sigma_{\eta\eta m}=\frac{(p_1-p_3)^2}{4(p_1+p_3)\xi_0} \tag{6.3.26}$$

对于第③种情形，最大拉应力的位置式(6.3.22)相应于图 6.7 中点 s 的位置. 椭圆在此点的切线与椭圆长轴的夹角为 δ，它的正切值由下式给出

$$\begin{aligned}\tan\delta&=\frac{\mathrm{d}y}{\mathrm{d}x}=-\frac{\xi_0}{\eta}\\&=\frac{-(p_1-p_3)\sin 2\beta}{2\left[(p_1\sin^2\beta+p_3\cos^2\beta)-\sqrt{p_1^2\sin^2\beta+p_3^2\cos^2\beta}\right]}\end{aligned} \tag{6.3.27}$$

将式(6.3.24)给出的 β_m 值代入上式，就得到破坏时

$$\delta=2\beta_m-\frac{\pi}{2} \tag{6.3.28}$$

实际的破裂方向与此垂直，为张破裂，它偏向于最大主应力. 特别对于单轴压力的情形($p_3=0$)，由式(6.3.24)，$\beta_m=30°$，由式(6.3.28)，$\delta=-30°$(图 6.7). 令断裂角 θ_0 表示裂纹的走向与破裂方向之间的夹角(图 6.7). 这里，δ 和断裂角 θ_0 的关系是

$$\theta_0=\delta+\frac{\pi}{2} \tag{6.3.29}$$

或者用绝对值来表示就是

$$|\theta_0|=\frac{\pi}{2}-|\delta| \tag{6.3.30}$$

上述结果表明，实际破坏的地点是在裂缝端点附近而不是端点处，破坏扩展的方向也不是裂缝原来的方向.

如果不等式(6.3.25)不满足，即 $p_1+3p_3\leqslant 0$，由于 $p_3<p_1$，所以 p_3 必然为负，即 $p_3<0$，此时远场的边界条件为拉应力. 由式(6.3.17)和式(6.3.23)直接可以看出，此时只能取式(6.3.23)的第①个根，即孔边内表面最大张应力位于 $\beta_m=0$(注意《导论》(李世愚等，2009)的 8.2.2 节在此处有误)，其值为

$$\sigma_{\eta\eta m}=2p_3/\xi_0 \tag{6.3.31}$$

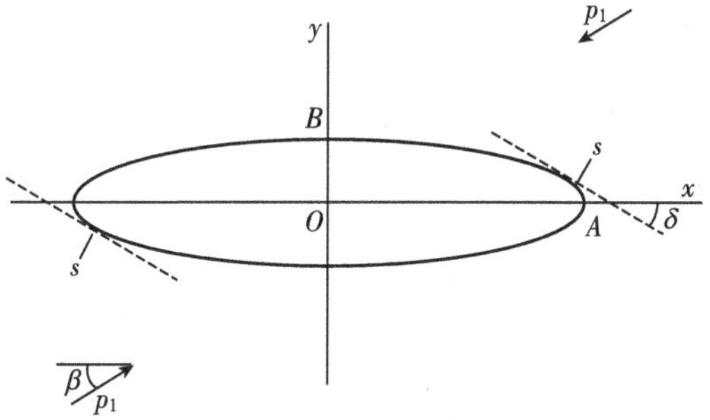

图 6.7　扁椭圆孔受单轴压力破坏(Jaeger and Cook，1979)(本书对应力符号作了调整)

此时扁椭圆孔的扩展方向是沿其长轴. 至于式(6.3.23)的第②个根，即 $\beta_m=\pi/2$，由式(6.3.17)，此时 p_1 必然为负值，即 $p_1<0$，

$$\sigma_{\eta\eta m}=2p_1/\xi_0$$

对比式(6.3.31)可以看出，由于 $p_3<p_1$，$\beta_m=\pi/2$ 这个根不满足使孔边最大张应力为最大的条件.

6.3.3 扁椭圆孔受压闭合的条件

采用直角坐标下的克罗索夫公式计算位移，见补充 2.1 式(19)

$$2\mu(u+\mathrm{i}v)=\kappa\varphi(z)-z\overline{\varphi'(z)}-\overline{\psi(z)} \tag{6.3.32}$$

其中，$\kappa=\begin{cases}3-4\nu & (\text{平面应变})\\(3-\nu)/(1+\nu) & (\text{平面应力})\end{cases}$. 在式(6.2.2)和式(6.2.3)中取 $\beta=\pi/2$，即压力 p_1 垂直作用于扁椭圆长轴方向，得到

$$\left.\begin{aligned}\varphi(z)&=-\frac{1}{4}p_1c[\mathrm{e}^{2\xi_0}\cdot\mathrm{ch}\zeta-(1-\mathrm{e}^{2\xi_0})\mathrm{sh}\zeta]\\\psi(z)&=-\frac{1}{4}p_1c^2[1+\mathrm{ch}2\xi_0-\mathrm{e}^{2\xi_0}\mathrm{sh}2(\zeta-\xi_0)]\mathrm{csch}\zeta\end{aligned}\right\} \tag{6.3.33}$$

$$\varphi'(z)=-\frac{1}{4}p_1[\mathrm{e}^{2\xi_0}-(1+\mathrm{e}^{2\xi_0})\mathrm{cth}\zeta] \tag{6.3.34}$$

代入式(6.2.38)，得到

$$\begin{aligned}8\mu(u+\mathrm{i}v)/cp_1=&-\kappa\mathrm{e}^{2\xi_0}\mathrm{ch}\zeta+\kappa(1+\mathrm{e}^{2\xi_0})\mathrm{sh}\zeta\\&+[\mathrm{e}^{2\xi_0}-(1+\mathrm{e}^{2\xi_0})\mathrm{cth}\bar{\zeta}]\mathrm{ch}\zeta\\&+[1+\mathrm{ch}2\xi_0-\mathrm{e}^{2\xi_0}\mathrm{sh}2(\bar{\zeta}-\xi_0)]\mathrm{csch}\bar{\zeta}\end{aligned} \tag{6.3.35}$$

由式(6.2.3)，原椭圆孔参数为 $\left.\begin{aligned}x&=c\cdot\mathrm{ch}\xi_0\cdot\cos\eta\\y&=c\cdot\mathrm{sh}\xi_0\cdot\sin\eta\end{aligned}\right\}$，当 $a\gg b$ 时，ξ_0 为一小量，近似取 $\mathrm{ch}\xi_0\approx1$，$\mathrm{sh}\xi_0\approx\xi_0$，在裂纹中部，$\eta=\pi/2$，$x=0$，$y=b\approx c\xi_0$.

我们可以把原来的扁椭圆孔看成是一条长为 c 的闭合直线裂纹在无穷远虚拟的垂直向拉应力 p_1 作用下拉伸变形而成的，然后加上无穷远垂直向压应力 p_1，将虚拟的垂直向拉应力 p_1 抵消，扁椭圆孔闭合，即 $v\approx-c\cdot\xi_0$. 当椭圆为一条闭合直裂纹时，式(6.3.35)中裂纹 $\xi=\xi_0=0$，$\zeta=\mathrm{i}\eta$，$\cos\eta=x/\mathrm{c}$，此时 $b=0$. 利用 $\mathrm{ch}(\mathrm{i}\eta)=\cos\eta$，$\mathrm{sh}(\mathrm{i}\eta)=\mathrm{i}\sin\eta$，又由式(6.2.3)，$\cos\eta=x/c$，$\sin\eta=\frac{1}{c}(c^2-x^2)^{1/2}$，代入式(6.3.35)，得到实部为

$$u=\frac{p_1}{8\mu}(\kappa+1)x \tag{6.3.36}$$

虚部为

$$v=-\frac{p_1}{4\mu}(\kappa+1)(c^2-x^2)^{1/2} \tag{6.3.37}$$

代入 $v \approx -c \cdot \xi_0, x=0$，得到 $\xi_0 = \frac{p_1}{4\mu}(\kappa+1)$，由此得出使椭圆孔闭合的垂直压力为 $p_1 = \frac{4\mu\xi_0}{\kappa+1}$，以下记为 p_c，即

$$p_c = \frac{4\mu\xi_0}{\kappa+1} \tag{6.3.38}$$

这里体现了扁椭圆裂纹与第 8 章讨论的格里菲斯裂纹(也叫做数学裂纹)模型之间的差异. 在格里菲斯裂纹模型中，裂纹的自然状态就是闭合的，因此 $p_c=0$.

在椭圆孔受双向压力的情况下，如图 6.6 所示，椭圆孔长轴受到的垂直向压力由式(6.3.8)中的 $\sigma_y = p_1 \sin^2\beta + p_3 \cos^2\beta$ 给出. 式(6.3.38)就改写为

$$p_1 \sin^2\beta + p_3 \cos^2\beta = \frac{4\mu\xi_0}{\kappa+1} \tag{6.3.39}$$

6.4　扁椭圆裂纹模式的格里菲斯破坏准则

6.4.1　二维扁椭圆裂纹模式的格里菲斯破坏准则

现在，假定当最危险方位扁椭圆孔中的最大拉应力 $\sigma_{\eta\eta m}$ 达到材料的某一个特征值 σ_e 时发生破坏. 对于垂直于裂纹平面的单轴拉力情形，这个值可以从式(6.3.31)得到. 记 T_0 为材料的单轴抗拉强度，因而 $p_3 = -T_0$，代入式(6.3.31)就得到

$$\sigma_e = -2T_0/\xi_0 \tag{6.4.1}$$

将这个结果代入式(6.3.26)，就得到

$$(p_1 - p_3)^2 - 8T_0(p_1 + p_3) = 0, \quad 当\ p_1 + 3p_3 > 0 \tag{6.4.2}$$

上式与

$$p_3 = -T_0, \quad 当\ p_1 + 3p_3 < 0 \tag{6.4.3}$$

一起构成扁椭圆裂纹模式的格里菲斯破坏准则.

将 $p_3 = -T_0$ 代入式(6.4.2)，得到 $p_1 = 3T_0$，取 $p_3 = 0$，代入式(6.4.2)，得到 $p_1 = 0$和 $p_1 = 8T_0$. 因此该准则在(p_1, p_3)平面内的曲线由直线 ABC 和抛物线 CDE 两部分组成，如图 6.8 所示. 其中，直线 ABC 表示式(6.4.3)，即 $p_3 = -T_0, -T_0 < p_1 < 3T_0$，抛物线 CDE 表示式(6.4.2)，与 p_1 轴交于点 $D(8T_0, 0)$. 二者相切于点 $C(3T_0, -T_0)$. 完整的抛物线以 $p_1 = p_3$ 为对称轴，并经过原点.

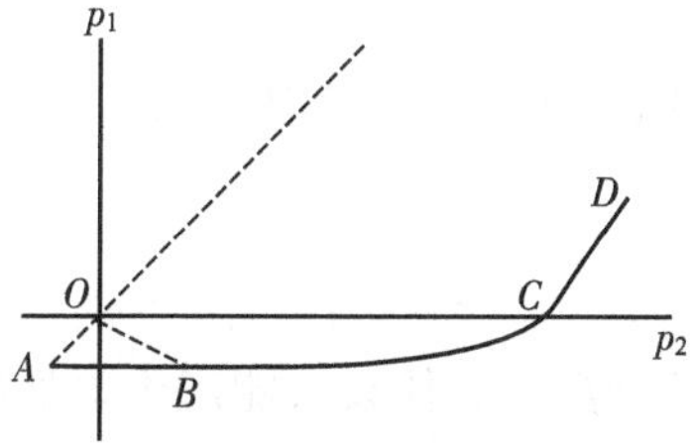

图 6.8　扁椭圆裂纹模式的格里菲斯破坏准则

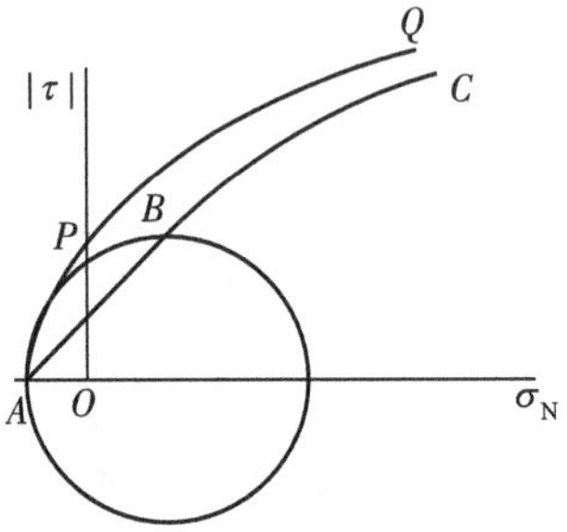

图 6.9　扁椭圆裂纹模式格里菲斯破坏准则的莫尔包线

当 $p_3=0$ 即单轴压缩时，由式(6.4.2)，$\sigma_1=8T_0$，得到单轴抗压强度为

$$C_0=8T_0 \tag{6.4.4}$$

以下确定相应于式(6.4.2)和式(6.4.3)的莫尔包线见图 6.9(详见文献 Jaeger and Cook，1979). 记

$$\sigma_m=\frac{1}{2}(p_1+p_3),\quad \tau_m=\frac{1}{2}(p_1-p_3) \tag{6.4.5}$$

则式(6.4.2)和式(6.4.3)变为

$$\tau_m^2=4T_0\sigma_m,\quad 若\ 2\sigma_m>\tau_m\ 或\ \sigma_m>T_0 \tag{6.4.6}$$

$$\tau_m=\sigma_m+T_0,\quad 若\ 2\sigma_m<\tau_m\ 或 -T_0<\sigma_m<T_0 \tag{6.4.7}$$

在(σ_N,τ)平面上(见图 6.9)，与式(6.4.7)相应的是直线 AB，位于$-T_0<\sigma_m<T_0$，倾斜度为 45°，与式(6.4.6)相应的是抛物线 BC. 直线 AB 上所有点的莫尔圆都相切于 A 点. 为得到抛物线 BC 上点的莫尔包线，必须求得具有圆心$(\sigma_m,0)$和由式(6.4.6)给出的半径为 $\tau_m=\sqrt{4T_0\sigma_m}$ 的圆的包线，它们的方程是

$$\begin{aligned} f(\sigma_m)&=(\sigma_N-\sigma_m)^2+\tau^2-\tau_m^2 \\ &=(\sigma_N-\sigma_m)^2+\tau^2-4T_0\sigma_m=0 \end{aligned} \tag{6.4.8}$$

为求包线，通常的方法是在式(6.4.8)和 $\partial f/\partial\sigma_m=0$ 之间消去 σ_m，$\partial f/\partial\sigma_m=0$ 为

$$\sigma_N-\sigma_m+2T_0=0 \tag{6.4.9}$$

由式(6.4.8)和式(6.4.9)可得包线的方程是

$$\tau^2=4T_0(\sigma_N+T_0) \tag{6.4.10}$$

6.4.2　裂纹表面间的摩擦效应与修正的格里菲斯破坏准则

6.4.1 节已经给出使椭圆孔闭合的垂直压力 $p_c=\dfrac{4\mu\xi_0}{\kappa+1}$，这样裂纹表面受到的实际压力为

$$\sigma_N=\sigma_y-p_c \tag{6.4.11}$$

在裂纹表面之间的摩擦力 $\tau^f=f\cdot\sigma_N$. 使裂纹能产生附加应力的等效远场正应力为

$$\sigma_y-\sigma_N=p_c \tag{6.4.12}$$

等效剪切应力为

$$\tau_e = \tau_{xy} - \tau^f = \tau_{xy} - f \cdot \sigma_N \\ = \tau_{xy} - f \cdot (\sigma_y - p_c) \tag{6.4.13}$$

与式(6.3.11)相对应，裂纹附近的切向应力为

$$\sigma_{\eta\eta} = \frac{2\xi_0 p_c - 2\tau_e \cdot \eta}{\xi_0^2 + \eta^2} \\ = \frac{2\xi_0 p_c + \sigma^* \cdot \eta}{\xi_0^2 + \eta^2} \tag{6.4.14}$$

其中，$\sigma^* = -2\tau_e$，即

$$\sigma^* = -(p_1 - p_3)(\sin 2\beta + f\cos 2\beta) + f(p_1 + p_3 - 2p_c) \tag{6.4.15}$$

注意，σ^* 和 τ_e 符号相反，因此这样定义的 σ^* 在 $p_1 > p_3$ 的情况下为负数. 将式(6.4.14)对 η 微分，得到切向应力 $\sigma_{\eta\eta}$ 为极值的 η 值为

$$\eta/\xi_0 = \frac{-2p_c \pm \sqrt{4p_c^2 + (\sigma^*)^2}}{\tau^*} \tag{6.4.16}$$

将上式代入式(6.4.14)，得到

$$\sigma_{\eta\eta} = \frac{1}{2\xi_0}\left[2p_c \pm \sqrt{4p_c^2 + (\sigma^*)^2}\right] \tag{6.4.17}$$

我们感兴趣的是拉力值，因此在式中取负号，得到最大切向应力为

$$\sigma_e = \frac{1}{2\xi_0}\left[2p_c - \sqrt{4p_c^2 + (\sigma^*)^2}\right] \tag{6.4.18}$$

将上式对 β 微分

$$\frac{d\sigma_e}{d\beta} = -\frac{\sigma^*}{2\xi_0\sqrt{4p_c^2 + (\sigma^*)^2}}\frac{d\sigma^*}{d\beta} \tag{6.4.19}$$

可以看出，使 σ_e 成为最大值的裂纹角 β_m 发生于 $\frac{d\sigma^*}{d\beta} = 0$. 由式(6.4.15)得出 $\cos 2\beta_m - f\sin 2\beta_m = 0$

$$\tan 2\beta_m = \frac{1}{f} \tag{6.4.20}$$

这个结果和后面第8章采用格里菲斯裂纹模式得到的结果是一致的. 由上式，

$$\sin 2\beta_m = \frac{1}{\sqrt{1+f^2}}, \cos 2\beta_m = \frac{f}{\sqrt{1+f^2}} \tag{6.4.21}$$

仿6.4.1节的式(6.4.1)，令 $\sigma_e = -2T_0/\xi_0$，式中 T_0 是单轴抗拉强度，代入式(6.4.18)，得到

$$\sqrt{4p_c^2 + (\sigma^*)^2} - 2p_c = 4T_0 \tag{6.4.22}$$

由上式，并注意到 σ^* 为负值，得到

$$\sigma^* = -4T_0\left(1 + \frac{p_c}{T_0}\right)^{1/2} \tag{6.4.23}$$

将式(6.4.22)代入式(6.4.15)，利用 $\sin 2\beta_m + f\cos 2\beta_m = \sqrt{1+f^2}$，得到

$$p_1(\sqrt{1+f^2}-f)-p_3(\sqrt{1+f^2}+f)=4T_0\left(1+\frac{p_c}{T_0}\right)^{1/2}-2f\cdot p_c \quad (6.4.24)$$

在 p_c 可以忽略的情况下，上式成为

$$p_1(\sqrt{1+f^2}-f)-p_3(\sqrt{1+f^2}+f)=4T_0 \quad (6.4.25)$$

这正是老的库仑准则，不同是将其中的内聚力 τ_0 换成了 $2T_0$. 由上式取 $p_3=0$，在临界破坏条件下 $p_1=C_0$，得到介质抗压强度与单轴抗拉强度之间的比值为

$$C_0/T_0=4(\sqrt{1+f^2}+f) \quad (6.4.26)$$

6.4.3 格里菲斯准则的默雷尔推广

Murrel(1963)给出了扁椭圆裂纹的二维格里菲斯理论到三维的推广，在三维问题中具有重要的应用价值.

在 6.4.1 节中二维格里菲斯准则有两个几何性质：

(1)破坏曲线的一部分由直线 $p_3=-T_0$ 的一部分组成.

(2)破坏曲线的剩余部分由抛物线的一部分组成，该抛物线以直线 $p_1=p_3$ 为对称轴，经过原点，并与直线 $p_3=-T_0$ 相切.

只要假定这些性质，破坏曲线的方程(6.4.2)和(6.4.3)便可以得出. 根据对称性，全部抛物线都是有意义的，而且它与直线 $p_1=-T_0$ 和 $p_3=-T_0$ 相切.

在三维模型中，性质(2)的推广是破裂面应为旋转抛物面的一部分，其轴为 $p_1=p_2=p_3$. 性质(1)的推广为如下形式，即抛物面以互相垂直的平面

$$p_1=-T_0,\quad p_2=-T_0,\quad p_3=-T_0 \quad (6.4.27)$$

组成的棱锥为界. 由于实质上是此棱锥的所有母线都与抛物面相交，所以最简单的假定是棱锥的边界，特别是

$$p_2=p_3=-T_0 \quad (6.4.28)$$

与抛物面相切.

这些假定构成了确定抛物面方程的适定条件. 假定抛物面的轴为 Ox，如图 6.10(a)所示，在 $O-p_1p_2p_3$ 坐标系中，Ox 与 p_1，p_2，p_3 轴的倾斜角度为

$$\alpha=\arccos\frac{1}{\sqrt{3}}=\arctan\sqrt{2} \quad (6.4.29)$$

方向余弦为 $l=m=n=1/\sqrt{3}$，其直线方程为 $p_1=p_2=p_3$. 假定抛物面由抛物线 $y^2=4bx$ 绕 Ox 旋转而成，其方程为

$$y^2+z^2=4bx \quad (6.4.30)$$

在平面 $z=0$ 内，该抛物面的截线为抛物线

$$y^2=4bx \quad (6.4.31)$$

此抛物面的几何图形示于图 6.10(a)和(b)中. 图 6.10(b)是图 6.10(a)的局部放大. 其中,正立方体的六个面由 $O-p_1p_2p_3$ 的三个坐标面 $p_1=0$, $p_2=0$, $p_3=0$ 和式(6.4.27)的三个面所围成,其棱长为 T_0. 图 6.10(c)为抛物面在平面 p_1Ox 内的截线,其中与 Ox 轴垂直的坐标轴为 Oy'. 注意 y 轴不在平面 p_1Ox 内,因此 Oy' 轴与 Oy 轴不同,这一点在 Jaeger 和 Cook(1979)的引述中似乎不够清楚. 这样,在平面 p_1Ox 内,抛物面截线的方程应为

$$y'^2=4bx \tag{6.4.32}$$

AE 是直线式(6.4.28),位于截面 p_1Ox 之内. AE 与 Ox 的倾斜角为 $\angle EAO=\alpha$,且恰与抛物线相切. 由图 6.10(b)可以看出 AE 到 Op_1 的距离是

$$OP=OA\cdot\sin\alpha=T_0\sqrt{2} \tag{6.4.33}$$

因此 $OA=\sqrt{3}T_0$.

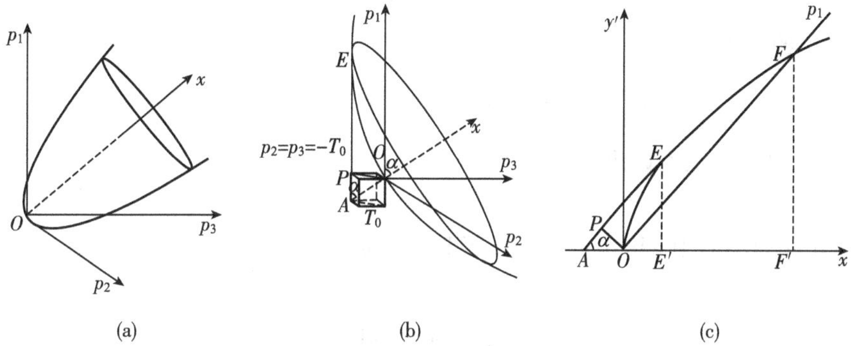

图 6.10　格里菲斯准则的默雷尔推广

微分式(6.4.31),得到 E 点切线的斜率为

$$\frac{\mathrm{d}y'}{\mathrm{d}x}=\frac{2b}{y}=\tan\alpha=\sqrt{2}$$

因此切点坐标为 $y'=b\sqrt{2}$, $x=\dfrac{y'^2}{4b}=\dfrac{b}{2}$,由几何关系,

$$EE'=b\sqrt{2},\quad OE'=\frac{b}{2},\quad AE'=b,\quad OA=\frac{b}{2},\quad AE=b\sqrt{3}$$

由于 $AE/\!/Op_1$,因此对于 F 点, $y'=x\tan\alpha=x\sqrt{2}$,代入式(6.4.31)就得到 F 点坐标为 $x=2b$, $y=2b\sqrt{2}$,即

$$OF'=2b,\quad OF=2b\sqrt{3} \tag{6.4.34}$$

利用 $OA=\dfrac{b}{2}=T_0\sqrt{3}$,得到

$$b=2T_0\sqrt{3} \tag{6.4.35}$$

将式(6.4.2)推广到整个旋转抛物面,并注意到 Ox 轴的方向余弦为 $|l|=|m|=|n|=$

$\frac{1}{\sqrt{3}}$,因此将 Op_1,Op_2,Op_3 投影到 $O-xyz$ 坐标系(注意这里并不是应力的坐标转换),就是

$$x=\frac{1}{\sqrt{3}}(p_1+p_2+p_3) \tag{6.4.36}$$

注意到 y 轴的方向余弦也为 $|l|=|m|=|n|=1/\sqrt{3}$,因此

$$y^2=\frac{1}{3}[(p_2-p_3)^2+(p_3-p_1)^2+(p_1-p_2)^2] \tag{6.4.37}$$

上式与式(6.4.36)和式(6.4.35)一并代入式(6.4.31),得到

$$[(p_2-p_3)^2+(p_3-p_1)^2+(p_1-p_2)^2]=24T_0(p_1+p_2+p_3) \tag{6.4.38}$$

在弹性力学中,正八面体各等倾面上的正应力(见附录Ⅰ)为

$$\sigma_{N0}=\frac{1}{3}(p_1+p_2+p_3)$$

剪应力 τ_0 的平方为

$$\tau_0^2=\frac{1}{9}[(p_1-p_2)^2+(p_2-p_3)^2+(p_3-p_1)^2]$$

因此,式(6.4.38)也可以表示为

$$\tau_0^2=8T_0\sigma_{N0} \tag{6.4.39}$$

在式(6.4.38)中,令 $p_2=p_3=0$,得到单轴抗压强度为

$$C_0=12T_0 \tag{6.4.40}$$

将式(6.4.35),$b=2T_0\sqrt{3}$ 代入式(6.4.34),得到 $OF=C_0=12T_0$,因此式(6.4.36)~式(6.4.40)的推导结果和 p_1OA 截面内的计算是一致的. 由于 6.4.1 节的平面理论给出的值 $C_0=8T_0$ 通常太低,而式(6.4.40)给出的值更接近试验结果,因此是一个改进.

6.5 用向圆保角变换方法解扁椭圆孔问题

6.5.1 向圆保角变换方法的基本步骤

在以上几节中,我们给出了扁椭圆孔问题的复应力函数,并得出了一系列推论和应用,但是没有说明这些复应力函数是怎样导出的. 以下就来介绍导出这些扁椭圆孔问题的复应力函数的一种方法——向圆保角变换. 向圆保角变换的方法是穆斯海里什维里(1958)和 Savin(1961)采用的(详细介绍还可参见文献(尹祥础,1985)). 该方法通过适当的解析函数,将在 ζ 平面上的 $\rho=$常数(圆)及 $\theta=$常数(从原点发出的射线)通过保角变换映射在 z 平面,成为两组互相正交的曲线. 其中,一组曲线的特殊参数恰好就是所要求解的同时将 ζ 平面的各应力、位移分量及边界条件都映射到 z 平

面. 这样也就找到了 ζ 平面中的复应力函数和 z 平面的应力函数的相互变换式. 而 ζ 平面上的圆孔问题的应力函数已经有现成的解，只要使该组解能满足 ζ 平面的边界条件，也就找到了满足 z 平面边界条件的相应的应力函数. 这种方法使得解孔洞问题成为“程序化”方法. 利用这种方法，解决了一大批孔口问题(指无限大平面内有一孔洞的情形).

向圆保角变换的步骤如下：

(1)将一个平面(如 z 平面)上的单连通域 S(边界为 L)，通过一个正则函数，映射为另一个平面(这里是 ζ 平面)上的单位圆 γ(以原点为圆心，半径为 1 的圆)以内或以外的区域.

(2)将克罗索夫公式及边界条件中所有的量都转化为以 ζ 表达的形式.

(3)在 ζ 平面解圆孔(或圆盘)问题.

现在假定已经找到函数 $z=\omega(\zeta)$，下面对映射 $z=\omega(\zeta)$ 做一些分析. 设

$$z=x+\mathrm{i}y,\quad \zeta=\xi+\mathrm{i}\eta=\rho\mathrm{e}^{\mathrm{i}\theta} \tag{6.5.1}$$

在 ζ 平面上的 $\rho=$ 常数(圆)及 $\theta=$ 常数(从原点发出的射线)映射在 z 平面上成为两组曲线，而且根据保角变换的性质，这是两组互相正交的曲线. (ρ,θ) 可以看成 z 平面上点的曲线坐标. 直角坐标 (x,y) 与 (ρ,θ) 之间的关系由式(6.1.1)可知为

$$z=x+\mathrm{i}y=\omega(\zeta)=\omega(\rho\mathrm{e}^{\mathrm{i}\theta}) \tag{6.5.2}$$

如图 6.11 所示，坐标轴(ρ)表示曲线 $\theta=$ 常数的切线并指向 ρ 增大的一侧，而坐标轴(θ)表示 $\rho=$ 常数的切线，指向 θ 增大的一侧. 坐标轴(ρ)，(θ)的顺序与 x 轴，y 轴的顺序相同.

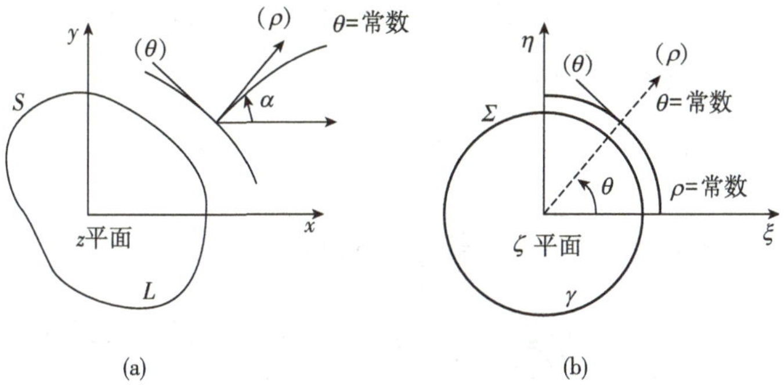

图 6.11　向圆保角变换

6.5.2　平面问题的克罗索夫公式及边界条件的坐标变换

克罗索夫公式(6.2.11)仍然是以 z 作为自变量的. 现在讨论如何以新变量 ζ 来表示函数 $\varphi(z)$，$\psi(z)$及其导函数 $\varphi'(z)=\Phi(z)$，$\psi'(z)=\Psi(z)$，以及位移分量、应力分量及边界条件的表达式.

$$\left.\begin{aligned}&\varphi(z)=\varphi(\omega(\zeta))=\tilde{\varphi}(\zeta)\\&\psi(z)=\psi(\omega(\zeta))=\tilde{\psi}(\zeta)\\&\Phi(z)=\Phi(\omega(\zeta))=\tilde{\Phi}(\zeta)=\frac{\mathrm{d}\varphi}{\mathrm{d}z}=\frac{\tilde{\varphi}'(\zeta)}{\omega'(\zeta)}\\&\Psi(z)=\Psi(\omega(\zeta))=\tilde{\Psi}(\zeta)=\frac{\mathrm{d}\psi}{\mathrm{d}z}=\frac{\tilde{\psi}'(\zeta)}{\omega'(\zeta)}\end{aligned}\right\}\tag{6.5.3}$$

克罗索夫公式(参见第 2 章补充 2.1)成为

$$\left.\begin{aligned}&\sigma_{\theta\theta}+\sigma_{\rho\rho}=\sigma_{xx}+\sigma_{yy}=4\mathrm{Re}[\Phi(z)]\\&\sigma_{\theta\theta}-\sigma_{\rho\rho}+2\mathrm{i}\tau_{\rho\theta}=2[\bar{z}\Phi'(z)+\Psi(z)]\mathrm{e}^{2\mathrm{i}\alpha}\\&2\mu(u_\rho+\mathrm{i}u_\theta)=[\kappa\varphi(z)-z\overline{\varphi'(z)}-\overline{\psi(z)}]\mathrm{e}^{-\mathrm{i}\alpha}\end{aligned}\right\}\tag{6.5.4}$$

以下讨论如何将克罗索夫公式(参见第 2 章补充 2.1)改造成以 ζ 来表示. 现在剩下的是计算点 z 处的 $\mathrm{e}^{\mathrm{i}\delta}$. 为了计算 $\mathrm{e}^{\mathrm{i}\delta}$,可沿($\rho$)给 z 以增量 $\mathrm{d}z$,则在 ζ 平面将沿射线方向得到增量 $\mathrm{d}\zeta$,

$$\mathrm{d}z=\mathrm{e}^{\mathrm{i}\alpha}|\mathrm{d}z|,\quad \mathrm{d}\zeta=\mathrm{e}^{\mathrm{i}\theta}|\mathrm{d}\zeta|$$

$$\mathrm{e}^{\mathrm{i}\alpha}=\frac{\mathrm{d}z}{|\mathrm{d}z|}=\frac{\omega'(\zeta)\cdot\mathrm{d}\zeta}{|\omega'(\zeta)|\cdot|\mathrm{d}\zeta|}=\frac{\omega'(\zeta)}{|\omega'(\zeta)|}\cdot\mathrm{e}^{\mathrm{i}\theta}=\frac{\omega'(\zeta)}{|\omega'(\zeta)|}\cdot\frac{\zeta}{\rho}\tag{6.5.5}$$

由上式可得

$$\mathrm{e}^{-\mathrm{i}\alpha}=\overline{\mathrm{e}^{\mathrm{i}\alpha}}=\frac{\bar{\zeta}\cdot\overline{\omega'(\zeta)}}{\rho|\omega'(\zeta)|}\tag{6.5.6}$$

$$\mathrm{e}^{2\mathrm{i}\alpha}=\frac{\zeta^2}{\rho^2}\cdot\frac{[\omega'(\zeta)]^2}{|\omega'(\zeta)|^2}=\frac{\zeta^2}{\rho^2}\cdot\frac{[\omega'(\zeta)]^2}{\omega'(\zeta)\cdot\overline{\omega'(\zeta)}}=\frac{\zeta^2}{\rho^2}\cdot\frac{\omega'(\zeta)}{\overline{\omega'(\zeta)}}\tag{6.5.7}$$

将式(6.5.3)和式(6.5.5)~式(6.5.7)代入式(6.5.4),得到

$$\left.\begin{aligned}&\sigma_{\theta\theta}+\sigma_{\rho\rho}=2[\tilde{\Phi}(\zeta)+\overline{\tilde{\Phi}(\zeta)}]\\&\sigma_{\theta\theta}-\sigma_{\rho\rho}+2\mathrm{i}\tau_{\rho\theta}=\frac{2\zeta^2}{\rho^2\,\overline{\omega'(\zeta)}}[\overline{\omega(\zeta)}\tilde{\Phi}'(\zeta)+\omega'(\zeta)\tilde{\Psi}(\zeta)]\\&\sigma_{\rho\rho}-2\mathrm{i}\tau_{\rho\theta}=\tilde{\Phi}(\zeta)+\overline{\tilde{\Phi}(\zeta)}-\frac{\zeta^2}{\rho^2\,\overline{\omega'(\zeta)}}[\overline{\omega(\zeta)}\tilde{\Phi}'(\zeta)+\omega'(\zeta)\tilde{\Psi}(\zeta)]\\&2\mu(u_\rho+\mathrm{i}u_\theta)=\frac{\bar{\zeta}}{\rho}\cdot\frac{\overline{\omega'(\zeta)}}{|\omega'(\zeta)|}\cdot\left[\kappa\tilde{\varphi}(\zeta)-\frac{\omega(\zeta)\cdot\overline{\tilde{\varphi}(\zeta)}}{\overline{\omega'(\zeta)}}-\overline{\tilde{\psi}(\zeta)}\right]\end{aligned}\right\}\tag{6.5.8}$$

对于给定的边界条件,也可以利用同样的方法将它们化为 ζ 的表达形式. 当边界给定作用力时,由第 2 章补充 2.1 式(26)可知

$$[\varphi(z)+z\overline{\varphi'(z)}+\overline{\psi'(z)}]=\mathrm{i}\int_A^z(T_x+\mathrm{i}T_y)\mathrm{d}s$$

当 T_x 及 T_y 给定后

$$\mathrm{i}\int_A^z(T_x+\mathrm{i}T_y)\mathrm{d}s=f_1(z)+\mathrm{i}f_2(z)+\mathrm{const}$$

利用式(6.5.3)可得，在单位圆 γ 上

$$\varphi(\sigma)+\frac{\omega(\sigma)\cdot\overline{\tilde{\varphi}'(\sigma)}}{\overline{\omega'(\sigma)}}+\overline{\tilde{\psi}(\sigma)}=\tilde{f}_1(\sigma)+\mathrm{i}\,\tilde{f}_2(\sigma)+\text{const} \tag{6.5.9}$$

其中

$$\tilde{f}_1(\sigma)=f_1[\omega(\sigma)],\quad \tilde{f}_2(\sigma)=f_2[\omega(\sigma)]$$

式中，右侧是单位圆 γ 上的点 $\sigma=\mathrm{e}^{\mathrm{i}\theta}$ 的函数，因此是 θ 的函数. 这里 σ 是边界 γ 上点的坐标.

对于位移条件，由克罗索夫公式(参见第 2 章补充 2.1)得

$$\kappa\varphi(z)-z\overline{\varphi'(z)}-\overline{\psi(z)}=2\mu(u+\mathrm{i}v)$$

设边界 L 上已给定位移 $u=g_1(z)$，$v=g_2(z)$，则

$$\kappa\tilde{\varphi}(\zeta)-\omega(\zeta)\frac{\overline{\tilde{\varphi}'(\zeta)}}{\overline{\omega'(\zeta)}}-\overline{\psi(\zeta)}=2\mu[g_1(\zeta)+\mathrm{i}g_2(\zeta)]=g(\zeta) \tag{6.5.10}$$

其中

$$g(\zeta)=2\mu[g_1(\zeta)+\mathrm{i}g_2(\zeta)],$$

$$\tilde{g}_1(\zeta)=g_1[\omega(\zeta)],\quad \tilde{g}_2(\zeta)=g_2[\omega(\zeta)]$$

6.5.3　孔口问题

所谓孔口问题，是指在无限大平面内有一孔洞的情形. 如图 6.11 所示，将 z 平面上 S 域(无限平面挖去某一形状的孔洞)变换为 ζ 平面上单位圆内或圆外的区域 Σ (并设 z 平面上的无穷远点 $z=\infty$，对应于 ζ 平面上的零点 $\zeta=0$). 映射到圆内的情形的函数为如下的函数形式

$$z=\omega(\zeta)=R(1/\zeta+C_0+C_1\zeta+C_2\zeta^2+\cdots+C_n\zeta^n) \tag{6.5.11}$$

其中，R 为实常数，而 C_n 一般为复常数. 如将 S 域映射到单位圆外，则

$$z=\omega(\zeta)=R(\zeta+d_0+d_1/\zeta+d_2/\zeta^2+\cdots+d_n/\zeta^n) \tag{6.5.12}$$

可以证明，对于无限的多连通体，为了保证其中应力与位移的单值性及无穷远处应力的有界性，应力函数必须采取如下的形式(尹祥础，1985)

$$\left.\begin{aligned}\varphi(z)&=\frac{-(X+\mathrm{i}Y)}{2\pi(1+\kappa)}\ln z+\Gamma z+\frac{a_1}{z}+\frac{a_2}{z^2}+\cdots\\ \psi(z)&=\frac{\kappa(X-\mathrm{i}Y)}{2\pi(1+\kappa)}\ln z+\Gamma' z+\frac{a'_1}{z}+\frac{a'_2}{z^2}+\cdots\end{aligned}\right\} \tag{6.5.13}$$

其中，$\Gamma=B+\mathrm{i}C$，$\Gamma'=B'+\mathrm{i}C'$，C 的取值与无穷远处的刚体转动有关，与应力无关.

$$B=(\sigma_1^\infty+\sigma_2^\infty)/4$$

$$B'=(\sigma_2^\infty-\sigma_1^\infty)\cos 2\alpha/2$$

$$C'=(\sigma_2^\infty-\sigma_1^\infty)\sin 2\alpha/2$$

式中，σ_1^∞ 和 σ_2^∞ 为无穷远处的主应力，α 为从 x 轴到 σ_1^∞ 方向的夹角.

将式(6.5.12)代入式(6.5.13)中,得

$$\omega(\zeta)=R(\zeta+d_0+d_1/\zeta+d_2/\zeta^2+\cdots+d_n/\zeta^n) \tag{6.5.14}$$

$$\left.\begin{aligned}\tilde{\varphi}(\zeta)&=\frac{X+\mathrm{i}Y}{2\pi(1+\kappa)}\ln\zeta+B\omega(\zeta)+\varphi_0(\zeta)\\\tilde{\psi}(\zeta)&=\frac{-\kappa(X-\mathrm{i}Y)}{2\pi(1+\kappa)}\ln\zeta+(B'+\mathrm{i}C')\omega(\zeta)+\psi_0(\zeta)\end{aligned}\right\} \tag{6.5.15}$$

其中,$\varphi_0(\zeta)$和$\psi_0(\zeta)$为在单位圆内ζ的解析函数,并且在圆周上连续,

$$\varphi_0(\zeta)=\sum_{k=1}^{\infty}\alpha_k\zeta^k,\quad \psi_0(\zeta)=\sum_{k=1}^{\infty}\beta_k\zeta^k \tag{6.5.16}$$

在式(6.5.15)中已略去对应力无影响的常数项.

将式(6.5.14)代入边界条件式(6.2.18)中,得

$$\varphi_0(\sigma)+\frac{\omega(\sigma)}{\overline{\omega'(\sigma)}}\cdot\overline{\tilde{\varphi}_0{}'(\sigma)}+\overline{\tilde{\psi}_0(\sigma)}=f_0(\sigma) \tag{6.5.17}$$

其中

$$f_0(\sigma)=\mathrm{i}\int_A^\sigma(T_x+\mathrm{i}T_y)\mathrm{d}s-\frac{X+\mathrm{i}Y}{2\pi}\ln\sigma-\frac{(X-\mathrm{i}Y)}{2\pi(1+\kappa)}\cdot\frac{\omega(\sigma)}{\overline{\omega'(\sigma)}}\sigma$$
$$-2B\omega(\sigma)-(B'-\mathrm{i}C')\overline{\omega(\sigma)} \tag{6.5.18}$$

式(6.5.17)的共轭式为

$$\overline{\varphi_0(\sigma)}+\frac{\overline{\omega(\sigma)}}{\omega'(\sigma)}\cdot\overline{\tilde{\varphi}_0{}'(\sigma)}+\psi_0(\sigma)=\overline{f_0(\sigma)} \tag{6.5.19}$$

如果将式(6.5.14)代入式(6.5.15),并将$f_0(\sigma)$及$\omega(\sigma)/\overline{\omega'(\sigma)}$展成$\theta$的傅里叶级数,就可能定出式(6.5.16)中的$\alpha_k$和$\beta_k$,从而求得整个解$\tilde{\varphi}(\zeta)$和$\tilde{\psi}(\zeta)$,但这样做往往相当困难.如果利用柯西积分公式可以使求解$\varphi_0(\zeta)$及$\psi_0(\zeta)$的工作大为简化.

先介绍下列两种情况下的柯西公式.

(1)设函数$F(\zeta)$在单位圆γ内($\rho<1$)是解析的,在γ的闭区域内($\rho\leqslant1$)连续,则对于γ内的任意一点ζ有

$$\frac{1}{2\pi\mathrm{i}}\int_\gamma\frac{F(\sigma)\mathrm{d}\sigma}{\sigma-\zeta}=F(\zeta) \tag{6.5.20}$$

其中,σ表示单位圆γ上点的坐标.式(6.5.20)实际上就是通常的积分公式.

(2)设函数$F(\zeta)$在单位圆γ外解析.在$\rho\geqslant1$区域内连续,则对于圆内任一点ζ有

$$\frac{1}{2\pi\mathrm{i}}\int_\gamma\frac{F(\sigma)\mathrm{d}\sigma}{\sigma-\zeta}=F(\infty) \tag{6.5.21}$$

这是利用无限域柯西积分推导得到的(穆斯海里什维里,1958).

现在将式(6.5.17)中各式乘以$\dfrac{1}{2\pi\mathrm{i}(\sigma-\zeta)}$并沿整个$\gamma$积分,得

$$\frac{1}{2\pi i}\int_{\gamma}\frac{\varphi_0(\sigma)\mathrm{d}\sigma}{\sigma-\zeta}+\frac{1}{2\pi i}\int_{\gamma}\frac{\omega(\sigma)}{\omega'(\sigma)}\frac{\varphi_0'(\sigma)}{(\sigma-\zeta)}\mathrm{d}\sigma+\frac{1}{2\pi i}\int_{\gamma}\frac{\overline{\psi}_0'(\sigma)}{\sigma-\zeta}\mathrm{d}\sigma=\frac{1}{2\pi i}\int_{\gamma}\frac{f_0\mathrm{d}\sigma}{\sigma-\zeta} \tag{6.5.22}$$

根据式(6.5.20),式(6.5.22)中的

$$\frac{1}{2\pi i}\int_{\gamma}\frac{\varphi_0(\sigma)\mathrm{d}\sigma}{\sigma-\zeta}=\varphi_0(\zeta) \tag{6.5.23}$$

而其中的

$$\frac{1}{2\pi i}\int_{\gamma}\frac{\overline{\psi_0(\sigma)}\mathrm{d}\sigma}{\sigma-\zeta}=\overline{\psi_0(\infty)}=0 \tag{6.5.24}$$

这是因为由式(6.5.16),$\psi_0(\zeta)=\sum_{k=1}^{\infty}\beta_k\zeta^k$

$$\overline{\psi}_0(\sigma)=\overline{\beta}_1\overline{\sigma}+\overline{\beta}_2\overline{\sigma}^2+\cdots$$

在 γ 上,$\zeta=\sigma$,$\overline{\zeta}=\overline{\sigma}=1/\sigma$,所以

$$\overline{\psi}_0(\sigma)=\frac{\overline{\beta}_1}{\sigma}+\frac{\overline{\beta}_2}{\sigma^2}+\cdots$$

$\overline{\psi}_0(\sigma)$可视为函数 $\tilde{\psi}(1/\zeta)$在 γ 上的边界值，而 $\tilde{\psi}(1/\zeta)$在 γ 外解析,且$\overline{\psi_0(\infty)}=0$. 将式(6.5.23)和式(6.5.24)代入式(6.5.22)中得

$$\varphi_0(\zeta)+\frac{1}{2\pi i}\int_{\gamma}\frac{\omega(\sigma)}{\overline{\omega'(\sigma)}}\cdot\frac{\overline{\varphi'_0(\sigma)}}{(\sigma-\zeta)}\mathrm{d}\sigma=\frac{1}{2\pi i}\int_{\gamma}\frac{f_0\mathrm{d}\sigma}{\sigma-\zeta} \tag{6.5.25}$$

对式(6.5.19)同样处理可得

$$\psi_0(\zeta)+\frac{1}{2\pi i}\int_{\gamma}\frac{\overline{\omega(\sigma)}}{\omega'(\sigma)}\cdot\frac{\varphi'_0(\sigma)}{(\sigma-\zeta)}\mathrm{d}\sigma=\frac{1}{2\pi i}\int_{\gamma}\frac{\overline{f}_0\mathrm{d}\sigma}{\sigma-\zeta} \tag{6.5.26}$$

对于给定的问题即 f_0 已经给定,并找到需要的函数 $\omega(\zeta)$后,将 f_0,$\omega(\zeta)$及$\overline{\omega'(\zeta)}$代入式(6.5.25)可求得 $\varphi_0(\zeta)$,再代入式(6.5.26)可求得 $\psi_0(\zeta)$. 再代回式(6.5.14)中即可求得整个问题的解. 这样就使解比较复杂形状的孔口问题变得有规可循. 由于这种方法的出现,的确解决了一大批以往没有解决的问题.

6.5.4　用向圆保角变换方法求解椭圆孔问题

本节介绍用向圆保角变换方法求解椭圆孔问题的推导. 这里讨论无限平板中含有一椭圆孔,在无限远处受均匀拉伸的情形. 如图 6.12 所示，椭圆的长短轴各为 $2a$ 及 $2b$,在无限远处(离孔足够远处)受均匀拉应力 p 的作用,σ_1 与 x 轴的夹角为 β.

对于椭圆孔可采用如下变换,将 z 平面上的椭圆变为 ζ 平面上的单位圆,

$$z=\omega(\zeta)=R\left(\frac{1}{\zeta}+m\zeta\right) \tag{6.5.27}$$

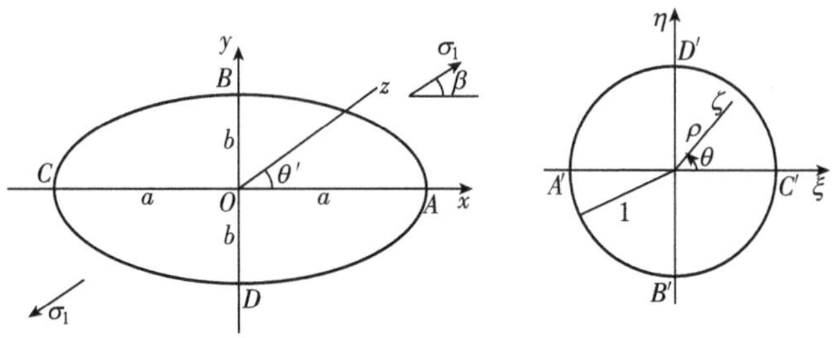

(a) 物理平面　(b) 映射平面

图 6.12　用向圆保角变换方法求解椭圆孔问题

其中，$\zeta=\rho e^{i\theta}$，R，m 均为实数，且 $R>0$，$0\leqslant m\leqslant 1$，于是

$$z=x+iy=R[(m\rho+1/\rho)\cos\theta+i(m\rho-1/\rho)\sin\theta]$$

得

$$\left.\begin{aligned}x&=R(m\rho+1/\rho)\cos\theta\\ y&=R(m\rho-1/\rho)\sin\theta\end{aligned}\right\}\tag{6.5.28}$$

从式(6.5.28)中分别消去 θ 及 ρ，则分别得

$$\frac{x^2}{R^2\ (1/\rho+m\rho)^2}+\frac{y^2}{R^2\ (1/\rho-m\rho)^2}=1\tag{6.5.29}$$

$$\frac{x^2}{4R^2m\cos^2\theta}-\frac{y^2}{4R^2m\sin^2\theta}=1\tag{6.5.30}$$

显然，当 $\rho=$ 常数(即 ζ 平面上的中心圆)时，式(6.5.29)代表一组平面上一组椭圆. 当 $\rho=1$，此椭圆方程为

$$\frac{x^2}{R^2\ (1+m)^2}+\frac{y^2}{R^2\ (1-m)^2}=1$$

即

$$a=R(1+m),\quad b=R(1-m)\tag{6.5.31}$$

或

$$R=\frac{a+b}{2},\quad m=\frac{a-b}{a+b}\tag{6.5.32}$$

当 $m=0$ 时，$a=b$，椭圆变成圆；当 $m=1$ 时，$b=0$，椭圆成为 x 轴上从 $-a$ 到 $+a$ 的直线裂纹. 因此当已知椭圆的 a，b 之后，可由式(6.5.32)决定参数 R 及 m.

当 $\theta=$ 常数时(ζ 平面上的辐射线)，式(6.4.29)为一组双曲线. 由保角变换的性质知道，两族双曲线式(6.5.29)和式(6.5.30)是互相正交的.

由式(6.5.28)还可求得

$$\tan\theta'=\frac{y}{x}=\frac{-(1/\rho-m\rho)}{(1/\rho+m\rho)}\tan\theta\tag{6.5.33}$$

对于椭圆孔壁 $\rho=1$

$$\tan\theta'=\frac{y}{x}=\frac{-(1-m)}{(1+m)}\tan\theta$$

因此图 6.12(a)中的 A,B,C,D 点与图 6.12(b)中的 A',B',C',D' 点互相对应. 如 6.1 节所述,当需要的 $z=\omega(\zeta)$ 找到后,就可按一定的程序着手求解本问题. 如式(6.5.15)所示,本问题的解为

$$\left.\begin{aligned}\tilde{\varphi}(\zeta)&=\frac{X+\mathrm{i}Y}{2\pi(1+\kappa)}\ln\zeta+B\omega(\zeta)+\varphi_0(\zeta)\\ \tilde{\psi}(\zeta)&=\frac{-\kappa(X-\mathrm{i}Y)}{2\pi(1+\kappa)}\ln\zeta+(B'+\mathrm{i}C')\omega(\zeta)+\psi_0(\zeta)\end{aligned}\right\}\tag{6.5.34}$$

根据本问题的条件 $X=0,Y=0,\sigma_1=p,\sigma_2=0$,从而得

$$B=p/4$$

$$\left.\begin{aligned}B'+\mathrm{i}C'&=-(p/2)\mathrm{e}^{-2\mathrm{i}\beta}\\ B'-\mathrm{i}C'&=-(p/2)\mathrm{e}^{2\mathrm{i}\beta}\end{aligned}\right\}\tag{6.5.35}$$

由式(6.5.27)得

$$\left.\begin{aligned}&\omega(\sigma)=R\left(\frac{1}{\sigma}+m\sigma\right),\quad \overline{\omega(\sigma)}=R\left(\sigma+\frac{m}{\sigma}\right)\\ &\omega'(\sigma)=R\left(m-\frac{1}{\sigma^2}\right),\quad \overline{\omega'(\sigma)}=R(m-\sigma^2)\\ &\frac{\omega(\sigma)}{\overline{\omega'(\sigma)}}=\frac{-(m\sigma^2+1)}{\sigma(\sigma^2-m)},\quad \frac{\overline{\omega(\sigma)}}{\omega'(\sigma)}=\frac{\sigma(\sigma^2+m)}{m(\sigma^2-1)}\end{aligned}\right\}\tag{6.5.36}$$

于是,求 $\varphi_0(\zeta)$ 的公式(6.5.16)成为

$$\varphi_0(\zeta)+\frac{1}{2\pi\mathrm{i}}\int_\gamma\left[\frac{-(m\sigma^2+1)}{\sigma(\sigma^2-m)}\right]\frac{\overline{\varphi_0'(\sigma)}}{\sigma-\zeta}\mathrm{d}\sigma=\frac{1}{2\pi\mathrm{i}}\int_\gamma\frac{f_0\mathrm{d}\sigma}{\sigma-\zeta}$$

由式(6.5.16)可知,上式中等号左边的积分为

$$\frac{1}{2\pi\mathrm{i}}\int_\gamma\left[\frac{-(m\sigma^2+1)}{\sigma(\sigma^2-m)}\right]\left[\sum_{k=1}^{\infty}k\beta_k\sigma^{1-k}\right]\frac{\mathrm{d}\sigma}{\sigma-\zeta}$$

由式(6.5.21)可知,这个积分为零. 于是

$$\varphi_0(\zeta)=\frac{1}{2\pi\mathrm{i}}\int_\gamma\frac{f_0\mathrm{d}\sigma}{\sigma-\zeta}$$

由式(6.5.18)得

$$\begin{aligned}f_0(\sigma)&=-2B\omega(\sigma)-(B'-\mathrm{i}C')\overline{\omega(\sigma)}\\ &=-\frac{p\cdot R}{2}\left(\frac{1}{\sigma}+m\sigma\right)+\frac{p\cdot R}{2}\left(\sigma+\frac{m}{\sigma}\right)\mathrm{e}^{2\mathrm{i}\beta}\end{aligned}$$

以此代入上式,并利用柯西积分公式(6.5.20)和式(6.5.21)可得

$$\varphi_0(\zeta)=\frac{p\cdot R}{2}(\mathrm{e}^{2\mathrm{i}\beta}-m)\zeta\tag{6.5.37}$$

将式(6.5.36)代入式(6.5.26)，经过类似的步骤可得

$$\psi_0(\zeta)=-\frac{p\cdot R}{2}\left[(1-m\mathrm{e}^{-2i\beta})\zeta+(m-\mathrm{e}^{-2i\beta})\left(\frac{m+\zeta^2}{1-m\zeta^2}\right)\zeta\right] \tag{6.5.38}$$

将式(6.5.36)和式(6.5.37)代入式(6.5.34)，并利用式(6.5.35)的结果，最后得到

$$\left.\begin{aligned}\tilde{\varphi}(\zeta)&=\frac{p\cdot R}{4}\left[\frac{1}{\zeta}+(2\mathrm{e}^{2i\beta}-m)\zeta\right]\\ \tilde{\psi}(\zeta)&=-\frac{p\cdot R}{2}\left[\frac{1}{\zeta}\mathrm{e}^{-2i\beta}+\frac{\zeta^3\mathrm{e}^{2i\beta}+(m\mathrm{e}^{2i\beta}-m^2-1)\zeta}{m\zeta^2-1}\right]\end{aligned}\right\} \tag{6.5.39}$$

得到 $\tilde{\varphi}(\zeta)$ 和 $\tilde{\psi}(\zeta)$ 后代入式(6.5.8)中即可求出各应力分量. 由变换式(6.5.27)并注意到 $\bar{\zeta}=\rho^2/\zeta$，先计算出

$$\overline{\omega}(\zeta)=R\left(\frac{\zeta}{\rho^2}+m\frac{\rho^2}{\zeta}\right),\quad \omega'(\zeta)=R\left(m-\frac{1}{\zeta^2}\right)$$

$$\overline{\omega'(\zeta)}=R\left(m-\frac{\zeta^2}{\rho^4}\right),\quad \tilde{\varphi}'(\zeta)=\frac{p\cdot R}{4}\left[(2\mathrm{e}^{2i\beta}-m)-\frac{1}{\zeta^2}\right]$$

$$\tilde{\psi}'(\zeta)=-\frac{p\cdot R}{2}\left[\frac{3\mathrm{e}^{2i\beta}\zeta^2+(m\mathrm{e}^{2i\beta}-m^2-1)}{(m\zeta^2-1)^2}-\frac{\mathrm{e}^{-2i\beta}}{\zeta^2}-\frac{\zeta^3\mathrm{e}^{2i\beta}+(m\mathrm{e}^{2i\beta}-m^2-1)\zeta}{(m\zeta^2-1)^2}\cdot 2m\zeta\right]$$

$$\tilde{\Phi}(\zeta)=\frac{\tilde{\varphi}'(\zeta)}{\omega'(\zeta)}=\frac{p}{4}\left[\frac{(2\mathrm{e}^{2i\beta}-m)\zeta^2-1}{m\zeta^2-1}\right]$$

$$\begin{aligned}\tilde{\Psi}(\zeta)=\frac{\tilde{\psi}'(\zeta)}{\omega'(\zeta)}=\frac{p}{2}\Bigg[&\frac{3\mathrm{e}^{2i\beta}\cdot\zeta^2+(m\mathrm{e}^{2i\beta}-m^2-1)}{(m\zeta^2-1)^2}\cdot\zeta^2-\frac{\mathrm{e}^{-2i\beta}}{m\zeta^2-1}\\ &-\frac{\zeta^3\mathrm{e}^{2i\beta}+(m\mathrm{e}^{2i\beta}-m^2-1)\zeta}{(m\zeta^2-1)^3}\cdot 2m\zeta^3\Bigg]\end{aligned}$$

$$\tilde{\Phi}'(\zeta)=\frac{p}{4}\left[\frac{(2\mathrm{e}^{2i\beta}-m)2\zeta}{m\zeta^2-1}-\frac{(2\mathrm{e}^{2i\beta}-m)\zeta^2-1}{(m\zeta^2-1)^2}\cdot 2m\zeta\right]$$

然后将上述各式代入式(6.5.8)，得

$$\sigma_{\rho\rho}+\sigma_{\theta\theta}=p\cdot\mathrm{Re}\left[\frac{(2\mathrm{e}^{2i\beta}-m)\zeta^2-1}{m\zeta^2-1}\right] \tag{6.5.40}$$

$$\begin{aligned}\sigma_{\theta\theta}-\sigma_{\rho\rho}+2i\tau_{\rho\theta}=&\frac{p(m\rho^4+\zeta^2)\zeta^2}{\rho^4\left(m-\dfrac{\zeta^2}{\rho^4}\right)(m\zeta^2-1)}\cdot\left[2\mathrm{e}^{2i\beta}-m+m\frac{(1+m\zeta^2-2\mathrm{e}^{2i\beta}\zeta^2)}{m\zeta^2-1}\right]\\ &-\frac{p}{\rho^2\left(m-\dfrac{\zeta^2}{\rho^4}\right)}\Bigg[\mathrm{e}^{-2i\beta}-\left(\frac{3\mathrm{e}^{2i\beta}\zeta^2+m\mathrm{e}^{2i\beta}-m^2-1}{m\zeta^2-1}\right)\zeta^2\\ &+\frac{(\mathrm{e}^{2i\beta}\zeta^2+m\mathrm{e}^{2i\beta}-m^2-1)}{(m\zeta^2-1)^2}\cdot 2m\zeta^4\Bigg]\end{aligned} \tag{6.5.41}$$

将上式实部与虚部分开后即可得各应力分量的表达式. 最重要的是孔边的周向应力 $\sigma_{\theta\theta}(\sigma)$. 在单位圆 γ 上，$\sigma_{\rho\rho}=0$，因此

$$\sigma_{\theta\theta}(\sigma) = p\mathrm{Re}\,\frac{(2\mathrm{e}^{2\mathrm{i}\beta} - m)\sigma^2 - 1}{m\sigma^2 - 1}$$

$$= p\,\frac{[1 - m^2 + 2m\cos 2\beta - 2\cos 2(\theta + \beta)]}{1 + m^2 - 2m\cos 2\theta} \tag{6.5.42}$$

式(6.5.42)的结果和式(6.2.16)是等效的.

当 $\beta = \pi/2$(应力 p 垂直于椭圆长轴)时

$$\sigma_{\max} = \sigma_{\theta\theta}\big|_{\theta=0} = \left(\frac{3 - 2m - m^2}{1 - 2m + m^2}\right)p = \left(2\,\frac{a}{b} + 1\right)p \tag{6.5.43}$$

这个结果和式(6.2.18)是等效的.

$$\sigma_{\min} = \sigma_{\theta\theta}\big|_{\theta=\pm\pi/2} = -p \tag{6.5.44}$$

这个结果和式(6.2.19)是等效的.

当 $b \to 0(m \to 1)$时椭圆退化成一条裂纹,按上述结果 $\sigma_{\max} \to \infty$,这个问题正是断裂力学重点讨论的对象.

第7章 受压裂纹周围的应力场

7.1 扰动应力、背景应力与绝对应力

7.1.1 叠加原理的应用

在线弹性断裂力学中，叠加原理仍然有效. 对于三种类型裂纹，应用叠加原理后可使问题变换如下。

如图7.1所示，在无穷远处(板的边缘)受载荷作用而裂纹表面应力自由的裂纹问题(问题A)，转化为问题B与C的叠加，表现在应力分量和位移分量的关系上就是

$$\sigma_{ij}^{A}=\sigma_{ij}^{B}+\sigma_{ij}^{C} \quad (i,j=1,2,3) \tag{7.1.1}$$

$$u_{i}^{A}=u_{i}^{B}+u_{i}^{C} \quad (i=1,2,3) \tag{7.1.2}$$

问题B相当于除板边力以外，在裂纹面上还作用一组反力，使裂纹恢复原状，从而相当于裂纹不存在，σ_{ij}^{B}相当于无裂纹的背景应力场，或者叫做名义应力场、本底应力场. 因此问题B是一般的弹性力学问题. 它的解在研究裂纹尖端的应力奇异性时是可以不予考虑的. 问题C是裂纹表面受应力作用而板边不受力的问题. 虽然在裂纹端部问题的意义上，问题A等价于问题C，但是在全场问题中，问题A和问题C不等价. 我们称问题A得到的应力为绝对应力，称问题C得到的应力为裂纹扰动应力，简称为扰动应力或裂纹应力. 扰动应力在不同场合有不同的命名，例如，附加应力、诱发应力(Jaeger and Cook, 1979)等. 在断层与地震学中，它被称为"库仑应力变化"，指一次地震发生之后，地震断层破裂在周围固体介质中产生的静态扰动应力场.

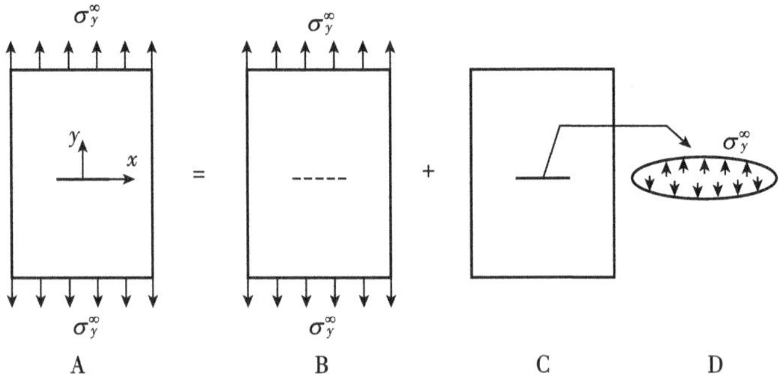

(a) I型裂纹

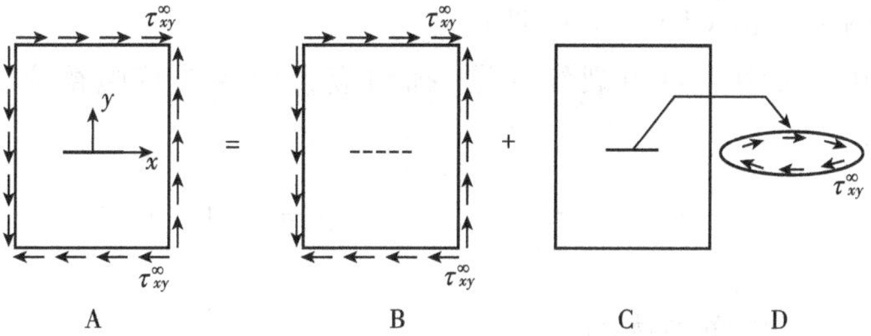

(b) Ⅱ型裂纹

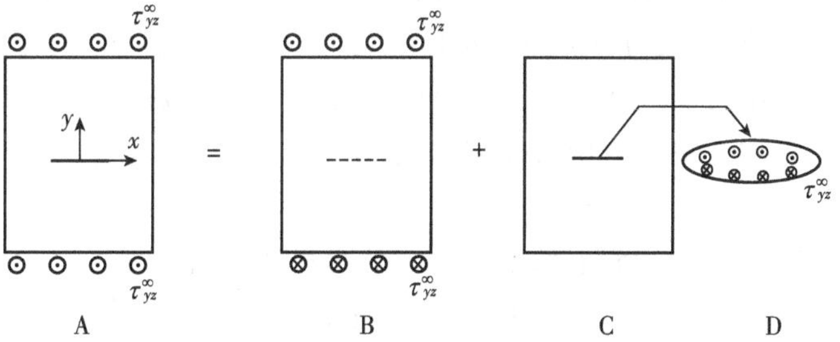

(c) Ⅲ型裂纹

图 7.1　叠加原理的应用(图中 D 为问题 C 中裂纹表面所受载荷情况的放大示意图)

在计算中,有时除需要知道每个问题部分的应力分量和位移分量之外,还需要知道每个问题各自的主应力和最大剪切力. 例如,主应力就分为扰动主应力 σ_i^{c}、背景主应力 σ_i^{∞} 和总的主应力 σ_i($i=1,2,3$),它们需要由各自的分量求出. 但需要提示的是,这三种主应力之间没有简单的线性关系,不能采用简单的叠加计算. 最大剪切力也是这样.

7.1.2　自由裂纹面的扰动应力函数

裂纹面也叫做内边界. 原问题中裂纹面本来是自由的,裂纹面上的载荷原来不存在,问题 C 中的内边界载荷实际是通过叠加原理折算上去的,因此也称之为虚拟载荷. 一般以上裂纹面上的载荷为符号参照,但利用柯西方程(附录Ⅰ)可以看出,上裂纹面上的载荷和应力的符号实际是相反的. 事实上,将二维问题的柯西方程列出,对于上裂纹面,其法向矢量余弦为 $l=0, m=-1$,因此

$$\begin{pmatrix} T_x \\ T_y \end{pmatrix}=\begin{pmatrix} \sigma_{xx} & \tau_{xy} \\ \tau_{xy} & \sigma_{yy} \end{pmatrix}\begin{pmatrix} 0 \\ -1 \end{pmatrix}=\begin{pmatrix} -\tau_{xy} \\ -\sigma_{yy} \end{pmatrix}$$

对于下裂纹面,其法向矢量余弦为 $l=0, m=+1$,

$$\begin{pmatrix} T_x \\ T_y \end{pmatrix}=\begin{pmatrix} \sigma_{xx} & \tau_{xy} \\ \tau_{xy} & \sigma_{yy} \end{pmatrix}\begin{pmatrix} 0 \\ +1 \end{pmatrix}=\begin{pmatrix} \tau_{xy} \\ \sigma_{yy} \end{pmatrix}$$

由于我们多以上裂纹面边界的载荷方向确定符号,因此记裂纹面上的虚拟载荷

为 $T_J=\sigma_J^\infty$ 而不是 $-\sigma_J^\infty$（$J=$ Ⅰ，Ⅱ，Ⅲ）.

对于无限大板中心自由裂纹问题，扰动应力的威斯特嘎德应力函数可以统一写成

$$Z_J^c=\left(\frac{z}{\sqrt{z^2-a^2}}-1\right)\sigma_J^\infty \quad (J=\text{Ⅰ},\text{Ⅱ},\text{Ⅲ}) \tag{7.1.3}$$

7.1.3　非自由裂纹面的扰动应力

在另外一种情况下，裂纹面不是自由的，裂纹面上还有真实载荷.真实载荷多半不是均匀分布的常数，而是分布函数，因此记真实载荷为 $T_J^b(x)$. 对于Ⅰ型裂纹，真实载荷多半是孔隙压力 $p_0(x)$，对于Ⅱ型和Ⅲ型裂纹，真实载荷多半是摩擦力 $\tau^f(x)$，它的作用方向总是和外来的剪切力作用相反.定义

$$T_{Je}=T_J^b(x)+\sigma_J^\infty \quad (J=\text{Ⅰ},\text{Ⅱ},\text{Ⅲ}) \tag{7.1.4}$$

称 T_J^e 为**等效载荷**.此时裂纹面上的扰动应力的边界条件为

$$\sigma_{yJ}^c=-T_{Je} \quad (J=\text{Ⅰ},\text{Ⅱ},\text{Ⅲ}) \tag{7.1.5}$$

在求解应力和位移的全场式时，需要建立裂纹多极坐标系，如图 7.2 所示.

$$z=r_0e^{i\theta_0},\quad z-a=r_1e^{i\theta_1},\quad z+a=r_2e^{i\theta_2} \tag{7.1.6}$$

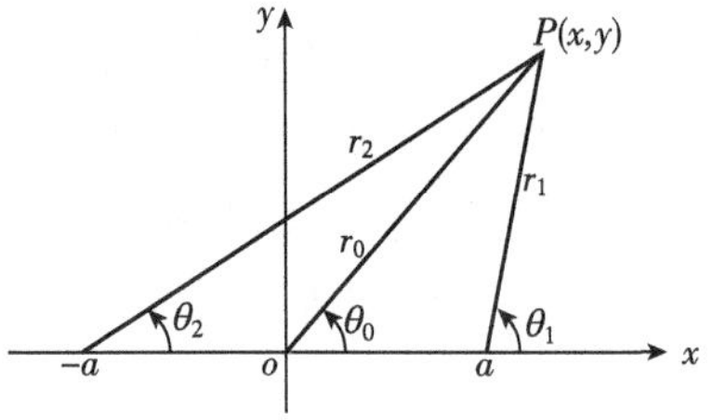

图 7.2　裂纹多极坐标系

得到扰动应力函数的辐角式为

$$Z_J^c=\left[\frac{r_0}{\sqrt{r_1\cdot r_2}}e^{i\left(\theta_0-\frac{\theta_1+\theta_2}{2}\right)}-1\right]q_J^e \quad (J=\text{Ⅰ},\text{Ⅱ},\text{Ⅲ}) \tag{7.1.7}$$

7.2　含孔隙压力的Ⅰ型裂纹

7.2.1　含孔隙压力的受压Ⅰ型裂纹

考察无限大线弹性平板内的一条尺度为 $2a$ 的 Griffith 裂纹，边缘受到均布双轴压力 p_1 和 p_2，裂纹面内受到正压力 $-p_0$. 这样，裂纹所受到的有效正应力实际是 $-p_1+p_0$. 在 $p_0<p_1$ 的情况下，裂纹面受压只能闭合，且不存在扰动应力，但如果 $p_0>p_1$，裂纹面就受到使其张开的力.如图 7.3 所示，问题 A 可以转化为问题 B 与 C

的叠加，问题 B 相当于无裂纹，且板边受双向压力 p_1 和 p_2 作用的背景应力场. 问题 C 是裂纹表面受应力 $\sigma_{\mathrm{I}}^{\mathrm{e}}=p_0-p_1$ 作用而板边不受力的裂纹扰动应力问题.

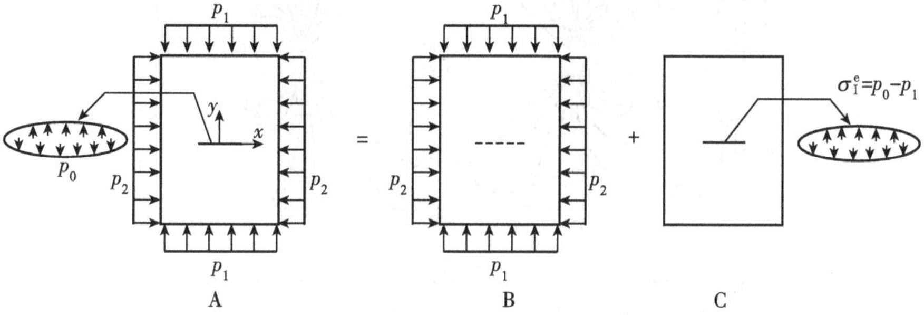

图 7.3　无限大平板中心裂纹受双向压力及孔隙压力

7.2.2　裂纹扰动应力场

在第 2 章相应的应力分量式中取 $A=0$，就得到 I 型裂纹扰动应力

$$\left.\begin{aligned}\frac{\sigma_{xx}^{\mathrm{c}}+\sigma_{yy}^{\mathrm{c}}}{2}&=\mathrm{Re}Z_{\mathrm{I}}^{\mathrm{c}}(z)\\ \frac{\sigma_{xx}^{\mathrm{c}}-\sigma_{yy}^{\mathrm{c}}}{2}&=-y\mathrm{Im}\,Z'^{\mathrm{c}}_{\mathrm{I}}(z)\\ \tau_{xy}^{\mathrm{c}}&=-y\mathrm{Re}Z'^{\mathrm{c}}_{\mathrm{I}}(z)\end{aligned}\right\}\tag{7.2.1}$$

其中，威斯特嘎德应力函数为

$$Z_{\mathrm{I}}^{\mathrm{c}}=\left(\frac{z}{\sqrt{z^2-a^2}}-1\right)\sigma_{\mathrm{I}}^{\mathrm{e}}\tag{7.2.2}$$

等效应力为

$$\sigma_{\mathrm{I}}^{\mathrm{e}}=p_0-p_1\tag{7.2.3}$$

将扰动应力分量和主应力、最大剪应力变换为辐角式，计算出的等值线分别显示在图 7.4(a)～(f)中. 其中令 $p_0=200$，$p_1=100$，于是 $\sigma_{\mathrm{I}}^{\mathrm{e}}=100$.

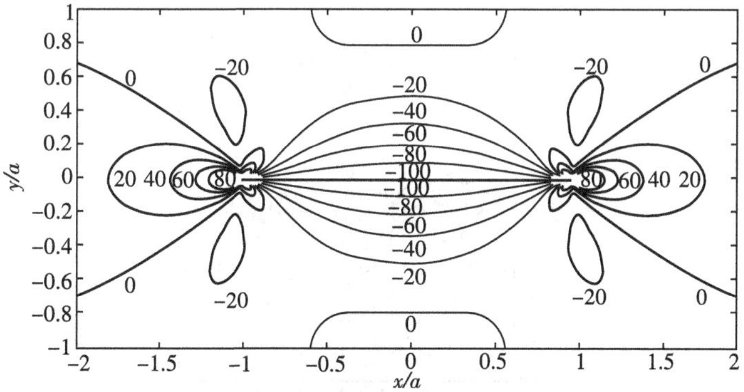

(a)σ_{xx}^{c}

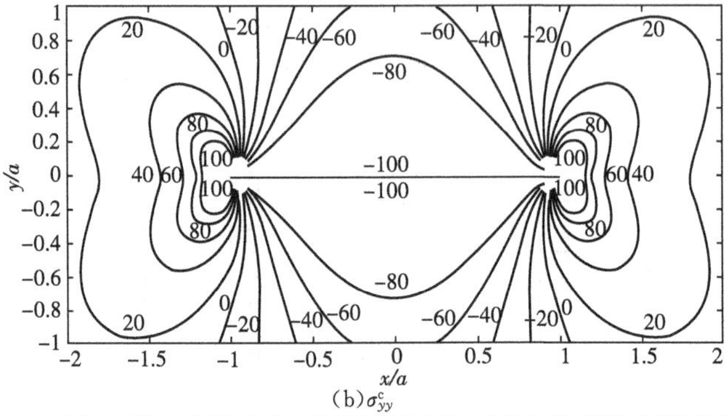

(b) σ_{yy}^{c}

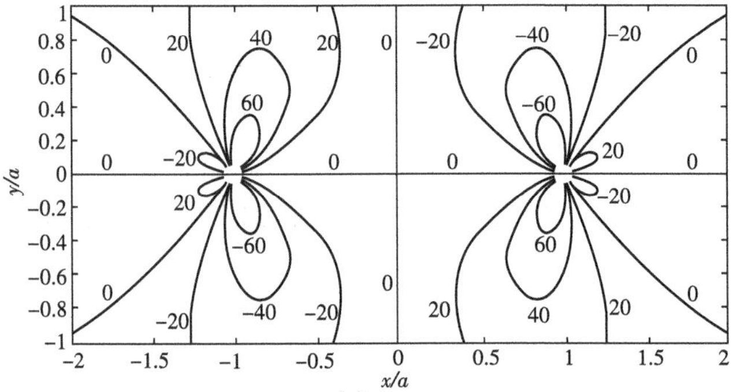

(c) τ_{xy}^{c}

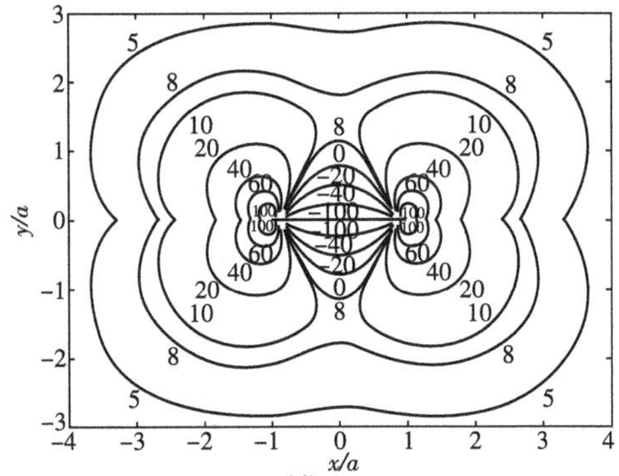

(d) σ_{1}^{c}

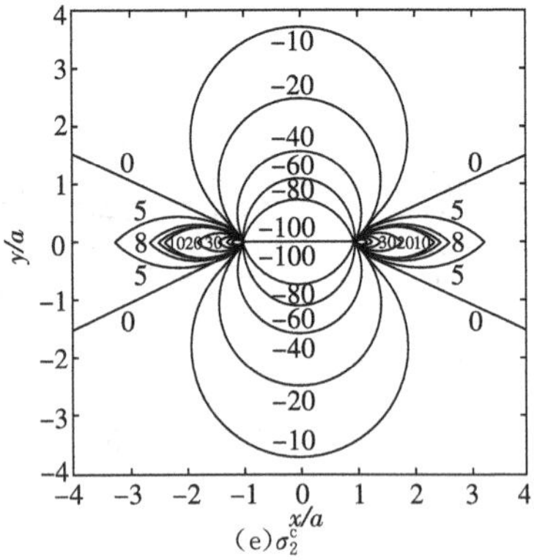

(e) σ_{2}^{c}

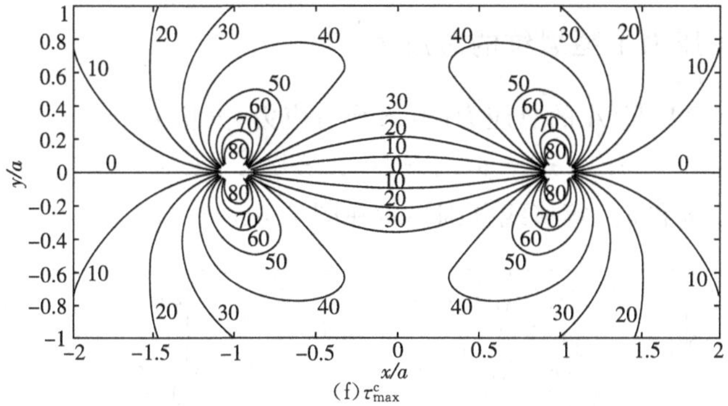

(f) $\tau_{\max}^{c}$

图 7.4　受压含孔隙压力Ⅰ型裂纹扰动应力分量等值线

其中，$p_0=200$，$p_1=100$，于是 $\sigma_1^{\rm f}=100$

7.2.3　裂纹扰动位移场

在第 2 章Ⅰ型裂纹相应位移式中取 $A=0$，就得到裂纹扰动位移场

$$\left.\begin{aligned}2\mu u^{c}&=\left(\frac{k-1}{2}\right)\mathrm{Re}\widetilde{Z}_{\mathrm{I}}^{c}-y\mathrm{Im}Z_{\mathrm{I}}^{c}\\2\mu v^{c}&=\left(\frac{k+1}{2}\right)\mathrm{Im}\widetilde{Z}_{\mathrm{I}}^{c}-y\mathrm{Re}Z_{\mathrm{I}}^{c}\end{aligned}\right\}\tag{7.2.4}$$

上式变换为辐角式后分别由图 7.5(a)和(b)画出等值线.

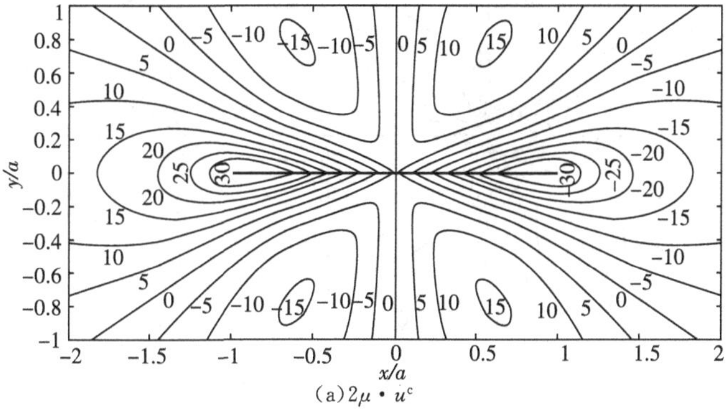

(a) $2\mu\cdot u^{c}$

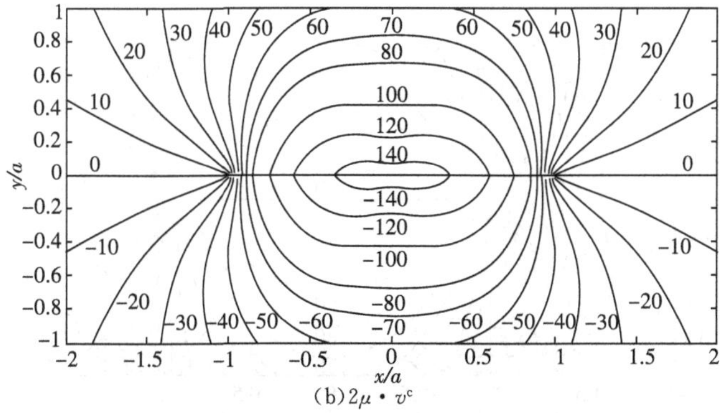

(b) $2\mu\cdot v^{c}$

图 7.5　Ⅰ型裂纹扰动位移等值线

其中，$p_0=200$，$p_1=100$，于是 $\sigma_1^{\rm f}=100$

7.2.4 有孔隙压力Ⅰ型裂纹的总应力

进一步就得到问题 A 的总应力(或曰绝对应力)分量为

$$\sigma_{xx}=\sigma_{xx}^{c}-p_2,\quad \sigma_{yy}=\sigma_{yy}^{c}-p_1,\quad \tau_{xy}=\tau_{xy}^{c} \tag{7.2.5}$$

计算出的 σ_{yy}、σ_1、σ_2 和 σ_{max} 等值线分别显示在图 7.6(a)～(d)中.

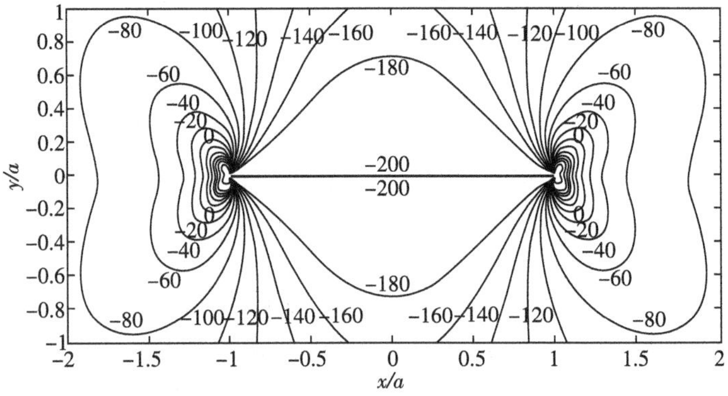

(a)σ_{yy}

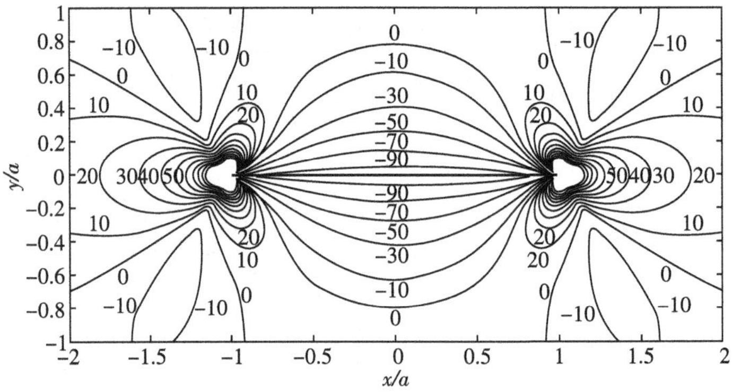

(b)σ_1

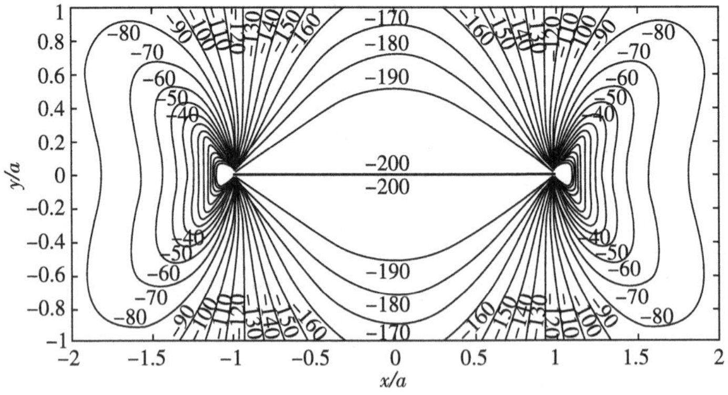

(c)σ_2

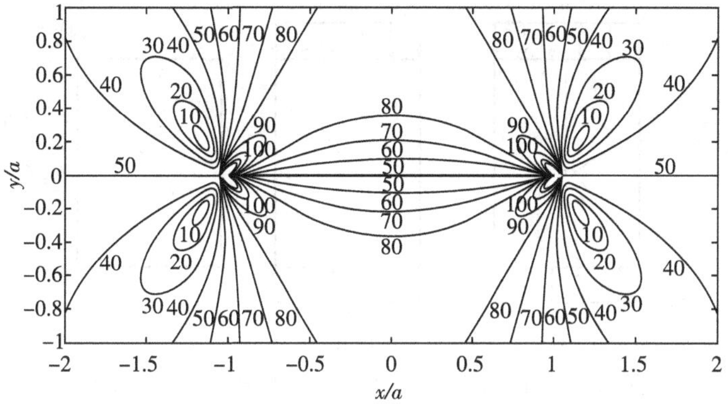

(d) $\tau_{\max}$

图 7.6　有孔隙压力 Ⅰ 型裂纹的绝对应力等值线

其中，$p_0=200$，$p_1=100$，$p_2=0$，于是 $\sigma_1^{f}=100$

7.3　受单轴压的斜裂纹

7.3.1　边界条件

无限大线弹性平板内的一条尺度为 $2a$ 的斜裂纹，边缘受到均布单轴压力 p_1. 裂纹方向和 p_1 作用方向的夹角为 β(称为裂纹角)，建立直角坐标系 Oxy，x 轴与裂纹方向平行，y 轴与裂纹中垂线重合，如图 7.7(a)所示. 这里的 p_1 本身是正数. 记 $\sigma_x^\infty=\sigma_{xx}^\infty$，$\sigma_y^\infty=\sigma_{yy}^\infty$，$\tau^\infty=\tau_{xy}^\infty$，远场应力分量为

$$\sigma_x^\infty=-p_1\cos^2\beta,\quad \sigma_y^\infty=-p_1\sin^2\beta\tau^\infty=-p_1\sin\beta\cos\beta \tag{7.3.1}$$

裂纹面受到的正应力为

$$\sigma_N=\sigma_y^\infty=-p_1\sin^2\beta \tag{7.3.2}$$

由于裂纹面受到压力而闭合，裂纹面不是自由的，它应属于**纯 Ⅱ 型裂纹**，且上面有摩擦力 $\tau^f(x)$分布. 在摩擦系数为常数的简化假设下，裂纹表面受到等效剪应力.

$$\begin{aligned}\tau_e&=\tau_{xy}^\infty+\tau_0-f_d\cdot\sigma_y^\infty\\&=-p_1\sin\beta(\cos\beta-f_d\cdot\sin\beta)+\tau_0\end{aligned} \tag{7.3.3}$$

其中，f_d 为滑动摩擦系数. 这里的 $\tau_e<0$ 与坐标的设置有关.

在应力分析中，上述问题(A)就是由式(7.3.1)表示的均匀应力场(B)和有效剪切力 $\tau_e(x)$产生的裂纹扰动应力场(C)的叠加，如图 7.7 所示. 扰动应力的威斯特嘎德函数为

$$Z_{\mathrm{II}}^{c}=\left(\frac{z}{\sqrt{z^2-a^2}}-1\right)\tau_e \tag{7.3.4}$$

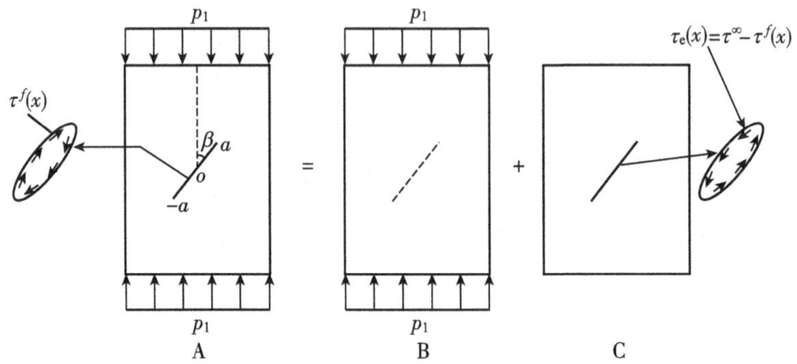

图 7.7　无限大平板中心斜裂纹受单轴压力模型分解

扰动应力分量为

$$\left.\begin{aligned}\sigma_{xx}^{c}&=2\mathrm{Im}Z_{\mathrm{II}}^{c}+y\mathrm{Re}Z^{c\prime}_{\mathrm{II}}\\ \sigma_{yy}^{c}&=-y\mathrm{Re}Z^{c\prime}_{\mathrm{II}}\\ \tau_{xy}^{c}&=\mathrm{Re}Z_{\mathrm{II}}^{c}-y\mathrm{Im}Z^{c\prime}_{\mathrm{II}}\end{aligned}\right\}\tag{7.3.5}$$

按图 7.1 和式(7.1.6)建立裂纹多极坐标系代入式(7.3.5)得到辐角式.本节的计算方案取 $f_d=0.4, p_2=0, \tau_0=0$,则**最优裂纹角**由第 8 章给出为 $\beta=\frac{1}{2}\arctan\frac{1}{f_d}\approx 34.0993°$.若取 $p_1=200$,则由式(7.3.3),$\tau_e=-67.70329$.用式(7.3.11)计算得到的扰动应力分量 $\sigma_{xx}^c, \sigma_{yy}^c, \tau_{xy}^c$ 的等值线,分别显示在图 7.8(a)~(f)中.

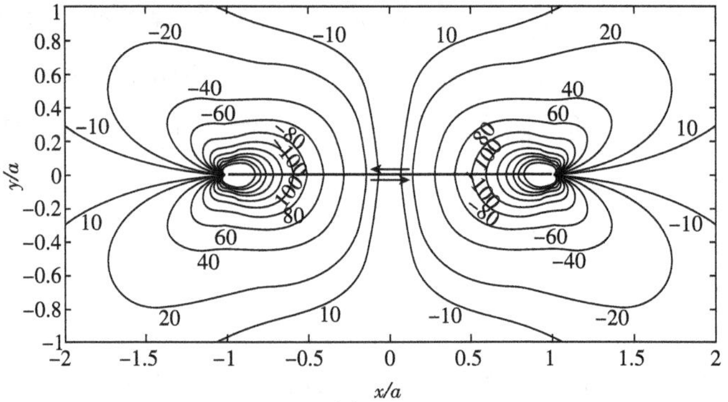

(a)σ_{xx}^c

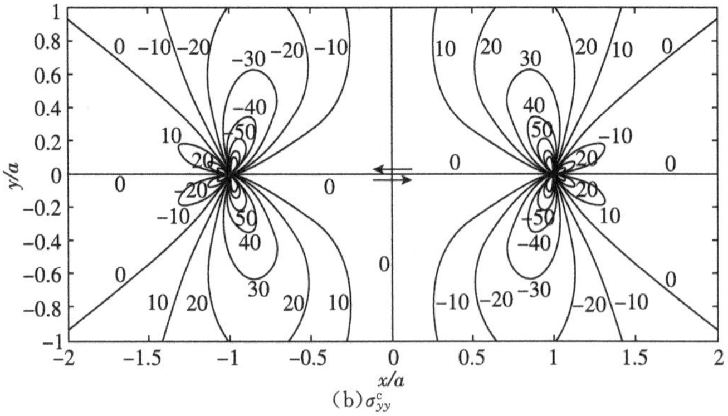

(b)σ_{yy}^c

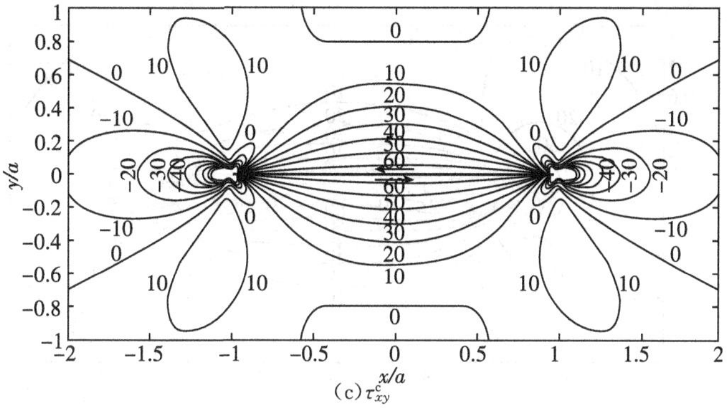

(c) τ_{xy}^{c}

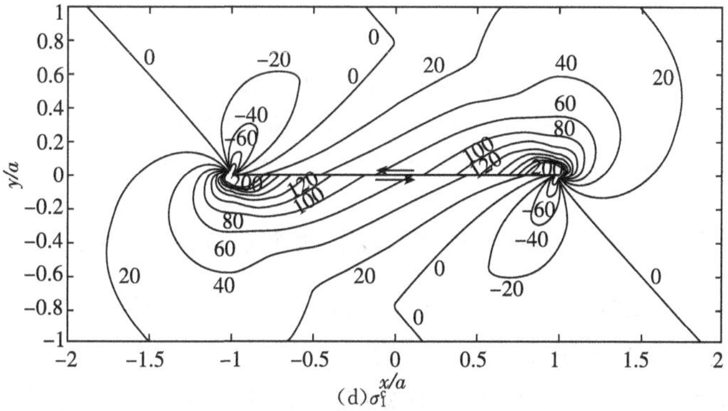

(d) σ_{1}^{c}

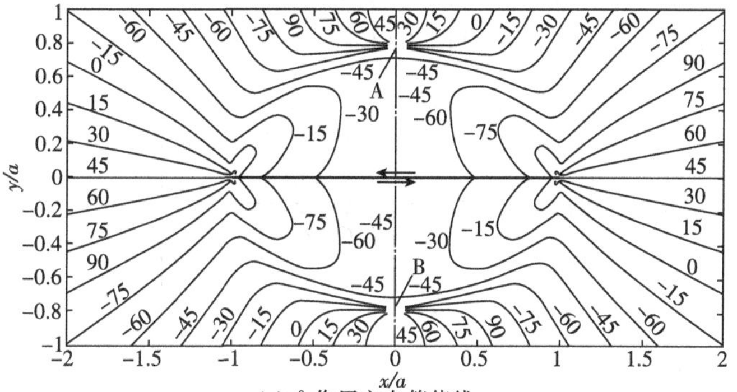

(e) σ_{1}^{c} 作用方向等值线

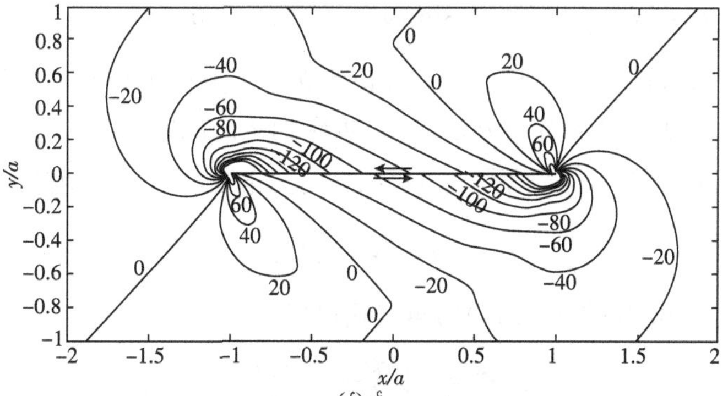

(f) σ_{2}^{c}

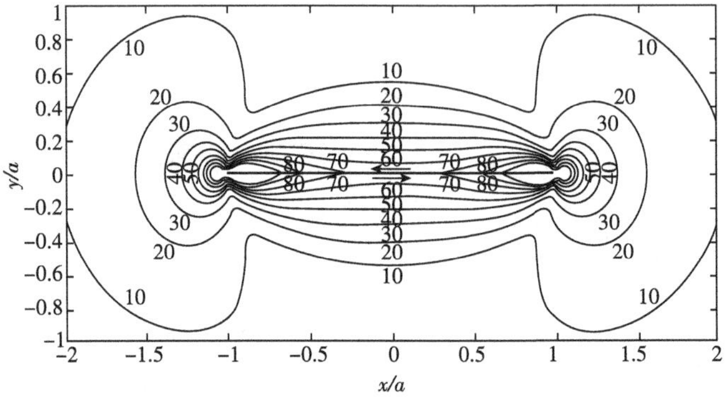

(g) $\tau_{\max}^{c}$

图 7.8　受单轴压(斜)Ⅱ型裂纹的扰动应力

裂纹面两侧的箭头指裂纹面错动的方向，

取 $f_d=0.4, p_1=200, p_2=0$，则 $\beta=34.0993°, \tau_e=-67.70329$

由图 7.8(d)可以看出 $\sigma_1^c=0$ 的等值线有两个拐点，标记为 A 和 B，这两个拐点的位置是关于 x 轴对称的，位于 $x=0, y=\pm a\sqrt{(\sqrt{5}-1)/2}\approx\pm0.78615a$ 处. 关于 A 和 B 这两个点，在下面还要进一步讨论.

图 7.8(e)画出的是 σ_1^c 作用方向的等值线. 图中所示数量为 σ_1^c 作用方向与 x 轴的夹角 α，单位为度. 记 σ_1^c 的作用方向为(l_1, m_1)，即 $l_1=\cos\alpha, m_1=\sin\alpha$，可以证明

$$\left.\begin{aligned}\cos\alpha&=\pm\frac{\tau_{xy}^c}{\sqrt{(\sigma_1^c-\sigma_{xx}^c)^2+(\tau_{xy}^c)^2}}\\ \sin\alpha&=\pm\frac{\sigma_1^c-\sigma_{xx}^c}{\sqrt{(\sigma_1^c-\sigma_{xx}^c)^2+(\tau_{xy}^c)^2}}\\ \tan\alpha&=\frac{\sigma_1^c-\sigma_{xx}^c}{\tau_{xy}^c}\end{aligned}\right\}\tag{7.3.6}$$

或者利用倍角公式

$$\cos 2\alpha=\frac{\sigma_{xx}^c-\sigma_{yy}^c}{\sigma_1^c-\sigma_2^c},\quad \sin 2\alpha=\frac{2\tau_{xy}^c}{\sigma_1^c-\sigma_2^c},\quad \tan 2\alpha=\frac{2\tau_{xy}^c}{\sigma_{xx}^c-\sigma_{yy}^c}\tag{7.3.7}$$

由图 7.8(e)可以看出 σ_1^c 作用方向等值线在 y 轴上存在两个间断点 A 和 B. 这两个间断点的位置可以用解析的方法求出，步骤如下. 在式(7.3.11)中取 $\theta=\pi/2$，则 $\theta_1+\theta_2=\pi, r_1=r_2=r'=\sqrt{a^2+r_0^2}$，且 $x=0, y=r_0$，由式(7.3.11)的前两式得到

$$\frac{1}{2}(\sigma_{xx}^c+\sigma_{yy}^c)=0,\quad \frac{1}{2}(\sigma_{xx}^c-\sigma_{yy}^c)=0$$

因此有 $\sigma_{xx}^c=\sigma_{yy}^c=0$. 由式(7.3.11)的第三式得到

$$\tau_{xy}^c=\tau_e\left(\frac{r_0}{r'}-1+\frac{a^2r_0}{r'^3}\right)$$

或

$$\tau_{xy}^{c}=\tau_{e}\left(\frac{y}{\sqrt{a^{2}+y^{2}}}+\frac{a^{2}y}{(a^{2}+y^{2})^{3/2}}-1\right) \tag{7.3.8}$$

显然，τ_{xy}^{c} 也存在零点，它的位置由方程

$$\frac{y}{\sqrt{a^{2}+y^{2}}}+\frac{a^{2}y}{(a^{2}+y^{2})^{3/2}}=1 \tag{7.3.9}$$

决定. 解方程(7.3.9)得到根为 $y=\pm a\sqrt{(\sqrt{5}-1)/2}$. 因此，在 $x=0$，$y=\pm a\sqrt{(\sqrt{5}-1)/2}$，即图 7.8(e)中 A 和 B 处，$\sigma_{xx}^{c}=\sigma_{yy}^{c}=\tau_{xy}^{c}=0$，进一步所有主应力 $\sigma_{1}^{c}=\sigma_{2}^{c}=0$. 由前面的证明，在点 A 和 B 的位置，$\sigma_{xx}^{c}=\sigma_{yy}^{c}=\tau_{xy}^{c}=0$，因而所有主应力 $\sigma_{1}^{c}=\sigma_{2}^{c}=0$. 因此图 7.8(e)的点 A 和 B 与图 7.8(d)中 A 和 B 的位置相同，均在

$$A\left(0, a\sqrt{(\sqrt{5}-1)/2}\right) \text{和} B\left(0, -a\sqrt{(\sqrt{5}-1)/2}\right)$$

将在这两个点的应力数值代入式(7.3.6)和式(7.3.7)，可以看出 $\cos 2\alpha$ 和 $\sin 2\alpha$ 均为 0/0，即 α 为不确定值. 不难看出，这两个点为 α 值的突变点. 例如，在直线 $x=0$ 上，$|y|<\sqrt{(\sqrt{5}-1)/2}\,a$ 处，$\alpha=-45°$，但在 $x=0$，$|y|>\sqrt{(\sqrt{5}-1)/2}\,a$ 处，$\alpha=+45°$. 因此 A，B 两点成为 α 等值线的间断点. 这也就是为什么在图 7.5(d)中，点 α 成为扰动主应力 σ_{1}^{c} 等值线的拐点. α 等值线在 A，B 两点附近呈汇聚状. 我们称 A，B 两点为**盲点**，或**极点**.

7.3.2 受单轴压(斜)Ⅱ型裂纹的扰动位移场

在式(3.3.5)中取 $C=0$，就得到Ⅱ型裂纹扰动位移

$$\left.\begin{aligned}2\mu u^{c}&=\left(\frac{\kappa+1}{2}\right)\operatorname{Im}\widetilde{Z}_{\mathrm{II}}^{c}+y\operatorname{Re}Z_{\mathrm{II}}^{c}\\2\mu v^{c}&=-\left(\frac{\kappa-1}{2}\right)\operatorname{Re}\widetilde{Z}_{\mathrm{II}}^{c}-y\operatorname{Im}Z_{\mathrm{II}}^{c}\end{aligned}\right\} \tag{7.3.10}$$

将上式变换为辐角式，计算得到的 $2\mu\cdot u^{c}$ 和 $2\mu\cdot v^{c}$ 等值线分别显示在图 7.9(a)和(b)中.

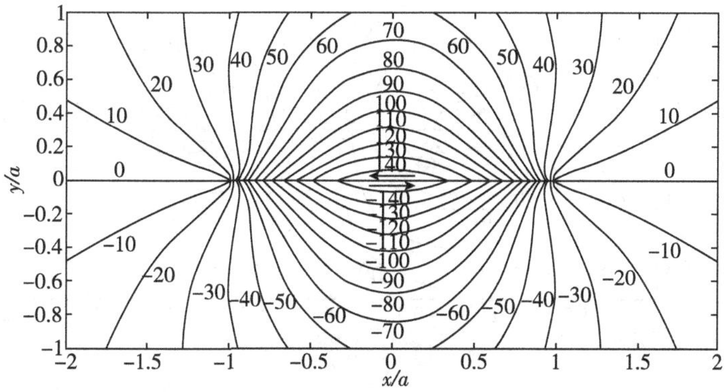

(a) $2\mu\cdot u^{c}$

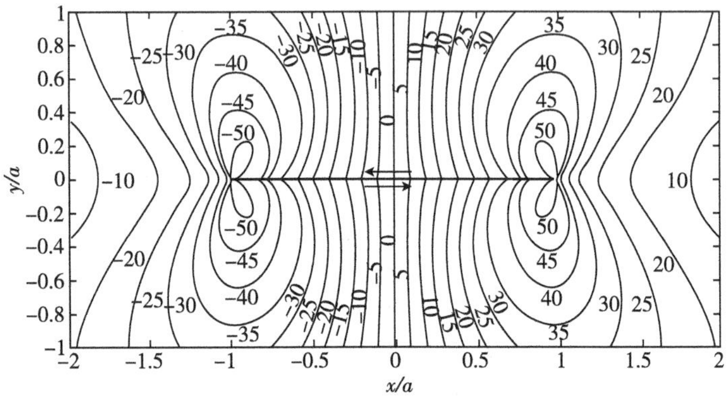

(b) $2\mu \cdot v^{c}$

图 7.9　Ⅱ型裂纹的扰动位移等值线

取 $f_{d}=0.4$，$p_{1}=200$，$p_{2}=0$，则 $\beta=34.099°$，$\tau_{e}=-67.703$。图 7.9(b)是对“导论”(李世愚等，2009)图 2.14(h)的修正

7.3.3　受单轴压Ⅱ型裂纹周围的总(绝对)应力

受单轴压斜裂纹的全场总应力(或曰绝对应力)值是

$$\left.\begin{aligned}\sigma_{xx}&=\sigma_{xx}^{c}-p_{1}\cos^{2}\beta\\ \sigma_{yy}&=\sigma_{yy}^{c}-p_{1}\sin^{2}\beta\\ \tau_{xy}&=\tau_{xy}^{c}-p_{1}\sin\beta\cos\beta\end{aligned}\right\}\tag{7.3.11}$$

计算得到的各个总(绝对)应力分量显示在图 7.10(a)～(c)中.

此时应力强度因子为

$$K_{\mathrm{II}}=\left[-p_{1}\sin\beta(\cos\beta-f_{d}\cdot\sin\beta)+\tau_{0}\right]\sqrt{\pi a}\tag{7.3.12}$$

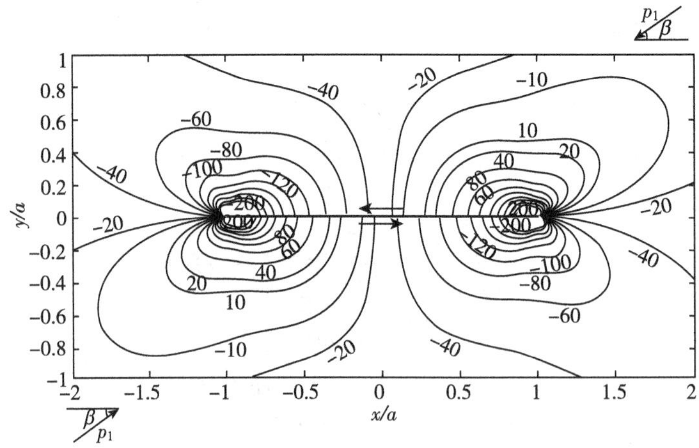

(a) σ_{xx}

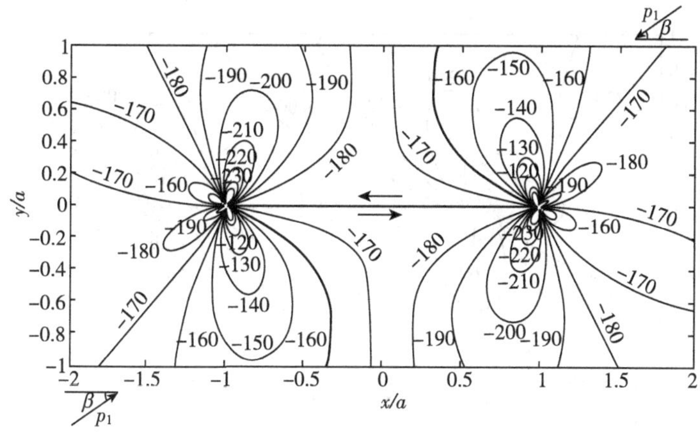

(b) σ_{yy}

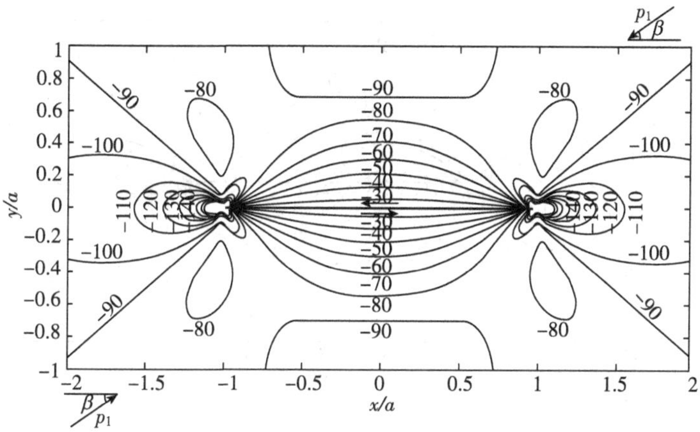

(c) τ_{xy}

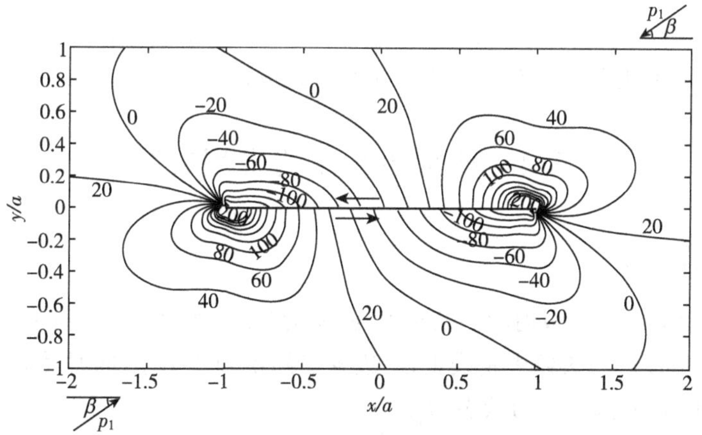

(d) σ_1

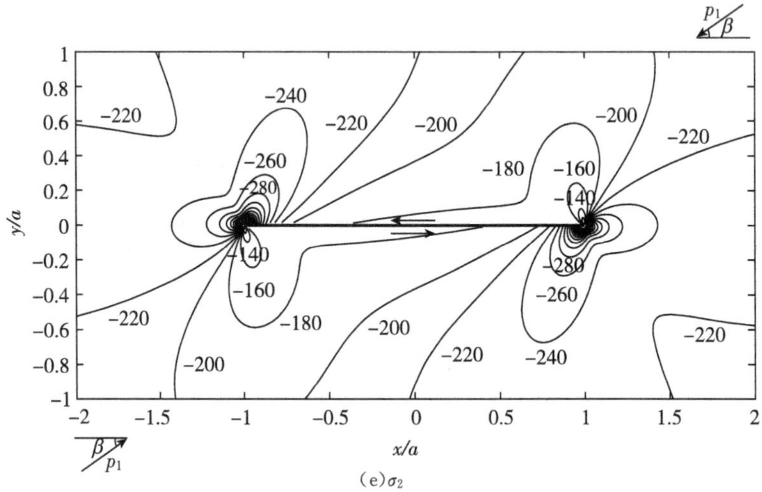

(e)σ_2

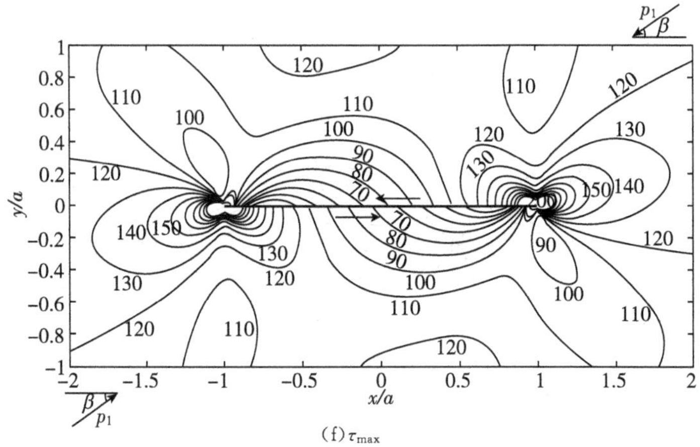

(f)$\tau_{\max}$

图 7.10　受单轴压力斜裂纹周围的总(绝对)应力等值线

取 $f_d=0.4, p_1=200, p_2=0$,则 $\beta=34.099°, \tau_e=-67.703$

将图 7.10(d)与图 7.8(d)比对,图 7.10(e)与图 7.8(f)比对,可以看出它们之间在中场和远场有明显不同,说明二者并不简单地成比例.

7.4　叠加单轴压的Ⅲ型裂纹

7.4.1　边界条件

考察无限大线弹性板内的一条尺度为 $2a$ 的裂纹,建立直角坐标系 Oxy, x 轴与裂纹方向平行,y 轴与裂纹中垂线重合,边缘受到单轴压力 p,同时受到剪切力 $\tau_{yz}^{\infty}=\tau^{\infty}$,如图 7.11 所示远场应力状态为

$$\sigma_{xx}^{\infty}=\sigma_{zz}^{\infty}=0, \quad \sigma_{yy}^{\infty}=-p, \quad \tau_{yz}^{\infty}=\tau^{\infty}, \quad \tau_{xy}^{\infty}=\tau_{xz}^{\infty}=0 \qquad (7.4.1)$$

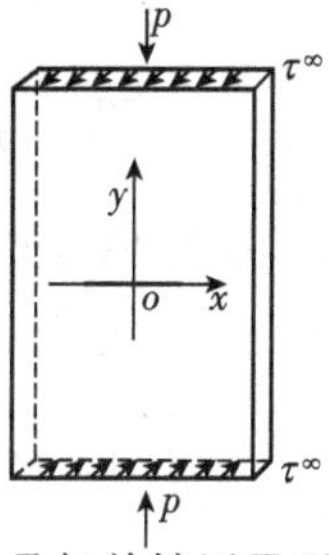

图 7.11　叠加单轴压Ⅲ型裂纹模型

裂纹面受到的远场剪应力为 $\tau_{yz}^{\infty}=\tau^{\infty}$，正应力为 $\sigma_N=-p$. 该问题 A 可以分解为由均匀应力场(B)和有效剪切力 $\tau_e(x)$产生的裂纹扰动应力场(C)的叠加(图 7.12).

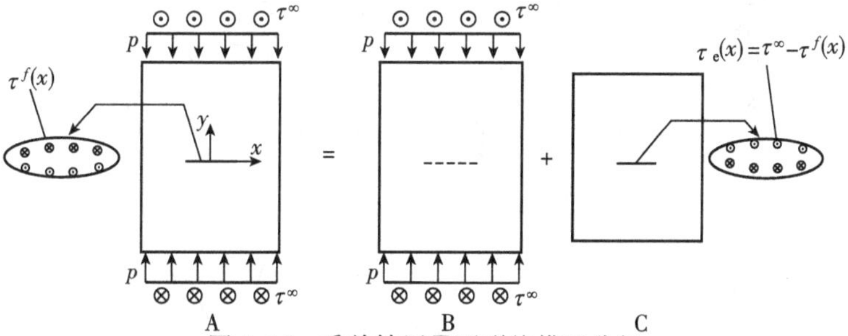

图 7.12　受单轴压Ⅲ型裂纹模型分解

裂纹表面受到等效剪应力为

$$\tau_e(x)=\tau^{\infty}-\tau^f(x) \tag{7.4.2}$$

它的作用方向是朝向 z 轴的方向. 一般情况下，摩擦力 $\tau^f(x)$是非均匀分布的函数，因此 $\tau_e(x)$也是非均匀分布的函数. 在摩擦系数等于一个常数 f 的情况下，τ_e也成为一个常数

$$\tau_e=\tau^{\infty}-\tau_0-f\cdot p \tag{7.4.3}$$

7.4.2　Ⅲ型裂纹的扰动应力场

扰动应力分量由式(3.5.6)给出，

$$\left.\begin{aligned}\tau_{xz}^c&=\mathrm{Im}Z_{\mathrm{III}}^c\\ \tau_{yz}^c&=\mathrm{Re}Z_{\mathrm{III}}^c\end{aligned}\right\} \tag{7.4.4}$$

其中

$$Z_{\mathrm{III}}^c=\left(\frac{z}{\sqrt{z^2-a^2}}-1\right)\tau_e$$

其余分量 $\sigma_{xx}^c=\sigma_{yy}^c=\tau_{xy}^c=\sigma_{zz}^c=0$. 三个扰动主应力为

$$\left.\begin{aligned}\sigma_1^c&=\sqrt{(\tau_{xz}^c)^2+(\tau_{yz}^c)^2}\\ \sigma_2^c&=0\\ \sigma_3^c&=-\sqrt{(\tau_{xz}^c)^2+(\tau_{yz}^c)^2}\end{aligned}\right\} \tag{7.4.5}$$

最大剪应力为

$$\tau_{\max}^{c}=\frac{\sigma_1^{c}-\sigma_3^{c}}{2}=\sigma_1^{c} \tag{7.4.6}$$

τ_{xz}^{c}，τ_{yz}^{c} 和 σ_1^{c} 的等值线分别显示在图 7.13(a)～(c)中. 这里假定 $f=0.7$，$p=100$，$\tau^{\infty}=100$，$\tau_0=0$. 代入式(7.4.3)，算得 $\tau_e=30$. 由于 $\tau_{\max}^{c}=\sigma_1^{c}$，因此 $\tau_{\max}^{c}$ 不再另画.

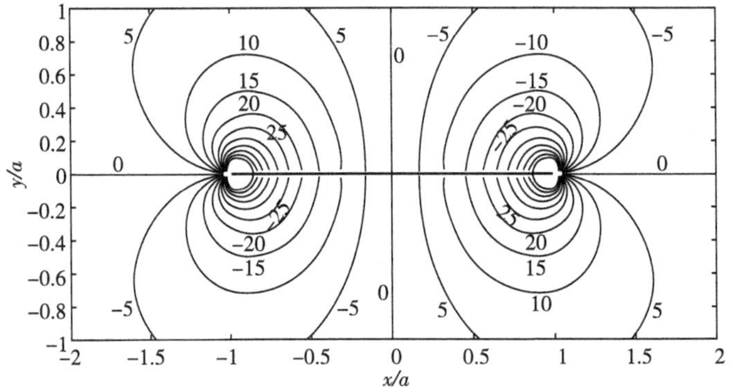

(a) τ_{xz}^{c}

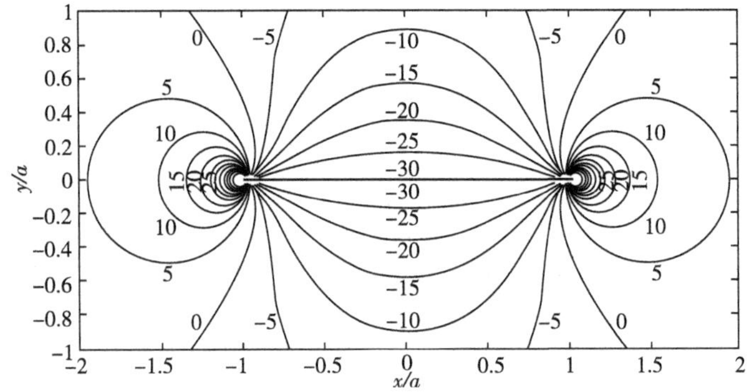

(b) τ_{yz}^{c}

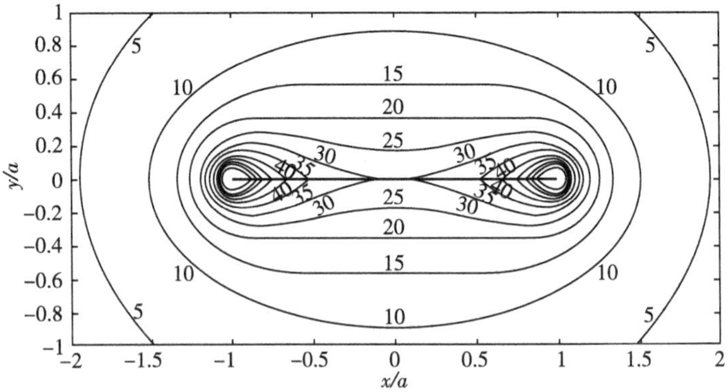

(c) σ_1^{c}

图 7.13　受单轴压Ⅲ型裂纹的扰动应力等值线

其中，$f=0.7$，$p=100$，$\tau^{\infty}=100$，$\tau_0=0$，算得 $\tau_e=30$，$\tau_{\max}^{c}=\sigma_1^{c}$，因此 $\tau_{\max}^{c}$ 等值线不再另画

7.4.3　受压Ⅲ型裂纹的扰动位移场

Ⅲ型裂纹扰动位移场由 2.5.1 节给出,

$$w^{c}=\frac{1}{\mu}\mathrm{Im}\widetilde{Z}_{\mathrm{III}}^{c} \tag{7.4.7}$$

其余分量 $u^{c}=v^{c}=0$. $\mu\cdot w^{c}$ 经过辐角式变换,其等值线显示在图 7.14 中.

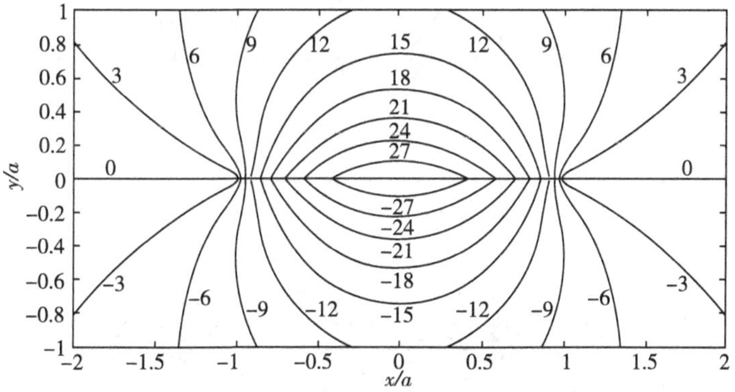

图 7.14　受单轴压Ⅲ型裂纹扰动位移 $\mu\cdot w^{c}$ 等值线

其中,$f=0.7$,$p=100$,$\tau^{\infty}=100$,$\tau_0=0$,算得 $\tau_e=30$

7.4.4　受压Ⅲ型裂纹周围的总应力场

受单轴压Ⅲ型裂纹的总(绝对)应力为

$$\sigma_{xx}=\sigma_{zz}=0,\quad \sigma_{yy}=-p,\quad \tau_{xy}=0,\quad \tau_{yz}=\tau_{yz}^{c}+\tau^{\infty},\quad \tau_{xz}=\tau_{xz}^{c} \tag{7.4.8}$$

三个主应力为

$$\left.\begin{aligned}\sigma_1&=-\frac{1}{2}p+\sqrt{\left(\frac{p}{2}\right)^2+(\tau_{xz}^{c})^2+(\tau_{yz}^{c}+\tau^{\infty})^2}\\ \sigma_2&=0\\ \sigma_3&=-\frac{1}{2}p-\sqrt{\left(\frac{p}{2}\right)^2+(\tau_{xz}^{c})^2+(\tau_{yz}^{c}+\tau^{\infty})^2}\end{aligned}\right\} \tag{7.4.9}$$

最大剪切力为

$$\tau_{\max}=\frac{\sigma_1-\sigma_3}{2}=\sqrt{\left(\frac{p}{2}\right)^2+(\tau_{xz}^{c})^2+(\tau_{yz}^{c}+\tau^{\infty})^2} \tag{7.4.10}$$

此时应力强度因子为

$$K_{\mathrm{II}}=[\tau^{\infty}-\tau_0-f\cdot p]\sqrt{\pi a} \tag{7.4.11}$$

σ_1 和 $\tau_{\max}$ 的等值线由分别图 7.15(a)和(b)画出. 这里同样取 $f=0.7$,$p=100$,$\tau^{\infty}=100$.

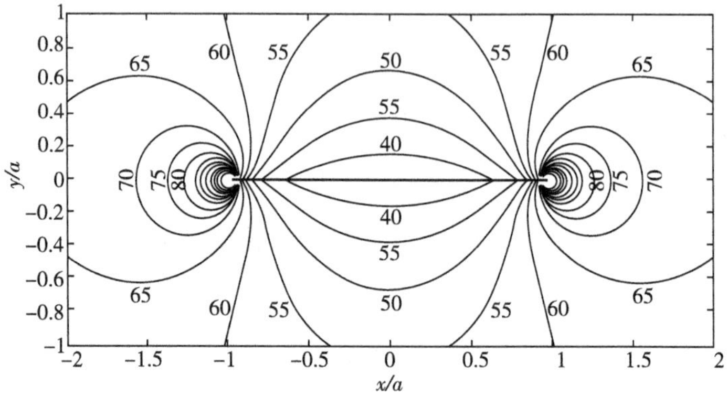

(a) σ_1

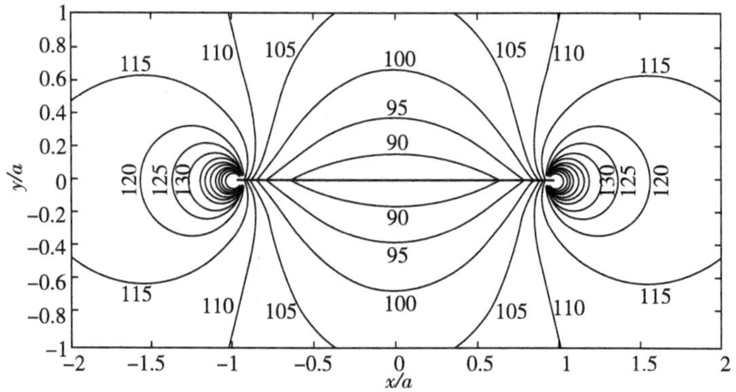

(b) $\tau_{\max}$

图 7.15　受单轴压Ⅲ型裂纹绝对应力等值线

其中，$f=0.7$，$p=100$，$\tau^{\infty}=100$，算得 $\tau_e=30$

第 8 章　受压裂纹扩展的实验研究

8.1　单轴压力下裂纹扩展实验原理

8.1.1　实验条件

设样品边缘受到均布轴向压力 p_1，裂纹方向和 p_1 作用方向的夹角为 β（称为裂纹角），如图 8.1 所示，建立直角坐标系，x 轴与裂纹方向平行，y 轴与裂纹中垂线重合.

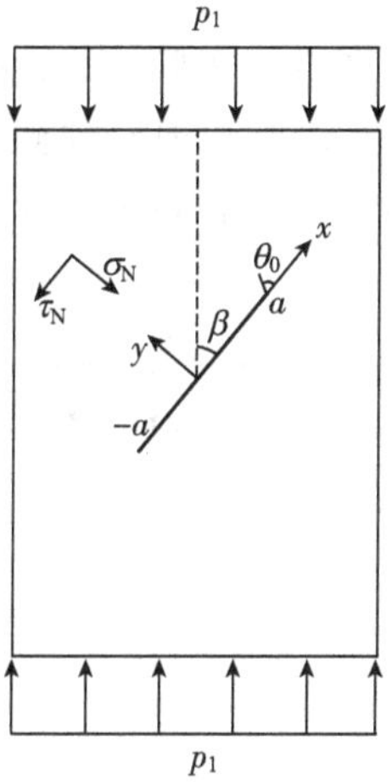

图 8.1　单轴压力下断裂力学实验原理

利用坐标变换，得到裂纹受单轴压力的远场边界条件为

$$\sigma_x^\infty = -p_1 \cos^2\beta,\quad \sigma_y^\infty = -p_1 \sin^2\beta,\quad \tau_{xy}^\infty = -p_1 \sin\beta\cos\beta \tag{8.1.1}$$

裂纹面上的正应力为

$$\sigma_N = \sigma_y^\infty = -p_1 \sin^2\beta \tag{8.1.2}$$

等效剪应力为

$$\tau_e = -[p_1 \sin\beta(\cos\beta - f\sin\beta) - \tau_0] \tag{8.1.3}$$

其中，f 为摩擦系数. 根据第 1 章，又考虑到实际的实验样品是尺度有限的，于是裂纹端部的应力强度因子为

$$\begin{aligned} K_{\mathrm{II}} &= F\left(\frac{a}{w}\right)\tau_e\sqrt{\pi a} \\ &= -F\left(\frac{a}{w}\right)[p_1 \sin\beta(\cos\beta - f\sin\beta) - \tau_0]\sqrt{\pi a} \end{aligned} \tag{8.1.4}$$

式中

$$F\left(\frac{a}{w}\right)=\sqrt{\frac{w}{\pi a\sin\beta}\tan\frac{\pi a\sin\beta}{w}} \tag{8.1.5}$$

为式样的宽度修正因子,w 为式样宽度.

式(8.1.3)和式(8.1.4)与“导论”(李世愚等,2009)中式(7.5)相比有重要修改:这里 $\tau_0 \neq 0$,而“导论”中式(7.5)相当于 $\tau_0 = 0$.后面我们会看到,忽略 τ_0 将严重偏离实验结果,而取 $\tau_0 \neq 0$ 将使实验结果的拟合改进许多.

以下的分析中暂时忽略式样宽度的作用,即 $F(a/w)\approx 1$.这里 $K_{\text{II}}<0$ 是由人为的坐标设置造成的.在第 4 章根据最大环向应力理论,得到 $K_{\text{IIc}}=\frac{\sqrt{3}}{2}K_{\text{Ic}}$,$\theta_0$ 是张破裂扩展途径在初始破裂点 a 的切线方向和裂纹走向(x 轴)的夹角(图 8.1),理论值为 $\theta_0=\arccos\frac{1}{3}\approx+70.5288°$.

图 8.2 是用一块普通窗玻璃做出的实验结果.关于采用玻璃作为基本实验材料的理由,参见第 1 章补充 1.1.实验结果和理论预测基本符合.这个实验最早可以追溯到 Brace 和 Bombolskis(1963)、Walsh(1965)、Hoek 和 Bieniawski(1966)等的工作.

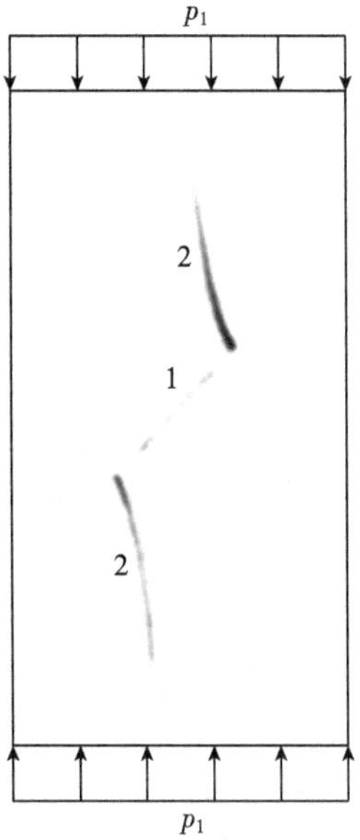

图 8.2　受压闭合裂纹断裂的实验照片(β=43.7°,材料:窗玻璃)

1.预制裂纹;2.扩展途径

用清华大学精密仪器系万能工具显微镜(德国蔡司)对上述实验中各个透明样品的裂纹角 β 和断裂角 θ_0 值进行测量(图 8.3),放大倍数约 30～50 倍,精度可达到0.1°.

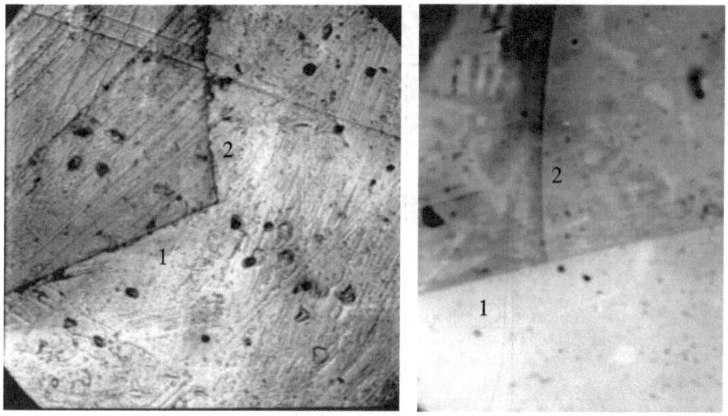

(a)玻璃　　(b)有机玻璃

图 8.3　显微镜下观测到的裂纹扩展途径

1. 预制裂纹；2. 裂纹扩展途径

8.1.2　裂纹扩展的条件

记临界载荷为 $p_1=p_{1c}$，并定义

$$k_{pc}=p_{1c}\sqrt{\pi a} \tag{8.1.6}$$

为含裂纹脆性材料的单轴抗压脆断能力. 由 4.2 节可知，

$$\sigma_{\theta\theta}=\frac{-3K_{\mathrm{II}}}{2\sqrt{2\pi r}}\cos\frac{\theta}{2}\sin\theta$$

将 $\theta_0=+\arccos(1/3)$ 和 $K_{\mathrm{IIc}}=\frac{\sqrt{3}}{2}K_{\mathrm{Ic}}$ 代入，可以导出

$$\frac{k_{pc}}{\sqrt{3}K_{\mathrm{Ic}}+2\tau_0\sqrt{\pi a}}=\frac{1}{F(f,\beta)} \tag{8.1.7}$$

其中

$$F(f,\beta)=\sin 2\beta+f(\cos 2\beta-1) \tag{8.1.8}$$

图 8.4 绘制出 $\frac{1}{F(f,\beta)}$ 函数曲线. 其中 $f=0.7$. 从该曲线可以看出 k_{pc} 有一个极小值 k_{cmin} 和两个无穷大渐近值 k_1^{∞} 和 k_2^{∞}. 从式(8.1.7)可以看出 k_{pc} 的极小值 k_{pcmin} 即 $F(f,\beta)$ 的极大值，满足

$$\partial F/\partial\beta=0,\quad \partial^2 F/\partial\beta^2<0 \tag{8.1.9}$$

由 $\partial F/\partial\beta=2(\cos 2\beta-f\sin 2\beta)=0$，得到

$$\tan 2\beta_m=1/f \text{ 或 } \beta_m=\frac{1}{2}\arctan\frac{1}{f} \tag{8.1.10}$$

由式(8.1.8)进一步得到

$$\partial^2 F/\partial\beta^2\Big|_{\beta=\beta_m}=-\frac{4}{\sqrt{3}}(\sin 2\beta_m+f\cos 2\beta_m)<0$$

说明式(8.1.10)给出的 β_m 确实是 k_{pc}的极小点.称 β_m 为优势裂纹角,简称优势角.

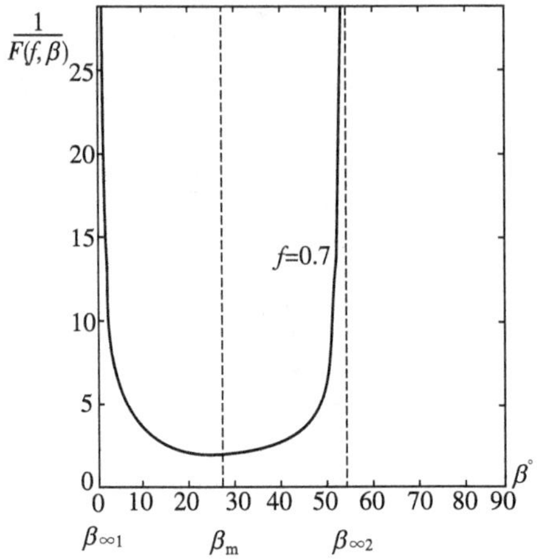

图 8.4 单轴抗压能力函数$\frac{1}{F(f,\beta)}$曲线

表 8.1 给出了 f 与 β_m 之间的关系的一些参考值.

表 8.1 f 与 β_m 之间的关系,$\beta_m=\frac{1}{2}\arctan\frac{1}{f}$

f	0.9	0.8	0.7	0.6	0.5	0.4	0.3	0.1	0
β_m/(°)	24.006	25.670	27.504	29.518	31.717	34.099	36.650	42.144	45

由式(8.1.7)可以看出,分母 $F(f,\beta)=0$ 的根就是 $\beta_{\infty1}$和 $\beta_{\infty2}$.由此得出

$$\beta_{\infty1}=0,\beta_{\infty2}=\arctan\frac{1}{f} \tag{8.1.11}$$

和式(8.1.10)比对可知,$\beta_{\infty2}=2\beta_m$.

将式(8.1.10)入式(8.1.7)就得到 k_c 的极小值为

$$k_{pcmin}=(\sqrt{3}K_{Ic}+2\tau_0\sqrt{\pi a})(f+\sqrt{1+f^2}) \tag{8.1.12}$$

由上式得到含单裂纹材料的单轴抗压强度为

$$p_{1c}=\left(\frac{\sqrt{3}K_{Ic}}{\sqrt{\pi a}}+2\tau_0\right)(f+\sqrt{1+f^2}) \tag{8.1.13}$$

8.2 单轴压力下裂纹或切口扩展实验研究

8.2.1 实验的设计

基本实验分为四组:

A 组在平板中心预制长度为 $2a_0$ 的穿透裂纹.

B 组裂纹同上,然后向裂纹中渗进润滑剂(煤油或机油).

C 组在平板中心预制长度为 $2a_0$ 的穿透切口.

D 组在平板中心预制长度为 $2a_0$ 的穿透切口,然后在切口内充填断层泥或金刚砂等.

以上四组样品在单轴压力机上加载.观察它的破裂过程,测量其初始破裂时的端部的远场应力值 p_{1c}.

8.2.2　裂纹的预制

根据实验设计,A 组和 B 组样品的裂纹在受压条件下应能闭合.因此实验的关键技术是如何在板状样品中心预制足够平直的穿透裂纹.

这里采用表面划痕,三点弯曲,反面贯穿的方法.先在预制部位划痕(对玻璃用玻璃刀,对大理石板用碳化硅砂轮片划痕),然后用三点弯曲(图 8.5(a))的加载方法生成裂纹.加载设备采用可自锁的装置,保证加载系统的刚性.加载点用钢珠,然后将板翻过来用反向加载的方法使其穿透.这个方法和 Hoek 和 Bieniawski(1965)的方法有所不同,他们采用的是在玻璃中划痕然后再在反面敲击的方法.大理石板在生成裂纹时需要在样品四周加上刚性固定夹板,防止生成的裂纹失稳扩展.用这个方法在大理石板上是首次获得中心闭合穿透裂纹(图 8.5(b)),在此之前,没有任何文献报道在岩石板预制成功中心穿透裂纹(而不是切口)的先例.在测量裂纹长度时,大理石板上的裂纹可用染色剂染色显示,或用灯光透照方法.有关方法最早发表于尹祥础等(1988)和李世愚(1990)的工作中.

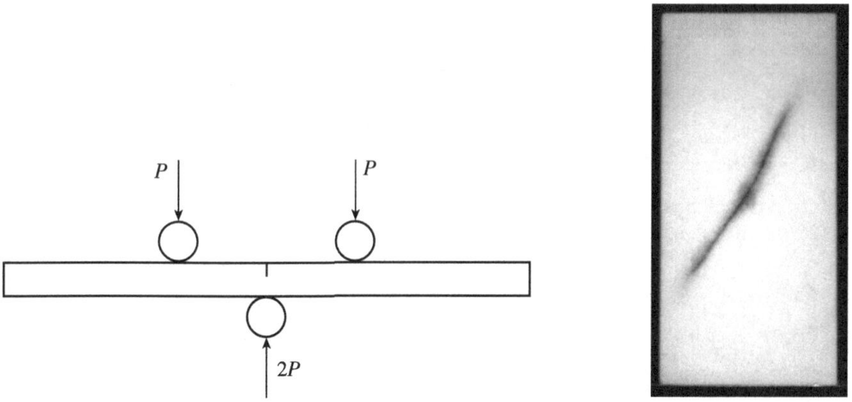

(a)　(b)预制的大理石板中心闭合穿透裂纹

图 8.5　预制裂纹方法示意

用三点弯曲方法可以在玻璃和有机玻璃板上预制出比较平直的中心穿透裂纹(图 8.6);而在岩石板上预制成的裂纹受到岩石本身多晶体结构的影响,预制的裂纹有可能出现部分地方绕晶体而使路径局部略呈锯齿状.

在预制裂纹的过程中,用三点弯曲的加载方式所引起的裂纹扩展在裂纹一定长度的情况下是稳定扩展.这是一个关于有限距离力源引起的破裂稳定性问题,在后面第12章将详细讨论.

切口采用碳化硅微型超薄砂轮片和高速电动机切割,切口宽度仅为0.2 mm.切口在平板中心预制,长度为$2a_0$,宽为$2b_0$,本次实验要求完全穿透,因此需要两面切割.

实验中加载为单轴压力,采用WE-10A材料试验机.为防止板的翘曲,采用有机玻璃夹具,两侧用螺栓用手轻轻拧紧.加载方式参见图8.1.

8.2.3 受压闭合裂纹的扩展特征

图8.2和图8.6(a)显示了平板玻璃内含有中心预制裂纹(A组)在单轴压力下的初始扩展.图8.6显示了几种不同材料板在单轴压力下中心裂纹的扩展路径.可以看出,扩展的渐近线朝向最大主压压力作用的方向.有机玻璃的实验甚至用肉眼可看到宽度为毫米级的张裂,该处粘贴的应变片被拉断.实验结果和用有限元法和最大环向应力判据进行的计算(Ingraffea and Heuze,1980;王新华等,1984)结果基本相同,目测结果$\theta_0 \approx 70.5°$.但更精细的显微测量表明,β对θ_0有弱的影响.关于θ_0与β的关系,在8.4节中将给出更仔细的分析.

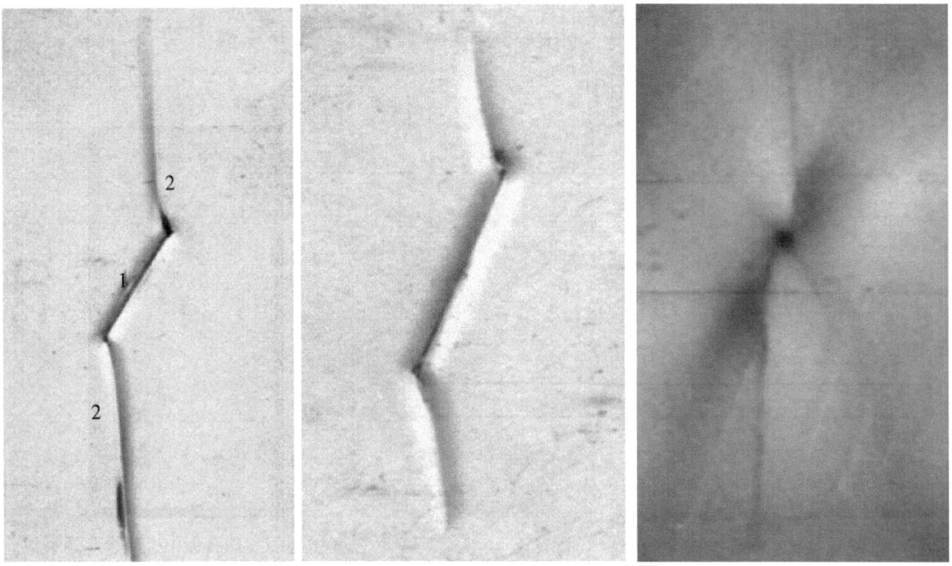

(a)玻璃,$\beta=32°$　(b)有机玻璃,$\beta=24.2°$　(c)大理石板,$\beta=32°$

图8.6　平板中心裂纹的扩展路径

1.预制裂纹;2.扩展途径,加载方式参见图8.1

由本部分可以总结出受压闭合裂纹扩展的两个重要特征:

(1)扩展的渐近线朝向最大主压压力作用的方向;

(2)扩展部分为张性,造成局部体积膨胀.

当试件中大量微裂纹同时扩展时,这两个重要特征就导致了整个试件的各向异性和总体的体积膨胀.

8.2.4　受压切口的扩展

图 8.7 显示了玻璃板和有机玻璃板在单轴压力下中心切口(C 组)的扩展路径.可以看出,受压切口的扩展呈以下特征:

(1)扩展从切口端部附近开始;

(2)初始破裂方向不与原始切口方向一致,而是偏转一个很大的角度,朝拐折方向扩展;

(3)切口的扩展途径是一条曲线,而不是直线,破裂从初始断裂角开始之后很快地朝向最大压应力方向渐进.

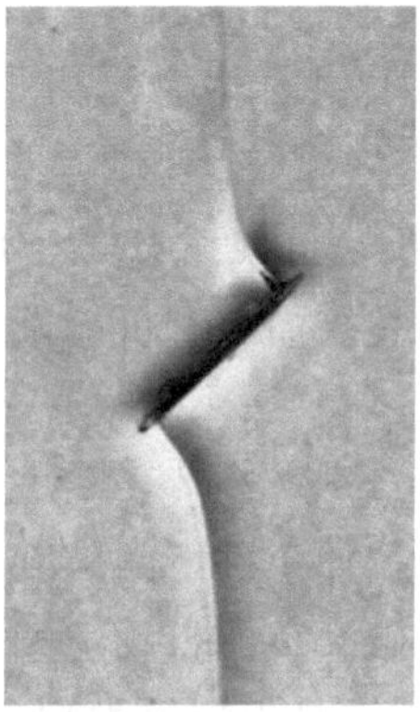

图 8.7　中心切口玻璃板在单轴压力下的扩展路径
($\beta=48°$,实验原理参见图 8.1)

8.2.5　初始破裂的监测

实验中利用应变计,粘贴在裂纹端部,方向和破裂走向垂直(图 8.8).图 8.9 显示的是裂纹端部粘贴的应变片记录的应变曲线.应力-应变记录 $\sigma - \varepsilon_{尖}$ 显示该局部在开始阶段为线性关系,即

$$\varepsilon_{xx0} = \frac{1}{E}(\sigma_{xx} - v\sigma_{yy})$$

$$= \frac{-p_1}{E}(\cos^2\beta - v\sin^2\beta) \tag{8.2.1}$$

在载荷 p_1 增加的过程中,从 B 点开始 $\varepsilon_{尖}$ 实际记录到的是

$$\varepsilon_{xx0} + \frac{1}{s}\int \varepsilon'_{xx}\,\mathrm{d}s \tag{8.2.2}$$

其中，ε_{xx0}为裂纹面尚未发生滑动时相当于无裂纹的ε_{xx}，ε'_{xx}为裂纹面发生滑动时产生的扰动应变分量.

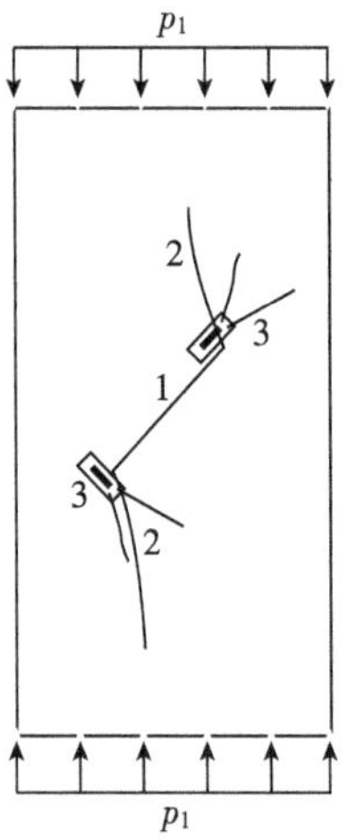

图 8.8　在预制裂纹端部附近粘贴应变片

1. 预制裂纹；　2. 扩展途径；　3. 应变片玻璃 No. A-122.

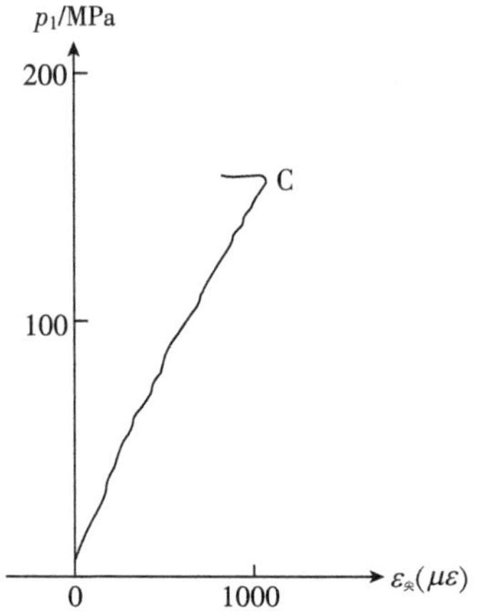

图 8.9　裂纹端部 $p_1-\varepsilon_{尖}$ 记录曲线

ε 以压缩为正

从图 8.9 可以看出，在裂纹开始扩展后(C 点)应力-应变曲线立即偏离线性压缩，转变为强烈的拉张变形，表明裂纹面上有可能发生的是粘-滑过程.

8.2.6　破裂过程的稳定性

裂纹受压破裂情况和受远场拉伸条件下的破裂不同. 在远场拉伸条件下，脆性破裂是失稳的. 在本章受压条件下，破裂不能自动继续，只有在载荷增加时才继续扩展，我们称之为稳定扩展. 这种稳定扩展是由裂纹类型造成的，因此它不同于第 5 章所提到的亚临界扩展.

8.2.7　裂纹面相互作用的不均匀性

这种不均匀性主要表现在玻璃样品 A 组式样，主要标志有以下三种.

(1)在裂纹面上出现交错型多点破裂，如图 8.10(a)所示. 我们认为是在裂纹面的局部由于应力分布的不均匀性造成了部分点的闭锁，原来的裂纹面变成了多个共线裂纹破裂. 作者另外制作了一个含共线裂纹的玻璃样品，置于单轴压力下，观察到的破裂形状和单裂纹的多重破裂形态十分相似.

(2)在裂纹面上出现单侧排列的多点破裂如图 8.10(b)和(c)所示. 我们认为有两种可能，一种是裂纹面受压闭锁前有预滑位错，第二种可能是局部不均匀闭锁造成三维破裂. 三维破裂问题将在后面专门介绍.

(3)破裂起始点往往不在预制的裂纹端部，而是内部接近的地方.

本书作者(1989)从理论上分析了这种现象并讨论了在震源多重破裂中的意义.

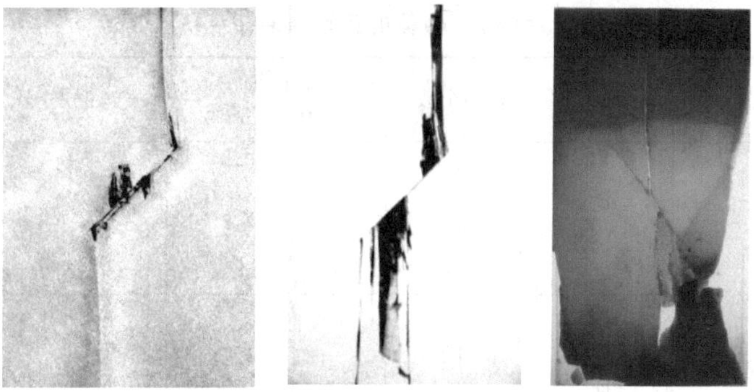

(a) 交错型　　(b) 单侧排列型　　(c) 单层排列型(大理石板)

图 8.10　受压闭合裂纹面上的多点破裂(实验原理参见图 8.1)

玻璃样品 B 组经渗入润滑剂,使裂纹面的不均匀性改善了许多. 主要是多点破裂现象没有出现,但出现了破裂过程中裂纹面之间的粘滑振荡. 这种粘滑振荡可以用裂纹端部的应变计和样品端部的压力传感器联合记录到. 在应力-应变本构关系记录曲线上表现为近似正弦的曲线,振荡起伏表现在应力上,而不是在应变上,如图 8.11 所示. 这种记录曲线形态和文献(Jaeger and Cook,1979)图 3.4.1 中给出的粘滑震荡记录曲线一致. 粘滑振荡引起的声发射率可以用声发射记录仪记录到,而粘滑振荡引起破裂扩展路径部分产生斑马状波纹. 可以看出波纹横条数和压力传感器上记录到的振荡次数完全相同,而声发射的频次高峰和应变计记录到的形变突变时刻同步.

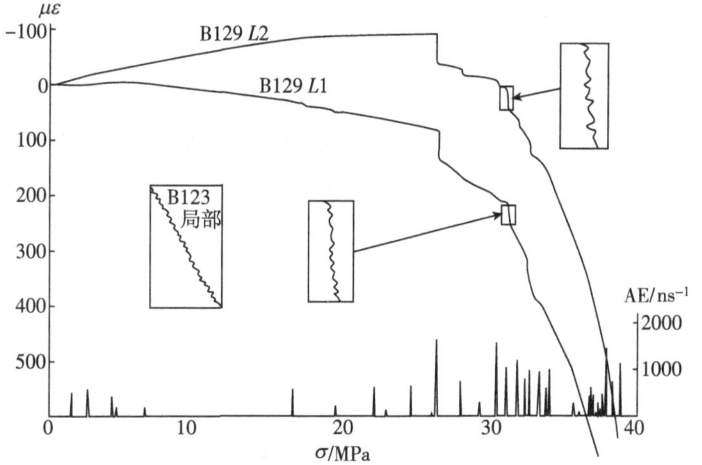

图 8.11　玻璃 B 组样品端部应力-应变和声发射率 AE 事件频度记录

8.2.8　摩擦系数 f 对抗脆断能力的影响

在 8.1.3 节中,依据式(8.1.20)说明了 f 对于材料的抗脆断能力 $k_{pc}=p_{1c}\sqrt{\pi a}$ 的影响. 表 8.2 显示了各组 k_{pc} 的数据. 其中大理岩板预制的中心裂纹不平直,为多点破裂,给不出 a 的有效值,因此该样本 A 组无 k_{pc} 数据.

表 8.2 $k_{pc}=p_{1c}\sqrt{\pi a}$值的实验结果，$\beta=45°\pm3°$

材料	类别	样品个数	k_{pc}平均值/(MPa·$m^{1/2}$)	离散度/%
玻璃	A	6	4.90	28
	B	9	2.36	29
	C	7	4.06	18
	D	5	7.32	28
房山大理石	A	8	*	*
	C	6	10.6	32
	D	3	15.2	13

注：*号表示无数据.

K_{Ic}可以通过单轴拉伸实验测得. 该实验方法和格里菲斯最早采用的方法类似. 推得玻璃的断裂韧性为($1kgf\cdot mm^{-3/2}=0.310114MPa\cdot m^{1/2}$)

3mm 厚，取 $K_{Ic}=0.6004MPa\cdot m^{1/2}(1\pm11\%)=1.9362kgf\cdot mm^{-3/2}$；

5mm 厚，取 $K_{Ic}=0.5231MPa\cdot m^{1/2}(1\pm20\%)=1.687kgf\cdot mm^{-3/2}$.

8.2.9 裂纹扩展起始的应力条件

由式(8.1.7)和式(8.1.8)可以得出

$$p_{1c}(1-\cos2\beta)f+2\tau_0=p_{1c}\sin2\beta-\frac{\sqrt{3}K_{Ic}}{\sqrt{\pi a}} \tag{8.2.3}$$

上式给出了参数 f 和 τ_0 的线性方程. 在实验中测得材料和裂纹面条件相近的一组 n 个样品的 a_i、β_i、K_{Ic}、$p_{1ci}(i=1,2,\cdots,n)$值之后，就可以用实验数据反演得到 f 和 $2\tau_0$ 的最小二乘解. 图 8.12 显示的是式(8.2.3)的最小二乘回归拟合，各数据点为

$$Y=f\cdot X+2\tau_0$$

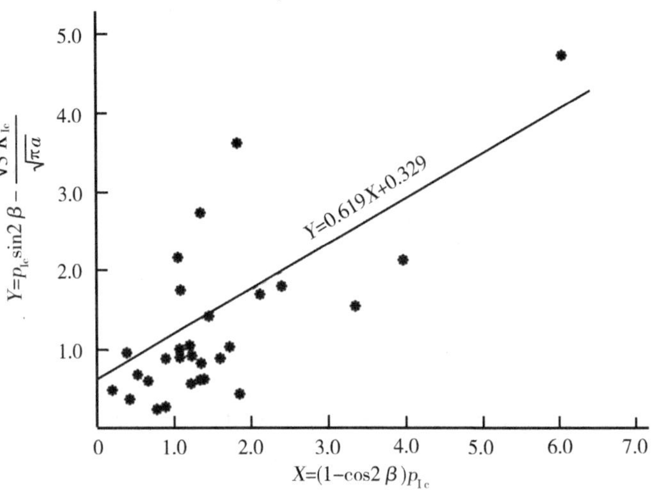

图 8.12 用实测值对 f 和 $2\tau_0$ 进行的最小二乘回归拟合

其中

$$X = p_{1c}(1-\cos 2\beta), \qquad Y = p_{1c}\sin 2\beta - \frac{\sqrt{3}K_{Ic}}{\sqrt{\pi a}}$$

B 组样品实验回归结果为

$$f = 0.619, \qquad 2\tau_0 = 0.329\text{kgf} \cdot \text{m}^{-2}, \quad 相关系数\ r=0.72$$

上述结果表明，τ_0 值是不能忽略的. 图 8.13 显示的是 k_{pc}-β 函数实测值. 其中 k_{pc} 值用$\sqrt{3}K_{Ic}+2\tau_0\sqrt{\pi a}$进行了归一化.

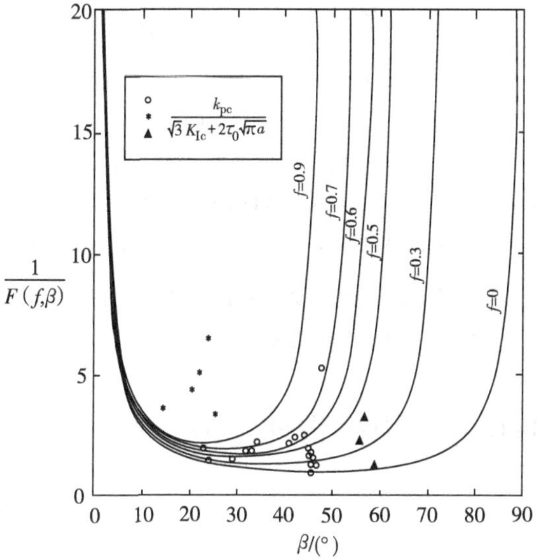

图 8.13　抗单轴压脆断能力 k_{pc}-β 实测值

图中标为*号的数据点为 τ_0 值异常偏高的数据. 标为▲号的数据点为 f 值异常偏低的数据

8.2.10　有机玻璃板中心裂纹在单轴压力下的破裂

在一块丙烯酸树脂有机玻璃板中心预制一条裂纹 AB，$\beta=15°$，在单轴压力下可以观察到在 A 和 B 两端首先分别出现表面凹凸变形，卸载后不能恢复，表明这两块区域发生了塑性变形，用灯光透照或用手触摸，可以看出塑性变形区域外缘形状和第 5 章Ⅱ型裂纹塑性区的描述接近，但偏向一侧，似乎和均匀应力场的叠加有关，如图 8.14 所示. CA 和 BD 为其后出现的张性劈裂. 称之为加载拉张破裂. 这些破裂的张开位移接近毫米量级，因此用肉眼就能清楚地辨别出破裂的性质. 值得注意的是，在卸载时又出现了二次拉张破裂 AE 和 BF，扩展方向与第一次破裂不同，与压力载荷方向垂直，最终长度达到屈服区的边缘，称之为卸载拉张破裂. 这个现象在加载时不会出现，在玻璃一类脆性材料中也不会出现. 显然，这是样品卸载时，塑性屈服区不能恢复，和周围区域的弹性恢复出现差异，而出现恢复时的拉张应力所造成.

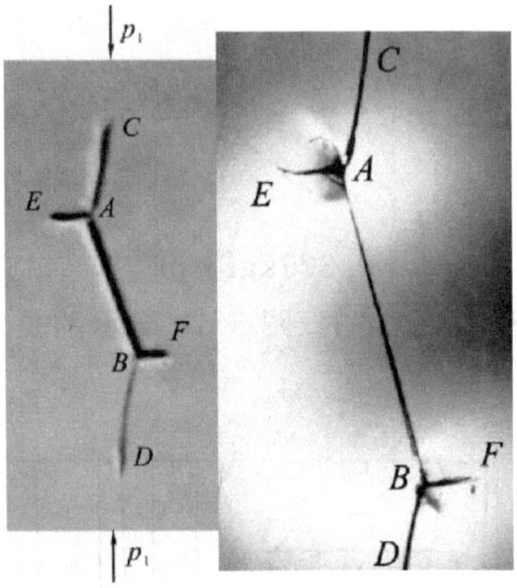

图 8.14　有机玻璃裂纹受单轴压的破裂

右图为局部放大. 其中 CA 和 BD 为加载拉张破裂，AE 和 BF 为卸载拉张破裂.

材料：丙烯酸树脂玻璃，预制裂纹 AB 长度 $L=20$ mm

在围压达到 150 MPa 的伪三轴实验中，重复上述丙烯酸树脂玻璃的实验，发现裂纹端部的屈服区更大，卸载产生的横向张破裂也更长.

8.3　用非自相似内聚带理论拟合翼状破裂扩展途径

8.3.1　计算方法

在第 5 章中，本书作者(李世愚等，1998)就裂纹扩展途径提出非自相似内聚带原理. 与此相应，李世愚等(1998)进一步提出一种半解析半数值的方法.

在非自相似内聚带原理的第三点，我们提出：裂纹端部的内聚带是沿着该点的物理极值形成的“轨迹”. 这里所说的物理参数，可以包括能量释放率、应力等. 我们选择最大张应力作为物理判据. 称这条曲线为潜在的破裂途径的估计.

以下以单轴压问题裂纹为例，其周围的应力场的定解条件和理论计算结果见7.3节，破裂途径的的计算步骤如下.

令从 $z=a+\mathrm{i}0$ 端开始破裂的轨迹为 $y=f(x)$，假定破裂线上任意一点都满足下述条件，即张破裂的扩展途径近似为一条从裂纹端部起始的曲线，该曲线的任意一点的切线方向，就是该点的最大主拉应力的作用方向，则有

$$\mathrm{d}y/\mathrm{d}x=\tan\theta=f'(x) \tag{8.3.1}$$

其中，θ 为破裂轨迹的切线与 x 轴的夹角，如图 8.15 所示. 在破裂轨迹上任意一点 (x,y) 求出最大主张应力 σ_1，并查看 σ_1 是否为最大值. 如果不满足，则修改 θ 角，直到满足 σ_1 为最大. 还要查看是否满足 $\sigma_1\geqslant\sigma_c$. 根据张应力判据逐点判断. 在 $\sigma_1\leqslant\sigma_c$ 的地

方，破裂应自动停止，其中 σ_c 为介质的抗拉强度.

利用附录Ⅰ，极坐标中的剪应力为

$$\tau_{r\theta}=\frac{1}{2}(\sigma_{yy}-\sigma_{xx})\sin 2\theta+\tau_{xy}\cos 2\theta \tag{8.3.2}$$

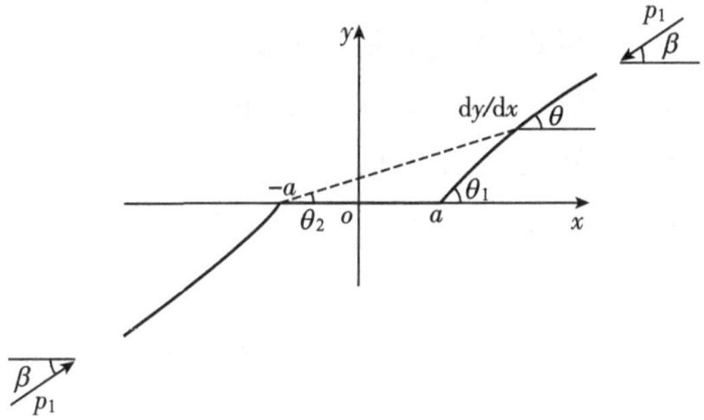

图 8.15　计算单轴压力下单斜裂纹扩展途径方法示意

主应力 σ_1 与新坐标轴重合的条件是 $\tau_{r\theta}=0$，即

$$\tan 2\theta=\frac{2\tau_{xy}}{\sigma_{xx}-\sigma_{yy}} \tag{8.3.3}$$

记

$$\Psi(x,y)=-\cot 2\theta=\frac{\sigma_{yy}-\sigma_{xx}}{2\tau_{xy}} \tag{8.3.4}$$

将式(8.3.4)和式(8.3.3)代入倍角公式 $\tan 2\theta=\frac{2\tan\theta}{1-\tan^2\theta}$，得到一元二次方程

$$-\frac{1}{\Psi(x,y)}=\frac{2f'(x)}{1-f'^2(x)} \tag{8.3.5}$$

它的正根为

$$f'(x)=\Psi(x,y)+\sqrt{1+\Psi^2(x,y)} \tag{8.3.6}$$

或者写成

$$\tan\theta=\frac{\sigma_{yy}-\sigma_{xx}}{2\tau_{xy}}+\sqrt{1+\left(\frac{\sigma_{yy}-\sigma_{xx}}{2\tau_{xy}}\right)^2} \tag{8.3.7}$$

式(8.3.1)就成为

$$\mathrm{d}y/\mathrm{d}x=f'(x)=\Psi(x,y)+\sqrt{1+\Psi^2(x,y)} \tag{8.3.8}$$

或者写成

$$\mathrm{d}y/\mathrm{d}x=\frac{\sigma_{yy}-\sigma_{xx}}{2\tau_{xy}}+\sqrt{1+\left(\frac{\sigma_{yy}-\sigma_{xx}}{2\tau_{xy}}\right)^2} \tag{8.3.9}$$

上式是一个微分方程，改写成积分方程，就是

$$y=\int_{x_0}^{x}\left[\Psi(x,y)+\sqrt{1+\Psi^2(x,y)}\right]\mathrm{d}x \tag{8.3.10}$$

其中，$(x_0,y_0)=(a,0)$ 为破裂的起始点. 数值计算从裂纹端部开始. 由于函数 $y=$

$y(x)$是单调的，可以用足够小（取 $\Delta x = x_{i+1} - x_i = 10^{-5}a$）的距离为数组 x_i（$i=0, 3\times 10^5$）的等间距步长，用张应力判据逐点递推. 在 $\sigma_1 < 0$ 的地方，破裂应自动停止.

本次数值计算程序中，由于裂纹破裂途径恰好位于 $\mathrm{Re}(z-a)>0$ 部分，也就是复应力函数的解析范围，在计算应力分量时不需要进行解析延拓，因此程序中没有采用辐角式，而直接利用了解析式，但这只是一种特殊情况.

数值计算中的主要问题在于数组(x_i, y_i)的起始点（$i=0, x_0=a, y_0=0$）为应力奇点，不能用常规的方法来确定 $i=1$ 时的 y_1 值，这时要用特殊方法处理. 首先计算出各应力分量 $\sigma_{xx}(x_1, y_1^0)$，$\sigma_{yy}(x_1, y_1^0)$和 $\tau_{xy}(x_1, y_1^0)$，以 $x=a, y=0$ 为极点建立极坐标，利用附录Ⅰ，有

$$\tau_{r\theta}(x_1, y_1^0) = \frac{1}{2}[\sigma_{yy}(x_1, y_1^0) - \sigma_{xx}(x_1, y_1^0)]\sin 2\theta_0 + \tau_{xy}(x_1, y_1^0)\cos 2\theta_0 \tag{8.3.11}$$

令

$$\tau_{r\theta}(x_1, y_1^0) = 0 \tag{8.3.12}$$

解上面方程，求出 $\theta_0 = \theta_{0\mathrm{m}}$，所对应的 $\sigma_{\theta\theta}(x_1, y_1^0)$正是最大主张应力. 于是

$$y_1 = 0 + \Delta x \cdot \tan\theta_{0\mathrm{m}} \tag{8.3.13}$$

求 $i \geqslant 2$ 的数组元素 y_i 则可以采用较简便的逐步递推方法，即由点(x_i, y_i)利用式(8.3.8)计算 $\mathrm{d}y/\mathrm{d}x$ 并线性外推得到点(x_{i+1}, y_{i+1})，在程序中就是将式(8.3.8)改写成

$$y_i = y_{i-1} + \Delta x \cdot \tan\theta_{i-1} \tag{8.3.14}$$

其中

$$\tan\theta_{i-1} = \Psi(x_{i-1}, y_{i-1}) + \sqrt{1+\Psi^2(x_{i-1}, y_{i-1})} \quad (i \geqslant 2) \tag{8.3.15}$$

$$\Psi(x_{i-1}, y_{i-1}) = \frac{\sigma_{yy}(x_{i-1}, y_{i-1}) - \sigma_{xx}(x_{i-1}, y_{i-1})}{2\tau_{xy}(x_{i-1}, y_{i-1})} \quad (i \geqslant 2) \tag{8.3.16}$$

在求解裂纹左端部的扩展轨迹时，数组(x_i, y_i)的起始点为 $i=0, x_0=-a, y_0=0$. 同样采用以上程序，但 $\Delta x = x_{i+1} - x_i = -10^{-5}a$. 事实上，由于本问题是反对称的，裂纹左端部的扩展轨迹不必重新计算，只要利用右端部的计算结果采用反对称绘图即可.

8.3.2 计算结果

图 8.16(a)为用本书的方法计算 $\beta=30°$单裂纹在单轴压下的破裂扩展途径. 该曲线由 2×10^5 个计算结果给出的点组成，未经任何人为的光滑处理. 图 8.16(b)为单轴压力下含 $\beta=30°$的中心斜裂纹的玻璃实验结果. 计算结果显示翼状张破裂可以扩展到接近远场边界，即在实验中可以扩展到接近样品端部. 该方法能够直接得到光滑的扩展曲线，其结果在每段细节上都和实验观察到的扩展途径相当逼近.

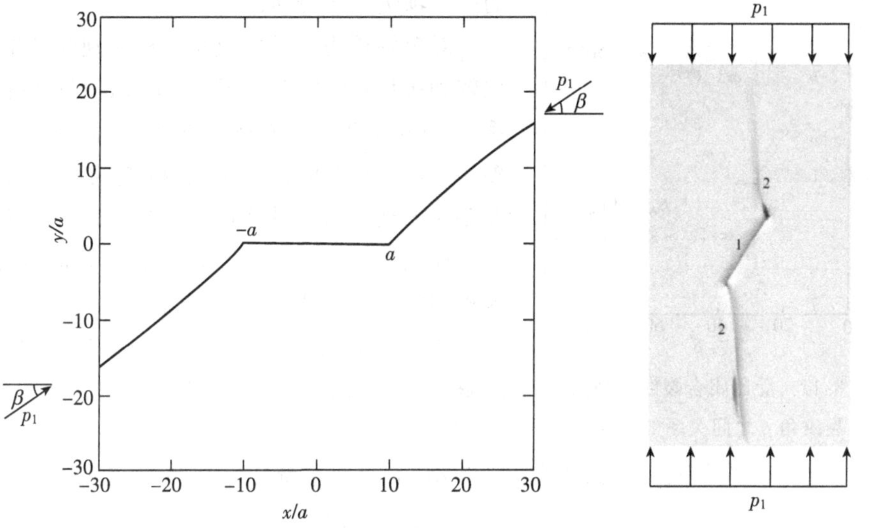

(a)计算结果，$\beta=30°$　　(b)玻璃板实验观察，$\beta=30°$

图 8.16　单裂纹受单轴压破裂扩展途径数值计算(李世愚等，1998)

计算还表明，在伪三轴(有围压和轴压，即 $\sigma_1>\sigma_2=\sigma_3$)实验条件下，中心裂纹翼状张破裂的扩展最终尺度会减小. 具体内容在第 12 章还会详细介绍.

用本书提出的方法不需要像有限元方法那样预画网格，同时又非常节省机时. 以裂纹半长度的 10 万分之 1($10^{-5}a$)的距离为步长，其中 a 为裂纹半长度. 在设定 20 万(2×10^5)个步长的情况下，在计算机上计算只需要不到 1 s 的时间，就可以得到足够长且足够光滑的破裂轨迹，一直延伸到扩展后期仍然与实验符合得十分精确. 这是其他数值方法目前无法做到的.

以上给出了一种巧妙的半解析方法，拟合实验观察的结果的精确程度远好于现有任何一种离散化的数值方法. 这种方法目前还仅限于给出裂纹扩展途径，还不能得出扩展过程中裂纹新端部的应力强度因子、应力和位移的重新分布. 但是，用这种方法可以解决其他计算扩展途径的困难，不需要在每一步重新判断下一步扩展方向. 这样，就可以和有限元法或边界元法相结合，作为辅助的约束条件，只需要计算在这个扩展途径上每一步的应力场、位移场和应力强度因子.

8.4　单轴压力下的断裂角实验结果分析

在第 4 章中，介绍了计算受拉裂纹断裂角时应力保留到零阶项的修正方法和实验结果(Williams and Ewing，1972). 在本章中，我们又描述了几种不同条件下受压裂纹扩展的实验. 这些实验对断裂角的分析只利用了裂纹端部应力的奇异项. 为了进一步提高精确度，我们仿 Williams 和 Ewing(1972)的方法，利用裂纹周围应力分布

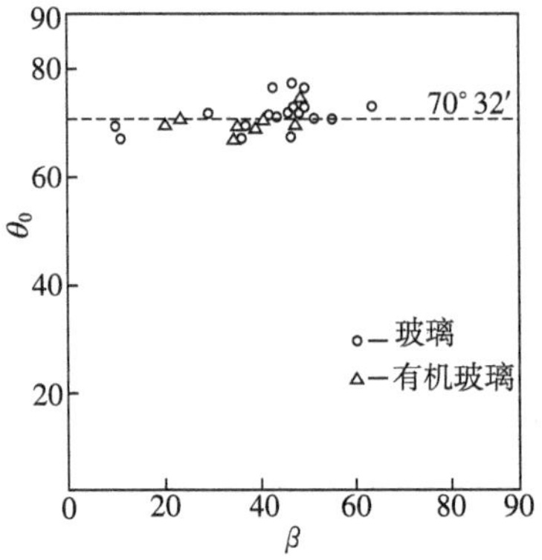

图 8.17　受压闭合裂纹断裂角 θ_0 与裂纹角 β 之间关系的实验结果

的高阶项进一步分析.

对单轴压力下的裂纹扩展样品观测结果进行比较和统计(图 8.17),可以看出 θ_0 和 β 有弱关系. 当 β 增大时,θ_0 值略有增加,但偏离70°32′不多. θ_0 还和实验材料有关. 有机玻璃内的裂纹 θ_0 要略大于玻璃材料的 θ_0(尹祥础等,1987). 伪三轴实验还表明,θ_0 还和围压有关. 在 1.5 kbar 下,玻璃板内裂纹的 θ_0 比单轴压力下要小一些.

对于受单轴压力 p_1($p_2=0$)的单裂纹问题,定解条件参见第 7 章式(7.3.6)～式(7.3.10)和式(7.3.21).

记 $z=a+\zeta$,将扰动应力函数 $Z_{\mathrm{II}}^{\mathrm{c}}$ 和 $Z_{\mathrm{II}}^{\mathrm{c}}{}'$ 在裂纹端部作泰勒展开,得到

$$Z_{\mathrm{II}}^{\mathrm{c}}=\frac{\tau_{\mathrm{e}}z}{\sqrt{z^2-a^2}}-\tau_{\mathrm{e}}=\frac{\tau_{\mathrm{e}}}{\sqrt{2}}\left[\sqrt{\frac{a}{\zeta}}+\frac{3}{4}\left(\frac{\zeta}{a}\right)^{1/2}-\frac{5}{32}\left(\frac{\zeta}{a}\right)^{3/2}+\cdots\right]-\tau_{\mathrm{e}}\tag{8.4.1}$$

$$Z_{\mathrm{II}}^{\mathrm{c}}{}'=\frac{-a^2\cdot\tau_{\mathrm{e}}}{(2a\zeta)^{3/2}}\left[1-\frac{3}{2}\left(\frac{\zeta}{2a}\right)+\frac{15}{8}\left(\frac{\zeta}{2a}\right)^2+\cdots\right]\tag{8.4.2}$$

绝对应力在极坐标中的分量 $\sigma_{\theta\theta}$ 为

$$\sigma_{\theta\theta}=\sigma_{xx}\sin^2\theta+\sigma_{yy}\cos^2\theta-2\tau_{xy}\sin\theta\cos\theta\tag{8.4.3}$$

将 $\sigma_{\theta\theta}$ 的展开式保留奇异项 $\sigma_{\theta\theta}^{(s)}$(即 $\zeta^{-1/2}$ 阶项)和零阶项 $\sigma_{\theta\theta}^{(0)}$(即 ζ^0 阶项),就是

$$\sigma_{\theta\theta}=\sigma_{\theta\theta}^{(s)}+\sigma_{\theta\theta}^{(0)}+o(r^0)\tag{8.4.4}$$

如果在应力函数的展开式中只保留奇异项,即 $\zeta^{-1/2}$ 阶项,代入式(8.4.3),就得到

$$\sigma_{\theta\theta}^{(s)}=-\frac{3}{4\sqrt{2\pi r}}K_{\mathrm{II}}\left(\sin\frac{\theta}{2}+\sin\frac{3\theta}{2}\right)\tag{8.4.5}$$

其中,应力强度因子为

$$\begin{aligned}K_{\mathrm{II}}&=\tau_{\mathrm{e}}\sqrt{\pi a}=(\tau_{xy}^{\infty}+\tau_0-f\cdot\sigma_y^{\infty})\sqrt{\pi a}\\&=[-p_1(\sin\beta\cos\beta-f\cdot\sin^2\beta)+\tau_0]\sqrt{\pi a}\end{aligned}\tag{8.4.6}$$

由式(6.3.10)的展开式还可以看出,扰动应力的零阶项为 $\sigma_{xx}^{\mathrm{c}(0)}=\sigma_{yy}^{\mathrm{c}(0)}=0,\tau_{xy}^{\mathrm{c}(0)}=-\tau^{\infty}$,从式(6.3.21)可以进一步看出,绝对应力的零阶项为 $\sigma_{xx}^{(0)}=\sigma_x^{\infty},\sigma_{yy}^{(0)}=\sigma_y^{\infty},\tau_{xy}^{(0)}=0$,代入式(8.4.3),得到 $\sigma_{\theta\theta}$ 的零阶项为

$$\sigma_{\theta\theta}^{(0)}=\sigma_x^{\infty}\sin^2\theta+\sigma_y^{\infty}\cos^2\theta\tag{8.4.7}$$

将式(8.4.5)和式(8.4.7)代入式(8.4.4),得到

$$\sigma_{\theta\theta}=-\frac{3}{4}\sqrt{\frac{a}{2r}}(\tau_{xy}^{\infty}+\tau_0-f\sigma_y^{\infty})\left(\sin\frac{\theta}{2}+\sin\frac{3\theta}{2}\right)+(\sigma_x^{\infty}\sin^2\theta+\sigma_y^{\infty}\cos^2\theta)+o(r^0)\tag{8.4.8}$$

令 $r=r_0$,记 $h=\sqrt{2r_0/a}$(相当于 Williams 等(1972)文献中的 α),于是

$$\frac{\partial \sigma_{\theta\theta}}{\partial \theta}=-\frac{3}{4h}(\tau_{xy}^{\infty}+\tau_0-f\sigma_y^{\infty})\cos\frac{\theta}{2}(3\cos\theta-1)+\sin 2\theta(\sigma_x^{\infty}-\sigma_y^{\infty})+o(r^0) \tag{8.4.9}$$

令$\partial\sigma_{\theta\theta}/\partial\theta=0$，忽略 $o(r^0)$项及 τ_0，并将边界条件代入，就得到

$$[\sin\beta(\cos\beta-f\sin\beta)]\cos\frac{\theta_0}{2}(3\cos\theta_0-1)-\frac{4h}{3}\sin 2\theta_0\cos 2\beta=0 \tag{8.4.10}$$

进一步整理，得到

$$\left(\frac{3\cos\theta_0-1}{\sin\theta_0}\right)\tan\beta(1-f\tan\beta)-\left[\frac{16h\sin(\theta_0/2)}{3\tan\theta_0}\right](1-\tan^2\beta)=0 \tag{8.4.11}$$

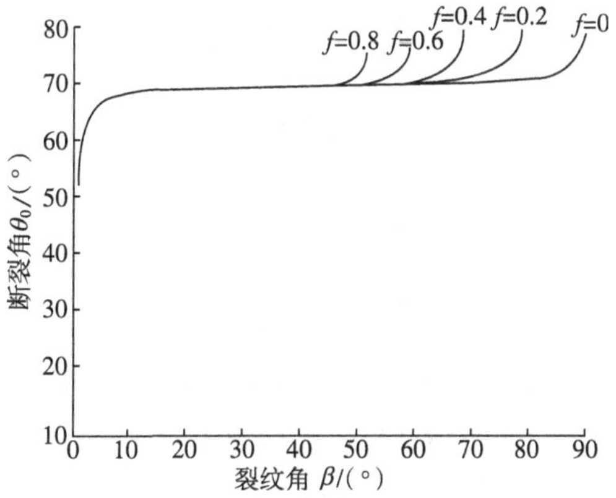

图 8.18　β-θ_0 关系的数值拟合(取不同的摩擦系数 f)

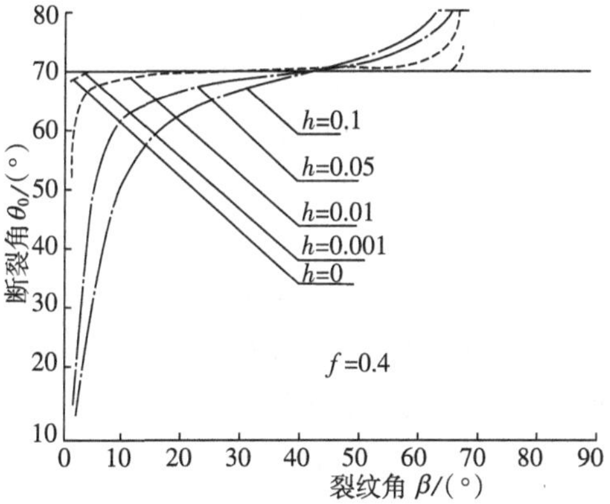

图 8.19　β-θ_0 关系的数值拟合(取不同的 h 值)，$f=0.4$

上式为 β-θ_0 的关系方程. 求出根 $\theta=\theta_0$，使$\partial^2\sigma_{\theta\theta}/\partial\theta^2<0$ 得到满足. 经数值拟合(图 8.18)，当裂纹面上的摩擦系数 $f>0.6$，得到 $h\approx\sqrt{2r_0/a}\leqslant 0.01$，能较好地拟合我们的实验结果(参照图 8.18 和图 8.19). 取 $a\approx 7$ mm，得 $r_0\approx 3.5\times 10^{-4}$ mm；取 $a\approx 12$ mm，得 $r_0\approx 6\times 10^{-4}$ mm. 上述结果比 Williams 等(1972)的结果($r_0\approx 0.05$)小

两个量级.我们认为主要是由于技术路线的区别造成的,因为我们预制的是裂纹,而Williams等(1972)预制的是切口,两者在性质上不同.

8.5 受单轴压切口破裂实验结果的分析

在单轴压力下裂纹扩展实验中,受压切口(C组)的实验结果可近似按斜椭圆孔受单轴压问题求解(图8.20),这里简要地回顾一下第6章中扁椭圆孔受单轴压问题的解.

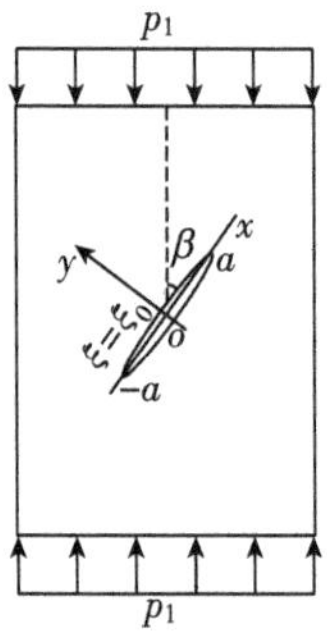

图8.20　无限大板中心切口受单轴压力

在扁椭圆孔的情况下,切口内表面的最大张应力由式(5.3.20)给出

$$\xi_0\sigma_{\eta\eta\mathrm{m}}=p_1\sin\beta(1-\sin\beta) \tag{8.5.1}$$

对于扁椭圆孔,$\xi_0\approx\mathrm{sh}\xi_0=b/c\approx b/a$,又在椭圆长轴端部,$\rho=b^2/a$,因此有 $\xi_0=\sqrt{\rho/a}$,在临界破坏时,$p_1=p_{1\mathrm{c}}$,$\sigma_{\eta\eta\mathrm{m}}=\sigma_{\eta\eta\mathrm{c}}$,代入式(8.5.1),得到

$$p_{1\mathrm{c}}\sqrt{a}=\frac{\sigma_{\eta\eta\mathrm{c}}\sqrt{\rho}}{\sin\beta(1-\sin\beta)} \tag{8.5.2}$$

定义 $k_\mathrm{c}=p_{1\mathrm{c}}\sqrt{\pi a}$ 为含裂纹材料的抗脆断能力.对于C组实验样品,

$$k_\mathrm{c}^{(\mathrm{C组})}=p_{1\mathrm{c}}\sqrt{\pi a}=\frac{\sigma_{\eta\eta\mathrm{c}}\sqrt{\pi\rho_\mathrm{c}}}{\sin\beta(1-\sin\beta)} \tag{8.5.3}$$

实验中的切口尺寸 $b\approx0.35$ mm,$a\approx7$ mm,因此 $\rho_\mathrm{c}=b^2/a\approx0.0175$ mm.取 $\beta=\pi/4$,代入式(8.5.3),可以求得C组介质的抗张强度为

$$\sigma_{\eta\eta\mathrm{c}}=\frac{k_\mathrm{c}^{(\mathrm{C组})}\sin\beta(1-\sin\beta)}{\sqrt{\pi\rho_\mathrm{c}}} \tag{8.5.4}$$

具体结果如表8.3所示.

表8.3　C组介质的抗张强度计算结果

材料	样品个数	k_c 平均值/MPa·m$^{1/2}$	$\sigma_{\eta\eta\mathrm{c}}$(平均值)/MPa	离散度/%
玻璃	7	4.06	113.5	24
房山大理石	5	10.6	296.2	35

由第 2 章可知，对于纯 Ⅰ 型裂纹，在 $\theta=0$ 处，环向应力 $\sigma_{\theta\theta}|_{\theta=0}=K_{\mathrm{I}}/\sqrt{2\pi r}+o(r^{-1/2})$，因此在临界破裂时，只保留奇异项，

$$\sigma_{\theta\theta c}|_{\theta=0}=\frac{K_{\mathrm{Ic}}}{\sqrt{2\pi r_0}} \tag{8.5.5}$$

其中，$\sigma_{\theta\theta c}$ 为介质局部抗拉强度，r_0 为非线性区的尺度. 与上式相似，对于椭圆孔情况有，

$$\sigma_{\eta\eta c}=\frac{K_{\mathrm{Ic}}}{\sqrt{2\pi\rho}} \tag{8.5.6}$$

由上式得到 $\sigma_{\eta\eta c}\sqrt{\rho}=\dfrac{K_{\mathrm{Ic}}}{\sqrt{2\pi}}$. 又由第 4 章最大环向应力判据，$K_{\mathrm{Ic}}=\dfrac{2}{\sqrt{3}}K_{\mathrm{IIc}}$. 因此有

$$\sigma_{\eta\eta_c}\sqrt{\rho}=\sqrt{\frac{2}{3\pi}}K_{\mathrm{IIc}} \tag{8.5.7}$$

代入式(8.5.2)，和 $k_c=p_{1c}\sqrt{\pi a}$，得

$$k_c^{(\text{C组})}=p_{1c}\sqrt{\pi a}=\sqrt{\frac{2}{3}}\frac{K_{\mathrm{IIc}}}{(1-\sin\beta)\sin\beta} \tag{8.5.8}$$

将 $\beta=\pi/4$ 代入上式，得到

$$\frac{k_c^{(\text{C组})}}{K_{\mathrm{IIc}}}=3.94 \tag{8.5.9}$$

与上式相对照，将 $\beta=\pi/4$，$f=0.56$ 代入式(8.1.7)，并忽略 τ_0，得到 B 组(裂纹面之间渗润滑剂)

$$\frac{k_c^{(\text{B组})}}{K_{\mathrm{IIc}}}=2.27 \tag{8.5.10}$$

显然在理论上，C 组(切口)的抗脆断能力更大些. 我们可以从应力集中系数理解这个差异. 实验中 C 组的典型样品 $b\approx0.35$ mm，$a\approx7$ mm，$\rho=b^2/a=1.75\times10^{-2}$ mm. 代入应力集中系数

$$\alpha'=1+2\sqrt{a/\rho}\approx41 \tag{8.5.11}$$

而 A 组的典型值为 $a\approx7$ mm，$\rho=r_0\approx3.5\times10^{-4}$ mm(见 8.4 节)，代入式(8.5.11)得 $\alpha'\approx284$，两者相差 6.9 倍，这是 C 组(切口)的抗压脆断能力比同长度裂纹更大的主要原因.

8.6　高围压下的断裂实验

8.6.1　实验原理

设样品边缘受到均布轴向压力 p_1 和围压 $p_2=p_3=p$，这种实验条件称之为“伪三轴压力实验”. 裂纹方向和 p_1 作用方向的夹角为 β，称为裂纹角. 建立直角坐标系，

x 轴与裂纹方向平行，y 轴与裂纹中垂线重合，如图 8.21 所示.

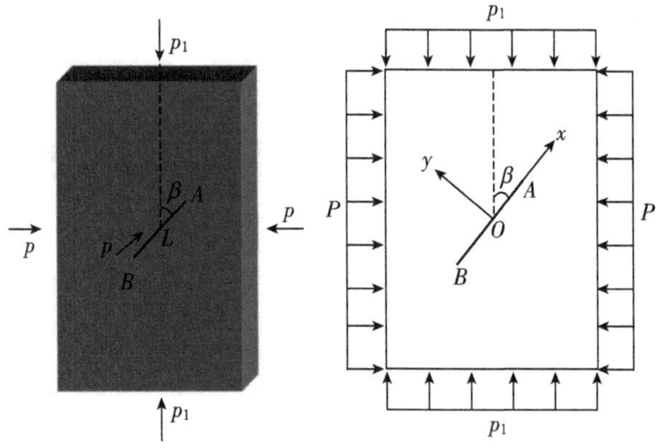

(a)实验设计 (b)实验原理

图 8.21 高围压下断裂力学实验

由应力分量的坐标变换，远场的应力状态为

$$\left.\begin{aligned}\sigma_{xx}^{\infty}&=p_1\cos^2\beta+p\sin^2\beta\\\sigma_{yy}^{\infty}&=p_1\sin^2\beta+p\cos^2\beta\\\tau_{xy}^{\infty}&=(p_1-p)\sin\beta\cos\beta\\\sigma_{zz}^{\infty}&=p\end{aligned}\right\}\tag{8.6.1}$$

其余分量 $\tau_{xz}=\tau_{yz}=0$. 裂纹所在平面受到的远场剪应力为 $\tau^{\infty}=\tau_{xy}^{\infty}$，正应力为$\sigma_{\mathrm{N}}=\sigma_{yy}^{\infty}$. 裂纹表面受到等效剪应力为 $\tau_{\mathrm{e}}(x)=\tau^{\infty}-\tau^{f}(x)$. 同样引入等效摩擦力 $\bar{\tau}^{f}$，它是 $\tau^{f}(x)$ 在整个裂纹面上积分意义上的平均.

$$\bar{\tau}^{f}=\tau_0+f\sigma_{\mathrm{N}}=\tau_0+f(p_1\sin^2\beta+p\cos^2\beta)\tag{8.6.2}$$

于是等效剪应力为

$$\begin{aligned}\tau_{\mathrm{e}}&=\tau^{\infty}-\bar{\tau}^{f}=\tau_{xy}^{\infty}-\tau_0-f\sigma_{yy}^{\infty}\\&=\frac{(p_1-p)}{2}\sin 2\beta-\tau_0-f(p_1\sin^2\beta+p\cos^2\beta)\end{aligned}\tag{8.6.3}$$

裂纹端部的应力强度因子为

$$K_{\mathrm{II}}=\tau_{\mathrm{e}}\sqrt{\pi a}\tag{8.6.4}$$

$$=\left[\frac{(p_1-p)}{2}\sin 2\beta-\tau_0-f(p_1\sin^2\beta+p\cos^2\beta)\right]\sqrt{\pi a}\tag{8.6.5}$$

设实验样品的抗脆断能力为

$$k_{\mathrm{c}}=(p_{1\mathrm{c}}-p)\sqrt{\pi a}\tag{8.6.6}$$

于是在临界情况下，$|K_{\mathrm{II}}|=K_{\mathrm{IIc}}$，

$$k_{\mathrm{c}}=\frac{2[K_{\mathrm{IIc}}+(\tau_0+f\cdot p)\sqrt{\pi a}]}{\sin 2\beta-f(1-\cos 2\beta)}\tag{8.6.7}$$

由此看出，实验样品的抗脆断能力 k_c 不但和 β 有关，而且和围压 p 有关. 在式(8.6.7)中固定 f 和围压 p，只改变 β，仿式(8.1.7)～式(8.1.10)的步骤，就会得出 k_c 的极小值所对应的极值点 β 为

$$\tan 2\beta_m = 1/f \text{ 或 } \beta_m = \frac{1}{2}\arctan\frac{1}{f} \tag{8.6.8}$$

这个结果和单轴压力下得到的结果相同. 将上式代入式(8.6.7)，得到 k_c 的极小值为

$$k_{c\min} = 2[K_{\mathrm{II}c} + (\tau_0 + f\cdot p)\sqrt{\pi a}](\sqrt{1+f^2}+f) \tag{8.6.9}$$

或者利用最大周向应力判据得到的 $K_{\mathrm{II}c}/K_{\mathrm{I}c} = \sqrt{3}/2$，将上式写成

$$k_{c\min} = (\sqrt{3}K_{\mathrm{I}c} + 2f\cdot p\sqrt{\pi a})(\sqrt{1+f^2}+f) \tag{8.6.10}$$

由上式得到临界差应力为

$$p_{1c} - p = \left[\frac{\sqrt{3}K_{\mathrm{I}c}}{\sqrt{\pi a}} + 2(\tau_0 + f\cdot p)\right](f + \sqrt{1+f^2}) \tag{8.6.11}$$

式(8.6.10)和式(8.6.11)在实际应用上更具有可操作意义，因为迄今为止 $K_{\mathrm{II}c}$ 并不是一个可直接测定的参数，只有 $K_{\mathrm{I}c}$ 可以直接测得.

令式(8.6.7)的分母

$$\sin 2\beta(1 - f\cdot\tan\beta) = 0$$

立即看出双轴压力下裂纹抗压强度的渐进线所在的渐进点 $\beta_{\infty 1}$ 和 $\beta_{\infty 2}$ 为

$$\beta_{\infty 1} = 0,\quad \beta_{\infty 2} = \arctan\frac{1}{f} \tag{8.6.12}$$

即 $\beta_{\infty 2} = 2\beta_m$. 当 β 分别趋进 $\beta_{\infty 1}$ 和 $\beta_{\infty 2}$ 时，$k_c \to \infty$.

式(8.6.12)的结果和单轴压力下得到的结果也相同.

8.6.2　实验技术与方法

1. 试件尺寸

本实验所采用的试件为薄板，中央开有斜裂纹或切口(图8.22). 在切口内填入断层泥，采用薄板试件的优点，一是在围压容器内可以简单地进行Ⅱ型裂纹断裂实验，二是可以简化相应的理论分析工作. 实验所用的材料有大理岩和辉长岩等岩石及玻璃和有机玻璃等. 由于受高压容器内放置试件的吊篮所限，对于 150MPa 容器，试件尺寸为200mm×120mm×5mm，对于 1GPa($=10^9$ Pa$=10^3$ MPa$=10^4$ bar)容器，试件尺寸为 80mm×45mm×5mm，试件及中央斜裂纹(或切口)的详细制备方法参见 8.2 节，并在切口内填入断层泥，这样使切口上下表面产生摩擦，以便更真实地反映地震断层的活动，并防止高围压对密封膜的破坏.

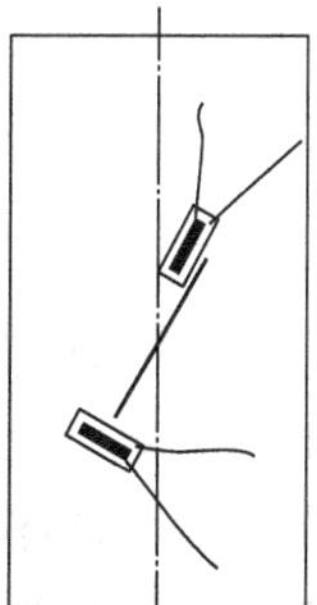

图 8.22　实验试件

2. 试件密封

由于高围压容器内是由液压油来传递的，所以实验中试件要被浸在具有相当压力的液压油中，因此必须对试件密封. 密封的方法是否有效会直接影响到实验成功与否. 对于 150MPa 容器所用试件，选用热收缩塑料薄膜. 密封时，将试件两端涂胶（401 胶），再把略大于试件的热缩薄膜套在试件上，然后用电吹风机对薄膜加热，使之收缩紧紧封住试件. 对于 1GPa 容器所用试件，选用薄乳胶管. 密封时，也将试件两端涂胶，再把略小于试件的乳胶管紧紧套在试件上，形成密封层. 另外，对于岩石试件，为防止两端渗油，还要在两端面上粘上一段 3mm 的钢制垫块. 垫块是用 45 号钢或合金淬火和精磨后制成的. 封装时，要把密封材料一直封到垫块上，以便封住试件端部.

3. 试件的安装

实验中采用的 1GPa 液压容器如图 8.23 所示，为王跃文等于 1978 年研制（王跃文等，1981）. 该容器为当时国内首创，在国内由新华社、光明日报等媒体报道，并获得国家地震局科技进步二等奖.

图 8.23　1GPa 油压容器（王跃文等，1978）

围压容器内部的基本构造是一个近似圆柱形的内腔，上端由一螺丝塞旋紧，形成密封空间. 螺丝塞中心有一圆孔，可以插入一长柱塞用以对试件传递轴向载荷. 150MPa容器的底部有一小圆孔，如图 8.24(a)所示. 容器腔内可以放入一个带有球面座的吊篮，吊篮底部有一凸起，正好可以插入容器底部的小孔内，而 1GPa 容器底部有一定量的收小，如图 8.24(b)所示，恰好也可以放入一个带有球面座的吊篮.

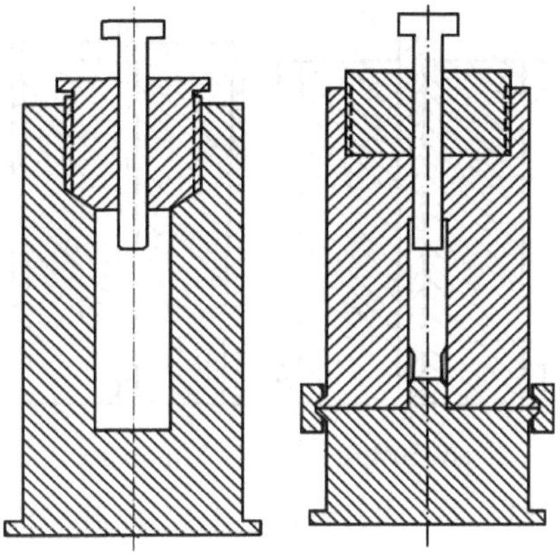

(a) 150MPa (b) 1GPa

图 8.24 高压容器结构简图

这两个装置是为常规三轴岩石实验设计的，实验试件通常为圆柱形，因此只要把圆柱形试件在吊篮内装好，然后将吊篮放入容器内落入底孔，对中和扶正也就自然完成了．但是，在我们的断裂实验中，试件为一直立的薄板，因此必须有一套卡具放在吊篮内，使试件在吊篮内保持直立和对中．在两个高围压容器中，分别使用了不同的卡具．对于 150MPa 容器，卡具是由两个半圆形有机玻璃柱、四个铝合金半圆环及固定螺栓等组成，如图 8.25(a)所示．组合时，将半圆有机玻璃夹住试件，并使试件与卡具底部平齐，上部露出 10mm 左右，再把卡环套住两半圆柱，用螺栓紧固住．由于1GPa 容器空间很小，吊篮内空间也很小，不能使用卡环螺栓装置，我们采用一薄壁钢筒装置，此套筒的内壁具有 3%的锥度，两半圆有机玻璃也同样具有 3%的锥度．当把试件与两半圆块一起放入钢套内时，便可以产生一定的自紧力，并使试件底部与卡具底部平齐，上部露出约 5mm，如图 8.25(b)所示．这两种卡具与试件组合后，形成一圆柱体，便可放入吊篮内．

4．实验观测

本实验的测试系统由应变仪、位移计、压力计、锰铜丝载荷测量仪、声发射仪、函数记录仪等组成．150MPa 容器通过侧壁上的塞孔将传递测量信号的导线引出，1GPa容器通过柱塞中的锥塞高压密封引线装置将信号导线引出．

由于围压容器是一个钢制容器，在实验过程中试件及裂纹状态无法直接观察到，这对实验效果有很大影响．为此采用电测系统进行监测，再预制裂纹(或切口的两端粘有平行和垂直裂纹的电阻应变片(见图 8.22)．当裂纹扩展时，电测系统会立即监测出裂纹开裂．

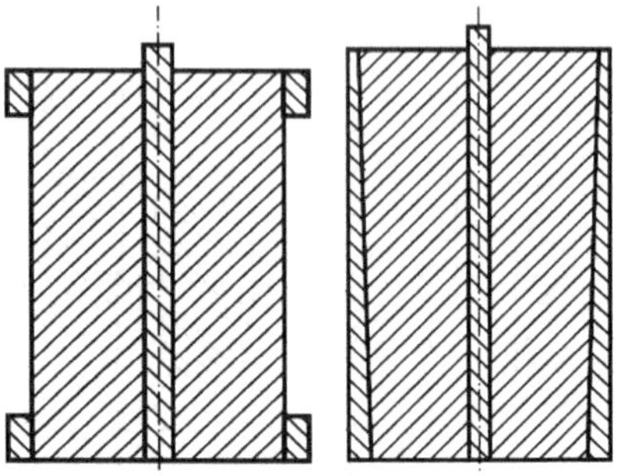

图 8.25　卡具与试件组合后的剖面图

8.6.3　实验结果

利用这一技术方法，我们进行了一系列岩石断裂实验研究. 在实验中先后得到了房山大理岩及济南黑花岗岩在不同围压下的 $K_{\mathrm{II}c}$ 及 $G_{\mathrm{II}c}$，最高围压达 0.8GPa.

裂纹端部的 K_{II} 可以参照式(8.6.4)或式(8.6.5)，但考虑到样品的宽度是有限的，因此应改为

$$K_{\mathrm{II}} = \eta \cdot \tau_e \sqrt{\pi a} \tag{8.6.13}$$

其中，η 为几何修正因子. 在实验中，若在裂纹启裂时，$p_1 = p_{1c}$，则断裂韧度为

$$K_{\mathrm{II}c} = \eta \cdot \left[\frac{(p_{1c} - p)}{2}\sin 2\beta - f(p_{1c}\sin^2\beta + p\cos^2\beta)\right]\sqrt{\pi a} \tag{8.6.14}$$

参照第 3 章式(3.4.35)，由

$$G_{\mathrm{II}c} = \frac{C \cdot K_{\mathrm{II}c}^2}{E} \tag{8.6.15}$$

可以求得剪切断裂能 $G_{\mathrm{II}c}$. 其中 $C = 2.52$，为破裂方向修正系数，由第 4 章式(4.4.3)，

$$G(\theta_0) = \frac{4}{E}\left(\frac{1}{3+\cos^2\theta_0}\right)^2 \left(\frac{1-\theta_0/\pi}{1+\theta_0/\pi}\right)^{\theta_0/\pi}$$
$$\times\left[(1+3\cos^2\theta_0)K_{\mathrm{I}}^2 + 8\sin\theta_0\cos\theta_0 K_{\mathrm{I}}K_{\mathrm{II}} + (9-5\cos^2\theta_0)K_{\mathrm{II}}^2\right]$$

上式见文献(Husseini et al.，1975). 其中，θ_0 为支裂纹与主裂纹间的夹角，K_{I} 和 K_{II} 为没有支裂纹时，原裂纹端部的应力强度因子. 取 $K_{\mathrm{I}} = 0$，$\theta_0 \approx 70.5°$可以得出 $C = 2.52$.

实验结果列于表 8.4 中. 图 8.26 给出了两种岩石材料的 $K_{\mathrm{II}c}$ 在不同围压下的值. 从中可以看到，在 150～800MPa 的范围内，$K_{\mathrm{II}c}$ 随围压的增高而急剧变大，当围压达到 400MPa 时，$G_{\mathrm{II}c}$ 可达到 $10^6\mathrm{J/m^2}$ 的数量级，从而与地震学方法所获得的结果基本一致.

表 8.4　不同围压下测定的 K_{IIc} 和 G_{IIc}

岩石	p_c/MPa	K_{IIc}	G_{IIc}
房山大理岩	0.098	1.5	4×10
	200	1.4×10^2	3.3×10^5
	260	1.7×10^2	4.8×10^5
	380	2.6×10^2	1.2×10^6
	620	3.9×10^2	2.7×10^6
	780	5.2×10^2	4.7×10^6
黑花岗岩（济南青）	0.098	6	3.8×10^2
	160	8.9×10	8.4×10^4
	310	1.8×10^2	3.4×10^5
	460	3.2×10^2	1.1×10^6
	630	4.6×10^2	2.2×10^6
	650	4.4×10^2	2.0×10^6
	730	4.8×10^2	2.4×10^6
	790	5.2×10^2	2.8×10^6

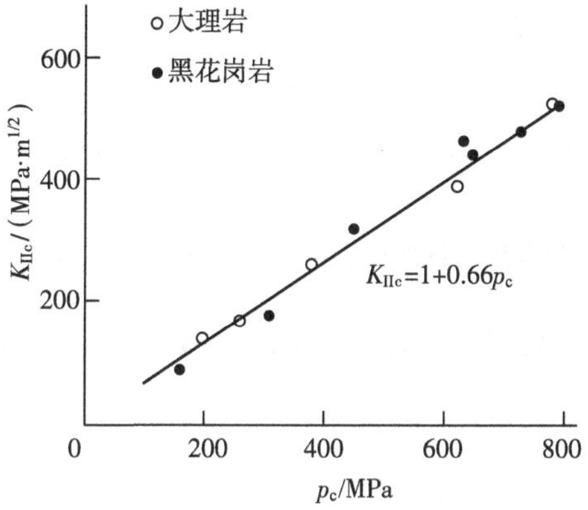

图 8.26　不同围压下测定的 K_{IIc} 实验曲线

8.7　差应力下岩石的体积膨胀

差应力下岩石的体积膨胀，是由 Brace 等(1966)通过实验研究的. Brace 等测量了 Westerly 花岗岩在 10^4 MPa(＝1kbar)围压的三轴试验中的行为曲线(图 8.27).

这里，用主应力 σ_i ($i=1,2,3$)和主应变 ε_i ($i=1,2,3$)表示岩石的变化. 在以下的讨论中，在表达应力符号时，按照岩石力学文献的习惯，以压应力为正. 由附录Ⅰ，材料的体积应变为 $\Delta V/V_0=\theta=\varepsilon_1+\varepsilon_2+\varepsilon_3$，其中 ΔV 为试件压缩时的体积变化，V_0 是原来没有施加任何应力时的体积.若在试验过程中,围压 $\sigma_2=\sigma_3=\sigma_0$,只增加 σ_1,则当压力差 $\sigma_1-\sigma_0$ 增加时,主应变为

$$\left.\begin{aligned}\varepsilon_1&=\frac{1-2\nu}{E}\sigma_0+\frac{1}{E}(\sigma_1-\sigma_0)\\ \varepsilon_2&=\varepsilon_3=\frac{1-2\nu}{E}\sigma_0-\frac{\nu}{E}(\sigma_1-\sigma_0)\end{aligned}\right\} \tag{8.7.1}$$

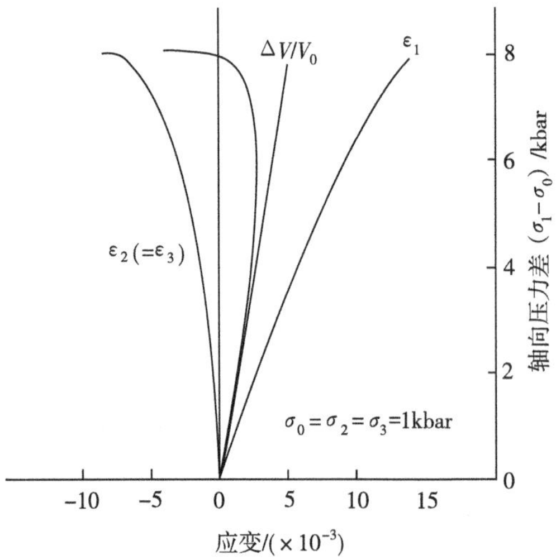

图 8.27 Westerly 花岗岩在 1kbar(=10^4MPa)围压的三轴试验中的行为曲线,即轴向压力差-轴向应变曲线$(\sigma_1-\sigma_2)$-ε_1,轴向压力差-径向应变曲线$(\sigma_1-\sigma_2)$-$\varepsilon_2(=\varepsilon_3)$和轴向体积应变$\Delta V/V_0$的曲线.$\Delta V/V_0$ 曲线与直线的偏离代表扩容(Brace et al.,1966)

可以看出,ε_1 逐渐增大(压缩),而 ε_2 和 ε_3 则逐渐减小(拉张).样品的体积变化为

$$\frac{\Delta V}{V_0}=\theta=\varepsilon_1+\varepsilon_2+\varepsilon_3=\frac{3(1-2\nu)}{E}\sigma_0+\frac{(1-2\nu)}{E}(\sigma_1-\sigma_0) \tag{8.7.2}$$

利用附录Ⅰ,体积模量 $K=\dfrac{E}{3(1-2\nu)}$,式(8.7.2)还可以写成

$$\frac{\Delta V}{V_0}=\frac{\sigma_0}{K}+\frac{3}{K}(\sigma_1-\sigma_0) \tag{8.7.3}$$

显然,只要 E 和 ν 不变,K 也就不变,体积就会呈线性压缩,实验中表现为 $\varepsilon_1>|\varepsilon_2+\varepsilon_3|$.式(8.7.2)或式(8.7.3)所给出的就是实验中 $\Delta V/V_0$ 的理论直线.Brace 等认为,实测的 $\Delta V/V_0$ 曲线对理论直线的偏离,表示试件产生了膨胀(或称扩容)现象,表现在 E 和 v 发生了变化.在接近破坏时,$\Delta V/V_0\leqslant 0$(绝对膨胀),可见泊松比已达到$\nu\geqslant 1/2$.为了验证这种膨胀是否在整个样品中发生,Cook 等(1970)将圆柱状样品中心钻孔,并测量孔内部在围压和差应力条件下的三向应变,证明这种膨胀的确是在整个样品中发生.

Brace 等(1966)的实验证明,即使在地下围压很高的条件下,由于构造应力的存在,也会导致体积膨胀.这个结论成为地震孕育的膨胀模式的重要实验依据.

Brace 等根据 Walsh(1965)、Hoek 和 Bieniawski(1966)等进行的断裂力学实验结果,认为这种膨胀(扩容)现象是样品内部大量微裂纹的翼状张性扩展所引起.

8.8　含切口岩石的破裂过程可见光透视观察

8.8.1　大理石薄板可见光透视方法

大理岩为半透明材料,可以用可见光透视的方法观测含某些构造的大理石薄板中微破裂的演化和集结的过程.采用可见光透视的方法有以下优点:

(1)充分利用了大理石薄板的膨胀区与压缩区的透光性差异.

(2)观测视野较大,能宏观地观察到样品内部的微破裂发育的全部图像.

(3)能利用录像方法,直接观察到样品内部的微破裂发育的动态过程.

(4)成本较低,且快捷,可以代替目前尚难以采用的动态 X 射线 CT 观测方法.

在大理岩薄板样品加载后,在灯光透视下,会发现裂纹或切口端部的附近出现灰黑区,并且灰度加重,面积扩大,破坏后掰开用肉眼观察或制作磨片,可以看出加载时发灰黑的地方是微裂纹丛集对光线散射增加所引起的.因此,我们认为观察到的灰度加重的地方,就是所谓的过程区.在本书下面的描述中,是用灰黑区的灰度来判断微破裂的密度的.

利用完整无切口样品的实验进行对比,可以看到,随压力加大,样品中部亮度在加重,相应的应力-应变曲线为压缩部位.因此可以判断,亮度加大实际是由于原有的微裂纹闭合,减少了对光线的散射,而加大了透明度.

在切口端部,灰黑区和亮区往往相邻出现,而且灰黑、亮区的反差逐渐加大.前者为压应力集中部位,后者为张应力集中部位.在切口端部,亮区形状呈孔雀尾羽状,有中心亮眼,和切口端部紧密相连.在样品载荷接近临界值的 80%以上时,灰黑区和亮区呈现强烈的对比.微破裂集结表现为灰黑区集结为窄长的黑色条带,它和原过程区比较:面积小,狭窄,长度加长,分布呈现有序性.在实验中还观察到,一旦微破裂集结,原过程区的微破裂往往大部分愈合,表现为灰度反而下降,亮度上升.

除采用录像的办法外,还结合了切片光学显微照相的方法,选择个别样品在卸载后用 X 射线 CT 的设备观察岩石的破裂.

实验在 WE-10A 型万能实验机上进行,载荷为单轴压力.载荷精度为 1%,所用 BHR-4 型 10t 荷重传感器的精度为 1%,用 YD-15 型应变仪和 X-Y 记录仪记录轴向应力和局部应变曲线.样品前后各置一厚 15mm 的有机玻璃夹具,两夹具用螺钉连接,实验前用手轻轻把螺钉拧紧,以防试件发生翘曲.所采用的样品尺寸为 110mm×80mm×5mm 左右.预制切口长度为 25mm 左右.实验采用均匀、缓慢的单调加载方式,加载速度约为 4.4MPa/min.必要时停止加载,并在足够长的时间内保持载荷不变,供实验者观察.

按照断裂力学原理,为减少样品边缘效应和端部效应,所有预制裂纹或切口一律做在样品的内部,尽量接近中心部位.裂纹角 β 定义为裂纹走向与最大压力载荷之间的夹角.

将大理石板和玻璃样品的实验进行了比对.在玻璃样品中,微裂纹是从预制裂纹前缘扩展出来的,而在大理岩样品中则不同.通过玻璃和岩石的比较,可知宏观的过程区现象是岩石一类非均匀材料所特有的.在玻璃样品中则观测不到.

8.8.2 单一的中心穿透切口

图 8.28 显示了大理石板的中心切口的初始扩展路径,加载速度为 10～12.5MPa/m.切口的每个端部有两条扩展线,先出现 AC,BD 扩展,其后出现 AE,BF 扩展.Ingraffea 等(1980)认为 AC,BD 是第一次张破裂,AE,BF 是在应力场重新调整后在切口端部的新的张应力集中所造成的微破裂成核形成的第二次张破裂,并通过有限元数值验证了他的看法.我们认为这种现象似乎也和切口的预制形状有关.在实验中切口的预制是用圆形砂轮片在板的正反两面切割,得到的切口端部是燕尾状,使得破裂先从燕尾根部开始(较短),后又从燕尾尖部开始(较长).

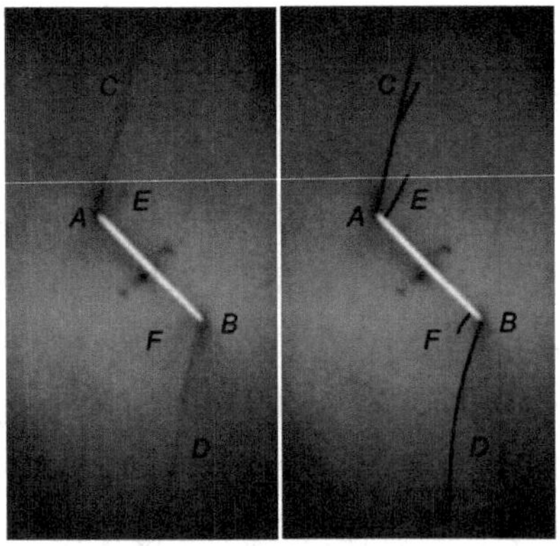

(a)照片　　(b)扩展轨迹手描

图 8.28　大理石板中心切口的张破裂

图 8.29 为大理石板中心切口扩展过程中两个端部应变记录曲线.虚线 3 为无切口情况下的理论应力-应变曲线.纵坐标负向为应变拉张.值得注意的是拉张加速段有两次几乎同步的压力脉冲,形态与粘滑实验记录相似,似乎是发生在扩展面上.

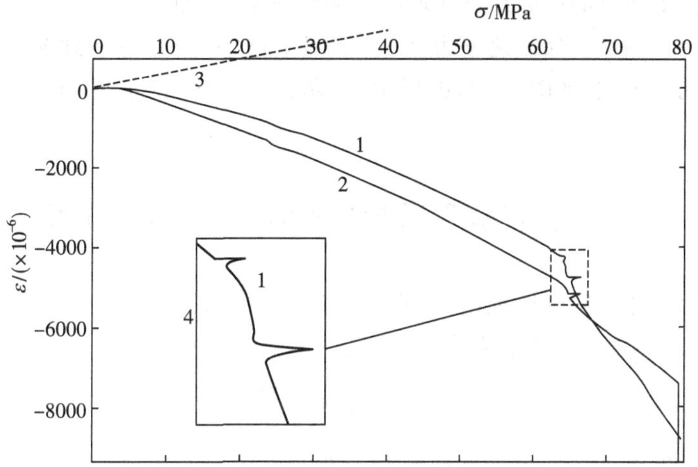

图 8.29　大理石板中心切口扩展过程中两个端部的应变记录曲线

图中间的实方框内显示的是虚方框内 1 号记录曲线的局部放大

图 8.30 为加载速率为 2.5～5MPa/m 时，观察到的大理岩中心单一穿透切口的微破裂演化集结过程.

(1)张应力集中区出现第一阶段的萌生、扩展与集结，先出现过程区，然后在过程区中心线上出现集结. 集结条带形成时，过程区往往变窄. 随集结带扩展，在前端出现新的过程区.

(2)剪应力集中区出现第二阶段萌生、发育，即原始切口延伸方向，微破裂发育面积比张应力区大 1 倍至数倍，但很少有集结现象出现.

(3)第三阶段萌生、发育，出现在与第一阶段集结扩展相反的方向，称之为逆冲区. 逆冲区的微破裂发育面积远大于前两个阶段，比张应力区大至少一个量级. 逆冲区在集结时，明显出现过程区的大部分重新变亮，表明大部分微破裂愈合.

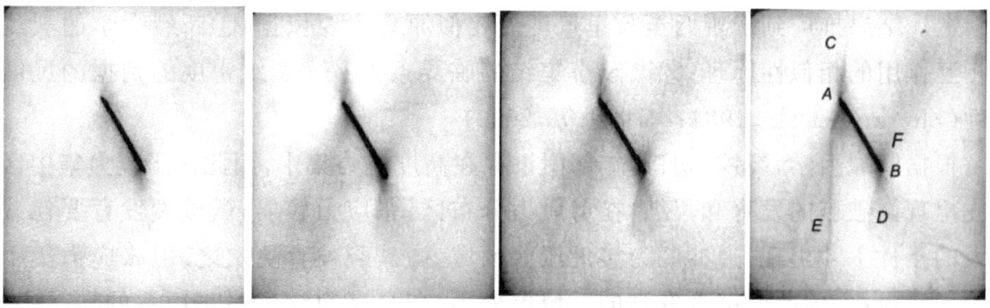

(a)$\sigma/\sigma_m=73.8\%$　　(b)$\sigma/\sigma_m=91.0\%$　　(c)$\sigma/\sigma_m=97.2\%$　　(d)$\sigma/\sigma_m=100\%$

图 8.30　大理岩中心单一穿透切口的微破裂演化集结过程

样品号 99012，尺寸 149mm×80mm×6mm，裂纹长度 $c=24$mm，$\beta=30°$，$\sigma_m=127.1$MPa

大理石板中切口的破裂形态还取决于加载速率.当加载速率为 10～12.5MPa/m 时,只出现张性扩展.当加载速率为 2.5～5MPa/m 时,可以观察到逆冲区很宽的微破裂发育和成核区域,如图 8.30(d)所示.姚存英等(1988)对此用有限元法进行了数值模拟.

8.9 岩石破裂透视实验结果的理论分析

下面利用固体材料强度理论,来分析 8.8 节岩石破裂透视的实验结果.这里引用 Zhurkov(1965)关于固体样品寿命的理论公式

$$t=t_0\exp\left[\frac{U_0-\gamma\sigma}{kT}\right] \tag{8.9.1}$$

其中,U_0 为活化能;σ 为材料受到的外力;γ 为与结构或受力方式有关的参数;k 为玻尔兹曼常数;T 为热力学温度;t_0 为固体内原子自激振动的周期,$t_0\approx10^{-13}$s.将上式推广到具有某种构造的同一材料(如岩石)内,将应力不同的区域划分开,假定端部受到压应力 σ,根据 Mohr 准则,不难算出与之等效的引起损伤的张应力.任何小区域内的应力为 σ_i,应力集中系数为 $c'=\sigma_i/\sigma$.将式(8.9.1)改写为

$$t=t_g\exp(-A_0\sigma) \tag{8.9.2}$$

于是,区域 i 内材料的寿命为

$$t_i=t_g\exp(-A_0\sigma_i) \tag{8.9.3}$$

其中,$t_g=t_0\exp(\Delta U_1/kT)$,$A_0=\gamma/kT$,将(8.9.2)和式(8.9.3)两式相除,就得到

$$t_i/t=\exp[A_0(c'-1)\sigma] \tag{8.9.4}$$

从式(8.9.4)可以得出:

(1)c'最高的区域首先萌生微破裂,然后是 c'次之的区域发育微破裂;

(2)只有 $c'>1$ 的区域能发育微破裂,在 $c'<1$ 的区域,微破裂直到材料整体破坏也不会发育微破裂.

上述结果推广到宏观乃至公里尺度的相似原理主要依据:①断裂力学的裂纹之间相互作用的相似性原理;②微破裂集结的临界条件——裂纹密度的判据的尺度不变性(Zhurkov et al.,1984; 李世愚等,2000)

根据断裂力学,裂纹(切口)端部附近存在高度应力集中,因此在张应力集中区域首先出现微破裂的发育和集结,在剪应力分布区,张应力较弱,微破裂发育要在载荷加大的条件下才出现.逆冲区为接近压剪区域,微破裂发育更次之.但张应力集中区域的面积最小,因此微破裂发育的区域也最小.在具有裂纹(或切口)系的样品中,内端部的应力集中被约束在更小的区域,因而微破裂发育的面积比外端部更小.如果把微破裂发育的总面积作为地震孕育过程中能量积累的标志,则可以得出推论:在同一地区,应力集中点可能首先破裂,但不一定是能量释放最大的地点.

上述原理是 Segall 和 Pollard(1980)首先提出的,他们比较了张性雁列和压性雁列的内端部的应力和能量积累,认为张性雁列内端部容易发生中小地震,但不容易积累大地震的能量,压性雁列内端部不容易小地震,但能够积累大地震的能量.

从式(8.9.1)可知,即使在临界载荷的条件下,一定区域范围内微破裂从萌生到集结也需要足够的时间才能发育充分. 在载荷随时间变化的情况下,在计算材料寿命时,γ 在不同时段内将随结构的变化而变化. 这样,问题就变成高度非线性的. 为了比较不同结构样品的微破裂发育过程,加载速率就应取同一水平. 另外,加载速率必须足够慢,以保证各个区域的微破裂发育有足够的时间.

对于逆冲区扩展实验现象,姚存英等(1988)利用有限元法进行了数值模拟,认为是割缝附近材料的应变软化塑性变形,最终这个软化的变形带贯穿整个样品,导致样品承载能力的丧失和宏观破坏. 具有单一切口的玻璃样品在单轴压的多次实验中,我们只观测到过张性拐折破裂,没有观测到逆冲破裂. 而在有机玻璃样品中,观察到了裂纹附近的塑性变形(图 9.12),但是没有演化到贯穿整个样品. 因此,可以认为逆冲破裂是岩石一类非均匀材料所特有的剪切破坏现象.

8.10　利用巴西圆盘试验测定岩石的抗拉强度

8.10.1　引言

抗拉强度是岩石类材料的一个重要物理性质参数,然而在实验室中很难采用直接拉伸试验获得. 主要原因有三个方面:一是用于直接拉伸试验的试样加工难度很大,二是加载过程中试样很难被夹住,三是在试样的端部极易产生很大的应力集中. 这三个方面的原因就导致了直接拉伸试验不但很难,而且做起来很麻烦. 1978 年国际岩石力学学会(ISRM)推荐采用巴西圆盘(Brazilian)试验这一间接方法来获得岩石类材料的抗拉强度.

巴西圆盘试验方法的理论基础是圆盘状样品在对称、压缩的线荷载作用下的解析解,如图 8.31 所示. 该问题最早在 1883 年由 Hertz 研究过,后来 Michell 做了改进. 对巴西圆盘的解析解的论述仅见于铁摩辛柯(1990)和穆斯海里什维里(1953)的工作.

叶剑红等(2009)采用 Airy 应力函数和线弹性叠加原理,得出了巴西圆盘内部任意一点的应力状态的解析解. 所得结果和穆斯海里什维里(1953)用复变函数方法得到的解完全一致.

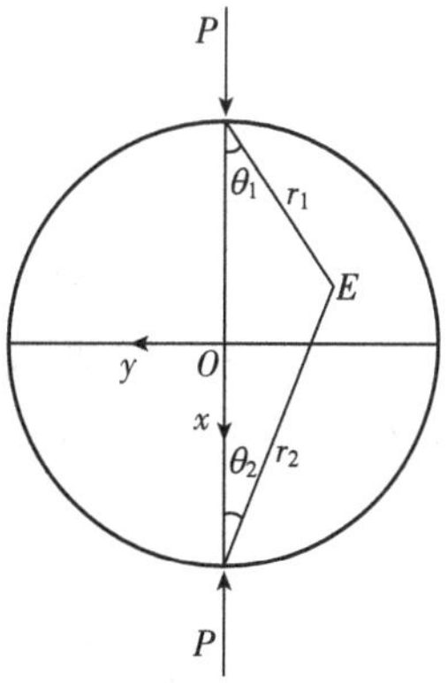

图 8.31　巴西圆盘试验受力状态

8.10.2　巴西圆盘内各点应力解析解

考虑铅直荷载 P 作用(以压为正)在半平面无限大板的水平边界 AB 上的情况，其中板的厚度为 l，线荷载 P 沿板的厚度均匀分布，如图8.32所示. 在该情形下，描述板内应力分布的 Airy 应力函数为(徐芝纶，2002)

$$\Phi=\frac{P}{\pi l}r\theta\sin\theta \tag{8.10.1}$$

无限大板内的应力状态为

$$\begin{cases}\sigma_r=\dfrac{1}{r}\dfrac{\partial\Phi}{\partial r}+\dfrac{1}{r^2}\dfrac{\partial^2\Phi}{\partial\theta^2}=\dfrac{2P}{\pi\cdot l}\dfrac{\cos\theta}{r}\\ \sigma_\theta=\dfrac{\partial^2\Phi}{\partial r^2}=0\\ \tau_{r\theta}=-\dfrac{\partial}{\partial r}\left(\dfrac{1}{r}\dfrac{\partial\Phi}{\partial\theta}\right)=0\end{cases} \tag{8.10.2}$$

由于在任意点处 $\tau_{r\theta}=0$，所以以上应力状态就是主应力状态，利用坐标变换可以得到在 Oxy 坐标系中的应力分量为

$$\begin{cases}\sigma_{xx}=\dfrac{1}{2}\sigma_{rr}+\dfrac{1}{2}\sigma_{rr}\cos 2\theta=\sigma_{rr}\cos^2\theta\\ \sigma_{yy}=\dfrac{1}{2}\sigma_{rr}-\dfrac{1}{2}\sigma_{rr}\cos 2\theta=\sigma_{rr}\sin^2\theta\\ \tau_{xy}=\dfrac{1}{2}\sigma_{rr}\sin 2\theta=\sigma_{rr}\sin\theta\cos\theta\end{cases} \tag{8.10.3}$$

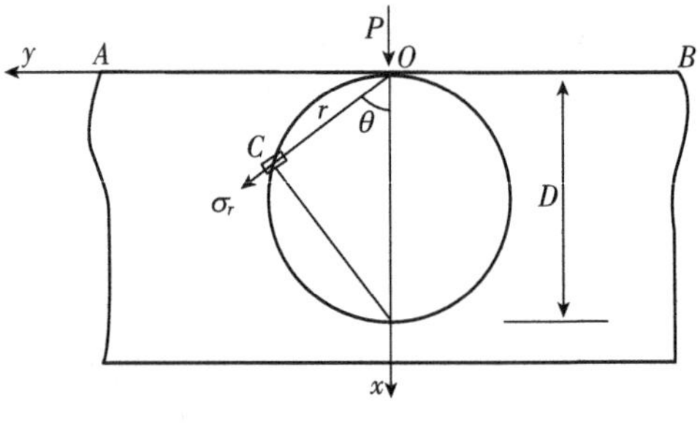

图 8.32　半平面无限大板在水平边界 AB 上受铅直荷载 P 作用

下面讨论一块两侧无限长，宽度为 D，厚度为 l 的板，受一对对称线荷载 P 的作用，如图 8.33 所示. 由式(8.10.2)得到在直径经过荷载 P 作用点的圆上的应力状态

$$\begin{cases}\sigma_{r1}=\dfrac{2P}{\pi l}\dfrac{\cos\theta_1}{r_1}\\ \sigma_{r2}=\dfrac{2P}{\pi l}\dfrac{\cos\theta_2}{r_2}\end{cases} \tag{8.10.4}$$

又由于 C 点在圆上，所以就有

$$\frac{\cos\theta_1}{r_1}=\frac{\cos\theta_2}{r_2}=\frac{1}{D} \tag{8.10.5}$$

从而得到

$$\sigma_{r1}=\sigma_{r2}=\frac{2P}{\pi Dl} \tag{8.10.6}$$

并且 σ_{r1} 与 σ_{r2} 相互垂直，即 $\theta_1+\theta_2=\pi/2$. 利用坐标变换可以得到圆上任意点在直角坐标系 Oxy 的应力分量为

$$\begin{pmatrix}\sigma_{xx} & \tau_{xy}\\ \tau_{xy} & \sigma_{yy}\end{pmatrix}=\begin{pmatrix}\cos\theta_1 & -\sin\theta_1\\ \sin\theta_1 & \cos\theta_1\end{pmatrix}\begin{pmatrix}\sigma_{r1} & 0\\ 0 & \sigma_{r2}\end{pmatrix}\begin{pmatrix}\cos\theta_1 & \sin\theta_1\\ -\sin\theta_1 & \cos\theta_1\end{pmatrix}=\begin{pmatrix}\dfrac{2P}{\pi Dl} & 0\\ 0 & \dfrac{2P}{\pi Dl}\end{pmatrix} \tag{8.10.7}$$

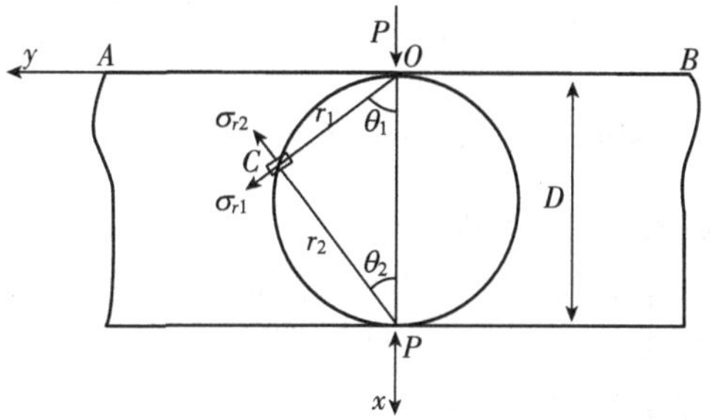

图 8.33　两侧无限长，宽度为 D，厚度为 l 的板受一对对称线荷载 P 的作用

下面考虑巴西圆盘在对称线荷载 P 作用下圆盘内任意点 M 的应力状态. 假设在巴西圆盘的圆周上作用均匀分布的拉应力 $2P/(\pi Dl)$，那么在圆盘内部和圆周上的任意点的应力分量均为(徐芝纶，2002)

$$\sigma_{xx}=\sigma_{yy}=-\frac{2P}{\pi Dl},\quad \tau_{xy}=0 \tag{8.10.8}$$

根据线弹性叠加原理，巴西圆盘的受力状态可以由一对对称的线荷载 P 和在圆盘圆周上均匀分布的拉应力 $2P/(\pi Dl)$ 叠加而成，叠加的结果是圆盘圆周处于自由状态，如图 8.34 所示. 对于巴西圆盘内任意点 M，由式(8.10.2)、式(8.10.3)和式(8.10.8)可知 M 点的应力分量为

$$\begin{cases}\sigma_{xx}=\dfrac{2P}{\pi l}\left(\dfrac{\cos^3\theta_1}{r_1}+\dfrac{\cos^3\theta_2}{r_2}-\dfrac{1}{D}\right)\\ \sigma_{yy}=\dfrac{2P}{\pi l}\left(\dfrac{\cos\theta_1\sin^2\theta_1}{r_1}+\dfrac{\cos\theta_2\sin^2\theta_2}{r_2}-\dfrac{1}{D}\right)\\ \tau_{xy}=\dfrac{2P}{\pi l}\left(\dfrac{\cos^2\theta_1\sin\theta_1}{r_1}-\dfrac{\cos^2\theta_2\sin\theta_2}{r_2}\right)\end{cases} \tag{8.10.9}$$

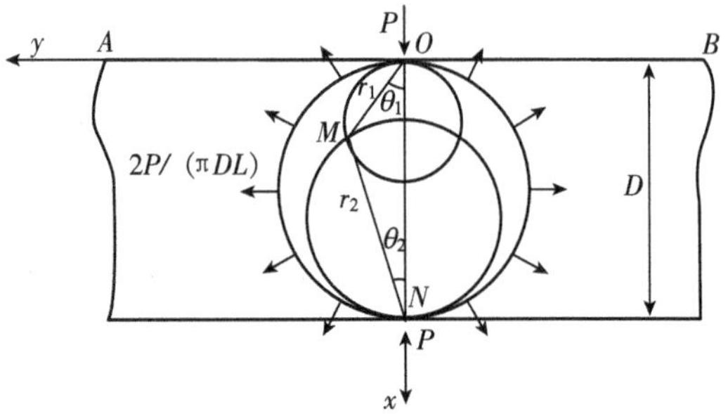

图 8.34 巴西圆盘受力状态可由对称的线荷载 P 和圆周上均匀分布的拉应力叠加而成

式中，规定当 M 点位于力的右侧时，θ_1 和 θ_2 都取正值，在左侧时都取为负值．又因为在$\triangle OMN$ 中有如下关系

$$
\begin{aligned}
& r_2^2=r_1^2+D^2-2r_1D\cos\theta_1 \\
& \cos\theta_2=\frac{D^2+r_2^2-r_1^2}{2r_2D}=\frac{D-r_1\cos\theta_1}{r_2} \\
& \sin\theta_2=\sqrt{1-\cos\theta_2}=\frac{r_1\sin\theta_1}{r_2}
\end{aligned}
\tag{8.10.10}
$$

将式(8.10.10)代入式(8.10.9)得到

$$
\begin{cases}
\sigma_{xx}=\dfrac{2P}{\pi l}\left[\dfrac{\cos^3\theta_1}{r_1}+\dfrac{(D-r_1\cos\theta_1)^3}{(r_1^2+D^2-2Dr_1\cos\theta_1)^2}-\dfrac{1}{D}\right] \\
\sigma_{yy}=\dfrac{2P}{\pi l}\left[\dfrac{\cos\theta_1\ \sin^2\theta_1}{r_1}+\dfrac{(D-r_1\cos\theta_1)r_1^2\ \sin^2\theta_1}{(r_1^2+D^2-2Dr_1\cos\theta_1)^2}-\dfrac{1}{D}\right] \\
\tau_{xy}=\dfrac{2P}{\pi l}\left[\dfrac{\cos^2\theta_1\sin\theta_1}{r_1}-\dfrac{(D-r_1\cos\theta_1)^2r_1^2\sin\theta_1}{(r_1^2+D^2-2Dr_1\cos\theta_1)^2}\right]
\end{cases}
\tag{8.10.11}
$$

为方便起见，进行坐标平移，将 Oxy 坐标系的原点 O 平移至圆盘中心，则有

$$
\begin{cases}
x=r_1\cos\theta_1-\dfrac{D}{2} \\
y=r_1\sin\theta_1
\end{cases}
\rightarrow
\begin{cases}
r_1=\sqrt{\left(x+\dfrac{D}{2}\right)^2+y^2} \\
\cos\theta_1=\dfrac{x+\dfrac{D}{2}}{r_1},\ \sin\theta_1=\dfrac{y}{r_1}
\end{cases}
\tag{8.10.12}
$$

将式(8.10.12)代入式(8.10.11)就得到

$$
\begin{cases}
\sigma_{xx}=\dfrac{2P}{\pi l}\left\{\dfrac{(x+D/2)^3}{[(x+D/2)^2+y^2]^2}+\dfrac{(D/2-x)^3}{[(x-D/2)^2+y^2]^2}-\dfrac{1}{D}\right\} \\
\sigma_{yy}=\dfrac{2P}{\pi l}\left\{\dfrac{(x+D/2)y^2}{[(x+D/2)^2+y^2]^2}+\dfrac{(D/2-x)y^2}{[(x-D/2)^2+y^2]^2}-\dfrac{1}{D}\right\} \\
\tau_{xy}=\dfrac{2P}{\pi l}\left\{\dfrac{(x+D/2)^2y}{[(x+D/2)^2+y^2]^2}-\dfrac{(D/2-x)^2y}{[(x-D/2)^2+y^2]^2}\right\}
\end{cases}
\tag{8.10.13}
$$

由式(8.10.13)可知，当 $y=0$ 和 $x=0$ 时，直径 ON 上的应力分量为

$$
\begin{aligned}
\sigma_{xx} &= \frac{2P}{\pi D l}\left(\frac{4D^2}{D^2-4x^2}-1\right) \\
\sigma_{yy} &= -\frac{2P}{\pi D l} \\
\tau_{xy} &= 0
\end{aligned}
\tag{8.10.14}
$$

垂直于 ON 的直径上的应力分量为

$$
\begin{aligned}
\sigma_{xx} &= \frac{2P}{\pi D l}\left[\frac{4D^2}{(D^2+4y^2)}-1\right] \\
\sigma_{yy} &= \frac{2P}{\pi D l}\left[\frac{16D^2y^2}{(D^2+4y^2)}-1\right] \\
\tau_{xy} &= 0
\end{aligned}
\tag{8.10.15}
$$

上面所得到的式(8.10.14)和式(8.10.15)与铁摩辛柯和古地尔(1990)给出的解完全一致.

8.10.3　巴西圆盘内部的应力状态分布

图 8.35 列出了圆盘内部应力的分布图,圆盘直径 ON=50mm.

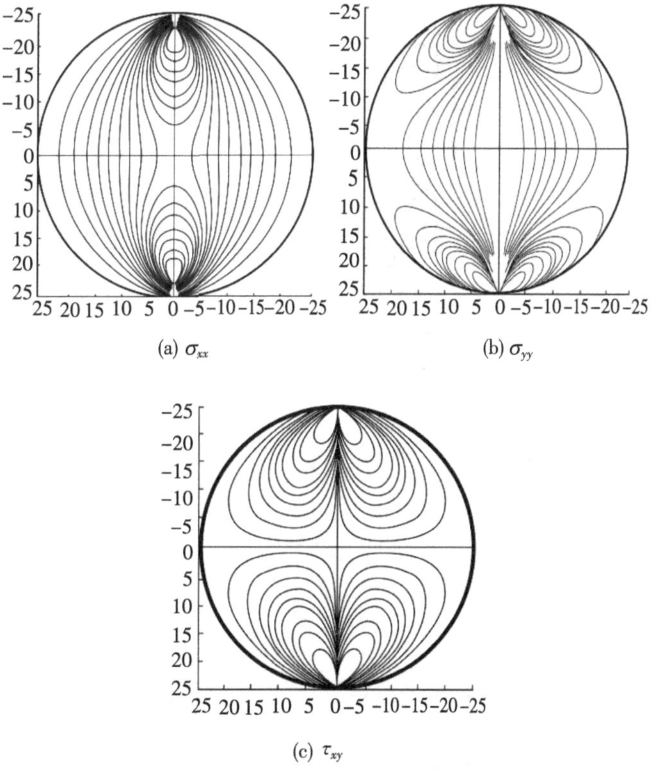

(a) σ_{xx}　　(b) σ_{yy}

(c) τ_{xy}

图 8.35　巴西圆盘内应力分布图

由式(8.10.14)和图8.36(b)可以看出，直径 ON 上，即 $y=0$ 部分，拉应力 σ_{yy} 在大部分为一常数，因此在临界条件下，破坏时载荷为 P_c，求得介质的抗张强度为

$$T_0=-\frac{2P_c}{\pi Dl} \tag{8.10.16}$$

从式(8.10.13)和图8.35还可以看出，在圆盘线载荷作用点即 $x=\pm D/2$ 和 $y=0$ 附近，存在应力集中，由此引起的载荷作用点首先破裂是难以避免的. 另外，本节采用的是二维模型，和实际的三维受力情况有一定出入. 这些因素使得巴西圆盘方法受到不少质疑，并有不少作者提出了修订意见.

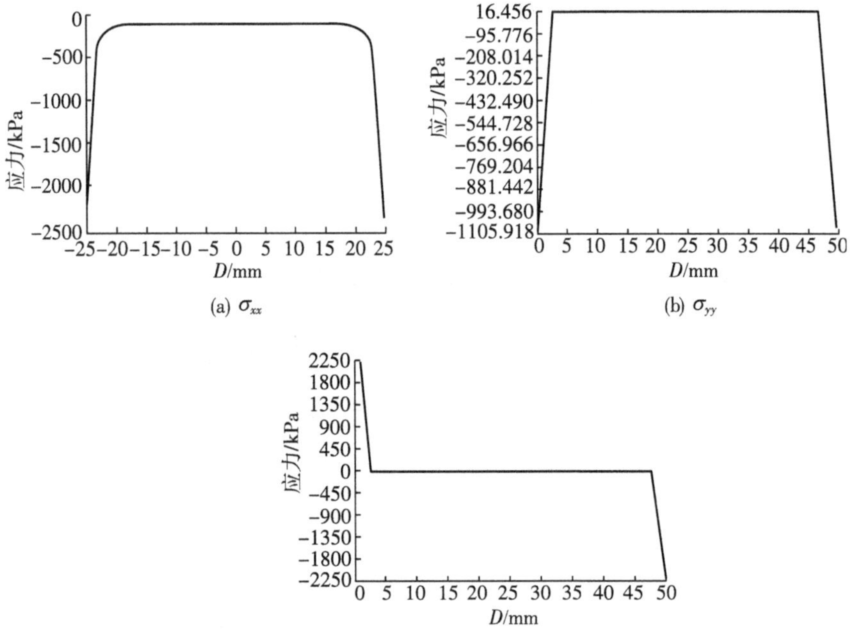

(a) σ_{xx}　　(b) σ_{yy}

(c) τ_{xy}

图8.36　直径 ON 上的应力分布

第 9 章　共线裂纹系的理论与实验研究

9.1　基本概念

地壳岩体中分布着大量的断层、节理、裂纹，它们的分布十分不均匀，这些不连续且不均匀结构对岩体的强度与破坏有强烈的影响. 在地壳应力的环境作用下，这些结构还处于不断的变化之中，因此研究岩体的变形和破坏自然要涉及裂纹系问题.

对裂纹系的研究分两种方法. 一种是典型分析的方法，即剖析两个裂纹或少数几个裂纹之间的相互作用. 另一种是统计的方法，即根据裂纹群体的分布和演化特征来研究裂纹系的行为.

典型分析的方法包括解析的方法和数值计算的方法. 本章只介绍解析方法，其中只有共线裂纹问题有现成的解(Erdogan，1962). 第 10 章讨论其他问题的数值解.

9.2　受拉共线斜裂纹问题的理论解

9.2.1　基本解

有关共线裂纹基本解的详细推导，可参照文献(Erdogan，1962)，这里只介绍结果，并给出应力场等值线显示.

考虑等长的共线裂纹，$2b$ 为裂纹内间距，L 为裂纹长度，$a=b+L$，受远场力 N_1 和 N_2 的作用(图 9.1). x，y 为直角坐标系，x 轴与裂纹走向重合；β 为 N_1 与 x 轴的夹角，即裂纹角.

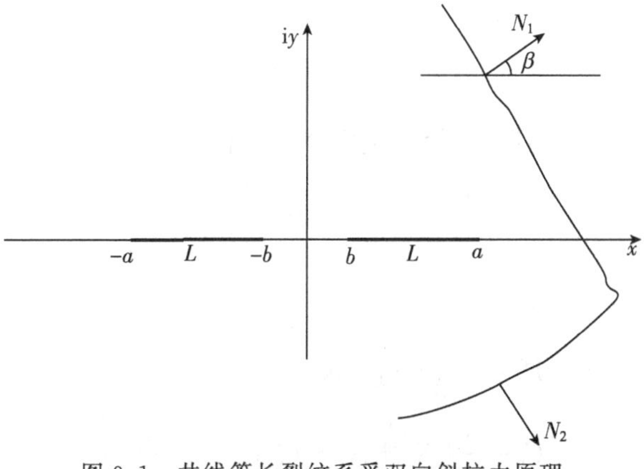

图 9.1　共线等长裂纹系受双向斜拉力原理

远场边界条件：在$|z|\to\infty$，

$$\sigma_{xx}^{\infty}=\frac{N_1+N_2}{2}+\frac{N_1-N_2}{2}\cos 2\beta,\quad \sigma_{yy}^{\infty}=\frac{N_1+N_2}{2}-\frac{N_1-N_2}{2}\cos 2\beta$$

$$\tau_{xy}^{\infty}=\frac{N_1-N_2}{2}\sin 2\beta \tag{9.2.1}$$

以下记$\sigma_x^{\infty}=\sigma_{xx}^{\infty}$，$\sigma_y^{\infty}=\sigma_{yy}^{\infty}$，$\tau^{\infty}=\tau_{xy}^{\infty}$.

对于拉伸裂纹，裂纹面一般是自由的，因此在裂纹表面上($y=0$，$-a<x<-b$及$b<x<a$)，

$$\sigma_{yy}=0,\quad \tau_{xy}=0 \tag{9.2.2}$$

计算应力分量可以采用克罗索夫公式

$$\left.\begin{aligned}&\sigma_{yy}+\sigma_{xx}=4\mathrm{Re}[\varphi'(z)]\\&\sigma_{yy}-\sigma_{xx}+2\mathrm{i}\tau_{xy}=2[\bar{z}\varphi''(z)+\psi'(z)]\end{aligned}\right\} \tag{9.2.3}$$

或将以上两式相加，得到

$$\sigma_{yy}+\mathrm{i}\tau_{xy}=\varphi'(z)+\overline{\varphi'(z)}+\bar{z}\varphi''(z)+\psi'(z) \tag{9.2.4}$$

引入另外一种应力函数$\phi(z)$和$\Omega(z)$，与$\varphi'(z)$和$\psi'(z)$的关系是

$$\varphi'(z)=\phi(z),\quad \psi'(z)=\bar{\Omega}(z)-z\phi'(z)-\phi(z) \tag{9.2.5}$$

函数$\bar{\Omega}$指其中的复常数取共轭(但z本身不取共轭). 克罗索夫公式就成为

$$\left.\begin{aligned}&\sigma_{xx}+\sigma_{yy}=4\mathrm{Re}\phi(z)\\&\sigma_{yy}-\sigma_{xx}+2\mathrm{i}\tau_{xy}=2[(\bar{z}-z)\phi'(z)-\phi(z)+\bar{\Omega}(z)]\end{aligned}\right\} \tag{9.2.6}$$

将式(9.2.5)中的两个式子相加，可知第二式也可以写成

$$\sigma_{yy}+\mathrm{i}\tau_{xy}=\overline{\phi(z)}+\bar{\Omega}(z)+(\bar{z}-z)\phi'(z) \tag{9.2.7}$$

Erdogan(1962)采用$\phi(z)$和$\Omega(z)$作为应力函数的形式，得到如下结果

$$\left.\begin{aligned}&\phi(z)=\frac{C_0}{\chi(z)}\left[z^2-a^2\frac{E(k)}{K(k)}\right]-\frac{1}{2}\overline{\Gamma'}\\&\Omega(z)=\frac{C_0}{\chi(z)}\left[z^2-a^2\frac{E(k)}{K(k)}\right]+\frac{1}{2}\overline{\Gamma'}\\&\chi(z)=(z-a)^{\frac{1}{2}}(z+a)^{\frac{1}{2}}(z-b)^{\frac{1}{2}}(z+b)^{\frac{1}{2}}\end{aligned}\right\} \tag{9.2.8}$$

$$k^2=1-\frac{b^2}{a^2}$$

其中，$K(k)$和$E(k)$分别为第一、第二类完全椭圆积分

$$\left.\begin{aligned}&K(k)=\int_0^{\pi/2}\frac{\mathrm{d}\varphi}{\sqrt{1-k^2\sin^2\varphi}}\\&E(k)=\int_0^{\pi/2}\sqrt{1-k^2\sin^2\varphi}\,\mathrm{d}\varphi\end{aligned}\right\} \tag{9.2.9}$$

$$\left.\begin{aligned}&\Gamma'=-\frac{1}{2}(N_1-N_2)\mathrm{e}^{-2\mathrm{i}\beta}\\&C_0=\frac{1}{4}[N_1+N_2-(N_1-N_2)\mathrm{e}^{2\mathrm{i}\beta}]\end{aligned}\right\} \tag{9.2.10}$$

上式也可以写成

$$\left.\begin{aligned}\Gamma'&=\frac{\sigma_y^\infty-\sigma_x^\infty}{2}+\mathrm{i}\tau^\infty\\C_0&=\frac{1}{2}(\sigma_y^\infty-\mathrm{i}\tau^\infty)\end{aligned}\right\}\tag{9.2.11}$$

容易验证式(9.2.6)～式(9.2.11)能满足边界条件式(9.2.1)和式(9.2.2).

在计算过程中,为了避免 $\chi(z)$ 在 z 平面中出现的多值现象,利用辐角式的方法进行解析延拓.选择在实轴上的点$(-a,0)$和$(-b,0)$之间与点$(b,0)$和$(a,0)$之间做两条割线,在 z 平面中建立极坐标系.如图 9.2 所示,θ_0 为极角,r_1,r_2,r_3,r_4 分别为点$P(x,y)$距离裂纹系 4 个端部的距离,$\theta_1,\theta_2,\theta_3,\theta_4$ 分别为矢径 r_1,r_2,r_3,r_4 的极角.于是

$$z=r_0\mathrm{e}^{\mathrm{i}\theta_0},\quad z-a=r_1\mathrm{e}^{\mathrm{i}\theta_1},\quad z-b=r_2\mathrm{e}^{\mathrm{i}\theta_2},\quad z+b=r_3\mathrm{e}^{\mathrm{i}\theta_3},\quad z+a=r_4\mathrm{e}^{\mathrm{i}\theta_4}\tag{9.2.12}$$

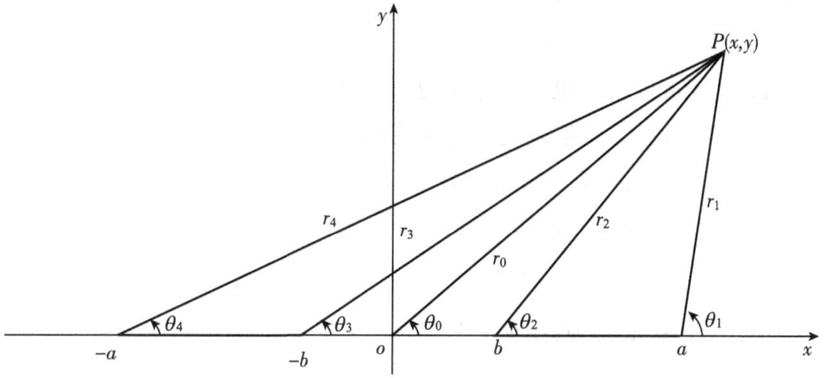

图 9.2　共线裂纹的多极坐标系

$$\chi(z)=\sqrt{r_1r_2r_3r_4}\,\mathrm{e}^{\mathrm{i}\frac{1}{2}(\theta_1+\theta_2+\theta_3+\theta_4)}\tag{9.2.13}$$

记

$$\Sigma_{14}=\theta_1+\theta_2+\theta_3+\theta_4,\quad \Gamma_{14}=r_1r_2r_3r_4\tag{9.2.14}$$

则

$$\chi(z)=\sqrt{\Gamma_{14}}\,\mathrm{e}^{\mathrm{i}\frac{1}{2}\Sigma_{14}},\quad \bar{z}-z=-2\mathrm{i}y,\quad z^2=r_0^2\mathrm{e}^{2\mathrm{i}\theta_0}\tag{9.2.15}$$

在裂纹面 $y=\pm0$,$b<x<a$ 上,当 z 沿实轴→$+\infty$时,$\theta_1=0$,$(z-a)^{1/2}=(x-a)^{1/2}$.则当 z 位于 $y=+0$(上裂纹面)时,$\theta_1=+\pi$,

$$(z-a)^{1/2}=|z-a|^{1/2}\mathrm{e}^{\mathrm{i}\pi/2}=\mathrm{i}\,|x-a|^{1/2}$$

当 z 位于 $y=-0$(下裂纹面)时,$\theta_1=-\pi$,

$$(z-a)^{1/2}=|z-a|^{1/2}\mathrm{e}^{-\mathrm{i}\pi/2}=-\mathrm{i}\,|x-a|^{1/2}$$

9.2.2 应力强度因子

利用 3.1 节所给出的方法，以及 $\varphi'(z)=\phi(z)$，求得外端部(a,0 端)的复应力强度因子为

$$K(a)=K_{\mathrm{I}}(a)-\mathrm{i}K_{\mathrm{II}}(a)=\lim_{z\to a}2\sqrt{2\pi(z-a)}\,\phi(z)=\frac{2C_0\sqrt{\pi a}\cdot a}{\sqrt{a^2-b^2}}\left[1-\frac{E(k)}{K(k)}\right] \tag{9.2.16}$$

将式(9.2.10)代入，得到外端部的应力强度因子为

$$\left.\begin{aligned}K_{\mathrm{I}}(a)&=\frac{\sigma_y^{\infty}\sqrt{\pi a}\cdot a}{\sqrt{a^2-b^2}}\left[1-\frac{E(k)}{K(k)}\right]\\K_{\mathrm{II}}(a)&=\frac{\tau^{\infty}\sqrt{\pi a}\cdot a}{\sqrt{a^2-b^2}}\left[1-\frac{E(k)}{K(k)}\right]\end{aligned}\right\} \tag{9.2.17}$$

由对称性可知，左裂纹的外端部($-a$,0)的应力强度因子

$$K_{\mathrm{I}}(-a)=K_{\mathrm{I}}(a),\quad K_{\mathrm{II}}(-a)=K_{\mathrm{II}}(a) \tag{9.2.18}$$

在 Erdogan(1962)原文献中，式(9.2.17)相应的外端部应力强度因子用符号 $A_1(b)$和 $A_2(b)$表示，但原文献表达式分母有误.

由式(9.2.12)，$z-a=r_1\mathrm{e}^{\mathrm{i}\theta_1}$，当 z 沿实轴→$+\infty$时，$\theta_1=0$，$(z-a)^{1/2}=(x-a)^{1/2}$. 则当 z 沿实轴 $x<b$ 的部分→b 时，$\theta_1=\pi$，

$$\lim_{z\to b}(z-a)^{1/2}=|b-a|^{1/2}\mathrm{e}^{\mathrm{i}\pi/2}=\mathrm{i}\sqrt{a-b} \tag{9.2.19}$$

在内端部(b,0 端)的复应力强度因子为

$$K(b)=[K_{\mathrm{I}}(b)-\mathrm{i}K_{\mathrm{II}}(b)]\mathrm{i}=\lim_{z\to b}2\sqrt{2\pi(z-a)}\,\phi(z)=\frac{2C_0a^2\sqrt{\pi}}{\mathrm{i}\sqrt{b}}\frac{\left[\dfrac{E(k)}{K(k)}-\left(\dfrac{b}{a}\right)^2\right]}{\sqrt{a^2-b^2}} \tag{9.2.20}$$

比较等号两边的实部与虚部，得到内端部的应力强度因子为

$$\left.\begin{aligned}K_{\mathrm{I}}(b)&=\sigma_y^{\infty}a^2\sqrt{\pi b}\frac{\left[\dfrac{E(k)}{K(k)}-\left(\dfrac{b}{a}\right)^2\right]}{b\sqrt{a^2-b^2}}\\K_{\mathrm{II}}(b)&=\tau^{\infty}a^2\sqrt{\pi b}\frac{\left[\dfrac{E(k)}{K(k)}-\left(\dfrac{b}{a}\right)^2\right]}{b\sqrt{a^2-b^2}}\end{aligned}\right\} \tag{9.2.21}$$

由对称性可知，左裂纹的内端部($-b$,0)与右裂纹内端部(b,0)的应力强度因子相等

$$K_{\mathrm{I}}(-b)=K_{\mathrm{I}}(b),\quad K_{\mathrm{II}}(-b)=K_{\mathrm{II}}(b) \tag{9.2.22}$$

9.2.3　裂纹内间距对裂纹之间相互关系的影响

由式(9.2.20)和式(9.2.21)得内外端的应力强度因子之比为

$$\frac{K_J(b)}{K_J(a)}=\frac{\left[\frac{E(k)}{K(k)}-\left(\frac{b}{a}\right)^2\right]}{\sqrt{\frac{b}{a}}\left[1-\frac{E(k)}{K(k)}\right]}\quad (J=\text{Ⅰ},\text{Ⅱ})\tag{9.2.23}$$

图 9.3 显示了 $K_J(b)/K_J(a)(J=\text{Ⅰ},\text{Ⅱ})$的函数曲线，其自变量为 b/a. 由于裂纹长度 $L=a-b$，因此归一化的内间距为 $b/L=\frac{b/a}{1-b/a}$. 由于 $b/a<1$ 的条件总是存在的，因此总有 $|K_J(b)|>|K_J(a)|(J=1,2)$. 由此得出：在临界压力下，内端部比外端部先扩展. 我们称这种结构为强化结构.

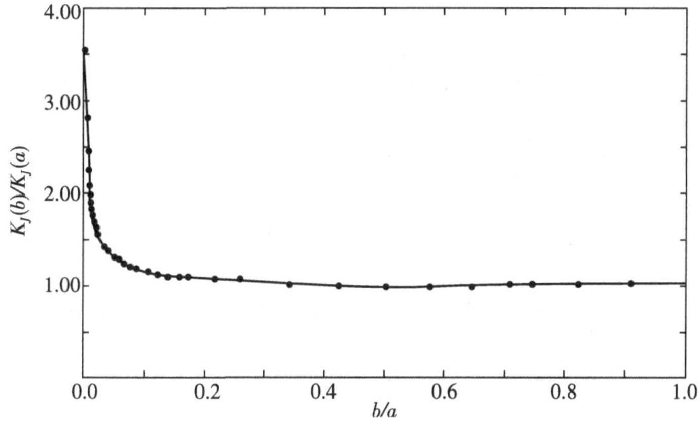

图 9.3　共线裂纹内外端的应力强度因子($J=\text{Ⅰ},\text{Ⅱ}$)之比与 b/a 之间的关系曲线

从图 9.3 可以看出，$K_J(b)/K_J(a)$与 b/a 之间的关系曲线中有两种极端情况，即 $b/a\to 1$ 和 $b/a\to 0$. 以下分别讨论这两种情况下 $K_J(b)/K_J(a)$的比值.

(1) $b/a\to 1$，或 $k\to 0$，即裂纹间距越来越大的情况. 将式(9.2.23)写成

$$\frac{K_J(b)}{K_J(a)}=\frac{k^2K(k)-[K(k)-E(k)]}{(1-k^2)^{1/4}[K(k)-E(k)]}\quad (J=\text{Ⅰ},\text{Ⅱ})\tag{9.2.24}$$

利用 $K(k)$和 $E(k)$的泰勒展开式，代入式(9.2.24)就得到

$$\frac{K_J(b)}{K_J(a)}=\frac{K(k)-\pi\left\{\left(\frac{1}{2}\right)^2+\left(\frac{1\cdot 3}{2\cdot 4}\right)^2k^2+\cdots+\left[\frac{(2n-1)!!}{2^n\cdot n!}\right]k^{2n-2}+\cdots\right\}}{(1-k^2)^{1/4}\pi\left\{\left(\frac{1}{2}\right)^2+\left(\frac{1\cdot 3}{2\cdot 4}\right)^2k^2+\cdots+\left[\frac{(2n-1)!!}{2^n\cdot n!}\right]k^{2n-2}+\cdots\right\}}$$

可以看出，当 $b/a\to 1$ 时，$k\to 0$，$K(k)\to\pi/2$，此时极限

$$\lim_{k\to 0}\frac{K_J(b)}{K_J(a)}=1\quad (J=\text{Ⅰ},\text{Ⅱ})\tag{9.2.25}$$

这个结果意味着，此时裂纹内端部和外端部的应力强度因子无差别.

(2)$b/a\to 0$,即裂纹间距越来越小的情况.

由式(9.2.24),此时,$k\to 1$,$E(k)\to 1$,$K(k)\to\infty$,得到渐进式

$$\begin{aligned}\lim_{k\to 1}\frac{K_J(b)}{K_J(a)}&=\lim_{k\to 1}\frac{E(k)-(1-k^2)K(k)}{(1-k^2)^{1/4}[K(k)-E(k)]}\\&=\lim_{k\to 1}\left[\frac{1}{(1-k^2)^{1/4}K(k)}-(1-k^2)^{3/4}\right]\\&=\lim_{k\to 1}\frac{(1-k^2)^{-1/4}}{K(k)}\end{aligned}\tag{9.2.26}$$

利用二项式定理,上式成为

$$\lim_{k\to 1}\frac{K_J(b)}{K_J(a)}=\lim_{k\to 1}\frac{\sum_{n=1}^{\infty}C_nk^{2n}}{\frac{\pi}{2}\sum_{n=1}^{\infty}D_nk^{2n}}\tag{9.2.27}$$

其中,$C_n=\frac{(4n-1)!!}{n!\ \cdot 4^n}$,$D_n=\left[\frac{(2n-1)!!}{2^n\cdot n!}\right]^2$.容易看出$\frac{C_n}{D_n}=\frac{(4n)!\ (n!)^3}{[(2n)!]^3}$.利用斯特令(Stirling)公式,$n!\approx\sqrt{2\pi n}\left(\frac{n}{\mathrm{e}}\right)^n$ (当 n 充分大),有

$$\frac{C_n}{D_n}\approx\sqrt{\pi}\,2^{2n}\left(\frac{n}{\mathrm{e}}\right)^n$$

显然对于 $n\to\infty$ 项,有$\frac{C_n}{D_n}\to\infty$,回到式(9.2.27),可知当 $k\to 1$ 时,$K_J(b)/K_J(a)$分子的阶数显然大于分母,即

$$\lim_{k\to 1}\frac{K_J(b)}{K_J(a)}=\infty\quad (J=\mathrm{I},\mathrm{II})\tag{9.2.28}$$

这个结果和图 9.3 显示的计算结果相符.它意味着,当裂纹间距越来越小时,内端部的应力强度因子将变得很大,很容易达到临界状态,导致内端部首先扩展.换句话说,裂纹系的密度加大标志着岩体破坏的危险性增强.

9.3 受压共线斜裂纹问题的理论解

9.3.1 基本解

考虑等长的共线裂纹,受远场力 p_1,p_2的作用(图 9.4).β 为 p_1 与 x 轴的夹角(裂纹角),x,y 为直角坐标系,x 轴与裂纹走向重合.p_1 与 x 轴夹角为β,其远场应力分量为

$$\sigma_x^{\infty}=-\frac{p_1+p_2}{2}-\frac{p_1-p_2}{2}\cos 2\beta,\quad \sigma_y^{\infty}=-\frac{p_1+p_2}{2}+\frac{p_1-p_2}{2}\cos 2\beta$$

$$\tau_{xy}^{\infty}=-\frac{p_1-p_2}{2}\sin 2\beta \tag{9.3.1}$$

σ_y^{∞} 对裂纹的作用使裂纹面闭合并产生相互正压力. 因此本问题和 9.2 节有两个重要的不同点：

(1)由于裂纹面受压闭合，所有裂纹面只能产生剪切滑动，因而裂纹端部的 $K_{\mathrm{I}}=0$，本节研究的受压闭合共线裂纹为纯Ⅱ型剪切裂纹.

(2)闭合裂纹面上存在摩擦力 τ_f.

为简化起见，假定摩擦力为均匀分布，$\tau_f=f\cdot\sigma_y^{\infty}$. 其中，$f$ 为摩擦系数.

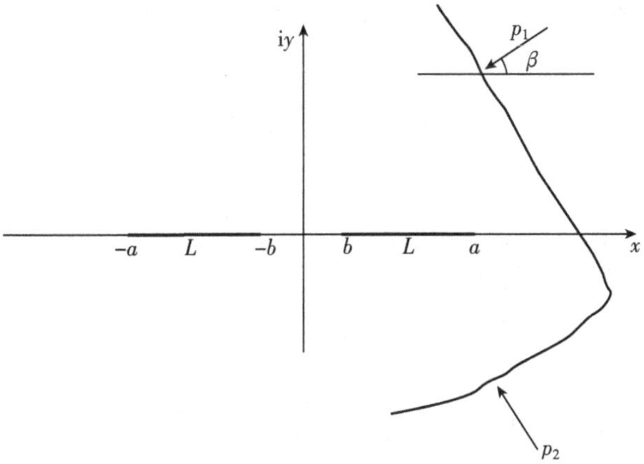

图 9.4　共线裂纹受双轴压力原理示意

以下给出受压闭合共线裂纹的应力函数. 参照 7.1 节，将该问题 A 看成问题 B 与 C 的叠加，其中问题 B 为无裂纹的均匀应力场，各应力分量由式(9.3.1)表示，问题 C 为裂纹扰动应力场. 问题 C 的远场边界条件：在 $z\to\infty$ 处

$$\sigma_{xx}^{c}=\sigma_{yy}^{c}=0,\quad \tau_{xy}^{c}=0$$

裂纹面边界条件为，在 $y=0$，且 $b<|x|<a$ 处

$$\sigma_{yy}^{c}=0,\quad \tau_{xy}^{c}=-\tau_{e} \tag{9.3.2}$$

其中

$$\tau_{e}=\tau_{xy}^{\infty}-f\cdot\sigma_{y}^{\infty} \tag{9.3.3}$$

克罗索夫公式为

$$\left.\begin{aligned}&\sigma_{xx}^{c}+\sigma_{yy}^{c}=4\mathrm{Re}\phi^{c}(z)\\&\sigma_{yy}^{c}-\sigma_{xx}^{c}+2\mathrm{i}\tau_{xy}^{c}=2\{(\bar{z}-z)[\phi^{c}(z)]'-\phi^{c}(z)+\overline{\Omega}^{c}(z)\}\end{aligned}\right\} \tag{9.3.4}$$

将上式中的两个式子相加，可知第二式也可以写成

$$\sigma_{yy}^{c}+\mathrm{i}\tau_{xy}^{c}=\overline{\phi^{c}(z)}+\overline{\Omega}^{c}(z)+(\bar{z}-z)[\phi^{c}(z)]' \tag{9.3.5}$$

其中，扰动应力函数采用如下形式

$$\left.\begin{aligned}
&\phi^{c}(z)=\frac{-D_0}{\chi(z)}\left[z^2-a^2\ \frac{E(k)}{K(k)}\right]+\phi\\
&\Omega^{c}(z)=\frac{-D_0}{\chi(z)}\left[z^2-a^2\ \frac{E(k)}{K(k)}\right]+\bar{\omega}\\
&\chi(z)=(z-a)^{\frac{1}{2}}(z+a)^{\frac{1}{2}}(z-b)^{\frac{1}{2}}(z+b)^{\frac{1}{2}}\\
&k^2=1-b^2/a^2
\end{aligned}\right\}\tag{9.3.6}$$

其中，$K(k)$，$E(k)$分别为第一、第二类完全椭圆积分. 根据边界条件可以验证

$$D_0=\phi=\bar{\omega}=\frac{\mathrm{i}\tau_{\mathrm{e}}}{2}$$

将式(9.3.6)代入式(9.3.4)，并记 $\eta=\dfrac{E(k)}{K(k)}$，$\phi^{c}(z)=\Omega^{c}(z)=-D_0\left[\dfrac{(z^2-a^2\eta)}{\chi(z)}-1\right]$，可得到

$$[\phi^{c}(z)]'=\frac{D_0 zA(z)}{\chi^3(z)}\tag{9.3.7}$$

其中

$$A(z)=(a^2+b^2-2a^2\eta)z^2+a^2\eta(a^2+b^2)-2a^2b^2\tag{9.3.8}$$

代入式(9.3.4)，得到应力的计算式为

$$\left.\begin{aligned}
&\frac{\sigma_{xx}^{c}+\sigma_{yy}^{c}}{2}=-2\mathrm{Re}D_0\left[\frac{(z^2-a^2\eta)}{\chi(z)}-1\right]\\
&\frac{\sigma_{yy}^{c}-\sigma_{xx}^{c}}{2}+\mathrm{i}\tau_{xy}^{c}=2D_0\left\{-\mathrm{i}y\ \frac{zA(z)}{\chi^3(z)}+\frac{(z^2-a^2\eta)}{\chi(z)}-1\right\}
\end{aligned}\right\}\tag{9.3.9}$$

不难验证，式(9.3.9)可以满足扰动应力的边界条件.

将式(9.2.12)代入式(9.3.7)，得到应力分量的辐角式.

在数值计算中，利用应力场图像的反对称性，只需要计算 $y>0$ 部分，因此所有辐角一律在区间$(0,\pi)$取值.

图 9.5(a)～(f)分别显示了受单轴压共线剪切裂纹扰动应力各个分量和主应力 σ_1^{c}，σ_2^{c} 以及 $\tau_{\max}^{c}$的等值线. 其中 $p_1=200$，$p_2=0$，$b/a=0.125$，$f_{\mathrm{d}}=0.7$，计算得到

$$\beta=27.504^\circ,\quad \tau_{\mathrm{e}}=-52.0656,\quad D_0=-\mathrm{i}26.0328$$

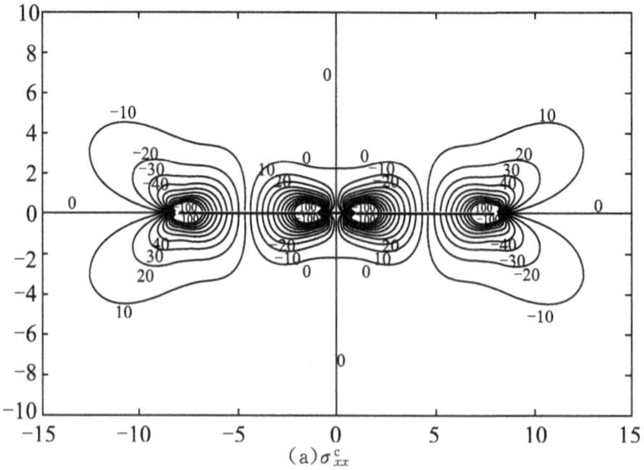

(a)σ_{xx}^{c}

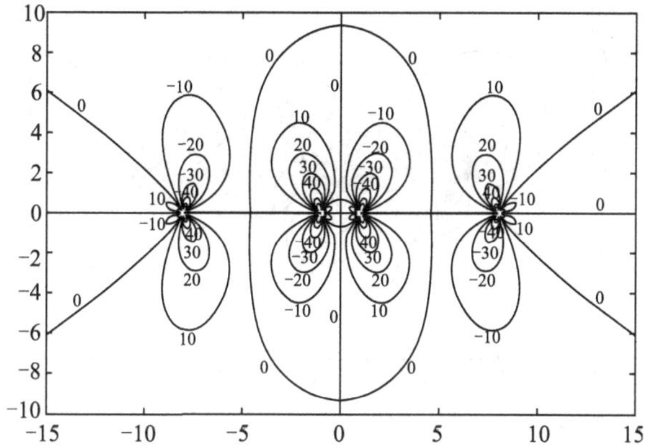

(b) σ_{yy}^{c}

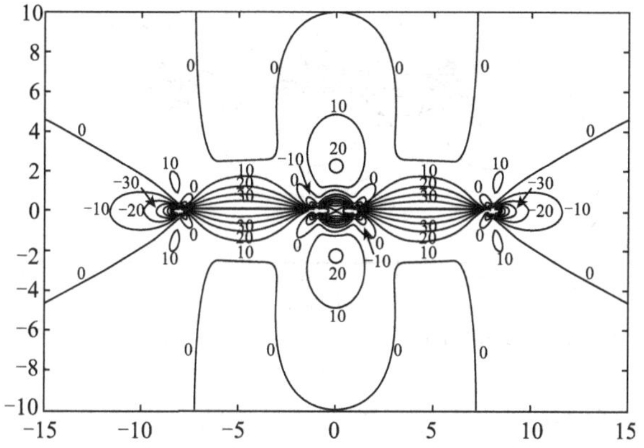

(c) τ_{xy}^{c}

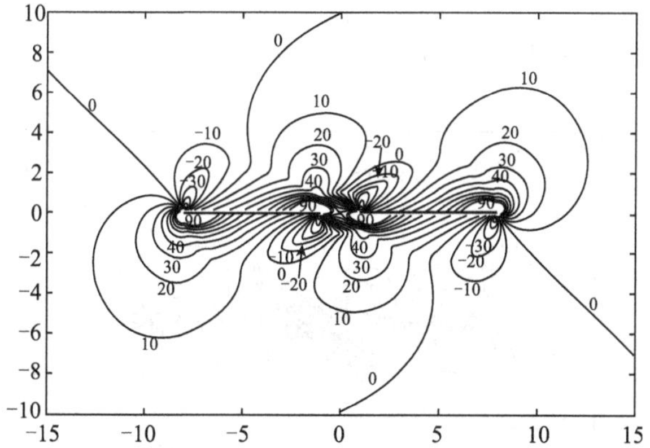

(d) σ_{1}^{c}

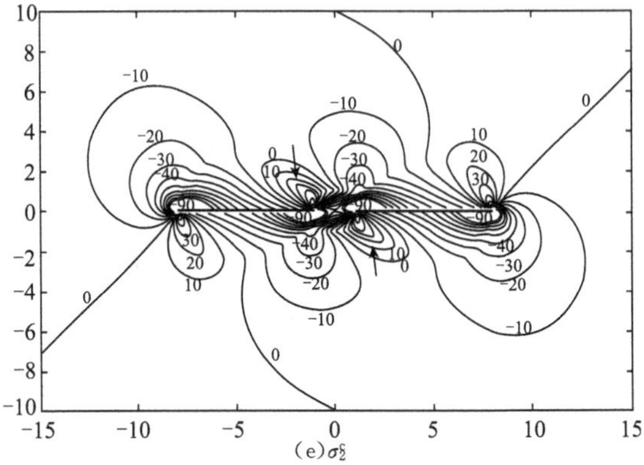

(e) σ_2^c

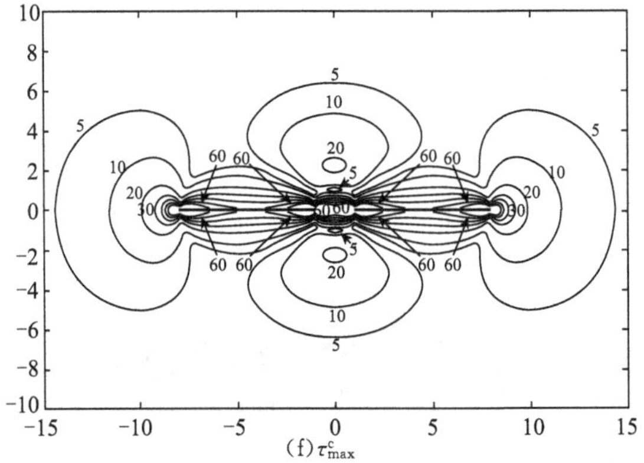

(f) τ_{max}^c

图 9.5　受单轴压等长共线剪切裂纹扰动应力等值线

其中 $p_1=200, p_2=0, b/a=0.125, \beta=27.504°, \tau_e=-52.0656$

将以上得到的扰动应力与无裂纹情况下的背景应力叠加，就得到总应力为

$$\left.\begin{aligned}\sigma_{xx}&=\sigma_{xx}^c+\sigma_x^\infty\\ \sigma_{yy}&=\sigma_{yy}^c+\sigma_y^\infty\\ \tau_{xy}&=\tau_{xy}^c+\tau_{xy}^\infty\end{aligned}\right\} \tag{9.3.10}$$

图 9.6(a)～(f)分别显示了与图 9.5 相应的总应力各个分量和主应力 σ_1, σ_2 以及 τ_{max} 的等值线.

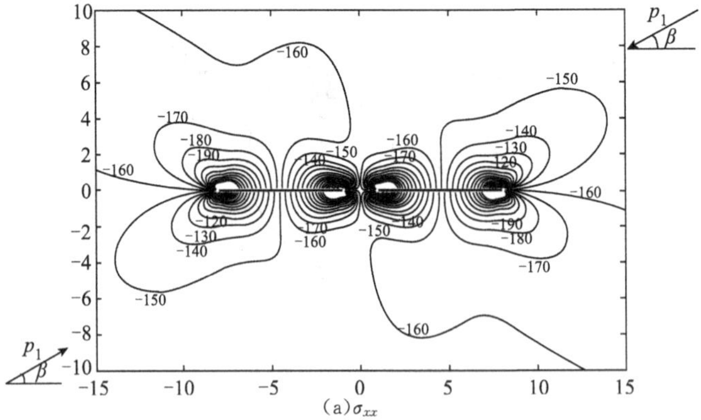

(a) σ_{xx}

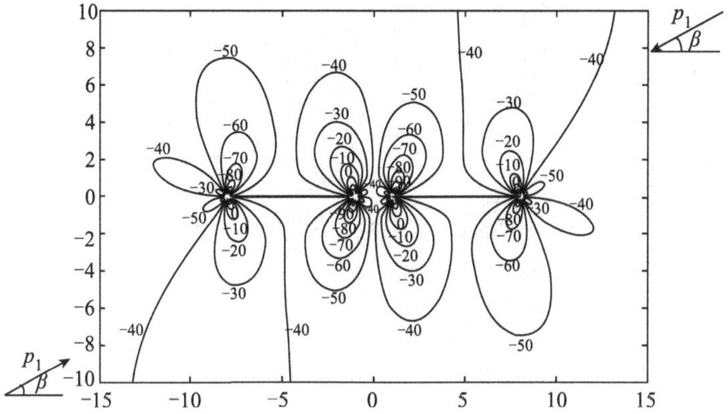

(b)σ_{yy}

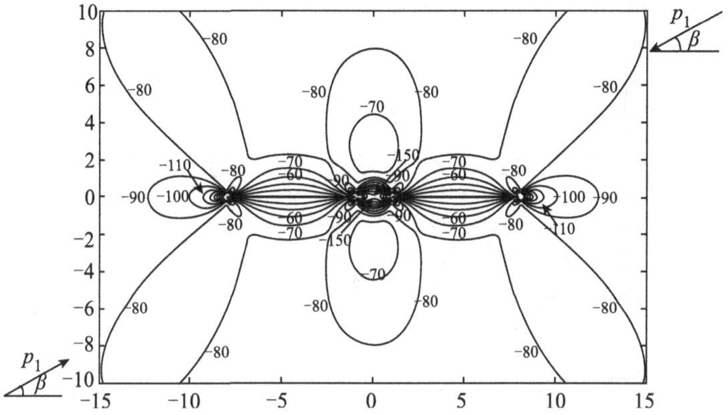

(c)τ_{xy}

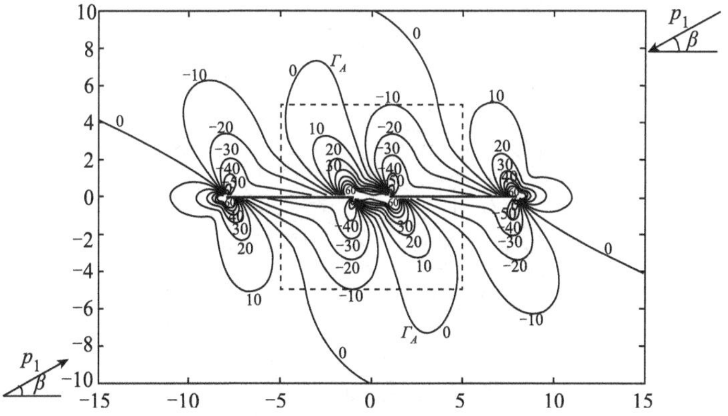

(d)σ_1

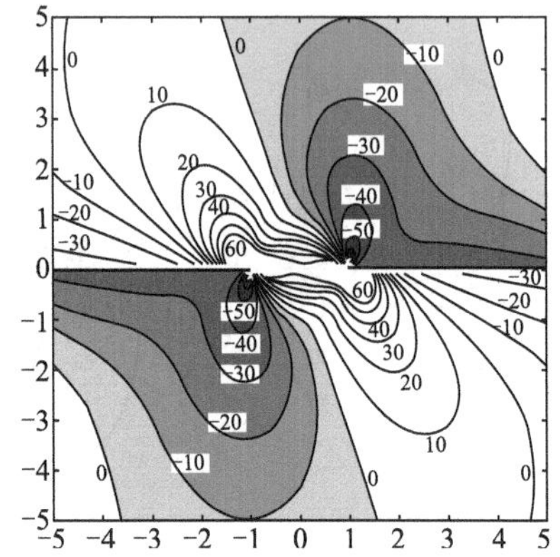

(e)图(d)中部虚框部分

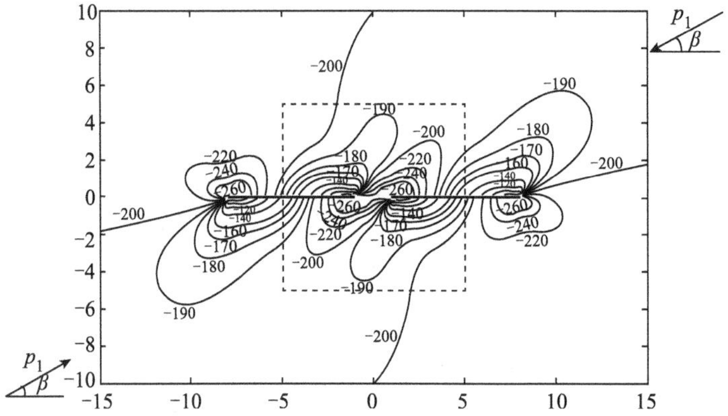

(f)σ_2

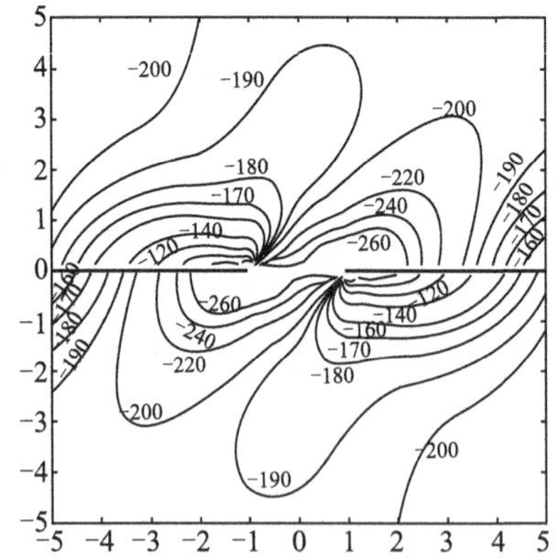

(g)图(f)中部虚框部分

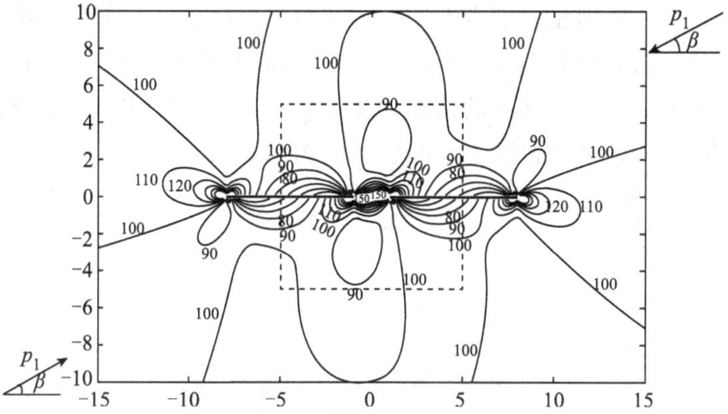

(h) $\tau_{\max}$

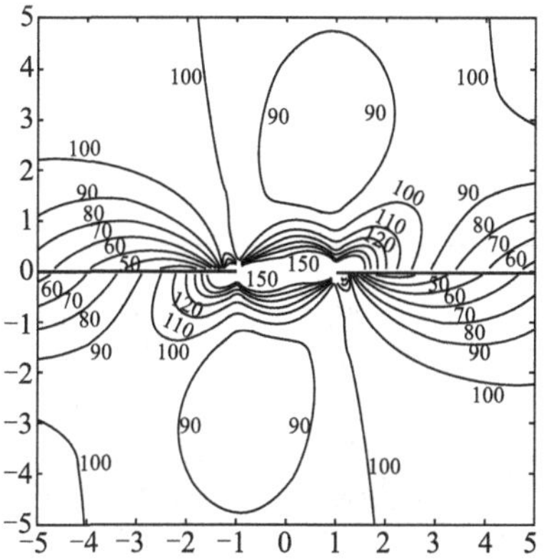

(i)图(h)中部虚框部分

图 9.6　受单轴压等长共线剪切裂纹总应力等值线

各参数与边界条件与图 9.5 相同，图(e)对部分 $\sigma_1 \leqslant 0$ 区域进行了填充灰色处理

从图 9.6 可以看出，裂纹系内端部 $x=b$ 与 $x=-b$ 之间各个应力分量都形成了高度应力集中的狭长条带. 无论是 σ_1，σ_2 还是 $\tau_{\max}$ 都表现出高度应力集中的狭长条带特征，显示出裂纹之间强烈的相互影响. 这几种应力高度集中且分布狭长条带的特征具有以下意义：

(1) σ_1 的高度集中且狭长分布，使得内端部较外端部更容易先产生张性翼状破裂，但由于区域范围狭窄，被压应力区所封闭，翼状张破裂又不能扩展到远场，只能停止在封闭区的边界，即 σ_1 的零值线附近. 详见 9.4 节的实验和 9.5 节的数值模拟.

(2) σ_2 的高度集中且狭长分布，在岩石介质中表现为压实，在大尺度岩体或断层介质中，这个条带被称为压实带(compaction bands)(王宝善等，2004；Mollema et al.，1996).

(3) $\tau_{\max}$ 的高度集中且狭长分布，在岩石介质中，根据 Mohr 准则，这个条带上更加容易产生剪切型微裂纹发育，且容易集结(成核)，这对于岩石的剪切破坏是重要的条件，因而对于研究岩石的剪切破坏具有极为重要的意义，详见第 12 章.

外端部($x=-a$ 与 $x=+a$)附近则与单裂纹情况相差无几.

图 9.7(a)～(f)分别显示了当 $b/a=0.5$ 时，受单轴压共线剪切裂纹总应力 σ_1，σ_2 和 $\tau_{\max}$ 的等值线. 其余条件与图 9.5 和图 9.6 相同. 从图 9.7 可以看出，由于裂纹系内端部($x=-b$ 与 $x=+b$)之间的间距比 $b/a=0.125$ 要大，其应力状态已经接近各自为单裂纹的状态，显示出裂纹之间的相互影响已经大大减弱.

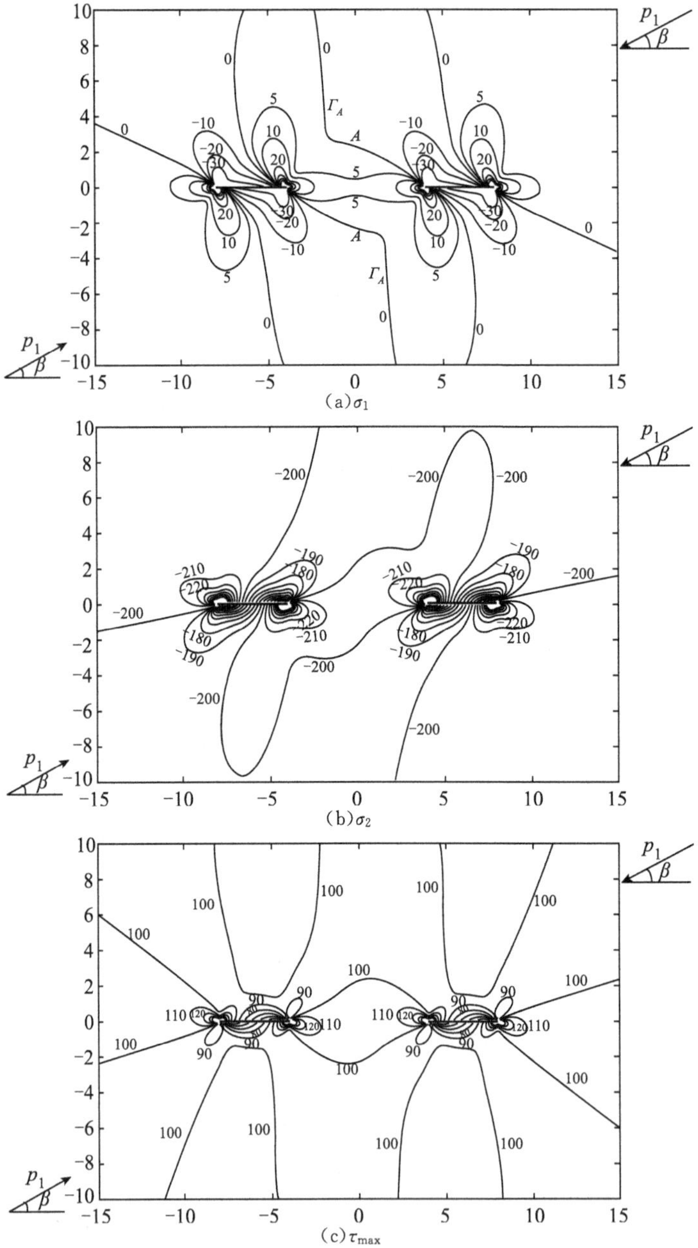

图 9.7　受单轴压共线剪切裂纹总应力等值线

其中 $b/a=0.5$，其余条件与图 9.5 和图 9.6 相同

9.3.2 应力强度因子

参照式(9.2.17),外端部(a,0 端)的应力强度因子为

$$K(a)=-\mathrm{i}K_{\mathrm{II}}(a)=\lim_{z\to a}2\sqrt{2\pi(z-a)}\,\Phi^{\mathrm{c}}(z)$$
$$=\frac{-\mathrm{i}\tau_{\mathrm{e}}\sqrt{\pi a}\cdot a}{\sqrt{a^2-b^2}}\left[1-\frac{E(k)}{K(k)}\right]$$

得到

$$K_{\mathrm{II}}(a)=\frac{\tau_{\mathrm{e}}\sqrt{\pi}\cdot a^{3/2}}{\sqrt{a^2-b^2}}\left[1-\frac{E(k)}{K(k)}\right] \tag{9.3.11}$$

由对称性可知,左裂纹的外端部($-a$,0)的应力强度因子

$$K_{\mathrm{II}}(-a)=K_{\mathrm{II}}(a) \tag{9.3.12}$$

参照式(9.2.21),内端部(b,0 端)的应力强度因子为

$$K(b)=\mathrm{i}\cdot[-\mathrm{i}K_{\mathrm{II}}(b)]=\lim_{z\to b}2\sqrt{2\pi(z-b)}\,\phi^{\mathrm{c}}(z)$$
$$=2\left(-\frac{\mathrm{i}\cdot\tau_{\mathrm{e}}}{2}\right)\frac{\sqrt{\pi}}{\sqrt{b}}\cdot\frac{\left[a^2\dfrac{E(k)}{K(k)}-b^2\right]}{\mathrm{i}\sqrt{a^2-b^2}}$$

得到

$$K_{\mathrm{II}}(b)=\tau_{\mathrm{e}}\frac{\sqrt{\pi}a^2}{\sqrt{b}}\cdot\frac{\left[\dfrac{E(k)}{K(k)}-\left(\dfrac{b}{a}\right)^2\right]}{\sqrt{a^2-b^2}} \tag{9.3.13}$$

由对称性可知,左裂纹的内端部($-b$,0)的应力强度因子

$$K_{\mathrm{II}}(-b)=K_{\mathrm{II}}(b) \tag{9.3.14}$$

由式(9.3.11)和式(9.3.13)可以得到内外端部的应力强度因子之比为

$$\frac{K_{\mathrm{II}}(b)}{K_{\mathrm{II}}(a)}=\frac{\left[\dfrac{E(k)}{K(k)}-\left(\dfrac{b}{a}\right)^2\right]}{\sqrt{\dfrac{b}{a}}\left[1-\dfrac{E(k)}{K(k)}\right]} \tag{9.3.15}$$

上式和式(9.2.23)的等号右边完全相同,因此$\dfrac{K_{\mathrm{II}}(b)}{K_{\mathrm{II}}(a)}$与 b/a 之间的关系曲线仍然参见图 9.3,只是在这里取 $J=\mathrm{II}$. 由于 $b/a<1$ 的条件总是成立的,因此总有 $|K_{\mathrm{II}}(b)|>|K_{\mathrm{II}}(a)|$. 由此得出在临界压力下,内端部比外端部先扩展. 以下讨论的中间推导过程和 9.2.2 节完全相同,因此不再重复.

9.4 受单轴压共线斜裂纹扩展的实验研究

9.4.1 实验原理

在玻璃中取两个充分接近的共线裂纹,并假设裂纹外端部之外的平面上不存在其他裂纹,如图 9.8 所示.实验的目的是观察一旦裂纹开始出现翼状破裂后如何继续扩展?在临界破裂时,它们的相邻端部能否平直地相互搭接贯通?

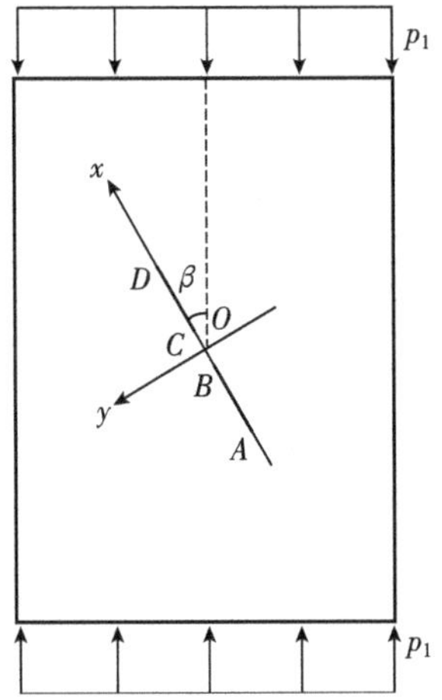

图 9.8 等长共线剪切裂纹模型,$BC=2b$,$2c$ 为裂纹长度

表 9.1 给出各个样品的尺寸.其中 $2c_1$ 和 $2c_2$ 分别为两个裂纹的长度.近似取 $c\approx(c_1+c_2)/2$.显然,样品 MUL16 满足小间距条件,而样品 MUL17 不满足.称 B,C 端为内端点,A,D 为外端点.加载方式为单轴压,参见图 9.8.

表 9.1 预制共线裂纹的典型样品尺寸

No.	材料	L/mm	W/mm	H/mm	$2c_1$/mm	$2c_2$/mm	$2b$/mm	β_1/(°)	β_2/(°)	b/c	b/a
MUL16	玻璃	122	90.7	2.9	25.5	25.0	2.5	34.5	34.5	0.1	0.0476
99002	大理岩	109	78.5	5.0	25	24	7	30.0	32.5	0.286	0.125

9.4.2 单轴压力下的实验结果

玻璃中的实验结果如下.在载荷逐步加大的过程中:

(1)初始破裂扩展途径,内外端部基本相同,都是渐进地朝向与最大主压载荷平行的方向,和单裂纹受压的翼状扩展完全相同,如图 9.9(a)所示;但两者的后期扩展长度不同,外端部继续朝样品端部扩展,内端部的张破裂停止在内端部的中垂线上,如图 9.9(b)所示.

(2)在进一步加载过程中,内端部的张破裂始终停止在内端部的中垂线上.似乎有一种强大的力量把内端部的翼状破裂牢牢锁住,直到在样品接近整体崩溃的阶段才有少许扩展向压头方向冲出.我们称这种现象为互锁效应.在卸载的过程中,内端部的张破裂会向另一条裂纹端部扩展搭接,形成中间颗粒.

作为对照,图 9.9(d)显示的是一组内间距较大的三联共线裂纹,在单轴压下其破裂形态与 MUL17 的情况类似,但没有形成中间颗粒.

图 9.9(e)也是双联小间距共线裂纹破裂的实验观察,与 MUL16 号样品不同的是在预制时内端点已有部分贯通,在单轴压下出现三维破裂,造成局部出现多个准螺旋面.图 9.9(f)为图 9.9(e)的中心部位局部放大.

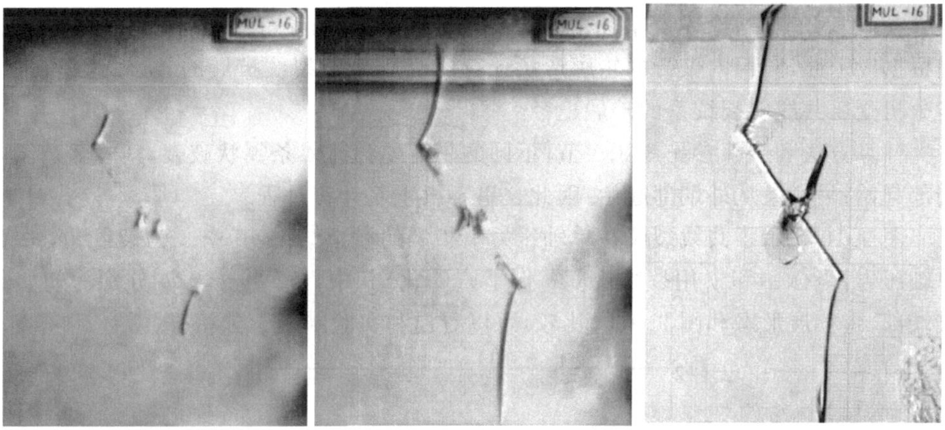

(a)初始翼状破裂　　(b)内端部破裂分叉　　(c)碎粒形成

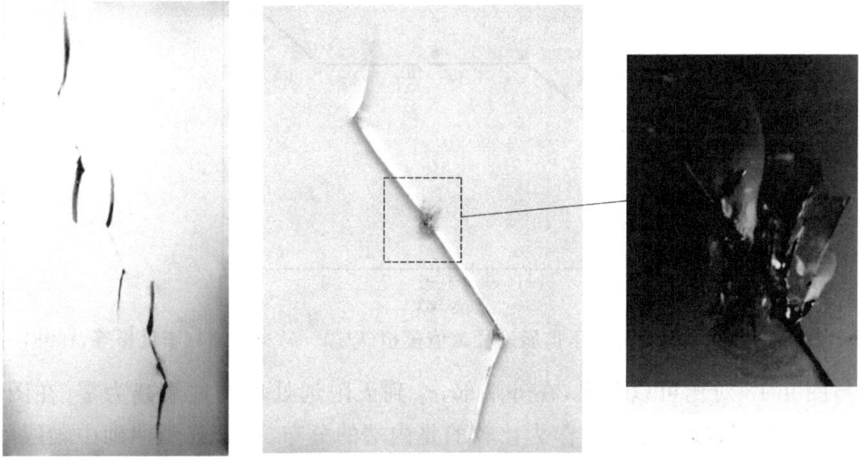

(d)间距较大的共线裂纹,翼状破裂互不搭接　　(e)部分穿透共线裂纹的三维破裂　　(f)为(e)中心虚框部位局部放大

图 9.9　共线裂纹受单轴压破裂实测

以上实验结果见李世愚(1991)的工作以及李世愚等(1998)的工作.

我们在 150MPa 的围压下也进行过类似的实验,样品的尺寸为 180mm×90mm×5mm,裂纹及其间距的尺寸以及裂纹角与 No. MUL16 类似,在长江 500 型试验机上加载,先保持 150MPa 的围压,然后加轴压,得到了与图 9.9(b)类似的结果.

9.5 用非直线内聚带理论模拟受压共线斜裂纹破裂扩展途径

9.5.1 受压共线斜裂纹破裂扩展途径的计算

在 5.4.2 节中,论述了非自相似内聚带原理(李世愚等,1998).在 8.3.1 节中,我们根据以上原理,用内聚带的轮廓形状计算了受压单斜裂纹扩展的轨迹.这里,进一步分析受压共线斜裂纹系的扩展途径.

计算方法和步骤参见 8.3.1 节,不同的是需要计算 4 条翼状破裂,其中 2 条以内端部起始;另 2 条从外端部起始.因此这里不再重复计算过程.

图 9.10 显示了共线裂纹在单轴压力下扩展的模拟结果,其中 β_0 为裂纹角,p_1 为单轴压力,坐标 x 和 y 用裂纹长度 c 作了归一化.其中,$-a$,$-b$,a,b 分别为初始裂纹端部,将扩展形态和图 9.9(b)比较,可以看出和实验结果十分相符.

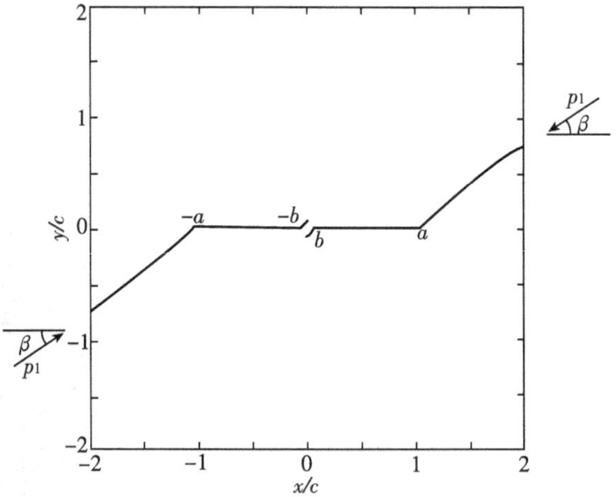

图 9.10 共线斜裂纹受压扩展途径数值模拟($b/(a-b)\approx 0.05$)(李世愚等,1998)

与图 9.13 对比可以看出,在外端部,σ_1 到无限远处单调地衰减为零(在图中,当 $r/L\sim 1$ 处就已很接近零了),作为比较的是内端的分布,破裂只延伸到中轴线附近就进入到压应力区($\sigma_1<0$)的范围,比外端衰减快得多.压应力 $\sigma_1<0$ 构成了裂纹扩展的阻力,而这个压应力区则构成了裂纹扩展的壁垒.根据拉应力判据,破裂在遇到这个壁垒时应自动停止.

9.5.2　内端部翼状破裂的止裂

从共线剪切裂纹的破裂实验可以看出，内端部的止裂位置大体在两个内端部中垂线附近，若内端部的距离为 $2b$，将张破裂的行迹大致看成以内端部中点为圆心的圆弧，则止裂点到裂纹端部的距离为

$$r_{m内} \approx b\sqrt{2} \tag{9.5.1}$$

而外端部可以扩展到接近样品端部，因此 $r_{\mathrm{m}内} \ll r_{\mathrm{m}外}$ 这个结果意味着内端部的尺度影响张破裂尺度，它比单裂纹的止裂能力强得多.

上述理论分析成功地解释了共线剪切裂纹的互锁效应，该效应一方面能强烈地抑制内端部Ⅰ型翼状破裂，另一方面则使 K_{II} 继续增强.

从玻璃实验中，虽然观测到了共线剪切裂纹对翼状破裂的**互锁效应**，但这个效应并没有导致最后的剪切破坏，原因在于，这个中间障碍最后仍然没有破碎，共线剪切裂纹系仍然没有贯通. 实验表明，在连续、均匀的弹性介质中，互锁效应虽然存在，但并不能导致剪切破坏.

第10章 裂纹系的数值模拟与实验研究

10.1 引　言

断裂力学问题需要计算的主要内容是：①含裂纹介质内部的应力场和位移场；②裂纹端部的应力强度因子；③裂纹扩展的途径；④材料破坏的条件.在断裂力学中，能用解析方法给出解答的毕竟只是极少数.即使是单裂纹问题，也只能给出在简单边界下的应力场和初始扩展的解，对于其后继续扩展的路径就不行了，这是因为整个扩展是一个非线性的轨迹.为了弥补解析方法的不足，就需要采用数值模拟的方法.常用的数值方法有：有限差分法、有限单元法、边界单元法（黎在良等，1996）及离散元法等.

10.2 加权残值法理论介绍

以上提到的数值计算方法虽然各不相同，但都可以看成加权残值法的特殊情况.

加权残值法（method of weighted residuals）是一种直接从微分方程得到近似解的数学方法.这种方法的特点是，先假设一个试函数作为微分方程的近似解.在这个近似解中已有确定的试函数项，也有待定的系数.将试函数代入微分方程，一般并不能满足，而出现残值.设法消除这些残值，可以确定待定系数，从而确定问题的近似解.从每一种形式出发，不同权函数的选取，或不同的试函数的选取，就形成特殊的数值解法.

设待求函数 $u(x)$ 在域 Ω 中满足拉普拉斯方程

$$\nabla^2 u(x)=f(x), \quad x\in\Omega \tag{10.2.1}$$

式中，∇^2 为拉普拉斯微分算子，$f(x)$ 为已知函数.在 Ω 的边界 $\Gamma=\Gamma_1+\Gamma_2$ 上，有

本质自然条件：
$$u=\bar{u}, \ x\in\Gamma_1 \tag{10.2.2}$$

自然边界条件：
$$q=\frac{\partial u}{\partial n}=\bar{q}, \ x\in\Gamma_2 \tag{10.2.3}$$

式中，$\frac{\partial u}{\partial n}$ 为边界上的法向导数.值得提出的是，为使问题有唯一解，Γ_1 不能为零，即 Γ 上一定有一部分的边界条件是本质边界条件，式(10.2.1)和式(10.2.2)正是弹性力学的定解问题.一般情况下，求解该定解问题 $u(x)$ 很困难，因而转求 $u(x)$ 的近似解 $\tilde{u}(x)$，$\tilde{u}(x)$ 称为试函数.将 $\tilde{u}(x)$ 表达成

$$\tilde{u}(x)=\sum_{j=1}^{n}c^{(j)}N^{(j)}(x) \tag{10.2.4}$$

式中，$N^{(j)}(x)$为域Ω中给定的n个独立的已知函数，$c^{(j)}$为待定系数. 将式(10.2.3)代入式(10.2.1)和式(10.2.2)的左边，因为$\tilde{u}(x)$只是近似解，于是分别出现域内的残值R，边界上的残值R_1和R_2

$$R=\nabla^2\tilde{u}-f, x\in\Omega \tag{10.2.5}$$

$$R_1=\tilde{u}-\bar{u}, x\in\Gamma_1 \tag{10.2.6}$$

$$R_2=\frac{\partial u}{\partial n}-q, x\in\Gamma_2 \tag{10.2.7}$$

若R，R_1和R_2全为零，则$\tilde{u}(x)$为精确解，但在一般情况下，R，R_1和R_2不全为零. 现求在某种意义下使得这些残值尽可能小的近似解$\tilde{u}(x)$.

设$\bar{\omega}(x)$为某种"权函数"，将$\bar{\omega}$乘以$\nabla^2\tilde{u}$后在Ω上积分，利用 Gauss 公式，得

$$\int_{\Omega}\bar{\omega}\,\nabla^2\tilde{u}\mathrm{d}\Omega=\int_{\Gamma}\bar{\omega}\,\frac{\partial\,\bar{u}}{\partial n}\mathrm{d}\Gamma-\int_{\Gamma}\tilde{u}\,\frac{\partial\bar{\omega}}{\partial n}\mathrm{d}\Gamma+\int_{\Omega}\tilde{u}\,\nabla^2\bar{\omega}\mathrm{d}\Omega \tag{10.2.8}$$

将上式改写成

$$\int_{\Omega}\bar{\omega}(\nabla^2\tilde{u}-f)\mathrm{d}\Omega+\int_{\Gamma_1}(\tilde{u}-\bar{u})\,\frac{\partial\bar{\omega}}{\partial n}\mathrm{d}\Gamma-\int_{\Gamma_2}\bar{\omega}\left(\frac{\partial\tilde{u}}{\partial n}-\bar{q}\right)\mathrm{d}\Gamma\approx 0 \tag{10.2.9}$$

将上式的近似号换成等号，并将式(10.2.5)和式(10.2.6)代入式(10.2.9)的左边，得

$$\int_{\Omega}R\bar{\omega}\mathrm{d}\Omega+\int_{\Gamma_1}R_1\,\frac{\partial\bar{\omega}}{\partial n}\mathrm{d}\Gamma-\int_{\Gamma_2}R_2\bar{\omega}\mathrm{d}\Gamma\approx 0 \tag{10.2.10}$$

式(10.2.10)给出残值R，R_1和R_2以权函数$\bar{\omega}$分布于域Ω及其边界Γ上的关系. 可以选择n个相互独立的权函数$\bar{\omega}^{(j)}(x)$，$j=1,2,\cdots,n$，由式(10.2.9)得到n个求解$c^{(j)}$的线性代数方程组，从而得到问题在式(10.2.10)意义下的近似解.

式(10.2.9)或式(10.2.10)称为加权残值法的原始形式.

利用式(10.2.5)和式(10.2.6)，式(10.2.10)可改写为另一种形式

$$\int_{\Omega}\tilde{u}\,\nabla^2\bar{\omega}\mathrm{d}\Omega-\int_{\Omega}\bar{\omega}f\,\mathrm{d}\Omega+\int_{\Gamma_1}\bar{\omega}\,\frac{\partial\tilde{u}}{\partial n}\mathrm{d}\Gamma+\int_{\Gamma_2}\bar{\omega}\bar{q}\,\mathrm{d}\Gamma-\int_{\Gamma_1}\bar{u}\,\frac{\partial\bar{\omega}}{\partial n}\mathrm{d}\Gamma-\int_{\Gamma_2}\tilde{u}\,\frac{\partial\bar{\omega}}{\partial n}\mathrm{d}\Gamma\approx 0 \tag{10.2.11}$$

上式称为加权残值法的逆形式.

上述加权残值法构成各种数值解法的理论基础. 不同的权函数的选取，或不同的试函数的选取，将形成特殊的数值解法. 当权函数取问题的基本解，则加权残值法的逆形式(10.2.11)变成一个边界积分方程，这个边界积分方程可用边界元法来求数值解，边界元法中的试函数在区域的离散单元中用多项式表示，令多项式的系数为单元边界或内部有限个节点处的场量值.

在边界元法中，试函数是在单元中按插值理论的概念以一定的步骤系统地推导出来的，因此也称为插值函数. 根据插值理论，多项式插值函数的阶数取决于单元中

节点的数目.

有关加权残值法理论的更具体阐述和实例，还可参见文献(黎在良等，1996；邱吉宝，1991；徐次达，1978).

10.3 边界元方法

10.3.1 边界积分方程的基本解

获得弹性力学问题的边界积分方程的另一更简捷的途径是从问题的基本解出发，先得到弹性体内部点位移场的积分表达式，然后令内点趋于边界，得到问题的边界积分方程. 这里只介绍基本解，其余推导参见文献(黎在良等，1996).

考虑表面为 S 的弹性体. 问题的平衡方程为

$$\frac{\partial \sigma_{ij}(x)}{\partial x_j}+f_i(x)=0, \quad x\in V \tag{10.3.1}$$

式中，x 为空间位置矢量，$\sigma_{ij}(x)$ 为 x 处的应力张量，它是一个对称张量，即 $\sigma_{ij}=\sigma_{ji}$. $f_i(x)$ 为 x 处的体力密度矢量. 以 $u(x)$ 表示 x 处质点的位移矢量，应力位移关系遵循广义胡克定律

$$\sigma_{ij}=c_{ijkl}\frac{\partial u_k}{\partial x_l} \tag{10.3.2}$$

式中，c_{ijkl} 为弹性常数，对于各向同性弹性体，它可表达为

$$c_{ijkl}=\lambda\delta_{ij}\delta_{kl}+\mu(\delta_{ik}\delta_{jl}+\delta_{il}\delta_{jk}) \tag{10.3.3}$$

式中，λ 和 μ 为拉梅弹性常数，δ_{ij} 为克罗内克符号

$$\delta_{ij}=\begin{cases}1, & i=j\\ 0, & i\neq j\end{cases} \tag{10.3.4}$$

将式(10.3.1)代入广义胡克定律式(10.3.2)，就是

$$\frac{\partial \sigma_{ij}(x)}{\partial x_j}=c_{ijkl}\frac{\partial^2 u_k(x)}{\partial x_i \partial x_k}=-f_i(x), \quad x\in V \tag{10.3.5}$$

引入“集中力”的概念，即在包含(x,y)的点的体积 Ω 之中作用着 $f_i(x)\neq 0$ 的体力密度，在 Ω 之外，$f_i(x)\equiv 0$. 体积 Ω 之中总的体力为

$$F_i=\int_\Omega f_i(x)\mathrm{d}\Omega$$

令 F_i 保持不变，但 Ω 的体积逐渐缩小，即 Ω 内的平均密度 $\overline{f}_i=F_i/\Omega$ 将逐渐增大. 当 $\Omega\to 0$ 时，$\Omega\to\infty$. 此时称该点作用一集中力. 记该点为 $x=y$，该集中力可用 δ 函数写成

$$f_i(x)=F_i\delta(x-y) \tag{10.3.6}$$

δ 函数具有以下性质

$$\int_{\Omega} F_i \delta(x-y)\mathrm{d}\Omega(x)=\begin{cases}F_i, & y\in\Omega\\ 0, & y\notin\Omega\end{cases} \tag{10.3.7}$$

方程

$$c_{ijmn}\frac{\partial^2 u_{mk}^G(x-y)}{\partial x_n \partial x_j}=-\delta_{ik}\delta(x-y) \tag{10.3.8}$$

的解称为弹性力学问题的基本解. $u_{mk}^G(x-y)$表示在源点 y 沿 x_k方向作用的集中力在场点 x 处沿 x_m 方向的位移分量. 在边界条件没有确定的情况下,满足式(10.3.8)的解有无穷多个. 同时满足 S 上的边界条件,则称该解为弹性力学问题的 Green 函数. 由弹性力学的唯一性定理可知 Green 函数是唯一的. 基本解可表达为奇异部分和非奇异部分之和,非奇异部分可以相差任意一个满足齐次平衡方程的函数,而奇异部分则是唯一的. 因此有时只把奇异部分称为问题的基本解. 实际上,这种意义下的基本解为全空间的弹性问题($V\to\infty$)的 Green 函数.

定义一个张量 W_{jk}

$$W_{jk}=\sigma_{ij}u_{ik}^G-u_i\sigma_{ijk}^G \tag{10.3.9}$$

式中,σ_{ij} 和 σ_{ijk}^G 分别满足方程

$$\frac{\partial\sigma_{ij}(x)}{\partial x_j}=-f_i(x) \tag{10.3.10}$$

$$\frac{\partial^2\sigma_{mk}^G(x-y)}{\partial x_j}=-\delta_{ik}\delta(x-y) \tag{10.3.11}$$

式(10.3.9)两边分别对 x_j 求偏导,利用式(10.3.10)和式(10.3.11),得

$$\begin{aligned}\frac{\partial W_{jk}}{\partial x_j}&=\frac{\partial\sigma_{ij}}{\partial x_j}+\sigma_{ij}\frac{\partial u_{ik}^G}{\partial x_j}-\frac{\partial u_i}{\partial x_j}\sigma_{ijk}^G-u_i\frac{\sigma_{ijk}^G}{\partial x_j}\\&=-f_iu_{ik}^G+\sigma_{ij}\frac{\partial u_{ik}^G}{\partial x_j}-\frac{\partial u_i}{\partial x_j}\sigma_{ijk}^G+u_k\delta(x-y)\end{aligned} \tag{10.3.12}$$

由互等定理

$$\sigma_{ij}\frac{\partial u_{ik}^G}{\partial x_j}=\frac{\partial u_i}{\partial x_j}\sigma_{ijk}^G \tag{10.3.13}$$

于是,式(10.3.12)成为

$$\frac{\partial W_{jk}}{\partial x_j}=-f_iu_{ik}^G+u_k\delta(x-y) \tag{10.3.14}$$

将式(10.3.14)在体积 V 上积分,利用 Gauss 公式,得

$$\begin{aligned}\varepsilon(y)u_k(y)&=\int_V\frac{\partial W_{jk}(x,y)}{\partial x_j}\mathrm{d}V+\int_V f_i(x)u_{ik}^G(x-y)\mathrm{d}V\\&=\int_S W_{jk}(x,y)n_j(x)\mathrm{d}S+\int_V f_i(x)u_{ik}^G(x-y)\mathrm{d}V\\&=\int_S[U_{ik}(x,y)t_i(x)-T_{ik}(x,y)u_i(x)]\mathrm{d}S+\int_V f_i(x)U_{ik}(x,y)\mathrm{d}V\end{aligned} \tag{10.3.15}$$

式中

$$t_i(x)=\sigma_{ij}(x)n_j(x) \tag{10.3.16}$$

为表面 S 上的面力矢量，其中 n_j 为 S 面的外法线单位矢量；

$$\varepsilon(y)=\begin{cases}1, & y\in V\\ 0, & y\notin V\end{cases} \tag{10.3.17}$$

$$U_{ik}(x,y)=u_{ik}^{G}(x-y) \tag{10.3.18}$$

$$T_{ik}(x,y)=\sigma_{ijk}^{G}(x-y)n_j(x) \tag{10.3.19}$$

式(10.3.15)将问题的位移解表达成 S 面上的位移和面力的面积分和体力在 f_i 在 V 上的体积分，称为弹性力学问题的积分表示定理. 该表达式还只是形式上的解. 若式(10.3.15)中的 U_{ik} 和 T_{ik} 是问题的 Green 函数(例如，在自由边界上，$T_{ik}=0$，在固定边界上，$U_{ik}=0$)，则式(10.3.15)就是积分形式的解. 但是，除极个别情况之外，问题的 Green 函数很难求得. 进一步，当源点 y 趋于表面 S 时，由式(10.3.15)就导出一个求解该问题的边界积分方程.

设体力为零，式(10.3.15)就简化为

$$\varepsilon(y)u_k(y)=\int_S[U_{ik}(x,y)t_i(x)-T_{ik}(x,y)u_i(x)]\mathrm{d}S,\quad y\notin S \tag{10.3.20}$$

在二维模型内，考虑 y 趋于边界 S 的极限过程. 可以证明，得到的边界积分方程为

$$c_{ik}(y)u_i(y)+\int_S T_{ik}(x,y)u_i(x)\mathrm{d}S=\int_S U_{ik}(x,y)t_i(x)\mathrm{d}S \tag{10.3.21}$$

式中，$\int$ 表示 Cauchy 主值积分，而

$$c_{ik}(y)=\delta_{ik}+A_{ik}(y) \tag{10.3.22}$$

称为自由项的系数，其中 $A_{ik}(y)$是一个依赖于 S 面上 y 点附近局部几何形状和弹性体的弹性常数的张量. 若 y 附近的 S 面是光滑的，即 S 面在 y 点有唯一的法线，则

$$c_{ik}(y)=\frac{1}{2}\delta_{ik} \tag{10.3.23}$$

对于给定的边界条件，可用边界元法从式(10.3.21)先解出边界上未知的位移或面力分量，然后代入积分表达式(10.3.20)，就得到弹性体内任意点的位移场.

边界元法将问题的边界 S 划分成“单元”，把边界积分方程离散化成线性代数方程组，由此再求问题的数值解. 具体实施步骤，可参见有关专著(黎在良等，1996).

10.3.2　断裂力学中的边界元方法

对于含裂纹弹性体，如图 10.1 所示的裂纹面 $A=A^{+}+A^{-}$，外表面为 Γ，内含裂纹 A 的弹性体 V 的位移边界积分方程为

$$u_k(y)=\int_{\Gamma+A^{+}+A^{-}}[U_{ik}(x,y)t_i(x)-T_{ik}(x,y)u_i(x)]\mathrm{d}S(x),\quad y\in V \tag{10.3.24}$$

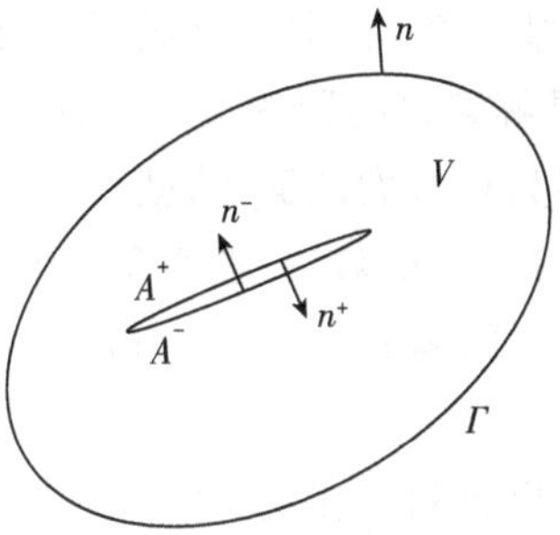

图 10.1　裂纹面的法向

只在极个别情况下可获得边界积分方程的解析解. 解边界积分方程最有效的方法是边界元法. 边界元法将问题的边界 S 划分成"单元",把边界积分方程离散成线性代数方程组,由此再求问题的数值解.

裂纹端部应力存在 $r^{-1/2}$ 阶的奇异性,为了解决这个问题,边界元方法中利用了几种不同的方法.

(1)子区域法. 该方法人为地引入新的内边界,把裂纹端部和弹性体的其他边界连接起来,使一个裂纹的两个裂纹面分属于两个独立的不含裂纹的区域.

(2)对偶积分方程法. 该方法在一个裂纹的两个裂纹面上分别采用位移边界积分方程使其变为适定的.

(3)COD 方法. 该方法以裂纹张开位移(COD)为未知量,利用裂纹问题在几何上的特点(一个裂纹的两个裂纹面在空间中属于同一个几何面),以及裂纹受载的特点(两个裂纹面上的面力或同为零,或大小相等,方向相反),将问题化为一个裂纹面上的问题. 这个积分方程具有与面力积分方程相同的超强奇异性积分核. 裂纹张开位移就是位移场在裂纹面上的间断

$$\Delta u_i(x)=u_i(x^+)-u_i(x^-) \tag{10.3.25}$$

当裂纹张开位移已知,弹性体内任意点的位移由下式给出

$$u_k(y)=-\int_{A^+}T_{ik}(x,y)\Delta u_i(x)\mathrm{d}A(x),\ y\notin A \tag{10.3.26}$$

式中,$T_{ik}(x,y)=\sigma_{ijk}^G(x-y)n_j(x^+)$. 对式(10.3.26)两边对 y 求导,将所的结果乘以弹性张量 c_{pqkl},得到弹性体内任意点应力的积分表达式

$$\begin{aligned}\sigma_{pq}(y)&=-c_{pqkl}\int_{A^+}\frac{\partial\sigma_{ijk}^G}{\partial y_l}n_j(x)\Delta u_i(x)\mathrm{d}A(x)\\&=c_{pqkl}\int_{A^+}\frac{\partial\sigma_{ijk}^G}{\partial x_l}n_j(x)\Delta u_i(x)\mathrm{d}A(x),\quad y\notin A\end{aligned} \tag{10.3.27}$$

式中,$n_j(x)$为 A^+ 面的外法线单位矢量.

(4)Green 函数法. 以上各种边界积分方程中的积分核都取作无界弹性空间的基本解. 对于含裂纹的有限弹性体,积分方程的边界 S 包含裂纹面 A 和其他表面 Γ 两个部分. 一般情况下,无界空间的基本解本身并不满足 Γ 上的边界条件. 有限弹性体

的 Green 函数是一种特殊的基本解，它本身已满足 Γ 上的边界条件，但它又不满足裂纹面 A 上的边界条件. 如果解裂纹问题的边界条件积分方程的积分核取作该问题的 Green 函数后，积分方程将只包含裂纹面 A，就可以使问题大大简化. 与之相应，就需要花费努力来寻找问题的 Green 函数. 一般采取分析一个给定结构内各种不同形状的裂纹的影响. 一旦求得该结构的 Green 函数，就可用它处理任意形状的裂纹问题.

在 Green 函数方法中，王启淼和黎在良(1990a,1990b)提出了一种求解边界积分方程的方法. 他们将裂纹张开位移 Δu 在整个裂纹面上展开成切比雪夫(Chebyshev)多项式组成的二重无穷级数. 由切比雪夫多项式的每一项和积分核的乘积构成的积分都可以得到封闭解，因此，由边界积分方程得到决定切比雪夫多项式级数系数的线性代数方程组. 这个线性代数方程组可用数值方法求解. 这种解法的精确度比边界元方法高，但这种解法仅适用于矩形裂纹.

10.3.3 裂纹端部应力奇异性问题

在边界元方法中，需要将裂纹尖端附近的问题分成非尖端单元和尖端单元两种情况. 前者的积分核不存在奇异性，只需考虑面力的奇异性，而后者则比较复杂，同时存在面力和积分核的奇异性. 对于二维问题，Blangford(1981)将有限元中处理裂纹问题的四分之一节点奇异单元的概念引进边界元方法中，得到广泛应用(黎在良等，1996). 对于三维问题，Luchi 和 Rizzuti(1987)作了详细分析.

需要指出的是，在裂纹面上沿裂纹边缘的部分不必采用面力奇异单元，因为在裂纹面上面力为零或者为有限的给定值，从而形函数只需正确地描述裂纹面上裂纹边缘附近位移场的渐进行为即可.

受压裂纹的扩展过程由 Ingraffea 和 Heuze(1980)，王新华等(1984)进行了计算. 认为在压力作用下的扩展过程中，应力强度因子自动下降，即$\partial K/\partial a<0$，因此扩展是稳定的. 这个结果和远场拉力作用的结果不同. 在远场拉力作用下，应力强度因子持续上升，即$\partial K/\partial a>0$，因此扩展是失稳的.

更多的计算结果描述，可参见有关参考文献(滕春凯等，1992；张之立，1994).

10.4 全裂纹面 COD 方法求解应力强度因子

10.4.1 算法的引入

在第 3 章中已经讨论过，裂纹前缘的应力场是由在尖端处的应力强度因子(stress intensity factor，SIF)唯一确定的. 因此在线弹性断裂力学(LEFM)的应用中，SIF 起着重要的作用.

在工程中，大多数采用的数值方法求 SIF 的精确度在 1%～5%，这对于一般工程问题是足够好的，但对于类似于数值模拟裂纹生长这类问题就不够了. 因此需要更精确、有效和可靠的方法.

在断裂力学问题中常常用位移求 SIF，主要分为两类：局部位移场方法和全局位移场方法. 第一种局部位移场方法基于在裂纹面上近裂尖处位移的渐近值. 在第 2 章中，已经给出这些渐近值，仅由裂尖附近的位移场导出

$$v=\frac{8}{E'}\sqrt{\frac{r}{2\pi}}K_{\mathrm{I}}+O(r^{3/2}) \tag{10.4.1}$$

$$u=\frac{8}{E'}\sqrt{\frac{r}{2\pi}}K_{\mathrm{II}}+O(r^{3/2}) \tag{10.4.2}$$

其中，$E'=E$(平面应力)和 $E'=\dfrac{E}{1-\nu^2}$(平面应变)；E 为杨氏模量；ν 为泊松比. 这种方法从 20 世纪 70 年代就开始使用，至今仍有许多人在用. 它使算法的程序变得容易. 但由于 SIF 对近裂尖处的位移场并不敏感，该方法的精度较差.

第二种方法是用 J 积分处理. J 积分的介绍参见第 5 章. J 积分方法使用了所有的 COD 数据，使得求 SIF 的精度要高于第一种方法. 但这种方法需要更多的后处理工作，其次，J 积分是按右手定则积分的，沿新积分面的应力或应变张量的计算过程将引入比仅沿裂纹线位移场积分更大的误差. 另外，这种方法不易推广到解决三维裂纹问题中.

在 LEFM 范围内，J 积分的物理含义是当裂尖处有一虚拟裂纹扩展 Δa 时的能量释放率.

$$J=G=\Delta U/\Delta a \tag{10.4.3}$$

其中，ΔU 为应变能的改变. 能量释放率方法也属于第二种分析方法，其中 Δa 的大小更依赖于经验，但结果与 J 积分方法一样好. 能量释放率法的另一好处是可用于三维裂纹问题的研究.

1998 年，Xu 提出了自相似裂纹扩展方法(self-similar crack extension，SSCE)来估算在无限介质或半无限介质中裂纹的 SIF. 裂纹自相似法的优点是将 SIF 与裂纹张开值之间的关系建立起来. 由于仅用了 COD 数据且用了所有的 COD 数据，用 SSCE 方法可求出高精度的 SIF. 同时后处理较少，且此法对分析三维裂纹问题同样有效. 然而如果裂纹不自相似(如在有限体中的一个裂纹)，则在估算 SIF 时必须附加对有限体边界周围面力的积分.

大多数研究是对一特定的裂纹问题的 SIF 的误差估计，主要是用计算结果与已知的解析解比较，但对于许多实际问题是没有解析解的. 实际上，数值 SIF 的误差有两个不同的来源：①来自 COD 数据误差；②由已知的 COD 数据求 SIF 的算法的误差. 这里主要讨论降低第二种误差的方法.

首先假定已从 BEM(无奇点边界元法)方法或复杂的测量方法获得了 COD 数据,其中包括 COD 场值及数据的误差分布(至少是平均误差). 然后用本书的全局 COD 法代入在裂纹线上所有的 COD 数据计算拟合 SIF.

10.4.2　全裂纹面 COD 求应力强度因子的算法及误差分析

本节以无限弹性板上一单向拉伸裂纹为例来对该算法进行具体说明.

无限弹性板上一长为 $2a$ 的裂纹在单向拉伸力作用下,如图 10.2 所示. 在裂纹线上 y 方向的 COD 场以 $\nu(x)$ 表示. 将 $\nu(x)$ 按第二类切比雪夫级数展开

$$\nu(x)=\sum_{m=1}^{\infty}\alpha_m C_m(x/a) \tag{10.4.4}$$

其中, $C_m(\xi)$ 为第 m 阶第二类切比雪夫函数.

$$C_m(\xi)=\begin{cases}\cos[m\cdot\arcsin(\xi)],\ m=\text{奇数}\\ \sin[m\cdot\arcsin(\xi)],\ m=\text{偶数}\end{cases} \tag{10.4.5}$$

切比雪夫函数在区间 $[+1,-1]$ 正交,权函数为 $(1-\xi^2)^{1/2}$.

$$\int_{-1}^{1}C_m(\xi)C_n(\xi)\frac{1}{\sqrt{1-\xi^2}}\mathrm{d}\xi=\delta_{mn}\frac{\pi}{2} \tag{10.4.6}$$

由式(10.4.4)得到其广义傅里叶级数 α_m 为

$$\alpha_m=\frac{2a}{\pi}\int_{-a}^{a}v(x)C_m(x/a)/\sqrt{a^2-x^2}\,\mathrm{d}x \tag{10.4.7}$$

$$C_m(\xi)=P_{m-1}(\xi)\sqrt{1-\xi^2} \tag{10.4.8}$$

其中, $P_{m-1}(\xi)$ 为第 $m-1$ 阶切比雪夫第二类多项式. 式(10.4.4)和式(10.4.8)表明在近裂尖处 $x=\pm a$, $v(x)$ 有类似 $r^{1/2}$, $r\to 0$ 的渐近, r 为在裂纹线上一点到裂尖的距离. 将式(10.4.4)代入式(10.4.1),令 r 趋于 0,得到

$$K^{\mathrm{R}}=\frac{E'}{4}\sqrt{\frac{\pi}{a}}\sum_{m=1}^{\infty}m\alpha_m \tag{10.4.9}$$

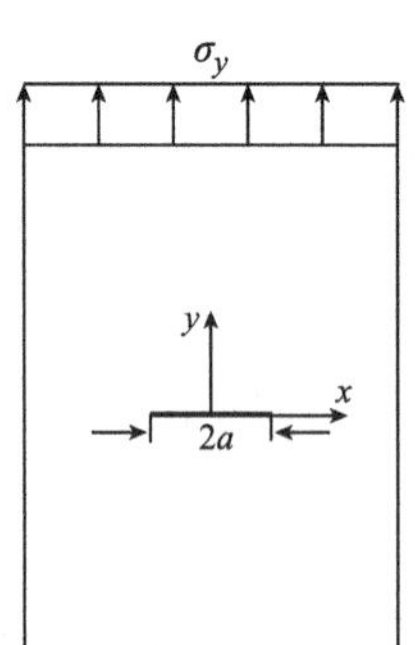

图 10.2　单向拉伸力作用下的单裂纹

$$K^{\mathrm{L}}=\frac{E'}{4}\sqrt{\frac{\pi}{a}}\sum_{m=1}^{\infty}(-1)^{m+1}m\alpha_m \tag{10.4.10}$$

K^{R}和 K^{L}分别为 $x=a$ 和 $x=-a$ 处的 SIF.

当已知 COD 场 $\nu(x)$时，α_m 可以由式(10.4.7)求得，而 SIF 可由式(10.4.9)和式(10.4.10)求得. 如果用 SSCE 方法两裂尖由裂纹张开值和比值 $K^{\mathrm{R}}/K^{\mathrm{L}}$确定，其中 K^{R}，K^{L}由近裂尖处节点位移确定.

用式(10.4.9)和式(10.4.10)估算SIF的优点是，这两个式中的α_m是由式(10.4.7)用所有 COD 数据得到的，且仅仅用了COD 数据，这就避免了前面提到的用近裂尖处位移的方法和用 J 积分方法带来的较大误差，可以有效提高 SIF 的精度.

COD 场 $\nu(x)$由 BEM 的数值方法得到，同时也得到计算误差. 根据误差传递理论，COD 场的误差代入 α_m 计算式(10.4.7)会导出 α_m 的误差，而 α_m 代入 SIF 的计算式(10.4.9)和式(10.4.10)将导出 SIF 的误差.

以下分析在求 COD 过程中的误差. 本书是采用了 BEM 方法来求 COD 的. 在 LEFM 理论中当 $r\to 0$ 时 ν 与 $r^{1/2}$成正比. 为简化这里把裂纹面分为 N 个等长的单元，用常数元代表

$$\nu(x)=\nu(x_i)=\nu_i,\quad x\in 第\ i\ 个单元, i=1,\cdots,N \tag{10.4.11}$$

这里，x_i 是第 i 单元中点的坐标，ν_i 是相应节点的 COD.

令 $\nu^{an}(x)$为 COD 场的解析值，v 的计算误差假定与相对于 x 处 ν 的导出成比例.

$$\Delta\nu=\nu(x)-\nu^{an}(x),\ 当\ x\to\pm a(r\to 0)时 \tag{10.4.12}$$

由于 ν 与 $r^{1/2}$成正比，所以 $\Delta\nu$ 与 $r^{1/2}$成正比. 对于图 10.2 的裂纹问题

$$\Delta\nu=\Delta v_{\min}/\sqrt{1-x^2/a^2} \tag{10.4.13}$$

其中，$\Delta\nu_{\min}$为在 $x=0$ 处 COD 的最小误差，对这个简单问题的误差可以用解析解来估算. 实际上却与很多因素有关. 式(10.4.13)是假定用 BEM 解裂纹问题的经验办法，然而对于大量复杂的裂纹问题，式(10.4.13)也是很好的近似表达式.

对于无限大板上的直裂纹用式(10.4.13)计算用 BEM 方法计算 COD 场所带来的计算误差，也是适用的.

现在讨论引起 SIF 计算误差的另一重要因素——算法误差. 对已得到的数值 COD，在数值计算时，必然是使用了有限数量的单元个数求得的. 因此式(10.4.4)中的 $m\to\infty$必须是一有限的单元数，如 $m=M$，这同时意味着有限个 $\alpha_m(m=1,\cdots,M)$被使用. 对于一组给定的 α_m，分别选取单元数为 M'和 M 时的数值计算

$$|\alpha_m(M')-\alpha_m(M)|>|\delta\alpha_m(M)| \tag{10.4.14}$$

这里的，M 不能取太小.

曲线拟合的方差表达式为

$$\sigma_M=\sqrt{\frac{\sum_{i=1}^{N}[v_i-V(x_i;\alpha_1,\cdots,\alpha_M)]^2}{N-M}} \tag{10.4.15}$$

令

$$\sigma=\sqrt{\frac{\sum_{i=1}^{N}\left[\nu_i-V(x_i;\alpha_1,\cdots,\alpha_M)\right]^2}{N-1}} \tag{10.4.16}$$

为计算 COD 场的平均标准偏差，这里 v^{an} 为 COD 场的真实值. σ 可以从某些有解析解的典型裂纹问题获得. COD 场的平均绝对误差为

$$\Delta\bar{\nu}=\frac{1}{N}\sum_{i=1}^{N}\mid \nu_i-\nu^{an}(x_i)\mid \tag{10.4.17}$$

与 σ 值非常近似. 如果 $\sigma_M>\sigma$，M 取值应增加，以降低 σ_M. 这似乎可以推出 σ_M 越小，曲线拟合就越好的结论，但实际并非如此. 由于切比雪夫函数是完整的，当 M 增大到足够大 N 时，σ_M 可以很小. 当 σ_M 比 σ 小得多时，多余的展开项仅反映计算拟合过程的误差的平滑效果，这些不必要的展开项是也将使式(10.4.9)和式(10.4.10)计算出 SIF 的误差增大. 因此在应用全部裂纹面上的 COD 拟合算法中对 M 的选取是至关重要的.

对于一给定的 M，SIF 的误差估计是

$$\delta K^R\approx C\sum_{m=1}^{M}m\mid\delta\alpha_m\mid+C\mid(M+1)\alpha_{M+1}+(M+2)\alpha_{M+2}\mid \tag{10.4.18}$$

$$\delta K^L\approx C\sum_{m=1}^{M}m\mid\delta\alpha_m\mid+C\mid(M+1)\alpha_{M+1}-(M+2)\alpha_{M+2}\mid \tag{10.4.19}$$

其中，$C=\frac{E'}{4}\sqrt{\frac{\pi}{a}}$. 基于计算的误差估算，$\delta\alpha_m$ 随 m 变化很小，但是 $|\alpha_m|$ 随 m 增加而下降得很快. δK 是 M 的函数，当 M 增加时式(10.4.18)和式(10.4.19)右侧的第一项求和项也将增加，但第二项将减小，因此 M 应由最小 δK 所对应的 M 来确定.

M 的选取必须满足三个条件：

(1) $\sigma_M<\sigma$；

(2) $|\alpha_m(M+1)-\alpha_m(M)|<|\delta\alpha_m(M)|$；

(3) 最小 δK 所对应的 M.

当 M 确定了，SIF 的误差估计可由式(10.4.18)和式(10.4.19)给出. 而 δK 的误差是由 α_m 的误差估计给出的，它只与 COD 场误差分布有关，不需要任何解析的 SIF 来计算，因此用这种数值算法可以解决任意裂纹问题.

上面给出了本书计算 SIF 的算法并进行了误差分析. 说明该算法精度高、可靠性好且易于操作，适用范围广. 下面实际采用该算法试算，并对上述特点加以具体说明.

10.4.3 计算结果与算法验证

刘绮亮(2000)试算了几种典型的裂纹问题的应力强度因子与解析解或应力强度因子手册的计算相比较. 本书计算中拉张为负，压缩为正.

1. 平板内单向拉伸裂纹

如图 10.2 所示，求在一无限大板内有一平面单向拉伸裂纹. 如表 10.1 所示，当选取不同单元计算 COD 时，求得的裂尖处的 SIF 值及其计算误差编. 此问题的理论解为 $K_{I理}=-1$.

表 10.1　平面单向拉伸裂纹的应力强度因子计算结果

单元 M 数目及特征	数值 K_I	计算误差 σ_M/%	与理论值的偏差 $(K_I-K_{I理})/K_{I理}$/%	计算时间/s
20 等长元	−0.999870	−0.1331	0.0130	0.5
100 等长元	−0.999965	−0.1111	0.0035	2.0
100 不等长元 $\frac{20\text{ 单元}}{100\text{ 单元}}=\frac{\text{近裂尖 }10\%\text{全裂纹面}}{\text{全裂纹面}}$	−0.999979	−0.0112	0.0021	2.5

对该问题给出了数值计算应力场分布和解析应力场分布的比较. 虽然在靠近裂纹面上应力场分布有一点小差异，在裂尖处计算值，也不如理论值平滑，但总体而言对于单向拉伸裂纹的应力场分布形态拟合得非常好. 平均标准误差为 $\sigma=\sqrt{\dfrac{\sum_{i=1}^{n}(x_i-X)^2}{n-1}}$. 对应力场计算也给出了比较，如表 10.2 所示. 单向拉伸力作用下单裂纹应力场的理论值在第 2 章图 2.6 中已经画出，这里不再重复.

表 10.2　平面单向拉伸裂纹的应力场计算结果

单元 M 数目及特征	最大主应力场计算平均标准误差 σ_1/%	切向应力场计算平均标准误差 σ_t/%	计算时间/s
20 等长元	1.986	3.802	19
100 等长元	4.381	0.893	85
100 不等长元 $\frac{20\text{ 单元}}{100\text{ 单元}}=\frac{\text{近裂尖 }10\%\text{全裂纹面}}{\text{全裂纹面}}$	0.361	0.282	95

由表 10.1 和表 10.2 可以看出，计算时 COD 单元的选取对计算结果的影响很大. 这证实了 10.4.2 节所给出的结论. 显然用 100 个不等长单元计算应力场和应力强度因子的结果是最好的，但计算速度是最慢的，而且并不是增加单元数就可以降低误差. 一般情况下，为提高运算速度，选取 $M=20$ 个等长单元计算 COD 所带来的误差对进一步计算应力强度因子和应力场均是可以接受的，本书后面的计算均选取此种元进行计算. 相对一般数值方法计算应力强度因子的误差达到 1%～5%而言，此方法对计算 SIF 的精度的提高是非常明显的，而对于应力场分布的计算时间也是完全可以接受的.

2. 单轴压缩平面剪切裂纹

其原理如图 10.3 所示. 裂纹尖端的应力强度因子的计算结果 $K_{\text{II}}=0.432956$，计算偏差为 0.2460%. 理论值 $K_{\text{II理}}=0.433013$，计算偏差为 0.0130%. 数值模拟的计算值与理论值之间的误差为−0.0057%. 计算误差虽然高于平面单一拉伸裂纹的计算 SIF 值误差，但精度仍旧是非常高的.

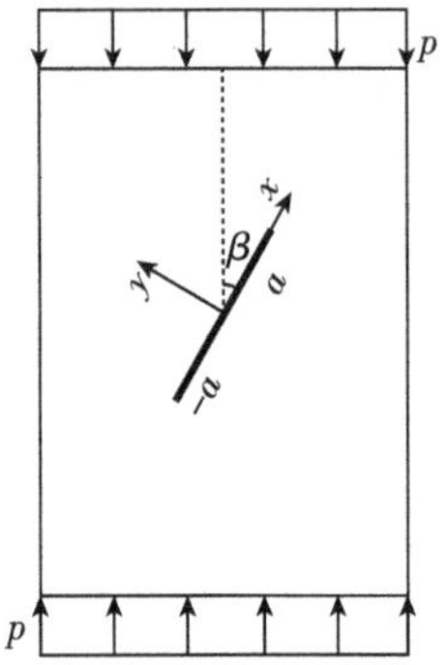

图 10.3　单轴压缩平面剪切裂纹原理

以此精度来模拟地球物理现象和实验均已达到要求，下面将应用这一程序，作一系列的二维双裂纹的数值模拟. 在计算应力强度因子的同时还给出了应力场的分布.

10.5　用全裂纹面 COD 方法进行二维双裂纹的数值模拟和实验结果

10.5.1　试函数的建立

对于双裂纹，在计算 COD 时就必须考虑它们之间的相互作用问题. 以每个裂纹的中点作为坐标原点，建立局部坐标系. 根据解析函数理论，假设适当的应力函数，满足裂纹尖的应力奇异性质. 以沿裂纹面的应力密度分布为待定函数，可适应裂纹表面的任意边界条件. 同时按平面弹性力学的加权残值法假设一组试函数. 这两组试函数的组合就可求解平面多裂纹问题.

平面内裂纹系在受压力情况下，裂纹面闭合，由于裂纹面两侧介质相互不可入，裂纹面的位移只有相互的剪切错动，因此应为剪切型裂纹(系). 这里只考虑二维平面内的情况，因此在扩展前应为纯Ⅱ型裂纹系.

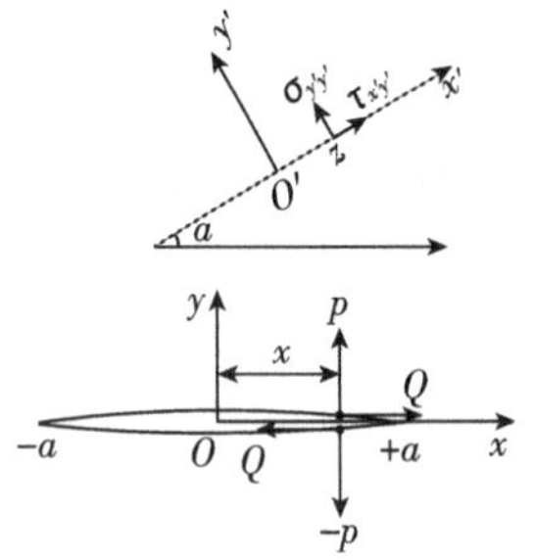

图 10.4　双裂纹问题原理图

根据穆斯海里什维里(Muskhelishvili, 1953)弹性力学平面问题的复变函数方法. 如图 10.4 所示，在 xOy 坐标系中应力函数 $\Phi(z)$ 和 $\Omega(z)$ 可取以下形式

$$\Phi(z)=\Omega(z)=-\frac{P-\mathrm{i}Q}{2\pi\mathrm{i}}\frac{X(s)}{X(z)(z-s)} \tag{10.5.1}$$

其中，$X(z)=\sqrt{z^2-a^2}$.

平面上某点 z 处在局部坐标系 $x'O'y'$ 的应力分量可表示为

$$\sigma_{y'y'}-\mathrm{i}\tau_{x'y'}=-\frac{P-\mathrm{i}Q}{2\pi\mathrm{i}}X(s)[G(z)+\mathrm{e}^{-2\mathrm{i}\alpha}\overline{G(z)}]$$
$$-\frac{P+\mathrm{i}Q}{2\pi\mathrm{i}}X(s)[\overline{G(z)}(1-\mathrm{e}^{-2\mathrm{i}\alpha})+\mathrm{e}^{-2\mathrm{i}\alpha}(z-\bar{z})\overline{G'(z)}] \tag{10.5.2}$$

其中，$G(z)=\dfrac{1}{X(z)(z-s)}$，$G'(z)=\dfrac{a^2+sz-2z^2}{(z-s)^2[X(z)]^3}$.

当平面剪切时，在 z 点沿 $O'x'$ 轴的法向和切向应力为

$$\sigma_{y'y'}-\mathrm{i}\tau_{x'y'}=\frac{\sqrt{a^2-s^2}}{2\pi\mathrm{i}}[\overline{G(z)}(1-\mathrm{e}^{-2\mathrm{i}\alpha})-G(z)+\mathrm{e}^{-2\mathrm{i}\alpha}(z-\bar{z})\overline{G'(z)}] \tag{10.5.3}$$

再用类似解单一裂纹的 COD 方法对上述问题求解即可.

10.5.2　双平面平行剪切裂纹的几何参数

图 10.5 显示的是双平面平行裂纹系相互位置的几何参数. 其中 d 为两平行裂纹之间的距离，称为间距；s 为两平行裂纹中点之间的距离，称为错距. 还规定顺向（左阶-左旋或右阶-右旋）裂纹系的 s 为负值，即 $s<0$，而逆向（左阶-右旋或右阶-左旋）裂纹系的 s. 这种规定只是为了沿袭拉张条件下数值模拟的惯例.

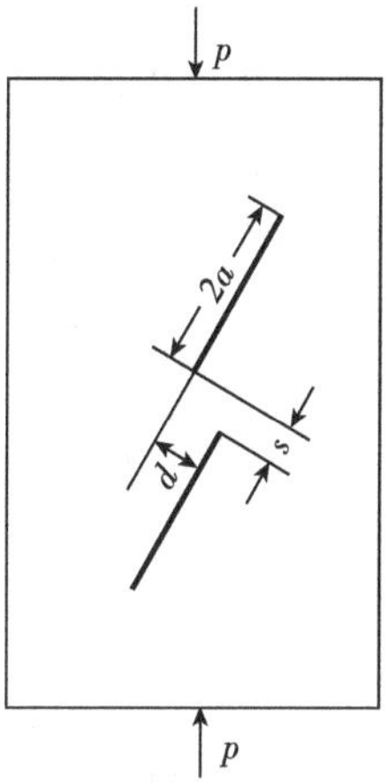

图 10.5　平行裂纹系相互的间距与错距

10.5.3　共线剪切裂纹

共线剪切裂纹的原理参见图 11.4 或图 11.5，它相当于双平面平行裂纹系 $d=0$，且 $s>0$ 的情况，见图 10.5. 这里特别记 $s=2b$，裂纹长度为 $2c$.

图 10.6 给出了单轴压缩下平面共线剪切双裂纹的应力强度因子 K_{II} 随 b/c 变化的曲线，将结果取绝对值作图，并与图 11.3 或中国航空研究院编辑的应力强度因子手册中 1.1.4.14 比较，二者相似性很好. 说明该方法同样可以很好地应用到多裂纹问题上.

共线剪切裂纹应力场的数值计算结果与解析解的计算结果相同. 后者见第 9 章图 9.5～图 9.7,这里不再重画.

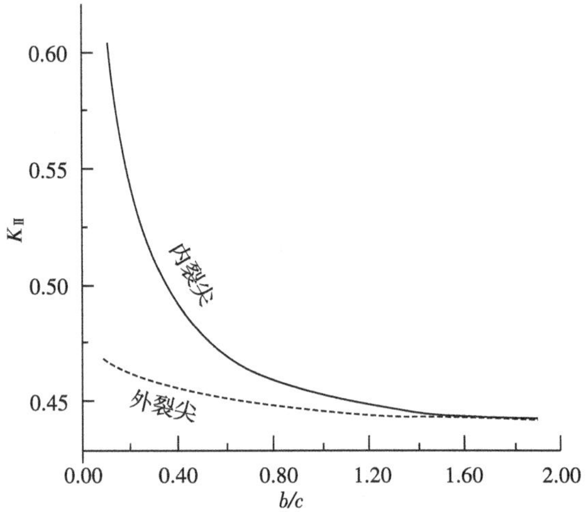

图 10.6　单轴压缩下共线剪切裂纹的应力强度因子 K_{II} 随 b/c 的变化

10.5.4　顺向(张性)雁列式裂纹系

1. 数值计算结果

原理如图 10.7(a)所示. 这种裂纹系相应的断层系在地质断层中称为左阶一左旋或右阶一右旋断层系,图 10.7(b)显示的是利用全 COD 边界元方法计算的应力场 σ_1^c 等值线. 可以看出,顺向雁列裂纹系内端部分布的是张应力,因此也称该裂纹系为张性雁列裂纹系.

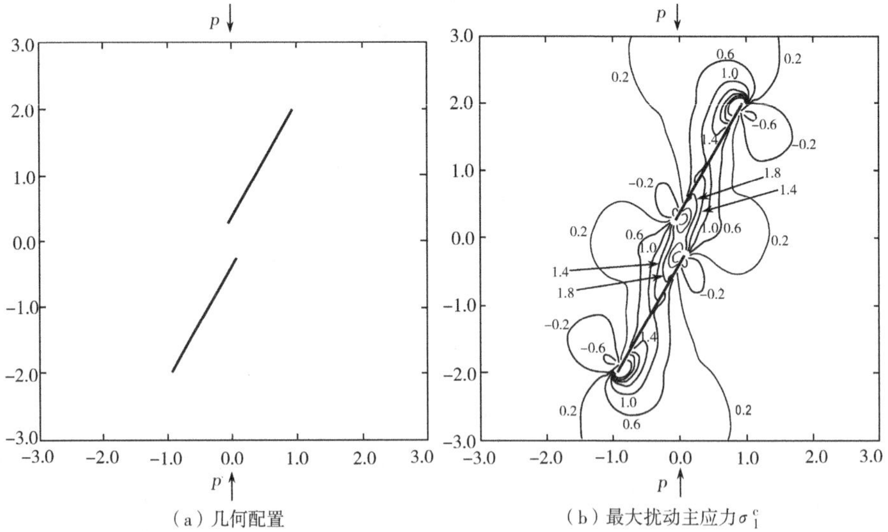

图 10.7　顺向雁列裂纹系的应力场计算结果

全 COD 边界元方法 $d/a=0.2, s/a=0.2$

图 10.8 显示的是平行剪切裂纹单轴压缩下应力强度因子随 s/a 的变化. 其中，实线为内裂尖的 K_{II}，虚线为外裂尖的 K_{II}. 图 10.9 显示的是内裂尖应力强度因子随 s/a 的变化. 顺向雁列式裂纹系的应力强度因子参见图 10.8(a)～(c)和图 10.9 的 $s/a>0$ 部分.

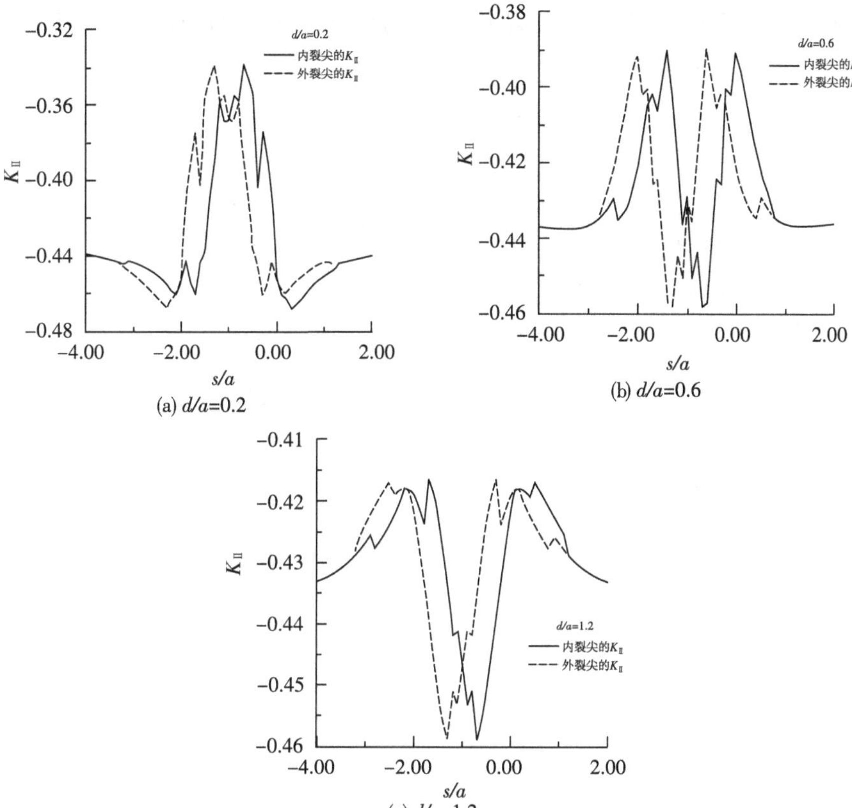

(a) d/a=0.2　(b) d/a=0.6　(c) d/a=1.2

图 10.8　平行剪切裂纹单轴压缩下应力强度因子随 s/a 的变化

实线：内裂尖的 K_{II}；虚线：外裂尖的 K_{II}

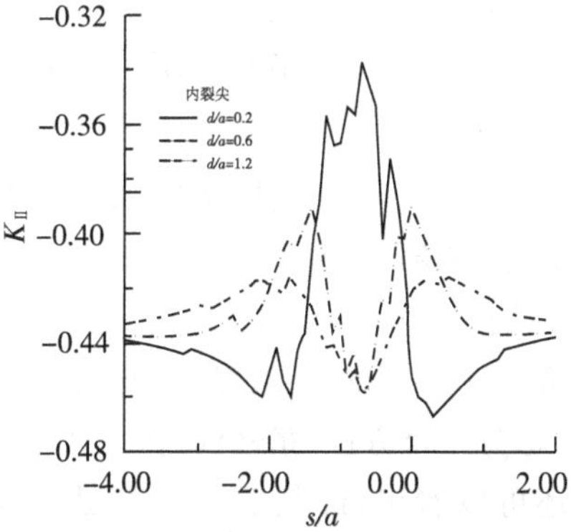

图 10.9　平行剪切裂纹单轴压缩下内裂尖处应力强度因子随 s/a 的变化

2. 玻璃中的实验现象

图 10.10 显示了实验中普通玻璃板顺向雁列式裂纹系的破裂扩展过程，其中图 10.10(a)中的 A,B,C,D 分别为两个裂纹的端部. 可以看到随着载荷的增加，首先在内裂尖 B,C 产生拐折扩展，然后在外裂尖 A,D 产生拐折破裂，此后内裂尖 B,C 的扩展搭接以后不再继续变化，而外裂尖 A,D 的扩展可以一直向样品端部渐进.

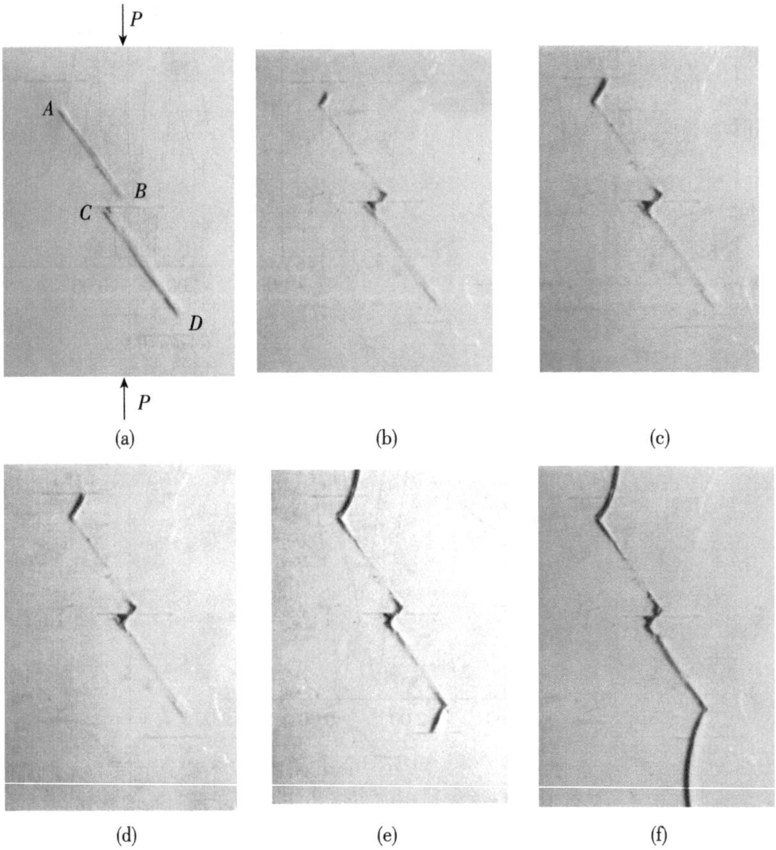

图 10.10　顺向雁列裂纹系的破裂扩展过程

No. 97122302，材料：普通玻璃；厚度：3mm

3. 岩石中的实验现象

这里采用大理岩板在灯光透视条件下进行观察. 在切口间距很小($d/\overline{L}\sim 1/6$，$\overline{L}$ 为切口平均长度)的情况下，内端部在加载初期，载荷只有 $\sigma=15.5\text{MPa}$ 时即迅速集结贯通，这个应力值是总体接近破坏临界值的 14%. 过程区很窄(宽度约 2mm). 外端部的微破裂演化范围比内端部大几乎两个量级，演化过程与单切口端部微破裂演化情况基本相同(图 10.12)，也分三个方位(张性区，剪切区，逆冲区)出现三个不同阶段.

从图 10.11(d)和(e)还可以看出，卸载后剪切带黑色区域明显加宽、加重，表明卸载过程中剪切区有新的微破裂产生.

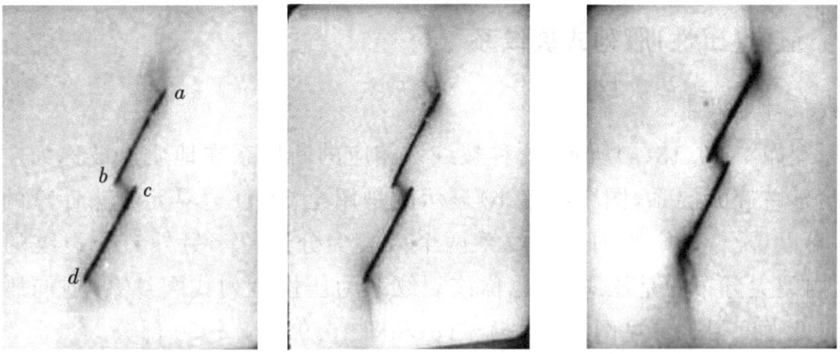

(a) $\sigma/\sigma_m=51.8\%$ (b) $\sigma/\sigma_m=92.2\%$ (c) $\sigma/\sigma_m=96.8\%$

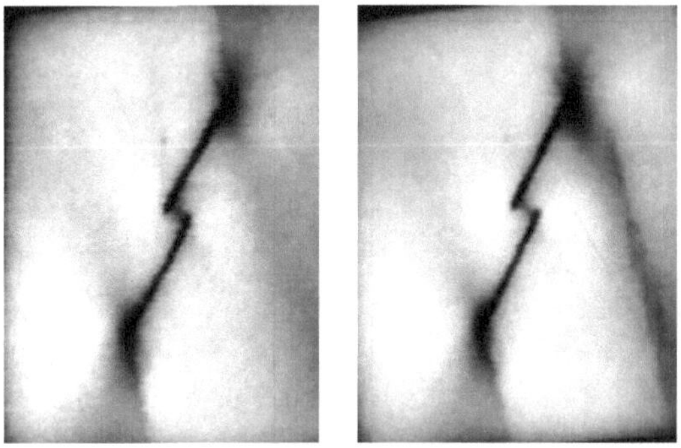

(d) $\sigma/\sigma_m=100\%$ (f)卸载后

图 10.11 大理岩板顺向剪切雁列式切口系的微破裂演化过程

样品号 No. 99003，尺寸 109mm×79mm×5mm，$l_1=25$mm，$l_2=24$mm，$\beta_1=30°$，$\beta_2=30°$，间距 $d=4$mm，错距 $s=-2$mm，$\sigma_m=109.9$MPa

在切口之间的间距较大时，逆冲不是朝向样品边缘集结，而是沿 ac，bd 路径集结，使切口系最后形成菱形块体(图 10.12)．

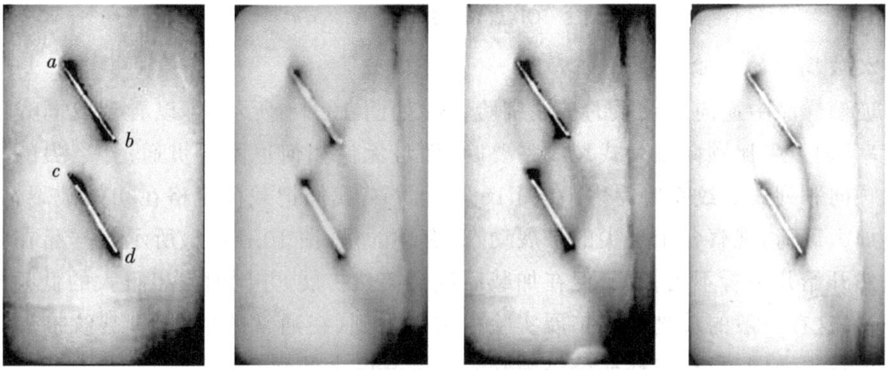

(a) (b) (c) (d)

图 10.12 大理岩板间距较大的顺性雁列式切口系的微破裂演化过程

No. 99018，尺寸 119mm×60mm×5mm，

$l_1=24$mm，$l_2=24$mm，$\beta_1=30°$，$\beta_2=30°$，$d=14$mm，$s=-2$mm，$\sigma_m=68.4$MPa

10.5.5　逆向(压性)雁列式裂纹系

1. 数值计算结果

其原理如图 10.13(a)所示. 这种裂纹系相应的断层系在地质上被称为左阶一右旋或右阶一左旋断层系，图 10.13(b)显示的是用全 COD 边界元方法计算的应力场等值线. 可以看出，逆向雁列式裂纹系两个内裂尖分别位于另外一个裂纹的压应力区，因此内裂尖分布的是压应力，也称该裂纹系为压性雁列式裂纹系. 逆向雁列式裂纹系的应力强度因子参见图 10.8(a)～(c)和图 10.9 的 $s/a<0$ 部分.

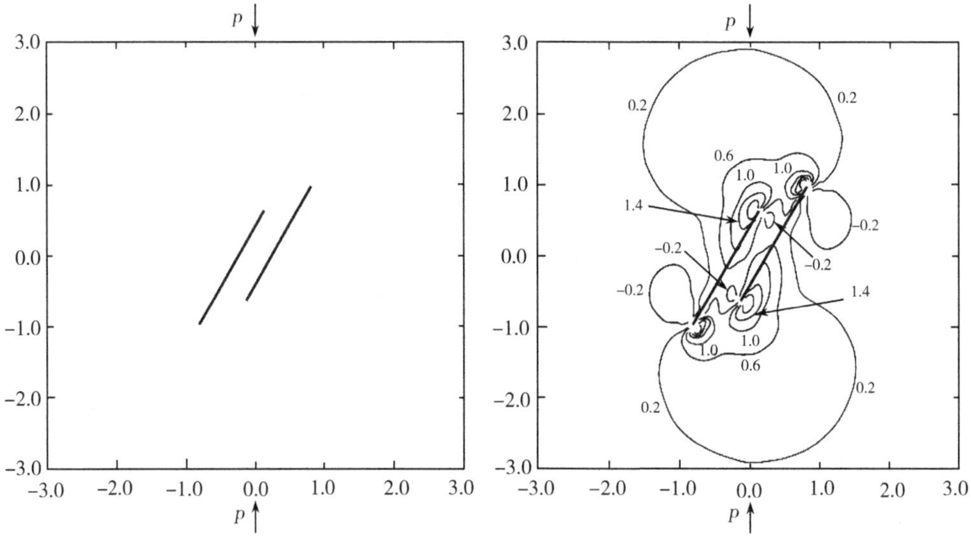

(a) 几何配置　　(b) 最大主应力 σ_1

图 10.13　逆向雁列式裂纹系的应力场计算结果

计算方法：全 COD 边界元法；$d/a=0.2$，$s/a=-1.3$

2. 玻璃中的实验现象

玻璃样品中逆向裂纹系的扩展实验情况如图 10.14 所示. 可以看到取同样的加载速率，内裂尖比顺向雁列式裂纹系要晚，而且无论如何也不会贯通；外裂尖的扩展也比顺向雁列式裂纹系晚得多. 在图 10.14(a)中，我们把载荷定格在初始破裂，此后一再加大载荷，观察各个裂尖的扩展动态. 有趣的是，图 10.14(b)所示的样品在内裂尖虽然开始几乎看不出扩展，但在加载后期会突然扩展，并同时发出很大的低频的轰隆声音，这在一般的玻璃裂纹扩展实验中很少见到(在通常的情况下，裂纹扩展时发出的声音很微弱，只有在样品整体破碎时才会有巨大的声音).

上述实验表明，逆向剪切雁列式裂纹系或切口系的内裂尖是互锁的，它不仅对内裂尖有锁定效应，而且对外裂尖也有强烈的锁定效应，使外裂尖也难以扩展，阻止微破裂萌生发育. 这种锁定效应一方面提高了应变能的局部储存能力，另一方面又使得

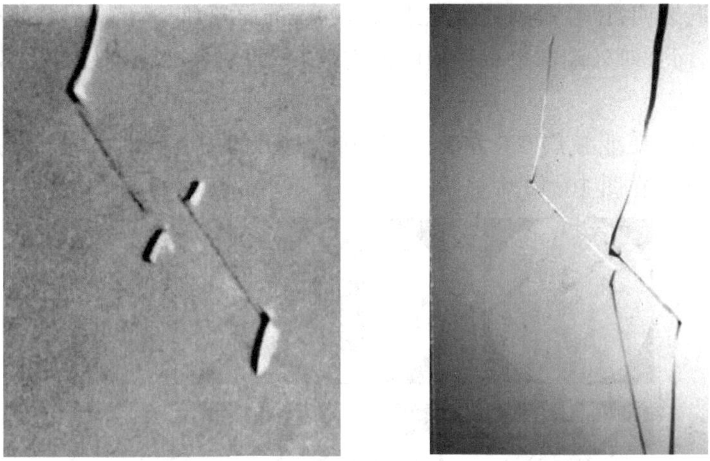

(a)初始破裂　　(b)后期扩展

图 10.14　逆向雁列式裂纹系的扩展

材料:普通玻璃

应变能可以在瞬间大量释放. Segall 和 Pollard(1980)认为这种情况可能是一种强地震发生的机制. Aydin 等(1990)讨论了雁列式走滑断层系发育时期相互作用的力学效应.

3. *岩石中的实验现象*

在大理石板逆向雁列式切口样品中(图 10.15),内端部 c,d 难以找到张性拐折破裂的径迹,微破裂萌生的 σ 值比张性雁列式内端部要大. 内端部微破裂发育和集结逐渐贯通,但路径十分曲折. 内端部微破裂演化范围较窄(5mm 左右),外端部微破裂的出现范围比内端部大一个量级,但灰度很低,表明外端部微破裂密度很低. 数次重复实验,外端部难以出现像单一切口情况下的三个阶段的微破裂演化,只出现拉张区的微破裂集结,且出现的载荷大于拉张型雁列式切口. 逆冲区微破裂极少出现.

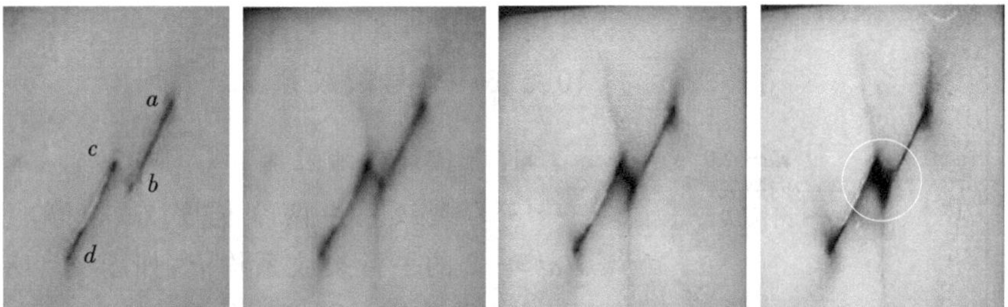

(a) σ/σ_m =41.8%　(b) σ/σ_m =81.3%　(c) σ/σ_m =96.4%　(d) σ/σ_m =100%

图 10.15　大理岩样品逆向雁列式裂纹系微破裂演化过程

No. 99004,尺寸 104mm×77.9mm×5.6mm,$L_1=21$mm,$L_2=22$mm,$\beta_1=30°$,$\beta_2=30°$,

$d=5.5$mm,$s=-4$mm,$\sigma_m=104.3$MPa. 圆圈内为 CT 扫描部分

上述实验表明,压性雁列式裂纹或切口(系)的内端部是互锁的,它不仅对内端部有锁定效应,而且对外端部也有强烈的锁定效应,即使外端部难以扩展,阻止微破裂萌生发育.

利用X射线工业微焦CT方法,对图10.15(d)的中心圆圈内的部分进行了分层CT扫描,其结果在图10.16中显示.

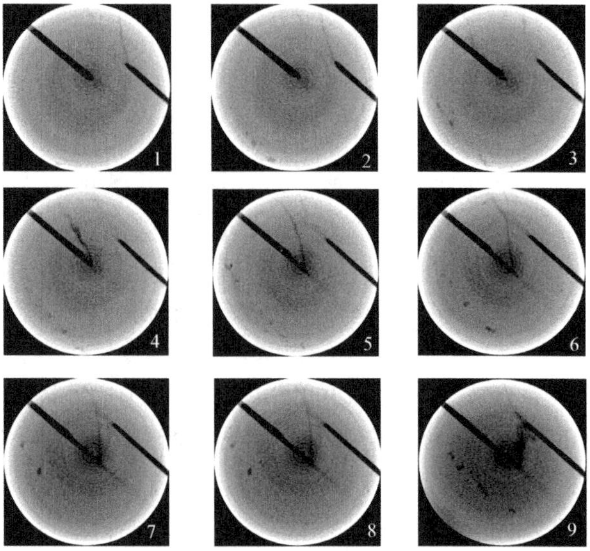

图10.16　图10.15(d)样品的中心圆圈内部分的分层CT扫描

No. 99004 设备:X射线工业微焦CT. 山东省东营市胜利油田石油管理局CT测试组李玉彬协助测试

在图10.16中,1~9为图10.15(d)样品的中心圆圈内的部分横截的九个层次,分九张图来显示. 可以看出,原始切口内端部的扩展路径在不同层次上的位置不同. 将各层次联系起来,扩展路径实际为空间曲面. 由此可知,图10.15(d)用灯光透视得到的结果显示都只是二维图形,如果用三维CT方法,还可以看到许多二维模型不能说明的现象.

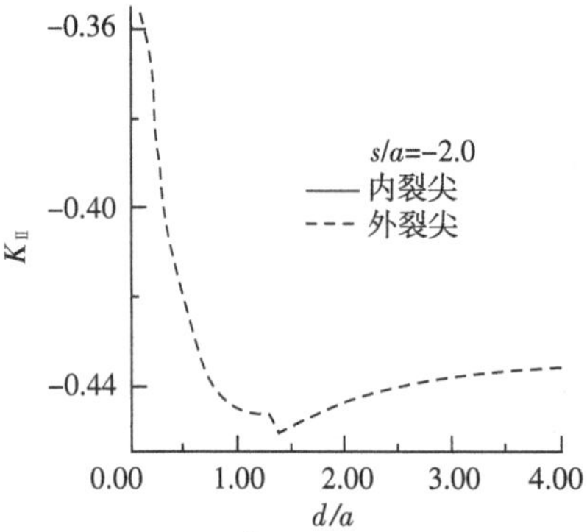

图10.17　等号裂纹系应力强度因子随 d/a 的变化

10.5.6　等号裂纹系

1. 数值计算结果

等号裂纹系由两个长度 $2a$ 相等,且错距 $s/a\approx-2$ 的平行裂纹系构成,如图10.18(a)所示,应力强度因子随 d/a 的变化见图10.17.

2. 玻璃中的实验现象

在单轴压加载过程中,该类裂纹系的扩展呈混沌特征,即当某裂纹开始扩展后,另一个裂纹相邻端部就不再扩展. 但究竟是哪个裂纹端部先扩展，事先几乎无法预料．如图 10.18(b)和(c)所示，其扩展过程都表现出了混沌特征，但表现有所不同，图 10.18(b)是 B,C 扩展，并在邻近切口面各引出一小段扩展，但没有搭接上．图 10.18(c)则为 A,B 端扩展，而 C,D 端没有扩展．

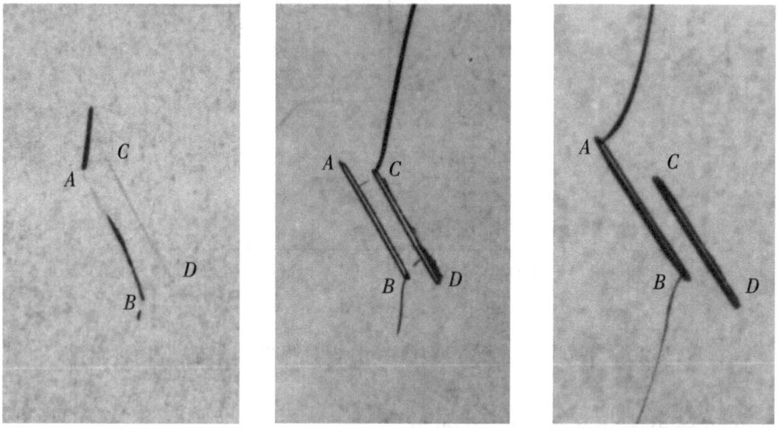

(a) $s/a\approx-2.0$　(b) $s/a\approx-1.6$　(c) $s/a\approx-1.3$

图 10.18　等号裂纹(或切口)系的扩展，其中 AB 和 CD 为预制裂纹(或切口)

材料：普通玻璃；厚度：1.0mm

3. 岩石中的实验现象

图 10.19 为大理岩中的等号切口系．可以看到初始破裂的混沌特征，但初始破裂只出现在 B,C 两端，这两个端点并不属于同一切口．加载后期出现了较大面积的逆冲性微破裂成核，但有趣的是，逆冲破裂没有出现在 B,C 两端，而是出现在 A 端和 D 端，且只有 A 端出现逆冲型成核和扩展．

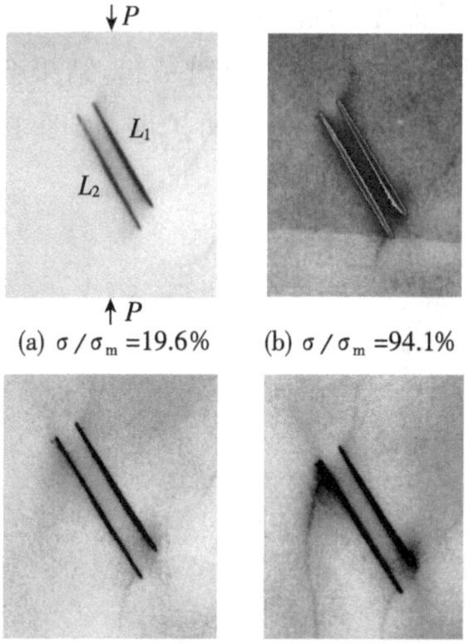

(a) σ/σ_m =19.6%　(b) σ/σ_m =94.1%

(c) σ/σ_m =99.6%　(d) σ/σ_m =100%

图 10.19　大理岩中的平行切口系微破裂演化过程

No. 99005 尺寸 109mm×79mm×5mm，

$L_1=25$mm，$L_2=29$mm，$\beta_1=30°$，$\beta_2=30°$，$d=4$mm，$s=-27$mm，$\sigma_m=129$MPa

图 10.20 显示的是不同 s/a 的平行裂纹系的应力强度因子随 d/a 的变化曲线.

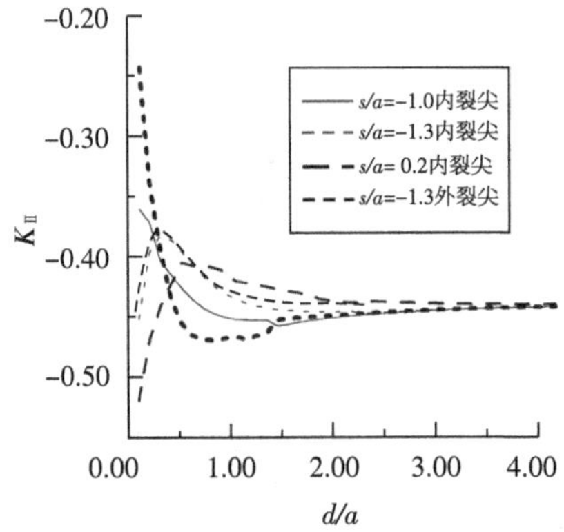

图 10.20　不同 s/a 的平行裂纹系的应力强度因子随 d/a 的变化

10.5.7　对称的共轭(八字形)裂纹系

两个长度为 $2a$ 相等的裂纹，与主压应力成 $\pm\beta$ 角，就构成对称的共轭(八字形)裂纹系，如图 10.21(a)所示. 在预制裂纹时使其内裂尖 A，C 充分靠近. 观察到 A 和 C 端不能同时扩展，而且只要有一个扩展开来，另一个就不能继续扩展. 至于 A，C 端究竟哪一个能扩展开来，成为混沌问题，几乎无法预料. 外裂尖 B，D 虽然都可以扩展，但扩展长度受内裂尖的牵制. 例如，左边的裂纹 AB，A 端只能扩展很短，结果 B 端也不能扩展很长，如图 10.21(b)所示. 而右边的裂纹 CD，C 端充分扩展了，结果 D 端也能充分扩展. 这是一个最简单的混沌系统.

如果在预制裂纹时将内裂尖 A，C 搭接到一起，结果会如何呢? 实验结果告诉我们，A，C 端会形成一条破裂，向主压应力方向扩展，如图 10.21(c)所示.

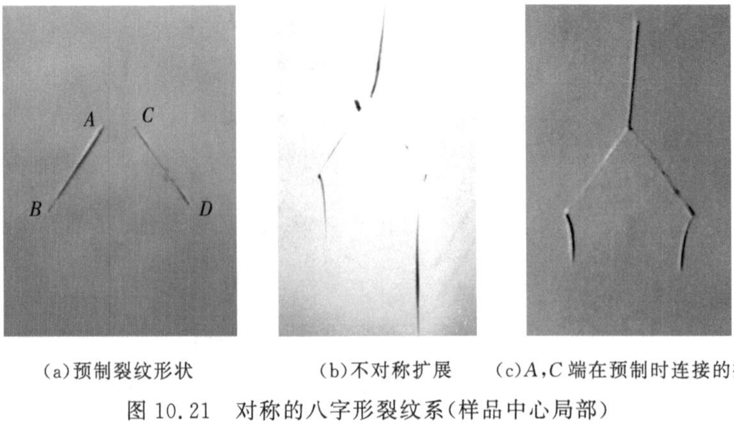

(a)预制裂纹形状　　(b)不对称扩展　　(c)A，C 端在预制时连接的扩展

图 10.21　对称的八字形裂纹系(样品中心局部)

材料：普通玻璃；厚度：3mm

10.5.8　含障碍裂纹

1. 玻璃中的实验现象

若一条裂纹与主压应力垂直，并横亘在另一条斜裂纹的扩展路径上，我们称为障碍裂纹. 图 10.22(a)显示了玻璃样品中预制的一条斜裂纹，另外还预制了 L_1，L_2 两条障碍裂纹. 按照原来的设想，这两条横亘裂纹是作为障碍体来设置的，我们希望能观察到裂纹 AB 在充分扩展时能否越过这两条障碍裂纹.

实验的结果十分出乎意料. AB 在扩展时并没有被障碍裂纹阻挡. 同时发现裂纹 AB 扩展后改变了越过去的路径. 我们称这种现象为跳越变位. 图 10.22 的破裂形态和没有障碍裂纹时的裂纹的扩展形态几乎没有什么区别(这里的斜裂纹为非穿透表面裂纹，扩展的解释参见第 11 章).

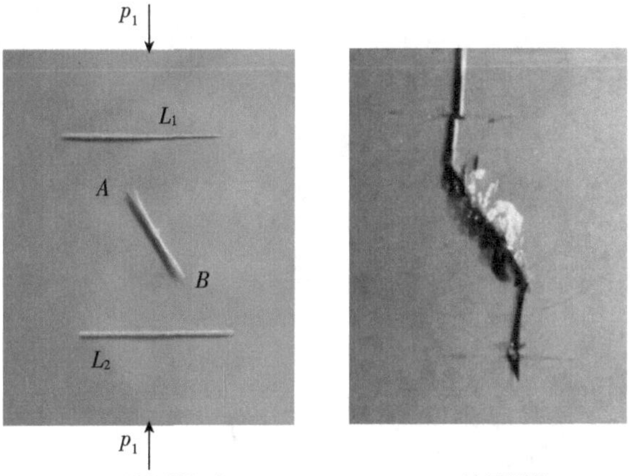

(a) 预制裂纹系　　　　(b) 扩展图像

图 10.22　含障碍裂纹的裂纹系扩展

AB 为预制非穿透斜裂纹，L_1 和 L_2 为预制障碍裂纹；材料：普通玻璃；厚度：5mm

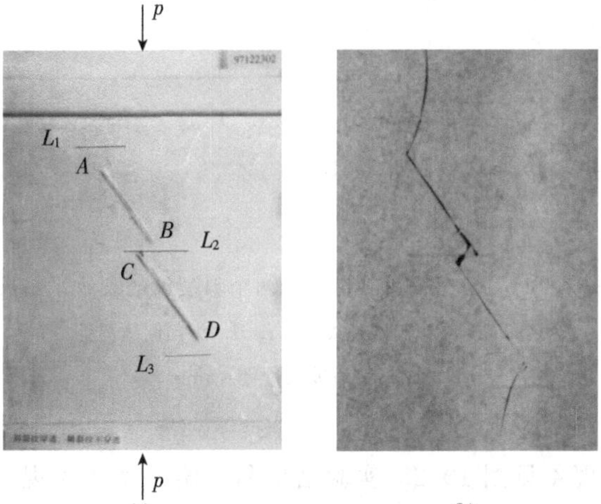

(a)　　　　(b)

图 10.23　含顺向裂纹系和三个障碍裂纹样品的破裂过程(No. 97122302)

材料：普通玻璃；厚度：3mm

图 10.23 中除了斜裂纹 AB,CD 外，还有三条横向非穿透裂纹 L_1,L_2 和 L_3，走向与载荷垂直，图 10.23(a)将这三条横向裂纹做了描粗处理. 实验结果表明，裂纹 L_1,L_2 和 L_3 不能阻挡裂纹 AB,CD 的扩展. 另外在该实验中几乎没有出现跳越变位现象.

图 10.24 给出的是含三个平行边界切口和两个斜裂纹的玻璃样品的扩展过程实验照片. 实验结果和图 10.24(b)的情形类似，但是跳越变位现象远比其他实验严重，扩展路径一般都被偏移到障碍体的裂尖.

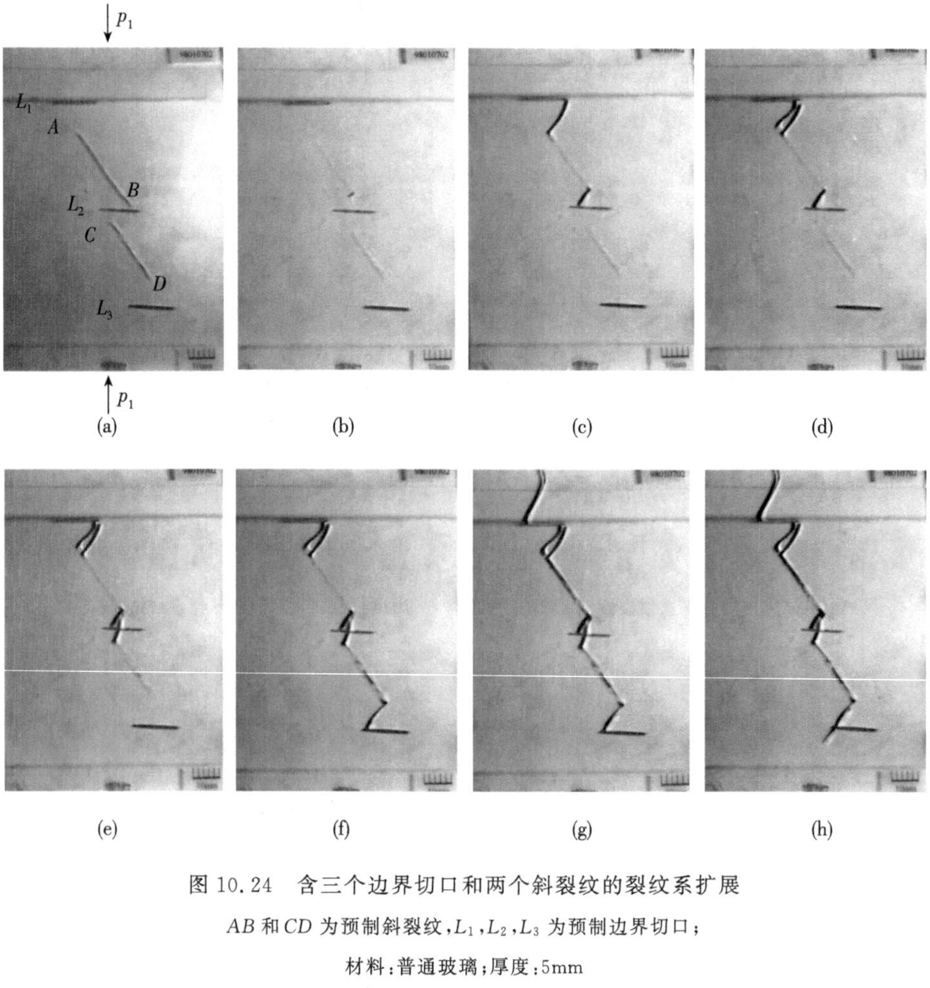

图 10.24　含三个边界切口和两个斜裂纹的裂纹系扩展

AB 和 CD 为预制斜裂纹，L_1,L_2,L_3 为预制边界切口；

材料：普通玻璃；厚度：5mm

2. *岩石中的实验现象*

岩石中的实验现象见图 10.25. 实验结果和玻璃样品在表现上有许多不同. 最大的区别是：

(1)破裂先从微裂纹发育开始；

(2)微破裂发育位置不仅在斜切口 L_2 的两个端部附近，而且在横亘切口 L_1 和 L_3 的对应点上；

(3)微破裂的成核与扩展不仅在斜切口 L_2 的两个端部附近，而且在横亘切口 L_1 和 L_3 的对应点上.

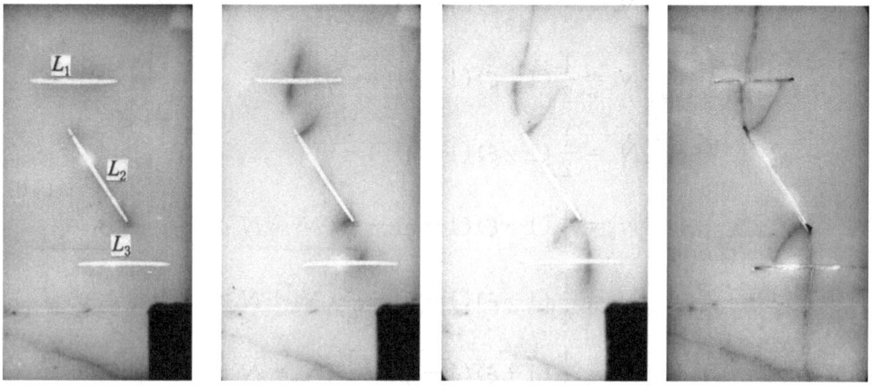

(a) σ/σ_m=0%　(b) σ/σ_m=61.1%　(c) σ/σ_m=88.9%　(d) σ/σ_m=100%后卸载

图 10.25　横亘切口作为障碍体与预存裂纹(切口)相互作用的实验模拟

材料：大理岩. 样品号 99022；$L_1=21$mm，$L_2=27$mm，$L_3=22$mm，$\beta=30°$；

尺寸：118mm×58.5mm×6mm；$\sigma_m=25.6$MPa

以上实验研究，还可参见文献(李世愚等，2000；滕春凯等，2001).

对称的共轭(八字形)裂纹系和含障碍裂纹系的扩展问题由于遇到混沌和计算上的困难，目前数值模拟尚未充分研究.

10.6　有限元方法

令权函数等于试函数，在区域的离散单元中用多项式作试函数，令多项式的系数为单元边界或内部有限个节点处的场量值，则从加权残值法的弱形式出发就可以得到有限单法的基本公式.

有限单法是以单元为基础，首先计算每个单元的结果，然后按照虚功原理集合每个单元的贡献形成总刚度矩阵和等效载荷向量的系统方程组. 解此方程组即可得到所需要的结果. 对于有 p 个节点的单元，它的位移、应变和应力表达式为

$$\begin{cases} u^{(e)} = \sum_{i=1}^{p} N_i^{(e)} d_i^{(e)} \\ \varepsilon^{(e)} = \sum_{i=1}^{p} B_i^{(e)} d_i^{(e)} \\ \sigma^{(e)} = D^{(e)} \varepsilon^{(e)} \end{cases} \tag{10.6.1}$$

式中，d_i 是节点位移向量；D 为本构矩阵；B_i 为应变—位移矩阵；N_i 是位移插值函数. 对于 8 节点的平面四边形单元，各点的位移插值函数为(张之立，1994).

$$\begin{cases} N_2=\frac{1}{2}(1+\xi)(1-\xi)(1-\eta) \\ N_4=\frac{1}{2}(1+\xi)(1+\eta)(1-\eta) \\ N_6=\frac{1}{2}(1+\xi)(1-\xi)(1+\eta) \\ N_8=\frac{1}{2}(1-\xi)(1+\eta)(1-\eta) \\ N_1=\frac{1}{4}(1-\xi)(1-\eta)-\frac{1}{2}(N_2+N_8) \\ N_3=\frac{1}{4}(1+\xi)(1-\eta)-\frac{1}{2}(N_2+N_4) \\ N_5=\frac{1}{4}(1+\xi)(1+\eta)-\frac{1}{2}(N_4+N_6) \\ N_7=\frac{1}{4}(1-\xi)(1+\eta)-\frac{1}{2}(N_6+N_8) \end{cases} \tag{10.6.2}$$

其中，ξ 和 η 是自然坐标. 按照虚功原理，应力在虚应变上所做的功应等于外力在虚位移上所做的虚功. 据此，得到求解的总体方程组为

$$\left(\sum_e\int_{V^{(e)}} B^{\mathrm{T}}DB\,\mathrm{d}V\right)d=\sum_e\int_{S^{(e)}} N^{\mathrm{T}}t\,\mathrm{d}s \tag{10.6.3}$$

简写为

$$Kd=F \tag{10.6.4}$$

式中，K 是总刚矩阵；F 是等效载荷向量. 对方程(10.6.3)的求解可采用高斯消去法或者波前法.

断裂问题有限元和一般有限元不同之点在于需要考虑裂纹端部的奇异性和塑性. 在离开裂纹尖端的区域，采用 8 节点的四边形和 6 节点的的三角形二次等参数单元，而在包围裂纹尖端的一圈，则采用尖端奇异单元，包括裂纹尖端 1/4 奇异单元及罚单元. 这些类型的单元在裂纹尖端的应力场模式也有和理论分析相同的 $r^{-1/2}$ 的奇异性，所以该单元在裂纹尖端能达到较好的精度. 对 1/4 奇异单元的位移，采用位移相关技术即可得到尖端的应力强度因子 K_{I}，K_{II}

$$K_{\mathrm{I}}=\sqrt{\frac{2\pi}{L'}}\cdot\frac{E}{8}[4(U'_B-U'_D)+U'_B-U'_C]$$

$$K_{\mathrm{II}}=\sqrt{\frac{2\pi}{L'}}\cdot\frac{E}{8}[4(u'_B-u'_D)+u'_B-u'_C] \tag{10.6.5}$$

其中，L' 为奇异单元沿裂纹面上的长度；U' 是裂纹张开节点位移；u' 是裂纹错动节点位移.

对于裂纹端部的奇异单元，一种新方法就是将有限元法和边界元法混合起来，其位移、应力值的积分核用解析解的渐进展开式，其中包含应力强度因子. 这些解析解参见第 2、3 章. 这样一来，奇异单元处理起来反而比其他单元更简单些，其计算结果的精度仍然可以保证(Zienkiewicz，1977).

有限元法的专著和程序很多. 有关弹性力学和断裂力学方面的具体计算步骤，可参见殷有泉(1987)和徐秉业(1981)的论著.

受压裂纹的扩展过程由 Ingraffea 和 Heuze(1980)，王新华等(1984)用有限元法进行了计算. 计算中比较了各种不同判据得到的结果. 他们的结果解释了 8.4 节和 8.6 节的实验结果. 数值计算结果表明，在压力作用下，裂纹沿着拐折弯曲的路径扩展. 在扩展过程中，应力强度因子自动下降，即$\partial K/\partial a<0$. 这个结果和以往研究的在远场拉力作用下斜裂纹扩展不同. 在远场拉力作用下，随着裂纹扩展，应力强度因子持续上升，即$\partial K/\partial a>0$，扩展是失稳的. 王新华等(1984)改进了以往的有限元计算方法，考虑了裂纹面间相互作用的正应力和摩擦力(剪应力)，这些应力直接影响了应力强度因子，从而影响了裂纹扩展途径.

滕春凯等(1992)在野外观测和实验的基础上用有限元方法研究了断层附近的应变积累问题，给出了应变能分布的时空不均匀性，及能量积累在孕震初期较快而后期渐趋平缓的结论，同时还研究了含摩擦的多断层周围的应力场，给出了等长和不等长共线裂纹及八字形裂纹系含摩擦的大量应力场分布图. 说明了裂纹系内端应力场变化非常复杂，而外端应力场分布形态同单一断层在同样外载情况下的形态相似.

10.7　离散元模型介绍

基于连续介质力学的数值方法(差分法，有限元法，边界元)取得了很大的成功，但地球介质远非连续，而是被不同尺度的缺陷. 节理和断层所分割. 模拟岩石破坏过程时，有必要考虑这些因素.

分子动力学能够模拟在分子原子尺度的离散行为，但模拟岩石断裂，特别像地震现象时，尺度大好几个量级，没有必要也不可能在分子尺度模拟. 离散单元法(discrete element method，DEM)(Cundall and Strack，1979)适合于模拟具有明显不连续性的块体和颗粒集合的动力学行为，被广泛地用于地质和工程领域.

有好几种离散模型被用于力学和工程领域来模拟材料的平衡和损伤演化，Lattice(点阵)模型是常用的一种，其中固体点阵模型(lattice solid model)是比较适合模拟地震断层破裂动力过程的模型. 该模型是澳大利亚昆士兰大学 Peter Mora 等发展起来的一种基于离散元和分子动力学(molecular dynamic，MD)的数值模型(Mora，1994). 该模型由一系列有相互作用的颗粒组成，完整材料由弹一脆性键连接着的颗粒来模拟. 当拉伸超过一定阈值时，键可以断裂. 原来不连接的粒子接触时有摩擦力，每个粒子服从牛顿运动方程. 数值积分以分子动力学中 Verlat 速度法为基础. 该方法能够精确地捕捉断裂以及动、静摩擦转换时产生的不连续性，方便地模拟岩石的破裂、粘滑行为和波的传播.

在上述模型的基础上，王裕仓和尹祥础(2000)研究了另外一种离散的 Lattice 模型，并初步模拟了脆性材料的破裂和地震过程. 该模型将研究对象离散为由键连接着的圆形粒子，粒子排列成三维三角形点阵，如图 10.26 所示. 粒子是不能破裂的最小细单元，其尺度可以从毫米量级的晶粒到千米级的地质块体.

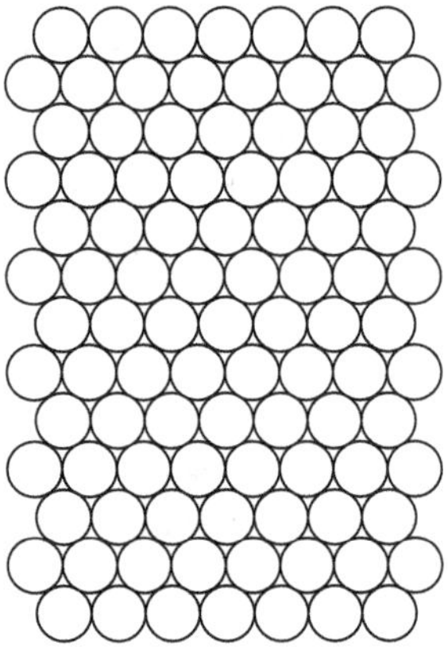

图 10.26　二维 Lattice 模型

每个粒子有三个自由度：位置 x，y 和相对于某一初始角度的转角 θ. 相邻粒子之间能够传递径向力 F_r，横向力 F_s 和矩 M，故有三种相对位移：径向位移 Δr，横向位移 Δs 和角位移 $\Delta\theta$. 如果用线性的力-位移关系，有

$$\left.\begin{aligned} F_r &= K_r \Delta r \\ F_s &= K_s \Delta s \\ M &= K_m \Delta\theta \end{aligned}\right\} \tag{10.7.1}$$

其中，K_r，K_s，K_m 分别是径向、横向和转动刚度.

破裂准则：两相邻粒子间既然有三种相互作用，就有三种破坏方式：

(1)若两个粒子只有径向相互作用，当 $F_r = F_{r0}$ 时，拉伸破坏；

(2)或两个粒子只有横向相互作用，当 $F_s = F_{s0}$ 时，剪切破坏；

(3)或两个粒子只受力矩，当 $M = M_0$ 时，弯曲破坏.

但一般情况下，三种相互作用同时存在，用下面的准则来判断是否断开，

$$\frac{F_r}{F_{r0}} + \frac{|F_s|}{F_{s0}} + \frac{|M|}{M_0} \geqslant 1 \tag{10.7.2}$$

两相邻粒子间有四种接触状态：完整连接、脱离、滑动、摩擦力致锁，以模拟不同的相互作用.

方程求解方法是逐步求解每个粒子的牛顿运动方程,使用分子动力学模拟中的差分格式.该模型考虑了黏滞效应,详见文献(Wang Y et al.,2000).图 10.27 是单轴压力下闭合斜裂纹的扩展过程,当 $r>r_0$ 部分发生破裂时,从斜裂纹端部扩展出张破裂.

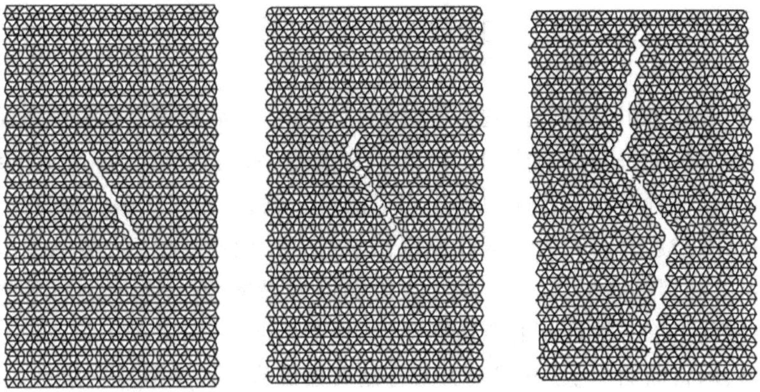

图 10.27　单轴压力下闭合斜裂纹的扩展过程(Wang,2000)

当 $r>r_0$ 部分发生破裂时,从斜裂纹端部扩展出张破裂

近年来,利用离散元方法求解高孔隙度岩石压剪带颗粒破碎问题得到进展(王宝善等,2004,2005).

第 11 章　三维脆性破裂

11.1 引　　言

在前面的章节中,我们对实验观察到的破裂,基本都是用二维模型来解释. 然而,实际看到的大多数破裂都不能用二维模型来描述,而是三维破裂. 所谓三维破裂,是指三维裂纹(或断层)在三维应力场作用下的自然破裂. 在三维裂纹模型中,原始裂纹形状要用三维描述,例如,表面裂纹或内部裂纹,常被模型化为半椭圆裂纹或椭圆裂纹. 每个点的破裂扩展形状,也必须用三维曲面来描述. 有许多断裂现象需要由三维模型做出解释,例如,被冲断的金属断面(如柴油机曲轴)的复杂形状,撕裂的金属板、纸张、骨骼、木材断面形状. 早期人类的打制石器破裂断面就呈现三维破裂的波纹,被历史教科书精细描绘.

人们早就发现在断裂带夹层内有大量破碎的岩石乃至研碎的断层泥,以及这些断层泥在高温高压下重新压实形成的糜棱岩. 越来越多的证据表明,地震断层不是无宽度的平面,而是具有一定宽度的破碎夹层. 樊腊生等(2009)在执行汶川地震断层科学钻孔(WFSD)项目期间,发现在汶川地震的断层 WFSD－1 号钻孔中有岩石极为破碎的现象. 田洁等(2009)研究了汶川地震断层带在 M_S8. 0 地震后的波速异常,认为发现的波速异常是在余震时断层破碎造成的. 据丁志峰等(2004)进行的浅层勘探结果表明,2001 年 11 月 14 日昆仑 M_S8. 1(M_W7. 8)地震断层破裂路径上,深部的破碎宽度远比地面出露要宽得多,测线处地表破碎宽度仅 2 m,而 30 m 深度左右的破碎宽度达到 100 m. 上述现象表明了断层破裂的复杂性,而这些现象不能用断层面简单的二维剪切滑动来解释,必须引入三维破裂模型.

11.2 研究史的回顾

11.2.1 若干三维破裂实验

最早的三维破裂实验是 Roesler(1956)做出的,采用直径为 1. 59mm,3. 13mm 和 6. 35mm 的圆柱状钢印痕器与块状硅玻璃表面形成 Hertz 接触,图 11. 1(a)显示的是实验原理和装置框图,图 11. 1(b)给出的照片显示的是在实验中观察到在接触区域边缘的样品内产生的锥形破裂,锥形破裂母线和中心对称轴的夹角为 $\alpha\approx 68.5°$.

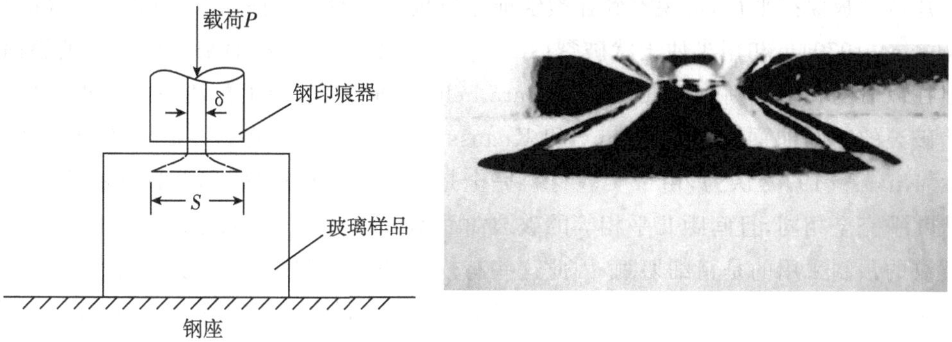

(a) 实验装置 (b) 破裂实况

图 11.1 接触区域边缘的玻璃内产生的锥形破裂(Roesler,1956)

Sommer(1969)采用丙烯酸树脂(A－R)玻璃棒侧面切割环向裂纹,并加张力和扭力(Ⅰ-Ⅲ复合型),如图 11.2(a)所示.其中,张力是通过在预制的半腰环向割缝中灌注水压施加的,扭力则是将圆柱两端固定在扭床上施加扭力施加的.在电干涉镜下的观察表明,样品的初始破裂为“双矛头”状(double lances),如图 11.2(b)所示.其后期破裂为大量从裂纹前缘向样品外缘扩展延伸的线,如图 11.2(b)所示.将样品从裂纹面平行方向切割,得到的剖面图案如此之优美,乃至 *Engineering Fracture Mechanics* 杂志将它作为永久性封面.

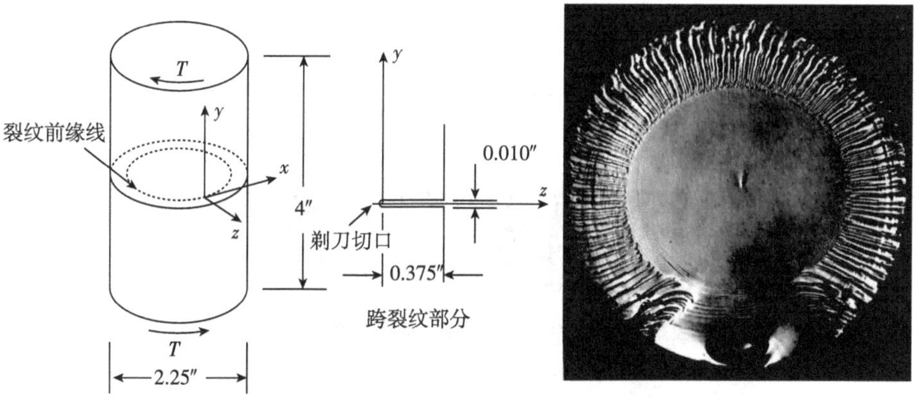

(a) 实验设计 (b) 后期破裂

图 11.2 Ⅰ-Ⅲ复合型裂纹破裂(Sommer,1969)

图中 1″=1in(=25.40mm)

Knauss(1970)进行的是纯Ⅲ(反平面剪切)型裂纹破裂,实验装置参见图 11.3(a),样品材料为 Solithane113 玻璃,一种双联聚合物,其成分比例为 50/50.在玻璃块中用宽为 0.010in 的宝石锯片加工深割口,并将裂纹底部用剃刀片使其扩展 0.010in.在裂纹两盘上粘贴黄铜板,用 Instron 试验机加剪切荷载.在加载过程中使两片黄铜板保持平行,可观察到在裂纹前缘出现大量空间曲面状破裂(图 11.3(b)). Knauss(1970)最初用半便士状破裂(semi-penny-shaped cracks)来形容这些破裂面,但在以后的文献中则改用准螺旋面(para-helical)来形容.为了更清楚地表现这些初始破裂的空间曲面,Palaniswamy 和 Knauss(1978)还特地做了一个立体模型来显示. Knauss(1970)认为,由于实验材料完全是均匀的有机玻璃,因此这些有序的、形状几乎完全相同,且间距几乎相等的破裂曲面不可能是由于材料不均匀造成的.由于裂纹的预制采用的是精细切割,因此这些有规律分立的破裂曲面也不可能是裂纹前缘不够平直所造成的结果.最重要的是,Knauss(1970)的实验很容易重复,而上述实验现象也总是重复出现的.

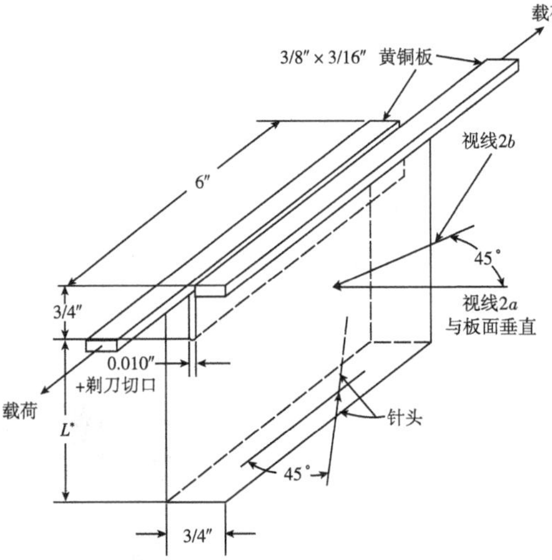

(a)

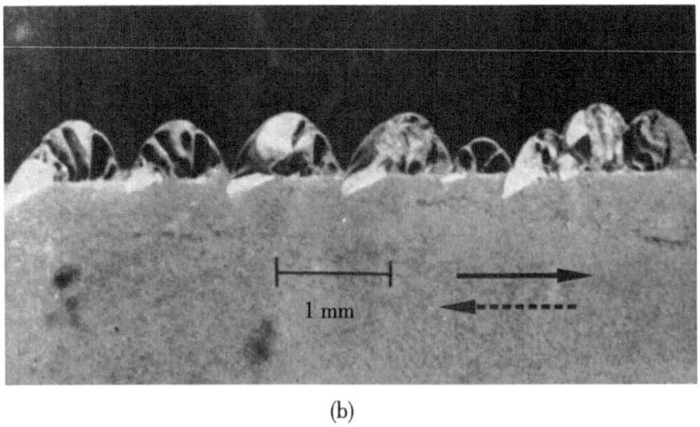

(b)

图 11.3　纯Ⅲ型裂纹破裂(Knauss,1970)

(a)实验设计,其中,$L^*=5\frac{1}{4}$in,在破裂实验结束后截短为$\frac{1}{4}$in 再插入针头;

(b)破裂实况的局部放大,其中箭头为剪切力作用方向,为著者所加

图 11.2(b)(Ⅰ-Ⅲ型破裂)和图 11.3(b)(纯Ⅲ型破裂)都显示出一个共同特征，即每个破裂面与原始裂纹平面都有两条明显岔开的交线. 在这些实验中的原预制的裂纹面都是平面. 众所周知，两个相交的平面只能有一条交线，因此这些裂纹的初始破裂显然不是平面，而是空间曲面. 以上特征在本章后面的Ⅱ-Ⅲ复合型裂纹的破裂中还会看到.

11.2.2　初始破裂曲面的弥合

在第 4 章中提到，Palaniswamy 和 Knauss(1978)(以下简称 P 氏)针对三维破裂提出了张应力判据，其要点：①裂纹从前缘部分点(或逐点)张破裂；②裂纹扩展方向与该处主张应力 σ_1 作用方向相垂直；③当裂纹端部的 σ_1 为临界值时，裂纹开始扩展.

Palaniswamy 和 Knauss(1978)采用双欧拉角极值搜索法(2EA)来拟合三维破裂，如图 11.4 所示. 设 P 点的直角坐标为(x,y,z)，柱坐标为$(r,\theta,z)$$(-\pi\leqslant\theta\leqslant+\pi)$. z 轴与裂纹前缘相切. 他们计算了平面上的最大正应力 σ_N，其中的平面是 xz 平面围绕 z 轴旋转角 δ，然后围绕新 x 轴(即 x'轴)旋转角 ϕ 得到的，但没有给出具体拟合结果. Yin 等(1988)，尹祥础等(1991)仿此给出了 2EA 方法的可操作的计算步骤，拟合结果当然只是平面，不是曲面.

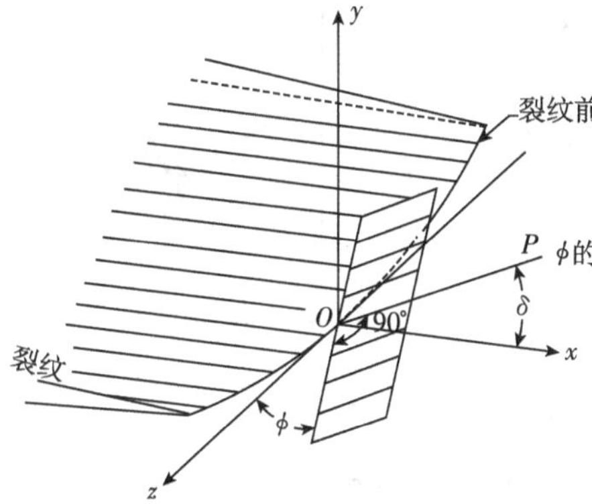

图 11.4　求解三维破裂面的双欧拉角(2EA)方法几何配置(Palaniswamy and Knauss,1978)

著者(李世愚，1990，1991)提出了第一主微分面合成(composition of first principle differential planes，COFPDP)法，成功地拟合了上述实验中的三维初始破裂曲面. 本工作的可靠性曾受到过质疑，有些认为外国人都没有解决，你(一个中国人)怎么就解决了？本工作的首创性也遭到过否认，有些认为这个理论拟合问题在国际上早已解决了. 著者经多次检索，查明上述说法不符合事实. 第一主微分面合成法的成功证明了，中国人能够解决外国人没有解决的科学问题. Li S Y 等(2011)进一步作出了完备化，指出 Palaniswamy 和 Knauss(1978)的理论缺陷在于采用的 2 欧拉角

(2EA)方法缺少一个自由度,应改为 3 欧拉角(3EA).并指出了 COFPDP 方法和 3EA 方法不但是等价的,而且前者更加简洁,操作更加方便.

11.3 受压表面裂纹的三维破裂实验

由于断层破裂处于压力之下,裂纹属于Ⅱ-Ⅲ复合型,因此有必要对受压裂纹破裂的实验结果做较详细的介绍,并对Ⅱ-Ⅲ复合型裂纹的破裂有所了解(滕春凯等,1987;尹祥础等,1989,1991).

11.3.1 实验设计

由平板中心预制与压力载荷作用方向斜交的中心非穿透(表面半椭圆)裂纹(图 11.5),预制方法见第 8 章或文献(李世愚,1991).在样品受压的情况下,裂纹面受到的力为剪切力.玻璃和有机玻璃材料中预制的裂纹面为闭合态.A 组裂纹面内未填充润滑剂,B 组在裂纹面内用渗透方法填充机油.

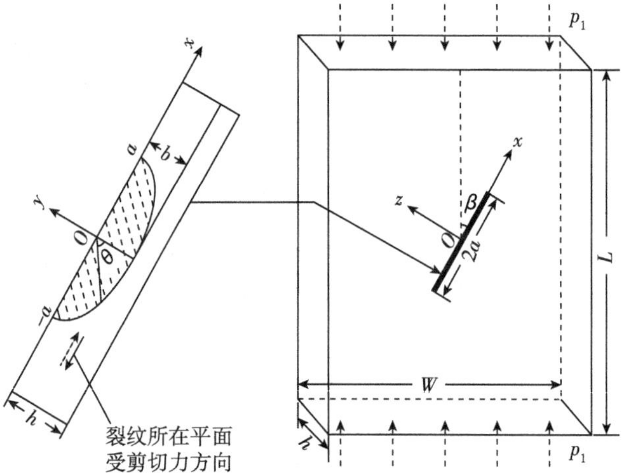

图 11.5　单轴压力下样品表面裂纹三维破裂的实验设计,左为裂纹面局部放大侧视

11.3.2 实验原理

建立裂纹直角坐标系,如图 11.5 所示.样品板厚为 h,在实验样品中,设直角坐标系的 x 轴位于半椭圆的长轴上,y 轴位于半椭圆的短轴上,并与样品的平板面垂直.z 轴与裂纹面垂直,原点 O 位于半椭圆中心.$Oxyz$ 构成右旋直角坐标系.椭圆长轴走向与压力载荷 p_1 作用方向的夹角 β 称为裂纹角.对于单轴压 p_1 的边界条件,

$$\sigma_x^{\infty} = -p_1\cos^2\beta,\quad \sigma_y^{\infty} = -p_1\sin^2\beta,\quad \tau_{xy}^{\infty} = -p_1\sin\beta\cos\beta \tag{11.3.1}$$

式中,以拉应力为正.作为简化,设裂纹面上的摩擦力为均匀分布,则裂纹面上的有效

剪切应力为

$$\tau_e = \tau_{xy}^{\infty} - (\tau_0 + f\sigma_y^{\infty}) \tag{11.3.2}$$

其中，f 为摩擦系数. 设 a 为椭圆长半轴长度，b 为椭圆短半轴长度，则应力强度因子（中国航空研究院，1981，1993）为

$$K_{\mathrm{II}} = M_2 \tau_e \frac{\sqrt{\pi b}}{E(k)}, \quad K_{\mathrm{III}} = M_3 \tau_e \frac{\sqrt{\pi b}}{E(k)} \tag{11.3.3}$$

$E(k)$为第二类完全椭圆积分，

$$E(k) = \int_0^{\pi/2} \sqrt{1 - k^2 \sin^2\varphi}\,\mathrm{d}\varphi \tag{11.3.4}$$

$$k^2 = 1 - b^2/a^2$$

M_2 及 M_3 由图 11.6 查得.

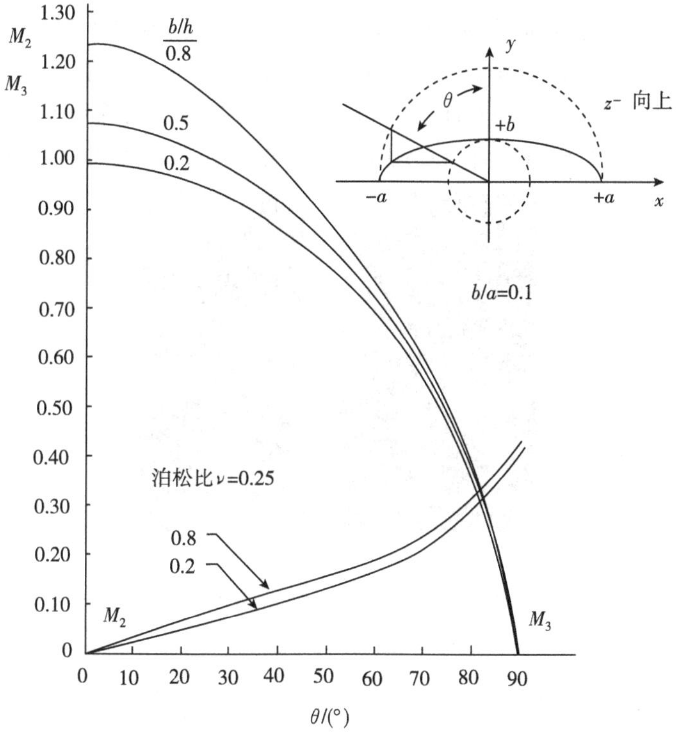

图 11.6　平板表面裂纹受均匀剪切力时，裂纹前缘各点的 M_2 及 M_3 值（中国航空研究院，1981，1993）

我们的实验设计参照了中国航空研究院(1981，1993)的手册. 该手册将受均匀剪切力的表面裂纹列入三维裂纹，所列曲线包括 $b/h=0.2, 0.6, 0.8$，$b/a=0.1, 0.2$. 在我们的实验中，$h=5\mathrm{mm}$，$b/h\approx 0.6$，$b/a\approx 0.15$，完全属于该手册所罗列的范围，见文献（中国航空研究院，1993）4.3.1.7 节. 因此，将我们的实验设计列入三维裂纹完全没有疑问.

11.3.3　玻璃样品的实验现象

在载荷达到一定量时，在预制的裂纹前缘产生初始破裂，在玻璃样品中可观察到：

(1)裂纹中部(短轴端部)首先出现扩展，然后才陆续向两端蔓延.长轴端部最后出现扩展.

(2)在近 25cm 范围内可以看到近百个分立的初始破裂，如图 11.7(a)所示.初始破裂面在扩展过程中通过不断归并，数量逐渐减少，但总保持等间距，间距尺寸与每个破裂面的半径大致相等.如图 11.7(b)所示.

(3)每个破裂面形状为一侧拉长的准螺旋状，但拉长程度各异.其中裂纹中部(短轴端部)最短，裂纹长轴端部最长，形成主破裂.

(4)初始破裂面呈定向排列，在板面出露为雁行或锯齿状排列，见图 11.7(b)和图 11.8.图 11.8(a)A 组，$\beta\approx39°$，由于裂纹面之间的摩擦粘滑引起破裂的爆发式扩展，破裂面呈豆瓣状；图 11.8(b)～(d)B 组，裂纹随缓慢加载而平稳扩展.其中图 11.8(d)，$\beta\approx69.2°$，主破裂位置不在端部，且不稳定，出现在裂纹接近中间部位.

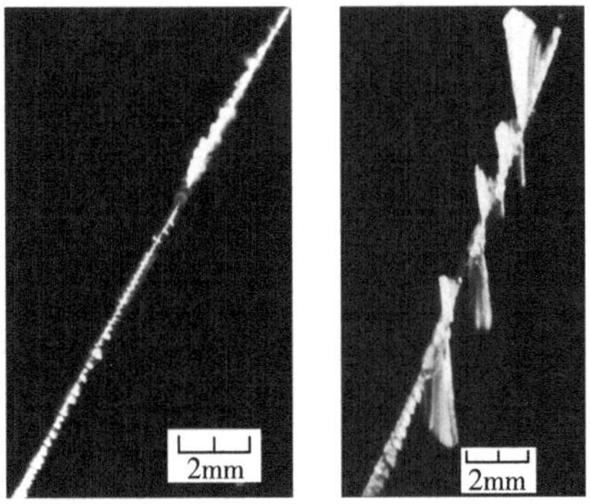

(a)　(b)

图 11.7　玻璃样品中表面裂纹的三维初始破裂(局部放大)

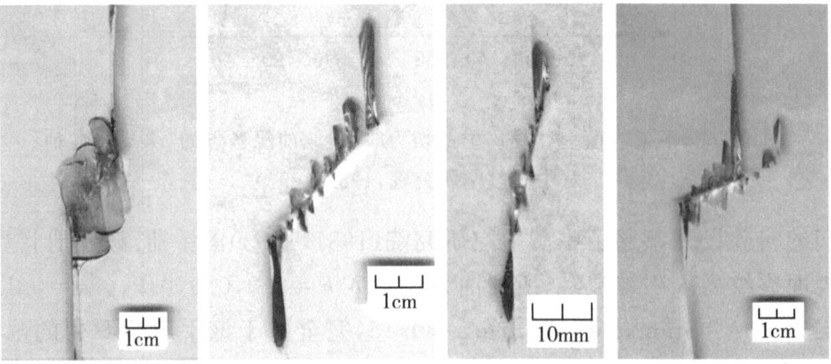

(a) A组, $\beta\approx39°$　(b) B组, $\beta\approx45°$　(c) B组, $\beta\approx15°$　(d) B组, $\beta\approx69.2°$

图 11.8　玻璃样品表面裂纹的三维破裂

从图 11.7(b)中还可以看出，在初始破裂面上有从破裂起始点发出的辐射状条纹，与图 11.3(b)十分相似. Lawn 和 Wilshaw(1975)认为是裂纹扩展过程中的一种分叉现象，并对机理进行了讨论. 我们则认为和内聚带内缺陷分布的某种不均匀有关. 图 11.8 显示的四个样品破裂面上，还可清楚地看到光的干涉条纹，可以看成是光线在略微张开的裂纹面之间入射光与反射光之间相互干涉的结果.

11.3.4　实验结果分析

1. 破裂次序

由式(11.3.3)可知，$K_{\mathrm{II}}/K_{\mathrm{III}}=M_2/M_3$，由图 11.6 可以看出，$M_2\big|_{\theta=\pm 90^\circ}\ll M_3\big|_{\theta=0^\circ}$，因此$K_{\mathrm{II}}\big|_{\theta=\pm 90^\circ}\ll K_{\mathrm{III}}\big|_{\theta=0^\circ}$，因此在裂纹前缘不同点，进入临界状态的载荷不同，首先到达临界状态的是在 $\theta=0^\circ$处，产生的是纯Ⅲ型破裂，其次是 $0^\circ<|\theta|<90^\circ$ 依次产生 $K_{\mathrm{II}}/K_{\mathrm{III}}$ 比例不同的Ⅱ-Ⅲ复合型破裂，最后进入临界状态的是 $\theta=\pm 90^\circ$ 处，产生的是纯Ⅱ型破裂. 该处后期伸展最长，称为主破裂.

2. 破裂扩展起始条件

将式(11.3.1)和式(11.3.2)代入式(11.3.3)，得到

$$K_J=h_j[p_1\sin\beta(\cos\beta-f\sin\beta)-\tau_0]\quad (J=\mathrm{II},\mathrm{III};j=1,2)\tag{11.3.5}$$

其中，$h_j=\dfrac{-M_j}{2E(k)}p_1\sqrt{\pi b}$. 在临界条件下，$|K_J|=K_{Jc}$，$p_1=p_{1c}$，从而 $h_j=h_c$，代入上式，就得到

$$|h_c|=\frac{K_{Jc}}{[\sin 2\beta-f(1-\cos 2\beta)]-\tau_0/(2p_{1c})}\tag{11.3.6}$$

它的曲线如图 11.9 所示. 在式(11.3.6)中只改变 β，取$\partial|h_c|/\partial\beta=0$，解此方程，可以求得$|h_c|$有一个极小值 $\beta=\beta_m$，

$$\tan 2\beta_m=1/f \text{ 或 } \beta_m=\frac{1}{2}\arctan\frac{1}{f}\tag{11.3.7}$$

可以满足$\partial^2|h_c|/\partial\beta^2=0$ 的条件. 它的意义是当 $\beta=\beta_m$ 时，裂纹最容易扩展. 由式(11.3.6)还可以得出$|h_c|$另有两个无穷大点 $\beta_{\infty 1}$ 和 $\beta_{\infty 2}$，如图 11.9 所示.

$$\beta_{\infty 1}=0,\quad \beta_{\infty 2}=\arctan\frac{1}{f}\tag{11.3.8}$$

它们的意义是当 $\beta\downarrow\beta_{\infty 1}$(数量减小趋近)或 $\beta\uparrow\beta_{\infty 2}$(数量增大趋近)时，$|h_c|$变得非常大，意味着裂纹将很难扩展. 和式(11.3.7)比对可知，$\beta_{\infty 2}=2\beta_m$(图 11.9).

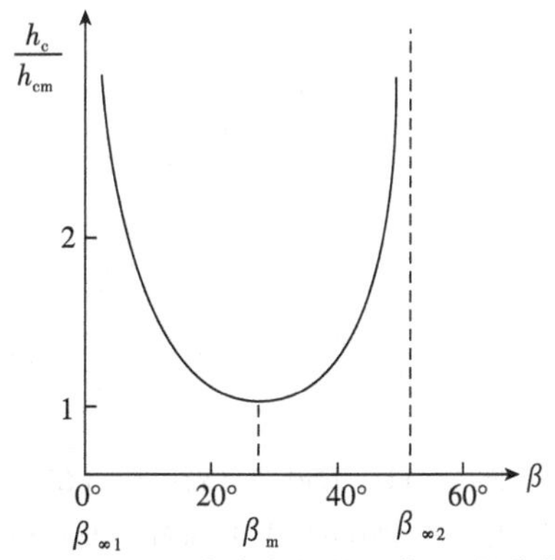

图 11.9　以 β 为自变量的函数 h_c 的曲线

在第 8 章，我们通过实验得出，A 组 $f\approx0.76$，B 组 $f\approx0.62$. 根据 Mohr 准则，润滑油的孔隙压力抵消了裂纹面上的部分正应力，如果不计算孔隙压力，B 组就表现为摩擦系数降低. 由式(11.3.8)可以算出，A 组 $\beta_{\infty2}\approx52°$，B 组 $\beta_{\infty2}\approx58.2°$. 显然，图 11.8(a)～(d)的样品均满足 $\beta<\beta_{\infty2}$. 但图 11.8(d)的主破裂位置不在预制裂纹端部，且有随机性. 我们的解释是：这里的 f 值只是裂纹面上的平均值. 实际上，裂纹面上的摩擦力分布是不均匀的，有些局部的 f 值可能小于平均值，由于滑动段存在的随机性，主破裂位置有随机性.

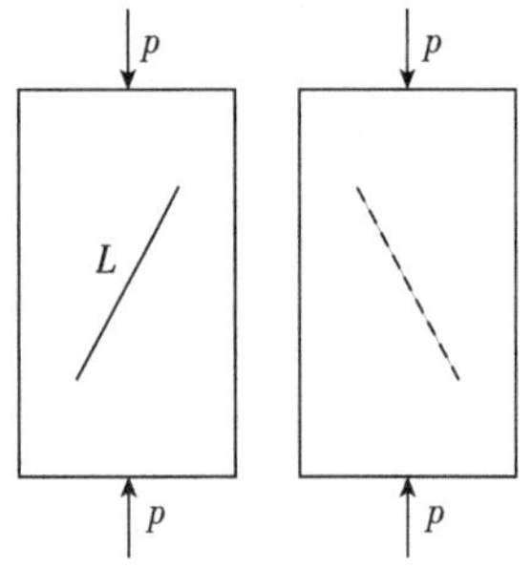

(a)正面　　(b)背面

图 11.10　大理岩板表面切口在单轴压力下破裂实验样品设计

11.3.5　大理岩板非穿透(表面)切口的三维破裂

在大理石板中心预制非穿透切口，在单轴压力下加载. 样品结构设计参见图 11.5 和图 11.10. 利用灯光透视的方法可以观察到三维破裂的过程(图 11.11)，从中可以看出在应力逐渐升高的过程中，在背面中心出现似麦穗状微破裂群，并逐渐延伸. 在应力大于强度 90%后出现逆冲剪切带的微破裂发育.

对比图 11.11(e)和(f)，还观察到卸载后剪切带黑色区域明显加宽、加重的现象，表明卸载过程中剪切区有新的微破裂产生.

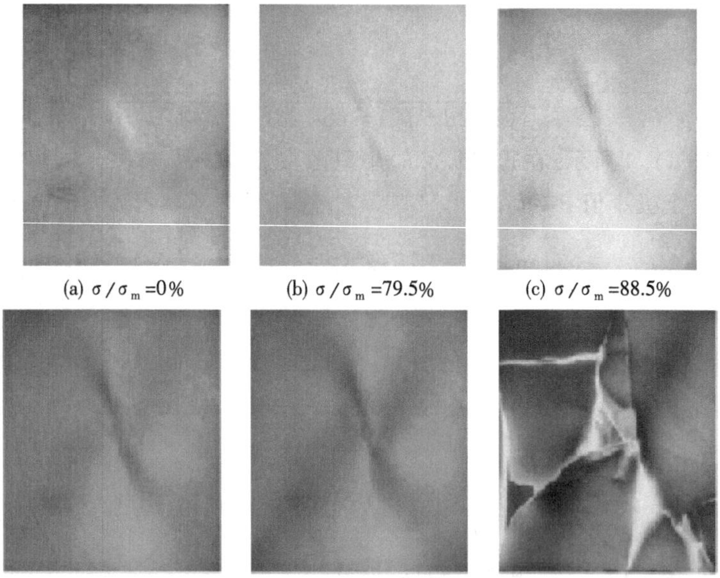

(a) σ/σ_m=0%　　(b) σ/σ_m=79.5%　　(c) σ/σ_m=88.5%

(d) σ/σ_m=94.9%　　(e) σ/σ_m=100%　　(f) 破坏后的情形

图 11.11　大理岩板表面切口在单轴压力下破裂微破裂演化和集结的过程(背面观察)

样品号：99046；尺寸：108mm×78mm×6mm；$L=20$mm，$P_m=3.12$t(1t=9.8kN)，$\sigma_m=66.67$MPa，$\beta=30°$；加载速率：$P=1.2$t 以前 0.8t/m，$P=1.2$t 以后 0.2t/m

在加载速率较快的情况下可能只出现切口但路径向主压应力方向扩展的情况(图 11.12).

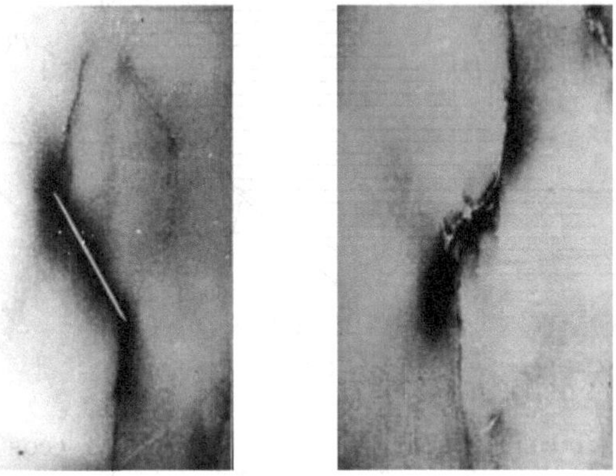

(a)正面　(b)背面

图 11.12　单轴压力下大理岩板表面切口三维破裂,加载速率较快

11.4　三维初始破裂的理论拟合——第一主微分面合成法

11.4.1　依据和要点

第一主微分面集合法(composition of first principal differential planes,COFPDP)(李世愚,1990,1991)是在 Palaniswamy 的张应力判据的基础上提出的,原张应力判据的要点:

(1)裂纹从前缘部分点(或逐点)张破裂;

(2)裂纹扩展方向与该处最大张应力 σ_{Nmax} 作用方向相垂直;

(3)当裂纹端部的最大张应力 σ_{Nmax} 为临界值时,裂纹开始扩展.

本书中作者主要是补充了以下两点:

(1)破裂面是无数条破裂线的合成(或拼接),每条破裂线都沿主拉应力作用的方向扩展,组成双曲率曲面;

(2)破裂面的止裂线(即破裂面的外缘)为等值线.

COFPDP 方法依据弹性力学的定理,即连续介质中任一点的最大主应力 σ_1 就是最大正应力 σ_{Nmax},见补充 11.1.

11.4.2　COFPDP 方法的操作步骤

1. 求裂纹端部附近各个点的 σ_1 和 N_1

令裂纹端部附近 P 点的直角坐标为 $P(x,y,z)$,柱坐标为 $P(r,\theta,z)$. 令 Oz 为裂纹前缘的切线,xz 面与原始裂纹面 M 重合. $-\pi\leqslant\theta\leqslant+\pi$,如图 11.13 所示.

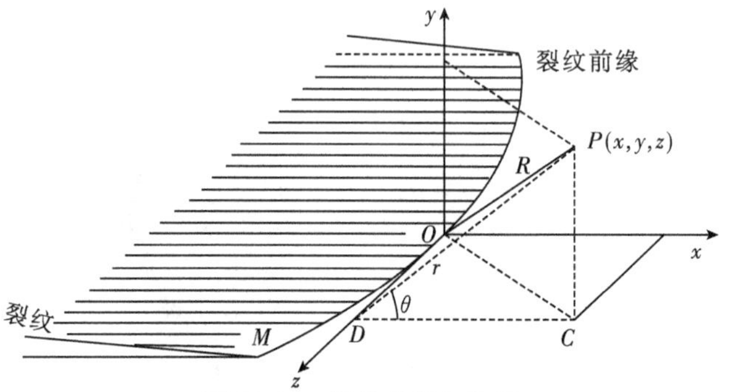

图 11.13　裂纹前缘坐标系

利用第 2 章的分析结果，裂纹端部应力的分量为

$$\sigma_{xx}=\frac{K_{\mathrm{I}}}{\sqrt{2\pi r}}\cos\frac{\theta}{2}\left(1-\sin\frac{\theta}{2}\sin\frac{3}{2}\theta\right)-\frac{K_{\mathrm{II}}}{\sqrt{2\pi r}}\sin\frac{\theta}{2}\left(2+\cos\frac{\theta}{2}\cos\frac{3}{2}\theta\right)+o(r^{-1/2})$$

$$\sigma_{yy}=\frac{K_{\mathrm{I}}}{\sqrt{2\pi r}}\cos\frac{\theta}{2}\left(1+\sin\frac{\theta}{2}\sin\frac{3}{2}\theta\right)+\frac{K_{\mathrm{II}}}{\sqrt{2\pi r}}\sin\frac{\theta}{2}\cos\frac{\theta}{2}\cos\frac{3}{2}\theta+o(r^{-1/2})$$

$$\tau_{xy}=\frac{K_{\mathrm{I}}}{\sqrt{2\pi r}}\sin\frac{\theta}{2}\cos\frac{\theta}{2}\cos\frac{3}{2}\theta+\frac{K_{\mathrm{II}}}{\sqrt{2\pi r}}\cos\frac{\theta}{2}\left(1-\sin\frac{\theta}{2}\sin\frac{3}{2}\theta\right)+o(r^{-1/2})$$

$$\tau_{xz}=-\frac{K_{\mathrm{III}}}{\sqrt{2\pi r}}\sin\frac{\theta}{2}+o(r^{-1/2})$$

$$\tau_{yz}=\frac{K_{\mathrm{III}}}{\sqrt{2\pi r}}\cos\frac{\theta}{2}+o(r^{-1/2})$$

$$\sigma_{zz}=\begin{cases}0 & (\text{平面应力})\\ 2\nu\left(\dfrac{K_{\mathrm{I}}}{\sqrt{2\pi r}}\cos\dfrac{\theta}{2}-\dfrac{K_{\mathrm{II}}}{\sqrt{2\pi r}}\sin\dfrac{\theta}{2}\right)+o(r^{-1/2}) & (\text{平面应变})\end{cases}\tag{11.4.1}$$

式中，K_{I}，K_{II}，K_{III} 分别为三种类型裂纹的应力强度因子；ν 为泊松比.

记 σ 为主应力，$N(l,m,n)$ 为主方向，由附录 Ⅰ，柯西方程为

$$\left.\begin{aligned}(\sigma_{xx}-\sigma)l+\tau_{xy}m+\tau_{xz}n=0\\ \tau_{xy}l+(\sigma_{yy}-\sigma)m+\tau_{yz}n=0\\ \tau_{xz}l+\tau_{yz}m+(\sigma_{zz}-\sigma)n=0\end{aligned}\right\}\tag{11.4.2}$$

应力状态特征方程为

$$\sigma^3-I_1\sigma^2+I_2\sigma-I_3=0\tag{11.4.3}$$

其中，三个系数 I_1，I_2，I_3 为应力张量的第一、第二、第三不变量.

$$\left.\begin{aligned}&I_1=\sigma_{xx}+\sigma_{yy}+\sigma_{zz}\\ &I_2=\begin{vmatrix}\sigma_{xx}&\tau_{xy}\\ \tau_{xy}&\sigma_{yy}\end{vmatrix}+\begin{vmatrix}\sigma_{yy}&\tau_{yz}\\ \tau_{yz}&\sigma_{zz}\end{vmatrix}+\begin{vmatrix}\sigma_{zz}&\tau_{xz}\\ \tau_{xz}&\sigma_{xx}\end{vmatrix}\\ &I_3=\begin{vmatrix}\sigma_{xx}&\tau_{xy}&\tau_{xz}\\ \tau_{xy}&\sigma_{yy}&\tau_{yz}\\ \tau_{xz}&\tau_{yz}&\sigma_{zz}\end{vmatrix}\end{aligned}\right\}\tag{11.4.4}$$

解特征方程(11.4.3)求得三个实根 $\sigma_1 \geqslant \sigma_2 \geqslant \sigma_3$ 就是主应力.因此所有三维破裂问题原则上都可以用解析公式表达.

记 $N_1(l_1, m_1, n_1)$ 为 σ_1 作用的主方向,将 $\sigma=\sigma_1$ 代回柯西方程,将其中的第二、第三两个式子组合,并改写成

$$\left.\begin{aligned}(\sigma_{yy}-\sigma_1)m_1+\tau_{yz}n_1=-\tau_{xy}l_1\\ \tau_{yz}m_1+(\sigma_{zz}-\sigma_1)n_1=-\tau_{zx}l_1\end{aligned}\right\} \tag{11.4.5}$$

和条件式 $l_1^2+m_2^2+n_1^2=1$ 联立,求得主方向的第一种形式为

$$N_1=(l_1, m_1, n_1)=\frac{1}{h}(w_x, w_y, w_z) \quad (w_x\neq 0) \tag{11.4.6}$$

其中

$$l_1=\frac{w_x}{h}, \quad m_1=\frac{w_y}{h}, \quad n_1=\frac{w_z}{h} \tag{11.4.7}$$

$$\begin{cases}w_x=\sigma_1^2-(\sigma_{yy}+\sigma_{zz})\sigma_1+\sigma_{yy}\sigma_{zz}-\tau_{yz}^2\\ w_y=\tau_{xy}(\sigma_1-\sigma_{zz})+\tau_{yz}\tau_{xz}\\ w_z=\tau_{xz}(\sigma_1-\sigma_{yy})+\tau_{xy}\tau_{yz}\\ h=(w_x^2+w_y^2+w_z^2)^{1/2}\end{cases} \quad (w_x\neq 0) \tag{11.4.8}$$

2.构筑初始破裂曲面

把所有可延伸到破裂起始点 O 的那些第一主微分面筛选出来作为元素,它们的合成(拼接,类似中国人发明的折扇,但展开面又是弯曲的,而且每根扇子骨的长度不尽相同)构筑成初始破裂面.

假定初始扩展线为直线段,OP 为其中之一,约束条件就是点 P 必须是从点 O 扩展出来的,则主微分面 $R_P=OP$,它的矢量表达式为

$$R_P=\{x_P-0, y_P-0, z_P-0\}=\{r\cos\theta, r\sin\theta, z_P(r,\theta)\} \tag{11.4.9}$$

其中,$0\leqslant r\leqslant r_{\mathrm{m}}$;$-2\pi\leqslant\theta\leqslant+2\pi$.因此有 $R_P\perp N_1$ 或 $R_P\cdot N_1=0$,展开成分量形式,就是

$$\{r\cos\theta-0, \sin\theta-0, z_P-0\}\cdot\{l_1, m_1, n_1\}=0$$

由此得到主微分面 R_P 的法向式为

$$l_1 r\cos\theta+m_1 r\sin\theta+n_1 z_P=0 \tag{11.4.10}$$

由上式得到 R_P 的延伸经过 O 点的必要条件为

$$z_P(r,\theta)=\frac{-r(l_1\cos\theta+m_1\sin\theta)}{n_1} \tag{11.4.11}$$

将上式代入式(11.4.9),得到破裂微分面为

$$R_P=\{x_P, y_P, z_P\}=r\left\{\cos\theta, \sin\theta, \frac{-(l_1\cos\theta+m_1\sin\theta)}{n_1}\right\} \tag{11.4.12}$$

式(11.4.12)是在给定 θ 的情况下得出的.但可以推广到 $-\pi\leqslant\theta\leqslant+\pi$ 的全部范围,因此,式(11.4.12)也表示了在 $-\pi\leqslant\theta\leqslant+\pi$ 变化范围内无数由 O 点扩展的破裂微分

面合成，每个微分面的张角为 $d\theta$. 在 $-\pi\leqslant\theta\leqslant+\pi$ 的范围内，有无穷多个这样的微分面，由它们连续的拼接构筑成了由 O 点扩展的初始破裂曲面.

3. *确定初始破裂面的外缘轮廓*

在初始破裂面上求出 $\sigma_1=\sigma_m$ 的等值线，作为初始破裂面的外缘，其中 σ_m 为介质抗拉强度.

式(11.4.9)～式(11.4.12)表明，$\sigma_1=\sigma_m$ 的等值线上的 r 值不是常数，而是变量. 如果 $K_{\rm I}$，$K_{\rm II}$，$K_{\rm III}$ 的组合满足临界条件，记为

$$K_{\rm I}=K_{\rm I0},\quad K_{\rm II}=K_{\rm II0},\quad K_{\rm III}=K_{\rm III0} \tag{11.4.13}$$

则有

$$\sigma_1(\theta,r)=\sigma_m \tag{11.4.14}$$

这是一个二元非线性方程，如果以 θ 为自变量，则 r 是 θ 的隐函数，即 $r=r_m(\theta)$. 函数 $r_m(\theta)$ 是初始破裂面 R_P 的外缘在 r-θ 平面上的投影. 如令 $\sigma_{ij}=\dfrac{1}{\sqrt{2\pi r}}F_{ij}(\theta)$，$\sigma_1=\dfrac{1}{\sqrt{2\pi r}}K_e(\theta)$，$K_e(\theta)$ 为张量 $F_{ij}(\theta)$ 的最大特征值，于是在 $\sigma_1=\sigma_m$ 的等值线上，

$$\sigma_m=\frac{1}{\sqrt{2\pi r_m(\theta)}}K_e(\theta) \tag{11.4.15}$$

$$r_m(\theta)=\frac{1}{2\pi}\left[\frac{K_e(\theta)}{\sigma_m}\right]^2 \tag{11.4.16}$$

用 $r_m(\theta)$ 替换式(11.4.12)中的 r，就得到初始破裂面外缘的位置为

$$R_{Pm}=r_m(\theta)\left\{\cos\theta,\sin\theta,\frac{-(l_1\cos\theta+m_1\sin\theta)}{n_1}\right\}\quad(n_1\neq0) \tag{11.4.17}$$

它的母线长度为

$$\begin{aligned}|R_{Pm}|&=\sqrt{x_P^2+y_P^2+z_P^2}\\&=r_m(\theta)\left[1+\frac{(l_1\cos\theta+m_1\sin\theta)^2}{n_1^2}\right]^{\frac{1}{2}}\quad(n_1\neq0)\end{aligned} \tag{11.4.18}$$

11.4.3 COFPDP 方法成立的关键

COFPDP 法成立的关键是以下命题是否成立：过点 $P(x,y,z)$ 的第一主微分面 M_1，其法向矢量为 $N_1=(l_1,m_1,n_1)$，在定义域范围 $-\pi\leqslant\theta\leqslant+\pi$ 内全部能与原始裂纹面的前缘(也就是图 11.5 中的 z 轴)相交. 以下证明，只要 $K_{\rm III}\neq0$，几何约束条件式(11.4.11)总可以得到满足. 因此在 $K_{\rm III}\neq0$ 的条件下中，该命题总可以成立.

容易看出，在 $n_1\neq0$ 的情况下，裂纹端部所有点的第一主微分面 M_1 都无例外地与原始裂纹前缘斜交，每个 M_1 面与 oz 轴必有，且只有一个交点. 如果 $n_1=0$，这时，

该点的 M_1 面必然与 oz 轴平行或是重合. 裂纹前缘的初始破裂将全部合并且没有扭曲成分. 因此, $n_1 \neq 0$ 是否处处成立是区别二维与三维问题的分界标志. 满足 $n_1 \neq 0$ 的条件有两种可能：

(1) $K_{\mathrm{III}} \neq 0$；

(2) σ_{zz} 成为最大主应力.

以下讨论这两个条件是否充分必要.

(1)从式(11.4.7)和式(11.4.8)可以看出,

$$n_1 = \frac{\tau_{xz}(\sigma_1 - \sigma_{yy}) + \tau_{xy}\tau_{yz}}{\sqrt{w_x^2 + w_y^2 + w_z^2}}$$

其中, σ_1 是三次方程 $\sigma^3 - I_1\sigma^2 + I_2\sigma - I_3 = 0$ 的最大根,而式(11.4.4)又表明 I_2, I_3 与 K_{III} 必然有关. 因此 σ_1 与 K_{III} 必然有关. 但从式(11.4.1)可以看出 σ_{yy} 与 K_{III} 无关. 因此当 $K_{\mathrm{III}} \neq 0$ 时,一般来说 $\sigma_1 - \sigma_{yy} \neq 0$. 另外,当 $K_{\mathrm{III}} \neq 0$ 时. 从式(11.4.1)可以看出必有 $\tau_{xz} \neq 0$ 或 $\tau_{yz} \neq 0$,此时 n_1 的分子中两项必不全为零,也就是 n_1 不可能为零.

(2)如果 s_{zz} 为主应力之一, 则此时 $\tau_{xz} = \tau_{yz} = 0$. 由于

$$\sigma_{zz} = \begin{cases} 0 & (\text{平面应力}) \\ v(\sigma_{xx} + \sigma_{yy}) & (\text{平面应变}) \end{cases}$$

在平面应力情况下, σ_{zz} 对裂纹的扩展不起任何作用,因此只需要考虑平面应变情况. 此时按照平面应变情况求解,得到另外两个主应力为

$$\left.\begin{matrix} \sigma_1 \\ \sigma_2 \end{matrix}\right\} = \frac{\sigma_{xx} + \sigma_{yy}}{2} \pm \sqrt{\left(\frac{\sigma_{xx} - \sigma_{yy}}{2}\right)^2 + \tau_{xy}^2}$$

又根据实验结果,岩石的泊松比 $\nu < \frac{1}{2}$(耶格和库克,1983),显然 $\sigma_{zz} < \sigma_1$,就是说 σ_{zz} 不可能成为最大主应力,前面第(2)个假设不存在.

这样,在所列出的满足 $n_1 \neq 0$ 的条件两种可能的假设中,只有第(1)个假设是成立的,即 $K_{\mathrm{III}} \neq 0$,因此在只考虑应力的奇异项时, $K_{\mathrm{III}} \neq 0$ 是 $n_1 \neq 0$ 的充要条件.

11.5　COFPDP 方法得到的若干理论拟合结果

本节介绍几种用第一主面合成法计算得到的若干典型的三维初始破裂的结果. 在下面的实例分析中在应力分量中仍只保留奇异项,暂时忽略应力分量中的 r^0 阶及以上的高阶小项,并假定在 z 变化不大的范围内,应力强度因子 K_i(i= Ⅰ, Ⅱ, Ⅲ)的差异可以忽略.

11.5.1　纯Ⅲ型(反平面剪切)裂纹

将 $K_{\mathrm{I}} = K_{\mathrm{II}} = 0$, $K_{\mathrm{III}} \neq 0$ 代入式(11.4.1),裂纹端部的应力分量为

$$\left.\begin{aligned}&\sigma_{xx}=\sigma_{yy}=\sigma_{zz}=\tau_{xy}=0\\&\tau_{xz}=-\frac{K_{\mathrm{III}}}{\sqrt{2\pi r}}\sin\frac{\theta}{2}+o(r^{-1/2})\\&\tau_{yz}=\frac{K_{\mathrm{III}}}{\sqrt{2\pi r}}\cos\frac{\theta}{2}+o(r^{-1/2})\end{aligned}\right\}\tag{11.5.1}$$

代入式(11.4.4)，得到应力张量的三个不变量为

$$I_1=0,\quad I_2=-(\tau_{xz}^2+\tau_{yz}^2),\quad I_3=0$$

代入应力状态特征方程 $\sigma^3-I_1\sigma^2+I_2\sigma-I_3=0$，就是

$$\sigma^3-(\tau_{xz}^2+\tau_{yz}^2)\sigma=0\tag{11.5.2}$$

将式(11.5.1)代入，并忽略高阶小项，就是

$$\sigma^3-\left(\frac{K_{\mathrm{III}}}{\sqrt{2\pi r}}\right)^2\sigma=0$$

解得三个主应力为

$$\sigma_1=\frac{K_{\mathrm{III}}}{\sqrt{2\pi r}},\quad \sigma_2=0,\quad \sigma_3=-\frac{K_{\mathrm{III}}}{\sqrt{2\pi r}}\tag{11.5.3}$$

将上式和式(11.5.1)代入式(11.4.5)～式(11.4.8)，得到第一主微分面的法向矢量

$$N_1=\frac{\sqrt{2}}{2}\left(\sin\frac{\theta}{2},-\cos\frac{\theta}{2},-1\right)\tag{11.5.4}$$

将上式代入式(11.4.12)，得到初始破裂面 R_P 的矢量表示为

$$R_P=r\left(\cos\theta,\sin\theta,-\sin\frac{\theta}{2}\right)\quad(-\pi\leqslant\theta\leqslant+\pi)\tag{11.5.5}$$

上式表示的是一个广角锥面，由图 11.14(a)表示. 在临界条件下 $\sigma_1=\sigma_{\mathrm{m}}$，$K_{\mathrm{III}}=K_{\mathrm{IIIc}}$，代入式(11.5.3)的第一式，得到 $\sigma_{\mathrm{m}}=\dfrac{K_{\mathrm{IIIc}}}{\sqrt{2\pi r_{\mathrm{m}}}}$，初始破裂面 R_P 的前缘位于

$$r_{\mathrm{m}}=\frac{1}{2\pi}\left(\frac{K_{\mathrm{IIIc}}}{\sigma_{\mathrm{m}}}\right)^2\tag{11.5.6}$$

σ_1 和 r_{m} 均与 θ 无关，因此在 $r=r_{\mathrm{m}}$ 的圆柱面上不存在极值，为一常数，换言之，$r_{\mathrm{m}}(\theta)$ 在 Oxy 平面上的投影为一个圆. 式(11.5.3)取 σ_1 的临界值代入 $\sigma_1=\sigma_{\mathrm{m}}$，并参照Ⅰ型裂纹得

$$\frac{K_{\mathrm{IIIc}}}{\sqrt{2\pi r_{\mathrm{m}}}}=\frac{K_{\mathrm{Ic}}}{\sqrt{2\pi r_0}}=\sigma_{\mathrm{m}}\tag{11.5.7}$$

若 $r_{\mathrm{m}}=r_0$，代入式(11.5.7)，得到

$$K_{\mathrm{IIIc}}=K_{\mathrm{Ic}}\tag{11.5.8}$$

将式(11.5.5)代入式(11.5.16)可知，R_P的外缘为

$$R_{P\mathrm{m}}=\frac{1}{2\pi}\left(\frac{K_{\mathrm{Ic}}}{\sigma_{\mathrm{m}}}\right)^2\left(\cos\theta,\sin\theta,-\sin\frac{\theta}{2}\right)\tag{11.5.9}$$

R_P 面母线的长度为

$$|R_{P\mathrm{m}}|=\sqrt{x_P^2+y_P^2+z_P^2}=\frac{1}{2\pi}\left(\frac{K_{\mathrm{Ic}}}{\sigma_{\mathrm{m}}}\right)^2\left(1+\sin^2\frac{\theta}{2}\right)^{1/2} \tag{11.5.10}$$

由式(11.5.5)看出，R_P 在 $\theta=-180°$ 和 $\theta=180°$ 处与 Oxz 面各有一条交线，分别与 Oz 轴成45°和135°角. 图 11.14(a)显示的就是理论模拟的结果. 图中 OA 为破裂扩展面与裂纹面的一条交线. 箭头 w^+ 和 w^- 分别表示裂纹上下两面在剪切力作用下的位移方向. 上述结果和 Knauss(1970)的实验观察符合得很好，如图 11.14(b)所示.

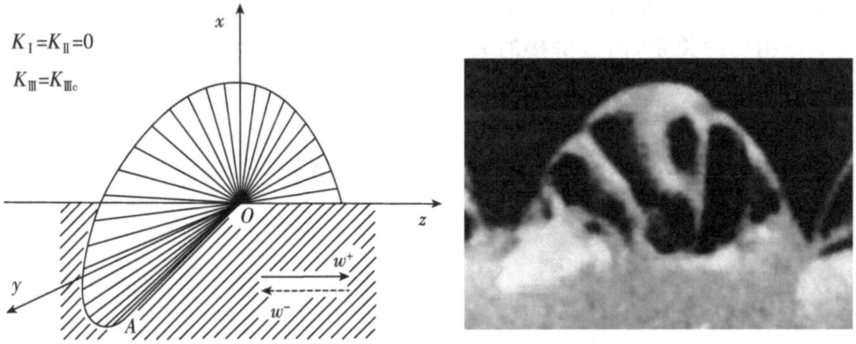

(a)理论模拟(李世愚, 1990,1991)　　(b)实验观测(Knauss, 1970)

图 11.14　纯Ⅲ型裂纹初始破裂曲面

可以证明，裂纹端部各点的第一主微分面 M_1 不一定与初始破裂面 R_P 相切. 二者只有在二维裂纹问题中才肯定相切. 事实上，在纯Ⅲ型问题中，M_1 与 R_P 在任何一点都不相切. 由式(11.5.5)求得

$$R'_\theta=\frac{\partial R_P}{\partial\theta}=\left\{-r\sin\theta, r\cos\theta, -\frac{r}{2}\cos\frac{\theta}{2}\right\}$$

$$R'_r=\frac{\partial R_P}{\partial r}=\left\{\cos\theta, \sin\theta, -\sin\frac{\theta}{2}\right\}$$

R_P 的切平面法向为

$$A=R'_\theta\times R'_r=r\begin{vmatrix} i & j & k \\ -\sin\theta & \cos\theta & -\frac{1}{2}\cos\frac{\theta}{2} \\ \cos\theta & \sin\theta & -\sin\frac{\theta}{2} \end{vmatrix}$$

$$=r\left[i\sin^3\frac{\theta}{2}-j\frac{1}{2}\cos\frac{\theta}{2}(2-\cos\theta)-k\right]$$

或

$$A=r\left\{\sin^3\frac{\theta}{2}, -\frac{1}{2}\cos\frac{\theta}{2}(2-\cos\theta), -1\right\} \tag{11.5.11}$$

对比式(11.5.4)，$N_1=\frac{\sqrt{2}}{2}\left(\sin\frac{\theta}{2},-\cos\frac{\theta}{2},-1\right)$，$A /\!/ N_1$ 的条件是

$$\left.\begin{aligned}&\sin^2\frac{\theta}{2}=\frac{1}{2}\cos\frac{\theta}{2}(2-\cos\theta)\\&\sin^2\frac{\theta}{2}=1\end{aligned}\right\}$$

由其中的第一式得 $\theta=\frac{2\pi}{3}$，由第二式得 $\theta=\pm 2\pi$，两个结果相矛盾，表明同时满足上面两个方程的 θ 不存在，无论 θ 取何值，A 和 N_1 都不平行. 因此，第一主微分面和初始破裂面不是相切的关系，而是拼接的关系.

11.5.2　Ⅰ-Ⅲ复合型裂纹

将 $K_{\rm II}=0$，$K_{\rm I}\cdot K_{\rm III}\neq 0$ 代入式(11.4.1)，就得到Ⅰ-Ⅲ复合型裂纹的应力分量.

在数值计算中，令 $\sigma_{ij}=\frac{K_{\rm Ic}}{\sqrt{2\pi r}}\sum_{ij}$，或 $\sum_{ij}=\frac{\sqrt{2\pi r}}{K_{\rm Ic}}\sigma_{ij}$，$\sum_1(\theta)$ 为无量纲张量 $\sum_{ij}$ 的最大特征值，$\sigma_1=\frac{K_{\rm Ic}}{\sqrt{2\pi r}}\sum_1(\theta)$.

数值计算的结果表明，比值 $K_{\rm I}/K_{\rm III}$ 越大，初始破裂面就越扁平而狭长(图 11.15)，呈对称畸变. 当 $K_{\rm I}/K_{\rm III}\sim 1$ 时，正是 Sommer(1969)的实验条件. 本书的计算图示(图 11.15)再现了 Sommer 在实验中观察到的双长矛(double lances)状初始破裂. 初始破裂面的外缘 $r_{\rm m}(\theta)$ 有两个对称分布的极大值，其方位角 θ_0 用 stress. for 程序进行数值计算，结果由表 11.1 给出.

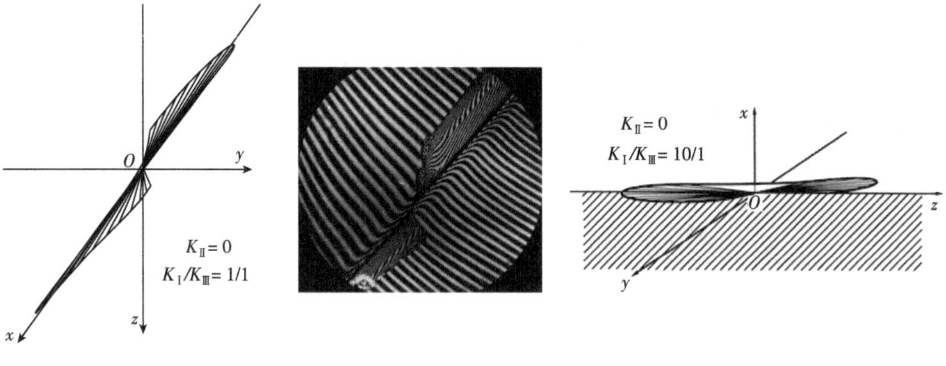

(a) 理论模拟(李世愚, 1990,1991)　(b) 实验观测(Sommer, 1969)　(c) 理论模拟，$K_{\rm II}=0$, $K_{\rm I}:K_{\rm III}=10:1$

图 11.15　Ⅰ-Ⅲ复合型裂纹初始破裂(泊松比 $\nu=0.25$)

表 11.1 θ 与 $K_{\mathrm{I}}/K_{\mathrm{III}}$ 的关系($K_{\mathrm{II}}=0,\nu=0.25$)

$K_{\mathrm{I}}/K_{\mathrm{III}}$	0.01	0.1	0.2	0.4	0.5	0.6	0.8	0.9	1.0
$\pm\theta_0/(°)$	48.72	52.51	55.31	59.57	59.52	60.21	61.04	61.27	61.43
$K_{\mathrm{I}}/K_{\mathrm{III}}$	2.0	4.0	5.0	6.0	7.0	8.0	10.0	15.0	20.0
$\pm\theta_0/(°)$	61.33	60.56	60.38	60.28	60.21	60.16	60.11	60.05	60.03

由表 11.1 可以看出,$K_{\mathrm{I}}/K_{\mathrm{III}}$ 值越大,$|\theta_0|$ 就越接近 60°. 取 $K_{\mathrm{III}}=\varepsilon\to 0$,此时,$|\theta_0|\to 60°$.

11.5.3 Ⅱ-Ⅲ复合型裂纹

将 $K_{\mathrm{I}}=0, K_{\mathrm{II}}\cdot K_{\mathrm{III}}\neq 0$ 代入式(11.3.1),数值计算得到初始破裂面的形状,如图 11.16 所示. 计算结果与实验结果符合得很好. 可以看出,初始破裂面关于 xz 面呈不对称畸变,$r_{\mathrm{m}}(\theta)$ 只有一个极大值,位于 $\theta=-180°$,在这个方向上母线长度 $|R_P|$ 也最长;而在 $\theta=+180°$ 处,$r_{\mathrm{m}}(\theta)$ 则出现极小值,在这个方向上母线长度 $|R_P|$ 也最短. 比值 $K_{\mathrm{II}}/K_{\mathrm{III}}$ 越大,不对称畸变越强. 这种不对称畸变很好地解释了实验中次级破裂呈反对称分布(即只朝Ⅰ,Ⅲ象限延伸)的现象.

图 11.16(a)为 $K_{\mathrm{II}}/K_{\mathrm{III}}=1$ 情况,图 11.16(b)为 $K_{\mathrm{II}}/K_{\mathrm{III}}=1/5$ 情况. 初始破裂不对称拉长程度与比值 $K_{\mathrm{II}}/K_{\mathrm{III}}$ 成正相关. 图 11.16(c)~(d)为玻璃表面裂纹在单轴压力下破裂的实验观测(见 11.3 节),图 11.16(e)为南非 East Rand Proprietary Mines(ERPM)金矿下拍摄到的剪切破坏踪迹(Ortlepp,2001),图 11.16(f)为大理岩板表面切口在单轴压力下临近剪切破坏时的图像.

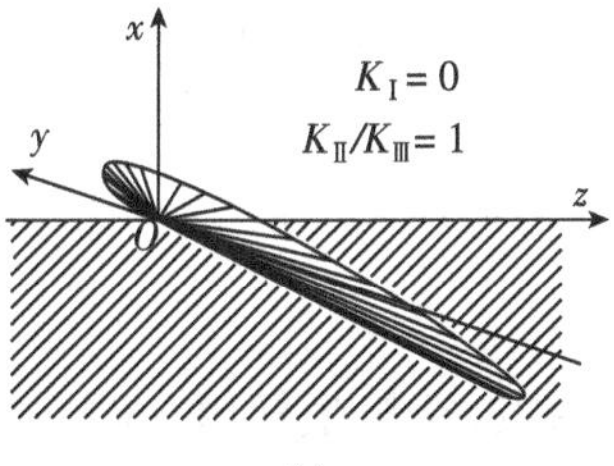

(a)

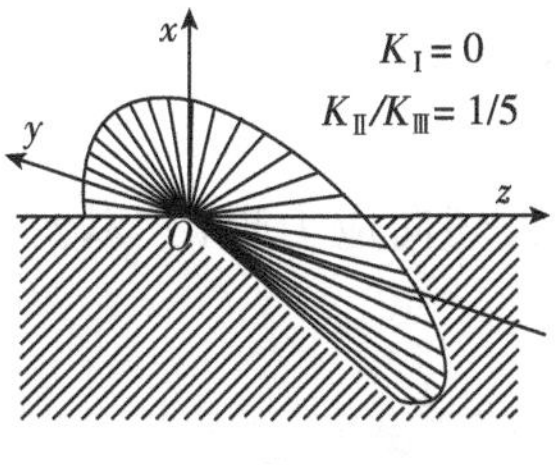

(b)

(c)

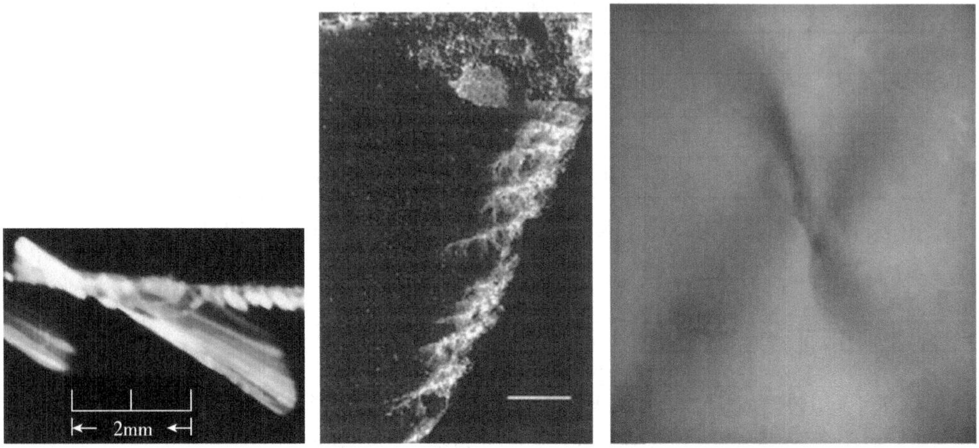

(d)　　(e)　　(f)

图 11.16　Ⅱ-Ⅲ复合型裂纹初始破裂

(a)～(b)理论模拟(李世愚,1990,1991),泊松比 $\nu=0.25$;(c)～(d)实验观测;(e)南非 East Rand Proprietary Mines(ERPM)金矿下拍摄到的岩体剪切破坏踪迹(Ortlepp 2001);(f)大理岩板表面切口在单轴压力下临近破坏时的图像

11.5.4　Ⅰ-Ⅱ复合型裂纹

将 $K_{\mathrm{III}}=0, K_{\mathrm{I}}\cdot K_{\mathrm{II}}\neq 0$ 代入式(11.3.1),并变换至极坐标内,得到

$$\left.\begin{aligned}
\sigma_{rr}&=\frac{1}{2\sqrt{2\pi r}}\left[K_{\mathrm{I}}(3-\cos\theta)\cdot\cos\frac{\theta}{2}+K_{\mathrm{II}}(3\cos\theta-1)\cdot\sin\frac{\theta}{2}\right]+o(r^{-1/2})\\
\sigma_{\theta\theta}&=\frac{1}{2\sqrt{2\pi r}}\cos\frac{\theta}{2}\left[K_{\mathrm{I}}(1+\cos\theta)-3K_{\mathrm{II}}\sin\theta\right]+o(r^{-1/2})\\
\tau_{r\theta}&=\frac{1}{2\sqrt{2\pi r}}\cos\frac{\theta}{2}\left[K_{\mathrm{I}}\sin\theta+K_{\mathrm{II}}(3\cos\theta-1)\right]+o(r^{-1/2})
\end{aligned}\right\}\tag{11.5.12}$$

按照张应力判据,破裂扩展面必须经过起始点,在极坐标内,$\sigma_{\theta\theta}$必须是主应力,也就是破裂条件为 $\tau_{r\theta}=0$,如果只保留应力奇异项,得出断裂角为

$$\theta_0=-2\arctan\frac{\sqrt{1+8\,(K_{\mathrm{II}}/K_{\mathrm{I}})^2}-1}{4K_{\mathrm{II}}/K_{\mathrm{I}}}\tag{11.5.13}$$

对于纯Ⅱ型裂纹,$\theta_0=\arccos(1/3)=-70°32'$.

Ⅰ-Ⅱ复合型裂纹的扩展问题在 4.2 节“最大环向应力理论”以及第 8 章中已进行了较多的讨论.这里就不再重复.

11.6 印痕器接触破裂问题

现在回过头来看 Roesler(1956)的印痕器接触实验(图 11.1).在弹性力学中,已经得出了模压器(印痕器)问题的解.该问题的提法:一圆柱形的模压器,在中心压力 P 的作用下压在弹性半空间的边界平面上.模压器的半径为 a.

解印痕器问题的基础是集中力作用下半无限空间的应力分布(波西涅斯克问题).在弹性力学中,已经得出了印痕器问题基本解(钱伟长和叶开源,1956; 王龙甫,1978; 尹祥础,1985).

(1)沿着印痕器的底部,所有各点的位移 w 是一个常数.

(2)压力载荷的分布为

$$q(r)=\frac{P}{2\pi a\sqrt{a^2-r^2}}=\frac{q_0}{\sqrt{a^2-r^2}}\quad(0\leqslant r\leqslant a)\tag{11.6.1}$$

其中,P 为总压力载荷;$q_0=\dfrac{P}{2\pi a}$.由上式可以看出,在印痕器的边缘 $r=a$ 处压力将为无限大.在直角坐标系的 Oxy 平面上 $l=m=0, n=-1, T_z=q(r), T_x=T_y=0$,其中 $r=\sqrt{x^2+y^2}$.根据轴对称性并利用柯西方程,有

$$\left.\begin{aligned}\tau_{xz}n&=0\\\tau_{yz}n&=0\\\sigma_{zz}n&=T_z\end{aligned}\right\}$$

得出应力 $\tau_{xz}=\tau_{yz}=0$,及

$$\sigma_{zz}=-\frac{P}{2\pi a\sqrt{a^2-r^2}}\quad(0\leqslant r\leqslant a)\text{和}\ \sigma_{zz}=0\quad(r>a)\tag{11.6.2}$$

即 $\sigma_{zz}=\sigma_3$ 为主压应力,另外两个主应力 σ_1 和 σ_2 的作用方向与 Oxy 平面平行.

由以上讨论,在 $z=0$ 平面上,σ_{zz} 在印痕器边缘 $r=a$ 处呈奇异性.该环状上的点称为应力奇点.进一步考察奇点的其他应力分量.但由不同途径趋近奇点得到的应力值可能不同,考虑到印痕器应在 σ_1 的作用下向下扩展,应选择从奇点以下沿 z 轴趋近奇点.另外,对于分布力问题,每个载荷微元的参照轴心位置不同,柱坐标分量中只有位移 w 或应力分量 σ_{zz} 可以叠加,其他分量均不可以叠加.为了能叠加就必须采用直角坐标系.

在弹性力学中,已经得出了集中力作用到半无限空间表面上柱坐标系的应力分量.通过坐标变换,可以得到直角坐标系的集中力 $P(x',y',0)$ 作用下半无限空间内点 $A(x,y,z)$ 的应力分量为

$$\left.\begin{aligned}
\sigma_{xx} &= -\frac{Pz}{2\pi R^3}\left[3\left(\frac{x-x'}{R}\right)^2-(1-2\nu)\right]-\frac{(1-2\nu)P}{2\pi}\left[\frac{(y-y')^2+z^2}{R^3(R+z)}-\frac{(x-x')^2}{R^2(R+z)^2}\right]\\
\sigma_{yy} &= -\frac{Pz}{2\pi R^3}\left[3\left(\frac{y-y'}{R}\right)^2-(1-2\nu)\right]-\frac{(1-2\nu)P}{2\pi}\left[\frac{(x-x')^2+z^2}{R^3(R+z)}-\frac{(y-y')^2}{R^2(R+z)^2}\right]\\
\sigma_{zz} &= -\frac{3P}{2\pi}\frac{z^3}{R^5}\\
\tau_{xy} &= -\frac{3P(x-x')(y-y')z}{2\pi R^5}+\frac{(1-2\nu)P}{2\pi}\frac{(x-x')(y-y')(z+2R)}{R^3(R+z)^2}\\
\tau_{yz} &= -\frac{3P}{2\pi}\frac{(y-y')z^2}{R^5}\\
\tau_{xz} &= -\frac{3P}{2\pi}\frac{(x-x')z^2}{R^5}
\end{aligned}\right\} \tag{11.6.3}$$

其中，$R=\sqrt{(x-x')^2+(y-y')^2+z^2}$；$\nu$ 为泊松比.

利用式(11.6.3)，首先计算位于印痕器边缘下方面上一点 $B(x,y,z)=B(a,0,z)$，其中 $x=a$，$y=0$，$z>0$ 处的应力 $\sigma_{xx|B}$ 值，且 $r=\sqrt{x'^2+y'^2}$，$R=\sqrt{(a-x')^2+y'^2+z^2}$，

$$\left.\begin{aligned}
\sigma_{xx|B} &= -\frac{q(r)z}{2\pi R^3}\left[3\left(\frac{a-x'}{R}\right)^2-(1-2\nu)\right]-\frac{(1-2\nu)q(r)}{2\pi}\left[\frac{y'^2+z^2}{R^3(R+z)}-\frac{(a-x')^2}{R^2(R+z)^2}\right]\\
\sigma_{yy|B} &= -\frac{q(r)z}{2\pi R^3}\left[3\left(\frac{y'}{R}\right)^2-(1-2\nu)\right]-\frac{(1-2\nu)q(r)}{2\pi}\left[\frac{(a-x')^2+z^2}{R^3(R+z)}-\frac{y'^2}{R^2(R+z)^2}\right]\\
\sigma_{zz|B} &= -\frac{3q(r)}{2\pi}\frac{z^3}{R^5}\\
\tau_{xy|B} &= -\frac{3q(r)(a-x')(-y')z}{2\pi R^5}+\frac{(1-2\nu)q(r)}{2\pi}\frac{(a-x')(-y')(z+2R)}{R^3(R+z)^2}\\
\tau_{yz|B} &= -\frac{3q(r)}{2\pi}\frac{(y')z^2}{R^5}\\
\tau_{xz|B} &= -\frac{3q(r)}{2\pi}\frac{(a-x')z^2}{R^5}
\end{aligned}\right\} \tag{11.6.4}$$

其次，在印痕器内部任取两个关于 x 轴对称面积为 $\mathrm{d}x'\mathrm{d}y'$ 的微元，微元所在的直角坐标分别为 $A(x',y')$ 和 $A'(x',-y')$，代入式(11.6.4). 前面已经证明，在 $z\to0$ 处，$\tau_{yz}=\tau_{xz}=0$，σ_{zz} 已由式(11.6.2)给出，这里只需要考察其余 σ_{xx}，σ_{yy} 和 τ_{xy} 3 个应力分量，容易看出 $\mathrm{d}\sigma_{xx}$，$\mathrm{d}\sigma_{yy}$ 和 $\mathrm{d}\sigma_{zz}$ 是关于 x 轴对称的，而 $\mathrm{d}\tau_{xy}$ 是关于 x 轴反对称的. 因此得出 $\mathrm{d}\tau_{xy}=0$，由于这两个对称的微元是任选的，因此在全部印痕器底部均成立，积分得到 $\tau_{xy}=0$，且

$$\sigma_{xx}=-\left(\int_{-a}^{+a}\mathrm{d}x'\int_{0}^{\sqrt{a^2-y'^2}}\mathrm{d}y'\right)\frac{q(r)}{\pi}\left\{\frac{z}{R^3}\left[3\left(\frac{a-x'}{R}\right)^2-(1-2\nu)\right]\right.$$
$$\left.+(1-2\nu)\left[\frac{y'^2+z^2}{R^3(R+z)}-\frac{(a-x')^2}{R^2(R+z)^2}\right]\right\}$$
$$\sigma_{yy}=-\left(\int_{-a}^{+a}\mathrm{d}x'\int_{0}^{\sqrt{a^2-y'^2}}\mathrm{d}y'\right)\frac{q(r)}{\pi}\left\{\frac{z}{R^3}\left[3\left(\frac{y'}{R}\right)^2-(1-2\nu)\right]\right. \tag{11.6.5}$$
$$\left.+(1-2\nu)\left[\frac{(a-x')^2+z^2}{R^3(R+z)}-\frac{y'^2}{R^2(R+z)^2}\right]\right\}$$
$$\sigma_{zz}=-\left(\int_{-a}^{+a}\mathrm{d}x'\int_{0}^{\sqrt{a^2-y'^2}}\mathrm{d}y'\right)\frac{3q(r)}{\pi}\frac{z^3}{R^5}$$

其中,$R=\sqrt{(a-x')^2+y'^2+z^2}$,$r_1=\sqrt{(a-x')^2+y'^2}$,即 $R=\sqrt{r_1^2+z^2}$.

由附录Ⅰ,将应力分量由直角坐标系转换为柱坐标系，这里 $\tau_{xy}=\tau_{xz}=\tau_{yz}=0$,选定的点 B 的辐角 $\theta=0$,因此 $\tau_{r\theta}=\tau_{rz}=\tau_{\theta z}=0$,得到的就是 $\sigma_{rr|B}=\sigma_{xx|B}$，$\sigma_{\theta\theta|B}=\sigma_{yy|B}$.由图 11.17，有 $x'=r\cos\theta$，$y'=r\sin\theta$，利用雅可比变换,将式(11.6.5)的积分映射到极坐标,就是

$$\left.\begin{aligned}\sigma_{rr|B}&=-\int_0^a\frac{rq(r)}{\pi}\mathrm{d}r\int_0^\pi\left\{\frac{z}{R^3}\left[3\left(\frac{a-r\cos\theta}{R}\right)^2-(1-2\nu)\right]\right.\\&\quad\left.+(1-2\nu)\left[\frac{r^2\sin^2\theta+z^2}{R^3(R+z)}-\frac{(a-r\cos\theta)^2}{R^2(R+\varepsilon)^2}\right]\right\}\mathrm{d}\theta\\\sigma_{\theta\theta|B}&=-\int_0^a\frac{rq(r)}{\pi}\mathrm{d}r\int_0^\pi\left\{\frac{z}{R^3}\left[3\left(\frac{r\sin\theta}{R}\right)^2-(1-2\nu)\right]\right.\\&\quad\left.+(1-2\nu)\left[\frac{(a-r\cos\theta)^2+z^2}{R^3(R+z)}-\frac{r^2\sin^2\theta}{R^2(R+\varepsilon)^2}\right]\right\}\mathrm{d}\theta\\\sigma_{zz|B}&=-\int_0^a\frac{rq(r)}{\pi}\mathrm{d}r\int_0^\pi\frac{3z^3}{R^5}\mathrm{d}\theta\end{aligned}\right\} \tag{11.6.6}$$

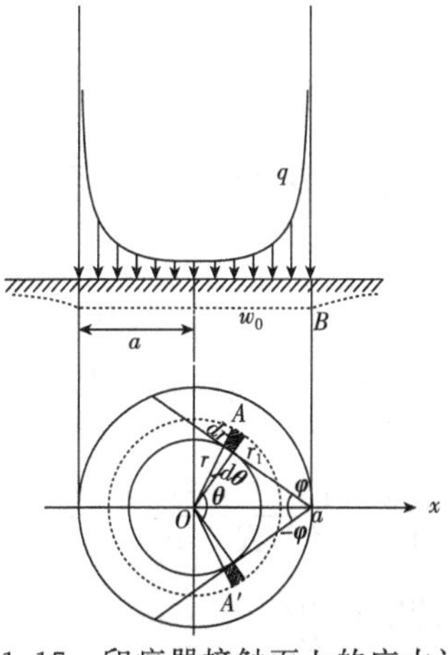

图 11.17　印痕器接触面上的应力计算

由上式的第三式，积分结果取 $z\to 0$，应当能得到

$$\lim_{\substack{z\to 0\\ r\to a}}\sigma_{zz|B}=-q(r)=-\frac{P}{2\pi a\sqrt{a^2-r^2}} \tag{11.6.7}$$

这就暗示着，$\sigma_{zz|B}$在 $z\to 0$ 时应为一个 δ 函数. 类似地，$\sigma_{rr|B}$ 和 $\sigma_{\theta\theta|B}$ 在 $z\to 0$ 时也都应为 δ 函数，但其系数有所不同. 由于这几个应力分量在 $z\to 0$ 的过程中始终是连续的，那么它们之间的比例 C 也应是连续的，且趋近于 $z=0$ 时的极限值. 这个比例 C 可以如下算出. 由式(11.6.7)，定义

$$C_{12}=\frac{\sigma_{rr|B}}{\sigma_{zz|B}},\quad C_{13}=\frac{\sigma_{\theta\theta|B}}{\sigma_{zz|B}} \tag{11.6.8}$$

因此

$$C_{120}=\lim_{z\to 0}\frac{\sigma_{\theta\theta|B}}{\sigma_{zz|B}},\quad C_{130}=\lim_{z\to 0}\frac{\sigma_{rr|B}}{\sigma_{zz|B}} \tag{11.6.9}$$

直接计算 C_{120} 和 C_{130} 是比较困难的，可以采取逐步逼进的方法，即在式(11.6.8)中取有限的但不同的 z 值，直到 z 值充分小，逐次计算，就可以得到 C_{120} 和 C_{130} 的渐近值. 于是得到

$$\sigma_{rr|B,z=0}=\sigma_{zz|B,z=0}\cdot C_{120}=-\frac{q_0}{\sqrt{a^2-r^2}}C_{120} \tag{11.6.10}$$

类似地，有

$$\sigma_{\theta\theta|B,z=0}=\sigma_{zz|B,z=0}\cdot C_{130}=-\frac{q_0}{\sqrt{a^2-r^2}}C_{130} \tag{11.6.11}$$

从上式的数值积分过程可以看出，由于 $q(r)$ 具有 $(a-r)^{-1/2}$ 阶的奇异性，式(11.6.6)为奇异积分，且对积分的结果的主要贡献是在 $r\to a$ 的部分，即宽度为 $\mathrm{d}r$，半径 $r\to a$ 的圆环，我们称之为奇异圆环. 以下考察奇异圆环对积分结果的贡献.

由图 11.17 可以看出，当 $r=a$ 时，$r_1=2a\sin\dfrac{\theta}{2}$，$r_1^2=4a^2\sin^2\dfrac{\theta}{2}=2a^2(1-\cos\theta)$.

因此 $R=\sqrt{2a^2(1-\cos\theta)+\varepsilon^2}$. 代入式(11.6.6)，得到奇异圆环的贡献为

$$\left.\begin{aligned}
\delta\sigma_{rr|B}&=-\frac{aq_0\,\mathrm{d}r}{\pi\sqrt{a^2-r^2}}\int_0^{\pi}\left\{\frac{z}{R^3}\left[3a^2\left(\frac{1-\cos\theta}{R}\right)^2-(1-2\nu)\right]\right.\\
&\qquad\left.+(1-2\nu)\left[\frac{a^2\sin^2\theta+z^2}{R^3(R+z)}-\frac{a^2(1-\cos\theta)^2}{R^2(R+z)^2}\right]\right\}\mathrm{d}\theta\\
\delta\sigma_{\theta\theta|B}&=-\frac{aq_0\,\mathrm{d}r}{\pi\sqrt{a^2-r^2}}\int_0^{\pi}\left\{\frac{z}{R^3}\left[3a^2\left(\frac{\sin\theta}{R}\right)^2-(1-2\nu)\right]\right.\\
&\qquad\left.+(1-2\nu)\left[\frac{a^2(1-\cos\theta)^2+z^2}{R^3(R+z)}-\frac{a^2\sin^2\theta}{R^2(R+z)^2}\right]\right\}\mathrm{d}\theta\\
\delta\sigma_{zz|B}&=-\frac{3aq_0z^3\,\mathrm{d}r}{\pi\sqrt{a^2-r^2}}\int_0^{\pi}\frac{\mathrm{d}\theta}{R^5}
\end{aligned}\right\} \tag{11.6.12}$$

容易看出，当 $r \to a$，且 ε 足够小时，各应力分量奇异环的贡献均具有 $(a-r)^{-1/2}$ 阶的奇异性. 进一步可以看出，当 $\theta=0$ 时，微元对积分的贡献最大，其余 $\theta \neq 0$ 的微元对积分的贡献呈 $R^{-5/2}$ 阶衰减. 在极限点，可以将该微元视作集中力，只考虑这个在集中作用力的下方，$x=x'=a$，$y=y'=0$，$R=z \to \varepsilon$，应力分量为

$$\sigma_{xx}=\sigma_{yy}=\frac{(1-2\nu)q}{4\pi z^2},\quad \sigma_{zz}=-\frac{3q}{2\pi z^2} \tag{11.6.13}$$

由于 B 点位于 $\theta=0$ 的特殊位置，转换为柱坐标，就得到奇异单元 B 的下方($r=a$，$R=z$)，应力分量为 $\tau_{r\theta}=\tau_{z\theta}=\tau_{zr}=0$，且

$$\sigma_{rr}=\sigma_{\theta\theta}=\frac{q(1-2\nu)}{4\pi z^2} \tag{11.6.14}$$

当 z 充分小时，σ_{zz} 充分接近边界上 $z=0$ 处的应力，即 $\sigma_{zz}=-\dfrac{P}{2\pi a\sqrt{a^2-r^2}}$，及

$$\left|\frac{\sigma_{rr}}{\sigma_{zz}}\right|=\frac{1-2\nu}{6} \tag{11.6.15}$$

假定印痕器被压材料为泊松介质(大多数岩石材料是如此)，则 $\lambda=\mu$，其中 λ 为拉梅常数，μ 为剪切模量，即 $\nu \approx 0.25$，$\left|\dfrac{\sigma_{rr}}{\sigma_{zz}}\right| \approx \dfrac{1}{12}$.

由式(11.6.15)得到 σ_{rr} 和 $\sigma_{\theta\theta}$ 的一阶近似值为

$$\sigma_{rr}=\sigma_{\theta\theta}=\frac{P(1-2\nu)}{12\pi a\sqrt{a^2-r^2}} \tag{11.6.16}$$

由此得出应力强度因子的一阶近似值为

$$K_{\mathrm{I}}=\lim_{r\to a}\sqrt{a-r}\,\sigma_{rr|c}=\frac{P(1-2\nu)}{12\pi a\sqrt{2a}}=\frac{P(1-2\nu)\sqrt{2}}{24a^{3/2}} \tag{11.6.17}$$

假定印痕器被压材料为泊松介质，可算得

$$K_{\mathrm{I}}=\frac{P\sqrt{2}}{28a^{3/2}}\approx\frac{0.0505P}{a^{3/2}} \tag{11.6.18}$$

这个一阶近似计算没有将奇异单元以外部分的贡献计算在内，因此其系数和式(11.6.10)及式(11.6.11)的结果相比尚有一定误差.

由以上讨论，在 $z=0$ 平面上，σ_{rr} 在印痕器边缘 $r=a$ 处呈奇异性. 因此印痕器的初始破裂应为Ⅰ型张破裂，扩展方向应朝向 z 轴的正方向.

由轴对称性，印痕器的初始破裂在印痕器边缘构成圆柱形，但破裂母线只能扩展极短的长度就立即发生转折. 这是因为破裂一旦发生后，印痕器边缘的径向位移 u_r 和轴向位移 w 发生间断，裂纹两侧呈现剪切，此时的裂纹立即转变为近乎纯Ⅱ型，每小段裂纹的扩展方向均朝向接近 $\theta_0=70.5°$，破裂扩展路径的轴对称性使之形成圆锥状.

以上为理论解. 在 Roesler(1956)的实验(图 11.1)照片中可以看出，在印痕器下

方边缘处的初始破裂的确有极其微小的段落呈近垂直方向,再往下才朝向 $\theta_0\approx68.5°$ 方向扩展.和理论解相差 2°左右.

11.7 受均匀剪切椭圆裂纹破裂问题

埋深断层以及断层面上的凹凸体之间的滑动段常常模型化为近似无限大体内的椭圆裂纹,在地壳内部受压情况之下,断层面上受到的剪切力可近似作为均匀处理.此时椭圆裂纹的初始破裂就可以作为Ⅱ-Ⅲ型的三维破裂计算.

令椭圆的长半轴为 a,短半轴为 b,受到均匀作用于裂纹面的剪切力 τ,且 τ 的作用方向与椭圆的长轴成 γ 角(图 11.18).据中国航空研究院(1993)研究结果,椭圆前缘上坐标为 $x=a\cos\theta, y=b\sin\theta$ 之点 A 的应力强度因子为

$$K_{\mathrm{II}}(\theta)=\frac{\tau\sqrt{\pi b}k^2}{\Theta}\left(\frac{1}{C}\sin\gamma\sin\theta+\frac{R'}{B}\cos\gamma\cos\theta\right) \tag{11.7.1}$$

$$K_{\mathrm{III}}(\theta)=\frac{(1-\nu)\tau\sqrt{\pi b}k^2}{\Theta}\left(-\frac{1}{B}\cos\gamma\sin\theta+\frac{R'}{C}\sin\gamma\cos\theta\right) \tag{11.7.2}$$

式中,ν 为泊松比,

$$\Theta=\left(\sin^2\theta+\frac{b^2}{a^2}\cos^2\theta\right)^{1/4}$$

$$B=(k^2-\nu)E(k)+\nu k'^2K(k)$$

$$C=(k^2+\nu k'^2)E(k)-\nu k'^2K(k)$$

$$k^2=1-\frac{b^2}{a^2},\quad k'^2=\frac{b^2}{a^2}$$

其中,$K(k)$和 $E(k)$分别为第一类和第二类完全椭圆积分,

$$E(k)=\int_0^{\pi/2}\sqrt{1-k^2\sin^2\varphi}\,\mathrm{d}\varphi$$

$$K(k)=\int_0^{\pi/2}\frac{\mathrm{d}\varphi}{\sqrt{1-k^2\sin^2\varphi}}$$

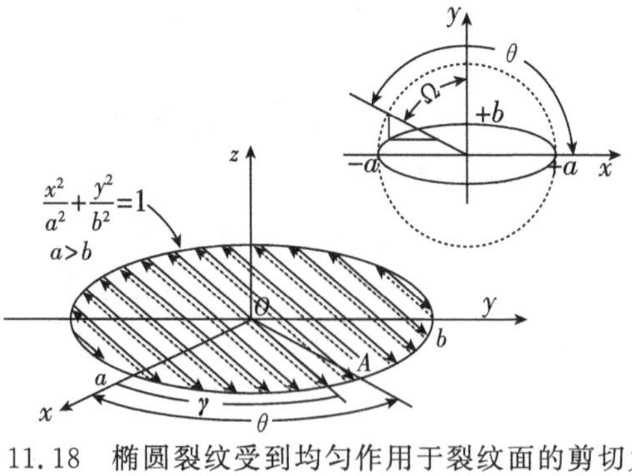

图 11.18 椭圆裂纹受到均匀作用于裂纹面的剪切力

特别地，当 $\gamma=0$ 时，剪应力 τ 沿 x 方向，为便于和图 11.11 比对，记 $\theta=90^\circ+\Omega$. 此时，应力强度因子可简化为

$$K_{\mathrm{II}}=\left(\frac{\pi b^3}{a}\right)^{1/2}\frac{k^2\tau\sin\Omega}{B\left(a^2\cos^2\Omega+b^2\sin^2\Omega\right)^{1/4}}\tag{11.7.3}$$

$$K_{\mathrm{III}}=(\pi ab)^{1/2}\frac{(1-\nu)k^2\tau\cos\Omega}{B\left(a^2\cos^2\Omega+b^2\sin^2\Omega\right)^{1/4}}\tag{11.7.4}$$

此时

$$K_{\mathrm{II}}/K_{\mathrm{III}}=\frac{b\cdot\tan\Omega}{a(1-\nu)}\tag{11.7.5}$$

显然，对任何 Ω，都可以确定 K_{II}，K_{III} 和比值 $K_{\mathrm{II}}/K_{\mathrm{III}}$，从而利用本书的主面集合法得出初始破裂面形状. 不同比值 $K_{\mathrm{II}}/K_{\mathrm{III}}$ 的理论解参见 11.5.3 节，不同正应力作用下的整体破裂分布图像中 $-90^\circ\leqslant\Omega\leqslant 90^\circ$ 部分与图 11.8 表面裂纹的实验结果类似. 例如，在 $\Omega=\pm 90^\circ$ 处，$K_{\mathrm{III}}=0$，破裂为纯 Ⅱ 型，

$$K_{\mathrm{II}\,\Omega=\pm 90^\circ}=\left(\frac{\pi}{a}\right)^{1/2}\frac{bk^2\tau}{B}\tag{11.7.6}$$

在 $\Omega=0^\circ$ 处，$K_{\mathrm{II}}=0$，破裂为纯 Ⅲ 型，

$$K_{\mathrm{III}\,\Omega=0^\circ}=(\pi b)^{1/2}\frac{-(1-\nu)k^2\tau}{B}\tag{11.7.7}$$

$$\left|\frac{K_{\mathrm{II}\,\Omega=\pm 90^\circ}}{K_{\mathrm{III}\,\Omega=0^\circ}}\right|=(1-\nu)\left(\frac{b}{a}\right)^{1/2}\tag{11.7.8}$$

由上式可以看出，在 $a\gg b$ 的情况下，$K_{\mathrm{II}\,\Omega=\pm 90^\circ}\ll K_{\mathrm{III}\,\Omega=0^\circ}$，因此在裂纹前缘不同点. 进入临界状态的载荷不同. 首先到达临界状态的是在 $\Omega=0^\circ$ 处，产生的是纯 Ⅲ 型破裂，其次是 $-90^\circ<\Omega<90^\circ$ 依次产生 $K_{\mathrm{II}}/K_{\mathrm{III}}$ 比例不同的 Ⅱ-Ⅲ 复合型破裂，最后进入临界状态的是 $\Omega=\pm 90^\circ$ 处，产生的是纯 Ⅱ 型破裂. 该处伸展最狭长，称为主破裂. 因此椭圆的一半即 $-90^\circ\leqslant\Omega\leqslant 90^\circ$ 部分破裂情况与表面半椭圆裂纹没有本质区别，只是在 $K_{\mathrm{II}}/K_{\mathrm{III}}$ 比例的量上表面半椭圆裂纹受自由表面的影响略有差异. $90^\circ<\Omega<270^\circ$ 部分则与 $-90^\circ<\Omega<90^\circ$ 部分对称.

这些破裂面的理论解，可以很好地实现 Scholz(1990)对断层的三维破裂模型给出的猜想.

11.8　三维初始破裂拟合的极值法

COFPDP 方法本身是独立导出的，这里讨论该方法与以往的极值法的等效性.

11.8.1　用三欧拉角(3EA)搜索 σ_{N} 的极大值

著者认为 Planiswamy 和 Knauss(1978)提出的方法之所以没有能够拟合三维破

裂曲面,有两个主要原因:

(1)只考虑了两个欧拉角 δ 和 ϕ,而忽略了进动角 ψ(图 11.19)的变化,始终默认 $\psi=0$. 因此称他们的方法为 2EA 方法.

(2)任意扩大了微分面的尺度. 这就决定了得到的解只能是唯一的平面解,而不是曲面解.

首先来弥补进动角缺失这个缺陷,以下提出 3EA 方法.

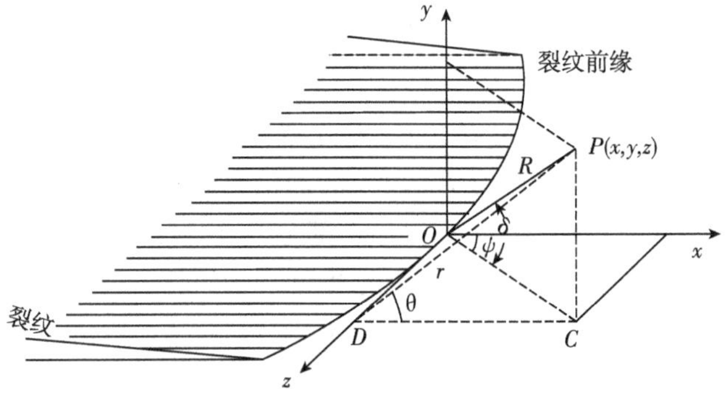

图 11.19 裂纹前缘坐标系,含 3 个欧拉角

其中 OP 为 ϕ 角旋转轴

本书取一般情况下 $0°\leqslant\psi\leqslant360°$. 为了搜寻 σ_N 的极大值,我们需要利用三个欧拉角 δ,ϕ 和 ψ. 将 xz 平面围绕 O 点旋转,如图 11.20 所示,其步骤如下.

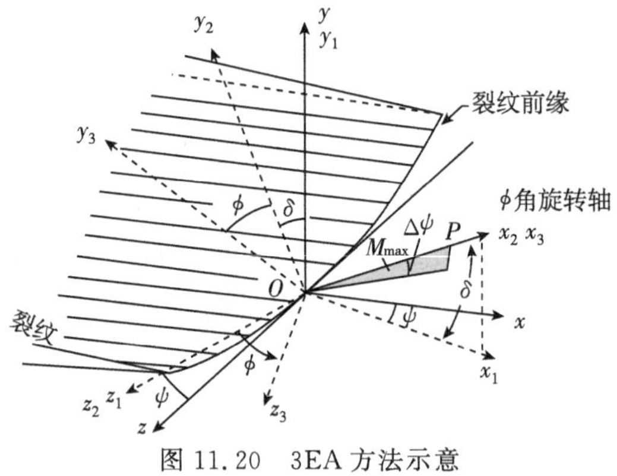

图 11.20 3EA 方法示意

(1)以 Oy 为轴,将 xyz 坐标系旋转角度 ψ,xz 平面成为新坐标系 $x_1y_1z_1$ 中的 x_1z_1 面.

(2)以 Oz_1 为轴,将坐标系 $x_1y_1z_1$ 旋转角度 δ. 此时平面 x_1z_1 成为新坐标系 $x_2y_2z_2$ 中的 x_2z_2 面.

(3)以 Ox_2 为轴,将坐标系 $x_2y_2z_2$ 旋转 ϕ 角. 此时平面 x_2z_2 成为新坐标系 $x_3y_3z_3$ 中的 x_3z_3 面. 坐标系 $x_3y_3z_3$ 中的应力张量为

$$\sigma_{i_3j_3}=\alpha_{23}\left[\alpha_{12}(\alpha_{01}\sigma_{ij}\alpha_{01}^{\mathrm{T}})\alpha_{12}^{\mathrm{T}}\right]\alpha_{23}^{\mathrm{T}} \tag{11.8.1}$$

其中

$$\sigma_{ij}=\begin{pmatrix}\sigma_{xx} & \tau_{xy} & \tau_{xz}\\ \tau_{xy} & \sigma_{yy} & \tau_{yz}\\ \tau_{xz} & \tau_{yz} & \sigma_{zz}\end{pmatrix},\quad \alpha_{23}=\begin{pmatrix}1 & 0 & 0\\ 0 & \cos\varphi & \sin\varphi\\ 0 & -\sin\varphi & \cos\varphi\end{pmatrix}$$

$$\alpha_{12}=\begin{pmatrix}\cos\delta & \sin\delta & 0\\ -\sin\delta & \cos\delta & 0\\ 0 & 0 & 1\end{pmatrix},\quad \alpha_{01}=\begin{pmatrix}\cos\psi & 0 & \sin\psi\\ 0 & 1 & 0\\ -\sin\psi & 0 & \cos\psi\end{pmatrix}$$

此时，$\sigma_N=\sigma_{y_3y_3}$. 因此

$$\sigma_N=\sigma_{xx}\left(\cos^2\psi\sin^2\delta\cos^2\phi+\sin^2\psi\sin^2\phi+\frac{1}{2}\sin 2\psi\sin\delta\sin 2\phi\right)+\sigma_{yy}\cos^2\delta\cos^2\phi$$

$$+\sigma_{zz}\left(\sin^2\psi\sin^2\delta\cos^2\phi+\cos^2\psi\sin^2\phi-\frac{1}{2}\sin 2\psi\sin\delta\sin 2\phi\right)$$

$$-\tau_{xy}(\sin\psi\cos\delta\sin 2\phi+\cos\psi\sin 2\delta\cos^2\phi)+\tau_{zy}(\cos\psi\cos\delta\sin 2\phi-\sin\psi\sin 2\delta\cos^2\phi)$$

$$+\tau_{xz}(\sin 2\psi\sin^2\delta\cos^2\phi-\sin 2\psi\sin^2\phi-\cos 2\psi\sin\delta\sin 2\phi) \tag{11.8.2}$$

(4)给定 ψ，求 σ_N 的极大值，即

$$\frac{\partial\sigma_N}{\partial\delta}=0,\quad \frac{\partial\sigma_N}{\partial\phi}=0$$

解上述方程组，得出的解 δ_0 和 ϕ_0 代入条件式的左边，验证是否满足

$$\left.\frac{\partial^2\sigma_N}{\partial\delta^2}\right|_{\substack{\phi=\phi_0\\ \delta=\delta_0}}<0,\quad \left.\frac{\partial^2\sigma_N}{\partial\phi^2}\right|_{\substack{\phi=\phi_0\\ \delta=\delta_0}}<0$$

$$\left.\left[\frac{\partial^2\sigma_N}{\partial\delta^2}\frac{\partial^2\sigma_N}{\partial\phi^2}-\left(\frac{\partial^2\sigma_N}{\partial\delta\partial\phi}\right)^2\right]\right|_{\substack{\phi=\phi_0\\ \delta=\delta_0}}>0$$

容易得出，坐标系 $x_3y_3z_3$ 的三个基矢量在坐标系 xyz 中的分量是

$$\begin{pmatrix}\overrightarrow{ox_3}(x,y,z)\\ \overrightarrow{oy_3}(x,y,z)\\ \overrightarrow{oz_3}(x,y,z)\end{pmatrix}=\begin{pmatrix}e_{x_3}\\ e_{y_3}\\ e_{z_3}\end{pmatrix}\alpha_{01}\alpha_{12}\alpha_{23}$$

$$=\begin{pmatrix}1&0&0\\0&1&0\\0&0&1\end{pmatrix}\begin{pmatrix}1&0&0\\0&\cos\phi&\sin\phi\\0&-\sin\phi&\cos\phi\end{pmatrix}\begin{pmatrix}\cos\delta&\sin\delta&0\\-\sin\delta&\cos\delta&0\\0&0&1\end{pmatrix}\begin{pmatrix}\cos\psi&0&\sin\psi\\0&1&0\\-\sin\psi&0&\cos\psi\end{pmatrix}$$

$$=\begin{pmatrix}\cos\delta\cos\psi & \sin\delta & \cos\delta\sin\psi\\ -\cos\phi\sin\delta\cos\psi-\sin\phi\sin\psi & \cos\phi\cos\delta & -\cos\phi\sin\delta\sin\psi+\sin\phi\cos\psi\\ \sin\phi\sin\delta\cos\psi-\cos\phi\sin\psi & -\sin\phi\cos\delta & \sin\phi\sin\delta\sin\psi+\cos\phi\cos\psi\end{pmatrix} \tag{11.8.3}$$

因此，平面 xz 在经过三次坐标旋转后的法向矢量为

$$n_s=\overrightarrow{Oy_3}(x,y,z)=(l,m,n)$$
$$=(-\cos\phi\sin\delta\cos\psi-\sin\phi\sin\psi,\quad \cos\phi\cos\delta,\ -\cos\phi\sin\delta\sin\psi+\sin\phi\cos\psi) \tag{11.8.4}$$

其中，δ 与 θ 的关系如图 11.19 所示，可以看出，

$$\tan\theta=\frac{PC}{DC},\quad \tan\delta=\frac{PC}{OC},\quad \cos\psi=\frac{DC}{OC}$$

得到

$$\tan\theta=\sec\psi\cdot\tan\delta \tag{11.8.5}$$

从上式可以看出，在 $\psi\neq0$ 的情况下，$\theta\neq\delta$，只有在 $\psi=0$ 的情况下，$\theta=\delta$ 才成立.

从图 11.19 还可以看出，在角 δ 变化的过程中，如果 $|OP|=R$ 保持不变，由于 $PC=R\sin\delta$，则

$$r=PD=\frac{PC}{\sin\theta}=\frac{R\sin\delta}{\sin\theta} \tag{11.8.6}$$

整个破裂面实际上是在 $-2\pi\leqslant\psi\leqslant2\pi$ 范围内的无数张角 $\mathrm{d}\psi$ 的子微分面的集合与拼接，每个子微分面实际上是初始破裂面上的一条破裂线. 初始破裂面就是由无数条破裂线拼接组合而成.

不难看出，2EA 方法分析的只是 $\psi=0$ 的一种特殊情况，所得到的解只是初始破裂面上相应于 $\psi=0$ 的破裂线，我们称这条线为零线.

11.8.2 法向矢量极值法

法向矢量极值(normal stress direction vector，NSDV)法的基本步骤如下：

(1)令 P 点的直角坐标为 $P(x,y,z)$，柱坐标为 $P(r,\theta,z)$，在 P 点旋转微分面 M，其法向矢量为 $n(l,m,n)$，找出一个最佳方向作为法向，使得正应力 σ_N 为最大张应力 $\sigma_{N\max}$，并定义该微分面为 $M_{\max}$，其法向矢量为 $n_{\max}(l_0,m_0,n_0)$.

根据柯西方程，任意微分面 M 上的正应力为

$$\sigma_N=l^2\sigma_{xx}+m^2\sigma_{yy}+n^2\sigma_{zz}+2lm\tau_{xy}+2mn\tau_{yz}+2nl\tau_{zx} \tag{11.8.7}$$

σ_N 为最大的条件是必须满足

$$\frac{\partial\sigma_N}{\partial l}=0,\quad \frac{\partial\sigma_N}{\partial m}=0,\quad \frac{\partial\sigma_N}{\partial n}=0 \tag{11.8.8}$$

和约束方程 $l^2+m^2+n^2=1$ 联立，由约束方程得到 $n=\pm\sqrt{1-l^2-m^2}$，且

$$\frac{\partial n}{\partial l}=0,\quad \frac{\partial n}{\partial m}=-\frac{m}{n} \tag{11.8.9}$$

代入前两个方程，就只需要求解 $\frac{\partial\sigma_N}{\partial l}=0$，$\frac{\partial\sigma_N}{\partial m}=0$ 这两个方程，得出解 l_0，m_0，进一步代入条件式

$$\left.\frac{\partial^2\sigma_N}{\partial l^2}\right|_{\substack{l=l_0\\m=m_0\\n=n_0}}<0,\quad \left.\frac{\partial^2\sigma_N}{\partial m^2}\right|_{\substack{l=l_0\\m=m_0\\n=n_0}}<0 \tag{11.8.10}$$

和

$$\left.\left[\frac{\partial^2\sigma_N}{\partial l^2}\frac{\partial^2\sigma_N}{\partial m^2}-\left(\frac{\partial^2\sigma_N}{\partial l\partial m}\right)^2\right]\right|_{\substack{l=l_0\\m=m_0\\n=n_0}}>0 \tag{11.8.11}$$

验证不等式是否成立.

(2)把所有可延伸到破裂起始点 O 的那些符合 $M_{\max}$ 条件的微分面筛选出来作为元素,它们的集合构筑成初始破裂面.

(3)在初始破裂面上求出 $\sigma_{N\max}=\sigma_m$ 的等值线,作为初始破裂面的外缘.

第(2)步和第(3)步与 COFPDP 法完全相同,只需要把 σ_1 换成 $\sigma_{N\max}$,N_1 换成 $n_{\max}$.

以下以纯Ⅲ型裂纹为例. 由式(11.5.1)可知裂纹端部的应力分量,代入式(11.8.7),忽略高阶小项,得到

$$\sigma_N=2\frac{K_{\mathrm{III}}}{\sqrt{2\pi r}}\left(mn\cos\frac{\theta}{2}-nl\sin\frac{\theta}{2}\right) \tag{11.8.12}$$

代入式(11.8.8),得到方程组

$$\left.\begin{aligned}&ml\cos\frac{\theta}{2}+(n^2-l^2)\sin\frac{\theta}{2}=0\\&(n^2-m^2)\cos\frac{\theta}{2}+ml\sin\frac{\theta}{2}=0\end{aligned}\right\} \tag{11.8.13}$$

试将 $l=-\frac{1}{\sqrt{2}}\sin\frac{\theta}{2}, m=\frac{1}{\sqrt{2}}\cos\frac{\theta}{2}, n=\frac{1}{\sqrt{2}}$代入上式,容易验证这一组合就是方程组(11.8.13)的解.

又

$$\left.\begin{aligned}\frac{\partial^2\sigma_N}{\partial l^2}&=\frac{-2K_{\mathrm{III}}}{\sqrt{2\pi r}n^3}\left[m(1-m^2)\cos\frac{\theta}{2}-l(3n^2+l^2)\sin\frac{\theta}{2}\right]\\\frac{\partial^2\sigma_N}{\partial m^2}&=\frac{-2K_{\mathrm{III}}}{\sqrt{2\pi r}n^3}\left[m(3n^2+m^2)\cos\frac{\theta}{2}-l(1-l^2)\sin\frac{\theta}{2}\right]\\\frac{\partial^2\sigma_N}{\partial l\partial m}&=\frac{2K_{\mathrm{III}}}{\sqrt{2\pi r}n^3}\left[-l(1+m^2)\cos\frac{\theta}{2}+m(1-m^2)\sin\frac{\theta}{2}\right]\end{aligned}\right\} \tag{11.8.14}$$

将

$$n_{\max}=(l,m,n)=\frac{1}{\sqrt{2}}\left(-\sin\frac{\theta}{2},\cos\frac{\theta}{2},1\right) \tag{11.8.15}$$

代入式(11.8.14),可以看出

$$\left.\frac{\partial^2\sigma_N}{\partial l^2}\right|_{\substack{l=l_0\\m=m_0\\n=n_0}}=-\frac{2K_{\mathrm{III}}}{\sqrt{2\pi r}}\left(4-3\cos^2\frac{\theta}{2}\right)<0$$

$$\left.\frac{\partial^2\sigma_N}{\partial m^2}\right|_{\substack{l=l_0\\m=m_0\\n=n_0}}=-\frac{2K_{\mathrm{III}}}{\sqrt{2\pi r}}\left(3\cos^2\frac{\theta}{2}+1\right)<0$$

$$\left.\frac{\partial^2\sigma_N}{\partial l\partial m}\right|_{\substack{l=l_0\\m=m_0\\n=n_0}}=\frac{2K_{\mathrm{III}}}{\sqrt{2\pi r}}\cdot 4\sin\frac{\theta}{2}\cos\frac{\theta}{2}$$

因此

$$\left[\frac{\partial^2\sigma_N}{\partial l^2}\frac{\partial^2\sigma_N}{\partial m^2}-\left(\frac{\partial^2\sigma_N}{\partial l\partial m}\right)^2\right]\Bigg|_{\substack{l=l_0\\m=m_0\\n=n_0}}=\left(\frac{K_{\mathrm{III}}}{\sqrt{2\pi r}}\right)^2(9+7\cos^2\theta)>0$$

这就证明了，式(11.8.15)的确能使 σ_N 取极大值. 将式(11.8.15)代入式(11.8.12)，得到 σ_N 的极大值为

$$\sigma_{N\max}=\frac{K_{\mathrm{III}}}{\sqrt{2\pi r}} \tag{11.8.16}$$

容易看出，用 NSDV 法得到的结果和 11.5.1 节用 COFPDP 方法得到的结果完全相同.

NSDV 法没有从根本上克服极值法的烦琐缺点，但在理论上却是一个重要的中间环节，由它很自然地优化为 COFPDP 方法. 原因在于，弹性力学已经证明，$\sigma_{N\max}$ 的求解结果必然就是 σ_1，第(1)步的求解过程实际上完全是重复弹性力学应力椭球的证明过程(见本章补充 11.1)，因此求解效果和立即求解 P 点的 σ_1 和 N_1 是完全等同的，而后者可以节省许多计算步骤.

11.8.3　三种方法的等效性

以上我们列举了三种方法：

(1)三欧拉角(3EA)法；

(2)法向矢量极值(NSDV)法；

(3)第一主微分面合成(COFPDP)法.

后两种方法的等效性已经说明，现在来进一步讨论后两种方法和第一种方法的等效性. 由式(11.8.4)已经知道，平面 xz 经三次坐标系旋转后的法向矢量和三个欧拉角的关系是

$$\left.\begin{aligned}l&=-\cos\phi\sin\delta\cos\psi-\sin\phi\sin\psi\\m&=\cos\phi\cos\delta\\n&=-\cos\phi\sin\delta\sin\psi+\sin\phi\cos\psi\end{aligned}\right\} \tag{11.8.17}$$

由图 11.19 可以看出，

$$\tan\psi=\frac{z_P}{x_P} \tag{11.8.18}$$

将式(11.4.12)代入，得到

$$\tan\psi=-\frac{l+m\cdot\tan\theta}{n} \tag{11.8.19}$$

又由式(11.8.5),得到

$$\tan\delta=\cos\psi\cdot\tan\theta=\frac{n\cdot\tan\theta}{\sqrt{n^2+(l+m\tan\theta)^2}} \tag{11.8.20}$$

由式(11.4.12)中的第二式,得到

$$\cos\phi=m\sec\delta=m\sqrt{1+\frac{n^2\tan^2\theta}{n^2+(l+m\tan\theta)^2}} \tag{11.8.21}$$

最后得到关系式(11.8.17)的反变换公式为

$$\left.\begin{aligned}&\psi=-\arctan\frac{l+m\cdot\tan\theta}{n}\\&\delta=\arctan\frac{n\cdot\tan\theta}{\sqrt{n^2+(l+m\cdot\tan\theta)^2}}\\&\phi=\arccos\left[m\sqrt{1+\frac{n^2\tan^2\theta}{n^2+(l+m\cdot\tan\theta)^2}}\right]\end{aligned}\right\} \tag{11.8.22}$$

以上结果表明两种极值搜索方法可以互相换算.可见这两种极值方法是等效的,只是在步骤上有些区别.3EA 法先限定点 P 的几何约束条件,然后寻找 σ_N 的极大值,NSDV 法则将先后次序颠倒过来,先寻找 σ_N 的极大值,然后限定点 P 的几何约束条件.COFPDP 方法则认为这两种极值搜索统统没有必要,完全可以用直接求 σ_1 和 N_1 来代替.

由于 COFPDP 方法的理论基础和等效性已经得到论证,这里罗列 3EA 法和 NSDV 法似乎是多余的,但这里我们仍然不惜笔墨罗列和比对这三种方法的细节.这样做一方面是为了更加严谨,另一方面也是为了与研究历史衔接.

11.9　张应力判据的临界 K-曲面

张应力判据临界 K 值用一个三维 $K_s(s=\mathrm{I},\mathrm{II},\mathrm{III})$ 空间中的曲面表示,简称 K-曲面,它的物理意义是:当复合型裂纹的 $K_s(s=\mathrm{I},\mathrm{II},\mathrm{III})$ 位于 K-曲面的内部时,裂纹处于稳定状态,当 $K_s(s=\mathrm{I},\mathrm{II},\mathrm{III})$ 位于 K-曲面上时,裂纹开始扩展.

K-曲面曾经由 Palaniswamy 等(1978)画出,是利用 2EA 法导出的.以下依据 COFPDP 方法来重新讨论 K-曲面的求解问题.

在 K-曲面的推导过程中,仅保留应力的奇异项,暂时忽略高阶小量 $o(r^{-1/2})$.令 $\sigma_{ij}=\frac{1}{\sqrt{2\pi r}}F_{ij}(\theta)$,$\sigma_1=\frac{1}{\sqrt{2\pi r}}K_e(\theta)$,$K_e(\theta)$为张量 $F_{ij}(\theta)$的最大特征值,因此也可以记为

$$K_e(\theta)=K_e(K_\mathrm{I},K_\mathrm{II},K_\mathrm{III},\theta) \tag{11.9.1}$$

在临界状态下,$K_e(\theta)=K_{Ic}$,K_{Ic}为断裂韧性.记 σ_m 为介质局部抗拉强度,位于临界状态下 $\sigma_1=\sigma_m$ 的等值线上

$$\sigma_m = \frac{1}{\sqrt{2\pi r_m(\theta)}} K_e(K_{\mathrm{I}}, K_{\mathrm{II}}, K_{\mathrm{III}}, \theta) \tag{11.9.2}$$

由上式得出

$$r_m(\theta) = \frac{1}{2\pi}\left[\frac{K_e(K_{\mathrm{I}}, K_{\mathrm{II}}, K_{\mathrm{III}}, \theta)}{\sigma_m}\right]^2 \tag{11.9.3}$$

由于 $\sigma_1=\sigma_m$ 的等值线上的 r 值不是常数，而是变量，我们需要选择适当的临界参照点 $\theta=\theta_0$. 在纯Ⅰ型裂纹问题中，裂纹端部 $\theta=0°$处，为环向应力最大方位，如果仅保留奇异项，在临界条件下

$$\sigma_1 = \sigma_m = \frac{K_{\mathrm{Ic}}}{\sqrt{2\pi r_0}} \tag{11.9.4}$$

r_0 为相应于Ⅰ型断裂的临界距离，为材料常数. 因而

$$r_0 = \frac{1}{2\pi}\left(\frac{K_{\mathrm{Ic}}}{\sigma_m}\right)^2 \tag{11.9.5}$$

$\theta=\theta_0$有以下两种取法：

(1)在 $\sigma_1=\sigma_m$ 的等值线上，取 $z_P=0$ 处，即初始破裂面与 Oxy 面的交线处，称为零线. 由式(11.4.10)，$z_P=0$ 处的主微分面应满足

$$l_1\cos\theta + m_1\sin\theta = 0$$

此处 $r_m(\theta_0)=r_0$. 和Ⅰ型裂纹 $\theta_0=0$ 处，$\sigma_m=\dfrac{K_{\mathrm{Ic}}}{\sqrt{2\pi r_0}}$比对，有

$$K_e(K_{\mathrm{I}}, K_{\mathrm{II}}, K_{\mathrm{III}}, \theta) = K_{\mathrm{Ic}} \tag{11.9.6}$$

它的根 $K_{\mathrm{I0}}, K_{\mathrm{II0}}, K_{\mathrm{III0}}$有无穷多组解，称式(11.9.6)为张应力判据的临界 K-方程. 建立 $O-K_{\mathrm{I}}K_{\mathrm{II}}K_{\mathrm{III}}$直角坐标系，$K_{\mathrm{I0}}, K_{\mathrm{II0}}, K_{\mathrm{III0}}$所有组合构成一个空间曲面，称为第一类临界 K-曲面，如图 11.21 所示. 其中，$K_J=K_J/K_{\mathrm{Ic}}(J=\mathrm{I},\mathrm{II},\mathrm{III})$为无量纲归一化的应力强度因子.

该方法优点是能够和Ⅰ-Ⅱ复合型裂纹相容，但低于临界值时 $z_P\neq0$ 部位的扩展估计不足，有可能使临界值系统性估计偏高.

由式(11.8.18)，$\tan\psi=\dfrac{z_P}{x_P}$，Palaniswamy 等(1978)采用的 2EA 方法取 $\psi=0$，即 $z_P=0$，可见 P 氏采用的就是零线，因此计算临界 K-曲面的结果和 P 氏一致. 这里仍引用 Palaniswamy 等(1978)绘制的图(图 11.21).

(2)取 $r=r_m(\theta)$的极大值时所在的 $\theta=\theta_0$，计算得到的结果如图 11.22 所示，称之为第二类临界 K-曲面. 其中 $K_J=K_J/K_{\mathrm{Ic}}(J=\mathrm{I},\mathrm{II},\mathrm{III})$，为无量纲归一化的应力强度因子. 临界 K-曲面在三个坐标轴上的截距分别由纯Ⅲ型、Ⅰ-Ⅲ复合型和Ⅱ-Ⅲ复合型裂纹的分析中得出. 在 11.5.1 节中，依据纯Ⅲ型裂纹的分析得出 $K_{\mathrm{IIIc}}=1$；在 11.5.2 节中，依据Ⅰ-Ⅲ复合型裂纹的分析，取 $k_{\mathrm{III}}=\varepsilon\to0$ 的极限值求出 $\theta_{max}=\pm60°$，

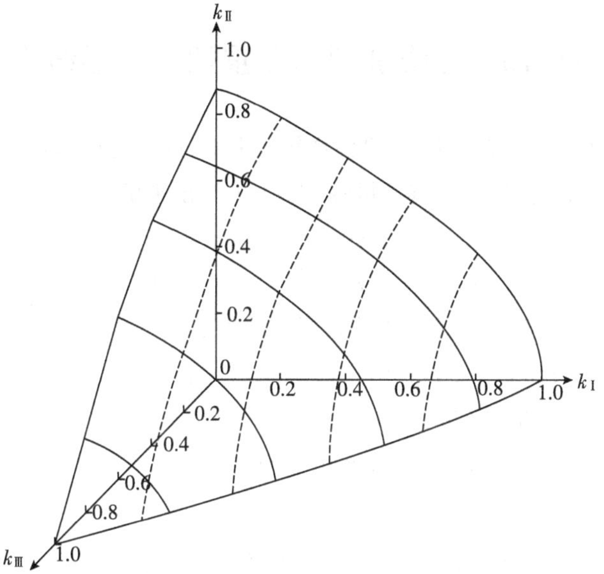

图 11.21　张应力判据的第一类临界 K-曲面(Palaniswamy and Knauss,1978)

$k_{\text{Ic}}=\frac{3\sqrt{6}}{8}\sim 0.7698$;在 11.5.3 节中,依据Ⅱ-Ⅲ复合型裂纹的分析,取 $k_{\text{III}}=\varepsilon\to 0$ 的极限值求出 $\theta_{\max}=-180^\circ$,$K_{\text{IIc}}=0.5$.因此临界 K-曲面在 k_{I},k_{II} 和 k_{III} 三个坐标轴上的截距分别是 0.7698,0.5 和 1.0,如图 11.22 所示.

该方法的优点是考虑到了破裂的最安全值,缺点是对 $K_{\text{III}}\neq 0$ 的情况和 $K_{\text{III}}=0$ 的情况难以给出统一模型,对 $K_{\text{III}}=\varepsilon\to 0$ 和 $K_{\text{III}}=0$ 的分析结果完全不同,在 $K_{\text{III}}=0$ 的情况下裂纹成为Ⅰ-Ⅱ复合型裂纹,退化成二维平面问题,该情况下的解与 z 坐标无关.例如,纯Ⅰ型裂纹,$\theta_{\max}=0^\circ$,$k_{\text{Ic}}=1$;纯Ⅱ型裂纹,$\theta_{\max}=-70^\circ 32'$,$K_{\text{IIc}}=\sqrt{3}/2\approx 0.866$.显示出二维问题和三维问题结果不同.

该方法在理论模型上可能难以达到兼容一切的地步,即在 $K_{\text{III}}=\varepsilon\to 0$ 和 $K_{\text{III}}=0$ 两种不同情况下,裂纹的扩展条件不同.

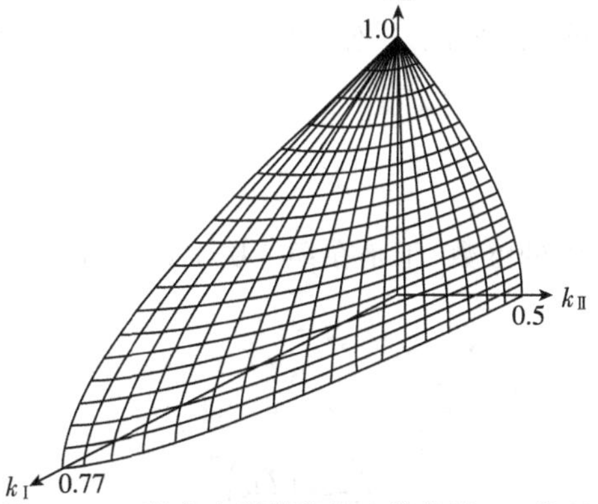

图 11.22　张应力判据的第二类临界 K-曲面

11.10　三维破裂的多重性与分形结构

由图 11.13 可知，若 O 点附近的裂纹前缘平直，则其他破裂起始点 $O'(x_0, y_0, z_0)$ 一般有 $x_0=y_0=0, z_0\neq 0$. 点 P' 必须是从点 O' 扩展出来的.

$$R'_P=\{x_P-0, y_P-0, z_{P'}\}=\{r\cos\theta, r\sin\theta, z_{P'}\} \tag{11.10.1}$$

$$O'P'=\{x_P-0, y_P-0, z_{P'}-z_0\}=\{r\cos\theta, r\sin\theta, z_{P'}-z_0\} \tag{11.10.2}$$

$O'P'\perp N_1$ 或 $O'P'\cdot N_1=0$，展开成分量形式，就是

$$\{r\cos\theta-0, \sin\theta-0, z_{P'}-z_0\}\cdot\{l_1, m_1, n_1\}=0$$

由此得到主微分面 R'_P 的法向式为

$$l_1 r\cos\theta+m_1 r\sin\theta+n_1(z_{P'}-z_0)=0$$

得到

$$z_{P'}=z_0-\frac{r(l_1\cos\theta+m_1\sin\theta)}{n_1}\quad(n_1\neq 0) \tag{11.10.3}$$

将上式代入式(11.10.1)，得到由点 $O'(0,0,z_0)$ 产生的初始破裂微分面 R'_P 为

$$R'_P=\left\{r\cos\theta, r\sin\theta, z_0-\frac{r(l_1\cos\theta+m_1\sin\theta)}{n_1}\right\}\quad(n_1\neq 0) \tag{11.10.4}$$

和式(11.4.17)相比较，它只是过 O 点的 R_P 沿着 z 轴平移了 z_0. 由于 z_0 是任意选择的，因此破裂点 $(0,0,z_0)$ 可取无数个，在裂纹前缘有限区间内可以产生无穷多个初始破裂面，它们彼此互不相交. 我们称这种形态为多重破裂.

实验观察(图 11.7、图 11.8)表明，在玻璃介质中，一条同一类型(如纯Ⅲ型)裂纹前缘产生的三维多重又通过相互归并，形成尺度更大的破裂，但总体数量会减少，不同尺度的破裂形成不同层次，破裂群体呈自相似特征. 该群体显然为分形，可以导出它的分维数为 1.0，推导如下.

记第 i 层次破裂的特征尺寸为 r_i，r 可以指 θ 为同一值(如 $\theta=0°$)处的值，则在同一段长度为 L 的裂纹前缘，按照分维的定义(Xie，1993)，特征尺寸为 r_i 的破裂数量为

$$N_i=\frac{c}{r_i^D} \tag{11.10.5}$$

其中，c 为常数，D 为分维的维数. 于是在第 j 层次，特征尺寸为 r_j 的破裂的数量为

$$N_j=\frac{c}{r_j^D} \tag{11.10.6}$$

以上两式相除，得到

$$\frac{N_i}{N_j}=\left(\frac{r_j}{r_i}\right)^D \tag{11.10.7}$$

另外，根据 11.2 节和 11.3 节列举的实验结果，破裂的间距 d 和特征尺寸 r 成正比，即 $d \propto r$. 于是 $N=\frac{L}{d}\propto\frac{L}{r}$，因此

$$N_i \propto \frac{L}{r_i},\quad N_j \propto \frac{L}{r_j}$$

由此得到

$$\frac{N_i}{N_j}=\frac{r_j}{r_i} \tag{11.10.8}$$

将上式与式(11.10.7)比较，立即得到 $d=1.0$. 注意，这里的 1.0 维是分维，和通常所说一维的意义不同，后者是一种整数维.

三维破裂的多重性表明，多重破裂结果可以在断层内各种不同尺度的上发生，大到几百公里尺度的断层，小到毫米级的岩石晶粒. 这些跨尺度的多重破裂叠加在一起，就构成了我们经常见到的岩体、岩块乃至断层泥等大大小小的破碎现象.

11.11　野外拍摄到的现场岩石三维破裂

这里再展示一些岩石中的三维破裂图像. 除 Cox 和 Scholz(1988)利用显微镜观察到岩石样品剪切应力条件下的三维破裂外，还有一些在野外拍摄到的岩石三维破裂. 图 11.23 显示的是 Ortlepp(2001)在南非 East Rand Proprietary Mines 金矿下拍摄到的岩爆震源的剪切破坏踪迹. 该矿开采面的深度达到 2555 m. 小孔径台网的地震定位表明这些剪切破坏位于岩爆发生的区域，可定位震级达到 M_L 1.5 以上. 这些剪切破坏的地方事先并不存在已有的断层或弱化带，似乎是新鲜的破裂. 图 11.24 显示的是电干涉镜下观测到的剪切破坏带内的岩石微观状况，可看到晶间和穿晶的张性微破裂. 这些破裂形态显然无法用前面几章的二维模型来描述或解释，必须用三维模型.

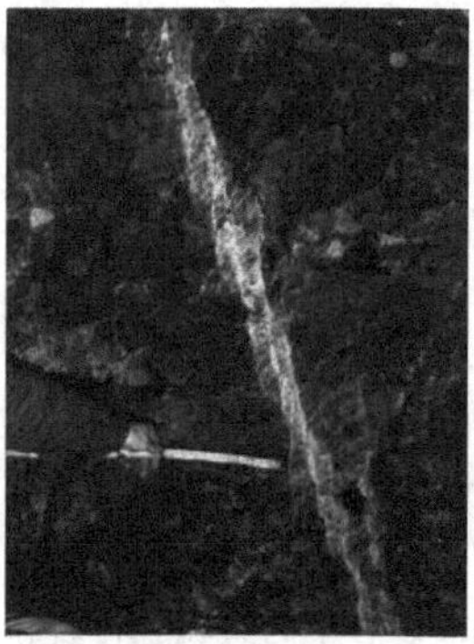

(a)

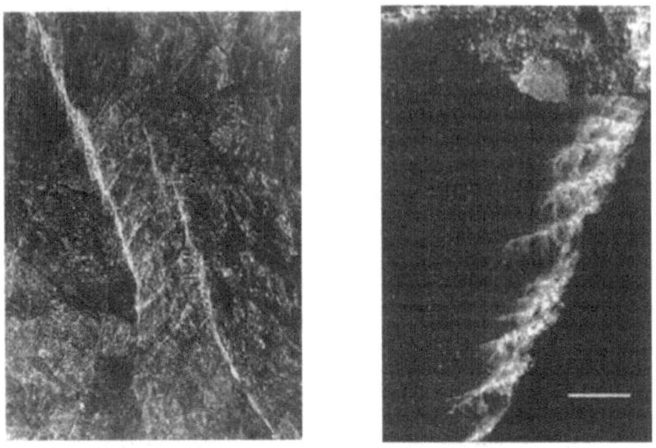

(b)　　　　(c)

图 11.23　南非 East Rand Proprietary Mines 金矿下拍摄到的剪切破坏踪迹(Ortlepp,2001)

图 11.24　电干涉镜下观测到的剪切破坏带内的岩石微观状况，
可见到晶间和穿晶的张性微破裂(Ortlepp,2001)

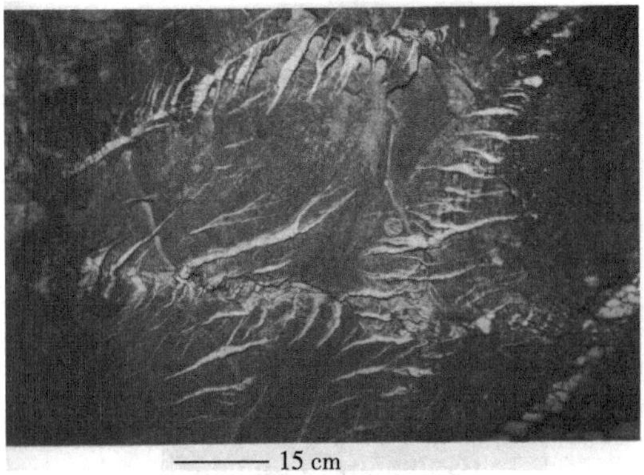

图 11.25　澳大利亚 Marrimbula 砂岩中的共轭雁行岩脉阵列(Rickard and Rixon,1983)
此阵列显示了一组岩脉平行于由另一组岩脉所确定的条带,但一组里的岩脉并不平行于另一组内的岩脉(Atkinson,1987)

图 11.25 显示的是澳大利亚 Marrimbula 砂岩中的共轭雁行岩脉阵列(Rickard and Rixon,1983).

在轻度胶结的砂岩中,高度磨碎的断层泥和原岩的碎屑呈指状穿插,剪切破裂常清晰可见(图 11.26).将图 11.26、图 11.27 与图 11.7、图 11.8、图 11.16(c)～(d)显示的Ⅱ-Ⅲ复合型破裂比对,它们之间有很强的相似性.

—— 10 cm

图 11.26　美国新墨西哥州 Bonita 断层带的辫状剪切破裂(Atkinson,1987)

—— 5 cm

图 11.27　取自澳大利亚的 Turbidite 砂岩中的辫状剪切破裂,
砂岩的剪切水平断错反映了页岩层的扭结(Atkinson,1987)

图 11.28 显示的是澳大利亚 Tasmania 砂岩内的拉伸剪切节理(Atkinson, 1987). 和图 11.20 比对,每个破裂元和Ⅰ-Ⅲ复合型破裂形状十分相似.

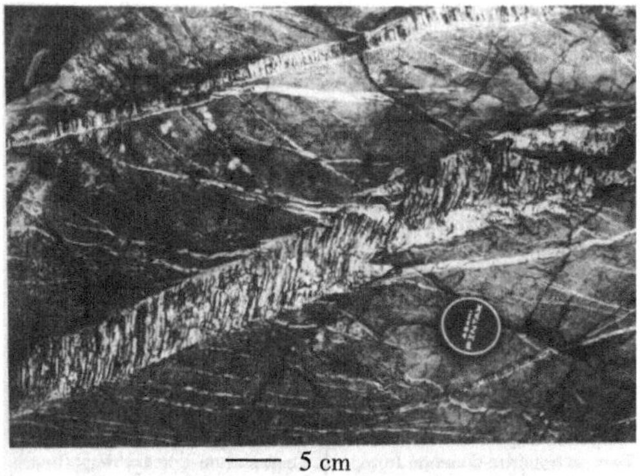

图 11.28　澳大利亚 Tasmania 砂岩内的拉伸剪切节理(Atkinson, 1987)

吴海威(1991)提供了大量岩石疲劳断裂的野外观测和室内石英岩疲劳纹的三维破裂图片证据,认为这些野外岩石的疲劳断裂是日月的潮汐作用累积而成. 从这些图片可以看出,岩石疲劳断裂的形态,与我们在实验室内观察到的螺旋状三维破裂相似.

补充 11.1　应力椭球

这里讨论的是拉梅应力椭球. 令坐标选择在主轴方向,三个主应力是 $\sigma_1 \geqslant \sigma_2 \geqslant \sigma_3$,因此 $\sigma_{xx}=\sigma_1, \sigma_{yy}=\sigma_2, \sigma_{zz}=\sigma_3, \tau_{xy}=\tau_{yz}=\tau_{zx}=0$. 在点 P 的任一平面的法线是 n,它的方向余弦是 l, m, n,在这平面上的应力矢量 $T^{(n)}$ 的三个分量为 $T_x^{(n)}, T_y^{(n)}, T_z^{(n)}$,代入柯西公式,就有

$$\left.\begin{aligned} T_x^{(n)} &= \sigma_{xx} l + \tau_{xy} m + \tau_{xz} n = \sigma_1 l \\ T_y^{(n)} &= \tau_{xy} l + \sigma_{yy} m + \tau_{yz} n = \sigma_2 m \\ T_z^{(n)} &= \tau_{xz} l + \tau_{yz} m + \sigma_{zz} n = \sigma_3 n \end{aligned}\right\} \tag{1}$$

选择一坐标系 ξ, η, ζ(这坐标仍在主轴向),并取一矢量 (ξ, η, ζ) 代表与这矢量正交的平面上所受到的应力矢量,亦即

$$\xi = T_x^{(n)}, \quad \eta = T_y^{(n)}, \quad \zeta = T_z^{(n)} \tag{2}$$

由式(1)及 $l^2+m^2+n^2=1$,即可得出

$$\left(\frac{\xi}{\sigma_1}\right)^2 + \left(\frac{\eta}{\sigma_2}\right)^2 + \left(\frac{\zeta}{\sigma_3}\right)^2 = 0 \tag{3}$$

此方程代表一椭球,它的矢径便代表应力矢量的大小 $T^{(n)}$,至于 $T^{(n)}$ 作用的平面法线方向余弦,可如下求取

$$l = \frac{\xi}{\sigma_1}, \quad m = \frac{\eta}{\sigma_2}, \quad n = \frac{\zeta}{\sigma_3} \tag{4}$$

代入附录 I 式(A1.3)，得到 $T^{(n)}$ 作用的平面上的正应力为

$$\sigma_N = l^2\sigma_1 + m^2\sigma_2 + n^2\sigma_3 \tag{5}$$

σ_N 的极大值应满足条件

$$\frac{\partial \sigma_N}{\partial l} = 0,\quad \frac{\partial \sigma_N}{\partial m} = 0,\quad \frac{\partial \sigma_N}{\partial n} = 0 \tag{6}$$

和

$$\frac{\partial^2 \sigma_N}{\partial l^2} < 0,\quad \frac{\partial^2 \sigma_N}{\partial m^2} < 0,\quad \frac{\partial^2 \sigma_N}{\partial n^2} < 0 \tag{7}$$

但与约束条件式 $l^2 + m^2 + n^2 = 1$ 联立，上两式就只须留下两个. 将约束条件代入式(5)就得到

$$\sigma_N = (1 - m^2 - n^2)\sigma_1 + m^2\sigma_2 + n^2\sigma_3 \tag{8}$$

将上式代入式(6)，得到

$$\left.\begin{aligned} m(\sigma_1 - \sigma_2) = 0 \\ n(\sigma_1 - \sigma_3) = 0 \end{aligned}\right\}$$

由此得到第 1 组解 $m = n = 0, l = 1$，此时 $\sigma_N = \sigma_1$. 又

$$\frac{\partial^2 \sigma_N}{\partial m^2} = -2(\sigma_1 - \sigma_2) \leqslant 0,\quad \frac{\partial^2 \sigma_N}{\partial n^2} = -2(\sigma_1 - \sigma_3) \leqslant 0$$

条件式(7)也已得到满足. 式(5)还可以写成

$$\sigma_N = l^2\sigma_1 + (1 - l^2 - n^2)\sigma_2 + n^2\sigma_3$$

或

$$\sigma_N = l^2\sigma_1 + m^2\sigma_2 + (1 - l^2 - m^2)\sigma_3$$

分别得到极值 $\sigma_N = \sigma_2$，$\sigma_N = \sigma_3$，但容易看出都不能满足式(7). 由此证明 σ_N 的极大值为

$$\sigma_{N\max} = \sigma_1 \tag{9}$$

以上还可参见文献(Timoshenko and Goodier, 1970；钱伟长等，1956).

第 12 章　岩石的剪切破坏

岩石Ⅱ型(剪切)破坏的发生条件首先是要抑制裂纹端部的翼状Ⅰ型扩展. 研究结果表明存在两种效应,一种是远场围压效应,另一种是共线剪切裂纹的互锁效应. 这两种效应都可以起到抑制Ⅰ型翼状破裂的作用,前者属于宏观条件,后者属于微观条件. 两种效应都需要补充必要的前提,即裂纹前缘介质必须充分弱化(成核). 现有资料倾向于地壳脆性层的 p/τ 值多处于可发生Ⅱ型破坏的必要条件下. 其中 p 为围压,τ 为剪应力. 由此可以解释为什么不同区域、不同深度的构造地震(包括深度只有几百米的矿山、水库诱发地震)的震源机制都是以双力偶(剪切)为主要成分. 互锁效应使剪切破坏的发生条件可以拓宽到 $p/\tau=1$ 的条件下,由此可以解释部分岩石样品在单轴压力下的Ⅱ型破裂和地表滑坡的过程.

12.1　引　　言

12.1.1　基本概念

剪切破坏(shear failure,rupture),是指脆性固体介质在剪切应力的作用下破裂面沿自身所在平面(也叫做自相似)扩展. 地震波反演研究证实,绝大多数天然地震的震源都是剪切源的失稳破裂. 因此剪切破坏的研究对地震断层破裂机制的认识具有重要意义.

剪切破裂面是怎样形成的? Brace(1963)的实验确认了在高围压条件下,差应力可以引起翼状张性微裂纹从而导致岩石体积膨胀. 断裂力学以 Griffith 和 Irwin 的理论为指导,成功地解释了裂纹翼状初始破裂的产生条件(Erdogan and Sih,1963). 那么宏观上岩石内的剪切破坏又是怎样产生的呢? 用现有的断裂力学理论似乎很难解释. 不少文献(Brace,1966; Horri and Nemat-Nasser,1985)往往用走滑断层的雁列式(割阶)组合作为基础,认为剪切破裂是由这些雁列式产生的翼状Ⅰ型破裂通过节理转向到平行于剪切破坏的方向连接起来的. 随着滑动进行磨损对割阶侵蚀,逐渐形成更连续、更平滑的断层. Scholz(1990)对此提出不同看法,认为雁列式裂纹组合是走滑断层产生的地面破裂的一种常见形式,在深部有可能是埋深断层的Ⅲ型破裂扩展的结果. Scholz(1990)列举了种种理由,认为将雁列式结构的连接作为剪切破坏面形成的机制的说法并没有为断层的形成提供一个令人满意的解释. 而割阶的侵蚀磨损的说法,似乎也没有充分依据.

所谓纯剪切型破坏是指只有剪切破裂而没有翼状张裂隙，或翼状张裂隙太短乃至于可以忽略. 那么又是什么条件使这些张破裂被抑制住呢?

针对上述问题，Melin(1986)提出了一种围压效应理论. 该理论认为，高围压会抑制住翼状张破裂的扩展，使它足够短，从而使剪切破裂变得纯粹. Melin 提出了一个切平面裂纹的评估判据. 以 p/τ 作为指标，其中 p 为围压，τ 为切平面剪应力，数值分析给出 p/τ 的一个区间(d_2, d_3)，当 $p/\tau<d_2$ 时，优先产生Ⅰ型扩展；当 $d_2<p/\tau<d_3$ 时，优先产生Ⅱ型扩展；当 $p/\tau>d_3$ 时，裂纹不能扩展. 这样，在 $d_2<p/\tau<d_3$ 保持不变(比例加载)的前提下增加 τ 值，就能进一步满足破裂起始的动力条件.

然而，Melin(1986)的理论模型中看不出对介质的非均匀性假设，似乎均匀连续弹性介质(如玻璃)内的裂纹在围压足够的条件下也可以发生剪切破坏. 实际上这样的现象在实验中迄今为止没有看到过(Scholz, 1990)，这就显示出了现有的围压效应理论本身还存在某种缺陷.

12.1.2　对照实验

完整的岩石样品在差应力作用下沿斜切方向可以通过形变局部化发生剪切破坏. 图 12.1 显示的就是实验室内围压与差应力共同作用下花岗岩样品的剪切破坏. 但是，如果在新鲜岩样内部有沿斜切方向存在切口，是否会导致剪切破坏更容易发生呢?

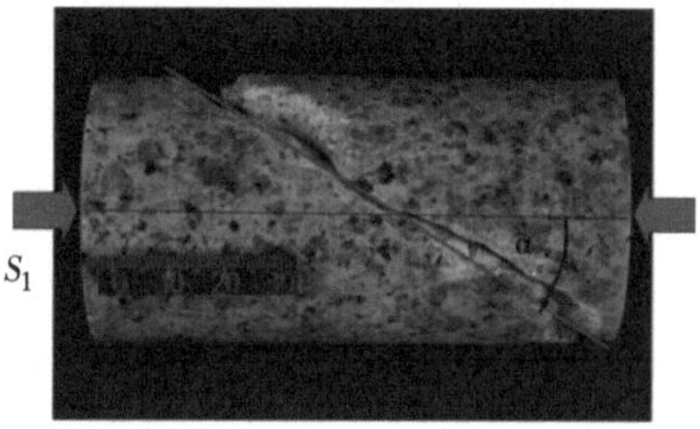

图 12.1　花岗岩样品在围压与差应力共同作用下的剪切破坏(Zang et al., 2000)

对照 1　大理岩板中心含单一穿透切口在单轴压力下的破裂. 图 12.2 为加载速率为 2.5～5MPa/m 时，用灯光透照观察到的微破裂演化过程. 其中，AB 为预制切口，AC，BD 为张性扩展，AE，BF 为压剪型逆冲破裂，在 AB 延长线上虽然也有一些微破裂发育，但在实验结果中看不到与 AB 共面的自相似剪切破坏.

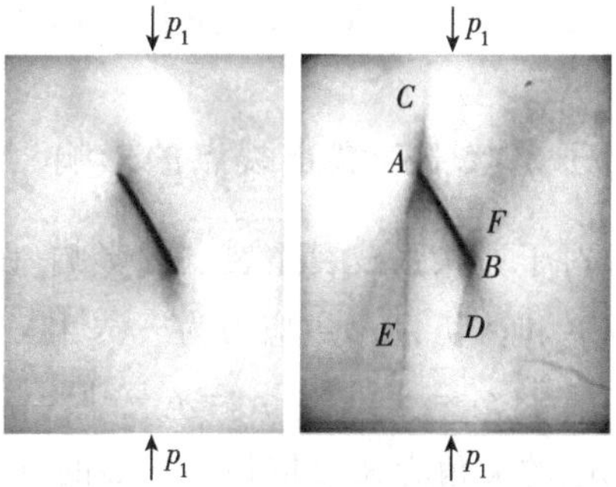

(a) σ/σ_m=73.8%　(b) σ/σ_m=100%

图 12.2　大理岩中心单一穿透切口的破裂

样品号：99012；尺寸 149mm×80mm×6mm，裂纹长度 c=24mm，β=30°，σ_m=127.1MPa

对照 2　含单切口大理石板在围压与差应力共同作用下的破裂.

将预制中心单斜切口为 AB(长度为 20～25 mm)的板分别置入 150 MPa(样品尺寸 180 mm×90 mm×5 mm)和 800 MPa(样品尺寸 60 mm×35 mm×5 mm)液体围压容器内，再加轴压. 在卸载后将样品从容器中取出，如图 12.3 所示，可以观察到:

(1)中心切口出现Ⅰ型扩展 AC 和 BD;

(2)在 AB 延长线左右很宽的方向都出现了大量的微裂纹发育，但仍然没有形成剪切破坏.

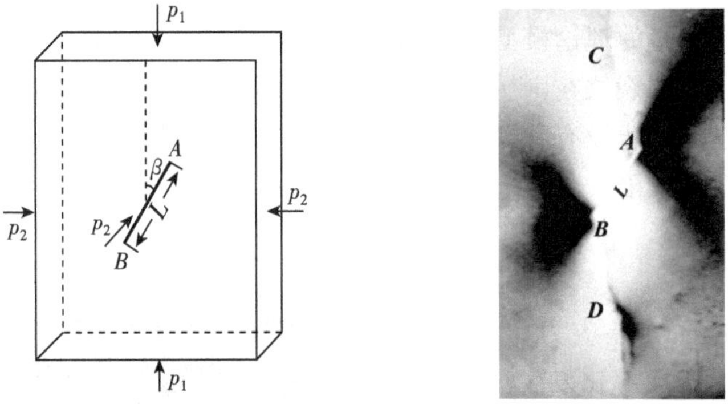

(a) 实验设计　　(b) 实验后将样品从容器中取出观察

图 12.3　岩石板在高围压下中心切口的破裂

材料:大理岩;尺寸:180mm×100mm×5mm;围压 p=150MPa,AB 为预制切口,L=20mm,β=30°AC,BD 为张性破裂

实验结果令人感到意外. 为什么在岩样斜切方向预制了切口之后，在同样围压条件下反倒不能引导出剪切破坏了呢? 是否在现有的围压效应内还应该增加一些条件呢?

12.2　围压效应理论的再研究

12.2.1　p/τ 的差异对于翼状张破裂止裂点的影响

首先考察 p/τ 的差异对于翼状张破裂止裂点的影响. 设无限大板含一条中心裂纹，长度 $2c$. 远场受应力 $-p$ 和剪切力 τ，主应力为 $-p_1$ 和 $-p_2$. 由附录Ⅰ,

$$p_1=p+\tau,\quad p_2=p-\tau \tag{12.2.1}$$

定义中心裂纹走向 ox 与 p_1 的夹角为 β. β 取最易扩展的方向. 由第 8 章的推导结果，$\beta=\beta_d=1/2\arctan(1/f_d)$(图 12.4). 加载过程中要求 p/τ 的比例始终保持不变，叫做**比例加载**.

图 12.4 给出的是在不同的 p/τ 情况下最大主张应力 σ_1 的分布和翼状张破裂的扩展轨迹. 扩展的最终止裂点位于 $\sigma_1 \geqslant \sigma_c$，其中 σ_c 为介质的抗拉强度. 计算采用了 5.4 节非自相似内聚带理论和 8.3 节给出的算法. 图 12.4 分别给出(a) $p/\tau=1$，(b) $p/\tau=1.4$ 和(c) $p/\tau=2.0$ 的情况. 可以看出，翼状张破裂的最终长度随 p/τ 增加而逐步缩短.

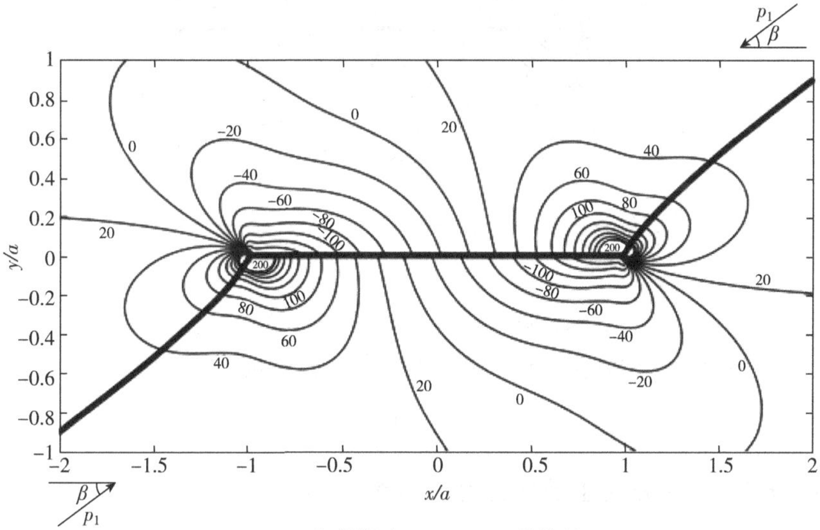

(a) $p/\tau=1$(即单轴压 $p_1=200, p_2=0$)的情况

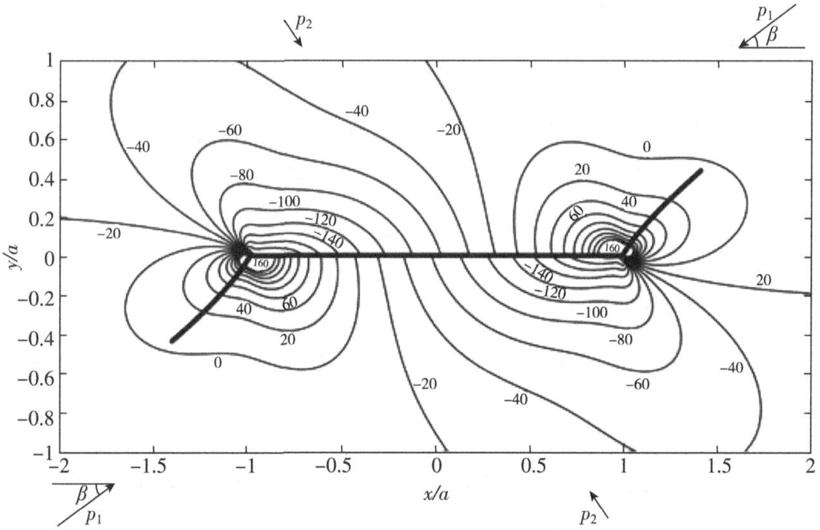

(b) $p/\tau=1.4$(即 $p_1=240, p_2=40$)的情况

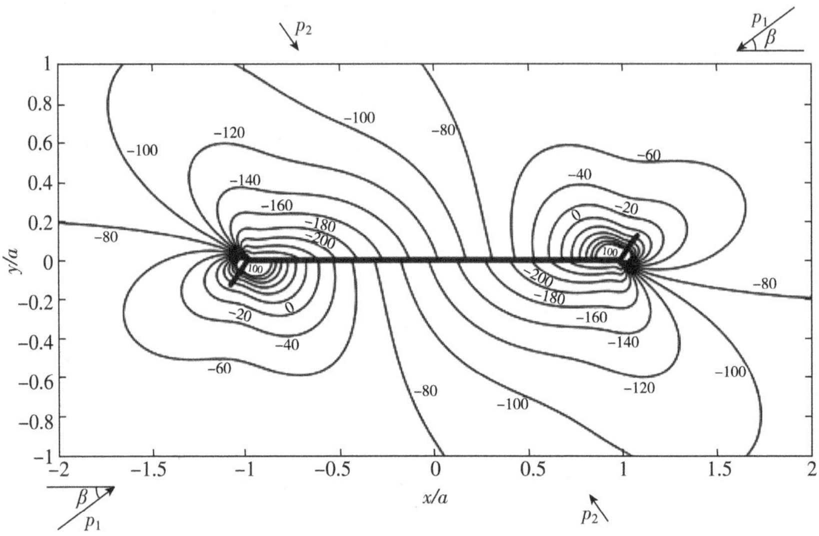

(c) $p/\tau=2.0$ (即 $p_1=300, p_2=100$)的情况

图 12.4　不同 p/τ 对于受压Ⅱ型裂纹翼状张破裂止裂效果的对比

(取 $f_d=0.4,\beta=34.099°$)

12.2.2　p/τ 的差异对于剪切破坏发生的作用

继续采用 12.2.1 节的条件,远场边界应力为

$$\sigma_{xx}^{\infty}=-p-\tau\cdot\cos 2\beta,\quad \sigma_{yy}^{\infty}=-p+\tau\cdot\cos 2\beta,\quad \tau_{xy}^{\infty}=\tau\cdot\sin 2\beta \tag{12.2.2}$$

裂纹面上受到的正应力为

$$\sigma_{\mathrm{N}}=\sigma_{yy}^{\infty}=-p+\tau\cos 2\beta \tag{12.2.3}$$

若裂纹的尺度远大于岩石内的颗粒尺度,则在宏观上分析应力分布时,可暂时将裂纹外的介质处理为均匀的.在 $p/\tau<0$ 的情况下,裂纹前缘的应力用极坐标表示为

$$\left.\begin{aligned}\sigma_{rr}&=\frac{1}{2\sqrt{2\pi r}}\left[K_{\mathrm{I}}(3-\cos\theta)\cdot\cos\frac{\theta}{2}+K_{\mathrm{II}}(3\cos\theta-1)\cdot\sin\frac{\theta}{2}\right]\\&\quad-p-\tau\cos 2(\beta+\theta)\\\sigma_{\theta\theta}&=\frac{1}{2\sqrt{2\pi r}}\cos\frac{\theta}{2}\left[K_{\mathrm{I}}(1+\cos\theta)-3K_{\mathrm{II}}\sin\theta\right]\\&\quad-p+\tau\cos 2(\beta+\theta)\\\tau_{r\theta}&=\frac{1}{2\sqrt{2\pi r}}\cos\frac{\theta}{2}\left[K_{\mathrm{I}}\sin\theta+K_{\mathrm{II}}(3\cos\theta-1)\right]+\tau\sin 2(\beta+\theta)\end{aligned}\right\}+o(r^{-1/2}) \tag{12.2.4}$$

在 $p/\tau\geqslant 0$ 的情况下,裂纹面闭合,裂纹面之间只有剪切滑动,成为Ⅱ裂纹.上式中, $K_{\mathrm{I}}=0$.

$$\left.\begin{aligned}\sigma_{rr}&=\frac{K_{\mathrm{II}}}{2\sqrt{2\pi r}}(3\cos\theta-1)\sin\frac{\theta}{2}-p-\tau\cos 2(\beta+\theta)\\\sigma_{\theta\theta}&=\frac{-3K_{\mathrm{II}}}{2\sqrt{2\pi r}}\cos\frac{\theta}{2}\sin\theta-p+\tau\cos 2(\beta+\theta)\\\tau_{r\theta}&=\frac{K_{\mathrm{II}}}{2\sqrt{2\pi r}}\cos\frac{\theta}{2}(3\cos\theta-1)+\tau\sin 2(\beta+\theta)\end{aligned}\right\}+o(r^{-1/2})\qquad(12.2.5)$$

裂纹发生Ⅱ型剪切破裂而不发生张破裂的条件是

$$\kappa=\frac{\tau_{r\theta\max}}{|\sigma_{\theta\theta\max}|}>\frac{\tau_{\mathrm{mc}}}{|\sigma_{\mathrm{c}}|}=\kappa_{\mathrm{c}}\qquad(12.2.6)$$

上式用应力判据代替了 K 判据，原因是应力判据不仅考虑了应力奇异项，也考虑了非奇异项，这在 $|p|$ 值较大的情况下是必要的(Williams and Ewing，1972)，且避免了受压闭合情况下使用概念含混的 K_{I}. 上式以下列条件为前提：

(1)β 值的选取应满足 $K_{\mathrm{II}}=K_{\mathrm{II}\max}$，即满足 $\partial K/\partial\beta=0$，且 $\partial^2K/\partial\beta^2<0$.

(2)对于选定走向的裂纹，θ 值的选取为 $\theta=0$，且于 $r=r_0$ 处

$$\tau_{r\theta\max}\geqslant\tau_{\mathrm{mc}}\quad(r=r_0,\theta=0)\qquad(12.2.7)$$

其中，r_0 为非线性区的尺度；τ_{mc}为介质的局部微观抗剪切强度. 这里参照库仑-莫尔准则，且暂时不考虑孔隙压力，

$$\tau_{\mathrm{mc}}=\tau_0+f_{\mathrm{s}}\cdot|\sigma_{\mathrm{N}}|\qquad(12.2.8)$$

其中，f_{s} 为静摩擦系数；τ_0 为内聚力，为材料固有的抗剪切强度，在裂纹面滑动部分，取 $\tau_0=0$；f_{d} 为滑动摩擦系数. 根据 Byerlee(1978)实验定律，常温下 f_{d}值一般在0.6～0.7. 然而摩擦学的研究表明，剪切面上闭锁段的静摩擦系数 f_{s} 可以高达1.0～10 甚至处于“焊接”状态，因此，要达到库仑-莫尔准则要求的条件，势必要求滑动段前缘介质首先弱化. 由文献(Jaeger and Cook，1979)，

$$\tau_0=\frac{C_0}{2}\left(\sqrt{1+f_{\mathrm{s}}^{\,2}}-f_{\mathrm{s}}\right)\qquad(12.2.9)$$

其中，C_0 为岩石的单轴抗压强度. 按照 Griffith 准则的默雷尔推广(Jaeger and Cook，1979)

$$C_0/T_0=12\qquad(12.2.10)$$

其中，T_0 为岩石的宏观抗拉强度. 这里近似取 $T_0=\sigma_{\mathrm{c}}$. σ_{c} 为微观抗拉强度. 因此有

$$\tau_0=6\sigma_{\mathrm{c}}\left(\sqrt{1+f_{\mathrm{s}}^{\,2}}-f_{\mathrm{s}}\right)\qquad(12.2.11)$$

(3)利用最大环向应力准则，在临界条件下，发生Ⅰ型(张)破裂的条件是

$$\sigma_{\theta\theta\max}\Big|_{\substack{\theta=\theta_0\\r=r_0}}=\sigma_{\mathrm{c}}\qquad(12.2.12)$$

其中，θ_0 为断裂角；$\sigma_{\theta\theta\max}$为 $\sigma_{\theta\theta}$ 的极大值. 由该准则导出的推论是：在裂纹虚拟扩展到 $r>r_0$ 处，若 $\sigma_{\theta\theta\max}<\sigma_{\mathrm{c}}$，则张破裂在此停止. 由于 r_0 是充分小的量，可以认为张破裂没有发生.

在 $p/\tau>0$ 的情况下，当 $\sigma_N>0$ 时，裂纹面上没有摩擦力. 因此裂纹面上有无摩擦力的分界线是

$$(p/\tau)_{d_0}=\cos 2\beta \tag{12.2.13}$$

此时，$p/\tau<\cos 2\beta$. 因此以下分三个区间讨论：① $p/\tau<0$；② $0\leqslant p/\tau<\cos 2\beta$；③ $p/\tau\geqslant\cos 2\beta$.

三种情况下的应力强度因子分别为

$$(K_{\mathrm{I}},K_{\mathrm{II}})/\sqrt{\pi c}=\begin{cases}-p+\tau\cdot\cos 2\beta,\tau\sin 2\beta, & p/\tau<0\\(0,\tau\sin 2\beta), & 0\leqslant p/\tau<\cos 2\beta\\(0,\tau_e), & \cos 2\beta\leqslant p/\tau\end{cases} \tag{12.2.14}$$

其中

$$\tau_e=\tau_{xy}^{\infty}-f_d\cdot\sigma_N=-f_d\cdot p+\tau(\sin 2\beta+f_d\cos 2\beta) \tag{12.2.15}$$

$K_{\mathrm{II}\max}$分别出现在

$$\beta=\beta_d=\begin{cases}\pi/4, & p/\tau<0\\1/2\arccos(p/\tau), & 0\leqslant p/\tau<\cos 2\beta\\1/2\arctan(1/f_d), & \cos 2\beta\leqslant p/\tau\end{cases} \tag{12.2.16}$$

因此，以下分界点改写为 $\cos 2\beta=f_d/\sqrt{1+f_d^2}$. 综合 $\tau_e>0$ 与 $\sigma_N<0$，得出总的约束条件为

$$d_0=\frac{f_d}{\sqrt{1+f_d^2}}\leqslant p/\tau<\frac{\sqrt{1+f_d^2}}{f_d}=d_3 \tag{12.2.17}$$

由式(12.2.3)可知，在三种不同的情况下，裂纹面上受到的正应力分别为

$$\sigma_N=\begin{cases}|p|, & p/\tau<0\\0, & 0\leqslant p/\tau<f_d/\sqrt{1+f_d^2}\\p-f\cdot\tau\cdot f_d/\sqrt{1+f_d^2}, & f_d/\sqrt{1+f_d^2}\leqslant p/\tau\end{cases} \tag{12.2.18}$$

Ⅰ型翼状破裂沿最大环向应力的方向扩展，与裂纹走向之间的夹角 θ_0 称为断裂角，见图 12.4(b).

$$\theta_0=\begin{cases}2\arctan\{[\sqrt{8+(p/\tau)^2}-|p|/\tau]/4\}, & p/\tau<0\\\arccos(1/3), & p/\tau\geqslant 0\end{cases} \tag{12.2.19}$$

纯剪切破裂的扩展方向为 $\theta=0$，

$$K_{\mathrm{II}\max}/\sqrt{\pi c}=\begin{cases}\tau, & p/\tau<0\\\sqrt{\tau^2-p^2}, & 0\leqslant p/\tau<f_d/\sqrt{1+f_d^2}\\-f_d\cdot p+\tau\sqrt{1+f_d^2}, & f_d/\sqrt{1+f_d^2}\leqslant p/\tau\end{cases} \tag{12.2.20}$$

$$\tau_{r\theta\max}\big|_{\theta=0,r=r_0}=\begin{cases}\tau(1/\sqrt{2r_0/c}+1), & p/\tau<0\\ \tau\sqrt{1-(p/\tau)^2}(1/\sqrt{2r_0/c}+1), & 0\leqslant p/\tau<f_{\mathrm{d}}/\sqrt{1+f_{\mathrm{d}}^2}\\ -Ap+B\tau, & f_{\mathrm{d}}/\sqrt{1+f_{\mathrm{d}}^2}\leqslant p/\tau\end{cases} \tag{12.2.21}$$

其中

$$A=\frac{f_{\mathrm{d}}}{\sqrt{2r_0/c}},\quad B=\frac{\sqrt{1+f_{\mathrm{d}}^2}}{\sqrt{2r_0/c}}+\frac{1}{\sqrt{1+f_{\mathrm{d}}^2}} \tag{12.2.22}$$

$$\sigma_{\theta\theta\max}\big|_{\theta=\theta_0,r=r_0}=\begin{cases}\tau\xi_1, & p/\tau<0\\ \tau\xi_2, & 0\leqslant p/\tau<f_{\mathrm{d}}/\sqrt{1+f_{\mathrm{d}}^2}\\ D\tau-Cp, & f_{\mathrm{d}}/\sqrt{1+f_{\mathrm{d}}^2}\leqslant p/\tau\end{cases} \tag{12.2.23}$$

其中

$$\xi_1=\frac{\cos(\theta_0/2)}{2\sqrt{2r_0/c}}\left[\frac{|p|}{\tau}(1+\cos\theta_0)-3\sin\theta_0\right]+\frac{|p|}{\tau}-\sin 2\theta_0 \tag{12.2.24}$$

$$\xi_2=\sqrt{1-\left(\frac{p}{\tau}\right)^2}\left(\frac{3\sin|\theta_0|}{2\sqrt{2\pi r_0/c}}\cos\frac{\theta_0}{2}+\sin2|\theta_0|\right)-\frac{p}{\tau}(1-\cos 2\theta_0) \tag{12.2.25}$$

$$C=1+\frac{3f_{\mathrm{d}}}{2\sqrt{2r_0/c}}\cos\frac{\theta_0}{2}\sin|\theta_0| \tag{12.2.26}$$

$$D=\frac{3\sqrt{1+f_{\mathrm{d}}^2}}{2\sqrt{2r_0/c}}\cos\frac{\theta_0}{2}\sin\theta_0+\cos2(\beta-|\theta_0|) \tag{12.2.27}$$

$$\kappa=\frac{\tau_{r\theta\max}}{|\sigma_{\theta\theta\max}|}=\begin{cases}\dfrac{1}{\xi_1}\left(\dfrac{1}{\sqrt{2r_0/c}}+1\right), & p/\tau<0\\ \dfrac{\sqrt{1-(p/\tau)^2}}{|\xi_2|}\left(\dfrac{1}{\sqrt{2r_0/c}}+1\right), & 0\leqslant p/\tau<f_{\mathrm{d}}/\sqrt{1+f_{\mathrm{d}}^2}\\ \dfrac{B-A(p/\tau)}{D-C(p/\tau)}, & f_{\mathrm{d}}/\sqrt{1+f_{\mathrm{d}}^2}\leqslant p/\tau\end{cases} \tag{12.2.28}$$

在式(12.2.23)的第三式中，取 $\sigma_{\theta\theta\max}\big|_{\theta=\theta_0,r=r_0}=\sigma_{\mathrm{c}}$，从而导出

$$\tau=\frac{\sigma_{\mathrm{c}}}{D-C(p/\tau)} \tag{12.2.29}$$

代入式(12.2.8)，并利用式(12.2.11)，式(12.2.18)和式(12.2.17)，有

$$\tau_{\mathrm{mc}}=\sigma_{\mathrm{c}}\left[G+\frac{f_{\mathrm{s}}}{D-C(p/\tau)}\left(\frac{p}{\tau}-d_0\right)\right] \tag{12.2.30}$$

其中

$$G=6(\sqrt{1+f_s^2}-f_s) \tag{12.2.31}$$

在 $p/\tau<f_d/\sqrt{1+f_d^2}$ 的情况下，扩展后的新裂纹面上无摩擦，$f_d=0$，因此采用 $\tau_{mc}=\tau_0$. 利用式(12.2.11)，

$$\kappa_c=\frac{\tau_{mc}}{|\sigma_c|}=\begin{cases}6(\sqrt{1+f_s^2}-f_s), & p/\tau<0\\ 6(\sqrt{1+f_s^2}-f_s), & 0\leqslant p/\tau<f_d/\sqrt{1+f_d^2}\\ \sigma_c\left[G+\dfrac{f_s}{D-C(p/\tau)}\left(\dfrac{p}{\tau}-d_0\right)\right], & f_d/\sqrt{1+f_d^2}\leqslant p/\tau\end{cases} \tag{12.2.32}$$

在 $p/\tau\geqslant f_d/\sqrt{1+f_d^2}$ 的情况下，将式(12.2.28)中的第三式与式(12.2.32)的第三式联立，得到当 $\kappa=\kappa_c$ 时，

$$p/\tau=d_{min}=\frac{GD-f_s\cdot d_0-B}{GC-A-f_s} \tag{12.2.33}$$

上式是围压效应中Ⅱ型剪切破坏发生条件的下限. 计算中参照实验结果，取 $r_0/c\approx 0.004$(Williams and Ewing，1972). 这个值和 Melin(1986)一致. 从式(12.2.28)的第三式还可以看出，当

$$\frac{p}{\tau}=\frac{D}{C}=d_2 \tag{12.2.34}$$

时，$\kappa\to\infty$，$\kappa_c\to\infty$，且 $\kappa/\kappa_c\to\infty$. 因此，当 $d_2\leqslant p/\tau<d_3$ 时，$r_0/c\to 0$，似乎才是“纯”剪切破坏发生的条件.

12.2.3　剪切破坏围压条件小结

发生Ⅰ-Ⅱ混合型剪切破坏的条件是

$$d_{min}<p/\tau<d_3 \tag{12.2.35}$$

由式(12.2.4)，张破裂不发生的条件是 $\sigma_{\theta\theta max}|_{\theta=\theta_0, r=r_0}=0$，即

$$p/\tau=d_2=DC \tag{12.2.36}$$

因此，发生纯Ⅱ型剪切破坏而Ⅰ型破裂不发生的条件是

$$d_2<p/\tau<d_3 \tag{12.2.37}$$

其中，d_0，d_1，d_2，d_3 称为 p/τ 的特征值，分别见式(12.2.17)，式(12.2.33)，式(12.2.34)和式(12.2.36). 图 12.5 给出了当 $f_d=0.4$，$f_s=0.7$ 时，函数 κ 和 κ_c 以及 κ/κ_c 的全部三种情况下的函数曲线. 式(12.2.6)给出的判据 $\kappa=\kappa_c$ 实际是两条曲线的交点.

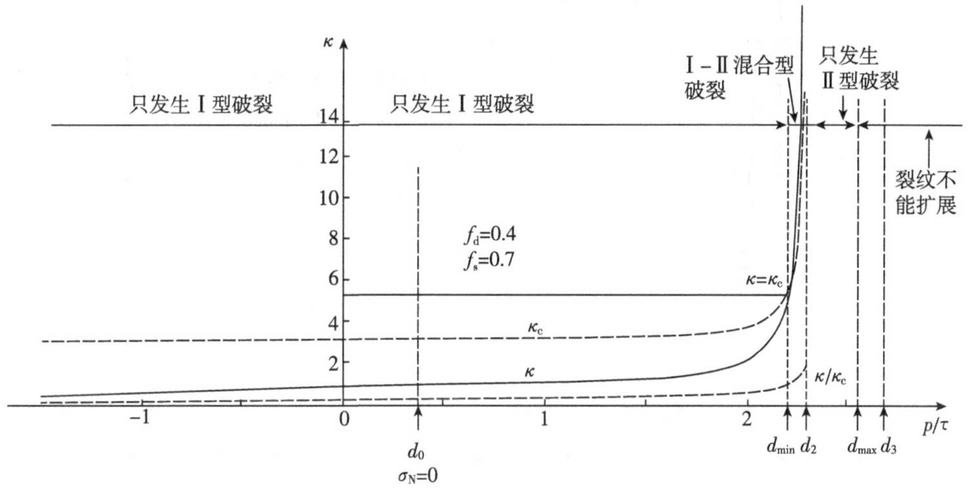

图 12.5　κ 和 κ_c 以及 κ/κ_c 对于 p/τ 的函数曲线，$r_0/c\approx0.004$，$f_d=0.4$，$f_s=0.7$

12.2.4　剪切破坏的动力方程

式(12.2.6)给出的仅仅是剪切破坏发生的第一约束条件. 其中"Ⅰ型破裂"或"Ⅱ型破裂"并不意味着真的发生Ⅰ型或Ⅱ型破裂. 在判断剪切破坏是否能发生时，还应加上动力条件，即破裂判据式(12.2.7).

利用式(12.2.21)，即

$$\frac{\tau_e}{\sqrt{2r_0/c}}+\frac{\tau}{\sqrt{1+f_d^2}}\geqslant\tau_0+f_s\cdot|\sigma_N| \tag{12.2.38}$$

由式(12.2.14)，式(12.2.15)和式(12.2.30)，得到

$$p/\tau\leqslant\frac{\dfrac{\sqrt{1+f_d^2}}{\sqrt{2r_0/c}}+\dfrac{1+f_s\cdot f_d}{\sqrt{1+f_d^2}}-\dfrac{\tau_0}{\tau}}{\dfrac{f_d}{\sqrt{2r_0/c}}+f_s}=d_{max} \tag{12.2.39}$$

在 $\tau\gg\tau_0$ 的情况下，暂时忽略 $\dfrac{\tau_0}{\tau}$ 项，用上式可以粗略地得到 p/τ 上限 d_{max} 的评估结果.

图 12.6 画出了不同摩擦系数 f_d，f_s 对应的 d_{min}，d_{max}. 其中 $f_s=f_d+0.3$，$r_0/c\approx0.004$. 可能发生剪切破坏的区域记为 B，用灰色填充. 可以看出，摩擦系数 f_d 越低，区域 B 的范围越狭窄.

动力方程式(12.2.38)成立的前提是 f_s 的值有限. 对于裂纹前缘未弱化的介质，$f_s\to\infty$，剪切扩展就不能实现. 对于岩石介质，裂纹前缘介质的弱化需要一个缓慢的

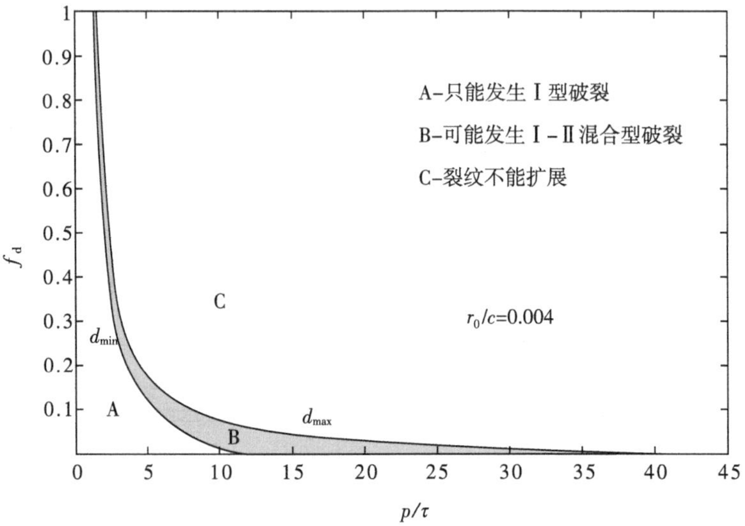

图 12.6　不同摩擦系数 f_d，f_s 对应的剪切破坏发生的 p/τ 条件值

过程，由此可知，对于裂纹前缘未充分弱化的区域，裂纹不可能快速（失稳）扩展.

12.2.5　剪切破坏 K_{IIc} 值的计算

注意，这里的 K_{IIc} 是指发生剪切破坏时的临界应力强度因子，与翼状 I 型破裂的 K_{IIc} 不是一回事，两者的前提不同. 式(12.2.4)的第三式取 $\theta=0$，$r=r_0$，于临界状态，$K_{II\max}=K_{IIc}$，将式(12.2.7)和式(12.2.8)代入，得到

$$\frac{K_{IIc}}{\sqrt{2\pi r_0}}+\tau\sin 2\beta=\tau_0+f_s|\sigma_N| \tag{12.2.40}$$

将式(12.2.11)代入，得到

$$\frac{K_{IIc}}{\sqrt{2\pi r_0}}+\tau\sin 2\beta=6\sigma_c(\sqrt{1+f_s^2}-f_s)+f_s|\sigma_N| \tag{12.2.41}$$

与纯 I 型裂纹比较，

$$\sigma_c=\frac{K_{Ic}}{\sqrt{2\pi r_0}} \tag{12.2.42}$$

将上式代入式(12.2.41)，就是

$$\frac{K_{IIc}}{\sqrt{2\pi r_0}}+\tau\sin 2\beta=6\frac{K_{Ic}}{\sqrt{2\pi r_0}}(\sqrt{1+f_s^2}-f_s)+f_s|\sigma_N|$$

在 r_0 充分小的情况下（这里取 $r_0/c\approx 0.004$），将非奇异项的数值忽略不计，就得到

$$K_{IIc}=6(\sqrt{1+f_s^2}-f_s)K_{Ic} \tag{12.2.43}$$

可见，剪切破坏中的 K_{IIc} 与裂纹前缘弱化面上的 f_s 有关.

12.2.6　小结

(1)对围压效应再研究的结果,在特征值的数值上和 Melin(1986)的数值模拟结果没有明显区别,但在物理前提方面却有重要不同,我们的分析表明,围压效应只有在裂纹前缘介质充分弱化形成薄弱带(成核)的情况下才能导致剪切破裂.这个补充的前提条件的主要意义在于避免了对剪切破坏条件的误解,明确了剪切破坏只有在岩石一类微观上非均匀介质中才能发生.

(2)由图 12.6 可以看出,围压效应所导出的 p/τ 约束条件理论值过于狭窄,和实际情况有较大出入.按照我们的计算,在 $r_0/c\approx0.004$, $f_d=0.4$, $f_s=0.7$ 的情况下, $(p/\tau)_{d_{min}}\approx2.21$, $(p/\tau)_{d_2}\approx2.30$, $(p/\tau)_{d_{max}}\approx2.56$.然而就在实验室单轴压力或地表滑坡($p/\tau=1$)的条件下,在远低于围压效应理论预测的范围内,也在少部分样品中观察到了的剪切破坏事例,如图 12.7 所示.这些现象用围压效应理论是不好解释的.

(a)加载方式　(b)红砂岩(吴何珍提供)　(c)灰砂岩的圆锥状破坏

图 12.7　岩石样品在单轴压力下的剪切破坏

(3)前面提到过,在岩样斜切方向预制了切口之后,在同样围压条件下反倒不能引导出剪切破坏.注意到,这里预制的是切口,和裂纹的不同点在于端部的曲率半径不同,因而 r_0/c 的取值不同. Yin 等(1987)通过单轴压力下的闭合穿透裂纹破裂实验,得到 $r_0/c\approx5\times10^{-5}$.本书采用切口实验的结果(Williams and Ewing,1972)和扁椭圆模式,取 $r_0/c\approx4\times10^{-3}$.由于应力集中系数与 $(r_0/c)^{1/2}$ 成反比,因此两者的应力集中系数相差 1 个量级.切口端部发育的微破裂虽然数量庞大,但最大剪切力的集中程度不足,似乎难以形成剪切薄弱带,只能形成翼状 Ⅰ 型破裂.

(4)修正后的围压效应表明,本书最初假设的"单裂纹"其实是带引号的,由于裂纹前缘成核区的存在,实质上已经变成了共线的宏观裂纹与微观裂纹之间的相互作用.

12.3　岩石中的共线剪切裂纹互锁效应

12.3.1　受单轴压岩石中共线斜切口的破坏实验

这里，重新审视含共线切口大理石板在单轴压力下的实验. 岩石材料和玻璃材料有很大不同，制备工艺好的玻璃内部基本上不存在微裂纹(Ernsberger，1973)，且在破坏前始终表现为弹脆性. 岩石内部分布着大大小小的晶面、节理、裂纹等，在接近应力峰值时表现为非线性和非弹性.

大理石板含中心共线切口样品，No. 99002，参数见第 9 章表 9.1，加载方式为单轴压，参见图 12.8(a). 实验现象如图 12.8(b)～(e)所示，共线剪切切口内端部先出现小面积拐折性微破裂集结，呈张性破裂，但在不远处停止，这个过程和玻璃介质实验(见 9.4.2 节)很相似. 然后在切口延伸部位出现微破裂集结过程，在内端部之间小面积内出现微破裂萌生，逐渐演变为雁列式排列，逐步加深变黑，最后贯通. 内端部最后错断，并出现粉化. 图 12.8(b)～(e)对初始张破裂线进行了手工加重描绘. 此后在内端部之间出现剪切破坏，但扩展方向是沿两个内端部连线，见图 12.8(e).

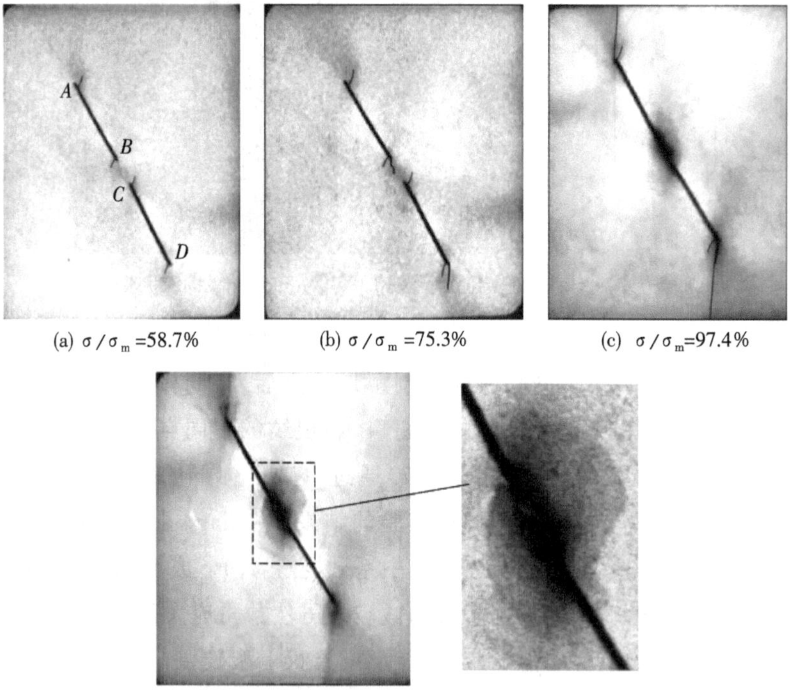

(a) σ/σ_m=58.7%　(b) σ/σ_m=75.3%　(c) σ/σ_m=97.4%

(d) σ/σ_m=100%　(e) 中心局部放大

图 12.8　单轴压力下大理岩板共线剪切切口的初始张破裂和微破裂

No. 99002，尺寸 109mm×78mm×5mm，$c_1=25$mm，$c_2=24$mm，$\beta_1=30°$，$\beta_2=32.5°$

内端部间距 $2s=7$mm，$\sigma_m=100.5$MPa，$P_m=3.92$t

岩石实验与玻璃实验的共同点是：两者的共线剪切裂纹的内切口都存在强烈阻止Ⅰ型扩展的机制，这就保证了在 p_1 继续增加时，内端部的翼状Ⅰ型破裂不能继续扩展，但剪切应力强度因子可继续增加.

岩石实验与玻璃实验的不同点如下：

(1)玻璃共线剪切裂纹内端部形成的颗粒不能继续破碎，因此不能形成剪切破裂面. 而岩石共线剪切裂纹的内端部在形成的碎屑内仍然存在尺度更小的微裂纹系，形成一个分形结构. 这些微裂纹继续演化，发育，最终导致破碎.

(2)岩石分形结构的最小尺度，是晶粒层次，而晶粒的界面，往往存在胶结面(陈颙和黄庭芳，2001). 这些胶结薄膜，可能就是非弹性的，在微裂纹端部的高剪切应力区域可能表现为塑性. 在微裂纹演化到剪切面接近形成的阶段，胶结面的塑性屈服，可能是剪切面贯通和磨损导致平滑的关键一步.

通过实验结果可以推断，岩石障碍体粉碎后的微粒可以起到滚动摩擦的作用，在振动的作用下甚至可能发生液化，从而实现弱化的效果. 因此，岩石剪切破坏的关键因素，在于许多肉眼看不见的微观颗粒的行为.

近年来发展起来的分形理论认为，岩石中存在裂纹系的分形结构. 根据这个理论可以推断，共线剪切裂纹或类似的结构可以在更微小的尺度上存在. 通过翼状破裂和晶间胶结膜的塑性屈服，产生更小的中间颗粒，使岩石障碍体粉碎. 这些粉碎后的颗粒形成断层泥，产生的微粒可以起到滚动摩擦的作用，在振动的作用下甚至可能发生液化，从而实现弱化的效果.

12.3.2　剪切破坏互锁机制的理论模型

作为围压抑制张破裂理论的补充，我们提出另外一种机制——共线剪切裂纹的Ⅰ型翼状破裂互锁机制.

在互锁机制中，式(12.2.4)给出的约束条件方程在此已经不适合. 这里的判据式只需要采用动力方程式(12.2.6)即可.

由 9.3 节可知，内端部($x=\pm b, y=0$)的应力强度因子可改写成

$$K_{\mathrm{II}}(\pm b)=F(k)\cdot \tau_e\sqrt{\pi c} \tag{12.3.1}$$

其中，$k^2=1-b^2/a^2$，$K(k)$和 $E(k)$分别为第一、第二类完全椭圆积分，$F(k)$称为应力强度因子的放大系数，

$$F(k)=\frac{\left[\frac{E(k)}{K(k)}-\left(\frac{b}{a}\right)^2\right]\sqrt{b/c+2}}{k\cdot\sqrt{b/a}} \tag{12.3.2}$$

采用本书的岩石实验值 $b/a\approx 0.125$，$b/c=0.286$. 则 $k=\sqrt{1-0.125^2}=0.99215$，查表得 $K(k)=3.47545$，$E(k)=1.02329$，代入式(12.3.2)得 $F(k)=1.20$. 它相当于把对应的孤立裂纹的 K_{II} 放大了 1.20 倍.

12.3.3 $p/\tau>\cos 2\beta$ 的情况

下面先考察第三种情况，即 $p/\tau>\cos 2\beta$，或者 $\frac{f_d}{\sqrt{1+f_d^2}}\leqslant p/\tau<\frac{\sqrt{1+f_d^2}}{f_d}$. 由式(12.2.16)已得到 $K_{\mathrm{II}\max}$ 位于 $\beta_m=\frac{1}{2}\arctan\frac{1}{f_d}$，代入式(12.3.1)和式(12.2.27)，得到

$$K_{\mathrm{II}\max}=F(k)\cdot\left(-f_d\cdot p+\tau\sqrt{1+f_d^2}\right)\sqrt{\pi c} \tag{12.3.3}$$

$$\tau_{r\theta\max}\big|_{r=r_0,\theta=0}=\frac{F(k)\cdot\tau_e}{\sqrt{2r_0/c}}+\frac{\tau}{\sqrt{1+f_d^2}} \tag{12.3.4}$$

判据式(12.2.6)成为

$$\frac{F(k)\cdot\tau_e}{\sqrt{2r_0/c}}\geqslant\tau_0+f_s\cdot\sigma_N-\frac{\tau}{\sqrt{1+f_d^2}} \tag{12.3.5}$$

将式(12.2.42)代入，上式展开为

$$\frac{F(k)\cdot(\tau\sqrt{1+f_d^2}-f_d\cdot p)}{\sqrt{2r_0/c}}\geqslant\tau_0+f_s\cdot\left(p-\frac{f_d\cdot\tau}{\sqrt{1+f_d^2}}\right)-\frac{\tau}{\sqrt{1+f_d^2}} \tag{12.3.6}$$

约束条件如下：

(1)$\tau_e>0$，$\sigma_N>0$.

(2)b/a 足够小，使得翼状张破裂不会越过压应力区，停止在内端部的中垂线上.

在前面已经通过实验和数值计算证明了，在 b/a 足够小的情况下，互锁机制起作用. 其中，τ_0 为内聚力，是材料常数. 可以看出，满足式(12.3.6)条件的途径如下：

(1)保持围压 p 不变，只增加 τ 值.

(2)保持 τ 值不变，只减小围压 p.

(3)在 p/τ 的比值保持不变(比例加载)的前提下，增加 τ 值.

由式(12.3.6)得到

$$p/\tau\leqslant\frac{\frac{F(k)\sqrt{1+f_d^2}}{\sqrt{2r_0/c}}+\frac{1+f_s\cdot f_d}{\sqrt{1+f_d^2}}-\frac{\tau_0}{\tau}}{\frac{F(k)f_d}{\sqrt{2r_0/c}}+f_s}=d'_{\max} \tag{12.3.7}$$

由于互锁机制允许过加载的条件(即在保持 p/τ 的比例不变的前提下，增加 τ 值)，往往出现 $\tau\gg\tau_0$ 的情况，因此在粗略评估 p/τ 的取值范围时，可以暂时忽略 τ_0/τ 项，得到 p/τ 的取值上限为

$$d'_{\max}\approx\frac{\frac{F(k)(1+f_d^2)}{\sqrt{2r_0/c}}+(1+f_s\cdot f_d)}{\left(\frac{F(k)f_d}{\sqrt{2r_0/c}}+f_s\right)\sqrt{1+f_d^2}} \tag{12.3.8}$$

12.3.4　$0\leqslant p/\tau\leqslant\cos 2\beta$ 的情况

按照库仑-莫尔准则式(12.2.8)，$\tau_c=\tau_0+f\cdot\sigma_N$. 由于 $\sigma_N=\sigma_{yy}^{\infty}=0$，得到 $\tau_c=\tau_0$，又由式(12.2.32)，

$$\tau_{r\theta\max}=\tau\sqrt{1-(p/\tau)^2}\left(\frac{1}{\sqrt{2r_0/c}}+1\right)\quad(\theta=0)\tag{12.3.9}$$

代入临界判据式(12.2.6)，$\tau_{r\theta\max}\geqslant\tau_c$，得到

$$\tau\geqslant\frac{\tau_0}{\sqrt{1-(p/\tau)^2}\left(\frac{1}{\sqrt{2r_0/c}}+1\right)}\tag{12.3.10}$$

取 $r_0/c=0.004$，$p/\tau=\phi<1$(常数，即比例加载)，代入上式，得到剪切破坏产生的条件为

$$\tau\geqslant\frac{0.0821\tau_0}{\sqrt{1-\phi^2}}\tag{12.3.11}$$

或者

$$p/\tau\leqslant\sqrt{1-\left[\frac{(\tau_0/\tau)\sqrt{2r_0/c}}{1+\sqrt{2r_0/c}}\right]^2}\tag{12.3.12}$$

这个结果使剪切破坏产生的可能条件延拓到 $0\leqslant p/\tau<1$ 的情况. 由式(12.2.1)可知，

$$\sigma_1=-p+\tau,\quad \sigma_2=-p-\tau$$

$p/\tau<1$ 意味着 $\sigma_1>0$(张力). 这种情况相当于裂谷地带和大洋中脊的海底扩张地带. 在第 11 章图 11.28 中显示的澳大利亚 Tasmania 砂岩内的拉伸剪切节理(Atkinson，1987)就是一个现场的证据.

12.3.5　$p/\tau<0$(拉张)的情况

在 12.2.2 节中已经详细给出了边界条件，此时应力强度因子 $K_{\mathrm{I}}\neq0$. 已有的数值计算已经表明，在受拉导致扩展的过程中，由于 K_{I} 并不减小，裂纹呈拉张性失稳扩展，互锁机制不存在.

12.3.6　互锁机制下的 p/τ 值上下限

图 12.9 和图 12.10 列出的是互锁机制下剪切破坏发生的 p/τ 值上下限. 其中，图 12.9 中 $r_0/c=0.004$，图 12.10 中 $r_0/c=0.286$，可能发生剪切破坏的区域 B 用灰色填充.

12.3.7　小结

(1)本书对围压效应和互锁效应提出了必要的条件，即在裂纹前缘介质必须充分

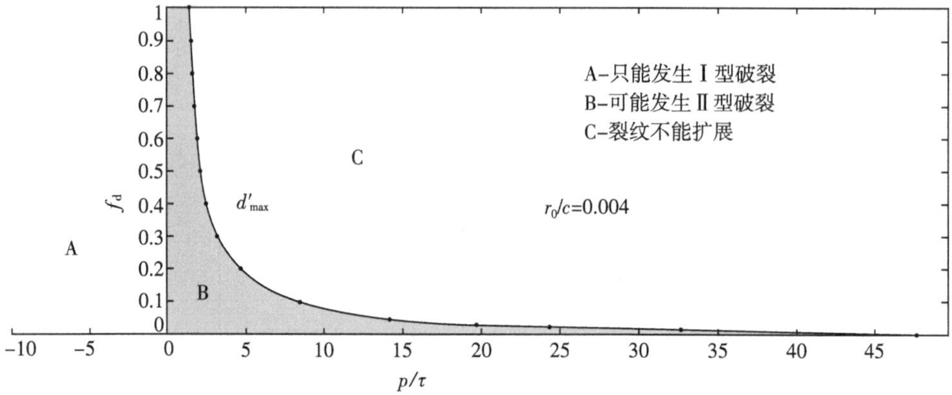

图 12.9　互锁机制下剪切破坏发生的 p/τ 值上下限，$r_0/c=0.004$

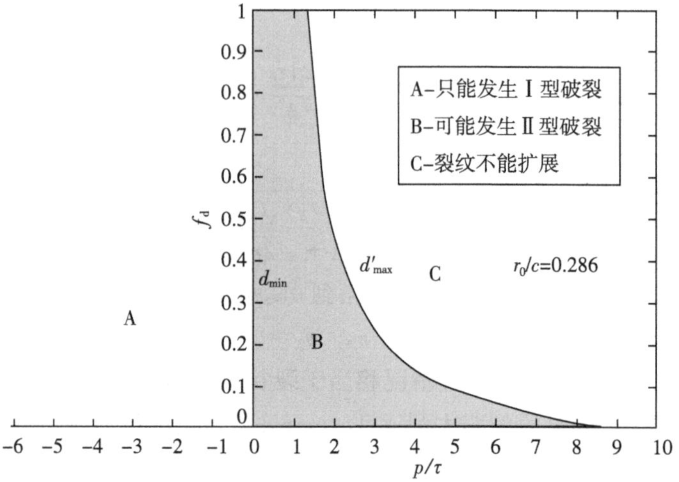

图 12.10　互锁机制下剪切破坏发生的 p/τ 值上下限，$r_0/c=0.286$

弱化形成薄弱带(成核)的情况下才能导致剪切破裂. 这个补充条件避免了对介质条件的误解，明确了剪切破坏不能发生在脆性玻璃一类均匀介质中，只能发生在岩石一类非均匀介质中. 这个补充条件同样适用于互锁效应，它的应用意义在于再次明确地震前肯定存在孕育过程，确认地震是有前兆的.

(2)岩石与玻璃的共线剪切裂纹虽然同样存在互锁效应，但互锁效应只能够导致岩石的剪切破坏而玻璃不能. 原因在于岩石内部存在尺度更小的微裂纹系，形成分形结构. 这些微裂纹以类似形式继续演化，发育，最终导致破碎. 这可能就是岩石内微破裂集结成核的机理.

(3)岩石中的天然裂纹不可能是理想平直，而是凹凸不平的，且在凹凸不平部分互相粘着，其行为当然不能用一条单裂纹来描述. 在考虑整体的剪切破坏问题时，用多裂纹模型更加合理(Zhurkov，1965；Kuksenko et al.，1996). 本文最初引进的“单裂纹”假设应该是打引号的.

(4)本书的两种机制适用的范围不同,其中围压效应适合于断层端部的新破裂,而互锁效应则适用于断层面上的凹凸体或障碍体的破裂.虽然两者均存在裂纹之间的相互作用,但前者的宏观裂纹与微观裂纹尺度相差悬殊,微裂纹不能阻止宏观裂纹的翼状Ⅰ型破裂,后者的裂纹系尺度在同一量级上,因此才可能互锁.

(5)互锁效应中,Ⅰ型翼状破裂的长度与滑动段之间的距离有关.这就意味着地震断层的破碎带厚度和地表破裂的分布宽度与断层的发育程度有关.由于板缘的断层发育程度比板内断层普遍更加成熟,这个推论有助于解释板内地震与板缘地震现象的不同.

(6)本书只分析了纯Ⅱ型(平面内剪切)破裂.有关含Ⅲ型(反平面剪切)破裂的内容,参见文献(李世愚,1990,1991;Li et al.,2010).

12.4　考虑颗粒破碎的高孔隙岩石剪切变形的离散元模型

前面两节的实验和理论结果表明,剪切破坏面的形成,最关键的一步是靠剪切带内多孔隙岩石的颗粒破碎完成.然而,颗粒的破碎细节用经典的连续介质模型已经无法分析.为了分析这个过程,王宝善等(2005)建立了高孔隙岩石变形的数值模型,他们以弹性理论为基础并根据问题的特征进行合理简化,给出了一种颗粒破碎机制,并根据此颗粒破碎条件改进传统的离散单元模型.利用改进的离散单元模型,研究了不同压力条件下高孔隙岩石变形的宏观和微观特征.数值模拟结果表明考虑颗粒破碎的模型能重现高孔隙岩石在不同围压下变形的应力-应变关系、声发射特征、应变局部化和剪切增强压缩等特征.他们还发现,与野外观测结果一致,在高孔隙岩石性阶段剪切带内部及附近伴有显著的颗粒破碎.

最近,Wang 等(2004)和 Cheng 等(2003)分别将颗粒的破碎引入离散单元法中,前者是根据非线性接触 Hertz 理论和颗粒的强度对单个颗粒的破碎进行讨论;而后者则通过将许多颗粒用键连接成一个超级可破碎颗粒.但是这两者又均未考虑颗粒间的胶结作用,因此仅适用于沙和土等松散的颗粒状介质.在本书中,王宝善等(2005)在同时考虑颗粒破碎和颗粒间胶结的基础上建立数值模型,并进行高孔隙岩石变形特征的研究.

12.5　在震源力学中的应用

12.5.1　地震剪切破坏发生的深度

从近年的超深井钻的原地测量中可以得到一些深部地应力随深度变化的资料.图 12.11 展示了我国华北平原地区历年来获得的地应力大小随深度的变化,在 500m 以下的结果几乎都来自油田水压致裂资料(高建理等,1987).由图 12.11 的结果可见:①华北平原(主要指沉积盆地)地区 4km 以上的浅层处于 $S_H > S_v > S_h$ 的应力状态,即最大和最小主压应力皆是水平的,中等主应力轴直立.②地表附近差应力很小,差应力随深度增加,到达 4km 左右,达到约 40MPa,相应的水平剪切应力为 20MPa 量级.华北地区到达 4～5km 深度一般就会有小地震发生了.由图 12.11,假定该处岩石处于流体平衡状态,即 $p=S_v$

$$\frac{p}{\tau}=\frac{S_v}{S_H-S_h} \tag{12.5.1}$$

由于各个分量与深度都是线性关系,可以得出在可测深度范围内不同深度均为 $p/\tau \approx 2.5$.德国的 KTB 计划完成的深井钻探达到 9km 深度.有关的数据资料见 15.6.2 节和图 15.5.若取上地壳物质的平均密度为 $\rho \approx 2.7 g/cm^3$,则在 8km 深度,假定该处岩石处于流体平衡状态,即 $p=\sigma_v \approx 216MPa$,数据显示 $\sigma_1-\sigma_3 \approx 220$,结果 $p/\tau \approx 2.04$. $\sigma_1-\sigma_3 \approx 220MPa$,结果可以得出在可测深度范围内不同深度均为 $p/\tau \approx 2.04$.上述两个区域的 p/τ 值均满足发生Ⅱ型破坏的理论的必要约束条件,且与深度关系都不大,换句话说,就是都满足发生双力偶源地震的必要条件.不同深度的区别在 τ 值本身上.地震发生在哪个深度上,还要由 τ 值本身是否满足动力条件(库仑-莫尔准则)来决定.

根据上述分析和观测数据,我们认为,现有资料倾向于地壳脆性层的 p/τ 值多处于可发生Ⅱ型破坏的必要条件下.这就可以解释为什么不同区域、不同深度大多数构造地震(包括震源深度只有几百米的矿山、水库诱发地震)的震源机制都是以双力偶(剪切)为主要成分(陈运泰和顾浩鼎,待出版;Gibowicz and Kijko,1994).

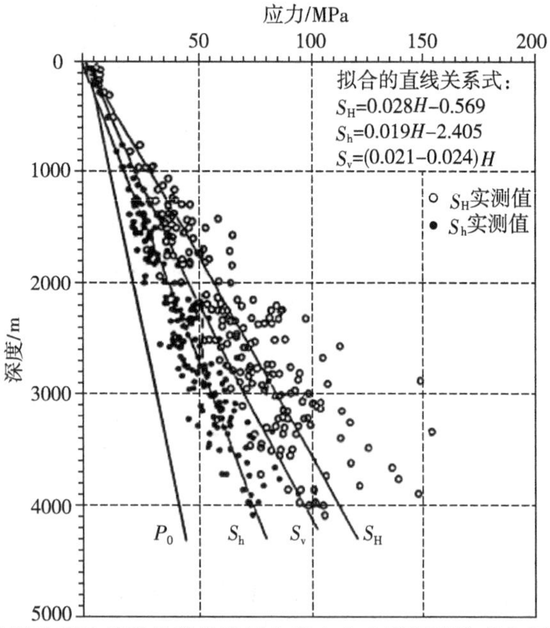

图 12.11　由水压致裂法得到的华北地区主应力大小随深度的变化(高建理等,1987)

S_H,S_h 和 S_v 分别为最大水平、最小水平和垂直主压应力,p_0 为流体的静水压力,H 为深度

利用地震波记录反演震源机制的结果表明，大多数地震震源机制为剪切破裂源(陈运泰和顾浩鼎，待出版). 地震定位的结果表明，多数震源深度大体上在 4～5km 至 700km. 在矿山测到的采矿诱发地震，震源深度可以浅到几百米至 2km 左右. 如果 p/τ 的比例在同一地区与深度关系不大，但与区域地点有关是个普遍规律，则发生地震的层次和震源深度则可能是其他原因，如流体的作用. 在地表和浅部，除极少数震例外，很少看到地震断层的直接出露，我们所能看到的大多数破裂和用地震波反演得到的纯剪切有很大不同，似乎都不是纯剪切，而是次级破裂，其中既有张剪性也有压剪性，构成地表可见的破碎带，具有一定厚度. 说明地表或浅部的破裂形态和震源深度的剪切破坏有很大区别. 浅部致地表的破裂形态与 τ 值不满足动力条件有关，而更深部不发生地震则可能与岩石进入脆-塑转换而不能积累更多剪切应变能有关.

12.5.2　岩石抗剪切破坏强度的估计

考虑到 10km 以上的地壳中总是存在破裂、节理和断层，因此常用沿已有破裂面的摩擦滑动强度作为地壳浅层的应力上限的估计. 从附录 4 表 A4.1 中可以看出，不同岩石在单轴压力下的抗剪切强度分布在 18.5～185MPa 范围内. 随着深度的增加，围压不断增加，摩擦滑动强度也大为提高. 另外，温度的升高使岩石表现出塑性，塑性屈服强度会低于摩擦强度. 屈服后岩石会处于缓慢的蠕变之中，岩石所承受的差应力取决于温度和蠕变速率. 一些作者(Goetze and Evans，1979)认为在深度 25～45km 的范围，岩石的抗剪切破坏强度在 100MPa 以上，Brace 和 Kohlstedt(1980)认为在 15km 深度的脆-塑性转换层，岩石的抗剪切破坏强度在 100～150MPa. 而另一些作者(如 Molnar，1992)则认为岩石的最大脆性抗剪切强度在莫霍面以下还可以达到 100MPa(Ruff，2002).

12.5.3　多断层模型在震源物理中的应用

用多分段断层模型代替单一断层模型，最早是根据地震震源反演结果的复杂性，特别是局部高应力降现象提出的(Scholz，1989). Thio 和 Kanamori(1995)发现在一些大的走滑型地震震源破裂的反演结果中，结构的复杂性对破裂过程具有重要影响，它可以解释破裂时间进程的复杂性或破裂机制的变化，以及地震断层局部的高应力降现象.

由式(12.2.9)，裂纹面上的滑动摩擦力为 $\tau_f = f_d \cdot |\sigma_N|$. 在断层问题中，还应考虑到孔隙压力 p_0. 因此滑动摩擦力的更严格定义是

$$\tau_f = f_d \cdot (|\sigma_N| - |p_0|) \tag{12.5.2}$$

有效剪应力 τ_e 也记为静态应力降，

$$\Delta\tau = \tau_e = \tau_{xy}^{\infty} - \tau_f \tag{12.5.3}$$

有效应力降定义为

$$\Delta\tau_e = \tau_s - \tau_f = \tau_0 + (f_s - f_d)(|\sigma_N| - |p_0|) \tag{12.5.4}$$

见陈运泰和顾浩鼎的《震源理论基础》. 对于共线剪切裂纹，由于应力强度因子大大提升，内端部的平均剪切应力也就大大提升，克服摩擦阻力的能力同样得到提升，这就相当于当 f_s 大于断层面上的平均值时，就形成了局部的高应力降现象.

12.5.4　翼状Ⅰ型破裂的尺度估计

上述研究表明，大多数剪切破坏都是Ⅰ-Ⅱ混合型破裂. 这个意思是说，只要是在脆性范围内，就不可能把剪切破坏和翼状Ⅰ型破裂绝对分开. 二者必然是共存的，只是翼状Ⅰ型破裂的尺度大一些或小一些，数量多一些或少一些. 换句话说，在脆性剪切破坏或摩擦面上，破碎(带)或多或少总是存在的. 在工程机械问题中，摩擦面上的破碎叫做碎屑，产生碎屑的过程叫做磨损. 避免磨损或减少摩擦系数的办法是加入流体润滑，通过增加孔隙流体的孔隙压力来减少摩擦面的摩擦系数. 而在滑坡治理问题中则是反过来，避免流体对岩土坡体的渗入来保持较高的摩擦系数，以维持坡体的稳定.

宏观断层的某些性质和裂纹相似，例如，受压闭合断层在剪切破坏时也会产生宏观的翼状Ⅰ型破裂，在地震时于浅表出露，它们数量很多，构成雁行、树枝状排列(Deng et al.，1984)，地震孕育过程中岩石的扩容现象与微裂纹的张开与张破裂有直接关系，某些构造(如拉分盆地)的演化生成与此种类型的长期运动也有密切关系(Segall et al.，1980). 现在的问题是，地震时伴生的Ⅰ型翼状破裂的尺度到底有多大?

如果采用围压抑制Ⅰ型翼状破裂机制模型，则Ⅰ型翼状破裂延伸长度可以这样估计：在式(12.2.5)的第二式中把 r_0 换成张破裂的长度 r_m

$$\sigma_{\theta\theta}=\frac{-3K_{\mathrm{II}}}{2\sqrt{2\pi r_{\mathrm{m}}}}\cos\frac{\theta}{2}\sin\theta-p+\tau\cos 2(\beta+\theta) \tag{12.5.5}$$

其中，应力强度因子为

$$K_{\mathrm{II}}=\tau_{\mathrm{e}}\sqrt{\pi c}=\Delta\tau\sqrt{\pi c} \tag{12.5.6}$$

其中，$\Delta\tau$ 为静态应力降. 取 $\sigma_{\theta\theta}$ 的极大值，在临界条件下 $\sigma_{\theta\theta\max}|_{\theta=\theta_0}=\sigma_{\mathrm{c}}$. 代入式(12.5.5)，注意到断裂角 $\theta_0<0$，得到

$$\frac{3\Delta\tau}{2\sqrt{2r_{\mathrm{m}}/c}}\cos\frac{\theta_0}{2}\sin|\theta_0|-p+\tau\cos 2(\beta_{\mathrm{m}}-|\theta_0|)=\sigma_{\mathrm{c}} \tag{12.5.7}$$

由上式得出Ⅰ型翼状破裂长度为

$$\sqrt{r_{\mathrm{m}}/c}=\frac{3\Delta\tau\left(\cos\dfrac{\theta_0}{2}\sin|\theta_0|\right)}{2\sqrt{2}[(p+\sigma_{\mathrm{c}})-\tau\cos 2(\beta_{\mathrm{m}}-|\theta_0|)]} \tag{12.5.8}$$

利用 11.2 节的结果，$K_{\mathrm{II}\max}$ 位于 $\beta=\beta_{\mathrm{m}}=\dfrac{1}{2}\arctan\dfrac{1}{f_{\mathrm{d}}}$，且断裂角 $\theta=\theta_0=\arccos\dfrac{1}{3}$，$\theta_0=-70.5288°$. 代入上式，可以得到具体的计算数值. 由式(12.5.4)，

$$\begin{aligned}\Delta\tau=\tau_{\mathrm{e}}&=\tau\sin 2\beta-f_{\mathrm{d}}(p-p_0)\\&=\frac{\tau}{\sqrt{1+f_{\mathrm{d}}^2}}-f_{\mathrm{d}}(p-p_0)\end{aligned} \tag{12.5.9}$$

式中,静态应力降 $\Delta\tau$ 一般通过地面的地震波记录反演得到. 根据 Kanamori 和 Anderson(1975)提出的尺度不变性,天然地震的应力降 $\Delta\tau$ 一般在 10～100bar,即 $\Delta\tau\approx1\sim10$MPa. 因此流体孔隙压力 p_0 由式(12.5.9)估计为

$$p_0=\frac{1}{f_d}\left(\Delta\tau+f_d\cdot p-\frac{\tau}{\sqrt{1+f_d^2}}\right) \tag{12.5.10}$$

例　假设地震断层的滑动段半长度 $c\approx50$km,这相当于一次 7 级强震,应力降 $\Delta\tau=10$MPa(相当于 100bar),若取上地壳物质的平均密度为 $\rho\approx2.7\text{g/cm}^3$,震源深度为 $h=10$km,则该深度处的静水压力可达到 $p=270$MPa. τ 值利用油田浅部($h\approx$4km)水压致裂资料外推到 $h=10$km,取 $\tau\approx50$MPa,抗拉强度 σ_c 值取 Westerly 花岗岩 $\sigma_c\approx20.96$MPa(Brace,1964),动摩擦系数取 $f_d=0.6$,即 $\beta_m=29.5181°$. 以上参数代入式(12.5.8),得到震源处Ⅰ型翼状破裂长度估计值为

$$r_m/c\approx8.26\times10^{-4} \tag{12.5.11}$$

或

$$r_m\approx41.3\text{m} \tag{12.5.12}$$

据文献(丁志峰等,2004),2001 年 2 月 14 日昆仑 $M_S8.1$ 地震破裂路径上,30m 深度左右的破碎带宽度达到 100m. 如果把昆仑 $M_S8.1$ 地震看成几次 7 级左右地震的子事件的叠加,我们的估算结果和野外勘测的结果在数量级上相近. 将以上参数代入式(12.5.10),得到地震发生时震源处的孔隙压力应能达到

$$p_0\approx215\text{MPa} \tag{12.5.13}$$

12.5.5　摩擦面上颗粒破碎的产生及其对剪切破坏的意义

虽然玻璃实验没能实现剪切破坏,但是Ⅰ型翼状破裂的弯曲和最终搭接却给了我们一个重要提示,因为这个过程意味着一颗碎屑的诞生. 虽然只产生了一颗碎屑,却回答了摩擦面上无数大大小小碎屑的产生过程. 而脆性摩擦面上的碎屑是怎样产生的,是摩擦学中极为重要的磨损问题.

根据近代摩擦学原理(Halling,1975),摩擦面上的主要相互作用点是凹凸点,它们不仅是由于几何上的凹凸,而且是由于凹凸点接触时表面产生粘着乃至"焊接". 在摩擦过程中,如果介质是塑性的(如某些金属材料在导热条件较差的情况下),粘着的凹凸点可能产生屈服甚至熔化,如果介质是脆性的,则"焊接"的凹凸点可能发生断裂. 通常情况下两种现象都可能发生. 这些碎屑的产生意味着"磨损","磨损"所产生的尺度不等的碎屑夹在两个摩擦面之间反过来起到"滚珠"的作用,使剪切面产生滚动摩擦,从而降低了摩擦系数 .

断层的错动(摩擦)包含着无数规模不等的破裂即磨损. 在断层的剪切运动中,这种磨损最小尺度的产物就是断层泥. 糜菱岩是断层泥在高温高压下再固结成岩的产物. 断层泥不仅意味着表明能的损耗,同时它的大量产生也起到滚动作用,使断层从静摩擦转变为动摩擦. 由于断层的破碎产物是跨尺度的,可以设想这种"研磨"应是多

次完成的.只有经过多次小规模的或是准静态的剪切错动,才能使凹凸体充分粉化,从而使断层面变得足够平整.我们称这些多次准静态错动为"预滑".在断层面研磨得足够平整的情况下,大规模的、快速的失稳扩展(地震)才能发生.根据这种模型,地震,尤其是大地震,实际上只是地震断层在多次预滑的基础上的最后一次"冲刺".

12.5.6 岩石剪切破坏的其他条件

除应力和构造这两个基本条件外,岩石剪切破坏时断层介质的弱化导致失稳还和许多其他因素有关,例如,超临界热流体孔隙压力增高(Sibson,1973; Mase and Smith,1984; Li et al.,2009),该因素可以使地震断层即使在剪切应力很低时也能发生地震,如美国圣安地列斯断层(Ruff,2002)β值接近90°的情况.其他因素还有温度升高导致熔化润滑(Tsutsumi and Shimamoto,1997; Toro et al.,2006),凝胶物质生成(Goldsby and Tullis,2002; Toro et al.,2004)等.

Goldsby和Tullis(2010)通过实验提出,在地震滑移速率很高的情况下,由于凹凸体的强烈"闪速"加热可以导致断层摩擦系数降低以及岩体抗剪切强度衰减,这种速率弱化摩擦可以解释地震破裂是如何以自愈合滑动脉冲模式传播的.

12.5.7 非脆性剪切错动

本章讨论的是脆性破裂,而不是塑性或流变过程.摩擦学原理(Halling,1975)指出,对于脆性材料,摩擦面上凹凸体主要是通过破裂解锁,而对于塑性材料,则主要通过屈服或熔融解锁.因此,高温高压下的岩石的剪切错动主要是通过流变、蠕变,而不是脆性破裂.图12.12显示的照片就是云南大理石内部存在的不同方向的多次剪切错动后愈合的踪迹(许昭永提供).类似这样的样品照片有25张.在这些岩石样品中可以看到,错动面十分平整且看不出伴随的破碎现象,在有些错动面,如图12.12样品的AB面,其两侧还可以看出有屈服后弯曲变形的痕迹.这些错动面似乎就是在高温高压下塑性屈服后蠕变的产物.

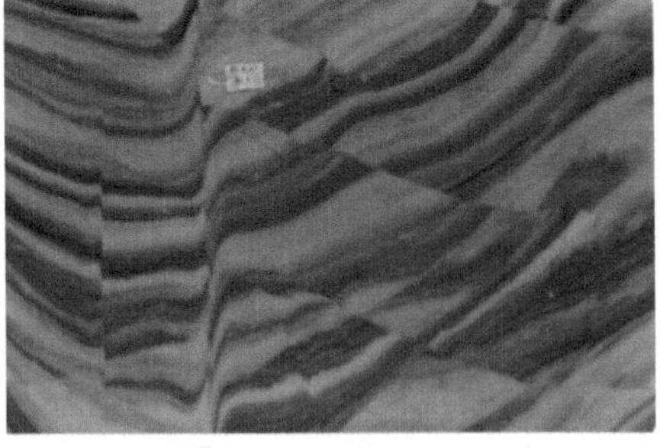

图12.12　云南大理石内部存在的不同方向的多次剪切错动后愈合的踪迹(许昭永提供)
(是否是在高温高压下塑性屈服后蠕变的产物?)

第 13 章　不同距离力源作用下脆性破裂的稳定性和止裂

13.1　引　　言

在材料强度领域，止裂问题涉及较少，但在地学中则经常涉及，因为地学以大尺度断层破裂危险性为研究对象. 在某种意义上，地震破裂的停止比起始还重要，因为它关系到对地震释放能量大小的预测.

使断层止裂的原因可以有许多种，例如，障碍体的存在，剪切破裂面的快速愈合等. 在这些因素中，力源的距离、位置和类型也是不可忽略的. 切列帕诺夫(1974)曾讨论静态的点载荷和有限分布载荷作用在裂纹表面及载荷分布在无穷远的破裂的稳定性问题. Husseini 等(1975)曾研究过利用有限的预应力区大小来使半无限长裂纹停止扩展的问题. Kostrov 和 Das(1988)计算了一个集中载荷突然出现的半无限破裂面的动态破裂和停止的问题. 这里，我们来考虑一个有限长裂纹受有限距离力源作用的破裂起始和停止的问题.

本书首先考虑一条长度为 $2a$ 的二维裂纹在有限距离点力源作用下的止裂问题，并将条件推广到简单的分布力情况. 下面作出如下假设：

(1)假定断层在我们所考虑的时刻 t_i 以前相当长时间已经形成，称这个断层为初始断层. 这种假设意思是这个断层形成后一直处于准静态扩展之中. 所谓准静态指的是变化非常缓慢，以至在波动方程中的惯性项可以忽略.

(2)假定从 $t=-\infty$ 到 t_i 时刻，地球介质中的构造应力场没有发生显著变化，而且所有载荷都是静态的.

(3)断层的扩展方向为自相似的，即沿自身所在方向扩展.

13.2　裂纹扩展的稳定性、止裂条件和止裂准则

13.2.1　失稳扩展与稳定扩展

稳定扩展是指裂纹只有在不断增加载荷时才能持续扩展，如果载荷保持不变，裂纹就不继续扩展. 失稳扩展则是指在载荷不变的条件下裂纹仍持续扩展.

记 G 为裂纹扩展的能量释放率，R 为裂纹扩展的阻力. 由 Griffith 准则，当

$$G=R \tag{13.2.1}$$

时，裂纹开始扩展，若

$$\partial G/\partial a \geqslant \partial R/\partial a \tag{13.2.2}$$

则裂纹失稳，反之则为稳定扩展．如果只考虑脆性破裂，则 $R=\Gamma$．Γ 为裂纹扩展单位长度所消耗的表面能，是材料常数．失稳条件就成为$\partial G/\partial a \geqslant 0$．在破裂起始时，破裂速度 $v=0$．此时，当裂纹为共面扩展（沿自身所在平面扩展）时，利用第 3 章 Beckner 公式得出

$$G=K_{\mathrm{I}}^2/E'+K_{\mathrm{II}}^2/E'+(1+\nu)K_{\mathrm{III}}^2/E$$

其中，ν 为泊松比；E 为杨氏模量；$E'=E$（平面应力）或 $E'=E/(1-\nu^2)$（平面应变）．因此在脆性破裂的条件下，Griffith 的能量准则和 Irwin 的 K 准则在 $\nu=0$ 时是等效的．启裂准则如下：当 $K_i(a_0)=K_{ic}$时，裂纹开始扩展，若

$$\partial K_i/\partial a>0|_{a=a_0} \tag{13.2.3}$$

裂纹扩展失稳．若

$$\partial K_i/\partial a|_{a=a_0}<0 \tag{13.2.4}$$

裂纹稳定扩展．其中 $2a_0$ 为启裂时的裂纹长度，K_i（$i=$ Ⅰ，Ⅱ，Ⅲ）为应力强度因子，K_{ic}为断裂韧性．由应力强度因子的全微分

$$\mathrm{d}K_i=\frac{\partial K_i}{\partial a}\mathrm{d}a+\frac{\partial K_i}{\partial T_i}\mathrm{d}T_i \quad (i=\text{Ⅰ},\text{Ⅱ},\text{Ⅲ}) \tag{13.2.5}$$

其中 T_i 为载荷．在稳定扩展中，为了维持裂纹持续扩展，就必须保证 $K_i=K_{ic}$保持不变，亦即$\mathrm{d}K_i=0$．由于式(13.2.5)中$\partial K_i/\partial a<0$，$K_i\sim T_i$，$\partial K_i/\partial T_i>0$，因此必须保证$\mathrm{d}T_i>0$．

在失稳扩展中，假定 $\mathrm{d}T_i=0$ 即载荷保持不变．由于起始时$\partial K_i/\partial a>0$，从而$\mathrm{d}K_i>0$．为了寻求止裂条件，就必须考察 K_i 何时返回 K_{ic}．如果这个条件可以满足，则称之为暂时失稳．

13.2.2　止裂条件与止裂准则

在裂纹失稳扩展过程中，记

$$K_i=K_{\mathrm{d}}(a,v)$$

称之为动态应力强度因子．其中，$v=v(t)$为裂纹瞬时扩展速度．

假定一个虚拟的准静态过程，在这个准静态过程中的应力强度因子 $K_{i0}=K(a,0)$．这个过程可以等效为另一过程：假定有一种强制性的伺服系统，能使裂纹在扩展时，裂纹两盘上的各个微元只能以准静态移动，裂纹端部也只能以准静态扩展．一旦裂纹扩展到止裂点，这个伺服系统自然撤去．失稳扩展的开始阶段，

$$\partial K_{i0}/\partial a>0,\quad \partial^2 K_{i0}/\partial a^2<0$$

则 K_{i0}必然存在极大值，相应的点为 $x=a'$，此处$\partial K_{i0}/\partial a|_{x=a'}=0$（$i=$ Ⅰ，Ⅱ，Ⅲ）．以后$\partial K_{i0}/\partial a<0$，$K_{i0}$下降，直到 $a=a''$点降到 K_{ic}而停止．其中，a''为止裂点的 x 坐标．这个条件用公式表示就是

$$\begin{cases} K_{i0}(a'')=K'_{ic} \\ \partial K_{i0}/\partial a<0|_{a=a''} \end{cases} \quad (i=\text{Ⅰ},\text{Ⅱ},\text{Ⅲ}) \tag{13.2.6}$$

上述条件称为止裂的 K 准则. 假定介质是均匀的,止裂点介质的断裂韧性和启裂点必然相等,即

$$K'_{ic}(a'')=K_{ic}(a_0) \tag{13.2.7}$$

以下记 K_{i0} 为 K_i. 记 $L=a''-a_0$ 为裂纹扩展的长度. 由于中间破裂过程的辐射波扰动的影响,实际的失稳扩展停止的位置 a^* 有可能大于 a'',称之为过冲. 容易证明,a^* 不可能小于 a'',因为这时 K_i 还没有减少到等于 K_{ic} 的地步,破裂不可能停止下来. 本书暂不考虑过冲问题,因此给出的实际是 L 的最小估计.

13.2.3　最小止裂方程

由止裂条件不难导出最小止裂方程为

$$K_i(a)=K_{ic} \tag{13.2.8}$$

显然,这个方程如果只有一个解,则必然是起始解 $a=a_0$,或止裂条件不存在,或扩展本来就是稳定的. 如果有两个解 $a_1=a_0$ 和 $a_2=a''$,并且 $a''>a_0$,则称 a_0 为起始解,a'' 为止裂解. 将式(13.2.8)写成

$$K_i(a'')-K_i(a_0)=0 \tag{13.2.9}$$

从而可以将求得的根用函数

$$a''=a''(a_0) \tag{13.2.10}$$

表示.

13.3　集中力或力偶

在驱动力或力偶的分布面积很小的情况下,可以近似地用集中力或力偶作为模型. 它的静态解已有含二维裂纹 Green 函数的零频解,已在第 3 章中进行了叙述.

如图 13.1 所示,无限大板中有一长为 $2a$ 的穿透裂纹. 在体内(x_0,y_0)点受集中力 P,Q 及力偶 M 作用(这里所说的点其实是沿垂直于 Oxy 平面方向的线在 Oxy 平面上的投影). 取裂纹中点为坐标原点. P,Q,M 均为施于单位厚度上的力(及力偶),以下统称为载荷. Erdogan(1962)求得裂纹右端处的复应力强度因子(参见第 3 章式(3.2.10))

$$K=K_{\mathrm{I}}-\mathrm{i}K_{\mathrm{II}}=\frac{1}{2\sqrt{\pi a}(1+\kappa)}\left\{(Q+\mathrm{i}P)\left[\frac{a+z_0}{\sqrt{z_0^2-a^2}}-\kappa\frac{a+\bar{z}_0}{\sqrt{\bar{z}_0^2-a^2}}+(\kappa-1)\right]\right.$$
$$\left.+\frac{1}{(\bar{z}_0-a)\sqrt{\bar{z}_0^2-a^2}}\left[a(Q-\mathrm{i}P)(\bar{z}_0-z_0)+\mathrm{i}a(1+\kappa)M\right]\right\}$$

其中力的作用点为

$$z_0=x_0+\mathrm{i}y_0,\mathrm{i}=\sqrt{-1},\quad \kappa=\begin{cases}(3-\nu)/(1+\nu) & (\text{平面应力})\\ 3-4\nu & (\text{平面应变})\end{cases},\nu\ \text{为泊松比.}$$

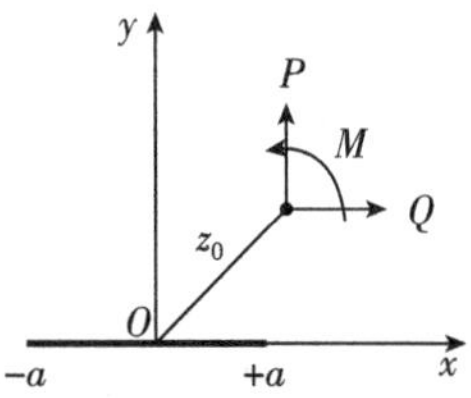

图 13.1　无限大板内的穿透裂纹受集中力 P,Q 及力偶 M 作用

这里进一步讨论一些特殊情况.

13.3.1　一对集中力对称地作用于裂纹面中垂线上的点$(0,\pm y_0)$

图 13.2 所示为一对集中力对称地作用于裂纹面中垂线上的点$(0,\pm y_0)$.

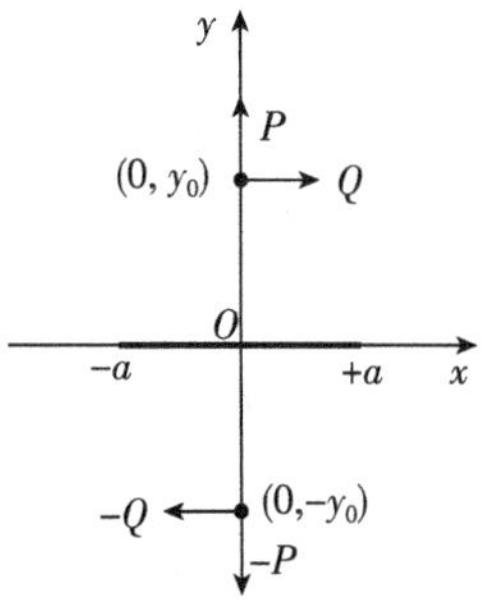

图 13.2　一对集中力对称地作用于裂纹面中垂线上的点$(0,\pm y_0)$

1. 应力强度因子

取 $M=0$,当 $P\neq0,Q=0$ 时得到Ⅰ型裂纹的解,当 $P=0,Q\neq0$ 时得到Ⅱ型裂纹的解,统一写成

$$K_i(a)=\frac{p_i\cdot\sqrt{a}}{\sqrt{\pi}(1+\kappa)}\left[\frac{1+\kappa}{(y_0^2+a^2)^{1/2}}+\frac{2C_iY_0^2}{(y_0^2+a^2)^{3/2}}\right]\quad(i=\mathrm{I},\mathrm{II})\tag{13.3.1}$$

其中,$C_{\mathrm{I}}=+1$;$C_{\mathrm{II}}=-1$;$p_{\mathrm{I}}=P$;$p_{\mathrm{II}}=Q$.

2. 临界载荷

定义临界载荷为满足启裂条件所需要的力和力偶,记为 p_{ic} 和 M_c. 由式(13.3.1),

$$p_{ic}=K_{ic}\cdot\frac{\sqrt{\pi}(1+\kappa)}{\sqrt{a_0}}\left[\frac{1+\kappa}{(y_0^2+a_0^2)^{1/2}}+\frac{2C_iY_0^2}{(y_0^2+a_0^2)^{3/2}}\right]^{-1}\tag{13.3.2}$$

可以看出,当$|y_0|\to\infty$时,$p_{ic}\to\infty$. 当$|y_0|\to0$ 时 ,$p_{ic}\to K_{ic}\cdot\sqrt{\pi a_0}$为极小. 临界载荷决定了破裂能否起始,因而构成了止裂的先决条件.

3. 失稳边界点

由式(13.3.1)对 a 求导,得到

$$\frac{\partial K_i}{\partial a}=\frac{p_i}{2\sqrt{\pi a}(1+\kappa)(y^2+a^2)^{5/2}}\left[(\kappa+2C_i+1)y^4-10a^2y^2-(1+\kappa)a^4\right]\tag{13.3.3}$$

令$\partial K_i/\partial a=0$，求出其中两个实根为

$$\begin{cases}|y_{\mathrm{Ic}}|=1.4841\,a & (\text{平面应力})\\ |y_{\mathrm{Ic}}|=1.5050\,a & (\text{平面应变})\end{cases}\qquad \begin{cases}|y_{\mathrm{IIc}}|=0.5556\,a & (\text{平面应力})\\ |y_{\mathrm{IIc}}|=0.4929\,a & (\text{平面应变})\end{cases}\tag{13.3.4}$$

计算表明：若$|y_0|<|y_{ic}|$，则$\partial K_i/\partial a<0$，裂纹双向稳定扩展；若$|y_0|>|y_{ic}|$，则$\partial K_i/\partial a>0$，裂纹双向失稳扩展. 我们称$y_{ic}$为失稳边界点.

4. 止裂点 $a=a''$

利用式(13.2.9). 在数值计算中用a_0作无量纲归一化. 记$Y_0=y_0/a_0$，$A''=a''/a_0$，得到最小止裂方程

$$\frac{\sqrt{A''}}{\sqrt{A''^2+Y_0^2}}\left(1+\kappa+\frac{2C_iY_0^2}{A''^2+Y_0^2}\right)-\frac{1}{\sqrt{1+Y_0^2}}\left(1+\kappa+\frac{2C_iY_0^2}{1+Y_0^2}\right)=0\tag{13.3.5}$$

取Y_0的不同值，分别求得$A''>1$的根，进一步得到$a''=a''(y_0)$，函数曲线由图 13.3 显示，可以看出为单调函数. 当$|y_0|\downarrow|y_{ic}|$（$\downarrow$指从高值向低值趋近）时，$a''\to a_0$，失稳退化为稳定扩展.

远场点力模型在解释天体潮汐作用时是常用的. Stacey(1977)在论述月球引力稳定性的 Roche 极限问题时，实际用的就是这个模型.

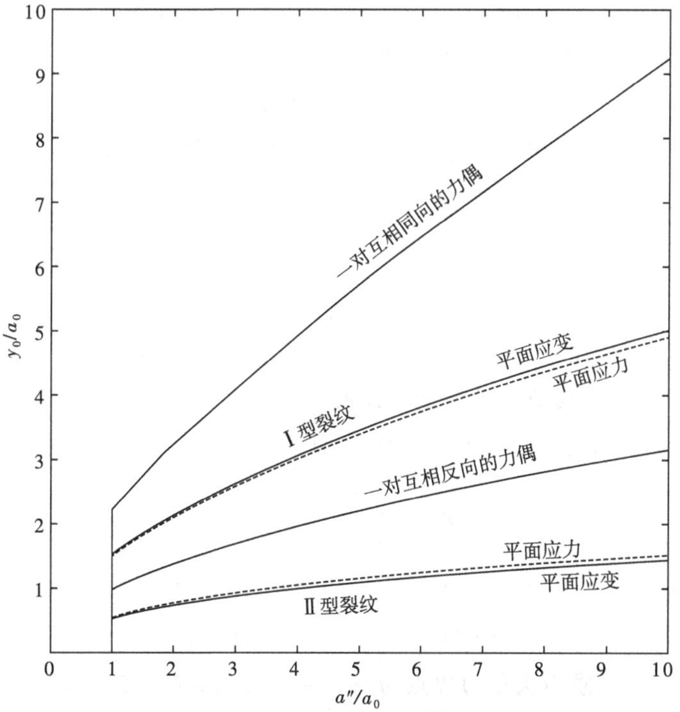

图 13.3　y_0 对止裂长度 a'' 的影响

图中 y_0 和 a'' 均用 a_0 归一化，图中的竖线为稳定扩展与失稳扩展的分界线

13.3.2　一对集中力偶对称地作用于裂纹面中垂线上的点$(0,\pm y_0)$

1. 一对互相反向的力偶作用于裂纹面以外点$(0,\pm y_0)$

如图 13.4(a)在这种力偶对称分布的作用下,裂纹右端

$$K_{\mathrm{I}}^{+}=2\mathrm{Re}K=\frac{Ma^{3/2}}{\sqrt{\pi}(a^2+y_0^2)^{3/2}} \tag{13.3.6}$$

$K_{\mathrm{II}}^{+}=0$. 裂纹左端受到压缩,$K_{\mathrm{I}}^{-}=0$,临界状态下 $K_{\mathrm{I}}^{+}=K_{\mathrm{Ic}}$时,裂纹向右单向扩展. 临界载荷为

$$M_c=K_{\mathrm{Ic}}\cdot\sqrt{\pi}a_0^{-3/2}\,(a_0^2+y_0^2)^{3/2} \tag{13.3.7}$$

显然,当$|y_0|\to\infty$时,$M_c\to\infty$,当$|y_0|\to0$ 时,$M_c\to K_{\mathrm{Ic}}\cdot\sqrt{\pi a_0}$为极小.

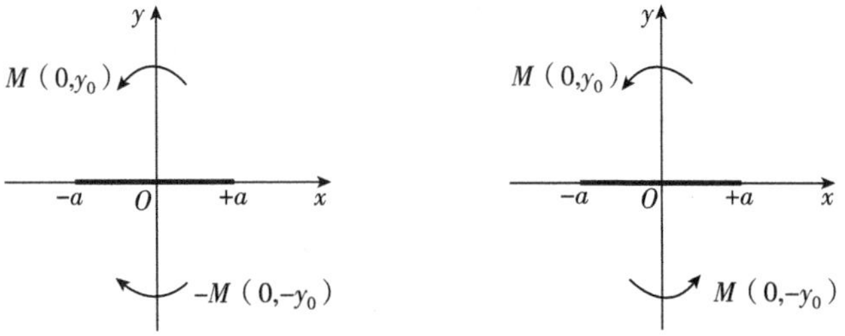

(a) 反向力偶　　(b) 同向力偶

图 13.4　一对力偶作用于裂纹面以外点$(0,\pm y_0)$

由式(13.3.6),令右端$\partial K_{\mathrm{I}}^{+}/\partial a=0$,求得失稳边界点为 $y_{M_c}=\pm a_0$. 当$|y_0|<a_0$时,裂纹向右单向稳定扩展,当$|y_0|>a_0$ 时,裂纹向右单向失稳扩展. 由式(13.2.9),最小止裂方程为

$$\frac{a''}{a''^2+y_0^2}-\frac{a_0}{a_0^2+y_0^2}=0 \tag{13.3.8}$$

从上式解得止裂点 $a''=y_0^2/a_0$(图 13.3). 其中的稳定扩展对于解释裂谷的形成和海底扩张也是有用的.

2. 一对互相同向的力偶作用于裂纹面以外点$(0,\pm y_0)$

如图 13.4(b),作用于点$(0,\pm y_0)$的力偶反向,裂纹两端的 K 相同,$K_{\mathrm{I}}=0$

$$K_{\mathrm{II}}=\frac{M\sqrt{a}\,|y_0|}{\sqrt{\pi}(a^2+y_0^2)^{3/2}} \tag{13.3.9}$$

临界载荷 $M_c=K_{\mathrm{IIc}}\sqrt{\pi}(a_0^2+y_0^2)^{3/2}/(\sqrt{a_0}\,|y_0|)$. M_c 的极小点为$|y_m|=a_0/\sqrt{2}$,相应的极小值为 $M_{\mathrm{cmin}}=2K_{\mathrm{IIc}}\sqrt{\pi}(3a_0)^{3/2}$,当$|y_0|\to\infty$或$|y_0|\to0$ 时,$M_c\to\infty$.

令$\partial K_{\mathrm{II}}/\partial a=0$,求得失稳边界点为$|y_c|=\sqrt{5}a$. 由式(13.2.9),最小止裂方程为

$$\frac{a''}{(a''^2+y_0^2)^3}=\frac{a_0}{(a_0^2+y_0^2)^3} \tag{13.3.10}$$

从上式解得止裂点 $a''=a''(y_0)$ 的数值解，其函数曲线见图 13.3.

这种模型对于解释两个块体互相同向旋转引起的断层剪切破裂很有用.

13.3.3 集中力作用于关于 x 轴对称的两个点 $(x_0, \pm y_0)$

下面来考虑比 13.3.1 节更一般的情况. 假定集中力为 p_i，$p_{\mathrm{I}}=P$，$p_{\mathrm{II}}=Q$，作用点 $x_0>0$（见图 13.5），由式(13.3.1)不难得到裂纹右端

$$K_i^+=\frac{p_i}{\sqrt{\pi a}(1+\kappa)}\mathrm{Re}\left\{\mathrm{i}\left[\frac{a+z_0}{\sqrt{z_0^2-a^2}}-\kappa\frac{a+\bar{z}_0}{\sqrt{\bar{z}_0^2-a^2}}\right]-\frac{2C_i a y_0}{(\bar{z}_0-a)\sqrt{\bar{z}_0^2-a^2}}\right\}\quad (i=\mathrm{I}, \mathrm{II}) \tag{13.3.11}$$

计算裂纹左端的 K_i^- 将式(13.3.11)中的 x_0 改为 $-x_0$ $(x_0>0)$ 即可. 可以看出，$K^+>K^-$，裂纹右端部单向扩展.

1. 临界载荷

由式(13.3.11)得

$$p_{ic}=\frac{K_{ic}\cdot\sqrt{\pi a_0}(1+\kappa)}{\mathrm{Re}\left\{\mathrm{i}\left[\frac{a_0+z_0}{\sqrt{z_0^2-a_0^2}}-\kappa\frac{a_0+\bar{z}_0}{\sqrt{\bar{z}_0^2-a_0^2}}\right]-\frac{2a_0C_iy_0}{(\bar{z}_0-a_0)\sqrt{\bar{z}_0^2-a_0^2}}\right\}} \tag{13.3.12}$$

由上式直接看出，当 $|z-a_0|$ 增加时，p_{ic} 单调增加. 不难证明当 $z_0\to a_0\pm\mathrm{i}0$ 时，$p_{ic}\to 0$. 还可以看出，当 $z_0\to\infty$ 时，$p_{ic}\to\infty$.

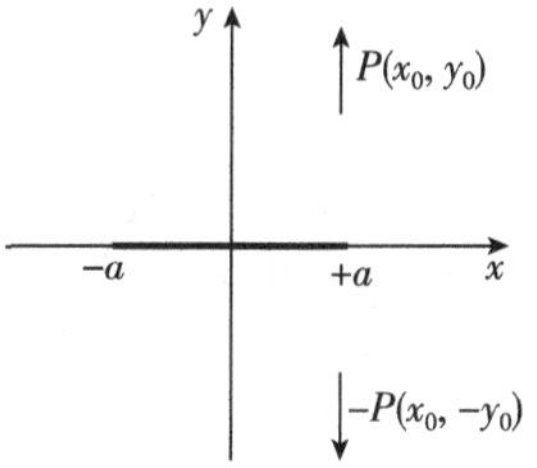

图 13.5　集中力作用于关于 x 轴对称的两个点 $(x_0, \pm y_0)$

2. 失稳边界线

令裂纹原半长度为 a_0，当 $a(t)=a_0+\Delta a$ 时，由于裂纹是向右单向扩展，为了能跟踪计算应力强度因子，y 轴必须随时居于裂纹中垂线上，即必须向右实时跟进移动 $\Delta a/2$. 建立动坐标系，$a'=a_0+\Delta a/2$，因此 $\partial a'/\partial a=1/2$.

以下分两种情况讨论. 第一种情况假定在裂纹扩展过程中 x_0 与 y 轴的距离保持 x_0 不变（即载荷位置不断随 y 轴跟进）. 由式(13.3.11)得出

$$K_i^+=\frac{p_i}{\sqrt{\pi a'}(1+\kappa)}\mathrm{Re}\left\{\mathrm{i}\left[\frac{a'+z_0}{\sqrt{z_0^2-a'^2}}-\kappa\frac{a'+\bar{z}_0}{\sqrt{\bar{z}_0^2-a'^2}}\right]-\frac{2C_ia'y_0}{(\bar{z}_0-a')\sqrt{\bar{z}_0^2-a'^2}}\right\} \tag{13.3.13}$$

$$\frac{\partial K_i^+}{\partial a}=\frac{\partial K_i^+}{\partial a'}\frac{\partial a'}{\partial a}$$

$$=\frac{-p_i}{8a'\sqrt{a'}(1+\kappa)}\mathrm{Re}\left\{\mathrm{i}\left[\frac{{z_0}^2-2a'z_0-a'^2}{(z_0-a')\sqrt{{z_0}^2-a'^2}}-\kappa\frac{{\bar{z}_0}^{\ 2}-2a'\bar{z}_0-a'^2}{(\bar{z}_0-a')\sqrt{{\bar{z}_0}^{\ 2}-a'^2}}\right]\right.$$

$$\left.+\frac{2C_iy_0a'({\bar{z}_0}^{\ 2}+2a'\bar{z}_0+3a'^2)}{(\bar{z}_0-a')({\bar{z}_0}^2-a'^2)^{3/2}}\right\} \tag{13.3.14}$$

令$\partial K_i^+/\partial a=0$,求出的实根 $y=y_{ic}$就是失稳边界点.函数 $y_{ic}=y_{ic}(x_0)$的曲线构成了失稳边界线.图 13.6 画出了第一种情况下 I 型裂纹的失稳边界线,图 13.7 画出了第一种情况下Ⅱ型裂纹的失稳边界线.当点力位于边界线以内时,裂纹只能稳定扩展,我们称这个区域为稳定“岛”.当点力位于失稳边界线以外时,裂纹才能失稳扩展,我们称这个区域为失稳“海”.可以看出当 $x_0\to a_0$ 时,$|y_{ic}|\to 0$ 为极小值.当 $x_0=0$ 时,$|y_{ic}|$为极大值.第Ⅱ、Ⅲ、Ⅳ象限内的图像与第一象限对 x、y 轴对称.

从图 13.6 和图 13.7 可以看出,则随着裂纹扩展,稳定岛的边界也随着按比例扩大,其边界形状是自相似的.

第二种情况假定在裂纹扩展过程中载荷位置保持原地不动.在动坐标系中,$z'=z_0-\Delta a/2$,$\partial z'/\partial a=-1/2$,　$z'+a'=z_0+a_0=A_0$,因此

$$K_i^+=\frac{p_i}{\sqrt{\pi}(1+\kappa)}\mathrm{Re}\left\{\mathrm{i}\left[\frac{\sqrt{A_0}}{\sqrt{a'}\sqrt{z'-a'}}-\kappa\frac{\sqrt{\bar{A}_0}}{\sqrt{a'}\sqrt{\bar{z}'-a'}}\right]-\frac{2C_i\sqrt{a'}y_0}{\bar{D}'\sqrt{\bar{A}_0}(z'-a')}\right\} \tag{13.3.15}$$

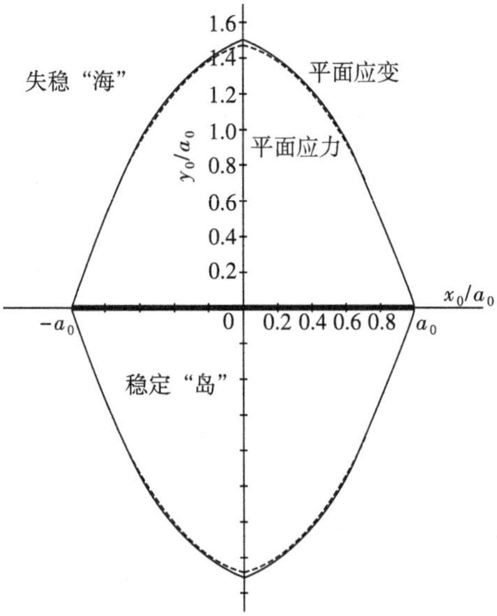

图 13.6　Ⅰ型裂纹的失稳边界线

图中实线为平面应变的情况,虚线为平面应力的情况.边界线内为稳定“岛”,边界线外为失稳“海”.图中 y_0 和 x_0 均用 a_0 归一化

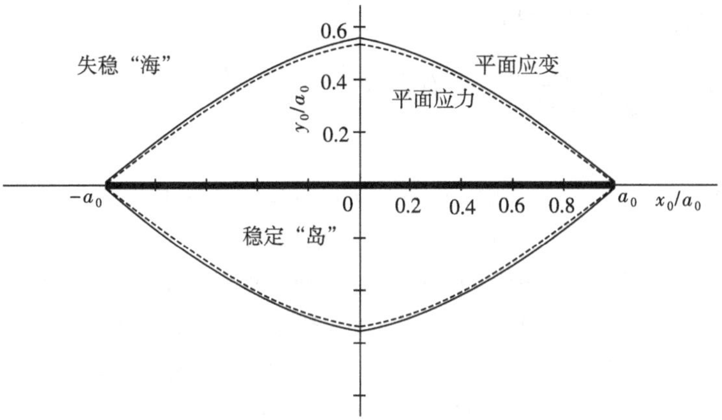

图 13.7　Ⅱ型裂纹的失稳边界线，其余图注参见图 13.6

$$\frac{\partial K_i^+}{\partial a}=\frac{\partial K_i^+}{\partial a'}\frac{\partial a'}{\partial a}+\frac{\partial K_i^+}{\partial z'}\frac{\partial z'}{\partial a}$$

$$=\frac{p_i}{4a'\sqrt{\pi a'}(1+\kappa)}\mathrm{Re}\left\{-\mathrm{i}\left[\frac{(z_0+a_0)^{3/2}}{(z'-a')^{3/2}}+\frac{\kappa(\bar{z}_0+a_0)^{3/2}}{(\bar{z}'-a')^{3/2}}\right]\right.$$

$$\left.-\frac{2C_i a' y_0(\bar{z}'z'+3a'z'+a'\bar{z}'-5a'^2)}{\sqrt{\bar{z}_0+a_0}\,(\bar{z}'-a')^2(z'-a')^{3/2}}\right\} \tag{13.3.16}$$

可以看出，当 $z_0\to 0\pm \mathrm{i}y_0$（见 13.3.1 小节）时，两种情况的区别消失，失稳边界点的 $|y_c|$ 值相同. 当 $z_0\to x_0\pm \mathrm{i}0$（见下一小节）时，失稳的边界点都是在 $|x|_c=\pm a_0$. 因此两种情况的失稳边界线的上、下、左、右界限没有区别，只在其余轮廓形状上略有区分.

3. 止裂点 $a=a''$

止裂点用最小止裂方程(13.2.9)确定，但这个方程是在动坐标系内表示的，其中 y 轴的位置必须作为裂纹中垂线不断跟进，因此算出的 a''是动坐标系内的止裂点横坐标，在原始坐标系中，止裂点横坐标应为 $a^*=2a''-a_0$. 若集中力位于失稳"海"里，裂纹一开始扩展为向右单向破裂. 数值计算表明，$|z-a_0|$越大，a''也越大. 还可以看出，在第二种情况下，随着右端扩展和 K^+ 上升，左端 K^- 也在随之上升. 这是因为动态裂纹的中垂线越来越接近集中力作用点，两端的 K_i 值也越来越接近. 在右端 $a^+<a_0+2x_0$ 的某一点上，左端 K^- 升高到 K_{ic}而开始扩展，这时的单向破裂变成双向破裂.

13.3.4　相等的集中力及力偶作用于裂纹上下表面的对应点上

1. 一对相等的集中力作用于裂纹上下表面的对应点$(x_0,0)(0<x_0<a)$上（图 13.8）

由式(13.3.1)，利用解析延拓可以证明，裂纹端部的应力强度因子由第 3 章

式(3.3.12)和式(3.3.13)给出

$$\text{左边 } K_i^- = \frac{p_i}{\sqrt{\pi a}}\sqrt{\frac{a-x_0}{a+x_0}}, \quad \text{右边 } K_i^+ = \frac{p_i}{\sqrt{\pi a}}\sqrt{\frac{a+x_0}{a-x_0}} \quad (i=\text{Ⅰ},\text{Ⅱ},\text{Ⅲ}) \tag{13.3.17}$$

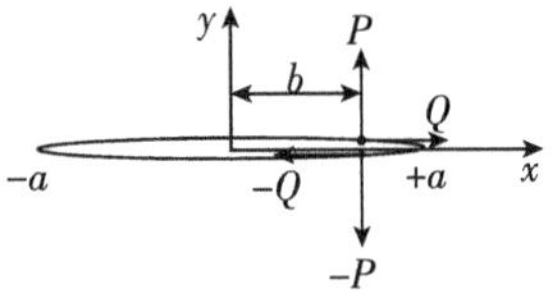

图 13.8　相等的集中力作用于裂纹上下表面的对应点上

其中，$p_{\text{Ⅰ}}=P$；$p_{\text{Ⅱ}}=Q$；$p_{\text{Ⅲ}}=S$. 由上式可知，$K_i^+>K_i^-$. 从式(13.3.17)可以看出，当 $x_0\to a$ 时，$K_i^r\to\infty$，$\partial K_i/\partial a\to-\infty$. 它的物理意义如下：当不大的点力的位置趋近裂纹端部时，裂纹极易扩展，但止裂也极快. 常见的刀、锯、剪的韧部作用都符合这个原理. 断层内部的超临界流体的应力腐蚀作用使断层产生慢扩展或蠕变，也可以像刀韧或虫蛀作用那样，等效为一个趋近端部的点力.

(1)假定在裂纹扩展过程中 b 保持不变(即载荷位置不断跟进)，由于是单侧扩展，裂纹左端开始时不扩展，令裂纹原长度为 a_0，$b=b_0$，当 $a=a_0+\Delta a$ 时，y 轴移动到 $a=0+\Delta a/2$ 处，$b=b_0$. 建立动坐标 $x'=x_0-\Delta a/2$，$a'=a_0+\Delta a/2$，因此$\partial a'/\partial a=1/2$.

$$K_i^+=\frac{p_i}{\sqrt{\pi a'}}\sqrt{\frac{a'+b_0}{a'-b_0}} \tag{13.3.18}$$

计算$\partial K_i/\partial a$ 直接得到

$$\frac{\partial K_i^+}{\partial a}=\frac{\partial K_i^+}{\partial a'}\frac{\partial a'}{\partial a}=\frac{-p_i(a'^2+2a'b_0-b_0^2)}{4a'\sqrt{\pi a'}(a'-b_0)\sqrt{a'^2-b_0^2}}<0 \tag{13.3.19}$$

因此，裂纹的脆性扩展是单向稳定扩展.

(2)假定在裂纹扩展过程中载荷位置保持不变. 在动坐标中，$b'=b_0-\Delta a/2$，$a'=a_0+\Delta a/2$，$\partial a'/\partial a=1/2$，$\partial b'/\partial a=-1/2$，

$$K_i^+=\frac{p_i}{\sqrt{\pi a'}}\sqrt{\frac{a_0+b_0}{a'-b'}} \quad (i=\text{Ⅰ},\text{Ⅱ},\text{Ⅲ}) \tag{13.3.20}$$

$$\frac{\partial K_{\text{Ⅰ}}^+}{\partial a}=\frac{\partial K_{\text{Ⅰ}}^+}{\partial a'}\frac{\partial a'}{\partial a}+\frac{\partial K_{\text{Ⅰ}}^+}{\partial b'}\frac{\partial b'}{\partial a}=\frac{-P\sqrt{a_0+b_0}(2a'-b')}{2a'\sqrt{\pi a'}(a'-b')^{3/2}}<0 \tag{13.3.21}$$

裂纹左端要等到右端扩展到 $a-b_0=a_0+b_0$，即 $a=a_0+2b_0$ 才能开始扩展，此时 $b'=0$，$K_{\text{Ⅰ}}^+=K_{\text{Ⅰ}}^-=\dfrac{P}{\sqrt{\pi a}}$，$\partial K_{\text{Ⅰ}}/\partial a=-\dfrac{P}{a\sqrt{\pi a}}<0$，为双向的稳定扩展.

(3)假定在裂纹扩展过程中载荷作用点与裂纹右端部的距离保持不变，则在动坐标中，$\partial a'/\partial a=1/2$，$\partial b'/\partial a=-1/2$，$a'-b'=a_0-b_0=D_0$(常数)，

$$K_i^+=\frac{p_i}{\sqrt{\pi a'}}\sqrt{\frac{a'+b'}{D_0}} \tag{13.3.22}$$

$$\frac{\partial K_i^+}{\partial a}=\frac{\partial K_i^+}{\partial a'}\frac{\partial a'}{\partial a}=\frac{-p_i(2a'^2-4a'D_0+D_0^2)}{4a'^{3/2}(a'+b')^{3/2}\sqrt{\pi D_0}} \tag{13.3.23}$$

记 $D_0 = ma'$，$0 \leqslant m \leqslant 1$. 代入上式分子中的括号，记为 $S = a'^2(2-4m+m^2)$. 令 $S=0$，得到根为 $m_1 = 2-\sqrt{2}$，$m_2 = 2+\sqrt{2}$. 可以看出，若初始时 $0<m<2-\sqrt{2}$，则 $S>0$，$\partial K_i^+/\partial a<0$，裂纹为单向稳定扩展. 若初始时 $2-\sqrt{2}<m<1$，则 $S<0$，$\partial K_i^+/\partial a>0$，裂纹暂时单向失稳扩展，直到 a' 扩展到足够长，使得 m 值降低到 $0<m<2-\sqrt{2}$，此时 $S>0$，$\partial K_i^+/\partial a<0$，裂纹进入单向稳定扩展.

和(2)情况不同的是，整个过程全部为单向扩展，不可能变为双向扩展.

2. 一对互相反向的力偶作用于裂纹上下表面的对应点$(b,0)$$(0<b<a)$上

见图 13.4(a). 由式(13.3.1)，取 $P=Q=0$，裂纹端部的应力强度因子为

$$K_{\mathrm{I}}^+ = \frac{M\sqrt{a}}{\sqrt{\pi}\,(a-b)^{3/2}\sqrt{a+b}},\quad K_{\mathrm{I}}^- = 0,\quad K_{\mathrm{II}}^- = K_{\mathrm{II}}^+ = 0 \tag{13.3.24}$$

假定在裂纹扩展过程中 $b'=b_0$ 保持不变(即载荷位置不断跟进 y 轴)，建立动坐标，$a'=a_0+\Delta a/2$，因此 $\partial a'/\partial a = 1/2$，

$$K_{\mathrm{I}}^+ = \frac{M\sqrt{a'}}{\sqrt{\pi}\,(a'-b_0)^{3/2}\sqrt{a'+b_0}}$$

$$\frac{\partial K_{\mathrm{I}}^+}{\partial a} = \frac{\partial K_{\mathrm{I}}^+}{\partial a'}\frac{\partial a'}{\partial a} = \frac{-M[5a'^2+b_0(2a'-b_0)]}{4\sqrt{\pi}a'^{3/2}(a'-b_0)^{5/2}(a'+b_0)^{3/2}}<0 \tag{13.3.25}$$

裂纹稳定地单向扩展.

假定在裂纹扩展过程中载荷位置保持原地不动. 在动坐标中，$b'=b_0-\Delta a/2$，$a'=a_0+\Delta a/2$，$\partial a'/\partial a=1/2$，　$\partial b'/\partial a=-1/2$，$a'+b'=a_0+b_0$，在扩展过程中，

$$K_{\mathrm{I}}^+ = \frac{M\sqrt{a'}}{\sqrt{\pi}\,(a'-b')^{3/2}\sqrt{a_0+b_0}} \tag{13.3.26}$$

$$\frac{\partial K_{\mathrm{I}}^+}{\partial a} = \frac{-M(7a'-b')}{4\,(a'-b')^{3/2}\sqrt{\pi a'}\sqrt{a_0+b_0}}<0 \tag{13.3.27}$$

裂纹右端稳定单向扩展. 本节模型进一步延拓到分布力情况，对于解释张性的裂谷形成或海底扩张也是有用的.

13.3.5　裂纹表面上作用对称于 x，y 轴的集中力

裂纹表面上作用对称于 x，y 轴的集中力 p_i($i=$ Ⅰ，Ⅱ，Ⅲ)如图 13.9 所示. 其中，$p_{\mathrm{I}}=P$；$p_{\mathrm{II}}=Q$；$p_{\mathrm{III}}=S$ 由式(13.3.14)经过叠加，并利用对称性，得到裂纹两个端部的应力强度因子是一致的

$$K_i^+ = K_i^- = \frac{2p_i\cdot\sqrt{a}}{\sqrt{\pi(a^2-b^2)}}\quad (i=\mathrm{I},\mathrm{II},\mathrm{III}) \tag{13.3.28}$$

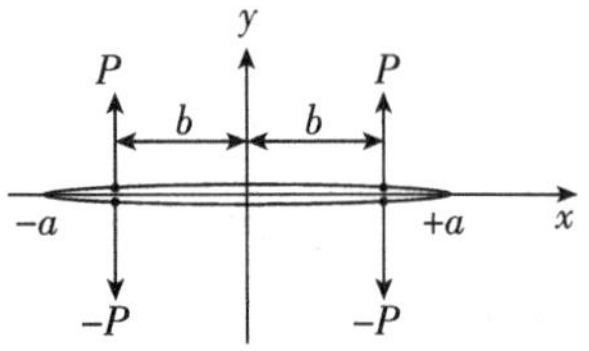

图 13.9　裂纹面上作用对称于 x,y 轴的集中力，这里只画出了 $i=\mathrm{I}$ 时的载荷

1. 假定在裂纹扩展过程中载荷位置 b 保持不变

$$\frac{\partial K_i}{\partial a}=\frac{-p_i(a^2+b^2)}{\sqrt{\pi a}(a^2-b^2)^{3/2}}<0$$

裂纹两端为稳定扩展.

2. 假定在裂纹扩展过程中载荷距离裂纹端部的距离 d 保持不变，则 $b=a-d$

$$K_i^+=K_i^-=\frac{2p_i\cdot\sqrt{a}}{\sqrt{\pi d(2a-d)}}\tag{13.3.29}$$

$$\frac{\partial K_i}{\partial a}=\frac{p_i}{\sqrt{\pi a}}\frac{-\sqrt{d}}{(2a-d)^{3/2}}<0$$

裂纹两端仍为稳定扩展.

13.4　分布力或力偶

对于两个或两个以上的点力或力偶，应力强度因子是这些载荷的零频 Green 函数作用的总和

$$K_i=\sum_{j=1}^{N}K_{ij}(x,y,a)\quad(i=\mathrm{I},\mathrm{II},\mathrm{III})\tag{13.4.1}$$

对于分布在有限区域 Σ 内的载荷连续分布的情况，应力强度因子是 Green 函数在 Σ 内的积分.

$$K_i=\iint_{\Sigma}K_{ig}(x,y,a)\mathrm{d}x\mathrm{d}y\tag{13.4.2}$$

如果 Σ 位于裂纹附近的稳定“岛”内，每个微元都有 $\partial K_{ig}/\partial a<0$，因此，$\partial K_i/\partial a<0$，破裂是稳定的. 如果 Σ 位于裂纹之外失稳“海”中，每个微元都有 $\partial K_{ig}/\partial a>0$，因此，$\partial K_i/\partial a>0$，破裂失稳，止裂方程(13.2.9)就成为一个积分方程

$$\iint_{\Sigma}K_{ig}(x,y,a)\mathrm{d}x\mathrm{d}y=K_{ic}\tag{13.4.3}$$

或

$$\iint_{\Sigma}[K_{ig}(x,y,a'')-K_{ig}(x,y,a_0)]\mathrm{d}x\mathrm{d}y=0\tag{13.4.4}$$

13.4.1 失稳点估计的等效点力方法

考察止裂方程(13.4.3).根据积分中值定理,如果载荷连续分布在某有限区域 Σ 内,则必然存在点$(x^*,y^*)\in\Sigma$,使式(13.4.4)中的积分可以写成

$$\iint_{\Sigma} K_{ig}(a)\mathrm{d}s = S'\cdot K_{ig}^*(x^*,y^*,a) \tag{13.4.5}$$

其中,S' 是该区域的总面积.满足上式条件的点(x^*,y^*)不唯一,而是区域 Σ 内 $K_{ig}^*(x^*,y^*,a_0)$的等值线 L^*.式(13.4.3)就成为

$$K_{ig}^*(x^*,y^*,a'')=K_{ic}/S' \tag{13.4.6}$$

或

$$K_{ig}^*(x^*,y^*,a'')-\frac{1}{S'}\iint_{\Sigma} K_{ig}(a_0)\mathrm{d}s = 0 \tag{13.4.7}$$

上式和式(13.2.9)相比,形式上完全相同.因此,对破裂稳定性估计和止裂点的计算,可以利用位于 L^* 上的等效点力或点力偶的 Green 函数所建立的止裂方程.

本节的实际应用之一是断层之间的相互作用.这种相互作用有时也被称之为位错系之间的相互作用.根据位错源和双力偶源的等效性理论(Aki and Richards,1980),这两种说法是等价的.一条发生错动的断层对于另一条断层来说,就等效为有限范围分布的双力偶源.又如矿山开采诱发地震的机理.矿山采空区的卸载附加应力分布,与附近断层相互作用,引起附近断层的破裂.

本节引入的等效点力,仅用于断层破裂止裂长度的估计,它不能用来分析动力学过程和断层应力场.另外,如果区域 Σ 是跨失稳"海"和稳定"岛"的,则等效点载荷方法未必适用.

13.4.2 载荷连续分布在裂纹所在平面上

这相当于载荷 $p_i(x)$为对称于 x,y 轴分布,且 $y=0$(图 13.10).其中 $p_{\mathrm{I}}=P$,$p_{\mathrm{II}}=Q$,$p_{\mathrm{III}}=S$.记 b_0 为载荷在 x 方向上的分布范围.如果 $0<x<b_0<a_0$,由式(13.3.13)可得

$$K_i = 2\sqrt{a}\int_0^{b_0}\frac{p_i(x)}{\sqrt{\pi(a^2-x^2)}}\mathrm{d}x \quad (i=\mathrm{I},\mathrm{II},\mathrm{III}) \tag{13.4.8}$$

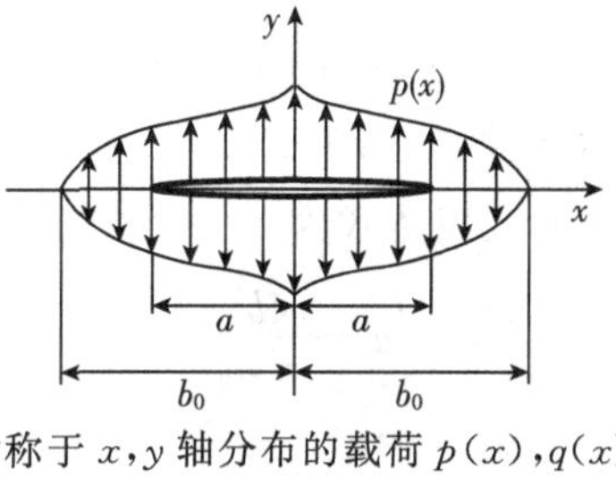

图 13.10　裂纹面上作用对称于 x,y 轴分布的载荷 $p(x)$,$q(x)$,$s(x)$,图中只画出 $p_{\mathrm{I}}(x)$

$p_i(x)$位于稳定"岛"内，裂纹双向稳定扩展，这和切列帕诺夫(1974)的结果一致. 但是，如果 $b_0>a_0$，切列帕诺夫(1974)没有讨论. 对于这种情况，我们仿褚武扬(1979)推导 COD 公式的做法. 在裂纹以外，分布力对并不作用在裂纹上下界面上. 这时作用在同一点上的力对(大小相等，方向相反)互相抵消，对 K_i 无贡献，但当裂纹扩展到该点时，作用在该点的载荷立即分别作用在裂纹上下两个面上. 因此应有

$$K_i = 2\sqrt{a}\int_0^a \frac{p_i(x)}{\sqrt{\pi(a^2-x^2)}}\mathrm{d}x \quad (i=\mathrm{I},\mathrm{II},\mathrm{III}) \tag{13.4.9}$$

由式(13.2.9)得到最小止裂方程为

$$\sqrt{a''}\int_0^{b_0} \frac{p_i(x)}{\sqrt{a''^2-x^2}}\mathrm{d}x - \sqrt{a_0}\int_0^{a_0} \frac{p_i(x)}{\sqrt{a_0^2-x^2}}\mathrm{d}x = 0 \tag{13.4.10}$$

止裂点为

$$\sqrt{a''} = \frac{\sqrt{a_0}\int_0^{a_0} \frac{p_i(x)}{\sqrt{a_0^2-x^2}}\mathrm{d}x}{\int_0^{b_0} \frac{p_i(x)}{\sqrt{a''^2-x^2}}\mathrm{d}x} \quad (i=\mathrm{I},\mathrm{II},\mathrm{III}) \tag{13.4.11}$$

例 1　$p_i(x)\equiv p_i$(常数)，且 $b_0<a_0$，则裂纹稳定扩展，如果 $b_0>a_0$，裂纹一开始是失稳扩展. 在启裂点，$K_i=p_i(\pi a_0)^{1/2}=K_{ic}$，可知临界载荷为

$$p_{ic}=\frac{K_{ic}}{\sqrt{\pi a_0}} \quad (i=\mathrm{I},\mathrm{II},\mathrm{III}) \tag{13.4.12}$$

在 $a_0\leqslant a<b_0$ 时，$K_i=p_i\sqrt{\pi a}$，

$$\partial K_i/\partial a=\frac{p_i\sqrt{\pi}}{2\sqrt{a}}>0$$

为 K_i 上升阶段. 在裂纹扩展到 $a>b_0$ 之后，

$$K_i=2p_i\sqrt{a/\pi}\arcsin(b_0/a) \quad (i=\mathrm{I},\mathrm{II},\mathrm{III}) \tag{13.4.13}$$

此时载荷完全落入稳定"岛"内，

$$\partial K_i/\partial a=\frac{-p_i}{\sqrt{\pi a}}\left(\frac{2b_0}{\sqrt{a^2-b_0^2}}-\arcsin\frac{b_0}{a}\right)<0 \tag{13.4.14}$$

最小止裂方程(13.4.10)成为

$$\sqrt{a''/a_0}\left[1-(2/\pi)\arccos(b_0/a'')\right]=1 \quad (i=\mathrm{I},\mathrm{II},\mathrm{III}) \tag{13.4.15}$$

由此求得根 $a''=a''(a_0,b_0)$，其曲线如图 13.11 所示. 显然，当 b_0 增加时，a''呈近似抛物形增长. 当 b_0 很大时，它的渐近表达式为

$$a''\sim\frac{4b_0^2}{\pi^2 a_0}$$

成为二次曲线.

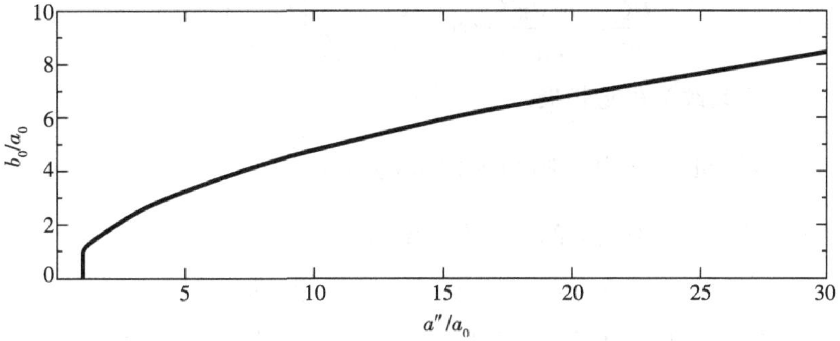

图 13.11　预应力尺度 b_0 对止裂时半长度 a'' 的影响

图中 b_0 和 a'' 均用 a_0 归一化

例 2　在裂纹面上 $a_1<|x|<a_2<a$ 部分作用有关于 x 轴对称的分布载荷 p_i，如图 13.12 所示. 其中 $a_2<a$.

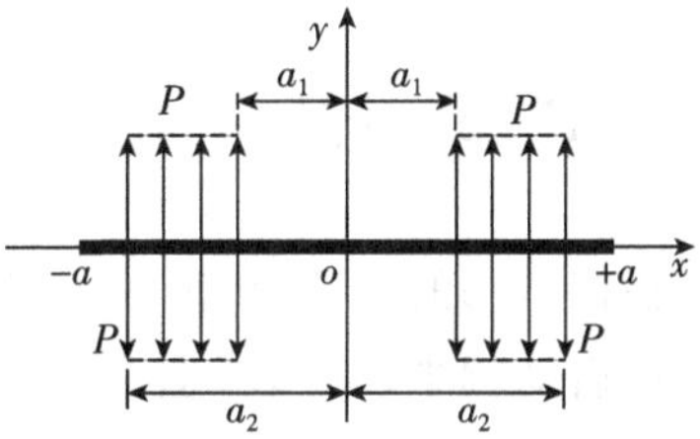

图 13.12　在裂纹面上 $a_1<|x|<a_2$ 部分作用有关于 x 轴对称的分布载荷

图中只画出 $p_{\mathrm{I}}(x)$

由 3.3 节可知，

$$K_i = \frac{2\sqrt{a}p_i}{\sqrt{\pi}}\int_{a_1}^{a_2}\frac{\mathrm{d}x}{\sqrt{a^2-x^2}} = \frac{2p_i\sqrt{a}}{\sqrt{\pi}}\left[\arcsin\frac{a_2}{a}-\arcsin\frac{a_1}{a}\right]\quad (i=\mathrm{I},\mathrm{II},\mathrm{III}) \tag{13.4.16}$$

$$\frac{\partial K_i}{\partial a} = -\frac{p_i}{\sqrt{\pi a}}\int_{a_1}^{a_2}\frac{x^2+a^2}{(a^2-x^2)^{3/2}}\mathrm{d}x < 0 \tag{13.4.17}$$

因此裂纹扩展为稳定扩展.

例 3　条件同例 2，只是将 a_2 改为 a，即分布力范围右端在裂纹端部，并且随着裂纹扩展总是跟随裂纹端部，而 a_1 始终保持不变，则

$$K_i = \frac{2\sqrt{a}p_i}{\sqrt{\pi}}\int_{a_1}^{a}\frac{\mathrm{d}x}{\sqrt{a^2-x^2}} = \frac{2\sqrt{a}p_i}{\sqrt{\pi}}\arccos\frac{a_1}{a}\quad (i=\mathrm{I},\mathrm{II},\mathrm{III}) \tag{13.4.18}$$

$$\frac{\partial K_i}{\partial a}=\frac{p_i\sqrt{\pi}}{\sqrt{a}}\left(\arccos\frac{a_1}{a}+\frac{2a_1}{\sqrt{a^2-a_1^2}}\right)>0$$

因此这种情况下裂纹为失稳扩展.

13.4.3 无限远处分布力范围为无限大的情况

记分布载荷为 σ^{∞},裂纹端部的应力强度因子就成为

$$K_i=Y\sigma^{\infty}\sqrt{\pi a}\quad (i=\mathrm{I},\mathrm{II},\mathrm{III}) \tag{13.4.19}$$

其中,Y 为几何修正因子.在裂纹自相似扩展过程中,假定载荷不随裂纹扩展变化,则总有

$$\partial K_i/\partial a=Y\sigma^{\infty}\sqrt{\pi}/(2\sqrt{a})>0$$

因此,由远场力单独作用下的自相似扩展总是失稳的,需要其他强制性条件(如滑动强化,裂纹面愈合)才能停止.

13.5 讨　论

(1)复合型驱动力模型.根据本书的论证,单独由无限远场力驱动断层扩展,扩展长度无限,但单靠远场力,一旦启动就难以止裂,迄今给出的各种止裂的条件是否充分.板块内有许多应力集中点和薄弱带,却往往不发生地震.同一远场分布力的边界条件下,地震又是多样的,这使人们怀疑,板块之间的相互作用力是否足以单独驱动断层扩展.

强地震破裂的发生与停止受到多重条件约束,单一种驱动力源难以满足,因此需要引入复合力源模型.例如,断层之间或构造之间的相互作用,就不是单一的分布力条件,它是断层系对构造应力场作用的响应.由远场力和近场力叠加,构成了复合型分布力源模型.复合力源包括全球的应力场、潮汐作用、板块之间的相互作用力、局部构造应力场、地幔垂直向作用力、断层内部流体孔隙压力和滑动弱化应力降、断层之间的相互作用力(或库仑应力变化)等.近场力与远场力的不同搭配,可能引发断层不同的扩展长度,也就是不同震级的地震.复合型分布力源模型的验证还需要佐以更多的观测资料,本书仅提出了设想.

(2)以上讨论是针对断层沿共同平面破裂情况.实验表明,剪切破裂和张破裂不同,它必须在破碎带或薄弱带内才能进行.当剪切破裂遇到非破碎带时,裂纹将沿非共面路径扩展.理论和数值计算证明,压应力场中的剪切裂纹为非共面扩展(见第 8 章),扩展过程中$\partial K/\partial a<0$,从而扩展是稳定的.上述结果表明,断层破碎带或薄弱带的前缘和边缘构成了剪切破裂的自然止裂区.

(3)力源与裂纹距离远近是相对的.对于破裂尺度为几十到几百米的 3～4 级地

震来说，板块或断块尺度的构造应力场可以看作是无限远处的分布．另一方面，尺度为几千千米的板块边界作用力对破裂尺度为几百千米的8级地震来说，就不能作为无限远处的分布力．

(4)本研究的结果对于诱发地震的力学机制解释也是有意义的．例如，部分矿山地震就是在区域应力场内，由开采卸载引起附近断层构造的破裂扩展运动．由于卸载力源分布范围较小，它容易引起距离较近的断层破裂，根据本章分析，断层止裂长度不可能很长，因此人工开采诱发的地震震级不可能很大．

第 14 章　用声学方法研究岩石的破裂

14.1　基 本 概 念

声学方法指实验中利用岩石自然的声发射方法和人工声源方法.

声发射是靠岩石自身发射的弹性波来研究岩石内部状态和力学特性的一种实验方法.岩石受力变形时,在岩体内原先存在或新产生的微裂纹发生突然的破裂,从而向四周辐射弹性波,这就是岩石的声发射(acoustic emission,AE)现象.

在岩石变形破裂实验过程中所产生的诸多信号里,AE 活动与微破裂演化活动的机制最为接近,在统计参数上与微破裂活动性的可对比性也最强,其波形所携带的介质内部信息也最多,分辨率最高,其反演结果有可能成为判断岩石断裂危险性的重要物理测度.

图 14.1(a)显示的是砂岩样本在沿轴向施加单轴压力下 AE 的波形记录(宋莉莉提供),样品为圆柱状,高度 $H=56\text{mm}$,直径 $D=25\text{mm}$,采样率为 10Msps.其中,纵坐标 A 为通过换能器和数字采集系统输出的电压 V 值,单位为 mV.将它通过不同形式的传递函数可以换算成采集点的运动速度或加速度.图 14.1(b)显示的是北

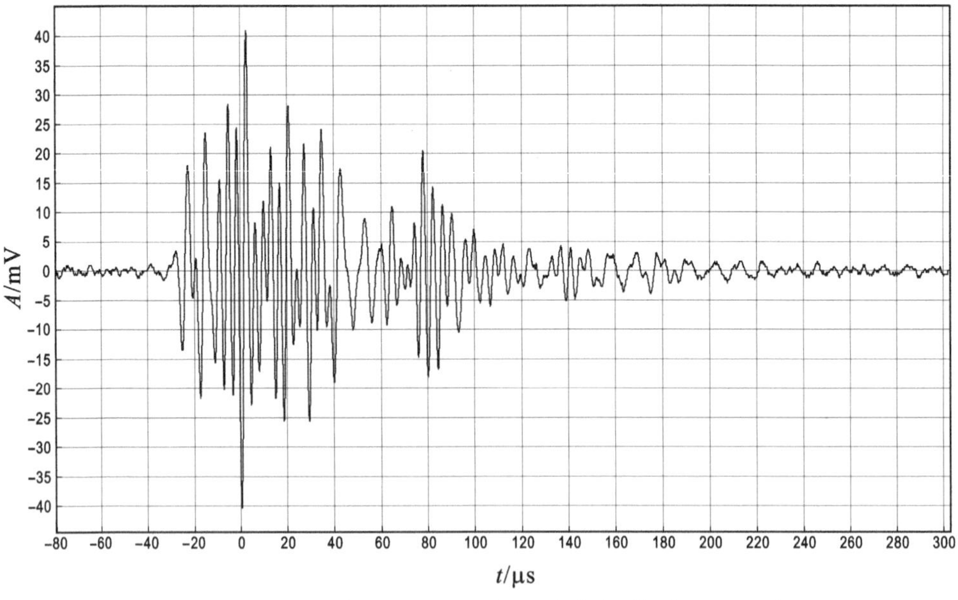

(a) 砂岩样品在单轴压力下声发射波形(宋莉莉提供).样品为圆柱状,
高度H=56mm,直径D=25mm,采样率10Msps

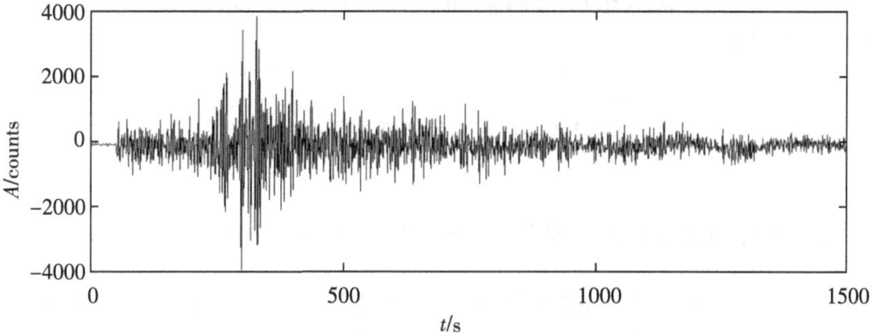

(b) 门头沟地区2001年12月24日03:43发生的近震波形记录,
北京地震台网记录, 采样率50sps. A为地震记录仪输出的无量纲幅值, 单位为counts

图 14.1　小样品声发射波形与地方震波形比对

京地震台网记录到的门头沟地区发生的近震波形记录，采样率为 50sps. 其中，纵坐标 A 为地震记录仪输出的无量纲幅值，单位为 counts. 将它通过不同形式的传递函数可以折算成实际的地动位移、速度或加速度. 可以看出，岩石样本与区域地震观测对象的尺度比例约为 $1:10^5$，而波形的优势周期的比例也约为 $1:10^5$，满足几何相似的单值条件. 研究表明，二者的破裂物理机制是相同的，也就是服从同一物理方程. 这说明，用小样品声学方法模拟地震破裂过程满足相似性理论的单值相似条件. 因此通过 AE 技术研究岩石变形和破坏过程，对于研究油田、矿山的岩爆、矿震，进而探讨构造地震发生的物理过程，对于地震机理和地震预报研究都具有重要的理论和实际意义(陈颙和于小红，1984；蒋海昆和张流，1998a，1998b).

AE 现象的观测，最早起源于矿山探测，20 世纪 30 年代开始用于岩石矿物的研究，从那时起，真正开始了有意识地测量伴随破坏的弹性波，但并没有被称为 AE，而是被称为具有各专业特征的术语，如应力波发生、微震活动、冲击地压等.

茂木清夫(Mogi，1962)通过实验，首次把岩石样品和模拟样品破裂的声发射序列和天然地震的序列特征加以对比研究. Mogi 在实验中采用的是模拟式磁带机记录的声发射序列，因此可以分辨出每个声发射事件波形的幅值. Mogi(1962)和 Vinogradov (1959，1962)研究了岩石微破裂事件的频度-震级关系，发现这个关系与地震上的一样，满足古登堡-里克特关系式(见 14.6 节)，并和铃木次郎(1959)一样，导出了石本-饭田的震级-频度关系式(见 14.6 节). 自 Mogi 首先把声发射技术引入地震实验研究以来，声发射技术在实验地震学中得到了广泛的应用. 自 20 世纪 80 年代，声发射记录的数字化得到实现，为声发射研究的奠定了重要基础条件.

岩石内 AE 波形的频谱比地震波要高，主要与观测对象的尺度和震源距有关. 多数 AE 事件的主频超过了人耳所能听到的频率范围($f_{main}>3kHz$)，为超声波. 也有部分 AE 能主频在可被人耳听到的范围($16Hz<f_{main}<3kHz$). 另外，由于室内实验样

品尺度为米级以下,一般采用压电陶瓷晶片作为换能器,其记录的物理量为加速度(也有人认为是速度).

14.2 声发射定位

14.2.1 圆柱状 Westerly 花岗岩小样品的声发射定位

图 14.2 为 Lockner 等(1991)利用 AE 记录系统在岩石破裂过程中不同阶段获得的 AE 定位. 样品为圆柱状 Westerly 花岗岩小样品. 其中上下两排分别为不同角度的侧视图. 从中可以看到微破裂事件分布最初是随机的均匀分布,事件频度突然增加,分布由分散逐步变成集中,最后导致剪切破坏的过程.

Lockner 等(1991)选用的是 Westerly 花岗岩. Scholz 在 1985 年出版的《"地震震源力学"专题讨论会论文集》的前言中还专门介绍了"Westerly 花岗岩的地球物理研究简史". 据称,该岩石产于美国昆西马萨诸塞州罗得岛 Westerly 镇. 这种花岗岩致密,具有非常细小的颗粒,均匀、有各向同性的质地,所以在地球物理学家中,这种 Westerly 花岗岩成为公认的理想岩石实验材料. 这种精心挑选的小样品在微破裂演化中自然能表现出典型的从随机分散到成核的过程.

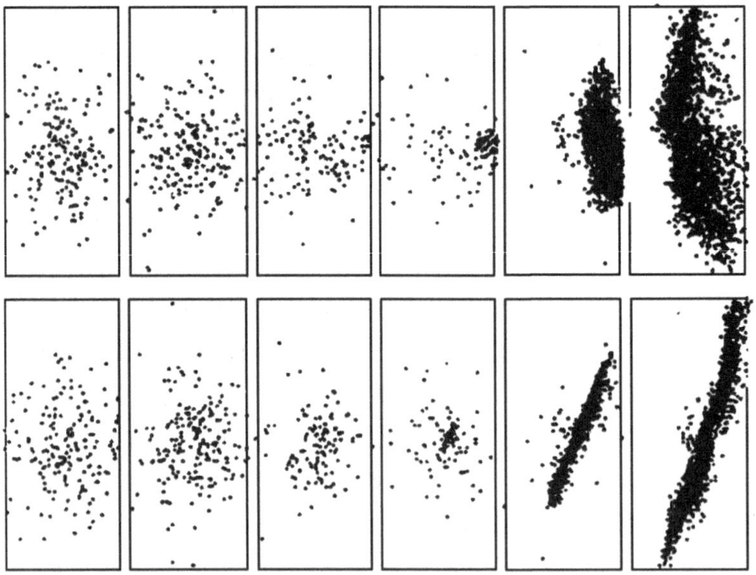

(a)　(b)　(c)　(d)　(e)　(f)

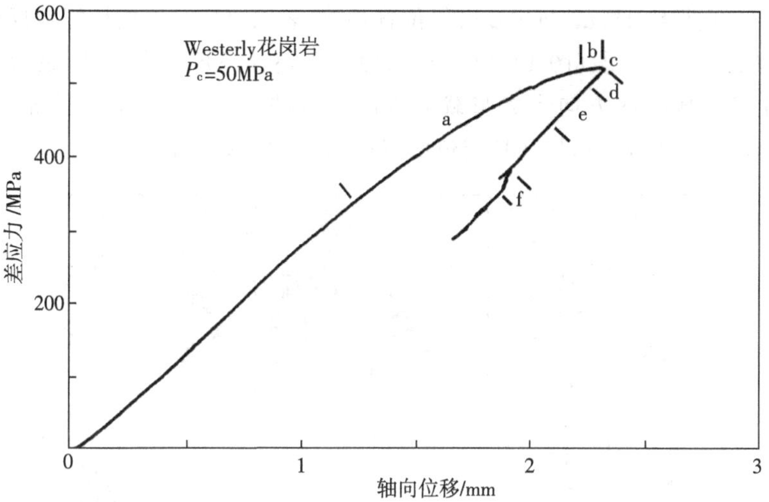

图 14.2　上部：在小样品岩石破裂过程中不同阶段获得的 AE 定位，其中上下两排分别为不同方向的侧视图；
下部：Westerly 花岗岩受力变形曲线，变形过程中(a)～(f)阶段中记录到的声发射源的位置见图的上部(Lockner et al.，1991；陈颙和黄庭芳，2001)

14.2.2　米级大样本岩石破裂 AE 定位

1992 年中俄美合作，进行了米级大样本岩石破裂实验(俄罗斯科学院地球物理研究所，Sobolev et al.，1996). 实验采用俄罗斯科学院莫斯科高压物理所的 50000t 伺服实验机. 本样品材料为灰岩，样品尺寸为 1.00m×0.50m×0.50m的长方体，施加单轴压力(李世愚等，1993，1997).

我们处理了这次大样本岩石破裂实验的 6 通道 CAMAC 系统记录的声发射时空序列. 该系统处理 AE 事件能力为 100 个/s.

本次试验共使用了 3 个样品，其中第一个为大理岩，第二、第三个为灰岩. 为了保证在中心部位产生破裂，在样本侧面中部与垂直向(载荷作用方向)夹角约 38°11′向预制 7 个钻通的孔，孔的直径为 18mm. 在岩石顶部开有直径为 10mm、深为300mm 的注水孔. 实验前和实验过程中不断往孔中以常压注水.

波到时采用如下方法推测：记 t_i 为某通道的信号阈值触发时刻，Δt_i 为从 t_i时刻到二倍触发水平的上升时间，则 $t_{0i}= t_i-\Delta t_i$ 为 P 波近似到时. 采用分区切割枚举法做 AE 定位. 用参数记录定位的行程残差多为 10～20cm，用瞬态波形记录定位的行程残差多为 2～6cm.

图 14.3 显示的是第二样本(灰岩)AE 定位结果双向侧视图. 可以看出，第一阶段(图 14.3(a))AE 呈分散状，第二阶段(图 14.3(b)，(c))出现中部边缘局部 AE 密集. 第二样本中间出现了一次局部破裂. 作者目击于 15：30～16：00 高 40cm 处掉下

的一块岩石，直径约 18cm，与 AE 密集位置相符. 表明 AE 定位能较好地反映局部破裂成核的位置. 第三阶段(图 14.3(d)～(f))出现整体 AE 再次集结，最后出现沿图 14.3(e)上 AE 成核的方向形成与载荷方向平行的中心劈裂(李世愚等，1997). 图 14.4 是微破裂整体成核阶段 AE 定位的三视图(V. Kuksenko 提供).

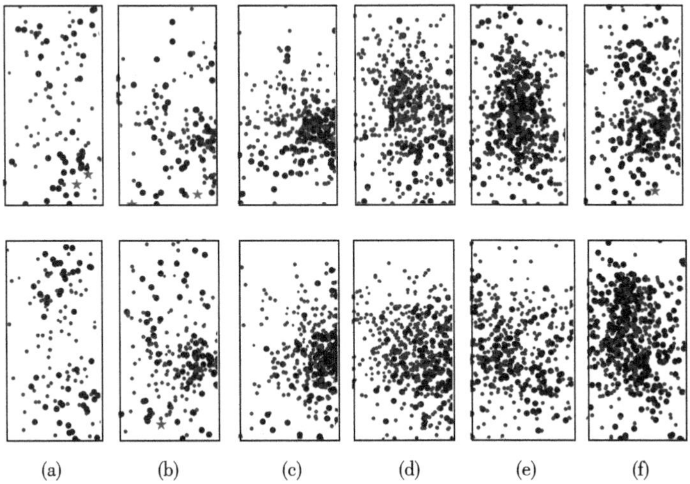

图 14.3 米级大样本岩石破裂实验不同阶段 AE 定位结果的双向侧视图(李世愚等，1997)

第二样本，No. RA；材料：灰岩；尺寸 1.00m×0.50m×0.50m

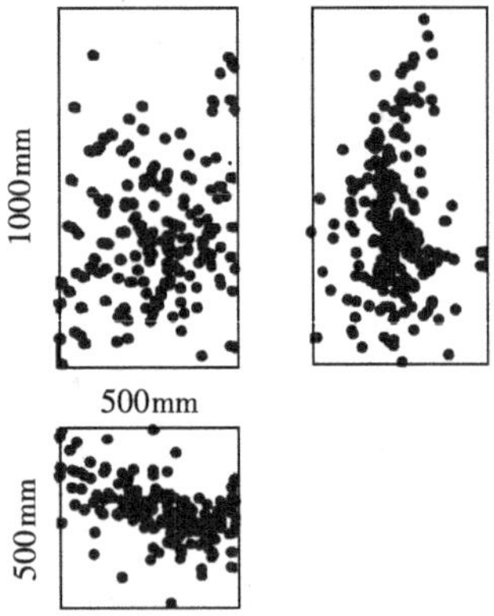

图 14.4 图 14.3 中微破裂整体成核阶段 AE 定位的三视图(V. Kuksenko 提供)

14.2.3 AE 事件密集度和密集中心

米级大样本 AE 实验结果还表明，微破裂发育范围比较广泛，而集结条带则比较狭窄. 微破裂集结的位置往往和局部构造和应力场的不均匀有关，不一定位于微破裂发育的中心，特别是大事件往往发生在成核区的边缘，而不是成核区中心，因此震级较大的事件的密集中心和震级较小事件的密集中心不一定重合.

对此，王健(1999)提出了一种方法，来形象地比较不同地震震级事件密集度和密集中心. 方法：对于给定的震级 M 和时段 t，以一定的间隔(Δ 公里)划网格. 以网格的第 j 个节点为中心，假定在半径 R_m 公里范围内的地震次为 n，则该点的密集值 $V_{j,M,t}$ 为

$$V_{j,M,t}=\sum_{i=1}^{n}\frac{1}{\log_r(D_i)},\quad r_m\leqslant D_i\leqslant R_m$$

其中，D_i 为第 i 个地震距第 j 个节点的距离；r_m 取决于定位精度. 当 $D_i<r_m$ 时，令 $D_i=r_m$. R_m 为经验值，称 $V_{j,M,t}$ 等值线最大值所在位置为密集中心. 图 14.5 给出的是第二样品 13:57～14:16 AE 定位和 $V_{j,M,t}$ 等值线. 可以看出，$1<M<2$ 的 $V_{j,M,t}$ 和 $2<M<3$ 的 $V_{j,M,t}$ 等值线分布图像明显不同，其位置中心相差很大.

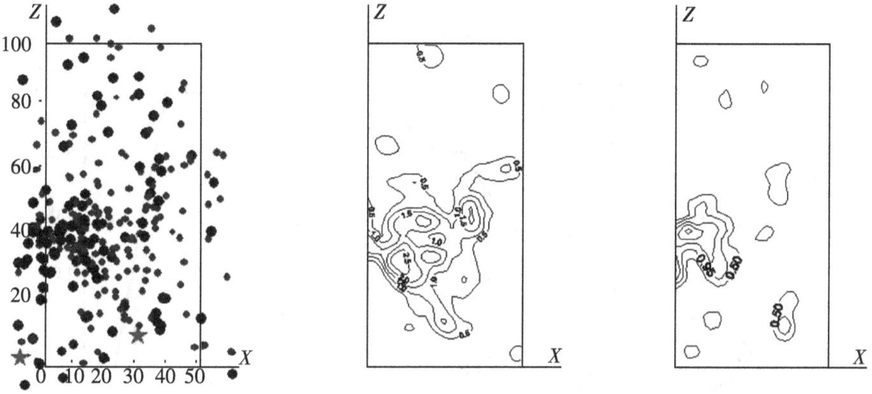

(a)局部破裂 AE 震源分布　　(b)$V_{j,M,t}$ 等值线，$1<M<2$　　(c)$V_{j,M,t}$ 等值线，$2<M<3$

图 14.5　第二样品 AE 定位和 $V_{j,M,t}$ 等值线(1992 年 12 月 15 日，13:57～14:16)

14.2.4　声发射频次的变化

图 14.6(a)～(c)依次给出的是 1992 年中俄合作的三个米级尺度大样品不同能级声发射的频度随时间的变化和加载过程 $\sigma-t$ 曲线及频次 $N-t$ 曲线(李世愚等，1993，1997). 其中统计时间窗取 60 s，未做滑动. 通过对三个样本的比较，可以看出：

(1)第一样本(大理岩，No. MA 和 MB)的强度最大，$\sigma_c=45$ MPa，但 AE 的频次水平却最低，$N_{max}\approx150\ m^{-1}$. 第二样本(灰岩，No. RA)的强度最低，$\sigma_c=11.1$ MPa，但 AE 的频次水平却最高，$N_{max}\approx350\ m^{-1}$.

(2)三个样本在加载过程中其 AE 频次都经历了由低到高的过程. 但第一和第二样本都经历了两次 AE 频次的高峰值，第一次是在加载初始阶段，似乎标明了样品中的局部破坏过程，第二次是在接近整体破坏的阶段，但在接近临界点时 AE 频次又有个短暂的相对低值(平静). 第一样本的临界平静阶段几乎没有出现，在 AE 频次略有下降后立即整体破坏，表明该样本脆性很强.

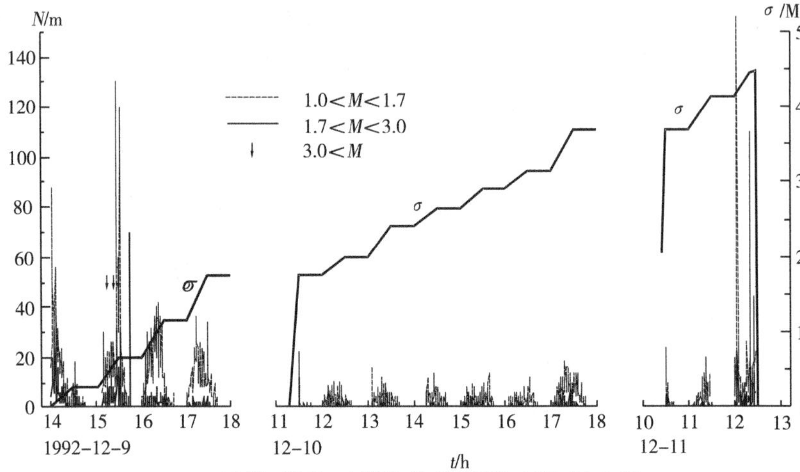

(a) 第一样本，大理岩. No.MA和MB, 1992-12-9~11

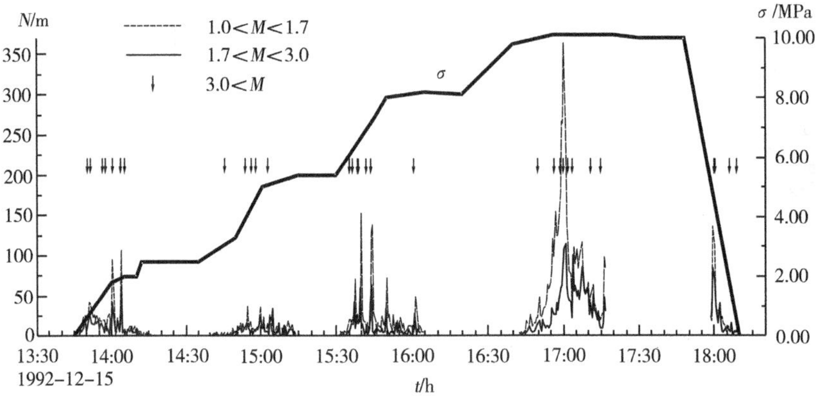

(b) 第二样本，灰岩. No.RA, 1992-12-15

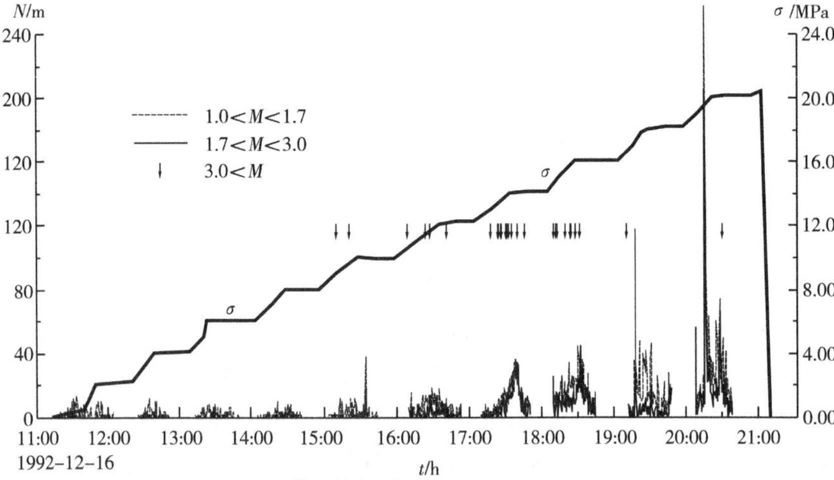

(c) 第三样本，灰岩. No.IA, 1992-12-16

图 14.6　不同能级声发射的频度随时间的变化和加载过程 $\sigma-t$ 曲线及频次 $N-t$ 曲线

右纵轴代表载荷，其中虚线和实线分别表示 AE 自定义能级 $1<M<2$ 和 $2<M<3$ 的频次

岩石在加载过程中 AE 的频次变化，特别是主破裂发生之前 AE 频次急剧升高的现象，印证了第 5 章微破裂集结成核的理论模型，表明岩体内微破裂的发育、扩展速度逐渐加快直到临界时快速集结的过程. 这对于寻找岩石破坏临界判据具有重要意义.

14.3　含典型构造岩石样品声发射实验

以下介绍的是 1999 年中俄合作分米级样品 AE 实验(李世愚等，2000). 实验样品的尺寸和结构参数见表 14.1. 其中，β 为裂纹角，L 为裂纹长度. 对于共线构造，S 为两裂纹之间的距离. 障碍体构造中，D 为裂纹之间的距离. 雁列构造中，D 为裂纹之间的间距，S 为两个裂纹相错的长度，见第 10 章图 10.5.

实验采用了 AE 定位和能级的实时显示设备. 实验采用的手段有：SDAE－8 型 AE 诊断系统，应力和位移数字采集记录，GC－100 型波速测量仪和长江－500 型材料试验机(李世愚等，2000).

SDAE－8 型 AE 诊断系统为 CAMAC 系统的更新换代. 记录处理能力为每秒 400 个事件，工作频率为 10kHz～1MHz.

表 14.1　样品结构一览表(1999 年中俄合作分米级岩石样品实验)

构造类型	结构	样品号 No.	构造描述
单切口	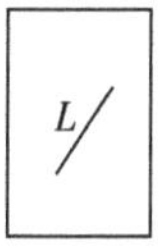	991001	MA，398mm×250mm×51mm，L=141mm，β=29°
		991006	MA，410mm×249mm×52mm，L=144mm，β=29°
		991008	MA，402mm×249mm×51mm，L=143mm，β=32°
		991013	GR，400mm×249mm×30mm，L=143mm，β=30°
		991014	GR，400mm×249mm×39mm，L=143mm，β=29°
		991015	GA，399mm×248mm×39mm，L=143mm，β=29°
左行左阶	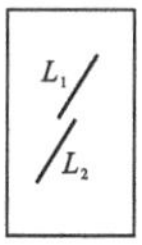	991011	MA，400mm×249mm×51mm，L_1=107mm，β_1=29° L_2=102mm，β_2=30°，D=5mm，S=6mm
右行右阶	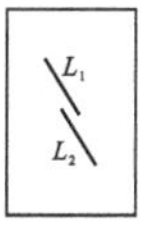	991010	MA，400mm×249mm×51mm，L_1=104mm，β_1=31° L_2=100mm，β_2=30°，D=4mm，S=4mm
左行右阶	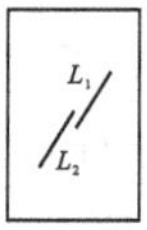	991005	MA，420mm×249mm×51mm，L_1=100mm，β_1=32° L_2=105mm，β_2=30°，D=4mm，S=12mm

续表

构造类型	结构	样品号 No.	构造描述
右行左阶	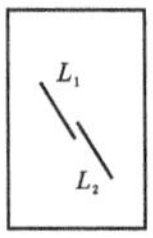	991003	MA,399mm×248mm×52mm,L_1=100mm,β_1=33° L_2=99mm,β_2=32°,D=7mm,S=15mm
障碍体	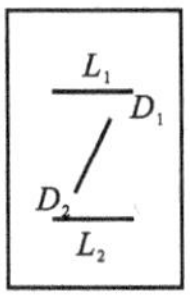	991002	MA,400mm×250mm×52mm,L_1=147mm, L_2=147mm,β=26°,D_1=47mm,D_2=48mm
		991009	MA,400mm×250mm×42mm,L_1=141mm, L_2=142mm,β=30°,D_1=26mm,D_2=27mm
共线	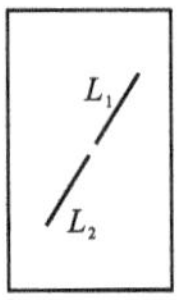	991004	MA,398mm×250mm×51mm,L_1=100mm,β_1=29° L_2=100mm,β_2=30°,S=10mm
		991007	MA,400mm×249mm×40mm,L_1=98mm,β_1=30° L_2=97mm,β_2=30°,S=8mm
		991012	GR,400mm×248mm×30mm,L_1=98mm,β_1=28° L_2=102mm,β_2=30°,S=11mm
非穿透切口	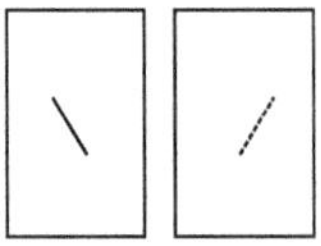	991017	MA,398mm×250mm×51mm,L=140mm,β=30°
		991018	MA,400mm×250mm×41mm,L=172mm,β=30°
无构造		991100	MA,400mm×250mm×50mm
		991016	MA,401mm×250mm×42mm

注:(1)MA—大理岩,GR—花岗岩,GA—辉长岩.

(2)表中β为裂纹角,L为裂纹长度.对于共线构造,S为两裂纹之间的距离.对于障碍体构造(No. 991002),D为裂纹之间的距离.对于雁列构造D为错距,S为两个裂纹相错的长度.

(3)按照裂纹应力场的分析,在压应力作用下,左行左阶和右行右阶裂纹系为张性雁列,左行右阶和右行左阶裂纹系为压性雁列.

实验经验表明,当声发射定位出现密集,AE事件发生频度突然增加,并快速产生大量高能级事件时,预示着失稳破坏即将发生,及时停机卸载可防止失稳破坏的发生.

实验前首先标定观测系统AE定位可靠性和定位精度.对于本实验采用尺寸为400mm×250mm×40mm的样品,要求用直径为0.3mm的铅笔在样品表面任意位置折断时,定位误差不超过3mm.以下均为该次实验获得的AE定位.

1. 含穿透切口岩石板

图 14.7 为含穿透切口岩石板破裂 AE 分时段定位. 和第 8 章图 8.30 比对, 不难看出二者在微破裂发育过程中图像的相似性.

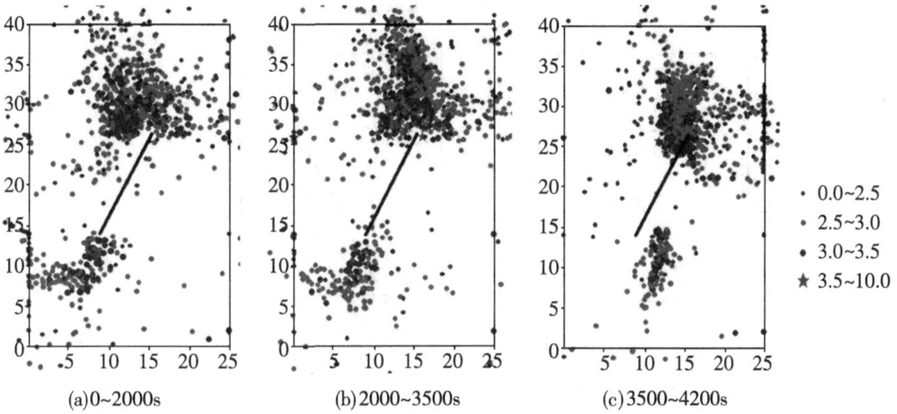

图 14.7　含穿透切口岩石板破裂 AE 分时段定位

图例中为自定义 AE 能级, 材料: 大理岩; No. 991015, 结构参数见表 14.1

2. 含共线剪切切口岩石板

图 14.8 为含共线剪切切口岩石板破裂 AE 定位. 在第 12 章图 12.8 中, 还可以看到灯光透视方法观察到的含共线剪切切口岩石板中微破裂演化过程, 二者很相似.

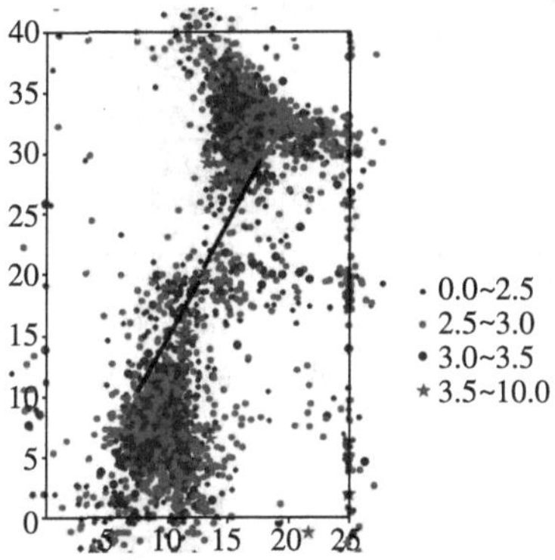

图 14.8　含共线剪切切口岩石板破裂 AE 定位

材料: 大理岩, No. 991004, 结构参数见表 14.1

3. 含中心斜切口和边界切口的岩石板

图 14.9 为含中心斜切口和边界切口的岩石板单轴压力下 AE 定位. 和第 10 章图 10.25 比对, 可以看出二者图像的相似性.

4. 大理岩板非穿透(表面)切口三维破裂的声发射实验

图 14.10(a)～(c)显示的是含预制非穿透(即表面)切口的大理石样品在单轴压力下三维破裂过程中 AE 定位的图像. 图中 $2a$ 为非穿透切口半椭圆长轴长度. 可以

看出 AE 事件主要分布在沿切口弧线上，随载荷增加，AE 震源分布逐渐由集中转向分散，表明切口前缘出现多处逐渐扩展. 与图 14.7 相对照，可以看出穿透切口的 AE 事件分布与非穿透切口样品不同，始终分布在切口两端.

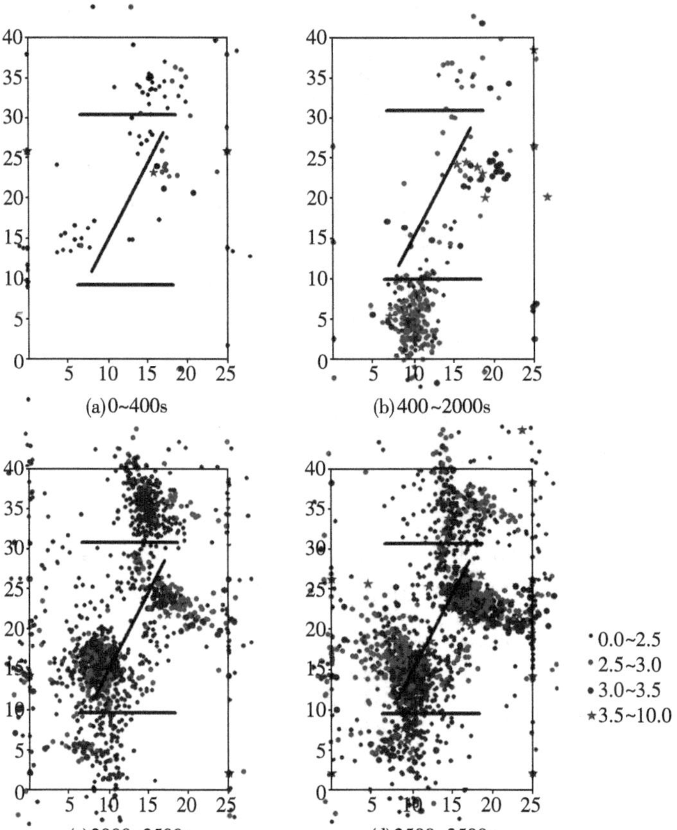

(a) 0~400s　(b) 400~2000s

(c) 2000~2500s　(d) 2500~3500s

图 14.9　含中心斜切口和边界切口的岩石板单轴压力下 AE 定位

材料：大理岩，No. 991009，结构参数见表 14.1

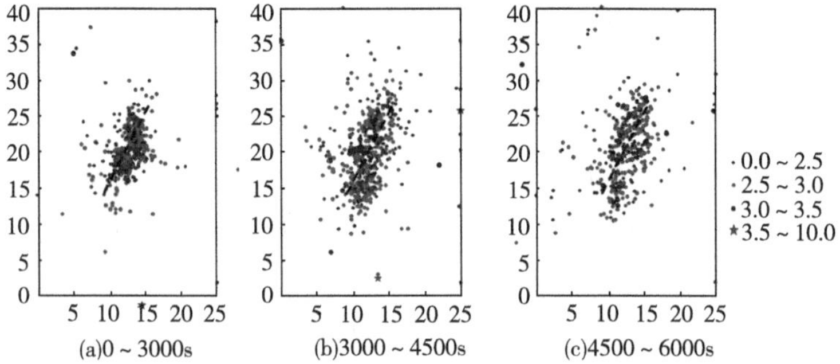

(a) 0 ~ 3000s　(b) 3000 ~ 4500s　(c) 4500 ~ 6000s

图 14.10　含非穿透切口大理岩板破裂 AE 分时段定位

No. 991018，尺寸 400mm×250mm×41mm，$2a=172$mm，$\beta=30°$

14.4　声发射的 Kaiser 效应和 Felicity 效应

14.4.1　Kaiser 效应的定义

1950 年，德国的 Kaiser 在其博士论文中将声发射(AE)同材料的力学过程联系起来. Kaiser 发现金属材料在反复受载—卸载—再受载时的 AE 具有“记忆”性，即只有当材料所受的应力水平超过前期所受过的最高应力水平时，才会再有 AE 产生，这就是所谓的 Kaiser 效应，又称为材料对受载历史的记忆性. 以后的实验表明，Kaiser 效应在岩石中，以及在混凝土和木头等材料中都存在，并被广泛应用于测古地应力和无损监测(张大伦，1984).

作为实例，图 14.11 显示了大理岩样品(No. 991016)的加载历史和 AE 序列的 M-t 图. 图中标有 σ 的折线为加载曲线，分立的竖直线代表每次的声发射的自定义能级 M 值，横轴为时间轴，左边的纵轴表示 M，右边的纵轴表示载荷 σ.

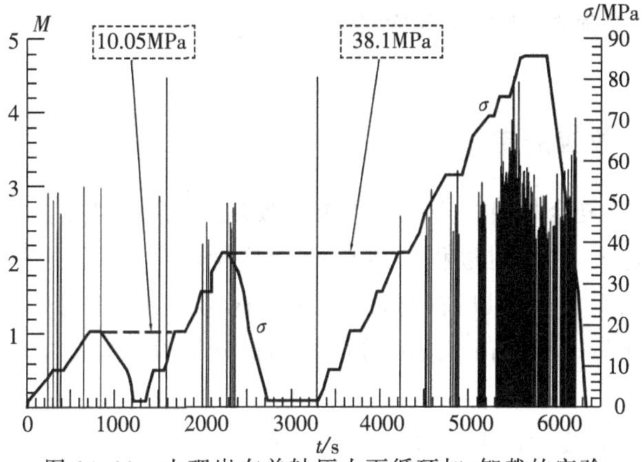

图 14.11　大理岩在单轴压力下循环加-卸载的实验

No. 991016，结构参数见表 14.1

实验中出现有效声发射的判断标志是在 100s 内，声发射事件多于 5 个. 从图中可以看到样品 991016 具有 Kaiser 效应，第一次加载循环的最大应力是 19.05MPa；第二次加载循环中，当 $\sigma<19.05$MPa 时，没有有效声发射发生(有效声发射在 28.57MPa时出现)，第二次加载循环的最大应力是 $\sigma=38.1$MPa；第三次加载循环中，当 $\sigma<38.1$MPa 时，没有有效声发射发生(有效声发射在 $\sigma=47.6$MPa 时出现)，第三次加载循环的最大应力是 $\sigma=86.2$MPa.

14.4.2　Kaiser 效应的机理分析

声发射有几种可能的微观机制：

(1)由于滑移等位错运动，岩石的矿物发生了突然变形；

(2)沿已有的裂纹面的滑动;

(3)裂纹尖端的突然扩展.

如果沿已有裂纹面的粘滑是声发射的主要机制,那么在加载时,有多少声发射产生,在卸载时也应有相当的声发射产生,因为,加载和卸载是相反的过程.显然,在Kaiser现象为主效应的情况下,裂纹面的粘滑不是声发射的主要机制.

由第5章可知,岩石中裂纹扩展速度为

$$v_N = A\exp\left(\frac{\gamma F - \Delta U_1}{kT}\right) \tag{14.4.1}$$

其中,ΔU_1 为活化能;A 为指数前因子或频率因子;F 为材料受到的外力;γ 为与结构或受力方式有关的参数;k 为玻尔兹曼常数;T 为热力学温度.式(14.4.1)表明,微裂纹生长应具有对力学过程的时间依赖性,只是在低应力状态下,在实验室的时间尺度内,这种时间依赖性表现不明显.Kaiser效应并不表现出时间依赖性.显然,Kaiser效应只适用于低应力状态.

如果声发射的出现仅仅与裂纹的生长有关,而且裂纹的生长停止状态仅与最大应力有关,那么可以预料,当达到前次最大加载应力值以前,将没有声发射产生.但这仅限于低应力状态.

14.4.3 Felicity效应的定义

Felicity在研究复合材料的声发射性能时发现,复合材料在往复加-卸载过程中,在应力较高的条件下,声发射过程的Kaiser效应会减弱,并且这种减弱的程度随材料损伤程度的加大而加大,以后被称之为Felicity效应.金川忠(1994)将Felicity效应用于地壳应力测量,Masahiro Seto等(1996)进行了对沙岩的单轴和三轴压缩的相关实验.

在对岩石往复加载过程中,Felicity比定义为

$$R_F(i) = \sigma_{AE}/\sigma(i-1) \tag{14.4.2}$$

式中,$R_F(i)$为第 i 次循环中的Felicity比;$\sigma(i-1)$为第 $i-1$ 次加载所达到的应力水平;σ_{AE}为第 i 次加载过程中恢复有效声发射时的应力水平.

根据Kaiser效应的定义,只有当 $R_F(i) \geqslant 1$ 时Kaiser效应才有效.因此,Felicity比是对材料声发射过程“记忆”程度的更详细的描述(纪洪广,1997).

14.4.4 Felicity效应的实验结果

以No.991014样品(图14.12)为例,根据实验数据得到

$$R_F(2) = 7.2/11.33 = 0.635, \quad R_F(3) = 5.15/15.45 = 0.33$$

这说明第三次加载循环中Felicity比值比第二次加载循环中的Felicity比值小.表14.2列出了进行循环加载的样品和实验结果的Felicity比值.

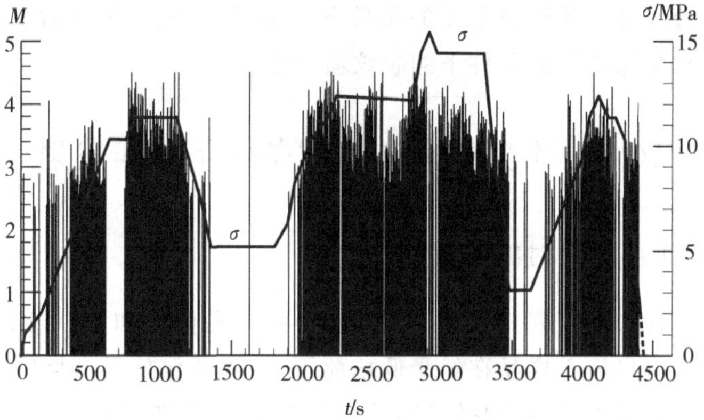

图 14.12　大理岩在单轴压力下循环加-卸载曲线和 AE 的 M-t 图

样品 No. 991014，结构参数见表 14.1

表 14.2　进行循环加载的实验样品（样品结构参数见表 14.1）

No.	$R_F(2)$	$R_F(3)$	$R_F(4)$
991016	1	1	—
991008	0.25	0.17	0.13
991014	0.64	0.33	—
991015	0.2	0.15	—
991017	0.26	—	—
991018	0.47	—	—

14.4.5　Felicity 效应实验结果分析

(1)多次循环加载，Felicity 比有减小的趋势. 表明随着反复加卸载，岩石的破坏程度在逐渐加重.

(2)含构造的样品比无构造的样品出现 Felicity 效应时的应力水平低.

本次实验的样品，对于无构造岩石，在前次循环的 σ_{max} 接近岩石破裂强度时，再次加载才会出现 Felicity 效应. 而对于某些含构造岩石，在前次循环的 σ_{max} 接近岩石破裂强度的 40%时(如样品 991008 第一次循环的 σ_{max} 约为岩石破裂强度的44.5%)，就会出现 Felicity 效应. 这可能是因为构造使岩石局部产生应力集中，使岩石局部的破坏程度加重，从而在低应力水平时，含构造岩石就有 Felicity 效应产生.

14.4.6　Felicity 效应的机理分析

由式(14.4.1)，裂纹扩展速度随应力的增加呈指数增长. 因此，应力越高，微裂纹生长越快，也就越表现出对力学过程的时间依赖性. 由此，Felicity 效应成为衡量材料损伤程度的物理测度.

式(14.4.1)本身是从外力不变的条件下导出的,因此 AE 对力学过程的时间依赖性可以解释载荷保持不变条件下的裂纹惯性生长.

14.5 不变载荷与卸载条件下的声发射

14.5.1 载荷保持不变时的声发射

图 14.13 为含张性雁列式样品 No.991010 的加载曲线和 $M-t$ 图.从图 14.11~图 14.13 均可以看出岩石样品在经受低载荷下,在载荷保持不变期间没有 AE,但在较高载荷下 AE 有发生,只是能级略低于加载过程.这个现象表明在载荷保持不变期间微破裂仍在继续扩展.有的文献称为"惯性生长",损伤理论称之为"徐变".记上述现象相应的载荷为 σ_k,可以看出,有构造样品中的 σ_k 远小于无构造的样品.

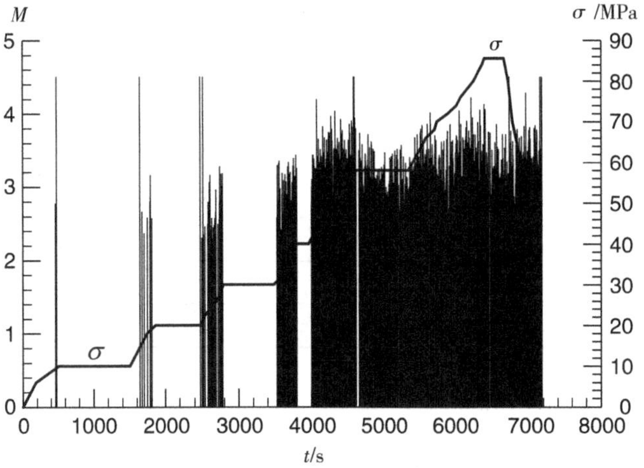

图 14.13 岩石在单轴压力下加卸载曲线和 AE 的 $M-t$ 图

材料:大理岩,No.991010,结构参数见表 14.1

14.5.2 卸载时的声发射

在实验过程中还发现,在低应力水平下,卸载时 AE 活动平静,但在一定应力水平以上,卸载时也出现声发射活动.

图 14.14 显示的是 No.991008 的四次加卸载循环.综合图 14.11~图 14.14 可以看出

(1)有应力集中的样品更容易出现卸载时的 AE.

(2)随循环峰值应力 σ_m 增加,卸载时的 AE 频度也增加,特别是高值应力期间 AE 增多.

(3)卸载期间的 AE 与再次加载的 AE 不相对应.同样的应力水平,卸载期间出现 AE,在加载期间可能反而不出现.

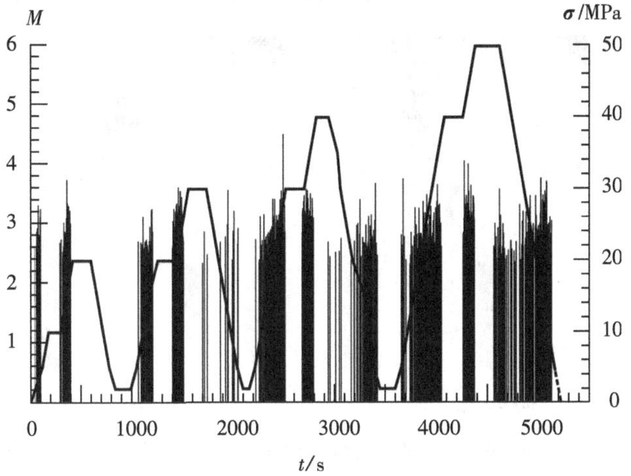

图 14.14　样品 No. 991008 的加卸载曲线和 AE 的 $M-t$ 图

材料：大理岩，结构参数见表 14.1

(4)卸载期间的 AE 比停止卸载保持低载荷期间的 AE 还多.

(5)卸载到应力低值时 AE 反而增加.

上述描述表明卸载时的声发射必然具有其特殊的机理，它既不同于加载，也不同于载荷保持状态.

14.5.3　卸载时声发射的机理分析

根据第 5 章的理论和第 10 章的实验，在高应力条件下微裂纹会逐渐集结成核，形成剪切面. 因此高应力下岩石卸载时的声发射机理十分复杂，其中既包括裂纹的惯性生长，也包括剪切面的反向粘滑. 但这些理论难以解释应力降到较低水平时 AE 反而增加. 有一种解释如下：加载时受压闭合的微裂纹在解压时重新张开. 按照这个解释，在较低峰值应力循环卸载到接近零值时也应出现 AE，但实验结果并非如此. 因此，必须考虑还有其他一种机理. 以下列举几个卸载时破裂的例子.

8.2 节介绍了有机玻璃内裂纹在单轴压力下的破裂. 在单轴压力下可以观察到在 A，B 两端发生了不可恢复的塑性变形，CA 和 BD 为其后出现的张性劈裂. 值得注意的是，在卸载时又出现了二次拉张破裂 AE 和 BF，扩展方向与第一次破裂不同，与压力载荷方向垂直，最终长度达到屈服区的边缘，我们称之为卸载拉张破裂，见第 8 章图 8.14. 这个现象在加载时不会出现，在玻璃一类脆性材料中也不会出现. 显然，这是样品卸载时，塑性屈服区不能恢复，和周围区域的弹性恢复出现差异，而出现恢复时的拉张应力所造成.

这个实验结果对我们理解岩石卸载时的 AE 具有重要启发. 在单轴压力下，岩石整体没有表现出塑性变形，但在局部仍有塑性或延性变形.

(1)岩石晶间胶结物质在应力集中的情况下有可能出现局部塑性变形；

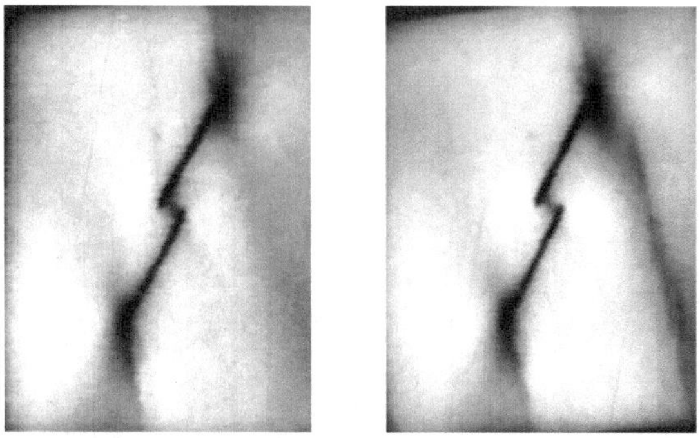

(a) σ/σ_m=100%　　(b) 卸载后

图 14.15　顺向(张性)雁列式切口系的破坏和卸载后产生的新的微破裂

材料:大理岩,No. 99003,结构参数见表 14.1

(2)岩石晶粒之间出现滑移和再胶结,也会表现为延性的不可恢复变形.

上述局部变形是不可恢复的,在卸载时,这些不可恢复的区域和周围区域的弹性恢复出现差异,而出现恢复时的拉张应力,就会造成卸载拉张破裂,这些破裂扩展方向和加载时的张性破裂不同,两者近于垂直.显然,这种卸载拉张破裂为一种卸载损伤.

第 10 章图 10.12 中顺向(张性)剪切雁列式切口系的微破裂演化过程的最后两张图,就是典型的卸载时新产生的微破裂,见图 14.15.

14.6　声发射序列的能级和事件数量关系——b 值

14.6.1　声发射序列 b 值与地震序列 b 值的相似性

石本和饭田(1939)最早发现地震的发生频度与振幅之间存在指数关系,

$$N(A)\mathrm{d}A=kA^{-m}\mathrm{d}A \tag{14.6.1}$$

其中,$N(A)$为对应某振幅 $A+\Delta A$ 区间的地震数量.式(14.6.1)被称为石本-饭田公式.古登堡和里克特(Gutenberg and Richter,1941)在统计全球地震频度与震级时,发现二者有对数关系.

$$\lg N=a-bM \tag{14.6.2}$$

其中,N 为对应某震级 $M+\Delta M$ 区间的地震数量.式(14.6.2)被称为古登堡和里克特(G-R)定律.浅田敏等(1950)证明(见补充 14.1)

$$b=m-1 \tag{14.6.3}$$

因此,石本一饭田公式与 G-R 定律是等效的.

补充 14.1　b 值与 m 值的关系

将 G—R 定律改写成指数形式，并引入更加严格的叙述

$$N(M)\mathrm{d}M=\mathrm{const}\cdot 10^{-bM}\mathrm{d}M \quad (\mathrm{const}\ 指常数) \tag{1}$$

在实际观测中

$$M=\lg A \tag{2}$$

由此得到 $\mathrm{d}A=10^{M}\ln 10\mathrm{d}M$，代入石本-饭田公式(14.6.1)右边，得到 $k\ln 10\cdot 10^{-(m-1)M}\mathrm{d}M$，可以看出，当统计对应某震级 $M+\Delta M$ 区间的地震数量时，应有形式为

$$N(M)\mathrm{d}M=\mathrm{const}\cdot 10^{-(m-1)M}\mathrm{d}M \quad (\mathrm{const}\ 指常数) \tag{3}$$

指数表征了 $\lg N$ 与 M 的函数关系斜率.式(3)和式(1)右边比较，就得到

$$b=m-1 \tag{4}$$

以上证明首先由浅田敏等(1950)给出.

许多震例显示出，在大震前中小地震 b 值的规律性有异常变化.大震发生前 b 值下降(即较大事件的比例增多)，大震发生后 b 值又上升.(马鸿庆，1978；李全林等，1979).例如 1960 年智利发生 8.5 级大地震.据 USGS(美国地质调查局)的报告和美国高灵敏度仪器的观测结果，共得前震 53 次，其中 23 次可以测定震中；余震 186 次，60 次可以测定震中.由这些资料确定了前震的 b 值为 0.55，余震的 b 值为 1.13(图 14.16(a)).后来宇津的研究指出，这次地震前余震差异的置信水平达 98%.还有一些观测资料表明大震发生前 b 值下降(即较大事件的比例增多)(图 14.16(b))，大震发生后 b 值又上升(马鸿庆，1978；李全林等，1979).因此，b 值的物理机制和变化规律受到重视.

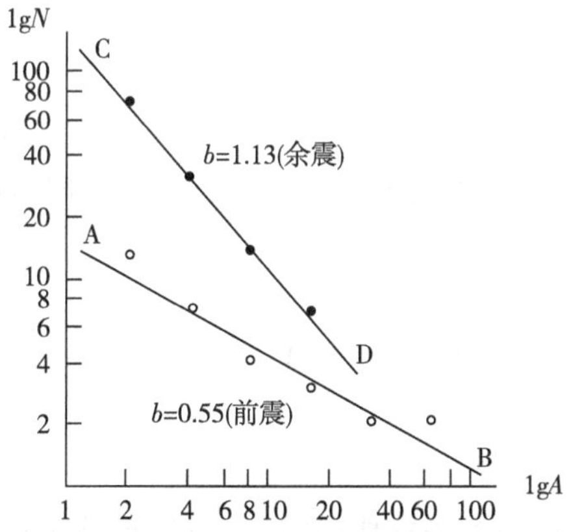

(a)智利 1960 年 8.5 级大地震前震与余震 b 值差异(中国科学院地球物理研究所，1976)

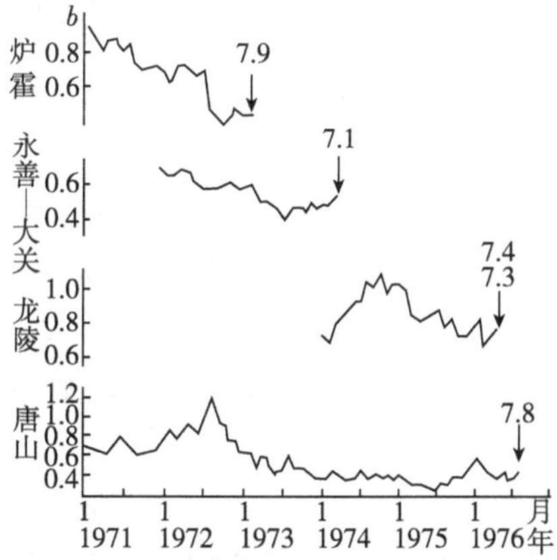

(b)几个大震前 b 值随时间的变化(付淑芳和刘宝诚，1991)

图 14.16　地震活动性中 b 值变化的一些实例

图 14.17 显示的是 1999 中俄合作实验中的岩石实验样品 991008AE 声发射的能级-频度分布与 1976 年唐山 $M_S7.8$ 地震余震的震级-频度分布. 二者比较,在形态上十分相似.

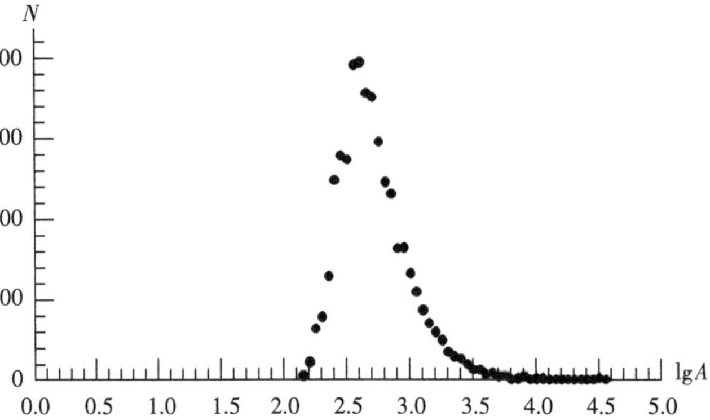

(a)样品 991008 声发射序列的 lg$A$-N 分布. 其中 M 为自定义. 样品结构参数见表 14.1

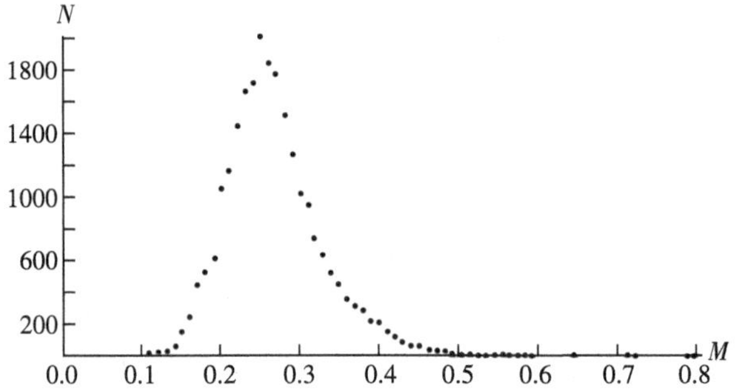

(b)唐山地震序列的震级-频度分布(顾浩鼎和孙文福,1992)

图 14.17 岩石声发射的能级-频度与地震序列的震级-频度分布比对

根据震源理论(傅承义等,1985),地震矩由

$$M_0 = \mu DA \tag{14.6.4}$$

计算. 其中,μ 为介质的刚性系数;D 为断层错距;A 为断层面积. 引入地震断层应力降 $\Delta\sigma$ 与错距 D 和断层长度 L 的关系

$$\Delta\sigma = \eta' \mu D / L \tag{14.6.5}$$

式中,η' 是表征断层面几何形状的数值因子. 假定断层宽度 W 在破裂过程中不变,得到

$$M_0 = \Delta\sigma \cdot W \cdot L^2 / \eta \tag{14.6.6}$$

根据 Kanamori 和 Anderson(1975)的统计,大多数地震($M3 \sim M8$)的应力降 $\Delta\sigma$ 的量值差别不大,基本在 1~10MPa. 这个关系也叫做尺度不变性. 这样式(14.6.6)就意味着一个地震事件能级与地震断层尺度 L 相关. 注意到地震矩 M_0 与面波震级

M_S 有如下经验关系(Kanamori,1977)

$$\lg M_0 = 1.5M_S + 9.1 \tag{14.6.7}$$

式中,M_0 以 N · m(牛顿 · 米)计(1 N · m=10^7 dyne · cm). 由上式可得

$$M_S = \frac{2}{3}\lg M_0 - 6.07 \tag{14.6.8}$$

将式(14.6.6)代入,得到

$$M_S = \frac{4}{3}\lg L + C_0 \tag{14.6.9}$$

其中,$C_0 = \frac{2}{3}\lg(\Delta\sigma \cdot W/\eta) - 6.07$. 由此可以看出断层尺度 L 与面波震级 M_S 有关. 这里的 M_S 就是 G - R 定律式(14.6.2)中的 M,因此地震的 b 值必然与地震破裂尺度的分布有关. 这个问题在 b 值的分形意义一节中还要进一步讨论.

既然 AE 的测量系统与地震观测系统相似,所观测到数据的量纲也相同,那么根据 π 定理(第 4 章)(谢多夫,1982; 陈建华,1984)可以推断,AE 的测度与地震相应物理量的测度应该相似. 换句话说,AE 能量与微裂纹扩展尺度也相关,AE 的 b 值应也能代表微破裂尺度的分布. 这里的关键就是小样品岩石破裂实验中 AE 的 b 值是否与地震序列的规律相似. 这项工作的意义在于证明可以用小样品 AE 实验来研究 b 值的物理机制和变化规律,将地震序列的研究与岩石断裂模拟实验联系起来,从而提供一条用岩石断裂力学研究地震活动规律乃至地震破裂过程的途径.

14.6.2　声发射序列 b 值的实验研究

神村三郎(1955)研究了黏土干裂时裂纹宽度与频度的关系,发现它满足石本-饭田公式. 此后,Vinogradov(1959)、Mogi(1962)等用岩石、玻璃和松脂等材料进行了许多模拟实验,通过这些实验他们得出了相同的结论,即反映材料微破裂声发射的频度-幅值关系同样满足石本-饭田公式. 根据石本-饭田公式与 G - R 定律的等效性进一步证明,地震的频度-能级与小样品 AE 的频度一能级存在相似性. 这是用小样品 AE 实验研究 b 值物理机制和变化规律的最主要依据. Mogi(1962)还认为,m 值特征是由介质物性的不均匀程度所决定的. Scholz(1978)通过实验,比较系统地研究了岩石破裂 AE 的 b 值,认为 b 值主要取决于样品所处的应力状况(耿乃光,1986). Scholz(1978)还对岩石摩擦滑动过程中 AE 进行了实验研究,结果表明,粘滑前有较高的 b 值. 但该结果数据较少,离散度较大.

1985 年下半年在国家地震局的支持下,地震局所属研究单位联合组织了一次 b 值模拟实验研究,利用 AET - 5000 记录仪记录并统计 AE 的频度-能级,利用最小二乘回归,得出各个阶段的相关系数和 b 值(耿乃光,1986).

例如,蔡戴恩等(1987)在利用伺服控制试验机进行的岩石破裂全过程中,b 值在破裂前随应力增加而减少,临近破裂 b 值有显著下降. 在岩石开始破裂后的应力下降

阶段 b 值保持低值，当大幅度应力降停止，岩石已经破裂并保持大体不变的残余强度，下断层错动时 b 值又回升. 李红等(1987)在有宏观裂纹(或切口)岩石试件的单轴压力实验中发现，当裂纹开始扩展时，b 值下降，直至试件失稳破坏，b 值降到异常低的值，但当裂纹面产生粘滑、闭锁现象时，b 值又有所回升. 李纪汉、耿乃光进行的岩石双剪摩擦实验结果进一步验证了 Sholz 的实验，结果是粘滑发生前 b 值稳定并略有增加，在连续的粘滑过程中 b 值差别不大，在正应力高的场合 b 值也高(耿乃光，1986).

图 14.18(a)显示的是 1999 年中俄合作实验中的岩石样品 991001 单轴压力下 AE 的 $\lg N$-M($M=\lg A$ 为自定义震级)分布. 和其他样品的分布图比对可以看出，每个分布都有一个峰值，峰值右边反映了声发射的 $\lg N$ 随 $\lg A$ 的增加而基本上呈线性规律衰减. 因为在实验中，对小事件的记录不全，峰值左边的 $\lg N$ 很快地下降到零，所以在进行 b 值计算时，舍去峰值(虚线)左边的值. 同时舍去峰值右边 $\lg N<0.2$ 的值，因为事件次数过少，将造成统计平均误差过大. 图 14.18(b)～(e)为岩石样品 AE 的 b 值随压力变化的若干实例(李世愚等，2000).

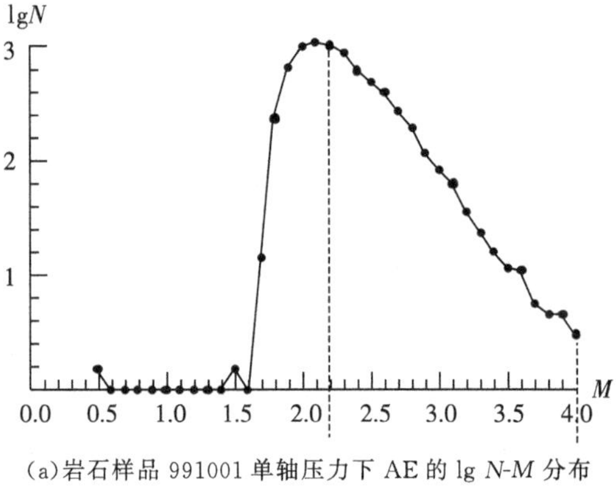

(a)岩石样品 991001 单轴压力下 AE 的 lg N-M 分布

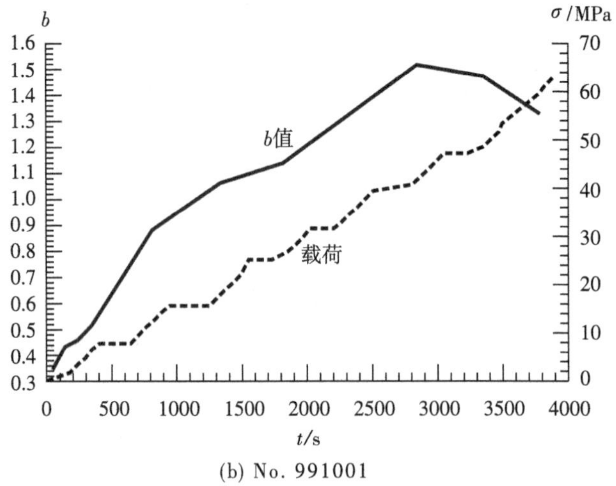

(b) No. 991001

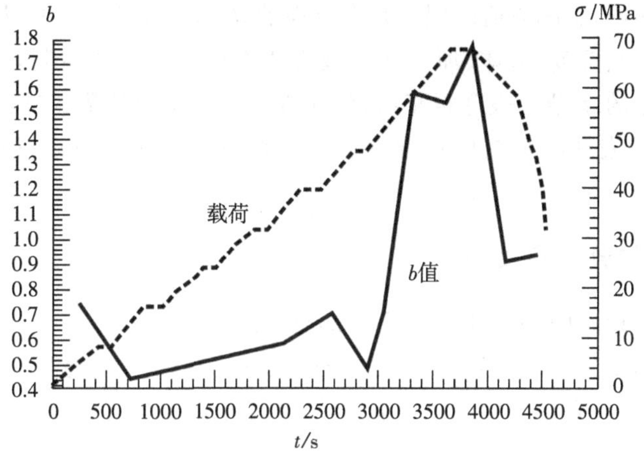

(c) No.991004

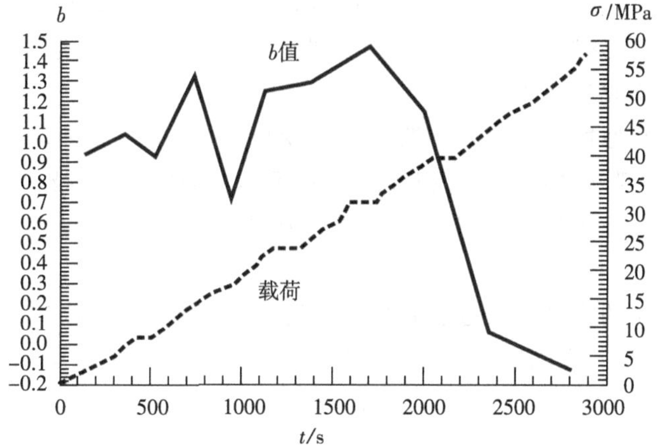

(d) No.991005

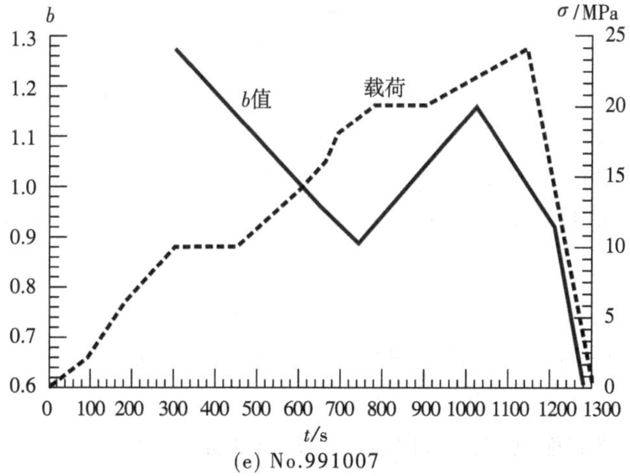

(e) No.991007

图 14.18　岩石样品 AE 的 b 值随压力变化的若干实例

各样品的结构参数见表 14.1

实验结果表明，影响 b 值的因素是多方面的，b 值主要决定于应力状况和介质性质，还受构造条件、温度、流体、加力和破裂方式等诸多因素的控制，b 值决不是单靠某一种因素决定的. b 值的表现很复杂，但 b 值的变化无疑是孕震过程物理场变化的重要表现. b 值的表现特征在中尺度地震试验场（矿山）中还可以继续得到验证，见 17.8.4 节.

14.6.3　b 值的分形意义

在近代分形理论中，b 值被赋予了分形意义.

分数维几何学（或称分形几何学，fractal geometry，简称分形）是 20 世纪 70 年代发展起来的新学科. 它是数学的一个新分支，用于研究自然界中常见的、不稳定的、非常不规则的现象. 用数学语言来讲，它是研究自然界中没有特征尺度而又具有自相似的形状和现象. 分数维（fractal dimension）则是自相似图形复杂程度的量度.

自相似性是指自然界中层次结构特殊的一类，即适当放大或缩小结构的几何尺寸，整个结构并不改变性质.

实际上，自相似性是自然界普遍存在的现象. 在一个系统中，整体和部分之间，这一部分和那一部分之间都具有相似性. 如一棵大树，树上任一枝杈和树的整体都具有明显的相似性. 一条闪电，任取其一小部分和其整体相比，在结构上亦有明显的相似性.

因而，分数维的定义可以通过适当的尺度变换来看，一个 D 维几何体的每一方向都增加到原来的 l 倍，结果就得到 N 倍于原来的几何体. 在数学上，可表示为

$$l^D = N \tag{14.6.10}$$

两边取对数，得

$$D = \lg N / \lg l \tag{14.6.11}$$

对于立方体，$D=3$；对于复杂图形，D 就不一定是整数了. D 称为分数维，是描述自相似结构的特征数. 例如，测定海岸线的长度问题，海岸线是条曲线，存在很大尺度的弯曲，每个弯曲又包含了更小的弯曲，用不同的尺子去测量海岸线，所得的长度值不同，即精度是不同的，测量尺子越小越精确. 因此，对于一些复杂图形，就不把尺寸放大为原来的 l 倍，而是把测量单位缩小为 ε，只有不断地缩小 ε，才能使得测量精确. 此时，定义分数维为

$$D = \lim_{\varepsilon \to 0} \lg N(\varepsilon) / \lg \varepsilon \tag{14.6.12}$$

G-R 定律表明，地震活动体系，也具有自相似结构，这可以从地震波的能量分析来看. 如果地震波能量 E_S 以焦耳（J）为单位（$1\text{J} = 10^7$ erg），Gutenberg 和 Richter（1956）给出地震波的能量 E_S 与面波震级 M_S 的关系为

$$\lg E_S = 1.5 M_S + 11.8 \tag{14.6.13}$$

式中，常数项在 Gutenberg 和 Richter（1956）的论文中误印为 11.4，后来在里克特

(Richter,1958)的书中已改正为 11.8(陈运泰和顾浩鼎,待出版).设 E_S 与震源区的线度 L 的三次方成比例,即 $E_S=C\cdot L_n^3$,代入式(14.6.13),并将 M_S 简记为 M,就得到

$$\lg L_n=\frac{1}{2}M+C_1 \tag{14.6.14}$$

其中,$C_1=9.8$.若地震为自相似系统,并设线度 L 的分数维为 D,在式(14.6.7)中记 $l=L/L_n$.它的意思是当 L 缩小 l 倍时,地震的次数扩大 N 倍,就有

$$N=L^D/L_n^D \tag{14.6.15}$$

两边取对数,得到

$$\lg N=D\lg L-DL_n \tag{14.6.16}$$

将式(14.6.14)代入,就得到

$$\lg N=C'_1-\frac{D}{2}M \tag{14.6.17}$$

其中,$C'_1=C_1+D\lg L$.将式(14.6.16)与式(14.6.2)比较,就得到

$$b=\frac{D}{2} \tag{14.6.18}$$

可以看出,D 与 b 之间有非常简单的关系.在地震预测中,我们已经有 b 值预测法.显然,也可以用分数维 D 进行预测,但对于整个系统,D 的含义比 b 要丰富得多.

有的学者认为地球介质处于临界自组织状态,因而 b 值和断层空间分布的分维值 D 线性相关(陈颙等,1989).尹祥础等(1987)从断裂力学的角度对 b 值的物理实质进行了探讨.

14.7　岩石破裂前的低频辐射

14.7.1　概述

对于大多数岩石,加载过程中最初的声发射都为高频信号,而随着应力增大,信号的频率会逐渐向低频转移,即低频成分所占的比例会越来越大.莎米娜(Щамина,1973)在岩石破裂实验中发现,随着差应力加大和微破裂扩展,其声发射的频谱质心频率在逐渐降低.有些低频成分甚至可以发射到空气中,形成可听声波或人耳听不到的次声波.在其后的许多实验都重复了这一现象(李世愚等,2002;唐林波等,2002).

潘琴龙等(1983)、冯德益等(1984)应用断裂力学和流变介质中波的传播理论研究了震前长周期形变波的波动源以及这类波传播的一些主要特征.

首先,他们从粘滑与破裂这两类主要地震机制出发,提出了粘滑前的预滑与破裂前的预扩展(亚临界扩展)可能是产生震前长周期波的两类波动源的看法.他们指出,震前预滑速度比地震时粘滑速度慢,而又比断层的一般蠕动速度快,它很可能发射一

种不同于地震波的长周期波.因此,预滑可能是震前长周期波的波源.他们认为,震前长周期形变波的周期范围一般为几十秒直至几小时以上,且到达的超前时间各不相同,大致在主震P波前直到数天前的很宽的时间范围内.

震前是否存在超低频辐射,主要争论还不是在理论上,而是在观侧上.Ellsworth等(1995)和Scheobaum(1997)曾有过关于震前几秒钟内是否存在低频辐射(成核相)的分歧.然而,震前几秒钟内是否存在长周期辐射没有前兆意义,重要的是在震前1～2个月至1～2天时间内有没有显著的、可知道来源的长周期辐射.

由于低频波波长很长,而且起始不清,造成定位困难.另外,一般台站的地震仪可能记录的幅值不高,在频率上也很难把它和地脉动以及远震面波区分开来,因而通过地震台网记录很难鉴别.但是近年来通过对①震前极低频(ELF)电磁异常(郝建国等,1992),②矿井下震前低频振动(刘万琴等,1999),③土层内的高灵敏度应变传感器以及④前兆次声波(李均之等,1995,1999;苏昉等,2000,2001,2002)等观测得到了很多震前低频信息,而且一般都是在震前几天收到,因此这些低频信息可能对地震的临震预报起到推动作用(唐林波等,2002).

地震前到底有没有低频波产生,如果有,什么时候产生?又如何能进入大气?对这些疑点我们进行了实验验证.

14.7.2 低频波的产生与接收

1.实验装置与实验方法

本实验采用200-C-1型200吨手动压机,用1kHz低频换能器记录岩石中的低频声发射,用话筒记录空气中的低频波,同时用1MHz的高频换能器记录岩石中的高频声发射.之所以采用手动压机是因为话筒记录的是空气中的可听声,如果采用机动压机会淹没从岩石中透射出来的声音.用两套采集系统,一套为中速采集系统,采样率为2.5kHz和5kHz,一套为高速采集系统,采样率为2MHz.两只话筒对称放置于岩石的两面,另外还有两只低频换能器和一只高频换能器放在岩石的不同表面.其中一只话筒和一只低频换能器的信号输入到中速采集系统,以记录声发射序列;其余的一只话筒、一只低频换能器和一只高频换能器的信号输入到高速采集系统,以记录并对比波形,同时也对比高频换能器、低频换能器和话筒所收到的信号的同步性.设计本实验的目的,是为了研究什么时候会产生低频波,如果有低频波产生,能否被岩石样品外边的话筒接收到.如果能被话筒收到,就说明强地震前产生前兆次声波,且直接出射到大气中是可能的.实验框图如图14.19所示.

实验样品有花岗岩、辉长岩、大理岩、砂岩和混凝土.实验中发现花岗岩和辉长岩的声发射比较丰富,大理岩和混凝土次之,砂岩最少.至于声发射透射到空气中的难易程度则与声发射的频率、声发射源与岩石表面的距离以及岩石种类有关.

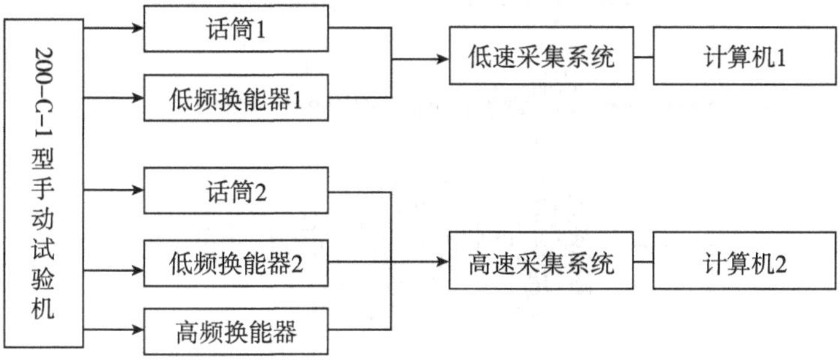

图 14.19　低频波产生与接收实验框图

2. 花岗岩的例子

该岩石的尺寸为 90mm×63mm×100mm,加载速率为 20kN/m,岩石主破裂时的吨位为 620kN(应力为 115MPa). 加压至 37MPa 时开始出现声发射. 图 14.20(a)～(c)分别为压力达到 54MPa,111MPa,113MPa 时出现的声发射. 图中通道 2 为低频换能器收到的信号,通道 4 为高频换能器收到的信号,通道 5 为样品旁边话筒收到的信号.

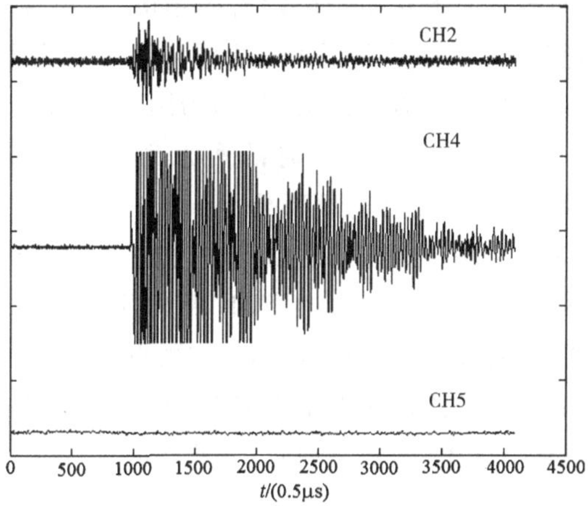

(a) σ=54MPa

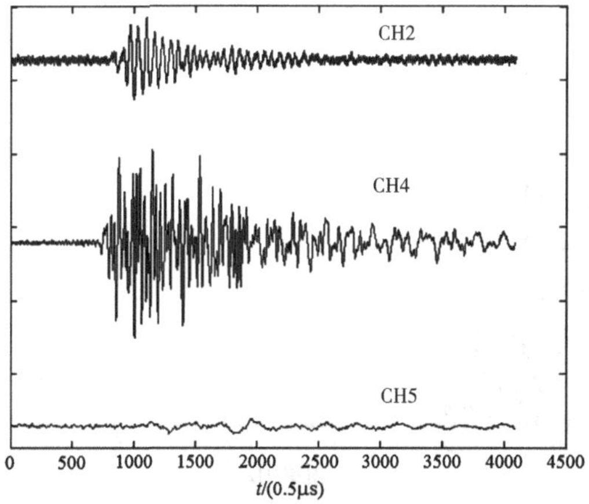

(b) σ=111MPa

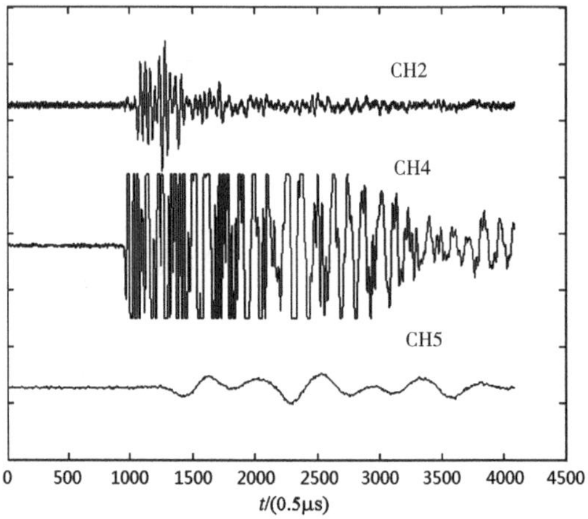

(c) σ=113MPa

图 14.20　花岗岩样品在不同压力下声发射波形的对比

样品尺寸:90mm×63mm×100mm

图 14.21 显示了不同压力下花岗岩声发射的频谱. 由于通道 4(高频换能器)记录被限幅,我们只对通道 2(低频换能器)记录作一下频谱分析. 图 14.21(a)为图 14.20(a)对应事件中通道 2 的频谱,图 14.21(b)为图 14.20(b)对应事件中通道 2 的频谱. 从图中可以看出,压力为 54MPa 时的声发射的能量分布较广,而压力在 111MPa时的发射的能量主要集中在低频部分.

图 14.20 中通道 5 为样品旁边摆放的话筒的记录. 可以看出,刚开始出现的声发射频率较高,话筒收不到信号;随着压力的增加,声发射中低频成分所占的比例越来越大,压力到一定程度,话筒开始收到信号;信号中的低频成分越多,话筒收到的信号越强. 当压力达到 115MPa 时,该样品发生主破裂. 实验证明,岩石中的声发射在频率变得较低时,可以辐射到空气中,并被话筒收到(唐林波等,2003;Li et al.,2005).

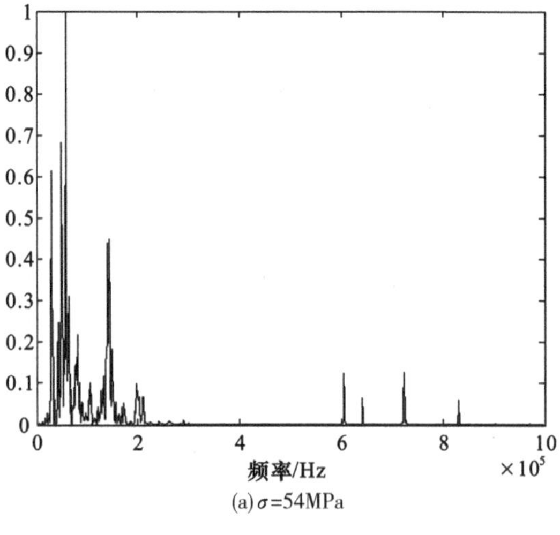

(a) σ=54MPa

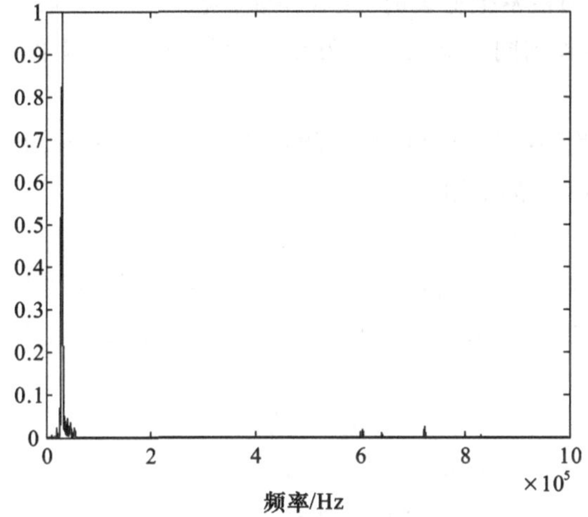

(b) σ=111MPa

图 14.21　不同压力下花岗岩声发射的频谱

根据震源理论(Aki and Richards, 1980),裂纹辐射特征时间常数 t_d 可以由 d/v 给出

$$t_d=d/v=\frac{\pi\mu G\left[1-(v^2/\beta^2)\right]^{1/2}}{2\sigma_c^2 v} \tag{14.7.1}$$

这是控制地震波谱的截止频率的时间常数,在实验室条件下表现为声发射的最小周期(其倒数就是频率). 其中,d 为滑动段的长度;μ 为剪切模量;σ_c 为单位面积上的内聚力;v 为破裂速度;β 为横波速度. G 为表面能,随着裂纹长度增加而增加,因此,声发射截止频率也随着裂纹长度增加而降低. 在野外,表现为随着破裂的集结,破裂尺度越来越大,辐射出的长周期波的能量比例也越来越高.

根据以上分析,声发射频谱内的低频成分的比例变化也可以作为岩石介质损伤程度和破坏危险程度的物理测度.

14.7.3　讨论

1. 临破坏时声发射事件缺失之谜

在岩石实验中,从 AE 密级成核到整个样品破坏前,所观测到的 AE 事件往往反而减少,大事件数量不足,特别是大破坏瞬间 AE 记录缺失. 相比之下,初始加载时较大 AE 事件反而多一些. 经实验验证,发现其中一个原因是:破坏前大量裂纹集结,使 AE 辐射波严重衰减,甚至被裂纹阻住. 另一个原因是:在样品临近破坏时,表面也已严重损伤而变得不平,部分 AE 换能器与岩石表面的耦合(最好用密封脂)接近脱开,使换能器不能正常接受到波形. 当 AE 波形不能被 4 个以上的换能器接收时,AE 定位无法得出结果. 在用人工源测量波速时,可以发现随着应力增大,记录到的最大波

幅 A_m 逐渐减小，特别在发生劈裂时，接收换能器甚至完全接收不到跨劈裂另一侧人工源的信号，只能接收到同一侧人工源发出的信号. 这是微破裂发育导致波能量衰减的重要证据.

上述事实表明我们必须对 AE 震级的计算考虑后期修正. 以下给出 AE 震级的修正方法. 以往 Mogi 等都是用

$$M=\lg A+C \tag{14.7.2}$$

来求声发射的能级（震级），然后取各接收点的平均. 其中 A 为接受点波形的最大振幅，用放大器输出的电压值表示. C 为系统的校正常数. 取 A_{m0} 为载荷为零时的最大记录振幅，

$$A_m=C'A_{m0} \tag{14.7.3}$$

观测仪器衰减统计表明，临近破裂时 $C'=1/3-1/10$ 或更低. 将式(14.7.3)代入式(14.7.2)可以看出，$\Delta M=\lg C'$. C'应由跟踪观测确定. 这里根据以往的统计，只做最保守的估计.

以灰岩样品临近破裂为例，未加修订，自定义能级 $M\geqslant 3.0$ 的事件只有 3 个. 取 $C'\approx 2$，得 $\Delta M=0.30$，$M\geqslant 3.0$ 的事件增加到 16 个. 取 $C'\approx 3$，得 $\Delta M=0.47$，$M\geqslant 3.0$ 的事件增加到 36 个. 这样，用震级修订来补偿 AE 辐射波衰减，我们初步解开了临界 AE 大事件的缺失之谜.

2. 声发射能否完全表征岩石的微破裂

Lockner(1993)从量级上估计了从记录系统所检测到的 AE 数目，认为不到花岗岩样品中微裂隙破后数目的 1%，暗示 AE 测量并未能完全表征破坏的全部过程（蒋海昆和张流. 1998）.

Lockner(1993)的结论主要根据以下事实：①声发射源的物理机制不完全是岩石内部的张性破裂，还应有许多其他的物理解释. 特别在破裂后期，破裂之间的相互作用以及剪切摩擦使破裂机制变得极为复杂. ②张性破裂本身只有在非稳定破裂阶段才有声发射，在稳定扩展阶段缺乏声发射. ③岩石蠕变的后期阶段缺少声发射. Lockner 等的上述工作被认为是美国该研究领域 1991～1994 年期间最重要的进展之一（Karato et al.，1995）.

Lockner 的结果，对我们正确估计 AE 活动性的信息量具有重要启示：仅仅用 AE 定位或数量来研究微破裂演化是不够的，我们还需要其他研究方法，并综合所得到的信息.

还需要指出，室内实验所研究的构造多半指的是断层，而实际的构造远不只是断层. 这种差别出现的原因在于室内实验难以模拟重力作用和长期的流变作用. 因此，研究地震成因不能仅限于室内实验，野外观测和公里尺度场地实验可能更加重要.

14.8 波速和波速比

14.8.1 实验观测

波速和波速比采用的是接收人工源发出的弹性波测量的方法.

早在 1957 年,Tocher 就指出,岩石在高应力下,纵波速度沿某些方向减小. Brace 等(1966)的差应力实验(参见第 8 章)给出了明确的岩石体积膨胀的实验结果,指出这种膨胀现象的原因是脆性岩石在破坏前由于微裂纹扩展发育形成新的孔隙所造成.

根据波传播理论,岩石介质中纵波和横波的波速分别为

$$v_P = \sqrt{(\lambda + 2\mu)/\rho} \tag{14.8.1}$$

$$v_S = \sqrt{\mu/\rho} \tag{14.8.2}$$

其中,λ 为拉梅常数;μ 为剪切模量;ρ 为介质密度(见补充 14.2). 利用弹性常数之间的关系,得到波速比为

$$\frac{v_P}{v_S} = \sqrt{1 + \frac{1}{1-2\nu}} \tag{14.8.3}$$

其中,ν 为泊松比.

苏联科学院大地物理研究所 Щамина(1973)、Sobolev 等依据他们的实验结果认为,即使孔隙中没有流体参与,仅仅因为微裂纹的增加,也会引起波速比下降,如图 14.22 和图 14.23 所示.

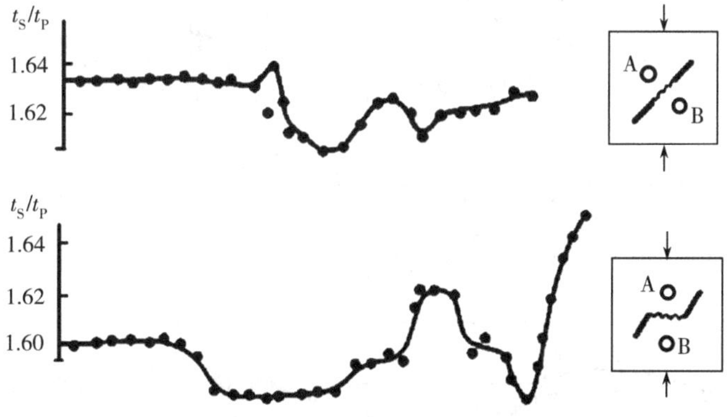

图 14.22 莎米娜(Щамина)等(1973)在实验室内小样品岩石破裂实验中测得的 S 波与 P 波的走时比

方框中显示的是预制切口(直线段)及破裂扩展(波纹线)情况,其中字母 A,B 分别为超声波发射与接收换能器所在的位置

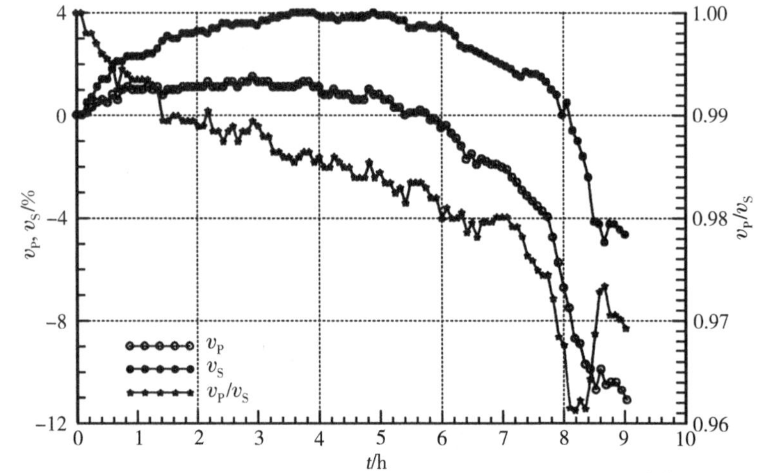

图 14.23　米级尺度第三大样本岩石破裂实验中测得的 v_P, v_S, v_P/v_S 随时间 t 的变化(Sobolev et al.,1996)

载荷为单调增加. 材料:灰岩. 尺寸:1.0m×0.5m×0.5m

上述实验中测得的 v_P/v_S 曲线均表现出向下弯形,并在临界破裂之前 v_P/v_S 有恢复倾向.

14.8.2　地震前的表现

不少强震前观测到了 v_P/v_S 的变化. 这里仅列举在苏联加尔姆地区 $M5$ 地震(图 14.24)、美国蓝山湖 $M3.3$ 地震(图 14.25)和中国 1975 年海城 $M_S7.3$ 地震(图 14.26)前观测到的波速比 v_P/v_S 的变化曲线.

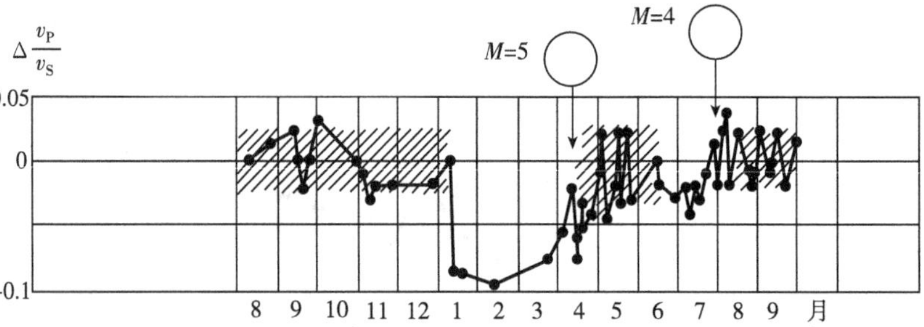

图 14.24　苏联加尔姆地区观测到的地震前波速比 v_P/v_S 的变化曲线(Nersesov et al.,1969)

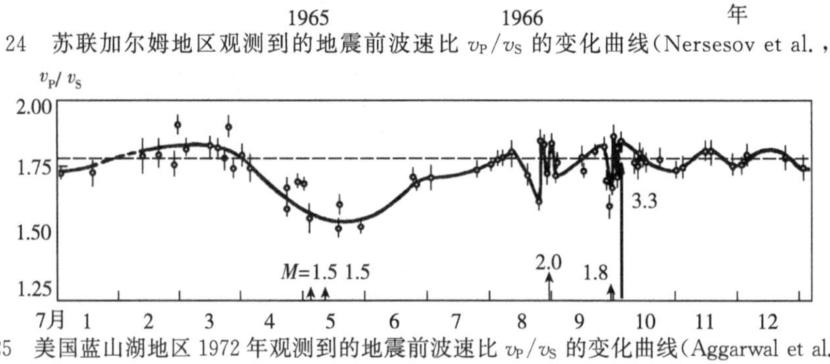

图 14.25　美国蓝山湖地区 1972 年观测到的地震前波速比 v_P/v_S 的变化曲线(Aggarwal et al.,1973)

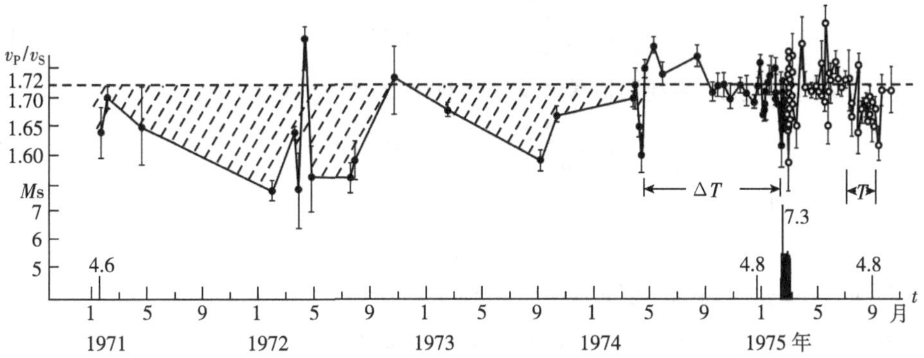

图 14.26　中国海城地区 1975 年 M_S7.3 地震前观测到的波速比 v_P/v_S 的变化曲线(冯锐等,1976)

地震前岩体内波速变化虽然已经得到大量观测和实验证实,Nersesov 也已被公认为震前波速变化的最早发现者,但 Nersesov 本人出于科学上的严谨,并不认为他所发表的加尔姆地区观测到的结果就一定真的就是该地区介质的波速变化.在一些私人谈话中他表示,这些波速变化的真实原因可能是由于小震震源深度变化造成的表面现象,由于震源深度定位不准,有可能被误判为波速变化.

补充 14.2

假定介质是均匀的,且 λ 和 μ 为常数,位移 u_i 和质点运动速度 v_i 均为一级小量.将广义胡克定律式 $\sigma_{ij}=2\mu\varepsilon_{ij}+\lambda\theta\delta_{ij}$ 和位移一应变关系式 $\varepsilon_{ij}=(u_{j,i}+u_{i,j})/2$ 代入运动方程 $\sigma_{ij,j}+f_i=\rho\ddot{u}_i$,就得到

$$\rho\frac{\partial^2 u_i}{\partial t^2}=\lambda\frac{\partial\theta}{\partial x_i}+\mu\frac{\partial}{\partial x_j}\left(\frac{\partial u_i}{\partial x_j}+\frac{\partial u_j}{\partial x_i}\right)+f_i \tag{1}$$

其中,f_i 为体力 F 的分量.利用体应变式,$\theta=\mathrm{div}(u)=\nabla\cdot u=\partial u_i/\partial x$,式(1)就成为

$$\rho\frac{\partial^2 u_i}{\partial t^2}=(\lambda+\mu)\frac{\partial\theta}{\partial x_i}+\mu\nabla^2 u_i+f_i \tag{2}$$

其中,∇^2 为拉普拉斯算子 $\partial^2/\partial x_i^2$.相应的向量形式为

$$\rho\frac{\partial^2 u}{\partial t^2}=(\lambda+\mu)\nabla\theta+\mu\nabla^2 u+F \tag{3}$$

利用恒等式

$$\nabla^2 u=\nabla(\nabla\cdot u)-\nabla\times\nabla\times u \tag{4}$$

式(3)又可以写成

$$\rho\frac{\partial^2 u}{\partial t^2}=(\lambda+2\mu)\nabla(\nabla\cdot u)-\mu\nabla\times\nabla\times u+F \tag{5}$$

假定体力为保守力或是常力,即 $F=\nabla\Omega$,其中 Ω 为势函数,满足 $\nabla^2\Omega=0$.对式(5)两边求散度得

$$\rho\frac{\partial^2\theta}{\partial t^2}=(\lambda+2\mu)\nabla^2\theta \tag{6}$$

对式(5)两边求旋度，并利用恒等式$\nabla\times(\nabla\Omega)=0$，得

$$\rho\frac{\partial^2(2\omega)}{\partial t^2}=(\lambda+2\mu)\nabla^2(2\omega) \tag{7}$$

其中，2ω 表示为

$$2\omega=\mathrm{rot}(u)=\nabla\times u$$

式(5)和式(6)表明，在弹性固体中有两种扰动传播，一种是体膨胀，通常叫做涨缩波、纵波或 P 波. 后者是旋转量，通常叫做旋转波、横波或 S 波.

这两种类型的波的性质可以通过考虑平面波的传播得到理解. 不失一般性，假定平面波沿 x_1 方向传播，那么位移分量 u_1,u_2,u_3 就只是 x_1 和 t 的函数，因而运动方程(5)可以写成

$$\rho\frac{\partial^2 u_1}{\partial t^2}=(\lambda+2\mu)\nabla^2 u_1 \tag{8}$$

$$\rho\frac{\partial^2 u_2}{\partial t^2}=\mu\nabla^2 u_2 \tag{9}$$

$$\rho\frac{\partial^2 u_3}{\partial t^2}=\mu\nabla^2 u_3 \tag{10}$$

记

$$\alpha=\sqrt{\frac{\lambda+2\mu}{\rho}} \tag{11}$$

运动方程(8)的一般解为

$$u_1=f(x_1-\alpha t)+F(x+\alpha t) \tag{12}$$

其中，f 和 F 为任意函数，它们的形式只依赖初始条件和边界条件. 函数 f 表示沿传播方向的位移 u_1(即纵波振动)以 P 波速度 α 朝正 x_1 方向传播的行波，这不难用以下办法看出：改用以速度 α 沿 x 正方向移动的动坐标轴 X，

$$X=x-\alpha t$$

于是函数

$$f(x-\alpha t)=f(X)$$

不难看出，函数的图像相对于动坐标系保持不变，亦即随着动坐标系以速度 α 沿 x 正方向移动，这正是行波. 同理，函数 F 表示以速度α 沿朝负 x_1 方向传播的行波. 对于式(9)和式(10)的一般解 u_2 和 u_3(即横波振动)可以作类似的分析，不过它们是以 S 波速度 β 传播，

$$\beta=\sqrt{\frac{\mu}{\rho}} \tag{13}$$

14.9 介质的各向异性

14.9.1 基本概念

穿过各向异性介质传播的剪切波会产生分裂. 岩石中波速各向异性的形成机理主要有如下几种：岩石本身含有各向异性结晶体；岩石中各向同性晶体的优势定向排列；多个各向同性薄层的叠加结构在宏观上形成的各向异性，即 PTL(periodic thin-layer)各向异性，亦称长波长各向异性；差应力作用形成的各向异性以及大量裂隙定向排列造成的各向异性，即张性扩容各向异性(extensive dilatancy anisotropy, EDA)裂隙，如图 14.27 所示. Nur 和 Simmons(1969)通过实验证实花岗岩裂隙定向排列能够造成波速各向异性，其横波的快慢波存在到时差，并对差应力的变化有明显响应. 彭成斌和陈颙(1989)在国内最早进行了横波分裂的实验研究. Crampin 等(1997)对横波分裂现象进行了系统的研究，并根据冰岛南部的数字地震台网的资料发现所监测地区的地震记录中横波的快慢波到时差增加的事实，对 1998 年 11 月 13 日冰岛南部发生的 5 级地震做出了短临预报(Crampin et al., 1999)，有评论认为是一次物理预报的成功.

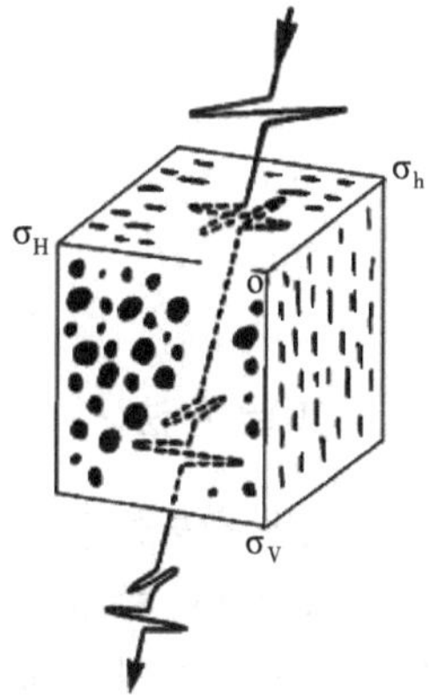

图 14.27 横波分裂产生的 EDA 模式(Crampin, 2005)

高原等(1999)测量了大理岩在加卸载过程中的横波分裂，使用了三分向换能器，并考察了加载中途保持载荷或加卸载循环的效果. 以下介绍有关结果.

14.9.2 实验条件

1. 实验装置

实验装置为 DZ95 型多通道瞬态波形记录仪和 GC－100 型工程多波参数分析仪，用微机监控和采集(图 14.28). DZ95 每个通道的最大采样率为 20M/s，GC－100 每个通道的最大采样率为 2.5M/s. 在本实验样品里接收到的 S 波的卓越周期约 6μs，DZ95 的记录中 S 波的每个卓越周期有 110～120 个采样点，GC－100 的记录中 S 波的每个卓越周期有 14～15 个采样点. GC－100 可间断地发射单脉冲信号，脉冲信号宽度可以改变，本次实验均采用 5.0μs. 发射和接收所用的换能器皆为同型号的三分向换能器，P 晶片的中心频率约为 1MHz，S 晶片的中心频率约为900kHz，带宽为中心频率±80%. 加载系统采用 200t 手控液压材料实验机.

2. 实验样品

岩石样品是山东莱州大理岩. 岩样分两组，各取自两块完整岩石. Ⅰ组是带有优势层理走向的较完整岩石，尺寸为 115mm×150mm×115mm 的长方体(编号 A，B，

C,D,E),密度 2.97g/cm³. Ⅱ组(对照组)是带有自然的优势定向排列的裂缝,尺寸为 150mm×150mm×115mm(编号 X,Y 和 Z),密度 2.84g/cm³,只用于无载荷条件下的横波分裂检测.

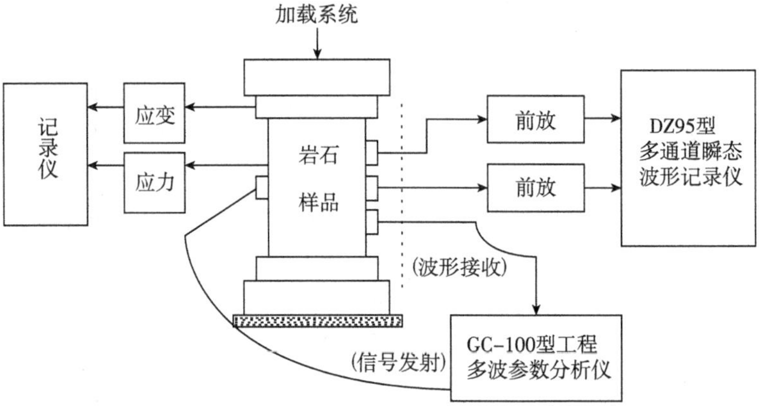

图 14.28　横波分裂实验装置及数据采集示意图

14.9.3　实验方法

1. 加载方式与信号接收

Ⅱ组(对照组)样品只进行无加载观测,而Ⅰ组样品则采用逐渐加载的方式,部分样品在中间过程采用了加载—卸载—加载的方式. 换能器布点采用二维平面分布式的测点设计(图 14.29). 其中位置 B 与发射换能器位置相对,位置之间的距离 |AB|=40mm,|BC|=35mm,|CD|=40mm. 两个相互垂直的 S 波分别记为 SV 和 SH,与传统意义上的 SV 和 SH 不同. 实验中平均加载速率约为 10kN/s.

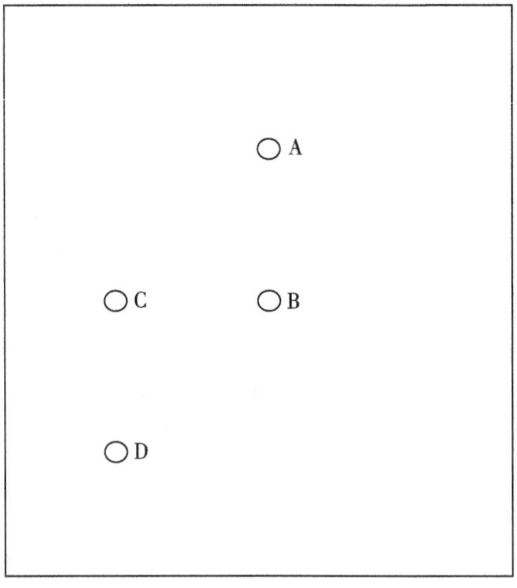

图 14.29　接收换能器布局示意图

2. 数据处理与分析

对每一组记录，首先进行偏振分析，获得剪切波分裂的时间延迟，再使用时间延迟的扣除技术，根据时间延迟校正后的偏振图，对结果进行检验. 为减少记录中噪声的影响，进行了[40kHz，500kHz]的带通滤波处理.

14.9.4 实验观测

1. 无载荷状态下的大理岩的 S 波分裂特征

实验结果表明，Ⅰ组大理岩样品尽管 5 个岩样都带有明显的优势层理走向，但在(I，J，K)三个方向都未观测到剪切波的分裂现象. Ⅱ组(对照组)样品在 I 和 J 方向上观测到剪切波分裂现象，而在 K 方向上没有观测到.

两组岩样在无加载状态时虽然 S 波分裂情况不同，却都存在明显的波速各向异性，甚至在沿着优势裂缝或层理走向的两个相互正交的方向，各自的 P 和 S 波速也有不同.

2. 加载状态下大理岩的 S 波分裂特征

图 14.30 给出了Ⅰ组样品的一个典型的剪切波分裂. 其中图 14.30(a)为原始波形记录和剪切波偏振图；图 14.30(b)为将剪切波进行时间延迟校正后的波形记录和剪切波偏振图. 其中 CH 为声波记录仪的通道号.

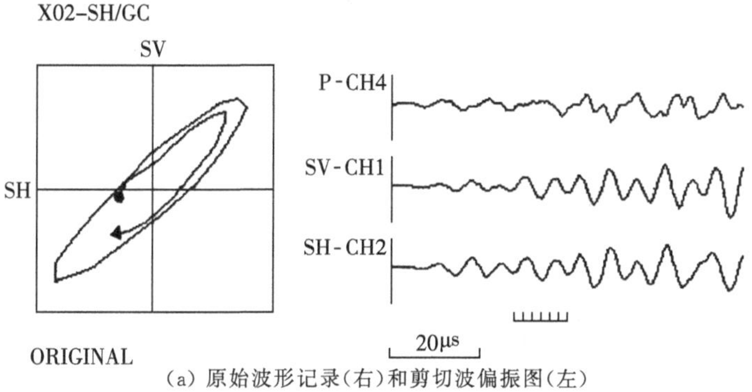

(a) 原始波形记录(右)和剪切波偏振图(左)

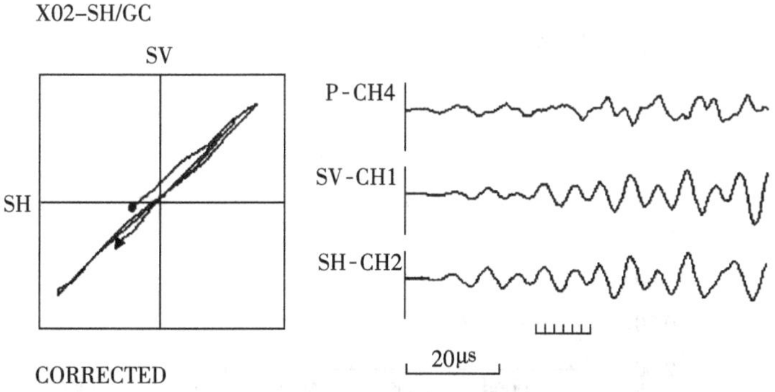

(b) 将剪切波进行时间延迟校正后的波形记录(右)和剪切波偏振图(左)

图 14.30 Ⅰ组样品 E 的剪切波分裂

14.9.5 结果(快慢 S 波时间延迟 Δt 与载荷 P 的对应关系)

Ⅰ组样品数据的处理结果如图 14.31 所示. Δt 多数随 P 加大而上升,但 5 个样品的过程各有不同类型:① 单调加载,Δt 单调上升型,如样品 A;②出现升降的反复涨落,如样品 C;③在加卸载循环时 Δt 仍上升,如样品 B、D 和 E;④ 即使载荷保持不变,Δt 也持续上升,如 C 和 E;⑤ 多数样品在临近破坏时,Δt 上升十分迅速;⑥Δt 上升后又下降,且出现变号,然后又上升,如样品 E.

不同位置的接收记录得到的 Δt 有不同,甚至差别很大. 例如,样品 A,在 A 位置有 S 波分裂现象,而 B 位置则看不出这种分裂现象. 又如样品 E,位置 B 记到的 Δt 比位于位置 A 的 Δt 要高一些. 这个现象表明介质的各向异性的分布也是极不均匀的.

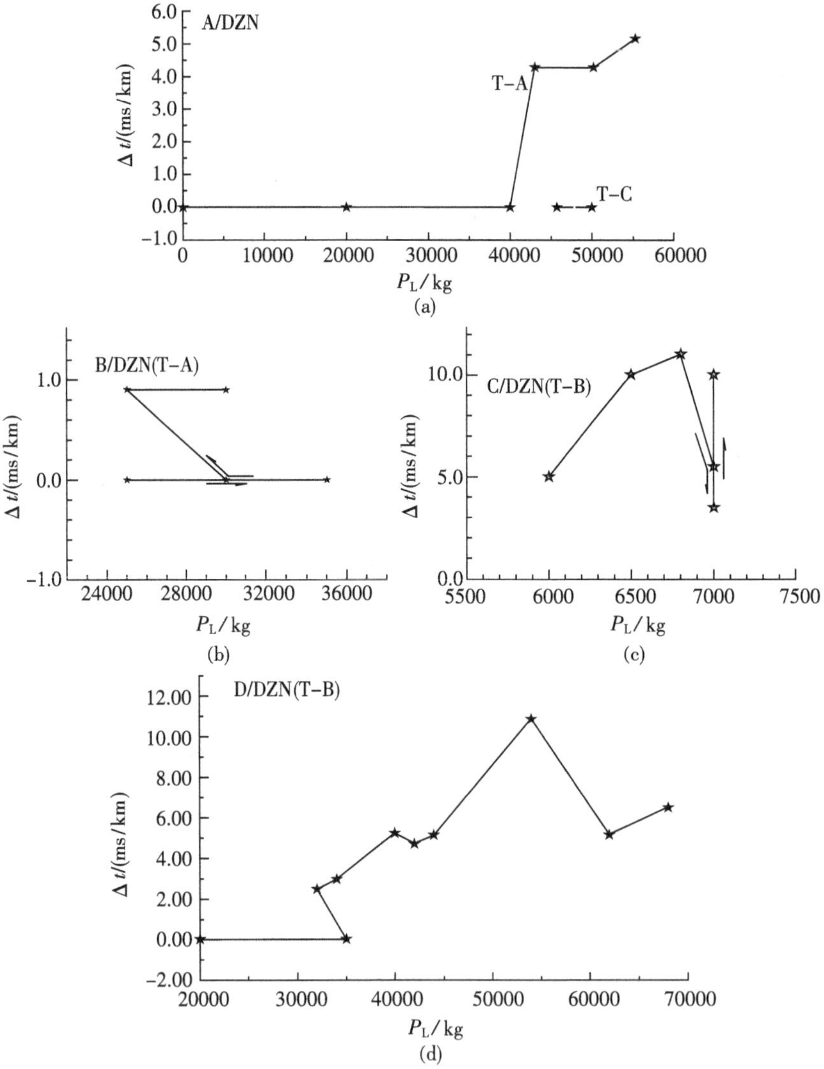

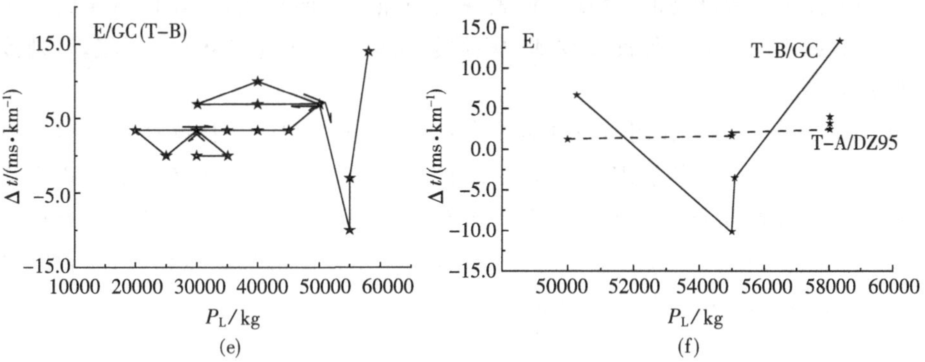

图 14.31　Ⅰ组大理岩剪切波分裂的时间延迟 Δt 与所受压力 P 的对应关系

每幅图的左上角字符标出了不同样品的记录情况，如“A/DZ”表示对样品 A 用 DZ95 进行测量的结果，“(T－A)”表示接收换能器在位置 A；而“E/GC:(T－B)”则表示，对样品 E 通过位置 B 的换能器用 GC－100 进行测量的结果. 其他含义相同. ★(以及 *)代表不同压力下的时间延迟值，小箭头的箭头指向表示时间流向. 图中 P－载荷；Δt－快慢波时间延迟.

14.9.6　分析

(1)对比Ⅰ组和Ⅱ组的数据处理结果可以看出，本次实验大理岩的 S 波分裂存在的机理是定向排列的微裂隙.

(2)根据实验后的观察，样品内部产生了大量裂纹和微裂纹，沿主压应力作用方向呈优势排列. 因此，本实验中引起 S 波分裂延时差变化的根本原因，是微裂纹随应力变化而定向扩展，集结程度增加.

(3)剪切波分裂现象的出现带有突变的性质，说明在应力作用到一定程度时，岩石内部可以在较短的时间里完成产生大量的定向排列微裂隙的过程.

(4)样品 E 在接近破坏前，突然出现了剪切波分裂时间延迟的符号反向，可能和岩石中存在类“X”形状的裂隙系有关，在局部应力调整中可能出现此方向排列裂隙闭合而彼方向排列裂隙张开的情况，使剪切波的偏振发生较大的变化.

(5)在应力循环或保持不变时，S 波分裂的时间延迟仍然升高，这一事实表明载荷保持或适量卸载时岩石内部仍处于微裂隙“惯性”生长发育并趋于定向排列的状态. 在损伤理论中，这种现象被称之为“徐变”，它和微裂隙的亚临界扩展有关.

14.9.7　讨论

(1)本实验研究表明，剪切波的分裂敏感于介质微裂隙状态的变化，Δt 的变化能够反映出岩石崩溃(整体破坏)的临界状态的到来. 因此与岩石破坏相联系的各向异性程度和方向性是有阶段性的.

(2)在接近临界状态时,介质不但表现出强烈的各向异性,还表现出强烈的非均匀性.因此在观测时必须保证接收到的横波射线路径是穿过破裂孕育区域,否则接收不到破坏前兆.

Crampin 等(1999)在用横波分裂技术对 1998 年 11 月 13 日冰岛发生的 5 级地震作临震预报时,得到的发震前三天的 Δt 接近 10ms/km 的值.本实验的大理岩临界状态的 Δt 随样品不同:Ⅰ组中 A 为 5ms/km,B 为 1ms/km,C 为 11ms/km,D 为 11.5ms/km,E 为 14ms/km.需要注意的是,实验中样品的加载速率、温度和压力和天然地震孕震区条件不同,这里不能一概而论.

第 15 章　流体的作用

15.1　引　　言

流体在岩石断裂中的作用，最明显的表现是在滑坡中，地表雨水的灌注可以直接导致大规模的滑坡灾害. 在地震、岩爆、煤与瓦斯突出等其他的地质灾害过程中，流体也都扮演着极为重要的角色.

流体，包括水和熔融状态的岩浆，在地球深部的地质运动中扮演着重要角色. 流体参与并导致了地球深部大规模的物质运移，如地幔对流、俯冲带、洋脊扩张等. 这些大规模的物质运移导致了板块构造运动和局部构造变形，从而为断层破裂和地震的发生创造了应变能累积与释放的条件(谢鸿森等，1997). 地壳中的流体在地球的形成与演化，尤其在地球动力过程中起着重要的作用，除了风化等外动力过程中的作用之外，在成岩与成矿作用、变质作用、构造活动与火山作用等一系列内动力过程中的作用也已不再只是一个与温度、压力等条件并列的"影响因素"，而是与固体介质本身并列的具有决定意义的"介质条件"(车用太等，1998). 关于流体的作用已有诸多论述，其中最有代表性的一句话就是"没有水，就没有板块构造"(Main et al.，1990). 因此，地壳中流体及其作用的研究，已成为 20 世纪末以来地球科学研究的新热点(Yoshizawa，2003).

15.2　孔隙率、渗透率和通过孔隙介质流体的流动

15.2.1　孔隙率

从普通压力直到压力相当高的条件下，所有的岩石都含有空间或孔隙，成为流体储存的空间，它们之间的一部分可以互相连接，形成流体能够渗透的通道. 对于沉积岩或混凝土，可以认为它们的内部分布着许多精细的毛细管网络的固体格架，而火成岩等孔隙度比较低，其中的一种可能是由颗粒边界的裂缝所组成.

孔隙比(Tezaghi，1945)定义为任意试件中的孔隙体积 V_v 与实体体积 V_s 的比例，即

$$e=V_v/V_s \tag{15.2.1}$$

孔隙率 n 定义为单位总体积上的孔隙容积

$$n=\frac{V_v}{V}=\frac{V_v}{V_v+V_s}=\frac{e}{1+e}\times 100\% \tag{15.2.2}$$

分数孔隙率 f 定义为面积为 δA 的小表面上不包含实体物质的一部分的 $f\cdot\delta A$. 虽然 δA 假定很小,但它仍然大到足以能横切许多孔隙. 因此,如果材料是均匀、各向同性的,f 应和表面的位置和方向无关,并且有

$$f=n \tag{15.2.3}$$

岩石中的孔隙连通情况与土壤中的不同,后者可假定整个孔隙空间是连通的,而前者则不一定. 若定义 f_s 为总孔隙率,并定义 ρ_s 为总体材料的密度(由样品总体质量和体积来确定),ρ_m 为矿物的密度(将岩石样品压碎,放在甲苯或其他一些化学性质稳定溶液中测定其体积来得到). 由样品的总质量

$$m=\rho_s\cdot(V_v+V_s)=\rho_m\cdot V_s \tag{15.2.4}$$

利用式(15.2.2),得到总孔隙率 f_s 的测定方法是

$$f_s=(\rho_m-\rho_s)/\rho_m \tag{15.2.5}$$

f_s 既包含可连通的孔隙,也包含孤立孔隙. 而可连通孔隙率用 f_e 来表示,其测定方法是用能注入干的固体的流体体积 V_f 与固体总体积 V 之比,即

$$f_e=V_f/V \tag{15.2.6}$$

15.2.2 通过孔隙介质流体的流动

流体通过多孔介质的流速由达西(Darcy,1856)定律表示,该定律由达西(1856)总结实验确定. 该定律将流体在一点上的流量 q 定义为单位时间,通过单位面积上的流体的体积,在三维情况下,可以表示为

$$q=-\frac{k}{\eta}\nabla p \tag{15.2.7}$$

其中,η 是流体的黏度,如果讨论的是水,则取水的黏度为 0.01P(泊)(严格地说,在20℃时为 0.01005 泊). 在厘米·克·秒制中,黏度 η(或 μ)的单位是泊(P),SI 单位用 Pa·s($1\text{P}=1\text{dyne}\cdot\text{s/cm}^2=10^{-1}\text{Pa}\cdot\text{s}$). 它的量纲是 $\text{ML}^{-1}\text{T}^{-1}$(陈颙和黄庭芳,2001;肖承邺和冯义钧,1996). k 称为渗透率,它的单位是达西(Darcy),简记为 D. 可以证明,k 的量纲为 L^2.

$$[k]=[q][\eta]\left[\frac{\mathrm{d}x}{\mathrm{d}p}\right]=[\text{m}\cdot\text{s}][\text{Pa}\cdot\text{s}][\text{m}\cdot\text{Pa}^{-1}]=[\text{L}^2] \tag{15.2.8}$$

1D 相当于黏度为 $\eta=10^{-2}\text{P}$,在压力梯度的 $\mathrm{d}p/\mathrm{d}x=1\text{atm/cm}$($1\text{atm}=1.01325\text{MPa}$,即标准大气压)时,流量 q 为 1cm/s.

在 SI 单位制中,渗透率的单位是 m^2. 从 1D 的定义可以求出

$$1\text{D}=9.869\,23\times10^{-13}\,\text{m}^2 \tag{15.2.9}$$

以下考虑岩石内孔隙的存在对波速的影响. 这里只介绍最简单的模型,即岩石速度的时间平均模型,由 Wyllie 等(1956)提出. 该模型假定有一边长为单位 1 的岩石立方体,并假定岩石中的孔隙全部集中成为一层状,其厚度为岩石的孔隙度 η. 这时

穿过岩石弹性波所需要的时间 Δt 由两部分组成：穿过岩石固体骨架 m 的时间 Δt_m，固体骨架长度为 $1-\eta$，另一部分是穿过孔隙的时间 Δt_f. 于是有

$$\Delta t = \Delta t_m + \Delta t_f \tag{15.2.10}$$

而

$$\Delta t_m = (1-\eta)/v_m$$

$$\Delta t_f = \eta / v_f$$

式中，v_m 是指岩石固体骨架部分的波速；v_f 是孔隙流体波速，代入式(15.2.10)，就得到

$$\frac{1}{v} = \frac{1-\eta}{v_m} + \frac{\eta}{v_f} \tag{15.2.11}$$

上式即为适用于沉积岩中的波速与孔隙度的经验公式.

由于孔隙流体的 P 波波速 v_{fP} 小于固体骨架中的波速 v_{mP}，而且 S 波不能通过孔隙流体，因此在孔隙度增加时，从式(15.2.11)可以看出岩石的 v_P 会下降，在孔隙流体饱和度下降时，v_P 会进一步下降，而岩石的横波波速 v_S 对孔隙流体饱和度的变化并不敏感，孔隙度的变化则只对微裂纹的变化有反应，而且会因微裂纹的定向排列表现出波速的各向异性，从总体来说，在一定射线方向上表现出波速比 v_P/v_S 的下降.

15.3　水岩相互作用的应力效应

15.3.1　应力腐蚀

许多固体在与某些液体接触时，其强度会大大降低. 例如，两端支撑的钢棒放在水银中时，钢棒会因自身的重量发生弯曲. 这种现象是苏联科学院院士雷宾德尔(Ребиндер Н А)首先发现的，故被定名为"雷宾德尔效应"(单修政，1986). 根据 Griffith 理论，水银会使钢内部裂纹表面张力降低，即使表面能 Γ 降低，由式(4.4.3)，$K_{Ic} = \sqrt{2E\Gamma}$，可知 Γ 的降低即 K_{Ic} 的降低，介质的强度也就大大降低. 从 20 世纪以来，人们首先在金属中发现流体的应力腐蚀作用，以后又发现流体对非金属，尤其是岩石的应力腐蚀作用. 例如，高温下的液体硫磺就可以使玄武岩的强度降低到常态下的十万分之一，即降低了 5 个量级. 常温常压下的岩石力学实验表明，水的存在使岩石强度降低. 流体静压的增加可以促使岩石由弹性形变转变为脆性断裂. Grigga 等(嵇少丞，1989)通过高温高压实验发现在含水体系中石英、长石、橄榄石、橄榄岩等的强度大为减弱，而流动性和韧性增强，这种现象被命名为水致弱化.

对这种效应的一种解释是应力腐蚀作用. 在第 5 章中，我们提到了水在岩石亚临界扩展中的应力腐蚀作用. 其中水分子或电离的羟基 OH^- 起着使岩石中的 Si－O 成为弱化的 Si－OH 键的作用. 例如，在有水环境下，硅酸盐玻璃或石英与水的反应是

$$\mathrm{H{-}O{-}H}+[\equiv\mathrm{Si{-}O{-}Si}\equiv]\rightleftharpoons\equiv\mathrm{Si{-}OH}\cdot\mathrm{HO{-}Si}\equiv\rightleftharpoons 2[\equiv\mathrm{Si{-}OH}] \tag{15.3.1}$$

在碱性环境下,硅酸盐玻璃受到腐蚀的反应是

$$\equiv\mathrm{Si{-}O{-}Si}\equiv+\mathrm{OH^-}\rightleftharpoons\equiv\mathrm{Si{-}O^-}+\equiv\mathrm{Si{-}OH} \tag{15.3.2}$$

这种作用在断裂力学中可以表述为,当 $K<K_{Jc}$ 时裂纹的亚临界扩展.对于岩石中裂纹群体的 Kulun-Mohr 准则,可以表述为其中材料固有的抗剪切强度 τ_0 的减小.

15.3.2 压溶作用

流体对岩石的一种作用叫做压溶作用(pressure solution),或称溶解蠕变,也叫做李开原理(Rieckes principle),是指岩石或矿物在应力作用下,沉积岩中的一些颗粒(通常是方解石或石英)在高压应力区发生溶解,通过流体迁移,而在低压应力区沉淀,从而造成塑性变形.压溶作用可以产生缝合线,颗粒的拉长等结构构造现象.充填脉的愈合物质来源于脉壁岩石,是压溶作用造成的结果.在垂直最大压缩方向的颗粒边界上被溶解出的物质向低应力区迁移和堆积,可形成劈理,主要有板劈理、褶劈理、破劈理.中国学者曾称压溶作用为"动力析出作用".由此而形成的地质构造就是压溶构造.有关的理论与实验研究综述,可参见文献(Rutter 1983;彭渤和陈广浩,2002;李振生等,2005;刘国勇等,2006).

15.4 孔隙压力的作用

15.4.1 孔隙压力

记 p_{lith} 为岩石静压力,相当于深度为 h 处以上柱体的压力

$$p_{\text{lith}}=\rho_{\text{岩石}}\cdot gh \tag{15.4.1}$$

其中,g 是重力加速度.在地壳中,$\rho_{\text{岩石}}\approx 2.7\text{g/cm}^3$.另外,还定义 p_{hydr} 为静水压力,它相当于岩石中所有孔隙皆连通,并且一直通至地面,则在深 h 处的孔隙压力称为静水压力.显然,

$$p_{\text{hydr}}=\rho_{\text{水}}\cdot gh \tag{15.4.2}$$

在地壳浅部,忽略水密度随深度的变化, 采用 MPa 作单位,静水压力可以写成

$$p_{\text{hydr}}=9.80665\cdot h\text{MPa}\approx 10\cdot h\ \text{MPa}\quad (h\ \text{单位为 km}) \tag{15.4.3}$$

对于任意的孔隙压力,常用 p_{lith} 作单位,

$$p_0/p_{\text{lith}}=\lambda \tag{15.4.4}$$

其中,λ 为孔隙压力参数,这样孔隙压力就可表示为 $p_0=\lambda\cdot p_{\text{lith}}$.多数情况下,参数 λ

的范围在 0～1.

$$1\leqslant\lambda\leqslant1 \tag{15.4.5}$$

有几种特殊情况如下：

$$\lambda=0,\quad p_0=0\quad（这相当于孔隙中无水干燥的情况） \tag{15.4.6}$$

$$\lambda=0.42,\quad p_0=p_{\text{hydr}}\quad（因\ \rho_{水}/\rho_{岩石}\approx0.42） \tag{15.4.7}$$

$$\lambda=1,\quad p_0=p_{\text{lith}} \tag{15.4.8}$$

15.4.2　库仑-莫尔准则

流体孔隙压力作用的库仑-莫尔准则是判断岩石内发生剪切破坏临界条件的宏观判据. 该准则认为，抵抗平面产生剪切破坏的阻力来自材料的内聚力 τ^f，在孔隙压力 $p_0\neq0$ 的情况下，库仑-莫尔准则为

$$|\tau^f|=\tau_0+f\cdot(\sigma_N-p_0) \tag{15.4.9}$$

其中，f 为剪切面上的内摩擦系数；σ_N 为剪切面受到的法向压力；p_0 为孔隙压力. 在 $\tau-\sigma_N$ 平面中(图 15.1)，τ_0 为破裂线在 τ 轴上的截距，它表示材料固有的抗剪切强度. 库仑准则实际是莫尔准则的破裂线为线性假定的特例，因此称之为库仑-莫尔准则. 可以看出，由于孔隙压力的作用，剪切面上的正应力被抵消了 p_0，从而使岩石抗剪切强度降低了 $f\cdot p_0$.

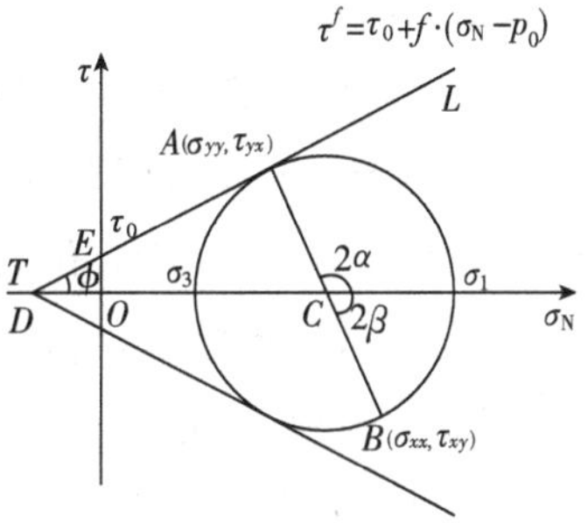

图 15.1　库仑-莫尔准则，这里 $p_0\neq0$

1. 有效应力

有效应力定义为(Terzaghi，1923)

$$\sigma'_{ij}=\sigma_{ij}-p_0\delta_{ij} \tag{15.4.10}$$

其中，δ_{ij} 为克罗内克符号. 按照定义

$$\sigma'_1=\sigma_1-p_0,\quad \sigma'_2=\sigma_2-p_0\quad \sigma'_3=\sigma_3-p_0 \tag{15.4.11}$$

在含孔隙压力的实验中，孔隙流体是通过与试件接触的帽中的孔隙或空穴引进的. 在试件的准备过程中，为了保证所有的孔隙被充满，首先将试件置于真空中，接着在压力之下，将它置于液体中. 试件装在一个套中，使孔隙压力和围压是各自独立的变量.

于是，库仑-莫尔准则式(15.4.9)成为

$$|\tau^f|=\tau_0+f\cdot\sigma'_N \tag{15.4.12}$$

库仑准则式(6.6.26)替换为

$$\sigma_1-p_0=\sigma_c+q(\sigma_3-p_0) \tag{15.4.13}$$

其中，σ_c 为岩石单轴抗压强度；$q=[\sqrt{f^2+1}+f]^2$；f 为内摩擦系数.

以砂岩的实验结果为例(Handin,1963),来说明孔隙压力对破坏的影响(图 15.2).

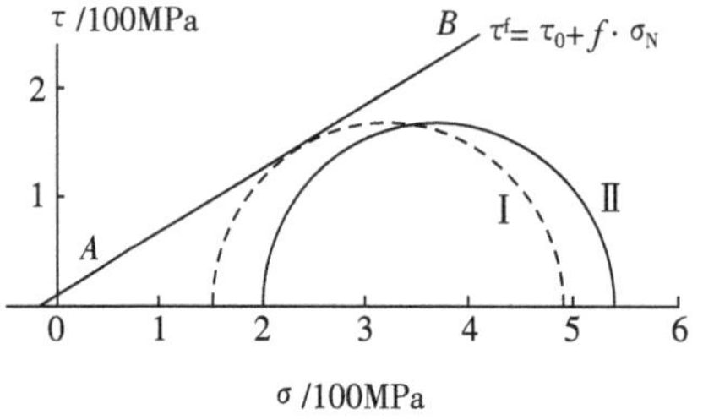

(a)AB 为孔隙压力 $p_0=0$ 的试验莫尔包线

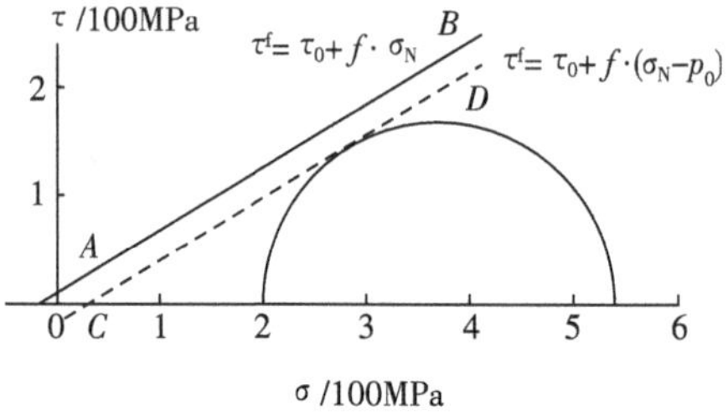

(b)CD 为孔隙压力 $p_0\neq 0$ 的试验莫尔包线

图 15.2 孔隙压力对破坏的影响

Ⅰ为有效应力的莫尔圆;Ⅱ为无孔隙压力的莫尔圆

图 15.2 中,AB 是孔隙压力为零的试验莫尔包线. 曲线Ⅰ(虚线)相当于在 $\sigma_1=540\text{MPa}$,$\sigma_2=200\text{MPa}$,$p_0=50\text{MPa}$ 的情况下,用有效应力来表示莫尔圆,就是 $\sigma'_1=490\text{MPa}$,$\sigma'_2=150\text{MPa}$,可看到莫尔圆与 AB 相切时的破坏. 曲线Ⅱ(实线)则表示 $\sigma_1=540\text{MPa}$,$\sigma_2=200\text{MPa}$,孔隙压力 $p=0$ 时的有效应力莫尔圆,可以看到该圆在莫尔包线的里边,当孔隙压力 p_0 增加时,有效应力莫尔圆曲线向左移动,直到它和莫尔包线相切. 一般地说,通过 σ'_1 和 σ'_2 可以得到唯一的莫尔包线,它不取决于 p_0.

用有效应力表示破坏准则应具备两个前提:①介质内有足够的渗透率允许流体运动,并存在连接的孔隙系统;②孔隙流体是不活泼的(即没有应力腐蚀),只存在单纯力学作用,否则会引起较大误差(Handin et al.,1963).

在有效应力中,考察最小正应力 $\sigma'_3=\sigma_3-p$. 当 p 增大到 $p>\sigma_3$,使得 $\sigma'_3<0$,即变成张应力. 一旦 $\sigma'_3=-T_0$,$-T_0$ 为岩石介质的抗张强度,就会发生张破裂.

2. 孔隙压力导致试验莫尔包线移位

仍以砂岩的实验结果为例(Handin,1963). 图 15.3 中,AB 是孔隙压力为零的试验莫尔包线. CD(虚线)为孔隙压力 $p_0=50\text{MPa}$ 的试验莫尔包线. CD 实际是 AB 沿纵轴 τ 向下平移了 $f\cdot p_0$. 曲线表示 $\sigma_1=540\text{MPa}$,$\sigma_2=200\text{MPa}$,$p_0=50\text{MPa}$ 的应力莫尔圆,和包线 AB 尚有距离,但和包线 CD 相切,表示满足了孔隙压力 $p_0=50\text{MPa}$ 的破坏条件.

孔隙压力还影响到岩石材料由脆性向塑性的变化,这种变化是由有效围压 σ_3-p_0 控制的(Robinson,1959). 他们的实验结果表明,在固定围压和各种孔隙压力作用下,石灰岩的应力-应变曲线表示出,随着 p 的增加,材料的脆性性质减少,而过渡到塑性行为(图 15.3).

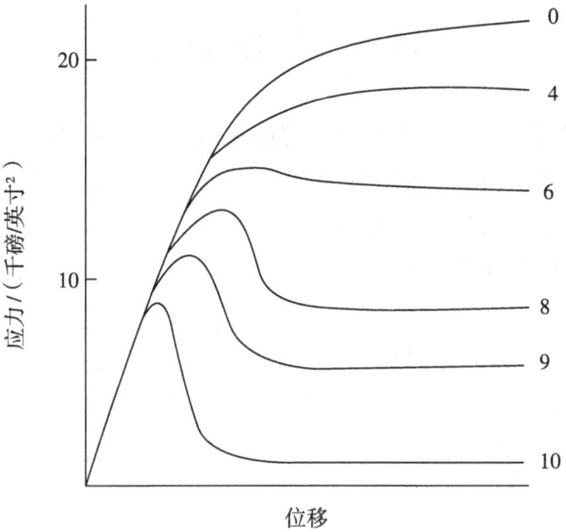

图 15.3　围压 10 千磅/英寸²(≈69MPa)下，石灰岩中孔隙压力对脆性-塑性过渡的效应(Robinson，1959；Jaeger and Cook，1979)

曲线上的数值为孔隙压力值，单位为千磅/英寸²(注：1 千磅/英寸² = 6.896MPa)

15.4.3　存在孔隙压力 p_0 时的拜尔利定律

当存在孔隙压力 p_0 时，拜尔利定律表示为

$$\left.\begin{aligned}\tau_m&=0.85(\sigma_N-p_0), & \sigma_N&<200\text{MPa}\\ \tau_m&=50+0.6(\sigma_N-p_0), & \sigma_N&\geqslant 200\text{MPa}\end{aligned}\right\}\tag{15.4.14}$$

由于地壳中存在各种取向的滑动面，4.6.1 节式(4.6.11)和 8.1.2 节式(8.1.10)分别从不同理论模型给出了岩石内最容易发生剪切破坏的裂纹角为 $\beta_m=\frac{1}{2}\arctan\frac{1}{f}$. 在 $f\approx 0.85$ 的情况下，$\beta_m\approx 24.82°$；在 $f\approx 0.6$ 的情况下，$\beta_m\approx 29.52°$. 此时，拜尔利定律可以用有效主应力表示出来. 按照式(15.4.14)的形式，就可以将拜尔利定律式(4.6.32)和式(4.6.33)改写成

$$\left.\begin{aligned}\sigma'_1&=5\sigma'_3 & &(\sigma'_3<104\text{MPa})\\ \sigma'_1&=3.1\sigma'_3+120 & &(\sigma'_3\geqslant 104\text{MPa})\end{aligned}\right\}\tag{15.4.15}$$

利用式(15.4.11)，上面两式成为

$$\left.\begin{aligned}\sigma_1&=5\sigma_3-4p_0\\ \sigma_1&=3.1\sigma_3-2.1p_0+120\end{aligned}\right\}\tag{15.4.16}$$

将式(15.4.4)代入，上式就成为

$$\left.\begin{aligned}\sigma_1&=5\sigma_3-4\lambda\cdot p_{\text{lith}}\\ \sigma_1&=3.1\sigma_3-2.1\lambda\cdot p_{\text{lith}}+120\end{aligned}\right\}\tag{15.4.17}$$

15.5 水压致裂

15.3 节理论的重要应用就是水压致裂. 水压致裂为油田中一种增产措施. 其方法是将油井(圆孔)的一段用堵塞器密封. 在密封段内注入压力为 p 的流体(水溶液), 如图 15.4 所示. 在水压 p 的作用下使孔壁附近产生裂纹, 致使原有岩体中的裂纹张开、扩展, 从而增大含油层中的渗透率, 达到石油增产的目的. 同一方法可用来测量地应力.

令 σ_1 和 σ_2 为压应力的绝对值, $\sigma_1 \geqslant \sigma_2$. C 和 D 两点处的环向应力最大. 在水压 p 作用下, 弹性力学给出 $\sigma_{\theta\theta}=p$, 见文献(李世愚等, 2010, 式(1.139)), 在构造应力 σ_1 和 σ_2 的作用下, 弹性力学给出 $\sigma_{\theta\theta}=\sigma_1-3\sigma_2$, 见文献(李世愚等, 2010, 式(1.148)). 在水压 p 及构造应力 σ_1 和 σ_2 的共同作用下, 利用叠加原理,

$$\sigma_{\theta\theta\max}=p+\sigma_1-3\sigma_2 \tag{15.5.1}$$

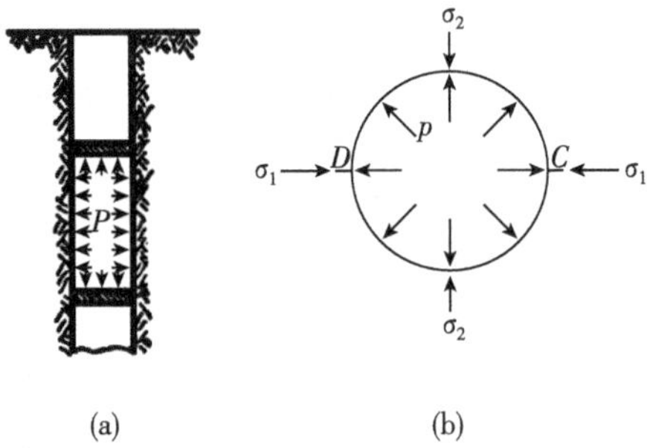

图 15.4　水压致裂测量地应力示意图

当此拉应力值超过岩石的拉伸强度 T, 即

$$p+\sigma_1-3\sigma_2 \geqslant T$$

或

$$p \geqslant 3\sigma_1-\sigma_2+T$$

时, 岩石开始破裂, 并沿最大压应力 σ_1 的方向扩展. 通常称

$$p_1=3\sigma_2-\sigma_1+T \tag{15.5.2}$$

为破裂压力. 此外, 当油井开裂后, 逐渐减少压力 p, 至某一压力 p_2 时裂纹闭合, 称之为封闭压力, 通常认为瞬时封闭压力 p_2 等于最小主压应力 σ_2. p_1, p_2 可以在水压致裂过程中获得, 如果在实验室内或其他方法测得 T, 则

$$\begin{cases}\sigma_2=p_2\\ \sigma_1=3p_2+T-p_1\end{cases} \tag{15.5.3}$$

于是得出主应力 σ_1 和 σ_2.

水压致裂方法还有许多理论和技术上的问题需要继续深入研究.

15.6　地球深部流体的存在和超临界流体的性质

15.6.1　地球深部流体存在的证据

地球深部流体包括熔体(岩浆)和水、二氧化碳.地球深部水的存在,早期的证据主要是通过两种途径获得:

(1)火山喷发过程中从深部带到地表的大量水蒸气、二氧化碳,而这些喷发的玄武岩浆来自岩石圈下的软流层或者更深,最深可达核幔边界.

(2)幔源岩石(上地幔物质侵出到地表)中含有矿物,以及无水硅酸盐矿物(如橄榄石等)中含有大量的流体包裹体.

这些事实都说明在地球深部有大量水、二氧化碳等流体存在(谢鸿森等,1997).

20 世纪 80 年代苏联科学家们在科拉半岛实施 LK－3 超深钻(深 11660m),在整个钻探过程中都有气体和强烈矿化水流入,并在大范围的变形带中循环.即使在静压力大于 300MPa,通常认为所有裂隙都将被挤压而闭合的 12km 深处,仍存在有这种通过裂隙循环的矿液.对气体标本的检测表明,其中含有二氧化碳、氦、氢、氮、甲烷及其他碳氢化合物,说明活动的气－水作用可发生在大陆板块结晶岩中很深的部位(科兹洛夫斯基,1989;梁慧云,1991).20 世纪 90 年代德国科学家们在巴伐利亚州实施的 KTB 超深钻(深 9101m),也在地下 10km 深处直接揭露出大量矿化流体.这些超深井钻都在深部测到高孔隙压力的存在.用地球化学方法分析的结果表明这些高矿化度的卤水其年龄可高达 100Ma(1Ma＝100 万年)(车用太等,1998;李桂如,1992)以上.

不同学者对地幔中的平均水含量的估计不大一致,用不同方法获得的地幔中的水含量估计值为 $0.1\times10^{-3}\sim1\times10^{-3}$.按这个估计值计算,地幔中含水量要比现在海洋中的总含水量高 2～3 个量级(谢洪森,1997).水的分布可能会从地幔过渡带一直延伸至核幔边界,甚至外核中(谢鸿森等,1997).

15.6.2　地球深部流体孔隙压力

从近年的超深井钻的原地测量中可以得到一些深部孔隙压力资料.德国的 KTB 计划完成的深井钻探达到 9km 深度,在 8km 深度测到的剪切应力约为 100MPa,孔隙压力也在这个深度存在.注水试验结果显示,当注水压力增加 1MPa 时即有诱发小震发生(图 15.5),表明该处已处于接近岩石破坏的临界状态(Bruday et al.,1977;Ruff,2002).

若取上地壳物质的平均密度为 $\rho\approx2.7\mathrm{g/cm^3}$,则在 8km 深度,$\sigma_v\approx216\mathrm{MPa}$,假定该处岩石处于流体平衡状态,即 $p=\sigma_v\approx216\mathrm{MPa}$,并假定该处的岩石剪切破坏强度

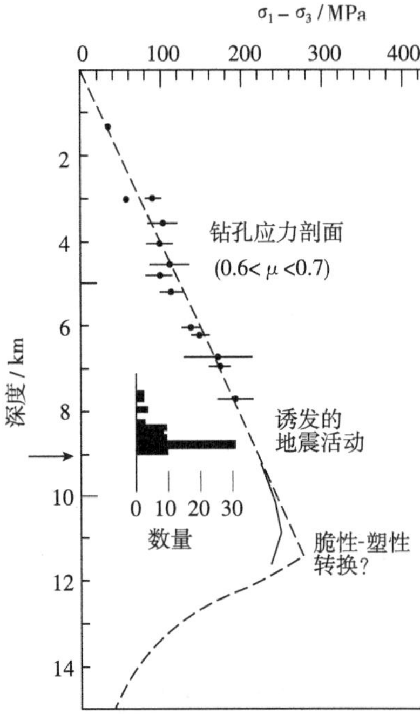

图 15.5　KTB 科学研究钻井的测量结果给出一个“坚固”的地壳模式，其破坏状态与库仑理论以及从实验中得到的摩擦系数为 0.6～0.7 的结果相符合(Zoback et al.,2002)
(原文为“Brittle-Ductile transition?”)

满足 Byerlee 定律，即 $\tau_m=0.5+f\cdot(\sigma_N-p_0)$，取 $f=0.6\sim0.7$，$\sigma_N=p$，则对于干岩石来说，最大剪切应力至少需要达到 $\tau_m=130\sim150$MPa. 从图 15.5 可以看出，该处在 8km 深度的最大剪切应力约为 100MPa. 因此，德国 KTB 超深井测到的最大剪切应力离干岩石的破坏临界值还少约 30～50MPa. 由于在该深度上注水压力增加 1MPa 时即有诱发小震发生，可以估计该处的孔隙压力约有 50～70MPa. 据高建理等(1996)的研究，华北平原(主要指沉积盆地)地区，最大剪切应力达到约 25MPa，流体的静水压力 $p_0\approx40$MPa. 见第 12 章图 12.11. 类似的计算表明 $p=\sigma_{zz}\approx108$MPa，若取 $f\approx0.6$，对于干岩石，破坏时最大剪切应力至少需要达到约 65MPa. 对于含水岩石，破坏时临界孔隙压力为 67MPa，实测的孔隙压力距离临界值至少约 37MPa.

上述实例给出的是板内应力情况，但板缘断层情况则大不相同. 有趣的是，板缘断层处于低剪切力的状态，其剪切应力值比板内低得多. 美国地质调查局和斯坦福大学的科学家和工程师根据在南加州圣安德烈斯断层附近的 Cajon Pass 的深 10000ft(合 304.8m)的钻孔进行的应力测量确定出了应力值与方向，结果表明最大主应力作用方向与断层走向几乎垂直，这个结果和该区内最近发生的多次地震的震源机制所确定的主压应力方向一致，说明且该断层上的剪应力很低(梁慧云，1991；Ruff,

2002). 一个粗略的估算是，在走滑断层最底部约 15km 深处，断层面所受到的正压应力约为400MPa，而断层面上的剪应力只有 20MPa，如果不考虑流体的孔隙压力，使断层产生滑动所需要的摩擦系数就必须在 $f\approx 0.05$，这只有一些特殊人造材料或自然介质才能具备，对于如此大面积断层自然介质来说似乎不大可能. 另外，如果断层面上只有干岩石在很大剪切力作用下的滑动，在摩擦运动中所释放的能量势必产生大量的热，但该处地面始终观测不到热流异常. 对于这些情况历来有不同的解释，反复的争论持续了多年. 可以看出，圣安德烈斯断层恰处于差应力触发作用的"盲区"，即裂纹角 β 接近 $\pi/2$ 的情况. 根据 15.4.2 节的证明，这个范围内剪切破坏的主要触发因素必然是孔隙压力 p_0 的变化. 近年来大量的观测资料，特别是深井钻孔资料使得大多数地球物理工作者终于达成了共识：①板块边缘基本处于低剪切力状态；②对于板块边缘的低剪切应力状态多采用水的孔隙压力作用来解释(Ruff,2002).

15.6.3　地壳深部岩体孔隙是否闭合

这里从地壳深部岩体孔隙是否闭合来进一步考虑流体连通性问题.

在 1.4 节图 1.3 中，显示了大家都很熟悉的岩石样品的应力-应变曲线. 图中的 OA 段，随应力增加，应变增长速度减慢. 从微观机制上看，OA 段的弯曲实际是岩石中存在的大量微裂纹在压应力作用下闭合所造成的. 在多数单轴压力实验中，OA 段的应力 σ_A 和破坏应力 σ_c 相比很小. 例如，大理岩实验，$\sigma_c\approx 120$MPa，$\sigma_A\approx\sigma_c/5\approx$ 20～30MPa.

按照上面所说的结果，似乎地下一二千米的岩石内孔隙就处于闭合状态了，但这是一个误解. 因为地下岩体并不处于单轴压力下，而是处于高围压下. 谢洪森曾指出，围压下岩样的孔隙至少要到 500 MPa 以上才开始有闭合迹象(私人谈话). 这比单轴压下的孔隙闭合应力至少大出一个量级. 这可以从岩石力学的体积改变定律和形状改变定律来解释. 由弹性力学(附录Ⅰ)，岩石力学的体积改变定律可以表述为

$$\sigma_0\delta_{ij}=3K\varepsilon_0\delta_{ij} \tag{15.6.1}$$

其中，δ_{ij} 为克罗内克符号；K 为体积模量；σ_0 为应力球张量

$$\sigma_0=\frac{1}{3}\sigma_{ii}=\frac{1}{3}(\sigma_{11}+\sigma_{22}+\sigma_{33}) \tag{15.6.2}$$

$\sigma_{ij}\,(i,j=1,2,3)$ 为应力张量的分量；ε_0 为应变球张量

$$\varepsilon_0=\frac{1}{3}\varepsilon_{ii}=\varepsilon_{11}+\varepsilon_{22}+\varepsilon_{33} \tag{15.6.3}$$

$\varepsilon_{ij}\,(i,j=1,2,3)$ 为应变张量的分量. 体积改变定律可以在很广泛的范围内成立.

形状改变定律可以表述为

$$S_{ij}\ =2\mu\sum\nolimits_{ij} \tag{15.6.4}$$

其中，μ 为剪切模量；S_{ij} 为应力偏张量

$$S_{ij}=\sigma_{ij}-\sigma_0\delta_{ij} \tag{15.6.5}$$

Σ_{ij} 为应变偏张量

$$\Sigma_{ij}=\varepsilon_{ij}-\varepsilon_0\cdot\delta_{ij} \tag{15.6.6}$$

由这两个定律可知，围压的升高只能使岩石的体积按比例压缩，但不能改变其形状，因此岩石内部的孔隙也只能按照同一比例压缩，其形状并不改变. 而岩石内部的孔隙只有一部分是以裂纹形式存在，另一部分是以不同形状的孔洞形式存在. 使这些裂纹闭合的因素还必须有差应力存在，但根据 Brace(1966)的实验，过强的差应力又会使部分裂纹产生张破裂(见 8.1 节). 这样，地壳深部孔隙的闭合程度可能不像一般的估计那样充分.

由幔源岩石(上地幔物质侵出到地表)的许多研究证明，在地幔仍然存在介质上侵的通道. 另外，地壳深部的许多成矿过程都与流体的溶解、迁移和脱水富集过程有关，而超临界水的特殊性质使得这些过程大大加速. 这些研究结果在资源勘探中得到验证，从而为地壳深部流体连通性提供了更多的佐证.

15.6.4　超临界流体的存在与性质

从相平衡的角度上可以把临界点定义为：在物质温度-压力相图上，(气液)相平衡曲线(在高温高压方向上)的终止点(见图 15.6). 从气、液密度转变的角度可以把临界点描述为物质的液相和气相处于平衡态时，随温度和压力升高(沿气-液相平衡曲线)，热膨胀使液体密度变小，而压力升高使气体的密度增加. 当温度和压力到达某特定值时，两相的密度变得相同，气、液之间的区别消失，这时的温度称为该物质的临界温度，这时的压力称为物质的临界压力(Robert et al.，1991；谢鸿森等，1997).

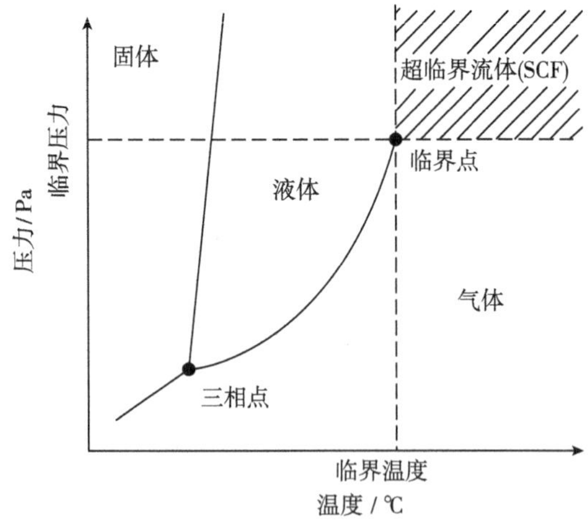

图 15.6　纯物质的温度-压力相图(谢鸿森，1997)

超临界流体的概念定义为温度和压力分别在临界温度和临界压力以上的非凝聚性高密度流体(Yasuhilo and Takeshi,1993),相当于图 15.6 显示的通过临界点分别与横坐标(温度)平行的虚线上侧和与纵坐标(压力)平行的虚线右侧所划定的范围.

表 15.1 仅列出几种与地壳内部岩石变化相关的物质的临界参数.

表 15.1　若干物质的临界参数(谢鸿森,1997)

物质	化学式	临界温度 T_c/℃	临界压力 P_c/MPa	临界密度 ρ_c/(g/cm³)
氧	O_2	−118.4	1.30	0.031
水*	H_2O	374	22.06	0.32
二氧化碳*	CO_2	31	7.38	0.47
一氧化碳	CO	−140	3.49	0.301
甲烷	CH_4	−82.3	4.64	0.162

* 引自文献(Yasuhilo and Takeshi,1993),其余引自(谢锐生,1980).

超临界流体具有一系列极为特殊的性质.这些特性与岩石破坏、断层活动及各种地质运动的动力学过程密切相关.

(1)超临界流体的密度介于气体与液体之间,因而许多物理性质,如扩散系数、黏度值等也介于气体和液体之间.

(2)超临界流体作为溶剂的最大特点是通过压力的微小变化可得到溶剂密度很大的变化.一般说来,溶解度与密度有关.通过增大压力来增大超临界流体的密度,从而使溶解度加大.

(3)超临界流体的渗透性远远超出常温常压状态,因此深部的连通性并不因为孔隙度减少而减弱(谢鸿森等,1997).

因此,当超临界流体的密度与液体相近时,其扩散率比液体高,黏度比液体小,因而超临界流体作为溶剂时表现出许多优于一般液体的特性.

研究表明,临界点附近或超临界状态下水是一种均匀的电解质溶剂,其热物理性质能在很宽的范围内连续变化(从类似气体到液体的),也就是从像一个非电解质溶剂到一个电解质溶剂的转变.它不仅能使离子型溶质在其中溶解,而且许多非极性有机物如烷烃类也可以完全混解于超临界水中.超临界水在密度很高时,黏度却相对较低,因而溶质分子在超临界水中很容易扩散,因此超临界水是一种活性介质.超临界水能与其他在标准状态下不易混合的物质完全混溶,如金以及铌、钽等稀土金属,因此它的溶解能力比王水(盐酸与硝酸按 3∶1 混合)还要强.

与深部构造作用有关的流体主要是超临界水.由表 15.1 可以知道,在温度高于 374℃,压力大于 22.06MPa 时,水就处于超临界状态.按照静水压估算,由式(15.4.3),地表以下 2.2km,就达到了水的临界压力.根据正常的地热增温率,在大陆区内的 20km 之下,温度就升至水的临界温度以上.由图 15.5 显示的德国 KTB 科学研究钻井的测量结果可以推断,该地区在 14km 以下温度就升至水的临界温度以上. 由此可以推断,中下地壳以下的水在孔隙内的自由态都属于超临界水. 超临界水的分布可能会从地幔过渡带一直延伸至核幔边界,甚至外核中(谢鸿森等,1997).

随着深度增加,压力加大,岩石致密程度提高、孔隙度下降对水的流通和渗透不利,但在高温高压超临界状态下,水的黏度要比标准状态下小得多,而流动性要大得多,因此水在地球深部的扩散率和渗透性可能不比在地表差. 谢鸿森等(1996)通过高压合成实验发现,高温超高压下,含水体系中橄榄石、斜方辉石、石榴子石的合成反应要比无水体系中进行的完全,且反应物成分均匀. 他们认为这一实验结果与超临界水的作用有关,并推断深部水的流动性和扩散率都大于地表. 近期的研究结果认为水有可能以不同方式参与了地幔热柱乃至外核物质的反应,因此水是地球深部物质演化中最为活跃的流体(谢鸿森等,1997).

超临界水在地球深部地震成因的作用可以归纳为以下几点可能性:

(1)超临界水参与并加快了地球深部大规模物质运移. 例如,俯冲带、洋脊扩张、地幔热柱、成矿作用(如金矿或稀土元素矿床等). 这些大规模物质运移导致了应力场的调整和新的应变能积累.

(2)超临界水的强烈应力腐蚀作用导致介质弱化(水致弱化),引起断层的亚临界扩展.

(3)热物质上涌引起温度升高在地震波或其他摄动作用下压力的减小导致水从岩石中脱出(解吸)并以超临界状态存在,同时引起孔隙压力加大以及岩石脱水后相变导致脆性破裂.

由表 15.1 还可以知道,在温度高于 $-82.3℃$、压力大于 4.64MPa 时,甲烷就处于超临界状态,这相当于海平面以下 476m 深度(取海水平均密度为 $\rho\approx1.025\times10^3\mathrm{kg/m^3}$)的静水压. 由于超临界流体有密度大且黏稠度小的特点,可将天然气转化为超临界态后在管道中运送,以增加运输效率. 在地学中,超临界甲烷的特殊性质则被用来解释一些地质现象. 例如在煤矿中,甲烷的含量远远大于二氧化碳. 因此,超临界甲烷在煤矿中的状态和作用具有十分重要的意义,见 15.8 节.

在温度高于 31℃、压力大于 7.38MPa 时,二氧化碳就处于超临界状态. 这相当于海平面以下 775m 深度(取海水平均密度为 $\rho\approx1.025\times10^3\mathrm{kg/m^3}$)的静水压. 超临界二氧化碳已经被普遍应用于药物有效成分和其他有机物的萃取工艺中. 超临界二氧化碳的性质是碳封存问题中需要考虑的因素. 碳封存就是将人类活动产生的碳排放物捕获、收集或直接从大气中分离出二氧化碳并存储到地壳深部和海洋深部等安全的碳库中,来达到减缓大气二氧化碳浓度增长的目标. 这其中包括在向深地质结构层中注入二氧化碳并封存时能够确保长时期的稳定存储,且不会因为地壳活动、岩层破裂而发生喷发并导致灾难.

15.7 流体在地震与断层活动中的作用

15.7.1 流体在地震断层中的存在

早在 20 世纪 60 年代,Evans(1966)就发现美国洛基山兵工厂周围地震活动与深井注入废液有关的事实. 到了 70 年代,Healy(1975)在美国兰吉利油田进行了注水诱发地震的试验. 在我国,也发现多例钻孔诱发地震的事例(赵根模等,1995). 另外,还在全球及我国发现了多起水库诱发地震的实例(丁原章等,1989;赵根模等,1995).

根据库仑-莫尔准则,使地震断层介质进入破坏阶段的触发因素主要有三个:①最大主压应力 σ_1 增加;②最小主压应力 σ_3 减小;③孔隙压力 p_0 增加. 前两个因素代表区域应力或构造应力的变化. 一般情况下,在强地震发生前的几个月至几天内,区域应力或构造应力不大可能发生明显变化,而孔隙压力 p_0 的变化则有可能达到足够大的程度. 这是因为流体的活跃以及各种突变因素所导致的孔隙压力变化能够在衰减很小的情况下通过连通管道向远处传递,而这些特征恰恰是固体格架所不具备的(参见第 16 章). 由于这些原因,流体成为地震孕育和发生过程中最活跃的因素,在 Scholz(1972,1973)提出的孕震过程中的膨胀-扩散(DD)模式中成为重要内容(参见第 17 章).

赵大鹏等(Zhao et al. ,1996)利用地震层析成像技术系统研究了 1995 年 1 月 17 日日本阪神地震后发现,震源区地壳中充满高压流体导致了这次地震的发生,其标志是地震波低速(V_P,V_S)与高泊松比(ν),震源体内的 P 波与 S 波速度较研究区平均值低 1%~4%,泊松比较平均值高 1%~6%. 他们认为这种低速高泊松比的力学特征,只有震源体中充满液体时才有可能.

Knopoff(1999)在南加州大学(UCLA)与本书著者交流时,一再强调了流体在地震成因中的作用. 他举例说,余震的震源机制总是互相不一致而混乱的,其原因就是主震发生时震源体内的流体随着岩体破裂而溢出,触发其他地方的中小地震的发生,而这些中小地震的破裂机制由原地的局部条件决定. 这些局部条件不是均一的.

15.7.2 地震断层中水的存在形态和变化

Anderson 和 Whitcomb(1973)在讨论 DD 模式时指出:在岩石受差应力膨胀硬化阶段,在地壳所处的压力 p 和温度 T 的条件下,孔液的各种性质除黏滞性外都接近正常条件下的水,只是随着孔压的减小变得更近于“气相”,黏滞性小,密度低,压缩系数高. 纵波速度随孔压和体积模量减小而迅速减小.

Brune 等(1993)在实验室研究中发现,泡沫橡胶模型的剪切断裂常常含有断层面的瞬时分离．王其允等(Wang C-Y et al.，1978)进行了含饱和水的岩石在摩擦滑动和破裂时电阻率变化的实验．他们在测量滑动面上的孔隙水压力时发现，粘滑运动期间水压在滑动面上变化的大小和方向并不一致，这说明粘滑运动期间滑动面的形变可能是局部变化，也说明滑动面上的水并不处处处于静态平衡状态．例如，在正应力保持 22MPa(220bar)时，饱和花岗岩的滑动面上的孔隙压力出现幅值约 0.05bar 的跳动变化，在正应力保持为 50MPa(500bar)时，弗朗本斯科砂岩在 Gabilan 花岗岩面上滑动面上的孔隙压力出现 0.012bar 的变化．

从图 15.5 给出的 KTB 深井钻测量资料可以看出，地壳深度达到 14km 的地方，温度就增加到 370～380℃，岩石已经处于延性状态．这种条件下，当摩擦面在粘滑过程中出现摩擦面瞬时分离导致孔隙压力突然减低时，岩石中原来溶解的水能否由于溶解度降低而急速脱出？从火山喷发的岩体中，经常看到有多孔的沸石，就是岩浆内溶解的水急速脱出留下的．至于在十几千米深处，类似的过程是否也会发生，目前我们知道的还很少．不过至少有一点，就是周围岩石内的孔隙水会快速流进补充，由于温度很高，原有自由态孔隙水在孔隙压力突然减小时，有可能从液态变为气态．这些因素都会导致孔隙压力恢复．而在孔隙再次闭合时，孔隙压力会比原来还大．

根据 Brune 等(1993)和王其允等(Wang et al.，1978)的实验，在粘滑过程中，断层面之间略有张开然后重新闭合，流体产生周期性的孔隙度增加和减小，外来波动或固体潮汐的周期性扰动也可能产生类似的效果．在孔隙度减小的半周期，流体水可能从附近的岩体孔隙内部或岩石内部的吸附状态迅速解析或脱出，并很快汽化．这个情况相当于郭增建最早提出的爆沸现象．这个过程在短期内是单向的，即在孔隙度重新减小的半周期内不能很快重新回到液态或吸附状态，这就使得断层面之间的孔隙压力有所增加．经过若干周期的增量累积，断层面之间的孔隙压力就会大大增加．这种情况可能发生在流体，特别是在超临界流体相变点的温度或压力附近．

高压下赋存在固体或内部的流体(或是一种流体在压力下被大量溶解在另一种流体中)，在压力突然减低，或有岩浆侵入时会发生快速相变成为气体，并从固体(或液体)内部急速脱出，同时使固体发生爆裂，或使流体发生突出．这种现象在就是日常生活中见到的“爆米花”现象，以及在打开香槟酒、啤酒瓶时经常会看到的二氧化碳突出的现象．在煤矿内，当开挖到高压瓦斯(甲烷)赋存区时，会发生煤与瓦斯突出．这种现象在矿震破裂时也会发生．用这种现象解释地震的非剪切能量释放部分，称为“隐爆地震”(白恩胜，1999)．在外来的波动传播到临界状态的孕震断层时，由于纵波导致孔隙体积胀缩，在临界条件下会在膨胀半周期内引起孔隙流体急速脱出，由于脱出过程在短期内不可逆(气体脱出过程较快，而重新溶解则较慢)，在压缩半周期时，脱出的流体不能立即溶解回到固体内部原处，这样的多次反复就使得孔隙压力增高从而引发新的破裂，这在高压液化天然气罐的运输安全中是众所周知的，在油田中已成为振动导出油分的工艺，而在地震成因中则可能是核爆地震波触发周围地震活动的机理.这种机理也可以用来解释地震的远程触发现象.

上面所说的流体脱出并汽化过程在短时间内不可逆,主要原因是正过程(脱出并汽化)与逆过程(液化或吸附)的反应方式不同,因而两相界面的面积也大不相同.在正过程中,汽化是以液体内部或固体内部多处发泡的形式进行的,两相界面的面积是这些气泡表面积的总合;而在反过程中,液化或吸附只能通过两相边界的平面进行,反应界面的面积当然比前者小很多.

断层面在粘滑过程中出现局部瞬时分离从而导致超临界流体孔隙压力急剧降低的效应在成矿机理的研究中受到重视并得到应用.文献(Weatherley and Henley,2013)用一个热动力学活塞模型,模拟计算了在地震期间充填超临界流体的断层空穴所经历的流体压力下降.模型的几何形态由典型断层割阶的大小限定.他们发现空穴的扩张会引起割阶中封闭流体压力的急剧下降,从而膨胀为很低浓度的蒸汽(闪蒸作用).实验数据表明,贵金属的溶解度强烈依赖于流体压力,在每次地震期间,压力瞬变使金、银、二氧化硅和一系列痕量元素的溶解度急剧下降,引起的过饱和造成迅速的沉淀,形成富金石英脉.随着瞬态蒸发作用的继续,更多流体流入新扩张形成的空穴,直致孔隙压力与环境压力一致.多次地震逐渐形成了达到工业品位的金矿.他们认为,这种随地震滑移发生的闪蒸作用可能是世界上 80%金矿床形成的基本原因.

15.7.3 地震的超远程触发作用及其与流体的关系

地震的超远程触发现象是指一个地震事件可以触发 1000 公里甚至更远的地震事件或其他物理场的变化(Ruff,2002;Hill et al.,1993).触发作用从主震 S 波到达可以一直持续几个星期之久.例如,1978 年唐山 $M_S7.8$ 地震发生后就在大华北地区大范围出现触发的地震活动,但限于观测条件和资料质量,超远程触发的假说早期只在部分地球物理学家之间得到认可,自从 1992 年 6 月 28 日美国加利福尼亚州 Landers发生 $M_S7.5$ 地震后,利用美国西部高密度数字化地震台网和应变记录台网记录到了丰富的超远程触发地震活动现象(Hill et al.,1993),这个假说才被普遍接受.该次地震的主震震源断层破裂长度为 70km.该地震发生后,最远的触发地震距离主震震中达 1250km,这个距离不仅大大超出主震震源破裂长度(为主震破裂长度的 17 倍),也大大超出了该主震的余震区(直径约为 100km)的范围.这些触发的地震包括老的地震活动区.许多触发地震发生在地热带和年轻的火山活动带.Hill 等(1993)认为,用线弹性模型计算的静态断层附加应力变化(即所谓库仑力)显得太小(分布在 0.001～1bar),不足以解释 Landers 地震超远程触发的原因,必须引入新的物理模型来重新解释.其中一个模型就是主震辐射的地震波所导致的较大动态形变与地壳中的流体(包括岩浆)的非线性耦合作用.类似的远程或超远程触发现象在若干次大地震发生后一再被发现,例如,2002 年阿拉斯加 7.9 级 Denali 地震动态触发 3100km 外的美国黄石公园喷泉喷发模式变化和地震震群(Husen et al.,2004),并触发了远达 3400km 的加利福尼亚州东部的地热异常及地震(Prejean et al. ,2004; Brodsky and Prejean,2005),1999 年土耳其 Izimit 发生的 7.1 级地震触发远离震中 1400km 的希腊地震(Brodsy et al. ,2000). 尤其是在印度尼西亚苏门答腊 2004 年 12 月 26 日的 9 级地震后,超远程触发现象不仅延伸到几千千米外的我国云南和南北带,甚至触发远到离震中 10800km 的阿拉斯加 Fairbanks 地区井水水位的阶跃式变化(Samik and Freymueller,2006),并触发阿拉斯加兰格尔(West et al. ,2005)火山附近的地震活动. 根据地震波到达的震相与超远程触发井水水位变化和触发地震事件的起始时间的相关分析,对这些超远程触发现象的一种解释是瑞利面波的压缩震相使到达区的流体孔隙压力增加,从而使孔隙有效正压应力减小从而引发的断层剪切破裂现象,即动态触发效应(Brodsky,2003; Freed,2005). Hill 等(1993)认为,由于触发的地震事件序列往往持续很长一段时间,触发机理可能不止一种.

地震波触发假说对于解释震前物理场的变化就行不通了,需要引入其他物理机制. 震前超远程物理场的变化可以出现在离主震震中 1000km 以上,这些震前远场异常现象与未来主震的关系叫做远程、超远程相关现象. 例如,中国大陆科学钻探工程(CCSD)在线流体地球化学监测在 2004 年 12 月 10 日至 2005 年 1 月 10 日之间捕获到一段气体地球化学异常. 该异常从 2004 年 12 月 24 日晚 23:30 开始到 12 月 29 日晚 19:30 结束. 其中,在 12 月 26 日早 7:30 到 29 日晚 19:30,表现出流体地球化学的异常剧烈变化. 具体表现为流体组分从基本上不含 Ar,He 及 N_2 跳到富含 Ar,但亏损 He 和 N_2. 该异常恰发生在 2004 年苏门答腊 9.3 级地震前 1.5 h. 苏门答腊地震震中位于北纬 8°18′36″,东经 95°57′. CCSD 穿越地层 5158m,钻井现场位于江苏省北部,北纬 34°25′,东经 118°40′,离苏门答腊地震震中距离大于4170km,大于该地震破裂长度 1200km 的 3 倍. (曾令森等,2005)该项发现被列为中国大陆科学钻探第一井获得的重大科学突破之一(邓弗崇,2006). 显然,用地震波触发作用不能解释震前出现的深部水地球化学异常.

与此类似的震前异常现象的远程甚至超远程相关还可以举出许多. 除地下深部气体释放等地球化学以外(King,1986),还有大地电阻率、电磁波、次声波等多种物理方法. 因震前现象分布的不均匀性,将这些现象用于地震预报还有很大距离.

15.7.4　流体作用在震源运动中的表示

流体在震源破裂的动力作用,也反映到震源运动学中. 对震源运动学的表示采用地震矩张量表示,其中剪切运动用双力偶源来表示. 根据雷德(1911)的弹性回跳理论,构造地震震源的大部分成分为双力偶源. 但随着地震仪器和分析方法的改进,也观测到了与理想双力偶理论的偏离,并发现越来越多的地震有与剪切破裂不一致的异常机制. 这些地震在火山和地热区域最常见. 另外,用高质量的全球数字地震台网资料的研究发现,几乎所有地震都与双力偶模型有小的偏离,即使排除了人为干扰或非完善的模拟方法后仍然如此. 一些作者(Julian et al. ,1998)认为,这些非双力偶源的成分有可能是由断层的几何复杂性、张性破裂和断裂中流体作用等因素造成的. 我们认为,这种流体的作用不仅表现在充填作用,也可能与快速相变导致膨胀乃至"隐爆"作用有关(白恩胜,1999). 如果这个假说成立,则孔隙流体快速解吸所释放的应变能是不能忽略的. 虽然一般构造地震中非双力偶源的成分只占整个震源的很小一部分,但空腔核爆隐蔽(解偶)技术和煤矿瓦斯爆炸在地震台的地震图告诉我们,这可能是传播效应和记录系统造成的. 地震仪所记录到的是在固体格架中传播的地震波,而孔隙内流体在"隐爆"时辐射的膨胀波在进入固体内部时透射系数为

$$W_{12}=\frac{2Z_1}{Z_1+Z_2} \tag{15.7.1}$$

其中,Z_1,Z_2 分别为孔隙内流体和固体介质的波阻抗, $Z_1=\rho_1 c_1$,$Z_2=\rho_2 c_2$,ρ_1,ρ_2 分别是流体和固体的密度;c_1,c_2 分别是流体和固体的波速. 由于 $\rho_1<\rho_2$,$c_1\ll c_2$, 因此 $Z_1\ll Z_2$,使得透射系数 W_{12}很低. 大部分膨胀波所携带的能量并没有进入固体格架,却可能通过流体通道传播. 由于流体的不可压缩性,这种波在传播过程中的衰减可能很少,因此可以向远程甚至超远程传播,造成超远程地电、电磁波、深部流体矿化度、重力、次声波、低频波、断层气、煤矿瓦斯浓度异常等丰富的前兆物理现象. 由于上述理由,我们对构造地震震源内孔隙流体在解吸和相变过程中所释放的非剪切应变能的估计可能大大偏低了.

15.8　流体参与矿山地震震源过程的证据

15.8.1　基本概念

矿井内经常遇到的煤与瓦斯突出是指煤体内高压赋存瓦斯(甲烷)夹带煤体破裂的突然运动. 瓦斯突出也往往夹带岩体,在一些煤矿,突出气体是二氧化碳.

瓦斯的主要成分是甲烷,是成煤过程的产物,在自然的煤层压力状态下,大多处于被煤体吸附的状态. 在煤层顶部封闭较差的地方,往往逐渐解吸扩散到大气中,因此不同煤矿瓦斯含量有很大区别. 在开采卸压过程中,瓦斯逐渐解吸,并渗透到巷道中. 特别在煤岩体突然破裂时,煤体内部赋存的高压瓦斯会携带煤岩体突出(程五一等,2005).

15.8.2　瓦斯突出与冲击地压关系的已有研究

瓦斯突出与矿震关系的最早发现是 1926 年,据胜山邦久(1997)记载,当时日本矿井内发现在瓦斯突出前有"煤鸣""煤炮"的现象,伴随瓦斯突出有煤体大量喷出现象,并有学者提出用"煤鸣"预测瓦斯突出的对策.

20 世纪 60 年代中期，南非的库克和苏联的霍多特分别提出了矿山地震和瓦斯突出的能量理论，认为两者都是由于煤岩体破坏而导致(布霍依诺，1985). 近年来，国内外在矿山煤与瓦斯突出机理问题上取得了一系列研究成果.

(1)证明了在开采深度的压力条件下，瓦斯在煤体中的赋存呈化学吸附、物理吸附(固态)和自由态(俞善炳等，1998；张予敏等，1998；张建博等，2000). 景耀光(2001)在现场利用电子顺磁谐振光谱方法观测了瓦斯涌出初速度与顺磁中心浓度的关系. 他发现，在正常的情况下，钻孔过程中顺磁中心的浓度升高应与钻孔瓦斯涌出初速度的平稳增大相吻合，但是在发生煤与瓦斯突出时，这种关系被打破，随着瓦斯涌出初速度的成倍增加，电子顺磁谐振谱线宽度变窄，表明顺磁中心浓度降低. 由此证明在煤与瓦斯突出时存在其他瓦斯涌出源，即存在吸附状态的固态烃转化为气态烃的过程.

(2)矿山地震和瓦斯突出，多发生在应力集中部位，而在开采卸压过程中，甲烷解吸和相变，引起孔隙压增高，也是煤与瓦斯突出的重要触发条件(蒋承林和俞启香，1998).

(3)煤与瓦斯突出煤层中瓦斯内能要比煤体的弹性潜能大 1～3 个数量级(郑哲敏，1982).

这些成果表明，煤矿瓦斯突出和矿震(冲击地压)不仅在动力学意义上具有内在的统一性，而且在发生的过程上也有密切关系.

15.8.3　抚顺老虎台煤矿的观测资料及分析

利用区域地震台网和小孔径流动台网地震记录以及煤矿瓦斯浓度记录，我们获得了抚顺老虎台煤矿一些矿震与瓦斯溢出相关的证据(李世愚等，2004，2005，2006).

我们分析了 2002～2003 年老虎台煤矿(抚顺市地震局管恩福经手)提供的近十次瓦斯(甲烷)百分浓度异常记录曲线，瓦斯浓度采样间隔为 5min. 图 15.7 给出了其中 2002 年 10 月 7 日 M_L3.2 矿震事件前后瓦斯浓度曲线. 矿震事件的波形记录来自中国地震局地球物理研究所与辽宁省地震局合作的临时台网和区域地震台网. 可以看出，矿震发生后，瓦斯浓度先下降(低值突降)，1h 左右后急剧上升. 在约 2h 后甲烷浓度上升到约 7.6%，超出了爆炸危险值. 甲烷浓度高值持续 8～16h 后恢复平稳.

与图 15.8 显示类似的情况有将近 9 次的资料曲线，都显示出在瓦斯突出或溢出之前 0.5～1 小时，有 M_L1.5 级以上矿震发生，而瓦斯浓度曲线都不同程度地出现低值延时，经过 10～30 分钟后才出现突然上升.

图 15.8 给出了伴随瓦斯溢出的部分抚顺矿震定位. 从图中可以看出，这些矿震多发生在开采区外围，主要分布在采空区附近. 在上述十张图中，仅有一次矿震后没有瓦斯响应，该次矿震震中位于西露天矿东部(图 15.8)，距离新开采面约1.8km，但

是位置不在开采区域. 这些对比表明,远处地震波引起瓦斯压力瞬间增加未必直接导致瓦斯溢出,而是通过当地破裂才能导致瓦斯溢出. 多数矿震离老开采区边缘很近,有可能引起老开采区的新破裂.

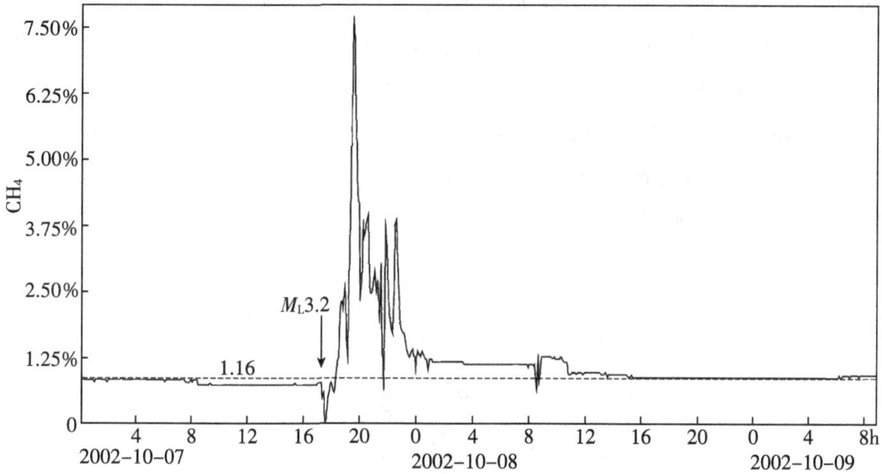

图 15.7　抚顺 2002 年 10 月 7 日 M_L3.2 矿震前后瓦斯浓度记录曲线

该图首次发表在文献(李世愚等,2004,地球物理学进展,Vol. 19,No. 4)

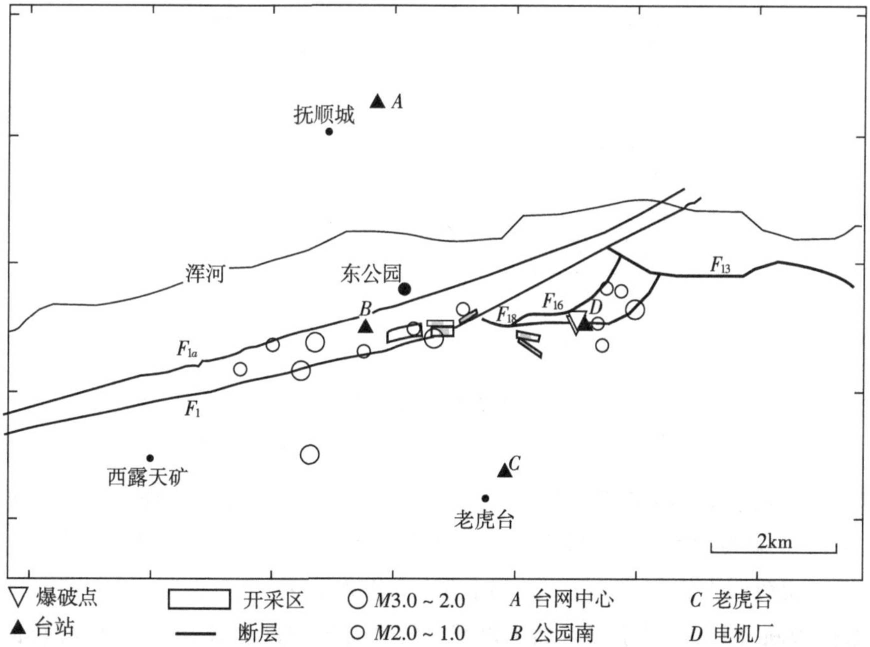

图 15.8　伴随瓦斯溢出的部分抚顺矿震定位

15.8.4　阜新孙家湾煤矿的记录分析

据辽宁省地震局地震台网的记录，2005 年 2 月 14 日发生在阜新孙家湾煤矿的瓦斯爆炸事故的前 14 分钟，在孙家湾煤矿发生了 $M_L2.0$ 矿震.

图 15.9 给出了 2005 年 2 月 14 日阜新煤矿地震台 DD-1 微震仪的 N-S(北-南)向模拟记录图，该台距离孙家湾煤矿 12.8km，位于孙家湾煤矿东南方向. 图中可见 $M_L2.0$ 矿震和瓦斯爆炸的波形，并分别标出了 P 波(纵波)到时，矿震在前，瓦斯爆炸在后，两者相差 14 分钟. 图中瓦斯爆炸振幅远小于矿震，原因是瓦斯在空气中爆炸，辐射波进入煤岩体为弱耦合.

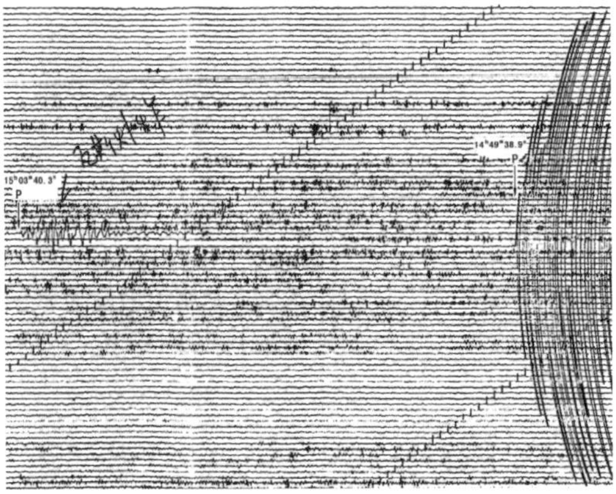

(a)

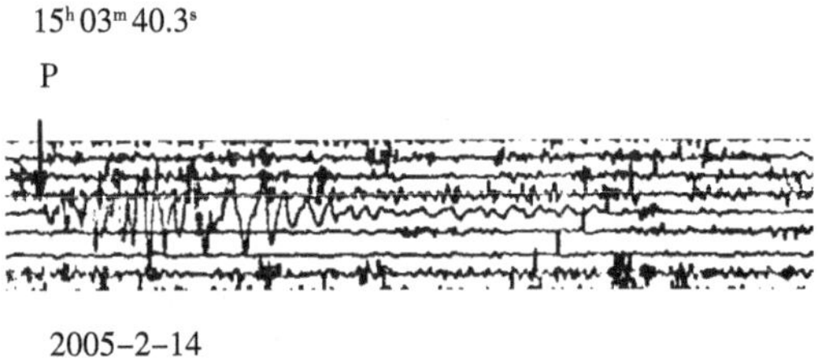

(b)图15.9(a)的部分放大

图 15.9　2005 年 2 月 14 日阜新煤矿地震台 DD－1 微震仪的 N－S 向模拟波形记录图

图 15.10 给出了孙家湾煤矿 7 号点和 53 号点瓦斯浓度记录曲线. 2005 年 2 月 14 日 $M_L2.0$ 矿震发生后，53 号点的甲烷浓度在上升背景下立即出现低值突降，经约 3min 后再次急剧上升至 4%. 15^h03^m 时因人为操作原因(电工合闸)引起瓦斯爆炸后记录通信中断. 停电排风不畅虽然可以部分解释瓦斯浓度上升，但不足以解释瓦斯浓度何以上升如此剧烈，尤其是 53 号点的甲烷浓度低值响应和抚顺煤矿资料相似，明显是矿震破裂的同震效应.

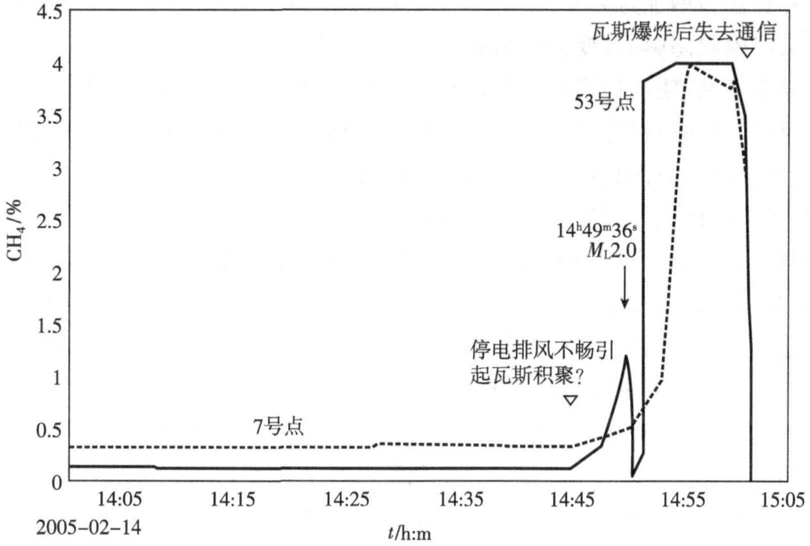

图 15.10　阜新孙家湾煤矿 2005 年 2 月 14 日部分风口瓦斯浓度记录

据该矿报告，在发生 M_L2.0 矿震时，井下强烈有感，在 3316 工作面出现冒顶、片帮、地鼓等剧烈变形现象，和地震台网定位结果基本相符，由此断定，M_L2.0 矿震的震中位于 3316 工作面附近，震中处于一个典型构造(向斜轴部)附近. 另据国务院调查组的现场调查报告可知，

(1)孙家湾煤矿曾发生过冲击地压 10 余次，冲击地压后皆有瓦斯异常涌出.

(2)事后 2 月 19 日 16 时，3316 外风道巷帮裂缝中瓦斯浓度最高达 3.4%；该处的积水不断有气泡，表明仍有大量瓦斯涌出，位置与 M_L2.0 矿震的宏观震中基本相同.

总之，矿震发生后瓦斯浓度的低值延时响应表现出与地震引发的海啸发生前海平面响应类似. 从响应机理上，二者有所不同，前者为流体扩散过程，而后者为流体重力波，但本质上都是流体对固体破裂的响应. 当破裂发生时，煤体内部的瓦斯首先需要填充新产生的破裂空隙，类似于 2004 年苏门答腊 M_W9.0 级地震时震中处形成的海底张开或下沉，和 2008 年汶川 8.0 级地震山体崩塌形成的堰塞湖也很类似. 这样，原来渗出的瓦斯流量产生暂时断流的现象，造成回风部位瓦斯浓度记录的暂时低值现象，直到填充完毕以后，高压瓦斯才从突出部位涌出. 由此得出，该类型瓦斯溢出为矿震的同震现象，而瓦斯的高压赋存和煤岩体破裂是导致瓦斯溢出的根本原因.

15.8.5　矿山地震可能与流体有关

矿震与瓦斯溢出相关的重要意义表明了部分矿山地震成因可能与流体有关. 流体对矿震的发生主要有以下影响：

(1)孔隙压力增加触发矿震，相当于式(15.4.9)中的 p_0 增加.在开采卸压过程中，甲烷从吸附状态解吸，变为自由态进入孔隙，增加孔隙压力 p_0.

(2)应力腐蚀，使煤体强度降低，相当于式(15.4.9)中的 f 和 τ_0 减小.

何学秋等(1996)研究了瓦斯孔隙气体对煤体变形及应力腐蚀作用机理，并指出煤吸附瓦斯会使煤表面自由能降低，从而使煤体强度降低.

超临界流体性质为我们研究矿震与瓦斯等气体突出的关系研究提供了新思路.何学秋等(1996)的研究结果表明，当瓦斯压力较高，瓦斯的能量高于煤分子(或原子)间的键能时，瓦斯分子能够楔开并进入到与瓦斯气体分子直径相当的煤物质大分子(或芳香层)之间.瓦斯分子进入到微裂隙以后以固溶体的形式停留下来且不易脱附.何学秋等(1996)认为，由于煤体吸附瓦斯后表面能降低，煤体膨胀.煤的宏观膨胀随瓦斯压力增大呈指数规律.特别是对于 d^{002}(缩合碳单元内芳环层间间距，即面网间距)的初始值大于 4×10^{-10} m 的煤，会出现第三种类型变形，最引人注目的是在瓦斯压力为 2.2～6.1MPa 时，参数 d^{002} 有一个急剧加快的过程，其中在压力为 4.5MPa 上下，增加速率为最大.我们注意到，这个压力正好处于甲烷的临界压力上.由于实验的温度一般在室温下，此时的甲烷正好成为超临界流体.因此，何学秋等(1996)的实验结果表明超临界甲烷确实表现出了对溶质(煤)的溶解度加大的性质.

可以看出，在－500m 处，一些煤矿已经开采到甲烷和二氧化碳在局部处于超临界状态的深度，例如，抚顺老虎台煤矿－730m 实测瓦斯压力平均达 4.5MPa(孙峰，2001).因此，部分矿震的成因除与应力增大有关外，还可能与超临界甲烷(可能还包括二氧化碳)在开采卸载过程的解吸作用有关.上述理论可以解释国内外许多煤矿的一个共同规律，即在开采到－500m 处左右，煤矿的矿震(或冲击地压)的震级和频度都急剧增加.

第 16 章　具有滑动弱化断层的库仑应力变化

16.1　基本概念

在第 7 章中，已经详细讨论了线弹性断裂力学模式下受压裂纹产生的扰动应力场，在地球内部物质状态发生变化之后，也会产生扰动应力场. 由自然构造运动导致的扰动应力叫做构造应力，构造运动的形式很多，褶皱、火山活动都在其列，其中变化最快的是地震断层破裂. 一次地震发生之后，地震断层破裂在周围固体介质中产生的静态扰动应力场，在地震学中被称为"库仑破裂应力变化"，简称"库仑应力变化". 它是指前面地震产生的静态应力变化张量($\Delta\sigma_{ij}$)投影到后续地震的断层面和滑动方向上，利用库仑-莫尔准则，综合考虑到正应力、孔隙压力和摩擦系数的影响得到周围断层破裂危险性增加或减少的判断(万永革等，2002). 近年来，"库仑应力变化"被广泛应用于分析一次地震的发生对于震源周围地区地震活动性的影响(Harris，1998，2000). 这种影响甚至被用来解释超远程相关或超远程触发现象. 所谓超远程相关，是指一个地震事件可以影响到几千多公里甚至更远的地震事件或其前兆物理场的变化(Ruff et al.，2002；Hill et al.，1993). 这个距离不仅大大超出主震震源破裂长度，也大大超出了该主震的余震区的范围. 其影响时间则可以从震后几个小时到几个月甚至几年之久.

除了构造活动产生的扰动应力外，还有一类扰动应力，就是由人工活动导致地下状态变化产生的扰动应力，叫做"诱发应力"(Jaeger and Cook，1979). 这些变化可以举出许多例子，例如，水库蓄水、矿山掏挖、地下核爆炸等. 在这些实例中，由诱发应力触发的地震活动叫做诱发地震. 从力学的角度来说，"诱发地震"和"库仑应力变化"导致的触发地震效应没有本质区别. 因此，对库仑应力变化的分析原则上对诱发应力同样适用.

本章的主要目的是企图说明，对库仑应力变化对地震的触发作用需要从基础上加以澄清. 目前的计算主要是考虑断层固体格架破裂产生的扰动应力场. 而单纯考虑断层固体格架破裂产生的扰动应力场，对于解释超远程触发作用似乎理由不足. 即使是在固体格架破裂这一部分，也存在模型选择的问题. 不失一般性，本书只讨论纯Ⅱ型破裂，其结果不难推广到Ⅲ型或复合型破裂.

目前，许多有关库仑应力变化的文献是利用伏尔泰拉(Volterra)位错和索米亚那(Somigliana)位错理论给出裂纹应力场的分布(Harris，1998，2000；万永革等，2002). 一般形式的位错叫做索米亚那位错，伏尔泰拉位错假定断层两盘的位错量处处是一个常数. 本书将指出，伏尔泰拉位错模型存在重大缺陷. 另外，随着震源理论的发展,特别是滑动弱化模式和凹凸体模式的提出,破裂面上的应力(降)如何取值以及应力(降)不均匀分布对库仑应力变化的影响,需要从基础上加以讨论.

16.2 伏尔泰拉位错模型

伏尔泰拉位错假定断层两盘的位错量处处是一个常数. 地震断层的位移间断在三个分量上分别用 x 轴方向 Δu,y 轴方向 $\Delta\nu$ 和 z 轴方向 Δw 来表示. 位移间断值可以在地震破裂在地表出露比较明显的情况下测得,然后在整个地震断层上取平均值,也可以用震源破裂参数的运动学反演得到. 例如,如能测得地震矩 M_0,由 $M_0=\mu\overline{D}A$ 就得到平均位错量为

$$\overline{D}=\frac{M_0}{\mu A}$$

其中,μ 为岩石的剪切模量;A 为地震断层的总面积. 以一个纯剪切断层为例,假定断层两盘的剪切位移是右旋的,其位移间断(位错)量处处是一个常数 $\Delta u=U$,而法向位移间断为 $\Delta\nu=0$. Maruyama(1969)给出了相应的应力函数为

$$\varphi(z)=\frac{\Delta t_0 a}{4\mathrm{i}}[\ln(z-a)-\ln(z+a)] \tag{16.2.1}$$

其中

$$\Delta\tau_0=\frac{4\mu U}{\pi(\kappa+1)a} \tag{16.2.2}$$

称为名义应力降. 式中,μ 为剪切模量;$\kappa=3-4\nu$(平面应变)或 $\kappa=(3-\nu)/(1+\nu)$(平面应力);ν 为泊松比. 将式(16.2.1)代入克罗索夫-穆斯海里什维里公式,可以得出各个扰动应力和位移分量

$$\left.\begin{aligned}&\frac{\sigma_{xx}^{\mathrm{c}}+\sigma_{yy}^{\mathrm{c}}}{2}=\varphi'(z)+\overline{\varphi'(z)}\\&\frac{\sigma_{xx}^{\mathrm{c}}-\sigma_{yy}^{\mathrm{c}}}{2}+\mathrm{i}\tau_{xy}^{\mathrm{c}}=-\varphi'(\bar{z})+\overline{\varphi'(z)}-(z-\bar{z})\overline{\varphi''(z)}\\&2\mu(u^{\mathrm{c}}+\mathrm{i}\nu^{\mathrm{c}})=\kappa\varphi(z)-\varphi(\bar{z})-(z-\bar{z})\overline{\varphi'(z)}\end{aligned}\right\} \tag{16.2.3}$$

与 2.3 节相同,在坐标系 Oxy 中建立多极坐标系,如图 16.1 所示.

$$z=r_0\mathrm{e}^{\mathrm{i}\theta_0},\quad z-a=r_1\mathrm{e}^{\mathrm{i}\theta_1},\quad z+a=r_2\mathrm{e}^{\mathrm{i}\theta_2} \tag{16.2.4}$$

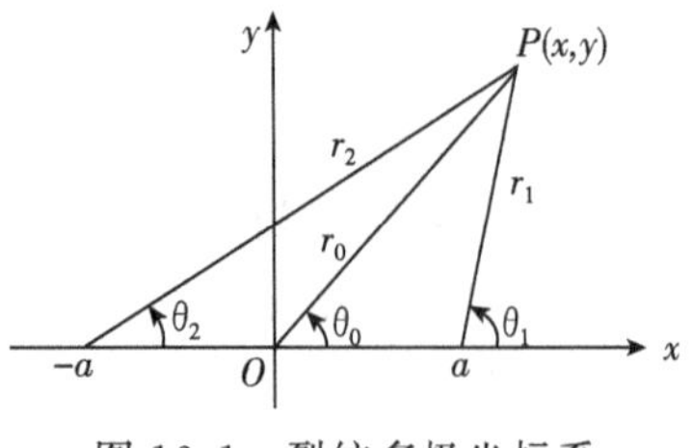

图 16.1 裂纹多极坐标系

代入式(16.2.1)得到

$$\varphi(z)=\frac{\Delta\tau_0 a}{4\mathrm{i}}\left[\ln\frac{r_1}{r_2}+\mathrm{i}(\theta_1-\theta_2)\right] \tag{16.2.5}$$

$$\varphi'(z)=\frac{\Delta\tau_0 a}{4\mathrm{i}}\left[\frac{1}{r_1}\mathrm{e}^{\mathrm{i}\theta_1}-\frac{1}{r_2}\mathrm{e}^{\mathrm{i}\theta_2}\right] \tag{16.2.6}$$

代入式(16.2.3)可以得到伏尔泰拉位错模型中应力分量的辐角计算式

$$\frac{\sigma_{xx}^{\mathrm{c}}+\sigma_{yy}^{\mathrm{c}}}{2}=\frac{\Delta\tau_0 a}{2}\left(-\frac{1}{r_1}\sin\theta_1+\frac{1}{r_2}\sin\theta_2\right) \tag{16.2.7}$$

$$\frac{\sigma_{xx}^{\mathrm{c}}-\sigma_{yy}^{\mathrm{c}}}{2}=\frac{\Delta\tau_0 a}{2}\left(-\frac{1}{r_1}\sin\theta_1+\frac{1}{r_2}\sin\theta_2\right)+y\left(-\frac{1}{r_1{}^2}\cos 2\theta_1+\frac{1}{r_2{}^2}\cos 2\theta_2\right) \tag{16.2.8}$$

$$\tau_{xy}^{\mathrm{c}}=\frac{\Delta\tau_0 a}{2}\left[\frac{1}{r_1}\cos\theta_1-\frac{1}{r_2}\cos\theta_2+y\left(-\frac{1}{r_1^2}\sin 2\theta_1+\frac{1}{r_2^2}\sin 2\theta_2\right)\right] \tag{16.2.9}$$

由此可求出扰动应力的最大主应力 σ_1^{c} 和最大剪切应力 $\tau_{\max}^{\mathrm{c}}$.

在破裂面上表面，$y=0,\theta_1=\pi,\theta_2=0$，代入式(16.2.3)的第三式可以得到

$$u^+=\frac{1}{\kappa+1}\cdot\frac{U}{2\pi}(\kappa+1)(\theta_1-\theta_2)=\frac{U}{2} \tag{16.2.10}$$

同样，在破裂面下表面，$y=0,\theta_1=-\pi,\theta_2=0,u^-=-\dfrac{U}{2}$，可以得到位移间断为 $\Delta u=u^+-u^-=U$，由此可知，所设应力函数可以满足破裂面位移间断为常数的内边界条件.

τ_{xy}^{c} 和 $\tau_{\max}^{\mathrm{c}}$ 的等值线分别显示在图 16.2(a)～(c)之中，其中取 $2\Delta\tau_0=100$. 这样做的目的是为了便于和后面的线弹性断裂力学模型相比对. 将 $2\Delta\tau_0=100$ 代入式(16.2.2)得到

$$U=\frac{\pi(k+1)a}{2\mu}(2\Delta\tau_0) \tag{16.2.11}$$

或

$$U=\frac{50\pi(k+1)a}{\mu} \tag{16.2.12}$$

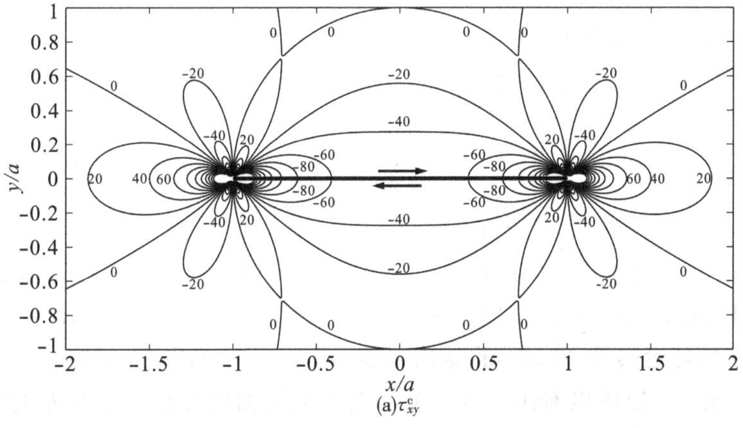

(a) τ_{xy}^{c}

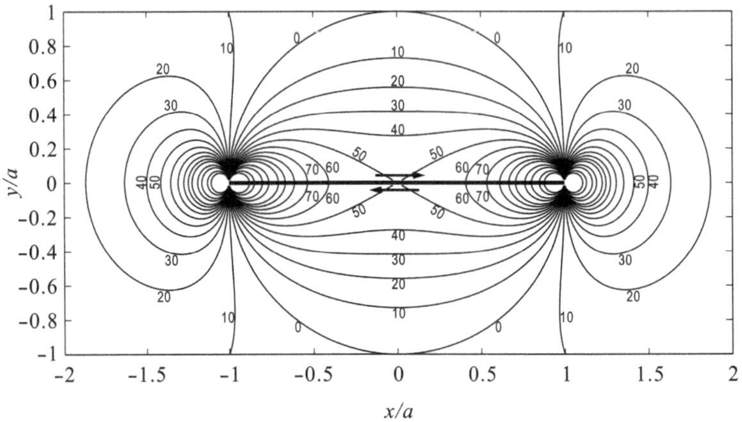

(b)$\tau_{\max}^{c}$

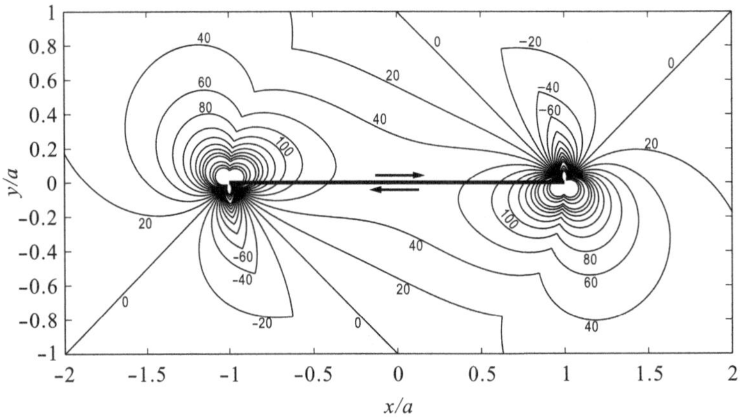

(c)σ_1^{c}

图 16.2　伏尔泰拉位错模型扰动应力等值线

其中，箭头指示断层错动方向；$2\Delta\tau_0=100$

从式(16.2.9)进一步得出，裂纹所在平面($\theta_2=0$)破裂面外部分($\theta_1=0$)和破裂面上($\theta_1=\pi$)的扰动剪应力分别为

$$\tau_{xy}^{c}(x)=\begin{cases}\dfrac{\Delta\tau_0 a^2}{x^2-a^2} & \theta_1=0,|x|>a \quad (\text{破裂面外})\\[2ex] \dfrac{\Delta\tau_0 a^2}{a^2-x^2} & \theta_1=\pi,|x|<a \quad (\text{破裂面上})\end{cases} \tag{16.2.13}$$

由上式可以看出，在破裂面上中心位置，即 $y=0,x=0$ 处，$\tau_{xy}^{c}=\Delta\tau_0$，因此名义应力降就是破裂面中心的扰动剪切应力，它正好为极小值. 参照有关文献，取 $\mu=3\times10^4$ MPa，(Knopoff and Chen，2009)$\kappa=3-4\nu$，$\nu=0.25$，$a=310$km，$U=1.5$m(汶川 $M_S8.0$ 地震)(陈运泰等，2008)，得该次地震 $\Delta\tau_0\approx0.184$MPa(1.84bar).

由式(16.2.13)可以看出，当一个动点从裂纹面内部接近裂纹左右两个端部，

即 $y=0, x\to\pm a$ 时，$\tau_{xy}^{c}\to-\infty$. 当动点从裂纹面外部接近裂纹左右两个端部，即 $y=0, x\to\pm a$ 时，$\tau_{xy}^{c}\to+\infty$，因此 τ_{xy}^{c} 在破裂端部成为二类间断点. 由式(16.2.13)导出的裂纹面上的载荷(应力降)为 $\Delta\tau(x)=-\tau_{xy}^{c}(x)(|x|<a)$. 这样导出的所谓“应力降”不仅在破裂端部是奇异的，而且在全破裂面上的积分也是奇异的. 这在物理上是无法接受的，因为真实应力降必然为有限值. 显然，用伏尔泰拉位错模型很难反映出破裂面上的实际应力降. 这不仅扭曲了震源参数，还严重扭曲了断层面附近的应力分布.

图 16.3 给出了伏尔泰拉位错模型中破裂面上的参数分布. 其中图 16.3(a)给出 Δu_2 分布，以无量纲 $\Delta u_2/U$ 表示；图 16.3(b)给出 τ_{xy}^{c} 分布，以无量纲 $\tau_{xy}^{c}/\Delta\tau_0$ 表示.

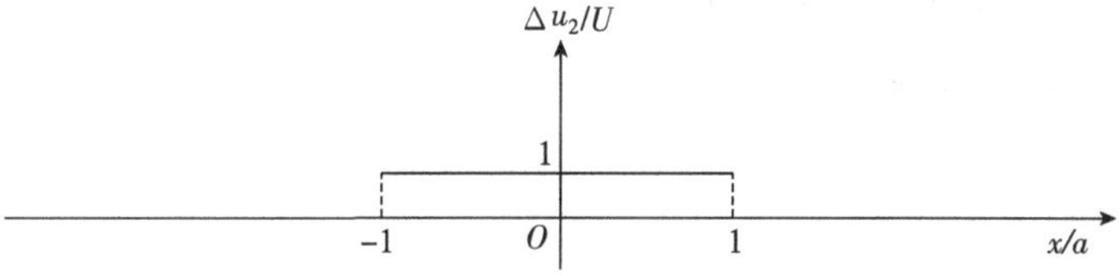

(a) Δu_2 分布

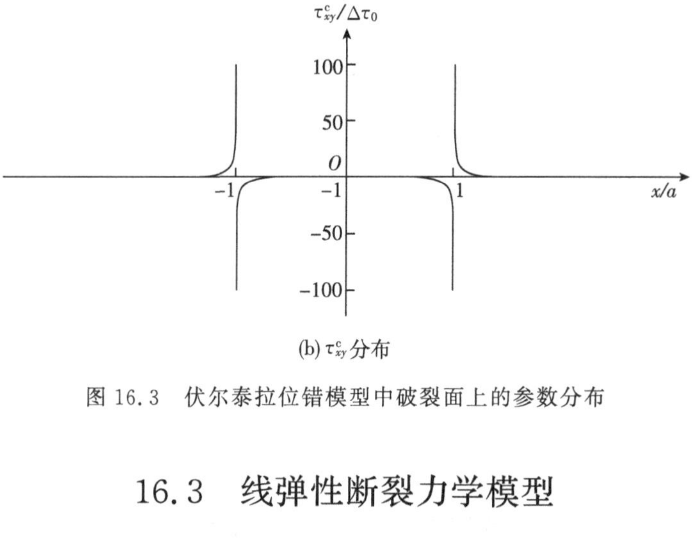

(b) τ_{xy}^{c} 分布

图 16.3　伏尔泰拉位错模型中破裂面上的参数分布

16.3　线弹性断裂力学模型

考虑板边受到剪切应力 $\tau_{xy}^{\infty}=\tau_b$，并在裂纹面产生滑动，摩擦力降低到滑动摩擦力 τ_d 的问题. 记 τ_s 为介质抗剪切强度(Chen and Knopoff, 1986)(在另一部分文献中，τ_s 记为 τ_p，见 17.5 节)，这里 τ_s 和 τ_d 均为常数. 记 $\Delta\tau_e=\tau_s-\tau_d$，叫做有效应力降. 假定在临界破裂时破裂面上的剪切应力先上升到 τ_s，然后下降到 τ_d(暂时不考虑破裂停止后的断层面愈合)，则地震辐射波中反映的是有效应力降 $\Delta\tau_e$，而库仑应力变化则反映的是静态应力降 $\Delta\tau=\tau_b-\tau_d(0<|x|<a)$. 记

$$\gamma=\frac{\tau_b-\tau_d}{\tau_s-\tau_d} \tag{16.3.1}$$

为无量纲应力降,又叫做分数应力降,静态应力降就是

$$\Delta\tau=\gamma\cdot\Delta\tau_e \tag{16.3.2}$$

目前,主要还是从地震波记录推算出有效应力降 $\Delta\tau_e$. Kanamori 和 Anderson (1975)提出了尺度不变性. 所谓尺度不变性,是指地震破裂的有效应力降 $\Delta\tau_e$ 都是有限值,与地震震级无关,或者说与地震破裂的尺度无关. 最近的结果如下:Kanamori 等(1994)的估计是 $\Delta\tau_e\approx2\sim20$MPa,Ohnaka(2003)的估计是 $\Delta\tau_e\approx1\sim100$MPa,Rice 等(2005)的估计是 $\Delta\tau_e\approx100$MPa.

记破裂周围的总应力分量为 $\sigma_{xx},\sigma_{yy},\tau_{xy}$. 将裂纹扰动应力场 $\sigma_{ij}^c\ (i,j=1,2)$ 的威斯特嘎德应力函数直接取成

$$Z_{\mathrm{II}}^c=\left(\frac{z}{\sqrt{z^2-a^2}}-1\right)\Delta\tau \tag{16.3.3}$$

裂纹周围的扰动应力分量为

$$\left.\begin{aligned}&\frac{\sigma_{xx}^c+\sigma_{yy}^c}{2}=\mathrm{Im}Z_{\mathrm{II}}^c\\&\frac{\sigma_{xx}^c-\sigma_{yy}^c}{2}=\mathrm{Im}Z_{\mathrm{II}}^c+y\mathrm{Re}Z_{\mathrm{II}}'^c\\&\tau_{xy}^c=\mathrm{Re}Z_{\mathrm{II}}^c-y\mathrm{Im}Z_{\mathrm{II}}'^c\end{aligned}\right\} \tag{16.3.4}$$

位移分量为

$$\left.\begin{aligned}&2\mu u^c=\left(\frac{\kappa+1}{2}\right)\mathrm{Im}\widetilde{Z}_{\mathrm{II}}^c+y\mathrm{Re}Z_{\mathrm{II}}^c\\&2\mu v^c=-\left(\frac{\kappa-1}{2}\right)\mathrm{Re}\widetilde{Z}_{\mathrm{II}}^c-y\mathrm{Im}Z_{\mathrm{II}}^c\end{aligned}\right\} \tag{16.3.5}$$

总应力为

$$\sigma_{xx}=\sigma_{xx}^c,\quad \sigma_{yy}=\sigma_{yy}^c,\quad \tau_{xy}=\tau_{xy}^c+\tau_{xy}^\infty=\tau_{xy}^c+\tau_b \tag{16.3.6}$$

边界条件为当 $z\to\infty$,$\sigma_{xx}^c=\sigma_{yy}^c=\tau_{xy}^c=0$,总应力 $\tau_{xy}=\tau_b$. 在裂纹表面上($z=x\pm \mathrm{i}0$,$|x|<a$),$\tau_{xy}^c=-\Delta\tau$. 不难验证式(16.3.3)可以满足本问题的边界条件.

图 16.4 显示的是Ⅱ型裂纹的扰动应力等值线,这里取 $\Delta\tau=100$,即裂纹面的位错是右旋的,和第 7 章的显示方向相反. 其中图 16.4(a)显示的是 τ_{xy}^c.

将式(16.3.3)代入式(16.3.4)和式(16.3.5),并写成极坐标的形式,就得到扰动应力和位移的全场式,并进行数值计算.

由扰动应力分量进一步得到扰动应力的最大剪切应力 $\tau_{\max}^c$ 由式(16.2.8)给出,最大扰动张应力 σ_1^c 由式(16.2.9)给出. 计算 $\tau_{\max}^c$ 和 σ_1^c 得到的等值线见图 16.4(b)和图 16.4(c).

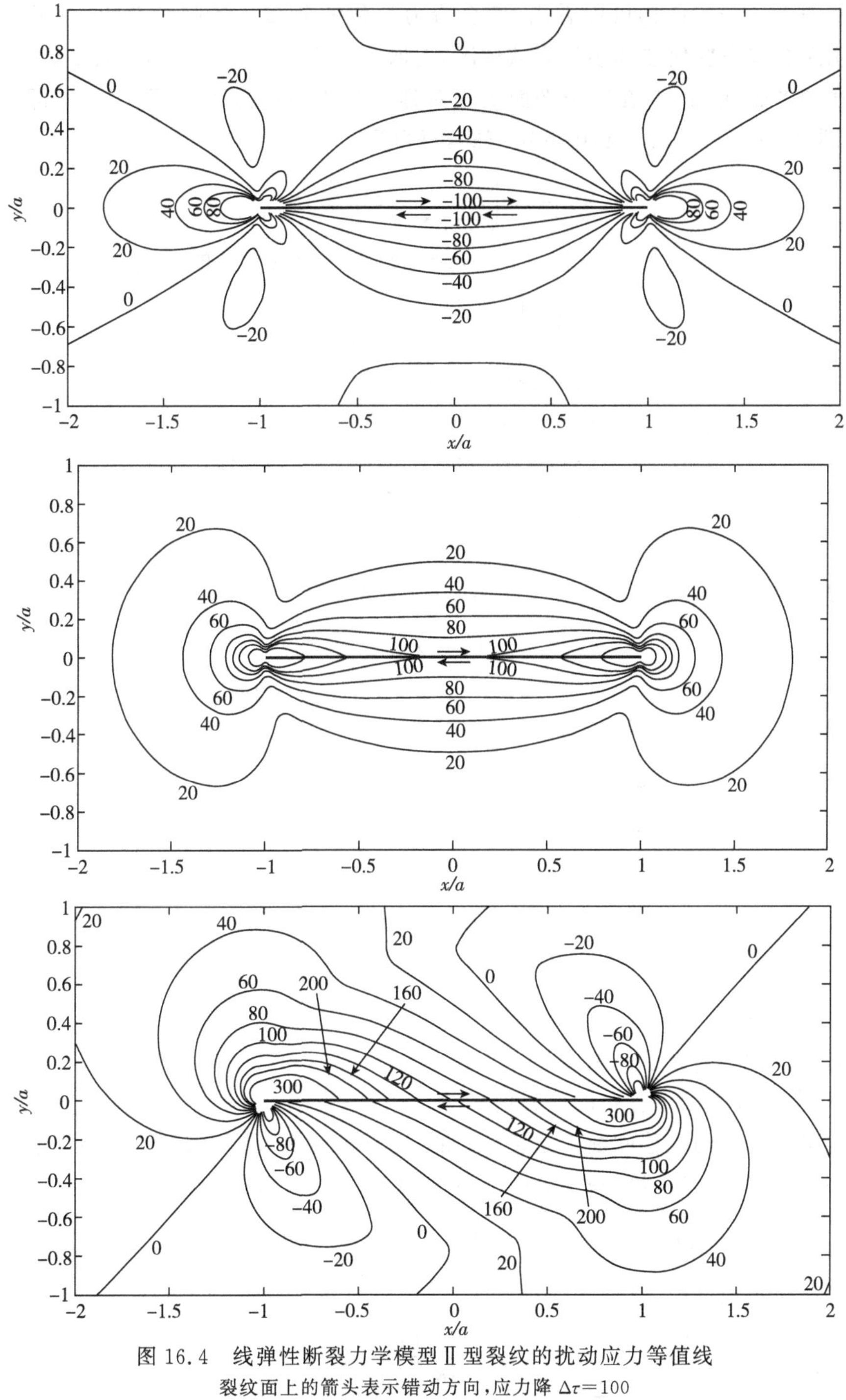

图 16.4　线弹性断裂力学模型Ⅱ型裂纹的扰动应力等值线

裂纹面上的箭头表示错动方向，应力降 $\Delta\tau=100$

将图 16.4(a)～(c)和图 16.2(a)～(c)比对，可以看出线弹性断裂力学模型和伏尔泰拉位错模型的 τ^{c}_{xy}，$\tau^{c}_{\max}$和 σ^{c}_{1} 的分布在 r_0～a 的范围内量级上大体相近，但形态有所不同，在接近破裂端部差异比较大

从图 16.4(a)和(c)可以看出，库仑应力变化的分布是各向异性的，为了更直观地说明库仑应力变化在远场的衰减情况，选取一个比较有代表性的方向来显示. 取裂纹所在的平面. 由于 τ_{xy}^{c} 在这个平面上是对称分布的，因此只需要取 $\theta_0=0$，即 $x\geqslant 0$，$y=0$ 即可. 代入式(16.3.4)中的第三式，就得到

$$\tau_{xy}^{c}=\Delta\tau\left(\frac{r}{\sqrt{r_1\cdot r_2}}\cos\frac{\theta_1}{2}-1\right) \tag{16.3.7}$$

将 $r=x$，$r_1=x-a$，$r_2=a+x$ 代入式(16.3.7)，得到裂纹面外的剪应力为

$$\tau_{xy}^{c}=\gamma\Delta\tau_{e}\left(\frac{x}{\sqrt{x^2-a^2}}-1\right)\quad(|x|>a) \tag{16.3.8}$$

取 $\theta_1=\pi$，代入式(16.3.7)，得到裂纹面内的剪应力为

$$\tau_{xy}^{c}=-\Delta\tau=-\gamma\Delta\tau_{e}\quad(|x|<a) \tag{16.3.9}$$

将式(16.3.3)代入式(16.3.5)，在破裂面上表面，$y=0$，$\theta_1=\pi$，$\theta_2=0$，裂纹面的位移

$$\left.\begin{aligned}u^{+}&=(\Delta U_0/2)\sqrt{1-(x/a)^2}\\ \nu^{+}&=V_0/2\cdot x\end{aligned}\right\}$$

在破裂面下表面，$y=0$，$\theta_1=-\pi$，$\theta_2=0$，裂纹面的位移

$$\left.\begin{aligned}u^{-}&=-(\Delta U_0/2)\sqrt{1-(x/a)^2}\\ \nu^{-}&=V_0/2\cdot x\end{aligned}\right\}$$

于是裂纹上下面的位移间断为

$$\left.\begin{aligned}\Delta u_2(x)&=u^{+}-u^{-}=\Delta U_0\sqrt{1-(x/a)^2}\\ \Delta\nu_2(x)&=\nu^{+}-\nu^{-}=0\end{aligned}\right\} \tag{16.3.10}$$

其中

$$\Delta U_0=\left(\frac{\kappa+1}{2\mu}\right)a\,\Delta\tau,\quad V_0=\left(\frac{\kappa-1}{2\mu}\right)\Delta\tau \tag{16.3.11}$$

$$\kappa=\begin{cases}(3-\nu)/(1+\nu) & (\text{平面应力})\\ 3-4\nu & (\text{平面应变})\end{cases}$$

需要注意的是Ⅱ型破裂面的 y 方向位移分量 ν，虽然它在破裂面上的位移间断为零，但上下破裂面上各自的位移值 ν^{+} 和 ν^{-} 却不为零.

这样所得到的位移间断不是常数，而是坐标的函数，就是前面所说的索米亚那位错. 由式(16.3.10)还可以得出 $\Delta u_2(x)$ 在破裂面上的积分平均值为

$$\overline{D}=\frac{1}{2a}\int_{-a}^{+a}\Delta u_2(x)\,\mathrm{d}x=\frac{\pi}{4}\Delta U_0=\left(\frac{\kappa+1}{8\mu}\right)\pi a\Delta\tau \tag{16.3.12}$$

由上式可以得出

$$\Delta\tau=\frac{8\mu}{(\kappa+1)\pi a}\overline{D} \tag{16.3.13}$$

上式往往也写成 $\Delta\tau=\eta'\dfrac{\mu\overline{D}}{a}$，其中 η' 为表征断层面几何形状的数值因子，它与断层模

式有关. 对于本书的平面内(Ⅱ型)剪切破裂,$\eta'=\dfrac{1}{\pi}\dfrac{8}{\kappa+1}$. 这样,线弹性断裂力学就解决了断层面上的平均位错与静态应力降之间的关系,而这在伏尔泰拉位错模型中是无法说清的. 将式(16.3.13)和式(16.2.2)比较,可以看出,式(16.3.13)中的 $\overline{D}$ 相当于伏尔泰拉模型中的 U,两者都是破裂面上位移间断的(积分)平均值,式(16.3.13)中的动态应力降 $\Delta\tau$ 与式(16.2.2)中名义应力降 $\Delta\tau_0$ 的当量为

$$\Delta\tau=2\Delta\tau_0 \tag{16.3.14}$$

将 $\kappa=3-4\nu$(平面应变)代入式(16.3.13),并利用弹性常数之间的关系 $\nu=\dfrac{\lambda}{2(\lambda+\mu)}$(附录Ⅰ),就得到 $\eta'=\dfrac{4}{\pi}\dfrac{\lambda+\mu}{\lambda+2\mu}$,这个结果与斯达尔模式(Starr,1928;Aki and Richards,1980)的表述一致. 图 16.5 显示的是线弹性断裂力学模型中破裂面上的位错分布和扰动应力分布.

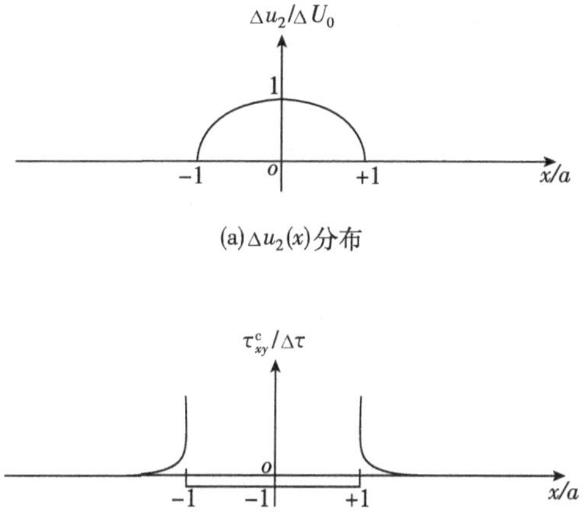

(a) $\Delta u_2(x)$分布

(b) τ^c_{xy}分布

图 16.5　线弹性断裂力学模型中破裂面上的参数分布

从图 16.5 可以看出,线弹性断裂力学模型存在破裂端部前缘的应力奇异性. 另外,线弹性断裂力学模型不能给出分数应力降 γ 的取值范围. 这个问题要由滑动弱化模式来回答.

16.4　滑动弱化模式

16.4.1　内聚力的引入

在滑动弱化模型中,由于裂纹面上存在摩擦力,尤其是滑动弱化区域内的高摩擦应力,产生负值的应力强度因子($K_{\text{Ⅱ}}$)叫做内聚模量,与外载产生的应力强度因子(正值)相抵,从而消除了裂纹端部的应力奇异性,使端部的应力成为有限值. 图 16.6

表现的是滑动弱化模型中破裂面上的应力与破裂面的位移间断之间的函数关系

$$\tau = \tau(\Delta u) \tag{16.4.1}$$

有关滑动弱化模式物理内容的更详细讨论参见 17.5 节.

Chen 和 Knopoff(1986)计算了破裂面上应力降处处给定,且线性分布的模型,以及位移间断(剪切位错)线性分布,而应力降非线性分布两种模型的解析解.何昌荣(He,1995)讨论了式(16.4.1)更普遍的情况,计算了小尺度滑动弱化带内在给定介质强度与位移间断本构关系情况下的代数形式的数值近似解.计算结果表明,滑动弱化带内的应力分布对于本构关系的曲线形状很敏感,所计算的结果往往表现出高度非线性,而滑动弱化带的尺度对于本构关系的曲线形状却不敏感.

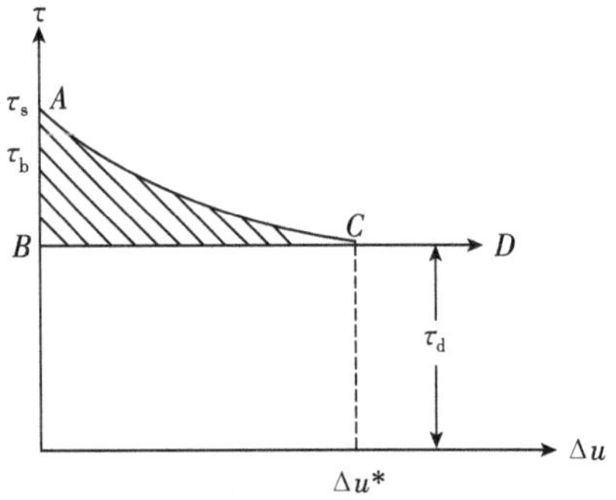

图 16.6　滑动弱化模式

图中 τ_s 在另一部分文献中记为 τ_p,见 17.5 节

这里可以借用裂纹面上的载荷对于中心轴对称分布的威斯特嘎德应力函数.若破裂面上的摩擦力不是均匀的,记为 $\tau(x)$,则等效载荷为 $\Delta\tau(x)=\tau_b-\tau(x)$,称为动态应力降.由本书 3.3 节和 8.3 节,扰动应力场的威斯特嘎德应力函数为

$$Z_{\mathrm{IIs}} = \frac{2z}{\pi\sqrt{z^2-a^2}}\int_0^a \frac{\sqrt{a^2-\xi^2}}{z^2-\xi^2}\Delta\tau(\xi)\,\mathrm{d}\xi \tag{16.4.2}$$

根据对称性,裂纹两个端部的应力强度因子是一样的,$K_{\mathrm{II}}=\lim\limits_{z\to a} Z_{\mathrm{IIs}}\sqrt{2\pi(z-a)}$,将式(16.4.2)代入,得到应力强度因子为

$$K_{\mathrm{II}}^{+} = K_{\mathrm{II}}^{-} = \frac{2\sqrt{a}}{\sqrt{\pi}}\int_0^a \frac{\Delta\tau(\xi)}{\sqrt{a^2-\xi^2}}\mathrm{d}\xi \tag{16.4.3}$$

取 $y=0$,即 $z=x+\mathrm{i}0$,代入式(16.4.2)和式(16.3.4)中的第三式,就得到裂纹所在平面上的外部剪应力分布为

$$\tau_{xy}(x) = \frac{2x}{\pi\sqrt{x^2-a^2}}\int_0^a \frac{\sqrt{a^2-\xi^2}}{x^2-\xi^2}\Delta\tau(\xi)\,\mathrm{d}\xi,\quad |x|>a \tag{16.4.4}$$

将式(16.4.2)取不定积分,得到

$$\tilde{Z}_{\mathrm{IIs}} = \frac{2}{\pi}\int \frac{2z}{\pi\sqrt{z^2-a^2}}\int_0^a \frac{\sqrt{a^2-\xi^2}}{z^2-\xi^2}\Delta\tau(\xi)\,\mathrm{d}\xi\mathrm{d}z \tag{16.4.5}$$

注意,式中的二重积分为先对 ξ 积分,然后对 z 积分. 由于被积函数在分解后的其中一项在 $\xi \to a$ 时呈现奇异性,成为奇异积分(见(16.4.6)式),这个积分次序不能任意交换,否则会导致不正确的结果.

利用恒等式(吴明熙,私人通讯)

$$\frac{\sqrt{a^2-\xi^2}}{x^2-\xi^2}=\frac{1}{\sqrt{a^2-\xi^2}}-\frac{x^2-a^2}{(x^2-\xi^2)\sqrt{a^2-\xi^2}} \tag{16.4.6}$$

代入式(16.4.4),得到裂纹所在平面上的外部扰动剪切应力为

$$\tau_{xy}^{c}(x)=\frac{2x}{\pi\sqrt{x^2-a^2}}\int_0^a\frac{\Delta\tau(\xi)\,\mathrm{d}\xi}{\sqrt{a^2-\xi^2}}-\frac{2x\sqrt{x^2-a^2}}{\pi}\int_0^a\frac{\Delta\tau(\xi)\,\mathrm{d}\xi}{(x^2-\xi^2)\sqrt{a^2-\xi^2}} \tag{16.4.7}$$

式中,右边第一项在 $x\to a$ 时呈现奇异性,而第二项是非奇异的. 将式(16.4.3)代入右边第一项,在 $x\to a$ 时的极限成为 $\dfrac{K_{\mathrm{II}}}{\sqrt{2\pi(x-a)}}$,恰好就是 τ_{xy} 的奇异项在 $\theta_0=0$ 的表达式. 在引入内聚力之后,式(16.4.7)的奇异项(第一项)必然为零,意味着必然满足

$$\int_0^a\frac{\Delta\tau(\xi)\,\mathrm{d}\xi}{\sqrt{a^2-\xi^2}}=0 \tag{16.4.8}$$

这也意味着式(16.4.3)给出的总应力强度因子为零. 此时,式(16.4.7)只余下非奇异项(第二项),即

$$\tau_{xy}^{c}(x)=-\frac{2x\sqrt{x^2-a^2}}{\pi}\int_0^a\frac{\Delta\tau(\xi)\,\mathrm{d}\xi}{(x^2-\xi^2)\sqrt{a^2-\xi^2}} \tag{16.4.9}$$

不难导出上式的渐近性质:当 $x\to\infty$ 时,$\tau_{xy}^{c}(x)\to 0$.

考虑一个具有滑动弱化区的二维平面内剪切裂纹,作为平面内剪切断层的模型(图 16.7),裂纹长度为 $2a$. 图 16.6 中 τ_b 为预应力,τ_s 为静摩擦力的峰值,或曰介质抗剪切强度,τ_d 为滑动摩擦力. $\Delta\tau_e=\tau_s-\tau_d$ 称为有效应力降.

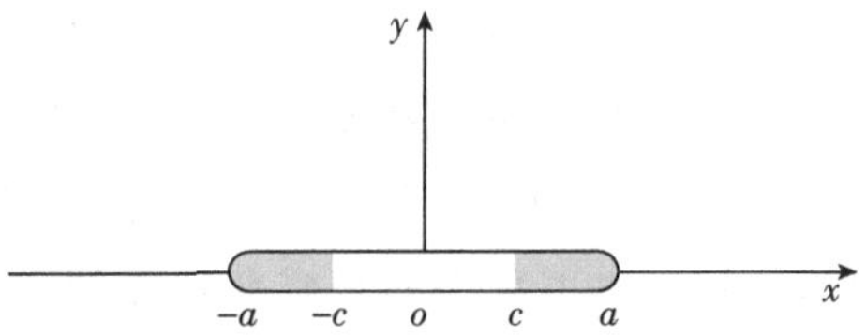

图 16.7　具有滑动弱化区的一个二维平面内剪切裂纹

在破裂发生的临界条件和应力降处处给定(但不一定是线性分布)的情况下,裂纹面($y=0$)上破裂区内应力的分布为

$$\tau'(x)=\begin{cases}\tau_d, & 0<x<c\\ \tau(x), & c<x<a\end{cases} \tag{16.4.10}$$

动态应力降是 $\Delta\tau(x)=\tau_b-\tau'(x)(0<x<a)$，将式(16.4.10)代入，应力降就可以写成

$$\Delta\tau(x)=\begin{cases}\tau_b-\tau_d, & 0<x<c\\ \tau_b-\tau(x), & c<x<a\end{cases} \tag{16.4.11}$$

如果不存在滑动弱化区，则对于常数应力降 $\Delta\tau=\tau_b-\tau_d$ 的情形，由式(16.4.3)，应力强度因子为 $K_{\text{II}0}=(\tau_b-\tau_d)\sqrt{\pi a}$. 在有内聚力的情况下，总应力强度因子为

$$K_{\text{II}}=(\tau_b-\tau_d)\sqrt{\pi a}-\frac{2\sqrt{a}}{\sqrt{\pi}}(\tau_b-\tau_d)\cos^{-1}\frac{c}{a}+\frac{2\sqrt{a}}{\sqrt{\pi}}\int_c^a\frac{\Delta\tau(x)}{\sqrt{a^2-\xi^2}}\mathrm{d}\xi \tag{16.4.12}$$

上式等号右边第一项就是无内聚力的应力强度因子，第二和第三项就是内聚模量. 在引入内聚力以后，破裂端部应力的奇异项为零，意味着总应力强度因子为零. 由此得出，当内聚模量

$$\frac{2\sqrt{a}}{\sqrt{\pi}}\int_0^a\frac{\Delta\tau(x)}{\sqrt{a^2-\xi^2}}\mathrm{d}\xi-\frac{2\sqrt{a}}{\sqrt{\pi}}(\tau_b-\tau_d)\arccos\frac{c}{a}=(\tau_b-\tau_d)\sqrt{\pi a}=K_{\text{II}c} \tag{16.4.13}$$

时，裂纹开始扩展.

对于实际地震断层，破裂以压应力作用下的剪切为主，破裂面上分布着大大小小的凹凸体，使得破裂面上的应力降 $\Delta\tau(x)$ 多半的高度是非线性的，且分布极不均匀. 但是由式(16.4.9)可以看出，$\Delta\tau(x)$ 是通过积分来影响破裂周围的应力场的. 因此，$\Delta\tau(x)$ 的分布差异对破裂周围的应力分布没有实质性影响. 由式(16.4.9)还可以看出，对积分结果起主要作用的，是应力降 $\Delta\tau(x)$ 在接近裂纹端部附近的值.

16.4.2　应力降线性分布的例子

由上一节叙述的理由，我们在计算断层破裂时的库仑应力变化，特别是在考虑中、远场时，可以采用简化的模型作为替代，而不必关注应力分布函数的细节. 因此本书只讨论应力降处处给定，且线性分布(图 16.8(a))的情况. 本书的模型和文献(Chen and Knopoff, 1986)相似，但本书讨论的是Ⅱ型破裂，而 Chen 和 Knopoff (1986)讨论的是Ⅲ型破裂. 另外，本书采用的是威斯特嘎德应力函数方法，而不是边界积分方程方法.

裂纹面($y=0$)上破裂区内应力的分布为

$$\tau(x)=\begin{cases}\tau_d, & 0<x<c\\ \tau_s-(\tau_s-\tau_d)\dfrac{a-x}{a-c}, & c<x<a\end{cases} \tag{16.4.14}$$

动态应力降就可以写成

$$\Delta\tau(x)=\begin{cases}(\tau_s-\tau_d)\gamma, & 0<x<c\\(\tau_s-\tau_d)\left(\gamma+\dfrac{c}{a-c}-\dfrac{x}{a-c}\right), & 0<x<a\end{cases} \tag{16.4.15}$$

其中，γ 为无量纲应力降，见式(16.3.1). 将式(16.4.15)代入式(16.4.9)，逐项积分，得到

$$\tau_{xy}^{c}(x)=\frac{2x(\tau_s-\tau_d)}{\pi\sqrt{x^2-a^2}}\left(\gamma\cdot I_{1a}+\frac{c}{a-c}I_1-\frac{1}{a-c}I_8\right) \tag{16.4.16}$$

式中，括号中的积分分别为

$$I_1=\int_0^a\frac{\sqrt{a^2-\xi^2}}{x^2-\xi^2}d\xi=\arccos\varepsilon-\frac{\sqrt{x^2-a^2}}{x}\arctan\frac{x\sqrt{a^2-c^2}}{c\sqrt{x^2-a^2}} \tag{16.4.17}$$

$$I_{1a}=\int_0^a\frac{\sqrt{a^2-\xi^2}}{x^2-\xi^2}d\xi=\frac{\pi}{2}\left(1-\frac{\sqrt{x^2-a^2}}{x}\right) \tag{16.4.18}$$

$$I_8=\int_c^a\frac{\xi\sqrt{a^2-\xi^2}}{x^2-\xi^2}d\xi=\sqrt{a^2-c^2}-\sqrt{x^2-a^2}\arctan\frac{\sqrt{a^2-c^2}}{\sqrt{x^2-a^2}} \tag{16.4.19}$$

得到扰动应力中的剪切分量为

$$\tau_{xy}^{c}(x)=(\tau_s-\tau_d)[-\gamma+T(a,x,c)],|x|>a \tag{16.4.20}$$

其中

$$T(a,x,c)=\frac{2}{\pi(a-c)}\left[x\cdot\arctan\sqrt{\frac{a^2-c^2}{x^2-a^2}}-c\cdot\arctan\frac{x}{c}\sqrt{\frac{a^2-c^2}{x^2-a^2}}\right] \tag{16.4.21}$$

在破裂面上($|x|<a$ 部分)，扰动应力为

$$\tau_{xy}^{c}(x)=\tau(x)-\tau_b=-\Delta\tau(x)=-(\tau_s-\tau_d)\left(\gamma+\frac{c}{a-c}-\frac{x}{a-c}\right)\quad(|x|<a) \tag{16.4.22}$$

图 16.8(a)给出的是 $\tau_{xy}^{c}(x)$典型的曲线，从中可以看出如下几个特征：

(1)由式(16.4.15)，式(16.4.20)，式(16.4.21)可以导出，无论从破裂面外还是从破裂面内，只要 $x\to a$，总有

$$\tau_{xy}^{c}(a)=(\tau_s-\tau_d)(1-\gamma) \tag{16.4.23}$$

因此扰动应力在破裂端部有界而且连续.

(2)由式(16.4.20)和式(16.4.21)容易导出

$$\frac{\partial}{\partial x}\tau_{xy}^{c}(x)=\frac{2\Delta\tau_e}{\pi(a-c)}\left(\arctan\sqrt{\frac{a^2-c^2}{x^2-a^2}}-\frac{\sqrt{a^2-c^2}}{\sqrt{x^2-a^2}}\right) \tag{16.4.24}$$

因此，当 $x\to a$ 时，$\frac{\partial}{\partial x}\tau_{xy}^{c}(x)\to-\infty$；当 $x\to\infty$时，$\frac{\partial}{\partial x}\tau_{xy}^{c}(x)\to0$.

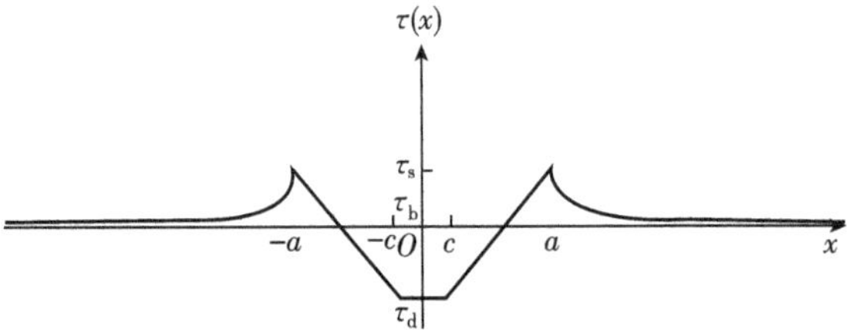

(a) 应力分布

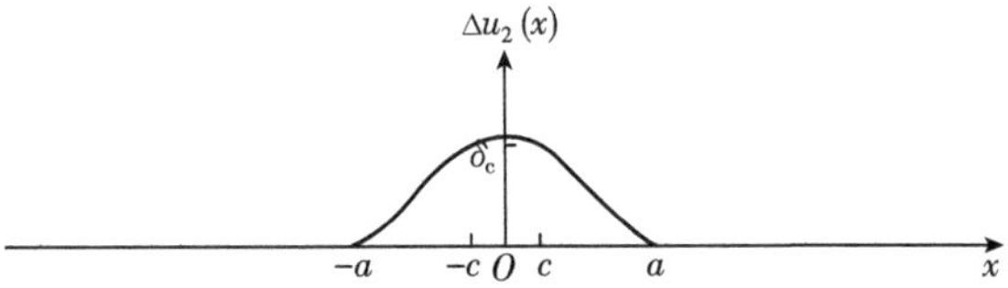

(b) 位错分布

图 16.8　平面内剪切裂纹所在平面上的参数分布

将式(16.4.15)代入式(16.4.8),逐项积分,并令 $\varepsilon=c/a$,得到

$$\gamma=\frac{2(\sqrt{1-\varepsilon^2}-\varepsilon\cdot\arccos\varepsilon)}{\pi(1-\varepsilon)} \tag{16.4.25}$$

方程(16.4.25)的解是一个单调、单值函数.这个方程是破裂端部的应力为非奇异的必然结果,因此也是端部应力非奇异的基本条件.

将式(16.4.15)代入式(16.4.5),逐项积分,得到

$$\begin{aligned}\widetilde{Z}_{\mathrm{IIs}}=&\frac{2}{\pi}\frac{(\tau_s-\tau_d)}{a-c}\Bigg[-\frac{\pi c^2}{4}-\frac{\pi}{2}\gamma(a-c)\cdot z+A\sqrt{z^2-a^2}\\&+\frac{z^2+c^2}{2}\frac{1}{2\mathrm{i}}\ln\frac{\sqrt{z^2-a^2}+\mathrm{i}\sqrt{a^2-c^2}}{\sqrt{z^2-a^2}-\mathrm{i}\sqrt{a^2-c^2}}-cz\cdot\frac{1}{2\mathrm{i}}\ln\frac{c\sqrt{z^2-a^2}+\mathrm{i}z\sqrt{a^2-c^2}}{c\sqrt{z^2-a^2}-\mathrm{i}z\sqrt{a^2-c^2}}\Bigg]\end{aligned} \tag{16.4.26}$$

其中,$A=\frac{\pi}{2}\gamma(a-c)+c\cdot\arccos(c/a)-\frac{\sqrt{a^2-c^2}}{2}$.将式(16.4.25)的条件代入,得到 $A=\frac{1}{2}\sqrt{a^2-c^2}$.

式(16.4.26)中因子 $\sqrt{z^2-a^2}$ 的辐角式为 $\sqrt{z^2-a^2}=\sqrt{r_1r_2}\,\mathrm{e}^{\frac{1}{2}(\theta_1+\theta_2)}$,在破裂面上表面,$y=0,\theta_1=\pi,\theta_2=0,r_1=a-x,r_2=a+x$,$\sqrt{z^2-a^2}=\mathrm{i}\sqrt{a^2-x^2}$,代入式(16.3.5),得到破裂面上表面的位移值为

$$\left.\begin{aligned}u^{c+}&=\frac{\kappa+1}{4\mu}\frac{2}{\pi}\frac{t_s-t_d}{a-c}\left[A\sqrt{a^2-x^2}-\frac{x^2+c^2}{4}\ln\varphi+cx\cdot\frac{1}{2}\ln\phi\right]\\ \nu^{c+}&=\frac{\kappa-1}{4\mu}\frac{2}{\pi}\frac{t_s-t_d}{a-c}\left[\frac{c^2}{2}+\gamma(a-c)\cdot x\right]\end{aligned}\right\}\quad(|x|<a) \tag{16.4.27}$$

其中

$$\psi=\left|\frac{\sqrt{a^2-x^2}+\sqrt{a^2-c^2}}{\sqrt{a^2-x^2}-\sqrt{a^2-c^2}}\right|,\quad \phi=\left|\frac{x\sqrt{a^2-c^2}+c\sqrt{a^2-x^2}}{x\sqrt{a^2-c^2}-c\sqrt{a^2-x^2}}\right|$$

在破裂面下表面，$y=0,\theta_1=-\pi,\theta_2=0,\sqrt{z^2-a^2}=-\mathrm{i}\sqrt{a^2-x^2}$，因此

$$\left.\begin{aligned}u^{c-}&=-u^{c+}\\ \nu^{c-}&=\nu^{c+}\end{aligned}\right\}\quad(|x|<a)$$

位移间断为

$$\left.\begin{aligned}\Delta u_2(x,0)&=u^{c+}-u^{c-}=\frac{\kappa+1}{2\mu}(\tau_s-\tau_d)U(a,x,c)\\ \Delta\nu_2(x,0)&=\nu^{c+}-\mathrm{v}^{c-}=0\end{aligned}\right\}\quad(0<|x|<a)$$

(16.4.28)

其中

$$U(a,x,c)=\frac{1}{\pi(a-c)}\left[\sqrt{(a^2-c^2)(a^2-x^2)}-\frac{x^2+c^2}{2}\ln\psi+xc\ln\phi\right](0<|x|<a)$$

(16.4.29)

取 $\kappa=3-4\nu$（平面应变）代入式(16.4.28)，破裂面上的位移间断也可以表示为

$$\Delta u_2(x,0)=\frac{2(1-\nu)}{\mu}(\tau_s-\tau_d)U(a,x,c)\tag{16.4.30}$$

再次看到，Ⅱ型破裂面的 y 方向位移分量 v，虽然它在破裂面上的位移间断为零，但上下破裂面上各自的位移值 ν^+ 和 ν^- 却不为零.

将式(16.4.30)和文献(Chen and Knopoff，1986)比较，可以看出本书的结果和他们的结果相似，但本书讨论的是Ⅱ型裂纹，而不是Ⅲ型，因此多出一个因子$(1-\nu)$. 另外，本书给出的是破裂面的位移间断，而不是位移，因此两者相差 2 倍.

根据模型的假定，滑动弱化区内缘 $x=c$ 处的位移间断是临界值 δ_c，即 $\Delta u_2(a,0)=\delta_c$. 代入式(16.4.28)和式(16.4.29)，取 $x=c$，

$$\frac{2\mu\delta_c}{(\kappa+1)(\tau_s-\tau_d)}=U(a,c,c)=a\cdot\frac{1-\varepsilon^2+2\varepsilon^2\ln\varepsilon}{\pi(1-\varepsilon)}\tag{16.4.31}$$

上式就是用临界位移间断表示的破裂准则，为后面叙述方便，引入特征变量 λ_2 和 $\zeta(\varepsilon)$，将式(16.4.31)写成

$$\lambda_2=a\cdot\zeta(\varepsilon)\tag{16.4.32}$$

其中

$$\lambda_2=\frac{2\mu\delta_c}{(\kappa+1)(\tau_s-\tau_d)}\tag{16.4.33}$$

表示特征距离，而

$$\zeta(\varepsilon)=\frac{1-\varepsilon^2+2\varepsilon^2\ln\varepsilon}{\pi(1-\varepsilon)}\tag{16.4.34}$$

为无量纲参数.将式(16.4.25)与式(16.4.32)联立,以 λ_2 作为距离的量度单位,在 γ,a,c 中只要有任意一个变量是确定的,那么另外两个变量也就是唯一确定的,其中 a 是 γ 的减函数.记 $c_1=a-c$ 为滑动弱化区的长度,可以看出 c_1 是 γ 的增函数(图 16.9).

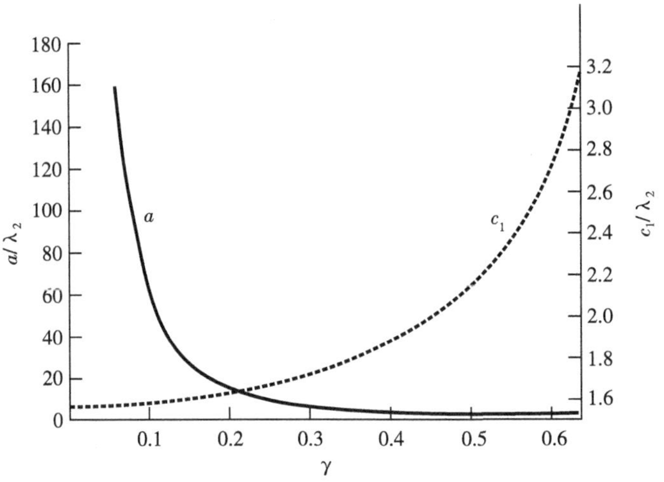

图 16.9　破裂半长度 a 和滑动弱化区的长度 c_1 作为 γ 的函数

式(16.4.20),式(16.4.25),式(16.4.28)就是我们得到的解,连同式(16.4.22)一起构成了破裂所在平面上的全部扰动应力和位移间断分布.图 16.8(b)显示的就是本书计算的Ⅱ型(平面内剪切)裂纹所在平面上的位错的静态分布示意.

16.4.3　$c\to 0$ 的极限情况

对于本节采用的滑动弱化模式,存在 γ_m 的上限当 $\gamma>\gamma_m$ 时解不存在.这个 γ_m 相应于 $c\to 0$,即 $\varepsilon\to 0$ 的极限情况,代入式(16.4.25),得到

$$\gamma_m=\lim_{\varepsilon\to 0}\gamma=2/\pi \tag{16.4.35}$$

由式(16.4.34),利用洛必大法则得到

$$\lim_{\varepsilon\to 0}\zeta(\varepsilon)=1/\pi \tag{16.4.36}$$

(后面的极限和渐近式大都可以采用类似的方法推导),代入式(16.4.32),得到用临界位移间断表示的破裂准则为 $\lambda_2=a/\pi$,由此可以得出这种极限情况下的 a 值下限,记为 $a(\gamma_m)$

$$a(\gamma_m)=\pi\lambda_2 \tag{16.4.37}$$

取 $\mu=3\times 10^4\,\text{MPa}$,$\kappa=3-4\nu$(平面应变),$\delta_c=0.5\text{m}$,$\nu=0.25$,$\Delta\tau_e=60\text{MPa}$(Knopoff and Chen,2009),代入式(16.4.33)得到 $\lambda_2\approx 250\text{m}$,代入式(16.4.37)得到 $a(\gamma_m)\approx 785\text{m}$.据文献(郭增建等,1973),强震震级 M_S 与断层长度 $2a$(单位 km)的关系为:$M_S=3.3+2.1\log(2a)$.将 $a=0.785\text{km}$ 代入上式,可知上述尺度的破裂相当

于一个 3.7 级地震.

16.4.4　小尺度滑动弱化区的情况

当 $c_1=a-c\ll a$ 时,称 c_1 为小尺度滑动弱化区. $c_1\to 0$ 相当于 $\varepsilon=c/a\to 1$. 在 $c_1\to 0$ 的情况下. 由式(16.4.34),此时 $\zeta(\varepsilon)\to 0$,代入式(16.4.32),可知此时有 $a\to\infty$,上述的极限情况实际上不存在,但说明若 c_1 足够小,则 a 必须很大才能达到临界破裂的条件,这种情况似乎出现在大地震发生的时候. 鉴于这种情况的重要性,以下做出更多的讨论.

(1)由式(16.4.32)和式(16.4.33)可以导出,c_1 的下限值为一个与介质有关的常数

$$\lim_{c_1\to 0} c_1/\lambda_2=\pi/2 \tag{16.4.38}$$

如上节所述,若取 $\lambda_2\approx 250\text{m}$,则 $c_1\approx 393\text{m}$.

(2)由式(16.4.25)可导出,γ 在 $c_1\to 0$ 的渐近式为

$$\gamma\approx\frac{2}{\pi}\arccos\varepsilon \tag{16.4.39}$$

且 $\gamma\to 0$. 代入式(16.4.23)得到当 $c_1\to 0$ 时,$\tau_{xy}^{c}(a)\to\Delta\tau_e$,此时在破裂端部($x=a$)库仑应力变化可充分接近最大值 $\Delta\tau_e$.

(3)由式(16.4.20)可进一步得到,当 $c_1\to 0$ 时

$$\frac{\partial}{\partial x}\tau_{xy}^{c}(x)\to-\frac{4\Delta\tau_e}{\pi\sqrt{x^2-a^2}}\frac{1}{(1-\varepsilon^2)^{3/2}}\to-\infty\quad(\text{当 } c_1\to 0) \tag{16.4.40}$$

不仅在 $x=a$ 处成立,而且在 $|x|>a$ 处处成立,即此时扰动应力在 $|x|>a$ 处随距离增加衰减最快,在稍远处就急剧接近零.

(4)利用式(16.4.39),代入式(16.4.21)可以导出,在 $x\gg a$ 且 $c_1\to 0$ 时,$T(a,x,c)$ 的渐近式为

$$T(a,x,c)\approx\frac{2}{\pi}\frac{x}{\sqrt{x^2-a^2}}\arccos\varepsilon \tag{16.4.41}$$

将式(16.4.39)和式(16.4.41)代入式(16.4.20),就得到在 $x\gg a$ 且 $c_1\to 0$ 时,$\tau_{xy}^{c}(x)$ 退化为渐近式

$$\tau_{xy}^{c}(x)\approx\gamma\Delta\tau_e\left(\frac{x}{\sqrt{x^2-a^2}}-1\right)\quad(x\gg a) \tag{16.4.42}$$

上式和式(16.3.8)在形式上完全相同. 因此,对于小尺度弱化区(强地震)的问题,可以用较简单的线弹性断裂力学模型作为退化形式来代替滑动弱化模型计算远场库仑应力变化,但必须先求出 γ 值. 经验算,替代方法造成的误差不超出 2%(见后面 16.5.1节).

16.4.5 破裂所在平面上扰动应力的分布与 $\varepsilon=c/a$ 的关系

图 16.10 显示了 $\tau_{xy}^{c}(x)$在破裂所在平面上的分布曲线，由于图形对于 y 轴对称，这里只画出了右半部.其中，x 坐标以 a 为单位，$\tau_{xy}^{c}(x)$以 $\Delta\tau_e$ 为单位.这里只画了$\varepsilon=0,0.5,0.99$ 三种不同的分布曲线.表 16.1 则列出了 5 种不同 ε 值的数值计算结果.从数值计算结果可以看出以下其他规律：

(1)$\tau_{xy}^{c}(a)$随 ε 增加而增大.

(2)当 $\varepsilon<0.5$ 时，$\tau_{xy}^{c}(x)$随距离衰减较 $\varepsilon=0$ 情况慢，但当 $\varepsilon>0.5$ 时，$\tau_{xy}^{c}(x)$随距离衰减加快，尤其在 $\varepsilon>0.99$，$a/\lambda_2>157.6$(强地震)，$\tau_{xy}^{c}(x)$随距离衰减达到急剧的程度.

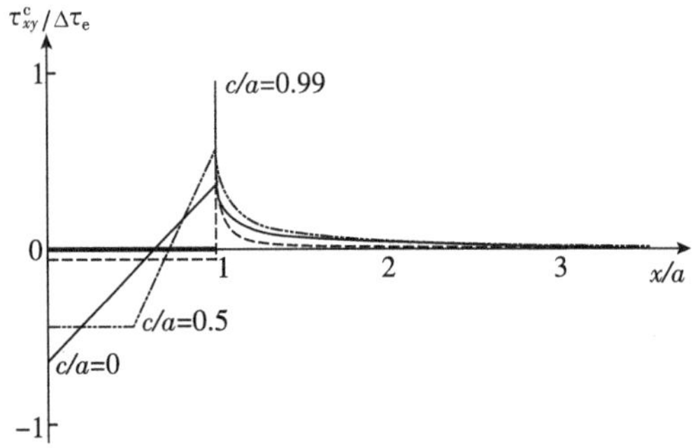

图 16.10 滑动弱化模型破裂所在平面上的扰动应力分布(右半部)

表 16.1 破裂面外扰动应力的若干结果

x/a	$\tau_{xy}^{c}/\Delta\tau_e$				
	$c/a=0.0$	$c/a=0.1$	$c/a=0.5$	$c/a=0.9$	$c/a=0.99$
1.0	0.3633	0.4002	0.5640	0.8092	0.9399
2.0	0.03004	0.03291	0.03985	0.02670	0.009198
3.0	0.01242	0.01360	0.01628	0.01059	0.003611
4.0	0.006825	0.007472	0.008909	0.005742	0.001953
5.0	0.004322	0.004731	0.005632	0.003616	0.001228
8.0	0.001670	0.001828	0.002172	0.001388	0.0004709
10.0	0.001066	0.001167	0.001386	0.0008849	0.0003001

16.4.6 破裂停止后最终应力降产生的库仑应力变化

以上讨论的是破裂临界条件下动态应力降产生的扰动应力，但破裂面上的应力实际上是随时间变化的(Yamashita，1976).图 16.11 显示的是破裂面上某一点在地震破裂前后所经历的剪裂应力分量的变化. 其中经历了：τ_b—震前区域应力，τ_s—滑动起始时达到介质抗剪切强度，τ_d—滑动摩擦应力，τ_1—滑动停止后剪切应力因愈合而回升的终止值. 因此破裂停止后的最终应力降 $\Delta\tau=\tau_b-\tau_1$.

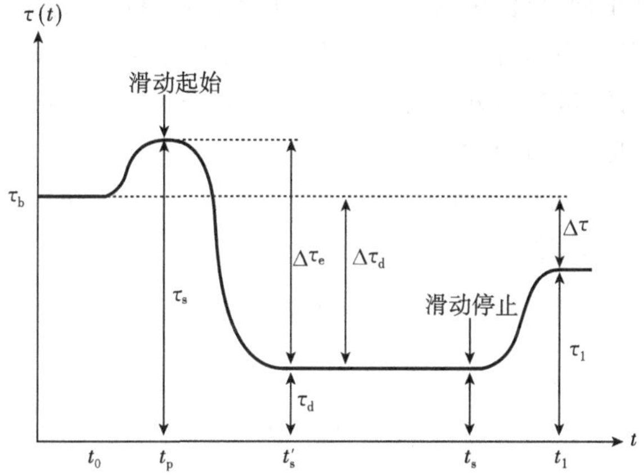

图 16.11　断层面上的剪切应力随时间的变化（Yamashita，1976；Knopoff and Chen，2009）

图中 τ_s 在另一些文献中记为 τ_p，见 17.5 节

假定破裂扩展停止以后，破裂面上的应力分布是

$$\tau(x)=\begin{cases}\tau_1, & 0<x<c' \\ \tau_s'-(\tau_s'-\tau_1)\dfrac{a-x}{a-c'}, & c'<x<a\end{cases} \tag{16.4.43}$$

记 $\varepsilon'=c'/a$，

$$\tau_1=\tau_d+\alpha(\tau_s-\tau_d) \tag{16.4.44}$$

其中，a 为愈合系数，且 $\tau_1<\tau_b$，因此 $\alpha<\gamma$.

$$\tau_s'=\tau_s-\beta(\tau_s-\tau_d) \tag{16.4.45}$$

其中，β 为松弛系数，且 $\tau_s'>\tau_b$，因此有 $\beta<1-\gamma$.

破裂面上的应力降是 $\Delta\tau(x)=\tau_b-\tau(x)\ (0<x<a)$. 记 $\Delta\tau_1=\tau_b-\tau_1$ 为最终应力降，并记 $\gamma'=\dfrac{\tau_b-\tau_1}{\tau_s'-\tau_1}$ 为滑动停止后无量纲应力降，可以看出

$$\gamma'=\frac{\gamma-\alpha}{1-(\alpha+\beta)} \tag{16.4.46}$$

上式表明，γ' 在滑动停止后是随时间变化的. 最终应力降就可以写成

$$\Delta\tau_1(x)=\begin{cases}(\tau_s'-\tau_1)\gamma', & 0<x<c' \\ (\tau_s'-\tau_1)\left(\gamma'+\dfrac{c'}{a-c'}-\dfrac{x}{a-c'}\right), & c'<x<a\end{cases} \tag{16.4.47}$$

上式和式(16.4.15)在形式上十分相似，因此采用与 16.3 节相同的步骤，得到滑动停止后破裂的扰动应力中的剪切分量为

$$\tau_{xy}'^{c}(x)=[1-(\alpha+\beta)](\tau_s-\tau_d)[T(a,x,c')-\gamma']\quad(|x|>a) \tag{16.4.48}$$

其中，$T(a,x,c')$是将式(16.4.21)中的 c 替换为 c'，与式(16.4.25)类似，有

$$\gamma'=\frac{2\left|\sqrt{1-\varepsilon'^2}-\varepsilon'\arccos\varepsilon'\right|}{\pi(1-\varepsilon')} \tag{16.4.49}$$

上式的解也是一个单调、单值函数. 这个方程仍然是破裂端部的应力为非奇异的必然结果，因此也是端部应力非奇异的基本条件. 上式表明，$\varepsilon'=c'/a$ 及 c' 在滑动停止后同样是随时间变化的. 破裂面外的总应力为 $\tau'(x)=\tau_b+\tau'^{c}_{xy}(x)(|x|>a)$. 在破裂面内，扰动应力(库仑应力变化)为

$$\tau'^{c}_{xy}(x)=\tau'(x)-\tau_b=-\Delta\tau_1(x)\quad(|x|<a) \tag{16.4.50}$$

又从破裂面内、外 $x\to a$ 时

$$\tau'^{c}_{xy}(a)=\frac{1-(\gamma+\beta)}{1-(\alpha+\beta)}(\tau_s-\tau_d) \tag{16.4.51}$$

由 $\alpha<\gamma$，$\beta<1-\gamma$，于是有 $\alpha+\beta<1$，且

$$1>\frac{1-(\gamma+\beta)}{1-(\alpha+\beta)}>0 \tag{16.4.52}$$

利用上式，将式(16.4.51)和式(16.4.23)相对比，显然在破裂端部

$$\tau'^{c}_{xy}(a)<\tau^{c}_{xy}(a) \tag{16.4.53}$$

由式(16.4.48)还可以得出，随着破裂面上的愈合和端部的应力松弛，必然有$\alpha+\beta$逐渐趋向于 1，此时库仑应力变化 $\tau'^{c}_{xy}(x)$逐渐萎缩.

16.5 库仑应力变化能否触发远场的下一次地震

16.5.1 三种模型的对比

表 16.2 比较了三种模型的扰动应力. 在 $y/a=0$，$x/a=10$ 的位置，在第二、三种模型中取 $\Delta\tau_e=60$MPa(Knopoff and Chen，2009)，参照滑动弱化模型(动态)取 $c/a=0.99$ 的情况，利用式(16.4.25)算得此时 $\gamma=0.060028$，取 $\mu=3\times10^4$MPa，$\kappa=3-4\nu$(平面应变)，$\delta_c=0.5$m，$\nu=0.25$，$\Delta\tau_e=60$MPa(Knopoff and Chen，2009)，代入式(16.4.32)～式(16.4.34)算得 $2a\approx78.8$km. 据郭增建等(1973)给出的强震震级 M_S与断层长度 $2a$ 的关系，上述破裂尺度相当于一个 7 级地震. 分别用式(16.2.13)，式(16.3.8)，式(16.4.20)计算得到扰动应力 τ^{c}_{xy} 如表 16.2 所示.

表 16.2　三种模型的扰动应力($y/a=0$，$x/a=10$)

模型	伏尔泰拉位错	线弹性断裂力学	滑动弱化(动态)
τ^{c}_{xy}/MPa	0.000929	0.01834	0.01801

可以看出，三种模型计算得到的远场扰动应力中，伏尔泰拉位错模型比滑动弱化模型低估了一个量级还多，线弹性断裂力学模型在经过无量纲应力降 γ 值修正后和

滑动弱化模型的结果之间互相差别不大于 2%. 显然,如果不经过修正而将 γ 值错取为 1,则传统的线弹性断裂力学模型会高估一个量级还多. 但表 16.2 采用的是破裂动态激发过程的零频成分,如果将破裂停止后的破裂面愈合和端部应力松弛也算进去,对远场扰动应力的粗略估计至少还得在动态情况的基础上打 $1-(\alpha+\beta)$ 的折扣.

16.5.2　触发下一次地震需要多大的力

从近年的超深井钻的原地测量中可以得到一些深部数据. 例如,德国的 KTB 计划完成的深井钻探在 8km 深度注水试验结果显示,当注水压力增加 1MPa 时即可诱发小震发生,表明该处已处于接近岩石破坏的临界状态(Zoback et al. ,2002). 可以看出,这个结果比表 16.2 中列出的最大的结果也还要高出两个量级. 即使是未经 γ 值修正(即将 γ 值错取为 1)的线弹性断裂力学模型也只达到 KTB 钻井结果的 0.3.

16.5.3　所谓常数只有字面上的意义

在 16.4.3 节中讨论的 $a(\gamma_m)$ 尺度和 16.4.4 节中讨论的 c_1 的下限值是以有效应力降 $\Delta\tau_e=\tau_s-\tau_d$ 和位移间断临界值 δ_c 值为固定的常数为前提的,然而必须说明,这里所说的常数只有字面上的意义.

在地震破裂过程中,破裂面克服摩擦应力所做的非弹性功为(上下两个表面)

$$2G=\int_0^{\delta_c}[\tau(\Delta u)-\tau_d]\mathrm{d}\Delta u \tag{16.5.1}$$

见文献(Andrews,1976;Aki et al. ,1980). 字面上看,有效应力降 $\Delta\tau_e=\tau_s-\tau_d$ 和位移间断临界值 δ_c 似乎都与断层长度 $2a$ 无关,因而表面能 G 也与 $2a$ 无关,在破裂过程中为一个不变量,但是 Andrews(1976)指出,这个假定并不切合实际,因为由大地震资料测到的 G 值为 $10^8\,\mathrm{erg/cm^2}$ 左右,而由实验室测得的岩样的 G 值则为 $10^3\,\mathrm{erg/cm^2}$ 左右(Aki et al. ,1980),两者相差好几个量级,因此,G 与 $2a$ 的关系是必须考虑的. Andrews 的解释是:对于宏观断层,它的端部包含着大量按体积分布的微裂纹,这些微裂纹的总表面积比起投影面积(即把宏观断层等效于一个平面)要大出几个量级,因此 $\Delta\tau_e$ 及 δ_c 的值实际上应该是 $2a$ 的函数. 随着断层增长,其端部附近的微裂纹数量和塑性变形体积加大,从而吸收的表面能量增加,因此对于不同尺度的断层,$\Delta\tau_e$ 及 δ_c 的值都具有不同的内容,它们与 G 的关系只具有形式上的意义.

16.5.4　远场触发的机理可能并不唯一

本书所说的"库仑应力变化"是指地震发生后的断层静态(或零频)的扰动应力变化,而不是指地震破裂瞬间产生的非零频辐射应力波对远场地震的触发效应(其值比静态扰动应力似乎要大得多). 由于地震破裂的静态扰动应力在远场很低,只有不到 0.01MPa(0.1bar),其超远程触发效应早就有人(如 Hill et al. ,1993)提出了质疑,他们认为地震破裂的动态辐射应力波(主要是横波或瑞利波到达的压缩相)可以解释超远程触发现象,但由于一次地震后对远场的触发作用往往可以持续几个星期,因此仅仅用地震波辐射来解释远程触发作用仍然不够充分,也就是说,远场触发的机理可能并不唯一.当然,有人对此也有不同看法,认为不到 0.01MPa(0.1bar)的应力变化就可以触发地震(赵纪东,2010),甚至台风也可以触发某些地方的慢地震.这方面还不能说已有定论.

16.5.5　库仑应力变化对近场的作用

本书的评估结果表明,用库仑应力变化来解释地震的远程相关现象迄今还不能得到理论和观测资料的足够支持,但库仑应力变化对近场的作用仍然是不能忽视的,因此还是需要仔细选择模型和有关参数.我们的分析表明,用伏尔泰拉位错模型尽管在计算上比较简便,但存在诸多弊病,它导致了破裂面上不应有的应力奇异性,对库仑应力变化的近场的分布图像计算存在重大扭曲,而且对远场的估计存在量级上的偏低.因此,对于中、远场的库仑应力变化,建议采用线弹性断裂力学模型来估算,这样可以兼顾量级上的合理性和操作上的简便.如果能测出破裂面上的位移间断平均值 U,可以利用式(16.3.12),即 $\Delta U_0=\frac{4}{\pi}U$,构筑成破裂面上位移间断的椭圆式分布 $\Delta u_2(x)=\Delta U_0\sqrt{1-(x/a)^2}$,以及 $\Delta\tau=\frac{\kappa+1}{2\mu a}\Delta U_0$,进一步计算库仑应力变化.

16.5.6　体力的作用不应忽视

库仑应力变化在本质上是作为面力传递的.我们的分析表明,对面力在远场的传播作用可能是被不适当地夸大了,而对其他力,包括体力和孔隙流体作用则估计不足.尽管在已有的工作中考虑了被触发的断层内的流体孔隙压力的变化,但是现有的模型对于震源体内的孔隙压力变化及其传播仍然研究不足.在应力分析边值问题的 Cauchy 方程的推导过程中,作为面力的应力项被保留,而体力项则因体元的体积是比体元表面积更高阶的小量还小,所以被略掉了.在弹性力学的震源区以外的运动方程(或波动方程)的推导过程中,作为面力的应力项被保留,而体力项则常常被略掉,因为,体力项被看成是常数.上述结论是在考察微观单元的快速运动的问题中导出的,对于宏观大尺度、长时间运动与变形的问题则不一定适用.在宏观的远场相关问题上,体力在时间和空间上的变化是用构造边界上块体体力所占总体积的积分来计算,因此面力与体力二者作用的比例会发生重大变化,甚至可能和微观问题相反,此时体力的作用可能比面力更大.地震的成因与构造块体的运动有关,对其分析必须把地球作为整体来考虑,相反地,仅仅采用局部的微观分析并无限制地外推就往往出现弊病.因为从整体上,构造块体受力情况不仅与断层运动有关,而且必然涉及重力均衡和地球自转速率变化引起的惯性力,还要涉及流体的孔隙压力作用等.而流体的孔隙压力在连通的条件下在远场的衰减远比库仑应力变化要慢.近年来,这些因素正在受到越来越大的重视,有可能为解释地震远程相关现象找出新途径(李世愚等,2009).

本章仅为模型意义上的概念性讨论和量级上的评估,并不是定量的计算,因此仅考虑了平面条件下,传播介质为连续、各向同性、线弹性的情况,实际问题是三维的,介质是非连续、各向异性且非弹性的,远比本书的模型复杂得多.

第 17 章　岩石断裂力学在震源物理中的应用

17.1　引　　言

震源物理是一门研究地震孕育、发生的物理过程和前兆物理现象的学科. “震源”一词，在地震学中是指地震在地下发源的地方. 而震源物理中所指的“震源”，却是表示与地震孕育、发生和震后调整有关的一个空间区域. 所有的地震前兆都是由震源区及其周围的岩石的物理状态改变而产生的.

地震破裂的弹性回跳学说是 1910 年美国地震学家里德(Reid)根据对 1906 年 4 月 18 日美国加利福尼亚州旧金山地震前后横跨圣安德烈斯断层所进行的大地形变测量资料的变化进行分析之后提出的. 断裂力学的 Griffith 理论成功地解释了地震断层端部应力集中导致失稳破裂的机制，从而支持了地震破裂的弹性回跳学说. 自 20 世纪 60 年代以来，断裂力学被引入地学中，较好地解释了地震震源的低应力降和差应力引起岩石膨胀-扩容的现象，成为震源物理学科发展的新起点. 利用断裂力学的方法与成果，研究地震及断层的产生与运动，已经成为国际地震学界的重要研究内容.

17.2　地震断层在地面的出露

强地震发生时地震断层的破裂会在地表形成许多破裂或裂缝. 这些破裂有一部分与先前的主干断裂构造有关，并受地质构造类型控制，叫做次级破裂. 另一部分则是由地震波扰动引起地面不均匀成分的破裂. 在现场考察时需要对这两种不同的类型进行鉴别.

地震断层破裂是否出露地表是影响和判定地震灾害分布特征非常重要的一个因素. 据统计，震级≥6.5 级的地震可能会沿发震活动断层形成数千米至百千米量级长的地表破裂带. 许多震例显示，破裂大规模出露地表，使得地震灾害最严重的区域都位于在断层线附近，有的引起浅表物质运移(如喷砂、冒水等)，甚至出现深部破碎岩石喷出地面(如 2008 年汶川 8.0 地震). 这个因素也关系到地震灾后重建的选址，因为灾后重建时必须避开破裂可能出露地表的地带. 因此，地震断层在地表的出露的现场考察与研究受到重视，如李四光(1973)，国家地震局“1976 年唐山地震”编辑组(1982)，新疆维吾尔自治区地震局(1988)的研究. 这些论著集中了许多学者对地震断层在地表的破裂形态进行的系统考察和研究(杨章等,虢顺民等,刘百篪等,钟以章等).

地震断层面通常被模型化为矩形或椭圆形.由于构造地震震源深度通常在10km以下,因此在考察地震断层能否向地表延伸的问题时实际上考虑的是断层面的上缘怎样扩展.对于不同类型的地震断层,其断层面上缘的类型是不同的.

这项研究的重要意义在于提供了一种地震破坏危险性预测的新思路,即在估计某区域断层在未来地震破裂时,预测该段落的断层次级破裂在地表出露的位置和类型,从而能够评估该区域地表地震破坏危险性的程度.

17.2.1　走滑型断层

走滑型(反平面剪切)断层面对于向水平方向扩展的前缘属于Ⅱ型破裂,但其上缘则属于Ⅲ型破裂.

走滑型断层上缘的模型实验在玻璃中为多重准螺旋状破裂,在表面呈现雁列式张破裂,见第 11 章图 11.7 和图 11.8.在岩石样品表面则呈现羽状破裂,见第 11 章图 11.11.图 17.1 显示的是格佐夫斯基(1984)对走滑型(反平面剪切)断层的三维扩展在地表的出露描述,为"明显弯曲的、简单的、独立小型剪切的发展",是"圆锥形或螺旋形剪裂".图 17.2 显示的是走滑型地震地表断裂的一些组合形态(杨章等,1988).图 17.3 显示的是走滑型地震断裂转换交替和末端特征(杨章等,1988).上述特征大部分与 11.3 节和 11.5 节含Ⅲ型裂纹三维破裂的理论与岩石实验结果吻合,其中最典型的当属雁列状和羽状,以及末端的隆起(+号)和拉张沉陷(−号).断层端部分叉现象似乎和 8.8 节岩石板含中心切口端部的二次破裂现象相似.

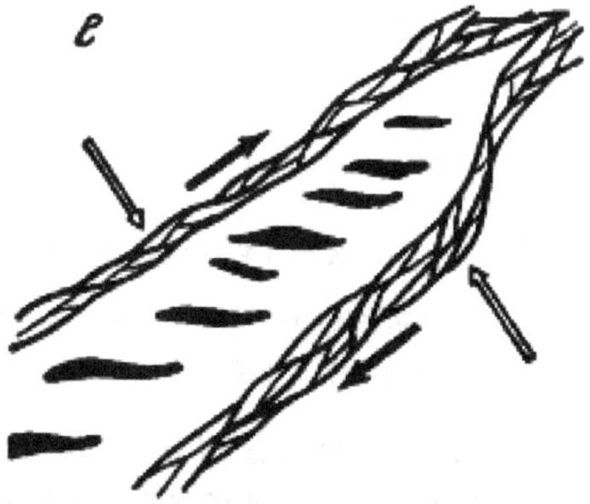

图 17.1　剪切断层的张性裂隙呈雁列式排列(格佐夫斯基,1984)

图中黑色箭头表示断层错动方向

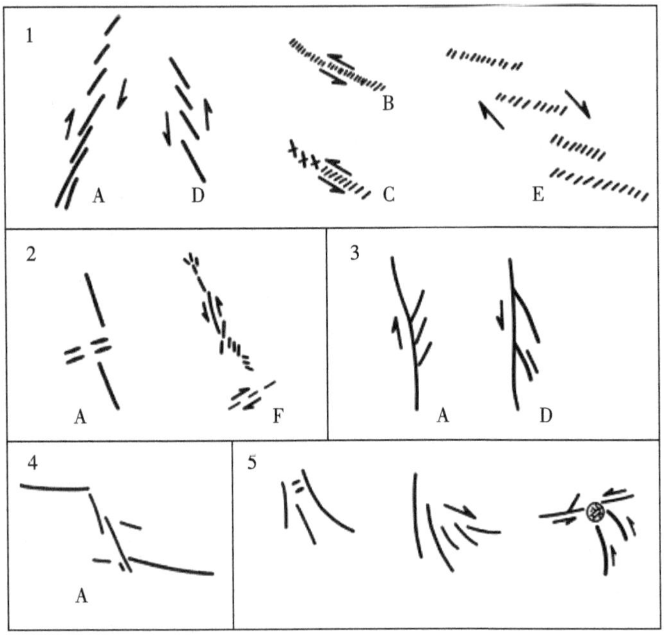

图 17.2　走滑型地震断裂的一些组合形态(杨章等,1988)

1. 雁列;2. X 状;3. 侧羽状;4. 肘状;5. 旋钮状;A. 1931 年富蕴地震;B. 1973 年炉霍地震;C. 1920 年海原地震;D. 1948 年理塘地震;E. 1965 年日本松代地震;F. 1927 年日本北丹后地震

图 17.3　走滑型地震断裂转换交替和末端特征(杨章等,1988)

1. 末端形变模式;2. 1891 年日本浓尾地震断层的末端形变;3. 挤压隆起式的断裂转换交替;4. 拉伸沉降式的断裂转换交替;5. 末端分叉、拐弯、雁列引张;6. 末端分叉

图 17.4 显示了 2001 年 2 月 14 日昆仑 M_S8.1(M_W7.8)地震的破裂路径,背景为卫星遥感图像,该图像是根据中国地震局地质考察组地面宏观考察绘制的. 作为宏观描述,此次地震破裂属于走滑型,大体上是沿 N36.2°,E90.9°自震中先向西破裂,而后又向东扩展. 据文献(陈杰等,2003),2001 年 2 月 14 日昆仑 M_S8.1 级地震地表破

裂带全长 426km，宽数米至数百米，总体走向 90°～110°，具有明显的破裂分段特征，自西向东由 5 条次级破裂段组成. 各破裂段又由若干更次级左阶或右阶斜列的破裂组成，具有自相似的分形结构特征. 次级破裂实际上是大量微小的张破裂组成的破碎带，由此看出剪切破坏中仍然存在张性破坏，但尺度比剪切破裂小 2～3 个量级. 地震破裂带以左旋走滑为主，倾滑量很小. 宏观震中区位于库赛湖东北 93.0°～93.5°E 一带的昆仑山南麓断层谷地内. 最大地表同震左旋水平位移 6.4m，最大垂直位移为 4m. 地表水平位移沿地震破裂带走向出现 6 个峰值，各峰值之间存在相对独立的衰减序列，这表明此地震具有多点破裂特征. 图 17.5 给出了 2001 年 2 月 14 日昆仑 M_S8.1 级地震破裂在地面的出露（青海省地震局提供）. 不同段落的地面出露有许多不同表现，其细节是十分曲折复杂的，在不同段落可分别见到张剪性开裂，压剪性隆起，摩擦面上的粉化岩粒等. 所谓沿自身所在平面扩展，实际上只是一种十分粗略的描述.

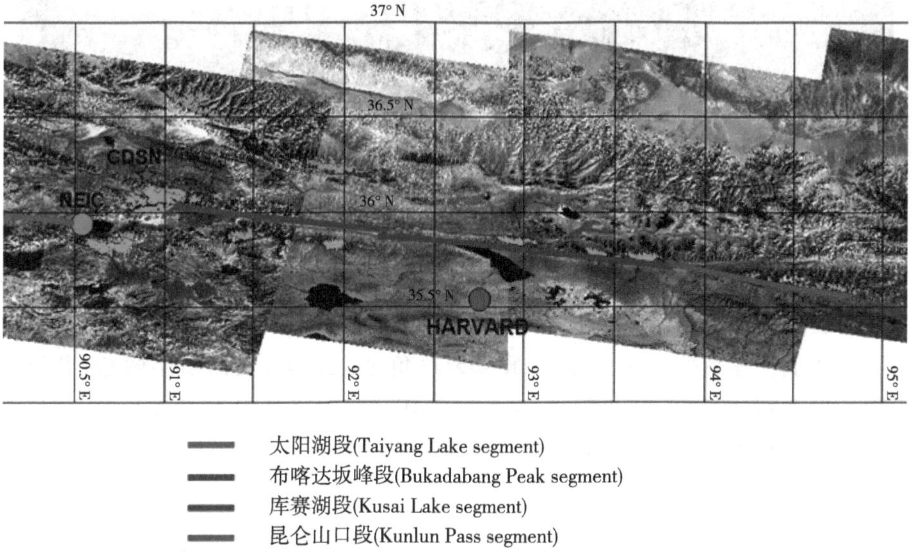

图 17.4　2001 年 2 月 14 日昆仑 M_S8.1(M_W7.8)地震的破裂大体路径（中国地震局地质考察组提供，背景为卫星遥感图像）（后附彩图）

据文献（丁志峰等，2004），昆仑 M_S8.1 地震破裂路径上，深部的宽度远比地面出露要宽得多，测线处地表破裂宽度仅 2m，而 30m 深度左右的破裂宽度达到 100m. 这个差异似乎是由于地表有薄的土层，加上浅表的基岩风化度较高，强度远小于深部. 由于水平位移达到 6m 量级，深部的雁列式分布的次级破裂可能被再次错断，在地表贯通.

图 17.5　2001 年 2 月 14 日昆仑 $M_S8.1$ 级地震破裂的地面出露(片断)(青海省地震局提供)

17.2.2　倾滑型(正)断层

倾滑型断层也叫做正断层,其斜面上缘通常被模型化为纯Ⅱ型破裂.在图 17.6 中的角度表现为左旋错动.该图显示的是倾滑型断层破裂后库仑应力变化 σ_1^c 分布,假定断层面上摩擦系数 $f_d=0.4$,则最优裂纹角 $\beta=31.4°$,从而断层倾角(断层面与水平面的夹角)$\delta=55.9°$,应力降 $\Delta\tau=-100\text{MPa}$(应力降的符号是人为的,与错动方向和坐标选取有关).图 17.7 显示的是倾滑型断层翼状Ⅰ型破裂扩展途径理论解.

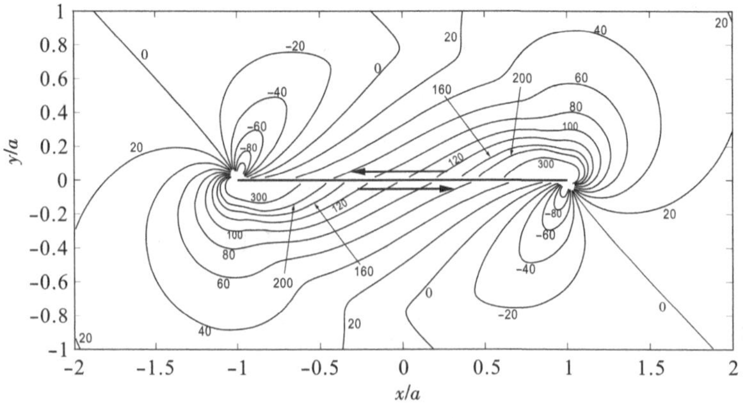

图 17.6　倾滑型断层库仑应力变化 σ_1^c 分布,断层倾角 $\delta=55.9°$,应力降 $\Delta\tau=-100\text{MPa}$

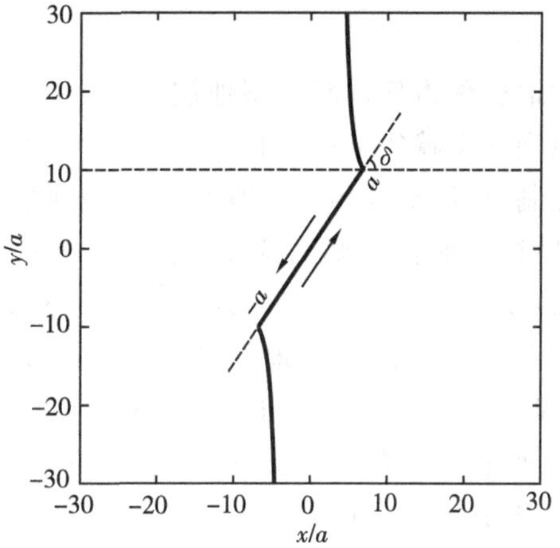

图 17.7　倾滑型断层翼状Ⅰ型破裂扩展途径理论解，断层倾角 $\delta=55.9°$

图 17.8 显示的是倾滑型地震断裂地表形态实例(杨章等，1988). 主要表现为地震断裂发育较差，延伸较短，具有明显垂直位移，且伴随大量次生地裂缝. 这些地裂缝似乎和破裂的分叉有关. 这些形态的地表破裂现象还可以在不少山地具有潜在滑坡危险地带观察到.

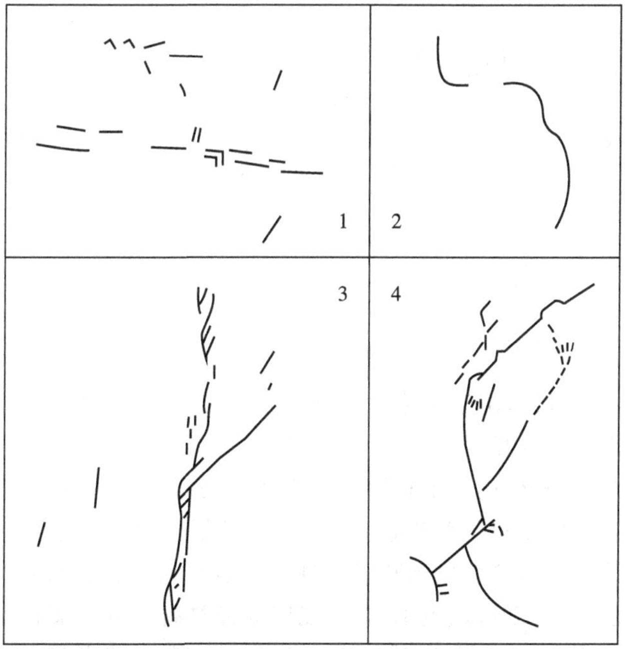

图 17.8　倾滑型地震断裂地表形态实例(杨章等，1988)

1. 1812 年新疆尼勒克 8 级地震；2. 1945 年日本三河 7.1 级地震；3. 1959 年美国蒙大拿州 7.1 级地震；4. 1963 年澳大利亚梅克林 6.3 级地震

17.2.3 逆断层

破裂未出露地表的地震称为盲逆断层型地震(blind thrust earthquake).盲断裂概念的提出最早可以追溯到文献(Stein and Yeats,1988),该理论认为一些地震并不受地表已知活动断裂控制,也不形成相应的地表破裂.这种类型的地震常发生在逆断裂带或活动褶皱上.其特征为地震震源深部的位移向上快速衰减.在接近地表处渐趋于零,不引起或只形成很小的地表断裂位移,地震时的地表变形以褶皱隆起为主.例如,1980 年阿尔及利亚阿斯南(Asnam)地震、1983 年美国科林加(Coalinga)地震、1987 年美国怀特莱露(Whittier Narrows)地震和 1906 年北天山玛纳斯地震(张培震等,1994)等就属于这类地震,它们的一个共同特征是没有沿地表可见活动断层形成地表破裂带,但在地壳中盲逆断层上断点附近可观测到背斜状隆起,因而在震中附近可见背斜状隆起山地,横跨盲逆断层的垂直剖面上余震常呈面状分布.

图 17.9 显示的是将逆冲断裂带模型化为一个二维纯Ⅱ型单裂纹,倾角 $\delta=47°$(参照 2013 年芦山 7.0 级地震),在发生地震后的库仑应力变化 σ_1^c 等值线图.其中深色的部分是最大张应力区.库仑应力变化的具体计算方法参见 7.3 节.

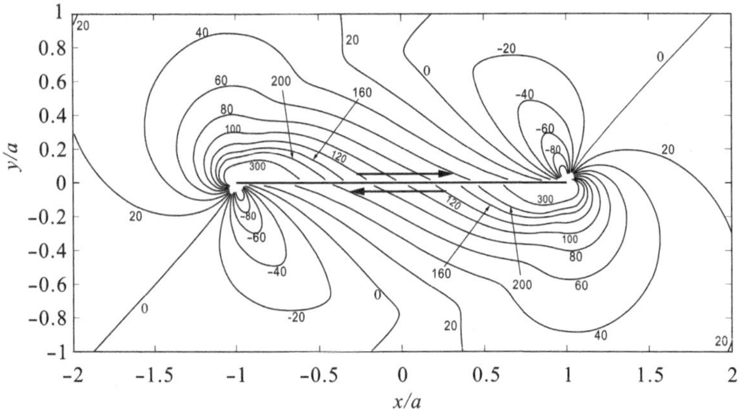

图 17.9　逆冲断层库仑变化应力 σ_1^c 分布,断层倾角 $\delta=47°$,应力降 $\Delta\tau=100\text{MPa}$

根据第 12 章的讨论,由于越接近地面,围压 p 越小,逆冲断层很难以自相似方式发生剪切扩展.图 17.10 显示的一条逆冲断层模型,倾角 $\delta=47°$.断层端部翼状Ⅰ型扩展途径是根据非自相似内聚带理论和最大张应力准则计算的,具体论证参见 5.4 节和 8.3 节.上述原因使得Ⅰ型和Ⅱ型两种破裂都很少伸展到震中地面.有的文献认为,翼状Ⅰ型破裂多半可能伸展到断层下盘远处地面.我们认为,有些破裂出露位置已经超出了极震区甚至余震区范围,有可能因此而被排除在地震破裂在地表出露之列,认定为次生破裂.这些地表破裂究竟算是次生破裂,还是断层破裂的出露?有关的文献说法不完全统一.从这个意义上讲,所谓盲逆断裂不是全盲,见下面有关芦山地震的讨论.

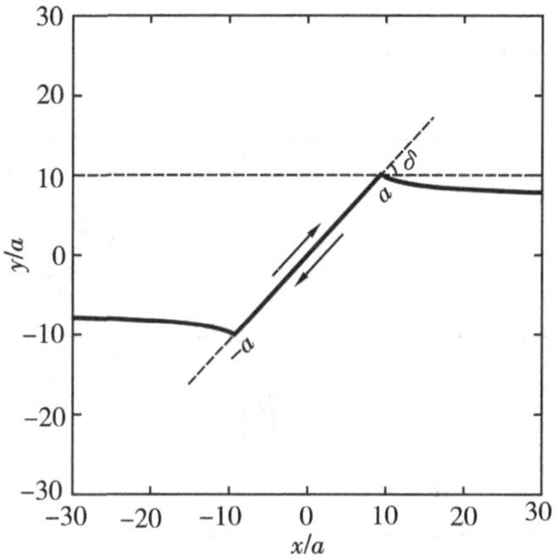

图 17.10　逆冲断层翼状 Ⅰ 型破裂扩展途径理论解,倾角 $\delta=47°$

17.2.4　汶川地震与芦山地震

进一步讨论汶川 2008 年 8.0 级地震与 2013 年芦山 7.0 级地震断层在地面的出露差异.

1. 汶川 2008 年 8.0 级地震

2008 年 5 月 12 日在四川汶川发生的大地震,面波震级 M_S8.0,矩震级 M_W7.9(陈运泰等,2008). 据杨智娴等(2012)的精定位结果,该地震发震时刻为 14:27:57.59±0.03s,震中位置为 31.018°N±0.3km,103.365°E±0.3km,震源深度 15.5km±0.3km. 该地震发生后,在地表发现了若干条大规模破裂出露(徐锡伟等,2008;李勇等,2009). 据徐锡伟等(2008)震后野外考察的报告,2008 年 5 月 12 日汶川 8.0 级地震在青藏高原东缘龙门山推覆构造带上,同时使北川-映秀断裂和灌县-江油断裂两条倾向 NW 的叠瓦状逆断层发生地表破裂. 其中,沿北川-映秀断裂展布的地表破裂带长约 240km,以兼有右旋走滑分量的逆断层型破裂为主,最大垂直位移 6.2m,最大右旋走滑位移 4.9m;沿灌县-江油断裂连续展布的地表破裂带长约 72km,最长可达 90km,为典型的纯逆断层型地表破裂,最大垂直位移 3.5m;另外,在上述两条地表破裂带西部还发育着一条 NW 向带有逆冲垂直分量、左旋走滑性质的小鱼洞地表破裂带,长约 6km. 这一地表破裂样式是近期发生的特大地震中结构最复杂的一次逆断层型地表破裂,地表破裂的长度也最长. 由于主要破裂大规模出露地表,地震灾害最严重的区域都位于在断层线附近,如北川、映秀、都江堰等地,见图 17.11.

据文献(陈运泰等,2008),这次地震总体上是一次以逆冲为主,兼少量右旋走滑分量的地震. 断层向西北方向倾斜,走向为 204°. 在地震的开始阶段表现为逆冲为主,但后来逐渐转变为以走滑为主. 震源深度为 10km. 根据李勇等(2009)的描述,汶川 8.0 级地震的地表破裂大体分为主破裂和次级断裂,以及派生的地裂缝,主破裂为

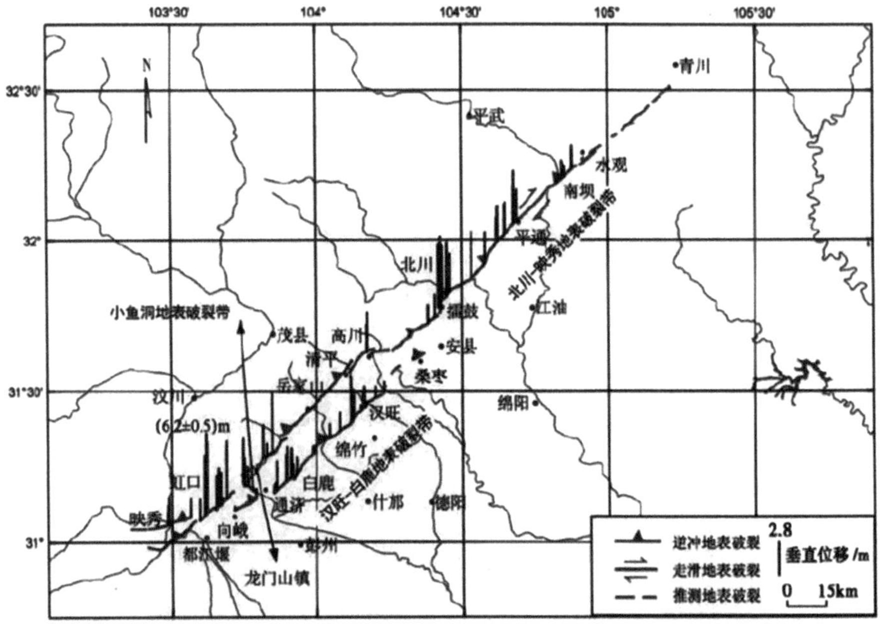

图 17.11　2008 年汶川 8.0 级地震震中地表破裂分布(徐锡伟等,2008)

主震的直接切割到地表,其分段与主震的多次事件有关,次级断裂则与局部小断裂,以及介质强度的不均匀有关. 根据本节有关的三维破裂实验,次级断裂与派生的地裂缝似乎与主震的走滑-逆冲运动导致的Ⅱ-Ⅲ复合型三维破裂很相似. 但这种相似性与矿山拍摄到的岩爆震源破裂相差较多,似乎与大尺度断层周围介质的不均匀有更多的关系. 王萍等(2009)认为,2008 年汶川 8.0 级地震沿龙门山断裂带内的映秀-北川断裂和灌县-安县断裂分别形成约 230km 和 70km 的地表破裂带. 震后地质考察研究表明,伴随地震断层出露地表的滑动面大多沿炭质泥岩和煤层发育. 与 1∶5 万区域地质图进行对照,显示映秀-北川地震破裂带的西南段(虹口-清平段)和灌县-安县地震地表破裂带的展布与龙门山地区上三叠统须家河组煤系地层的出露范围相一致. 龙门山地区的上三叠统须家河组地层中的薄煤层、炭质泥岩层以及志留系、寒武系的炭质页岩层是易于产生滑动的柔性岩层,易形成滑脱面或成岩片夹于断层带中. 汶川地震产生的复杂地表破裂带是龙门山逆冲推覆构造带沿地表构造层中夹有煤层等柔性岩层的断层产生 B 型滑动的结果.

另据报道,汶川地震发生时震中出现深部破碎岩石喷出地面的现象. 文献(嵇少丞,2009)根据现场调查报道,汶川县漩口镇蔡家杠村莲花芯山上,"5·12"大地震时,莲花芯里的龙门山中央断裂带中的花岗岩和花岗闪长岩在强烈的逆冲挤压和剪切作用下,瞬间发生无数脆性破裂,约 400 万 m^3 的白色岩石碎块和碎屑在短短的 30～40 秒的时间内,从断裂带中喷涌而出,抛到对面山上的岩石碎块和碎屑将山坡上的泥土、森林、其他植被和悬岩一并击落与震塌，干的岩石碎屑流（和潮湿的泥石流不同）立刻将两千多米长的山谷填平，居住在莲花芯和牛眠沟里的几十户人家的房屋瞬间被掩埋. 曾明果等(2009)根据现场调查估计喷出物总量为 2 千万 m^3，并将该过程描述为“爆烈式泥火山”. 曾雄飞（学术交流会议）认为汶川地震震源形成了通达地面的“黑烟囱”. 在 17.2.1 节中，我们已经指出走滑型断层上缘为多重准螺旋状破裂，在地表呈现雁列式张破裂. 陈运泰等(2008)给出汶川 $M_S8.0$ 地震反演得到的最大静态位错约为 6.7m，地表最大标量位移＞4m. 徐锡伟等(2008)现场考察发现的最大右旋走滑错距为 4.9m. 在 15.7.2 节中，我们引用了文献(Weatherley and Henley，2013)提出的一个热动力学活塞模型，该模型计算了在地震期间充填超临界流体的断层空穴所经历的流体压力下降. 模型的几何形态由典型断层割阶的大小限定. 根据该模型，汶川地震震中断层割阶所形成的断层空穴有可能达到 4～6m 宽，并与地面连通，在同震瞬间空穴内部流体压力突然下降，可能引发下部原高压超临界流体解吸后沿空穴向上喷发，并推动剪切破坏后的破碎岩体喷出地面.

2. 芦山 7.0 级地震

同样是龙门山断裂上，另外一次地震发生在 5 年之后，即 2013 年 4 月 20 日四川省雅安市芦山县境内发生 $M_S7.0$($M_W6.7$)地震（发震时刻：北京时间上午 08：02：46s；震中位置：30.3°N，103.0°E；震源深度：13.0km）. 据中国地震局地球物理研究所和其他研究单位组织的对此次地震震中的科考结果，在震中区域没有找到地震断层在地面的大规模出露(张勇等，2013). 这是这次地震造成的人员伤亡和财产损失比实际情况少的主要原因. 两次地震相隔 5 年，都发生带龙门山断裂上，只是位置不同，地表破裂却如此差异，这究竟是为什么呢？

徐锡伟等(2013)的地震现场应急科学考察表明，沿震中活动断层及其邻近地段没有发现明显的**地震**地表破裂带，地表可见到一些脆性水泥路面挤压破裂现象，说明在极震区存在着 NW-SE 向局部的地壳缩短. 双石-大川断裂和大邑隐伏断裂沿线基岩山区或第四系覆盖区发育着大量与断层走向一致、顺坡滑动的张性地裂缝带，特别是在雅安雨城区上里、中里和下里以西的大邑隐伏断裂分支沿线，集中分布在海拔 1500m 左右的山坡上，呈拉开状，由于它们大都位于陡坡地带，且有相当一部分直接构成滑坡体后缘陡坎或两侧的侧滑破裂面，野外可确定它们大部分为震动条件下形成的张性地裂缝和相关的滑坡体，可称为芦山地震诱发的次生地表破裂. 推测**芦山地震**属典型的盲逆断层型**地震**.

刘明军等(2014)的提法似乎有些保留. 他们报道的题目就是“芦山 $M_S7.0$ 地震箭杆林地表破裂带研究”. 该地表破裂带位于雅安市上里镇箭杆林村二组西侧海拔 1 529～1 578m、坡度 30°～40°的山坡上. 地表破裂带分 3 段近直线展布，每段长 6～10m，最宽约 40cm. 破裂带总体走向 120°，破裂面平整，倾向 SW，倾角 62°～85°. 破裂通过的岩性多为黏土，破裂面上有两组明显的新鲜擦痕，倾伏角较大的一组擦痕一般仅保留在距地面 10～20cm，其下倾伏角较小的一组擦痕则覆盖倾伏角较大的一组擦痕. 破裂经过处见一直径约 4cm 的树根被明显错断，上盘上升 15cm，并向 SE 方向平移 10cm；另见上盘地层发生翻转现象. 经探槽揭示，破裂带上盘黑色腐植土层相对下盘上升约 15cm. 但他们又认为 WNW 向箭杆林地表破裂带可能是芦山地震产生的次级破裂带.

根据断裂力学理论，2013 年芦山 7.0 地震的地表破裂缺乏的现象应该与该次地震的破裂机制有关. 曾祥方等(2013)采用近远震波形联合反演方法(CAPjoint)，反演了芦山 7.0 地震矩心深度和点源近似下震源机制解，表明该次地震发生在 12km 深度，其断层面走向/倾角/滑动角依次为 212°/47°/93°(图 17.12). 通过分析波形反演中深度和震源区地震波速度模型对断层面倾角的影响，并结合短期余震机制解，他们认为芦山 7.0 地震是一个高角度逆冲地震. 张勇等(2013)，王卫民等(2013)也得到了大致相同的结果. 进一步需要我们回答，为什么地表破裂缺乏的现象与地震的逆冲震源机制有关呢?

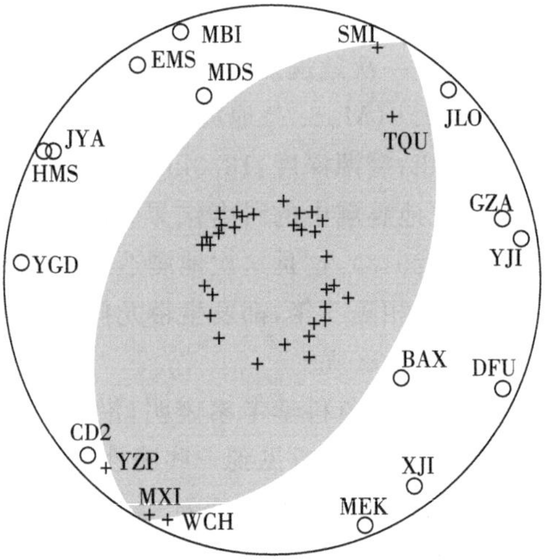

图 17.12　2013 年芦山 7.0 地震 P 波初动反演结果(曾祥方等，2013)

＋表示初动为向上，○表示初动为向下，深色区域为初动压缩区域，白色区域为初动膨胀区域

高中等(2012)认为，印度板块与欧亚板块的挤压碰撞致使青藏高原隆升与地壳加厚，高原内部温度逐渐升高导致其内部物质呈现出流变性. 挤压和重力的双重作用，使得青藏高原内部的流变物质向四周运移，但受四周刚性较硬的块体所限，因此出现了物质东流的现象. 具有流变性质的下地壳向东流动时，上地壳在下地壳的拖动下也向东运动. 由于上地壳与坚硬的四川盆地之间的不断挤压作用，倾角高达 60°～70°甚至更陡的龙门山逆冲断裂带上部断层面上的正应力越来越大，致使断层的闭锁程度越来越高，因而造成龙门山断裂带浅表的滑动速率很小，并曾被认为是现今不活动的构造带，如图 17.13 所示.

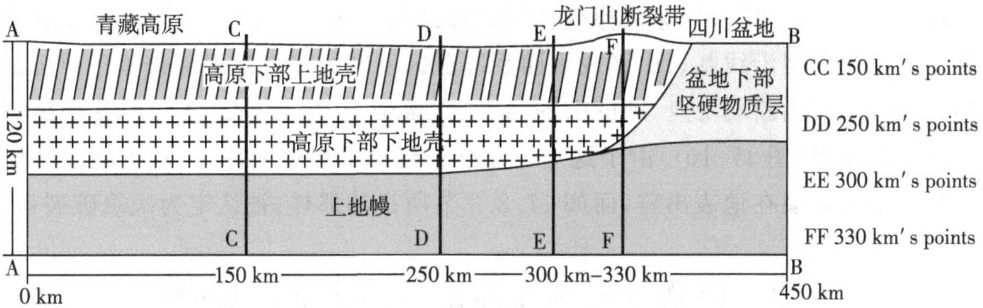

图 17.13　计算龙门山断裂带构造二维模型(高中等,2012)

根据 Mohr 准则,在断层端部扰动应力的张应力区,应有利于微破裂发育,并有助于剪切破坏的发生.这可能是主震断层端部发生余震的一种机制.一些大地震的余震呈翼状分布与此不无关系.王新华等(1984),张之立等(1989)就用这种观点研究过 1976 年唐山 M_S7.8 地震破裂过程的雁行断裂模式.图 17.14 显示的是 2013 年芦山 7.0 地震余震分布的定位结果三视图(时间截至 2013 年 4 月 27 日)(张竹琪等,2013).可以看出,芦山 7.0 地震余震分布范围呈弯曲状,段落 AA'—DD' 的余震图像和图 17.10 给出的裂纹 a 端翼状Ⅰ型破裂理论扩展途径符合得相当好.

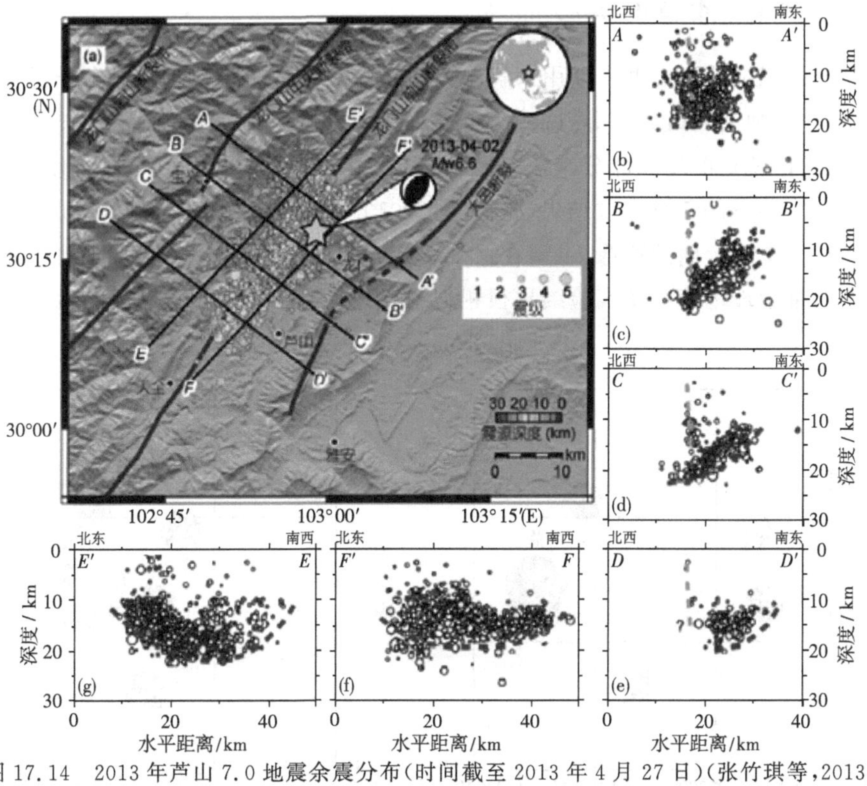

图 17.14　2013 年芦山 7.0 地震余震分布(时间截至 2013 年 4 月 27 日)(张竹琪等,2013)

(a)五角星和圆圈分别表示主震和余震,曲线为震区主要断层,直线标示了(b)~(g)图剖面的位置;(b)~(g)中黑色圆圈表示余震,虚线为推测余震分布特征;(b)~(e)中余震分布在剖面两边 3.5km 范围内;(g)~(f)中余震距剖面 4.5km 范围内

从图 17.14 可以看出，徐锡伟等(2013)和刘明军等(2014)报道的芦山地震后发现的大邑隐伏断裂沿线基岩山区或第四系覆盖区发育的张性地裂缝带位于芦山地震震源所在的龙门山断裂下盘，即图中的 $A'-D'$ 条带上，恰好是逆断层的翼状破裂延伸到下盘的出露(图 17.10). 由于这些地方已经超出了余震区范围，有可能因此没有被认可为地震破裂在地表出露，而如 17.2.3 节所说的那样，被认定为次级破裂带.

17.3 由微破裂成核理论导出的推论及应用

17.3.1 介质各向异性的 EDA 模型

由受压闭合裂纹Ⅱ-Ⅲ复合型破裂可以看出，翼状张性初始破裂的扩展方向大体相同，这种现象称为定向排列，即张性扩容各向异性(extensive dilatancy anisotropy, EDA)裂隙，是微破裂发育造成介质各向异性的重要机理，也是地震前横波分裂和大地电阻率前兆的重要理论依据.

17.3.2 地震的多重事件

断层的三维破裂模型可以用来解释大地震多重事件中子事件震源分布的非共面性(曾融生和师洁珊，1978)等. 这些子事件如果不是紧接着发生，而是拉长发生的时间间隔，或许就是前震或部分余震. 图 17.15 给出了 1999 年 11 月 29 日岫岩-海城 $M_S5.6$ 地震前震的三维定位结果(张群等，2001). 可以看出，这 5 个 $M_L\geqslant4$ 的前震恰好分布在一个螺旋面的边缘，主震在这个螺旋面的内边缘. 这个螺旋面的形状和三维破裂的纯Ⅲ型理论解以及实验结果很相似. 这个前震图像有可能是板内地震破裂方式的一种类型.

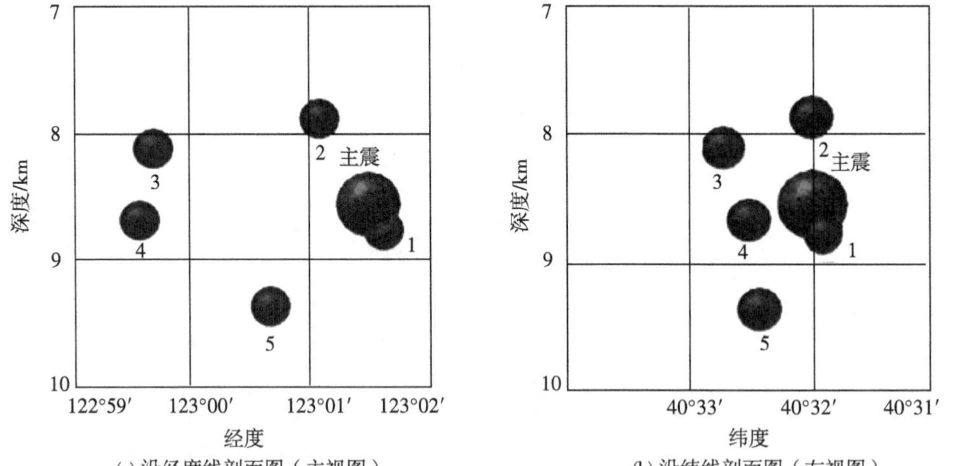

(a) 沿经度线剖面图（主视图）　(b) 沿纬线剖面图（左视图）

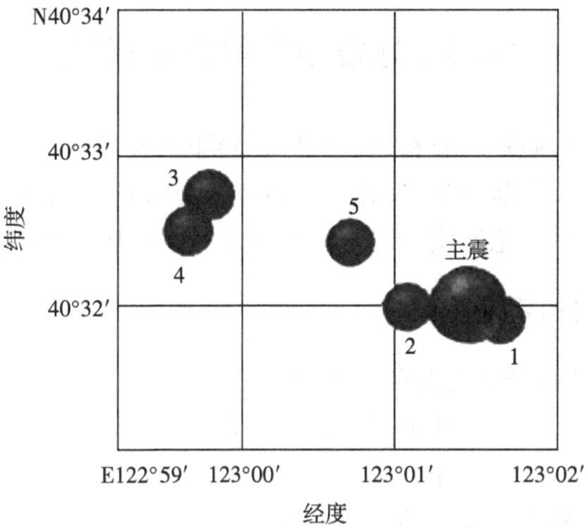

(c) 俯视图

图 17.15　1999 年 11 月 29 日海城-岫岩 M_S5.6 地震前震的三维定位结果(张群等,2001)

能够得到这个图像不是一件容易的事,它要求在主震周围具有足够密度的高质量台网,以便能获得清晰的地震震源三维定位图像. 其次,在台网包围区域的内部遇到 5 级以上地震,而且在主震发生之前确实有数量较多的前震. 能够同时满足这几个条件的机会不多,而辽宁海城-岫岩地区恰好能同时满足这几个条件.

17.3.3　地震的活动性

断层的三维结构,是构造物理重点的研究对象. 例如,走滑断层破裂的雁行排列出露(见上节),在地壳内,走滑断层张性破裂如何伴随介质的填充(图 17.16),形成拉-分盆地等.

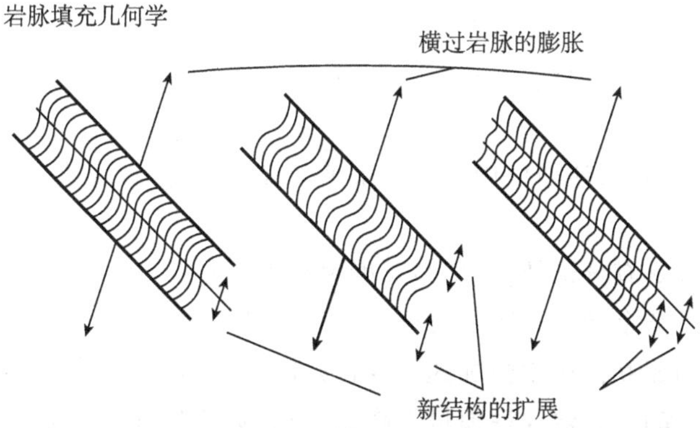

图 17.16　走滑断层开裂-填充过程示意图(Durney and Ramsay,1973)

17.4 地震孕育的膨胀模式

在差应力作用下，脆性岩石在破坏前体积膨胀的实验现象已经在 8.7 节中给出介绍. 脆性岩石内微裂纹从萌生、发育到集结成核过程的理论和实验，在 5.2 节中已经给出详细论述，这些理论和实验是解释脆性岩石在破坏前体积膨胀的主要依据.

17.4.1 膨胀模式的观测依据

膨胀模式是为了解释强震前的一些物理量变化所提出的理论模型，主要是解释地面形变的局部隆起现象、大地电阻率变化和波速比 v_P/v_S 的变化等.

Brace 等(1966)的差应力下实验(见 8.7 节的介绍)给出了明确的岩石体积膨胀的实验结果，指出这种膨胀现象的原因是脆性岩石在破坏前由于微裂纹扩展发育形成新的空隙所造成.

膨胀模式又分成两种，分别称之为干模式和湿模式.

17.4.2 干模式(IPE 模式)

干模式由米雅奇金等(Mjachkin et al.，1975)提出，认为地震孕育过程可以和水等流体无关，也叫做 IPE(Institute of Physics of the Earth，苏联科学院大地物理研究所)模式. 该模式的要点如下：

(1)在统计意义上，非均匀介质的破裂是由于裂隙等缺陷的数目和大小增加所致.

(2)在接近不变的应力条件下，缺陷可以随时间增长，随着应力增加，缺陷形成的速度亦增加.

(3)总的形变是由内在的弹性形变和裂隙内表面相互错动造成的形变两部分组成.

(4)宏观破裂(主断层的发展)是裂隙雪崩式增长的结果. 当裂隙达到一定密度时，就会产生失稳.

(5)主断层的形成，使断层周围应力水平下降，结果使新缺陷停止生长，活动裂隙数目下降.

(6)破裂过程具有分形特征(即与尺度关系不大).

根据该模式，整个孕震过程主要分为 3 个阶段，即第 Ⅰ 阶段，均匀裂隙形成；第 Ⅱ 阶段，由于裂隙的相互作用裂隙加速形成；第 Ⅲ 阶段，不稳定裂隙和主断层形成.

在微裂隙形成时，有效弹性模量下降，所以在第 Ⅰ 阶段弹性波速度急剧下降；在第 Ⅲ 阶段，大多数较小裂隙闭合，而少数大裂隙影响不大，所以有效弹性模量将恢复，v_P，v_S 也将以同样方式变化.

17.4.3　湿模式(DD 模式)

该模式由 Scholz(1973)等提出,认为地震孕育与水等流体的作用有关,称为膨胀-扩散(dilatancy-diffusion,DD)模式.

DD 模式主要依据了 Nur(1972)等的实验和理论分析.实验证明,当多孔岩石由水饱和状态变为非饱和状态时,v_P 和 v_P/v_S 将剧烈减小(Nur and Simmons,1969),与此相关的变化是岩石电阻率,平行最大压力方向的电阻率可以减小一个量级之多(Brace et al.,1966).

DD 模式的不同阶段划分如下:第Ⅰ阶段,应力逐渐增加,但膨胀裂隙还没有开始张开或形成.在第Ⅱ阶段,膨胀破裂形成,但还没有饱和.相应的变化是 v_P/v_S 与电阻率下降.在第Ⅲ阶段,非膨胀区的水重新流入膨胀岩石,由于膨胀岩石渗透率增加,水的流入速率加快,相应的变化是 v_P/v_S 与电阻率上升直到恢复初始值.水的重新流入导致孔隙压力增加,降低了有效围压,加速了岩石破裂或摩擦滑动,使地震在第Ⅲ阶段末发生.

17.4.4　地震破裂成核的基本含义

研究强震孕育和发生(nucleation)的理论被约定俗成地称为地震成核.对“nucleation”的理解和翻译迄今尚存在很大争议.有些学者主张翻译为“起始”,有些则主张称之为“集结”.不同文献侧重“nucleation”的不同内涵,实际是针对其过程的特征来考虑的.

地震成核是关于地震断层破裂起始过程的模型.地震成核模型有两种,第一种认为是岩体内的微破裂集结而形成了地震断层的宏观破裂,这称为广义成核模型;第二种认为是剪切滑动面上临界滑动段的形成而导致了地震破裂的起始,这称为狭义成核模型.

广义成核模型最初来自断裂力学和损伤理论,用于解释金属和岩石介质内部裂纹的起始扩展,其内容是在原始宏观裂纹端部附近应力集中区域有许多微裂纹逐渐萌生、增长,这个区域叫做过程区.随着微破裂密度加大,相互作用逐渐增强,微破裂发育从无序向有序转变;当微破裂局部密度达到临界值时,过程区内的微破裂聚集,并与原始主裂纹贯通.根据分形理论,这种集结过程在尺度上是多层次的,而且是自相似的,因此微破裂的集结学说被推广到百米乃至千米级尺度,用于解释地震断层的形成与起始扩展过程.这部分内容可参见 5.2 节.

广义成核模型认为存在强震前断层的亚临界扩展和预滑,以及地震破裂的起始.其主要内容是:由微破裂的集结、归并导致预滑段的形成.由于外界扰动(如潮汐力)的疲劳作用以及流体的应力腐蚀作用,预滑段经历了较长时间的慢扩展,在接近临界尺度时扩展逐渐加速,进入失稳扩展状态,构成地震破裂的起始.

狭义成核模型以断层面摩擦本构关系为理论基础，用状态变量描述断层摩擦滑动过程.其内容主要如下：① 存在一个临界尺度，在滑动段小于该尺度时，滑动是稳定的，扩展速度很慢，这个阶段要持续很长时间；② 在滑动段扩展到大于临界尺度时，剪应力超过稳定状态的摩擦阻力，扩展加速，很快变成失稳滑动。该模型预示，快速扩展的主破裂发生前的缓慢预滑可能产生长周期形变波.

地震成核模型中包括多种状态参量的变化过程，如应力、弹性应变、塑性应变、孔隙度、渗透率、绝对温度，以及导出量，包括流体孔隙压、热力学熵值、应变能释放等，如何用这些参量的集合，表征孕震体的临界状态，是"nucleation"研究的课题.

事实上，"nucleation"在英文中原来就是多义的，包括集结、成核、起始等，广泛应用于许多学科所描述的突变过程，例如物理的相变过程，断裂扩展的起始等.当前国际上地震集结与成核的研究主要包括以下个方面：①微破裂的集结特征以及断层(裂纹)之间的相互作用；②摩擦本构关系；③流体应力腐蚀作用；④岩石的渗透率和流体的孔隙压作用.

在岩石微破裂集结(成核)理论的基础上，Kuksenko 等(1995，1996)提出了岩石破坏分两个阶段的理论.认为在第一个阶段，裂纹或局部破坏随机产生，为累积阶段，在第二个阶段，裂纹的产生和演化从无序转为有序，导致破裂相互归并成核.此时裂纹裂纹数量和尺度加速扩大而进入非稳定破坏阶段.此阶段表现为小震频度迅速加大.这个理论较好地解释了强震前的地震序列累积-密集特征.

在地震成因的研究中，成核(nucleation)被赋予更广泛的含义，即强震前断层的亚临界扩展和预滑，以及地震破裂的起始.其主要内容是：由微破裂的集结、归并导致预滑段的形成.由于外界扰动(如潮汐力)的疲劳作用以及流体的应力腐蚀作用，预滑段经历了较长时间的慢扩展，在接近临界尺度时扩展逐渐加速，进入失稳扩展状态，构成地震破裂的起始.

根据上述理论，断层易发生地震的段落应处于微破裂发育接近成熟的状态.这个成熟段落越长，未来发生地震的震级也越大.据 Bohnhoff(2014)报道，德国地学研究中心(GFZ)的报告指出，转换断层的最古老部分往往会发生最大规模的地震.如北安托利亚(North Anatolian Fault Zone，NAFZ)和圣安德烈斯断层.这些研究成果显然很好地验证了地震成核理论.类似的情况也出现在矿山.观测表明较大矿震(Ⅱ类)多发生在多年陈旧的老采空区(Gibowitcz and Kijko，1994)，见 17.8.1 节.

17.5 摩擦准则

17.5.1 摩擦准则的尺度不变性

在 4.6.2 节中，回顾了摩擦滑动发生的条件的研究历史，本节就此继续讨论.

Brown 等(Brown and Scholz,1985)对天然岩石的断面几何进行了精细的测量,发现所有的断面都有不同大小的凹和凸(图 17.17),从它们长度的分布来看,小波长的凹凸多,大波长的凹凸少,空间功率谱密度曲线呈线性关系,表现出分形的特性(陈颙等,2009). Brown 等的测量结果,不仅验证了凹凸体存在的普遍性,而且给出了凹凸体空间尺度与频度分布的一般性结果. 这个结果在 1cm～10^3km 的尺度范围内是否仍具有普遍性,即满足相似性第三定理,还有待于更加定量化的研究,其结果无疑是我们在大尺度情况下应用摩擦准则的重要依据.

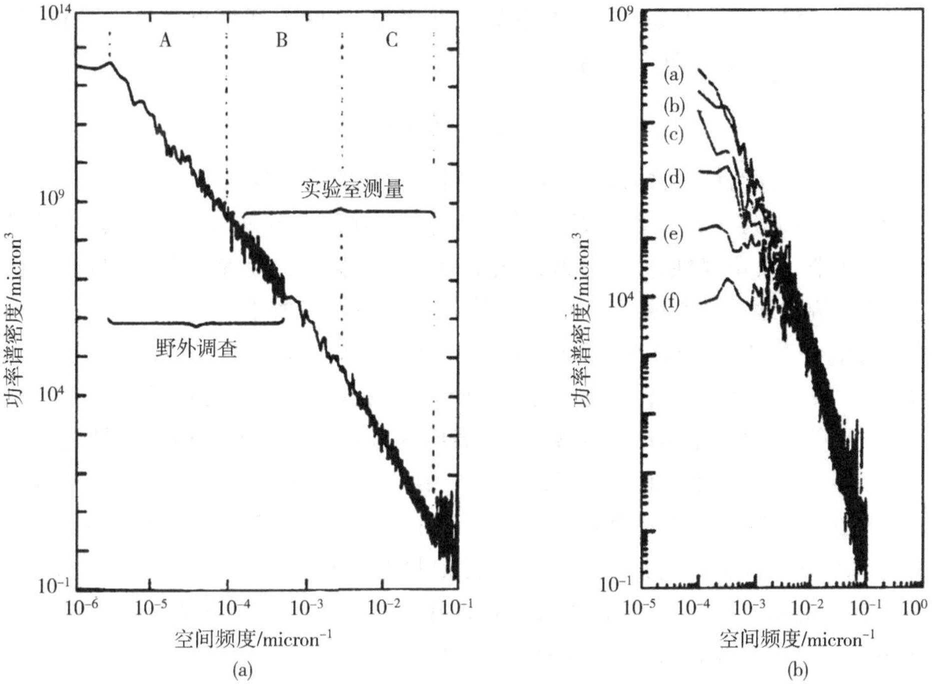

图 17.17　岩石表面形态的空间分析

从图中可以看出,各种空间尺度的凹凸体呈分形分布:(a)天然岩石节理表面(1cm～10mm)的空间功率谱密度,其分形分布还可细分为 A、B 和 C 三个空间范围;(b)岩石断面(1cm～10mm)粗糙度的空间功率谱密度,这六组数据出现了不同的拐角频度.(引自(Brown and Scholz,1985))

17.5.2　滑动弱化模型与内聚力模型

滑动弱化模式最初是由 Ida(1972)、Palmer 和 Rice(1973)在滑坡问题中提出的. 按库仑定律,闭合断层面上最大静摩擦力 τ_p 正比于摩擦面上的压应力 σ_n

$$\tau_p = f_s \sigma_n \tag{17.5.1}$$

上式中的 τ_p 和 16.4 节中的 τ_s 是同一物理量. 符号上的差异只是为了和引用的不同参考文献表述一致. 当接触面开始滑动以后,静摩擦力降低到动摩擦力 τ_d

$$\tau_d = f_d \sigma_n \tag{17.5.2}$$

如图 16.6 所示,横轴表示接触面间相对滑动距离 Δu,纵轴表示摩擦应力. τ_p(即

图 16.6 中的 τ_s)为介质最大抗剪切强度. τ_b为初始剪应力. 当 $\Delta u=0$ 时,与图中的 A 点相对应,在构造应力的作用下,断层面上的某一点的剪应力从 τ_b开始上升,直到超过 τ_p而发生滑动. 一旦开始滑动,$\Delta u>0$,τ 开始下降. 但如果剪应力立即下降到 $\tau=\tau_d$(图中的水平实线 BD),这种变化是不连续的. 从物理上考虑,这显然是不合理的. Palmer 和 Rice(1973)提出,当接触面开始滑动时,剪应力不是立即下降到 $\tau=\tau_d$,而是随着滑动距离 Δu 的增加而逐步减少(如图 16.6 中曲线 ACD 所示),当 Δu 达到某一临界值 Δu^* 时,τ 才从 τ_p下降到 $\tau=\tau_d$. τ_p、τ_d的值和曲线形状由实验测定.

图 16.6 仅为应力状态与 Δu 关系的一种模型,实际上还可以举出多种模型. 例如,Ida(1972)提出的三角形准则为

$$\tau(\Delta u)=\Delta\tau\left(1-\frac{\Delta u}{\Delta u^*}\right)H(\Delta u^*-\Delta u)+\tau_d \tag{17.5.3}$$

其中,$\Delta\tau=\tau_p-\tau_d$ 为应力降;Δu^* 为应力降到 τ_d所需的错动量.

诸多作者就应力降问题进行了讨论. Kanamori 和 Anderson(1975)提出了尺度不变性. 所谓尺度不变性,是指地震破裂的有效应力降 $\Delta\tau_e$ 都是有限值,与地震震级无关,或者说与地震破裂的尺度无关. 不同作者的估计有所不同:Kanamori(1994)的估计是 $\Delta\tau_e\approx2\sim20$MPa,Ohnaka(2003)的估计是 $\Delta\tau_e\approx1\sim100$MPa,Rice 等(2005)的估计是 $\Delta\tau_e\approx100$MPa. 板缘地震的应力降偏低,板内地震的应力降偏高.

由于不同震级的地震破裂尺度不同,表明这种尺度不变性与破裂面结构上的分形有关. 根据野外考察和地震波记录的反演结果,震级为 M_L3 以上的地震破裂尺度为 $10^2\sim10^6$ m 量级. 如果这种结构上的分形主要取决于凹凸体分布的相似性,则地震断层的摩擦滑动条件与细观(1cm～10mm)尺度上的摩擦准则应该是一致的,也就是同样满足相似性的第三定理. 这种相似性在岩石摩擦行为上表现为粘滑震荡上,用弹簧－滑块模型来模拟,最早见文献(Burridge and Knopoff,1967).

以下讨论仅以Ⅱ型裂纹为例.

在裂纹端点,Δu 必为零,因此该点的剪应力 τ_{xy}等于 τ_p,随着距端点距离的增加,τ_{xy}则按图 17.17 的规律逐渐减小. 致离端点 ω 处,Δu 达到 Δu^*,此区域称为滑动弱化区. 在此区域内,τ_{xy}从 τ_p 降低至 τ_d,在此区域外,裂纹面上的剪应力 τ_{xy} 恒为 τ_d.

滑动弱化模式是一个宏观概念,它是微观意义上的 Barenblatt 的内聚力模型在宏观中的推广. 在滑动弱化模型中,由于裂纹面上存在摩擦力,尤其是滑动弱化区域内的高摩擦应力,产生负值的应力强度因子(K_{II})(内聚模量),与外载产生的应力强度因子(正值)相抵,从而消除了裂纹端部的应力奇异性,使端部的应力成为有限值 τ_p. 因此可以说,滑动弱化模型是内聚力模型在剪切裂纹情况下的应用与发展. 在滑动弱化模式里,断层端部的应力不再是奇异的,断层端部表面能的吸收也与介质直接相关,这两个物理上的合理性都得到了体现. 因此,滑动弱化模式是比经典模式更加接近实用的模式.

17.5.3　受压闭合裂纹 J 积分的修正

在进一步深入分析滑动弱化模型时，要用到 J 积分这一工具. 在 5.9 节中证明 J 积分的守恒性时，用到了裂纹面上应力矢量为零的条件. 但是，对于受压闭合裂纹，裂纹面上应力自由的条件不再满足. 因此，对于受压闭合裂纹的情况下，J 积分概念有必要作一些修正.

对于裂纹表面应力自由的情况，J 积分的积分路径 Γ 是从裂纹下表面上任意一点开始，逆时针绕裂纹端点一周，再回到裂纹表面上任一点(不一定是原来的那一点)的任意曲线(参看第 5 章图 5.26). 由于在图 5.26 中的 CD 及 AB 线上 $\mathrm{d}y=0$, $T_i=0$, 因此

$$\int_{\overline{CD}+\overline{AB}}\left(W\mathrm{d}y-T_i\frac{\partial u_i}{\partial x}\mathrm{d}s\right)=0$$

由此才导致 J 积分的守恒性.

但是对于受压闭合裂纹，在其裂纹上虽然 $\mathrm{d}y=0$，但是 $T_i\neq0$. 因此，按照 5.9.2 节所选择的任意积分回路 Γ，J 积分不再具有守恒性. 不过可以证明，由裂纹下表面一点(例如图 17.18 中的 Q' 点，裂纹绕端点一周，回至上表面的对应点(Q 点))，J 积分仍具有守恒性. 例如，从 Q' 开始，沿两条任意选择的积分回路 Γ_{Q_1} 与 Γ_{Q_2}，再回到 Q 点，则有

$$\oint_Q\left(W\mathrm{d}y-T_i\frac{\partial u_i}{\partial x}\mathrm{d}s\right)=\int_{\Gamma_{Q_1}-\Gamma_{Q_2}}\left(W\mathrm{d}y-T_i\frac{\partial u_i}{\partial x}\mathrm{d}s\right)=0$$

因此

$$\oint_{\Gamma_{Q_1}}\left(W\mathrm{d}y-T_i\frac{\partial u_i}{\partial x}\mathrm{d}s\right)=\int_{\Gamma_{Q_2}}\left(W\mathrm{d}y-T_i\frac{\partial u_i}{\partial x}\mathrm{d}s\right)=J_Q$$

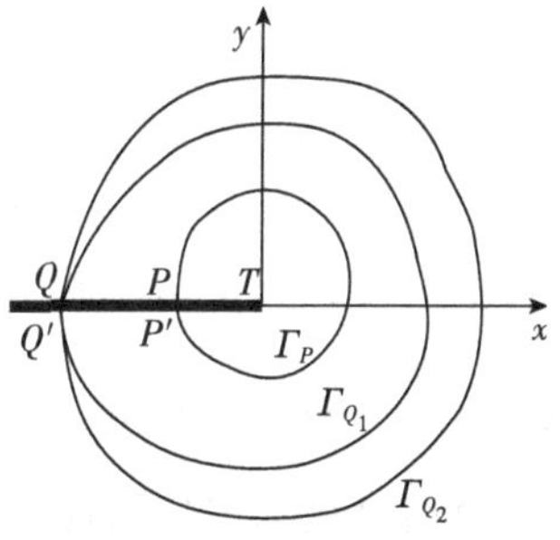

图 17.18　受压闭合裂纹 J 积分的积分路径

但是，对于不同点上按上述方法定义的 J 积分并不相等. 由图 17.18 可知

$$\int_{(\Gamma_Q+\overline{QP}-\Gamma_P+\overline{P'Q'})}\left(W\mathrm{d}y-T_i\frac{\partial u_i}{\partial x}\mathrm{d}s\right)=0$$

在 $\overline{QP}$ 及 $\overline{P'Q'}$ 线上 $\mathrm{d}y=0$，但 $T_i\neq0$，所以

$$J_Q-J_P+\int_{(\overline{QP}+\overline{P'Q'})}\left(-T_i\frac{\partial u_i}{\partial x}\mathrm{d}s\right)=0$$

利用柯西关系式，$T_i=\sigma_{ij}\cdot n_j$，并且考虑到对于裂纹上表面有 $n_x=0,n_y=-1$，下表面有 $n_x=0,n_y=+1$，于是上式可写为

$$J_P = J_Q + \int_Q^P \tau_{xy} \frac{\partial(\Delta u)}{\partial x} \mathrm{d}x \tag{17.5.4}$$

其中，Δu 为上下裂纹面的水平错动. 令 T 为裂纹端点，且 $P\to T$，则

$$J_P=G(\text{裂纹的能量释放率})$$

从而得

$$\begin{aligned} G &= J_Q + \int_Q^T \tau_{xy} \frac{\partial(\Delta u)}{\partial x} \mathrm{d}x \\ &= J_Q + \int_{(\Delta u)_Q}^0 \tau_{xy} \cdot \mathrm{d}(\Delta u) \end{aligned} \tag{17.5.5}$$

对于裂纹面上作用以均匀的剪应力 $\tau_{xy}=\tau_{\mathrm{d}}$ 的弹性裂纹模型，上式可写为

$$G=J_Q-\tau_{\mathrm{d}}(\Delta u)_Q \tag{17.5.6}$$

17.5.4 剪切断裂能

在滑动弱化模型里，因为裂纹端部的应力奇异性已经消除，所以 $J_P=0$，由式(17.5.4)得到

$$J_Q + \int_Q^P \tau_{xy} \frac{\partial(\Delta u)}{\partial x} \mathrm{d}x = 0$$

如果 Q 点取在滑动弱化区以外(以下讨论都按这一条件进行)，则上式成为

$$J_Q - \int_0^{\Delta u^*} \tau_{xy} \mathrm{d}(\Delta u) = J_Q - \tau_{\mathrm{d}}(\Delta u)_Q - \int_0^{\Delta u^*} (\tau_{xy}-\tau_{\mathrm{d}}) \mathrm{d}(\Delta u) = 0$$

由此得

$$J_Q - \tau_{\mathrm{d}}(\Delta u)_Q = \int_0^{\Delta u^*} (\tau_{xy}-\tau_{\mathrm{d}}) \mathrm{d}(\Delta u) \tag{17.5.7}$$

由式(17.5.6)可知，上式左侧代表相对应的弹性裂纹的能量释放率，右侧正好是图 17.17 中画阴影部分的面积，Rice 等称之为剪切断裂能，以符号 G_{r} 表示. 也就是

$$G_{\mathrm{r}} = \int_0^{\Delta u^*} (\tau_{xy}-\tau_{\mathrm{d}}) \mathrm{d}(\Delta u) \tag{17.5.8}$$

剪切断裂能 G_{r} 是应用滑动弱化模型时最基本的物理量，它可以由室内岩石试样的假三轴试验中的破坏后应力位移曲线测得. 实验结果表明，对于花岗岩、石英等类岩石，G_{r} 的值大约为 $10^4\,\mathrm{J/m^2}$ 的数量级. 由于实验条件(围压、温度)的变化，G_{r} 的值的变化可达一个数量级.

从字面上看，剪切断裂能 G_{r} 似乎与断层长度 L 无关，在破裂过程中为一个不变量，但是 Andrews(1976)指出，这个假定并不切合实际，因为由大地震资料测到的 G_{r} 值为 $10^8\,\mathrm{erg/cm^2}$ 左右，而由实验室测得的岩样的 G_{r} 值则为 $10^3\,\mathrm{erg/cm^2}$ 左右(安艺敬一和理查兹，1980)，两者相差好几个量级. 因此，G_{r} 与 L 的关系是必须考虑的.

Andrews(1976)的解释是：对于宏观断层来说，它的端部包含着大量按体积分布的微裂纹，这些微裂纹的总表面面积比起等积投影面积（即把宏观断层等效于一个平面）要大出几个量级，因此 G_r 的值实际上应该是 L 的函数. 随着断层增长，其端部附近的微裂纹数量和塑性变形体积加大，从而吸收的表面能量增加，因此对于不同尺度的断层，G_r 的值都具有不同的内容，式(17.5.8)只具有形式上的相似性.

17.5.5　更普遍的情况

在实际震源破裂过程中，情况要复杂得多. 断层接触面上的摩擦力 τ 可能并不是单调地从 τ_P 衰减到 τ_d，而是首先上升到 τ_p，然后沿函数 $\tau(u)$所表示的途径下降到低于 τ_d，然后增大到大于 τ_d，经过多次反复升降之后才保持在 τ_d. 因此，滑动弱化模式只是一种简单化的模型. 图 17.19 显示了 Rivera 和 Kanamori(2005)对这个观点的表述. 值得注意的是，他们不是采用剪切力符号 τ，而是采用一般的应力符号 σ，这是因为在该文的讨论中，不仅考虑了剪切应力，而且考虑了应力张量的所有分量.

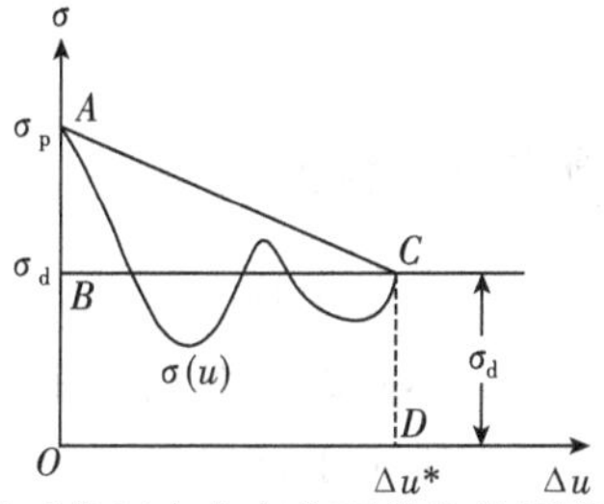

图 17.19　断层面上破裂起始时剪切应力变化更普遍的情况(Rivera and Kanamori,2005)（本书做了一些符号上的改动）

图 17.20 给出的是一种断层运动中能量转换的分配模型. 原图来自文献(Ma et al.,2006). 其中与图 17.17 相对应的剪切断裂能又被细分为破裂表面能（原作者标为断裂能，本书作者作了修改）和地震波辐射能.

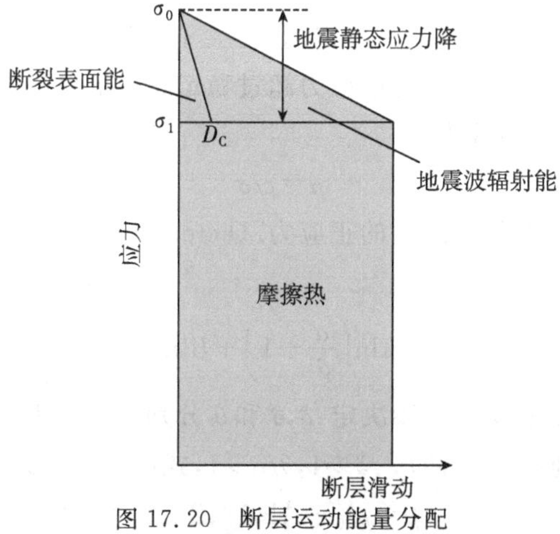

图 17.20　断层运动能量分配

17.5.6　速率弱化摩擦准则

Dieterich(1978)和 Ruina(1983)的实验表明,在稳定滑动阶段,滑动速率将起主导作用.依赖于速率的摩擦准则的最简化形式为(Carlson and Langer,1989)

$$\tau(v)=\tau_s \frac{v_c}{v_c+v} \tag{17.5.9}$$

其中,$v=\Delta\dot{u}$ 为滑动速率;v_c 为特征滑动速率,它表征摩擦阻力随滑动速率弱化的程度;τ_s 为当滑动速率减为零时摩擦力的极限.

在速率弱化摩擦准则中,应力随着滑动速率的减小而快速增大.因此,与滑动弱化准则相比,断层上各点的滑动持续时间会变短,这是造成愈合脉冲(Heaton,1990)的原因.在地震活动性中,速率弱化效应还可以用来解释摩擦面上粘-滑周期中由滑动到重新粘着的过程.在地震活动的时间序列中,该效应可以解释小震频繁-平静的现象,从地震活动的空间特征分析,这些因粘着而处于平静的区域又是地震活动的"围空区".

17.5.7　摩擦本构关系与地震成核模型

断层摩擦本构关系把断层的状态用摩擦过程的状态变量来描述(Rice and Ruina,1983;Dieterich,1978;Ohnaka,1992),其内容主要如下:

(1)存在一个临界尺度,在滑动段小于该尺度时,滑动是稳定的,扩展速度很慢,这个阶段要持续很长时间;

(2)在滑动段扩展到大于临界尺度,且归一化的应力超过稳定状态的摩擦系数后,扩展加速,很快变成失稳滑动.

显然,滑动弱化模式是摩擦本构关系的一种单参数的简化.

Diterich(1978)提出了一维成核模型,认为破裂从一个断层的最薄弱部位起始,"在小于临界半径的区域里,滑动是稳定的,在大于临界半径的范围,是非稳定滑动.当滑动区大于临界半径,且归一化的应力超过稳定状态的摩擦系数时,滑动加速直至失稳".定义断层的摩擦系数为

$$\mu=\tau/\sigma \tag{17.5.10}$$

其中,τ 为滑动阻力;σ 为断层面上的正应力.Dieterich(1992)采用了速率和状态依赖性的断层强度

$$\mu=\mu_0-A\ln\left(\frac{a}{\dot{\delta}}+1\right)+B\ln\left(\frac{\theta}{b}+1\right) \tag{17.5.11}$$

其中,参数 μ_0,A,B,a 和 b 由实验决定;δ,$\dot{\delta}$ 和 θ 分别为断层滑动、滑动速率和状态变量.当 $\dot{\delta}$ 和 θ 远小于速率上限,即 $a/\dot{\delta}\gg1$,$\theta/b\gg1$,式(17.5.11)简化为

$$\mu=\mu'_0+A\ln\dot{\delta}+B\ln\theta \tag{17.5.12}$$

其中，μ'_0 对应于式(17.5.11)中的常数项

$$\mu'_0=\mu_0-A\ln a-B\ln B \quad (17.5.13)$$

式(17.5.11)和式(17.5.12)等效于 Ruina(1983)，Rice 和 Ruina(1983)和其后的一些作者提出的摩擦本构律. Dieterch 假定断层失稳滑动的临界区域存在最小尺度，这个最小尺度和作用在断层上的正应力、剪切作用力条件、摩擦本构律的参数有关，特别强调这些参数中的滑动特征距离 D_c. 失稳滑动的最小成核区的尺度和 D_c 成正比，而预滑的地震矩和 D_c^3 成正比.

该模型认为震前具有前兆意义的主要是预滑产生的低频辐射(成核相，或长周期形变波)，有关问题在 20 世纪 80 年代初国内已有不少研究(冯德益等，1984). 20 世纪 90 年代中期，曾出现过有关集结相的争论. Ellsworth 和 Beroza(1995)考察了 30 个具有慢起始的地震记录，称为集结相，讨论了其地震矩、持续时间与其后主震的关系. Scherbaum(1997a，b)对此提出了不同看法，认为有些低频波起始记录的解释是一种未经处理造成的误解，实际是记录系统的零相位有限带宽的滤波效应在时空域的表现. 这种滤波器具有双边对称的脉冲响应函数，即所谓边瓣效应. 另一些作者认为，这种情况只出现在记录波形距离优势周期一半的部位属于边瓣效应，在更远的地方出现的低频波记录不属于边瓣效应，仍为一种慢起始震相.

摩擦本构关系的模型将早期粘滑学说从原地重复延拓到整个断层面，对于研究板缘转换断层(如圣安地列斯断层)的地震发生机制比较适合. Ben-Zion 和 Rice (1997)以及一系列论文以摩擦本构关系的不均匀分布计算了一个二维断层的动态运动过程历史，包括状态或速度弱化引起的成核以及突变过程，来模拟断层地震的孕育、成核、发生、停止和迁移过程.

17.5.8　地震破裂的模式

1. 凹凸体模型

凹凸体(asperity)的概念来自摩擦学，认为固体介质摩擦面上存在许多凹凸体接触面的黏着部分和许多滑动部分交替分布，使得摩擦面上应力分布不均匀. 根据分形原理，Rudnicki 和 Kanamori(1981)将凹凸体学说推广到千米级的地震断层，用来解释地震的多重事件，特别是大地震的多重性. 该理论认为地震发生前，断层面上的凹凸体处于闭锁状态，从静摩擦变成滑动摩擦实际是这些凹凸体的互相黏着被解锁的过程. 当介质为脆性时，这些凹凸体接连解锁表现为多重破裂. 凹凸体的破裂就构成整个大破裂过程的一个个子事件. 凹凸体之间的滑动部分形成共线剪切裂纹系，它们之间具有相互作用.

2. 障碍体模型

障碍体(barrier)模型认为地震断层面上的介质强度不均匀(Aki and Rechards, 1980). 强度较高的部分形成地震断层扩展的障碍体. 地震断层在扩展时有可能被障

碍体阻挡而暂时停止，或越过障碍体继续扩展，使地震破裂表现为多重事件. 被越过的障碍体在以后仍然可能破裂，形成余震.

凹凸体模式和障碍体模式较好地解释了地震断层部分段落的地震空缺和填补现象，认为这些地震空缺部位实际上处于接近临界状态，一方面应力很高，另一方面却又处于闭锁状态，是需要重点监视的地区. 2008 年汶川 8.0 级地震就发生在这样的段落上. 该地震发生在龙门山断裂上，该断裂在 2008 年之前曾被认为是沉寂多年的断层. 然而，杨智娴等(2003，2004)早在汶川 8.0 级地震之前，就利用“双差定位法”对我国中西部地区的中、小地震进行了重新定位，揭示出以往的定位结果未能揭示出的该地区的中、小地震活动性图像与断裂带的关系，表明在龙门山断裂带上，虽然未有发生过 7 级以上大地震的历史记载，但近期中、小地震(震级 $M<7$ 的地震)活动非常活跃，分布在一条长约 470km、宽约 50km 的地带上，使得龙门山断裂带成为非常具有地震危险性的一条断裂带(陈运泰等，2013). 陈运泰等(2008)还提出：“在汶川地震时发生滑动的区域之间存在着地震矩释放的亏空区，迄今已经发生的较大余震无论是数量还是强度也都未能基本上填充这些亏空区. 通常认为这种矩释放的亏空区是阻碍破裂的‘障碍体’，‘障碍体’的破裂即为余震. 因此，这些矩释放的亏空区很可能是未来强余震发生的地点.”并指出：“在汶川地震的破裂带上有两个比较大的破裂亏空区，即迄今基本上没有发生过破裂的地方. 这两个破裂亏空区分别位于汶川东北约 100km(北川-平武间)和西南(宝兴-小金间)，是很有可能发生强余震的地区.”根据这两个破裂亏空区面积的大小，作者估计了这两个亏空区如果一旦破裂可能的震级大小分别为 M_W7.1 与 M_W7.3. 作者根据汶川地震余震的发生情况认为：如果汶川地震是主震型地震，发生强余震的震级将很高，约 M_W6.7～7.1；2013 年芦山 M_W 6.7 (M_S 7.0)地震的发生验证了上述结论；芦山地震基本上完成了龙门山断裂带西南中段的破裂；但剩下的还未释放的能量估计约为 $4.6\times10^{15}\sim4.9\times10^{15}$ J，即相当于 M_W 7.2～7.3 的“余震”.

17.6 地震断层快速形变导致的局部温升和岩石熔融

在发生地震时，地震断层的快速剪切错动将把一部分变形能转化为内能. 这部分内能主要表现为热能，从而导致温升. 一些作者认为，由于岩石导热系数很低，有可能导致局部岩石熔融.

邵济安等(1990；Shao et al.，1989)在北京怀柔神堂峪的韧性(塑性)剪切带中通过红外光谱分析，发现了结晶度非常低的透闪石玻璃中含有大量烃基，表明这种构造成因的玻璃物质中含结晶水，它们可以被称为“含水的构造玻璃”. 这是一种新发现的玻璃，它与自然界高速变形事件的产物——击变玻璃比较接近，但区别于假玄武玻璃. 含水的构造玻璃在低于熔点的温度条件下形成，其温度不仅低于矿物熔点而且还低于矿物脱水的温度. 它们反映了构造剪切作用下,晶体从有序向无序转变的过程. 玻璃物质的形成温度小于 1150℃±30℃. 作者推测,在韧性变形过程中,剪切带中央应变率大,在加速蠕变阶段岩石最易被拉断,造成应变能的快速释放,或许相当一次地震事件. 在应变率相对增高的条件下,岩石从韧性变形转化成脆性变形,透闪石从晶态转变成非晶态. 随着应变能释放,应变速率减低,韧性剪切带又继续变形,当应变能达到一定程度,又开始重复脆性变形的过程,因此出现了脆-韧性交替变形的现象. 图 17.21 为北京怀柔神堂峪的韧性(塑性)剪切带中发现的一块含水透闪石玻璃,可以看出它经历了三次地震事件的脆性变形.

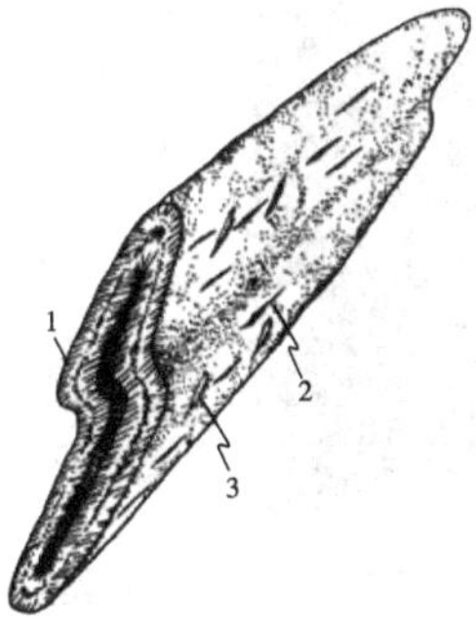

图 17.21　北京怀柔神堂峪的韧性(塑性)剪切带中发现的一块含水透闪石玻璃,可以看出它经历了三次地震事件的脆性变形(Shao et al.,1989)

Kikuchi 和 Kanamori(1994)研究了 1994 年 6 月 9 日玻利维亚深源地震. 该地震的震级为 $M_W=8.3$(地震矩 $M_0=2.9\times10^{21}\mathrm{N\cdot m}$),震源深度为 637km,震源机制以双力偶(剪切)源为主,为倾滑运动,而各向同性成分占不到 2%. 作者发现该地震和以往研究过的深源地震有很大不同,多数深源地震的断层面比辅助面要陡峭,而这次地震的断层面几乎是水平的,和当地俯冲带的走向平行. 另外,多数深源地震的体波记录中存在一种向内破裂震相,它的机制是由于相变引起的体积压缩. 而这次玻利维亚深源地震波形记录中长时间缺少内破裂成分. 为了解释这种现象,他们提出一种可能性,即断层出现了体积膨胀,这是由于断层在高应力条件下的运动过程中出现熔融所导致的. 这种体积膨胀抵消了由于相变引起的体积压缩. 作者谨慎地表示这只是一种猜想性推断,还需要更多的直接证据.

1999 年 9 月 21 日 1 时 47 分,台湾省南投县集集发生的 7.6 级大地震,震源深度 10km 左右,开始是大茅浦"双冬断层"发生活动,同时牵动相临的"车笼浦"断层. 震源过程的反演结果表明该次地震断层先是逆冲,破裂扩展到后期成为走滑. 图 17.22 显示的是在地震震中区大坑井 C－3 钻井钻探的岩芯,该岩芯取自深度 1136.5～1136.62m(Ma et al.,2006),为原滑动带(primary slip zone,PSZ)局部,为多次地震重复滑动而形成. 其中标有 MSZ 为主滑动带(major slip zone),是本次集集地震所形成，厚度只有 5mm，为单个事件所形成，显示出纯剪切滑动的特征. 温度测井结果表明该深度为温度剃度正异常带. 图 17.23 显示的是 PSZ 岩芯中 MSZ 局部的显微观测，图 17.23(a)为扫描电镜观测，比例尺为 100 μm(1 μm$=10^{-6}$m)，其中只有少数微裂纹，似乎不足以代表该层的剪切变形；图 17.23(b)为透射电镜观测，比例尺为 100nm(1nm$=10^{-9}$m). 可以看出其中的微晶粒半熔融后再冷却愈合状态，表明在快速剪切变形过程中曾处于高温熔融状态.

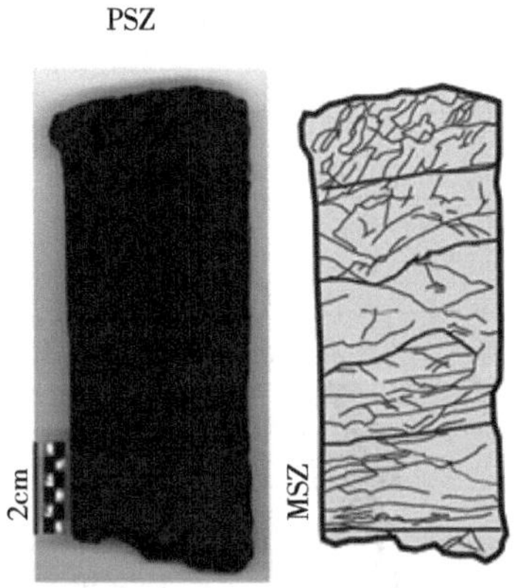

图 17.22　1999 年 9 月 21 日台湾集集 M_S7.6 地震震中钻探岩芯(Ma et al., 2006)

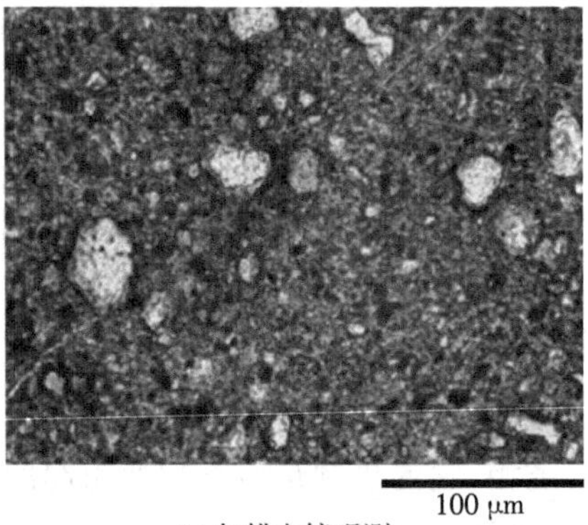

(a) 扫描电镜观测

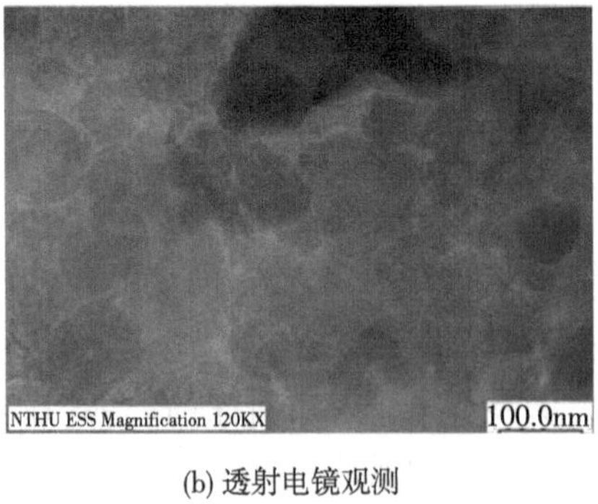

(b) 透射电镜观测

图 17.23　PSZ 岩芯中 MSZ 局部的显微观测(Ma et al., 2006)

17.7　地震孕育过程的流变模式

流变介质断裂力学的研究，近年来受到关注，Knauss(1973)作了全面综述. 关于介质的流变学基础内容，可参见文献(尹祥础，1985). 尹祥础和郑天愉(1982)研究了黏弹性介质中Ⅱ型裂纹的亚临界扩展，并以此说明地震的孕育过程和断层的震前蠕动及其他运动形式，下面简要地介绍其主要思路及结果.

采用如图 17.24 所示的Ⅱ型裂纹模型. 介质为黏弹性. 裂纹面间的相互作用采用滑动弱化或内聚力模型(二者在本质上是一样的). 为了数学处理上的方便，裂纹面上剪应力中的 τ_f 部分转化为外载荷(参照第 7 章图 7.1)，而只考虑 $\tau_{xy}-\tau_f$ 这一部分. 在裂纹面上的大部分区域 $\tau_d=\tau_{xy}-\tau_f=0$，只在端部的局部区域内 $\tau_d\neq 0$，这一区域称之为过渡区. 设过渡区的尺度为 α，$\alpha/a\ll 1$.

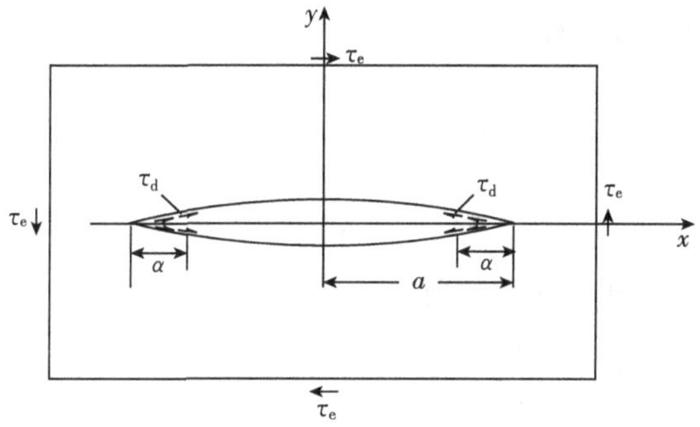

图 17.24　流变介质中的Ⅱ型裂纹扩展模型

在弹性介质中，当边界载荷 τ_e 不变时，介质内(包括裂纹端部)各点的应力、应变以及由此决定的应变能密度也都保持不变. 因此，当 $K_{\mathrm{II}}=\tau_e\sqrt{2\pi a}<K_{\mathrm{IIc}}$时，裂纹不扩展；一旦 $K_{\mathrm{II}}\geqslant K_{\mathrm{IIc}}$时，裂纹则失稳扩展.

在流变介质中情况就大不相同. 当 τ_e 不变时，虽然由对应原理可知，介质内的应力分布不随时间发生变化，但是应变和位移却随时间逐渐增加，因此，裂纹端部的能量也在不断积累. 故而，当 $K_{\mathrm{II}}<K_{\mathrm{IIc}}$，却达到某一比 K_{IIc}小的阈值 K'_{IIc}时，裂纹虽然不发生失稳扩展，却开始亚临界扩展. 随着裂纹长度 a 的增大，K_{II} 也增大，至 $K_{\mathrm{II}}=K_{\mathrm{IIc}}$时，裂纹发生失稳扩展. 如用裂纹模拟地震断层，则上述裂纹的亚临界扩展过程对应于地震的孕育过程；裂纹的失稳扩展，对应于地震的发生. 在整个亚临界扩展期间，由于介质的流变以及断层长度的增加而引起的断层两侧介质的相对错动，又解释了断层的震前蠕动.

断层的亚临界扩展规律，取决于介质的流变性质及边界载荷 τ_e 随时间的变化情况.

尹祥础等采取了如下两种流变模型：

(1)根据 Murrel 近年来的实验资料，岩石的蠕变柔度 $J(t)$ 采用

$$J(t)=c_0+c_1t^m \tag{17.7.1}$$

其中

$$\frac{1}{3}\leqslant m\leqslant\frac{1}{2}$$

式(17.7.1)与修正的 Lomnitz 定理(尹祥础，1985，2011)很相近.

(2)标准线性固体，其蠕变柔度为

$$J(t)=J_0+(J_\infty-J_0)[1-\exp(-t/T)] \tag{17.7.2}$$

采用这两种流变模型所得的结果定性上是相近的.

当采用式(17.7.1)，并设 τ_e 为常数时，断层的扩展速度为

$$\dot{a}=\frac{\mathrm{d}a}{\mathrm{d}t}=\frac{\pi}{2}\left[\frac{\lambda_m A(\nu)c_1}{8G_F-A(\nu)c_0K_{\mathrm{II}}^2}\right]^{1/m}\frac{K_{\mathrm{II}}^{2(1+1/m)}}{I\tau_m^2} \tag{17.7.3}$$

其中，G_F 为岩石的剪切断裂能

$$A(\nu)=\begin{cases}4(1-\nu^2) & (\text{平面应变})\\ 4 & (\text{平面应力})\end{cases}$$

$$\lambda_m=\frac{3}{2}\beta\left(\frac{3}{2},m+1\right) \quad (\beta\text{ 为 Beta 函数})$$

τ_d 为过渡区内裂纹面间相互作用的剪应力；τ_m 为 τ_d 的最大值；

$$I=\int_0^1\frac{F(\alpha l)}{\sqrt{l}}\mathrm{d}l,\quad F=\tau_d(\xi)/\tau_m,l=\xi/\alpha$$

由式(17.7.3)并根据 1976 年唐山地震的有关参数得到的断层长度随时间的变化规律如图 17.25 所示. 由图 17.25 可知，1976 年唐山地震的孕震时间为 47～78 年. 由此估算的震前蠕动约为 4m. 这与陈运泰等(1978)所得的结果是大体相符的.

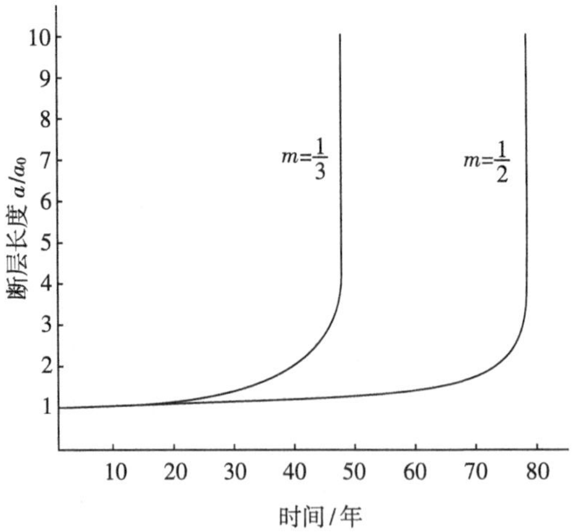

图 17.25　理论计算得到的唐山地震前的 $a(t)$ 图(a_0 为原始断层长度)

至于 $\tau_e(t)$ 随时间的变化情况对断层亚临界扩展的影响，通过下面几种典型情况进行讨论.

(1)构造力随时间呈线性变化

$$\bar{\tau}_e(\bar{t})=\begin{cases}0, & t\leqslant 0\\ \tau_e(0)(1+\eta\cdot\bar{t}), & t\geqslant 0\end{cases}\tag{17.7.4}$$

其中，$\bar{t}=t/T$，T 为特征时间；$\bar{\tau}_e=\tau_e/\tau_e(0)$.

式(17.7.4)实际上代表三种情形：

①$\eta=0$，说明 τ_e 不随时间变化；

②$\eta>0$，说明 τ_e 随时间线性增大；

③$\eta<0$，说明 τ_e 随时间线性减小.

与此相应，对于不同的 η 值，其 $\bar{a}(t)=a(t)/a(0)$ 曲线如图 17.26(a)所示. 它说明当 $\eta<\eta_c$(某一临界值，根据计算 η_c 在 $-0.4\sim-0.375$)时，断层的亚临界扩展最终将停止. 当 $\eta>\eta_c$ 时，亚临界扩展将不断加速，最终转变为临界扩展.

(2)对于 $\tau_e(t)$ 随时间作周期性变化的情况

设

$$\bar{\tau}_e(\bar{t})=A+B\sin(\bar{t}-a)$$

在这样的应力作用下，其对应的 $\bar{a}(\bar{t})$ 曲线，如图 17.26(b)所示.

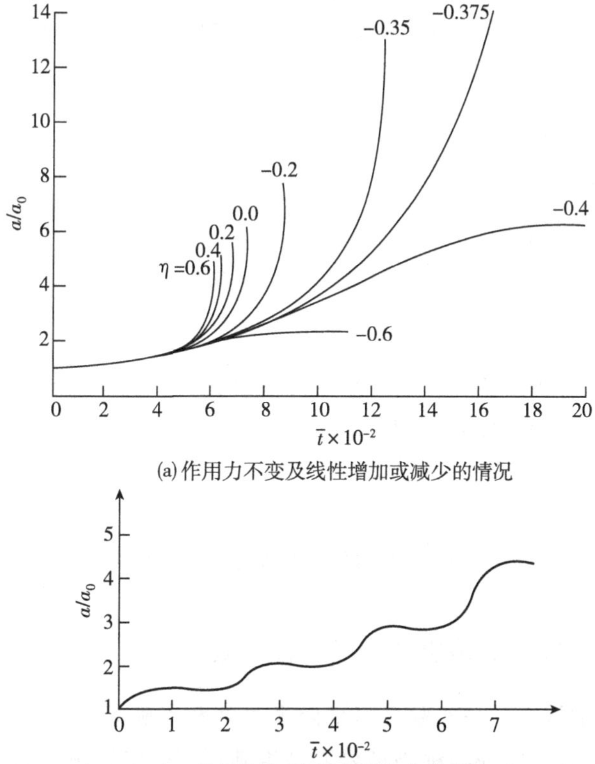

(a)作用力不变及线性增加或减少的情况

(b)作用力随时间作周期变化的情况

图 17.26　断层亚临界扩展的理论曲线

图 17.26 中由理论计算得到的各种断层运动形态，在实际观测中都得到了证实，如图 17.27 所示.

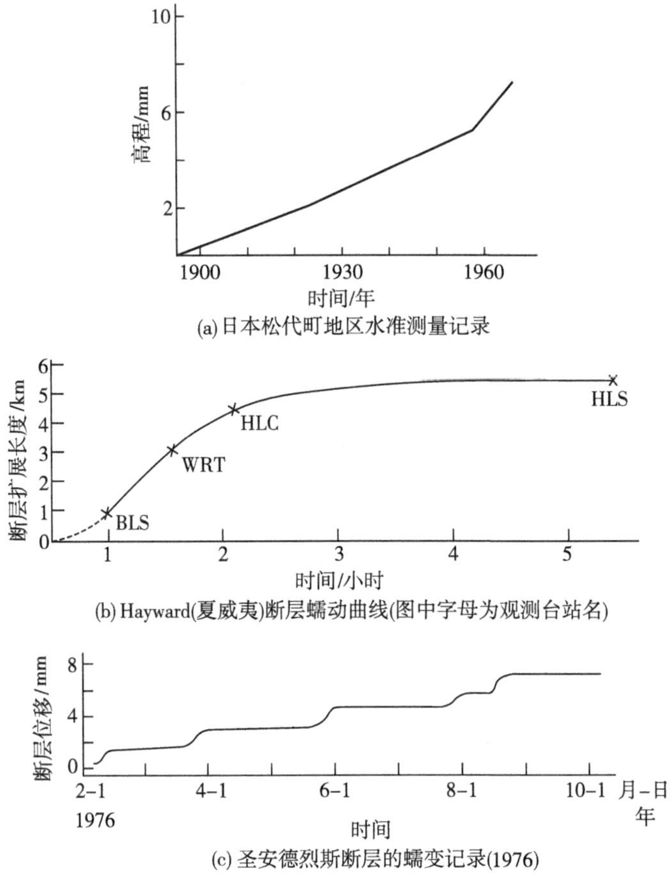

图 17.27　实际观测到的断层扩展示意图

由此可见，断层的蠕动形式是多种多样的，断层蠕动并不一定是地震，二者之间有密切而又相当复杂的关系. 但断层蠕动的持续增加，则是值得密切关注的前兆信息.

17.8　岩石断裂力学在矿山地震学中的应用

17.8.1　矿山–研究天然地震的中尺度试验场

岩石断裂力学从小样品实验走向百公里尺度断层破裂与地震成因的研究，需要中间尺度的试验场，以验证各种物理要素是否满足相似定理规定的条件. 这就是工程上所说的“放样”. 矿山的介质边界条件划分和应力状态是比较清楚的，矿震震源的可见性又是构造地震所不具备的. 在 12.5.1 节中，我们根据理论分析和观测数据认为，现有资料倾向于地壳脆性层的 p/τ 值多处于可发生Ⅱ型破坏的必要条件下(其中 p 为围压，τ 为剪应力). 这就可以解释为什么大多数诱发地震(包括矿山、水库)的震源机制和天然构造地震相似，也是以双力偶(剪切)为主要成分. 因此，矿山又成为研究天然地震的中尺度实验场. 事实上，震源物理的早期开拓者，如苏联科学院甘布尔采夫等(萨多夫斯基等，1982)就是以矿山作为基地进行中尺度试验研究的. 大型隧道工程也可以成为很好的中尺度试验场地. 1991 年，IUGG 维也纳大会决定南非 Witwatersrand 金矿为国际矿山地震预报实验场，加拿大也设立了矿山地震实验场，布设了高密度立体台网.

国际上对矿震研究的结果表明，矿山地震和天然地震的机制具有相似性：

(1)都具有双力偶破裂源的成分；

(2)地震矩和应力降的关系相似，都满足 Kanamori 等(1975)提出的尺度不变性(Gibowicz，1984；Gibowitcz and Kijko，1994；McGarr，1979，1982).

所谓尺度不变性，是指地震破裂的应力降一般都为 1～10MPa(10～100bar)，与地震震级无关，或者说与地震破裂的尺度无关.

矿震往往被误认为顶板坍塌. 其实，顶板坍塌仅是矿山地震中的一种少数情况，属于重力作用的类型，其余大部分是开采引起的新的应力集中和诱发的浅部构造运动，其中剪切破裂占据很大成分. 矿山地震更确切的定义是：发生在矿区范围内，在一定地质背景和地质构造条件下，既与区域应力场有某种关联，又与矿区构造运动相关的各种矿山动力现象，并受矿山开采规模和开采方式影响而发生的地震(吴淑才和覃子建，1994). Gibowitz 和 Kijko(1993)将矿山地震分为两大类，都和矿山开采有关. 第一种和开采面的破裂变形相联系，震源往往靠近开采工作面，孕震时间较短，震级较小，但对工作面冲击较大. 第二种和大的地质间断面(断层)的运动相联系，孕震时间较长，震级较大，距离工作面较远，多发生在活动构造和多年陈旧性的老采空区. 用地震孕育成核理论可以很好地解释这两种类型的差异，见 17.4.4 节. Horner 和 Hasegawa(1978)进一步将这两种矿震再细划为六种类型，被广泛采用.

17.8.2　矿震成因不完全取决于断层

根据传统的地震发生的断层成因说，似乎矿震的发生应该主要和大型或中型活动断裂相关. 但是在现场和采矿系统的有关报告中我们发现，并不是所有大中型构造都是矿震的发生地. 矿震(冲击地压)主要发生在一些向斜构造的轴部附近的一些断层上，而矿区的大型断裂并不一定是发生矿震的首要条件. 有些煤矿(如山东济宁三号煤矿)的矿震(冲击地压)主要发生在一些向斜构造的轴部附近，而矿区分布的几条大型断裂上似乎并没有矿震发生的迹象. 这些向斜构造似乎是地质上煤层生成之后形成的，因此应为近代的地质活动标志.

图 17.28 采用老虎台煤矿底板等高线图来更标记抚顺矿震震中和断层分布位置. 不难看出，抚顺矿震实际上主要是分布在老虎台矿东西两端与龙凤矿和胜利矿交界处和中心偏东的三个向斜轴部. 西边的矿震实际上主要发生在 F1 断层南向斜轴部内的小断层 F30 上. 主断层浑河断裂 F1 上发生的矿震并不多(李世愚等，2004，2006). 抚顺矿震的精确定位结果(图 17.28)表明，那里的矿震确实首先与向斜轴部有关，特别是和向斜轴部附近的一些断裂(即使是小的断裂)有关，而和其他大型的(浑河)断裂的关系反而是不确定的. 这些向斜是由煤层等高线来标示，表明煤层本身经历了成煤后的近代构造变形，是高应力集中区.

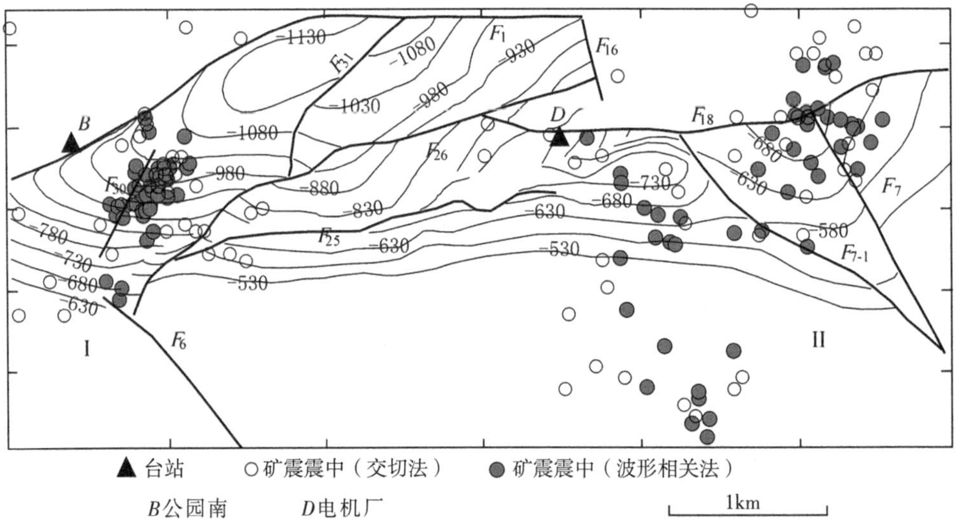

图 17.28　抚顺老虎台煤矿一层煤底板等高线分布与矿震定位的关系

图中中间为老虎台煤矿，Ⅰ为胜利矿井田，Ⅱ为龙凤矿井田

在山东兖州鲍店煤矿利用小孔径台网的观测资料进行矿震定位时，发现那里的矿震主要分布在两个活动带上，其中一个活动带位于皇甫断裂带上，改断裂带位于兖州向斜轴部附近. 另一个活动带则位于大马厂断裂带上(图 17.6 和图 17.7). 这两个活动断裂并不是该矿最大的断层，但原地应力测量表明这两个区域的最大主应力和差应力均处于高值. 这些结果表明，矿震的发生虽然与断层有关，但不完全取决于断层，似乎首先与应力状态有关. 确切地说，有些大断层似乎是历史上断裂形成的，是当时应变能释放的痕迹，目前处于应力松弛状态，不一定是当代应力集中所在.

17.8.3　诱发应力和矿震的诱发

图 17.29 显示的是掘进面附近通过一个理想长工作面(薄层坑道)采场的断面周围的扰动应力和总应力分布. 其中，未扰动岩石应力的垂直分量为 78MPa，水平分量为 39MPa. 该图的计算方法是利用作用在半无限区 $z>0$ 的表面上的法向载荷 $p(x,$

y)(即垂直向应力)的公式做出的(Jaeger and Cook,1979)(可以理解为,为了保证掏挖面为自由面,必然要附加拉伸应力,与原压应力抵消,而上表面法向向下,因此根据柯西方程,法向载荷应向上,即为向上的压力;同样,下表面的载荷应为向下的压力).图中实线为最大主应力,虚线为最小主应力.该图的尺度是用采场的半跨度为单位来归一化的.Cook(1962)假定 Witersrand 石英岩的典型强度为 $\sigma_1 = 200\text{MPa} + 6\sigma_3$.上半部的斜线区域指 3km 深处完整岩石可能发生剪切破裂的区域,而下半部的斜网格区域则指具有适当方位的已存在断层可能开始滑动的区域.将这个结果和矿震监测的结果相比较,发现图 17.29 所画出的区域与大部分矿震震源的位置相当一致(Jaeger and Cook,1979).

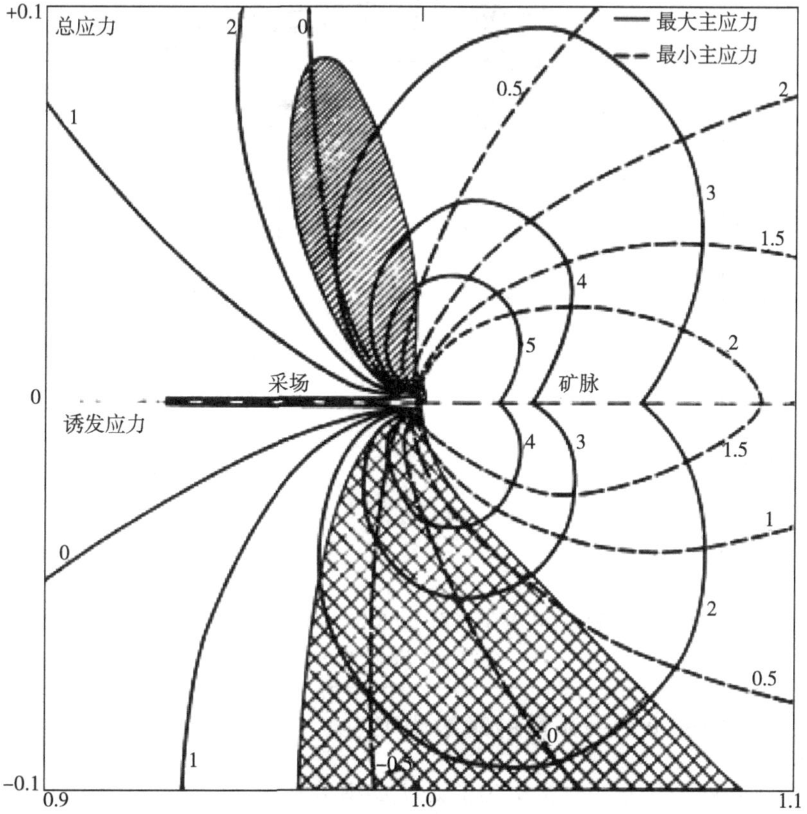

图 17.29　掘进面附近通过一个理想长工作面采场的断面,上半部表示最大和最小总的主应力,下半部表示诱发应力(Jaeger and Cook,1979)

图 17.30 显示的是兖州鲍店煤矿某工作面矿震初定位结果的侧视图.矿震监测用的是加密台网.可以看出,矿震震源主要分布在工作面前缘略滞后,且距离推进前缘约 20～30 m 的周围.这里只显示了 2008 年 9 月 22～28 日期间的矿震初定位,其余时间的矿震定位与当时的推进前缘位置与此类似.该定位图像和图 17.29 给出的

理论预测是大体一致的. 图 17.30 中的图例是按照矿震事件的能量显示的，参照补充 17.1 式(3). 表 17.5 给出了矿震波能量 E_S^g 与体波震级 M_L 之间的换算关系.

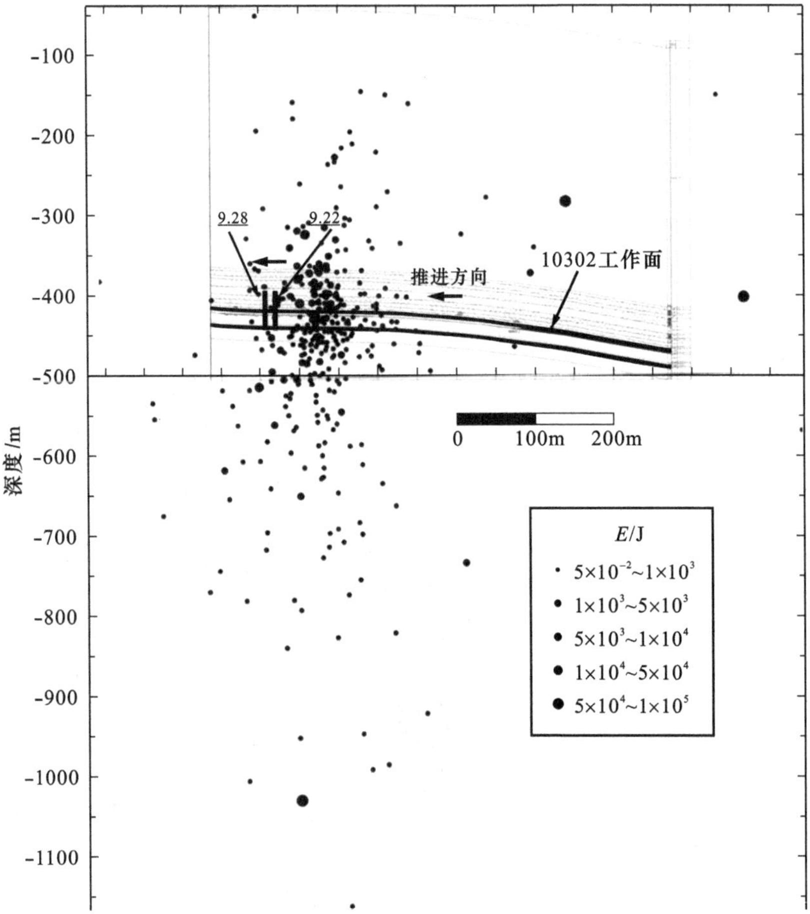

图 17.30　山东兖州鲍店煤矿某工作面 2008 年 9 月 22～28 日期间矿震初定位结果（图例中 E_S^g 记为 E）

补充 17.1　加密小台网矿震的震级测定

加密小台网记录系统直接给出的是矿震横波能量 E_S^g，单位为焦耳(J)，它表示震源在整个作用时间内通过包围震源曲面 S 的横波的全部能量，以 E_S 代表全部地震波能量，根据布龙模式计算出二者的比例约为 $E_S^g/E_S \approx 47\%$（陈运泰和顾浩鼎，震源理论）. 又根据 E_S 和面波震级 M_S 的经验关系式（付淑芳和刘宝诚，1991）

$$\lg E_S = 1.5M_S + 4.8 \tag{1}$$

和 M_S 与体波震级的经验关系式

$$M_S = 1.13M_L - 1.08 \tag{2}$$

得到 E_S^{β} 折合成 M_L 的近似计算式为(见表 17.5)

$$M_L = 0.855 \cdot \lg E_S^{\beta} - 2.44 \tag{3}$$

表 17.5　矿震的横波总能量 E_S^{β} 与体波震级 M_L 之间的换算关系

E_S^{β}/J	5×10^{-2}	1×10^{3}	5×10^{3}	1×10^{4}	5×10^{4}	1×10^{5}	5×10^{5}	1×10^{6}	5×10^{6}	1×10^{7}	5×10^{7}
M_L	−3.6	0.1	0.7	1.0	1.6	1.8	2.4	2.7	3.3	3.5	4.1

17.8.4　矿震前亚临界扩展激发的长周期波

许多学者根据断裂力学基本理论，得到随应力增加孕震断裂扩展经历的三个阶段，即稳态扩展、亚临界扩展和失稳扩展. 对于短期预报，亚临界扩展及其变为失稳扩展的条件具有极为重要的意义. 近年来，一系列关于地震破裂成核的理论论证了亚临界扩展阶段激发长周期波的可能性(Dieterich，1992；潘琴龙和冯德益，1983). 潘琴龙和冯德益(1983). 假设孕震断裂端点扩容区半径 r_e 为波源半径，给出了长周期波优势频率 ω_0 与波源半径 r_e 的关系

$$\omega_0 = \frac{2\sqrt{2}\,\alpha}{3} \tag{17.8.1}$$

式中，α 是纵波速度. 根据断裂力学理论和实验研究的结果，当应力和孕震断裂长度没有到达临界值之前，扩展动力增长速度总是小于阻力增长速度，由此得到震前亚临界扩展不是一次完成的，而是间歇性的. 扩展后停止，停止后又扩展，经历几起几落才进入失稳扩展. 上述理论预言在矿震监测的若干事件中得到了验证.

刘万琴等(1999)使用房山煤矿的三分向数字化台网记录，研究了 1993 年 5 月 15 日 19 时 4 分钟内相继发生的 3 次破坏性矿震. 三分向数字化台网包括两个台站：西区台和 6 号台. 西区台在地面上，6 号台设置在离地面约 500 多米的矿井下. 这两个台的记录均采用维开克摆，频带 1～50Hz，DR-200 记录器频带 1～25Hz，记录系统频带 1～25Hz，采样频率为 100Hz. 震源位置是宏观震源位置，由破坏现场确定. 从 6 号台的近场记录分析得到，这 3 次事件的震源位置不是在同一地点，但彼此接近. 本研究使用的震级是由西区台的墨水记录测定的.

$M_L = 2.3$ 事件和 $M_L = 1.3$ 事件的 6 号台近场记录特征是：前震和高低频叠加现象，这两次事件发生在矿井下 6 号台附近，6 号台的震源距约为 340m. 事件发生时，该台的放大倍数较低，只有 200 倍，因而得到较好记录，见图 17.31(a). 它们是有前震的，$M_L = 2.3$ 事件前 5.4s 出现一次小事件见图 17.31(a)；$M_L = 1.3$ 事件前 13.6s 也出现一次小事件，见图 17.33. 这两次事件的主震和前震的 6 号台近场记录都具有高低频叠加现象，高频振动叠加在低频振动之上，见图 17.31(a)和图 17.33.

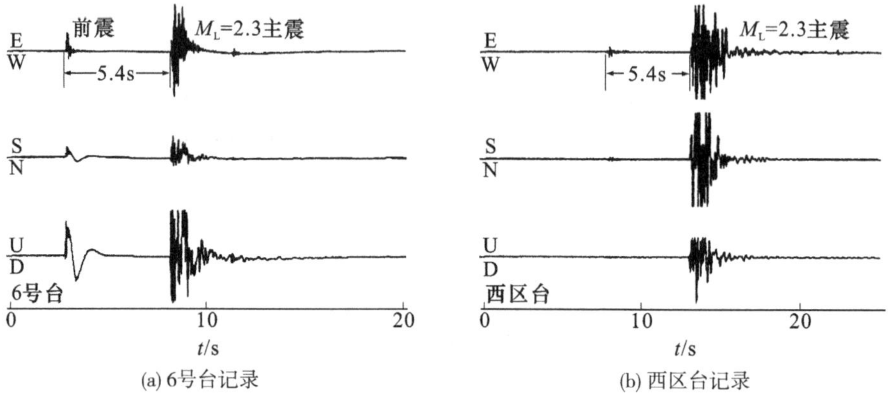

图 17.31　$M_L=2.3$ 事件的记录(刘万琴等,1999)

$M_L=2.3$ 事件和 $M_L=1.3$ 事件 6 号台近场记录频谱具有两个重要特征:

(1)低频振动能量主要集中在 0.2Hz 或 0.78Hz 附近,高频振动能量主要分布在 4～25Hz 范围,见图 17.32(a).因此,可用数字滤波将它们分开.图 17.32(a)和(b)分别是 $M_L=2.3$ 事件的 6 号台和西区台三分量记录频谱(采样频率 100Hz,资料窗长度 10s 左右).图中的纵坐标是用最大振幅 A_{max} 归一化的,f_P 为 A_{max} 对应的频率.图 17.32(a)的下方给出 6 号台记录低频($f<1$ Hz)的频谱图,图中的纵坐标是振幅.

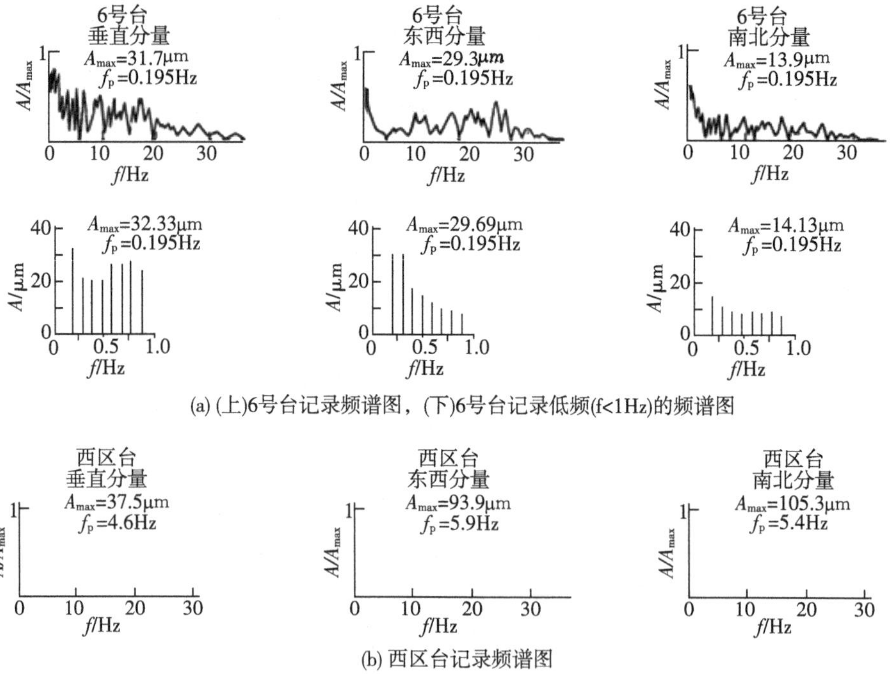

图 17.32　$M_L=2.3$ 事件的 6 号台和西区台记录的频谱分析结果

(2)随震源距衰减特性不同.低频振动衰减比高频振动快,震源距较大的台站记不到低频振动,如图 17.31(b)所示,只有震源距较小的台站才有可能记到低频振动,见图 17.31(a).图 17.31(a)和(b)分别是 $M_L=2.3$ 事件的 6 号台和西区台记录.6 号台的震源距约为 340m,西区台的震源距约为 1600m.

(3)低频振动在垂直向占优势.这和主事件的破裂方式以高角度倾滑为主(刘万琴,1999)相一致.

用数字滤波将 $M_L=2.3$ 事件和 $M_L=1.3$ 事件近场记录中的高频振动与低频振动分开,其结果如图 17.33 所示.图 17.33(a)是 $M_L=1.3$ 事件 6 号台南北分量记录数字滤波结果.图中的高频振动是用带通数字滤波($f_1=4\text{Hz}$,$f_2=25\text{Hz}$)得到的,低频振动是由低通数字滤波($f=4\text{Hz}$)得到的.图 17.33(b)是图 17.33(a)中高频振动的细节放大.可以看出,高频振动是通常的矿震记录,是脆性破裂辐射的波场.还可以看出,主震是多次事件,图中标出了各个子事件的直达波 $\overline{\text{P}}$ 和 $\overline{\text{S}}$ 的震相.低频振动见图 17.33(a),它似乎不是脆性破裂辐射的波场,可能是孕震断裂亚临界扩展向前推进时,对周围介质突然加载而激发产生的长周期波.又根据低频振动随震源距增加衰减很快的特征,我们推测亚临界扩展是塑性形变.由于高频振动和低频振动的传播速度不同,虽然近场记录中的高频振动先到,但不一定意味着脆性破裂先于亚临界扩展发生.

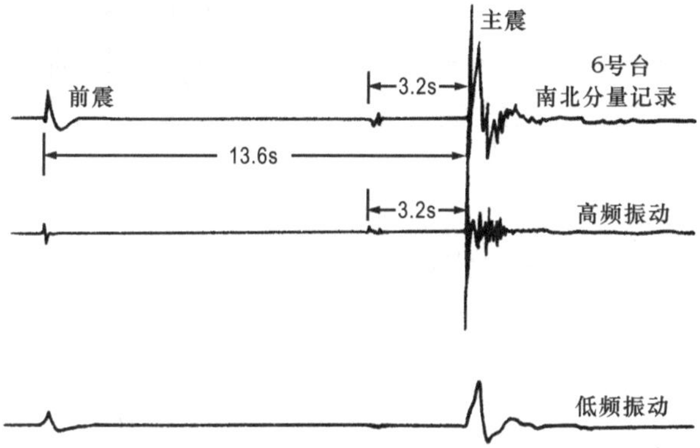

(a) 南北分量记录数字滤波结果.上图为原始记录,中图为带通数字滤渡(f_1=4Hz,f_2=25Hz)得到的高频振动,下图为低通数字滤波(f=4Hz)得到的低频振动

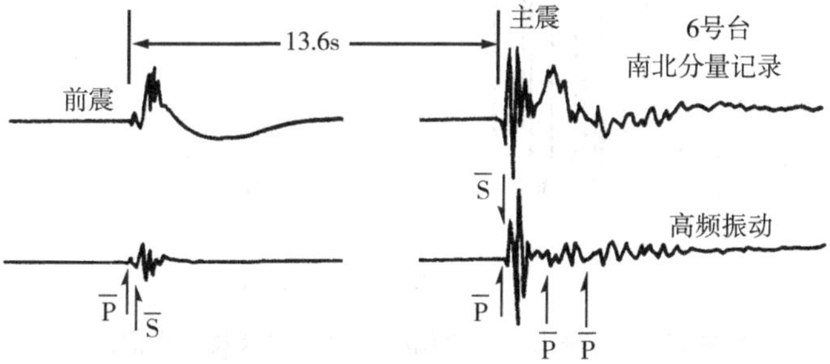

(b) 图(a)中带通数字滤波得到的高频振动结果的放大

图 17.33　$M_L=1.3$ 事件 6 号台南北分量记录高低频叠加现象分解结果

震前低频波不是仅仅出现在震前几秒或十几秒，而是在震前 20 天左右就开始在 6 号台陆续出现(图 17.34). 图 17.34(a)给出这些震前低频波的典型记录及其相应的频谱图，图 17.34(b)给出震前低频波 20 个样本的垂直分量振幅随时间的变化. 比较图 17.34(a)和图 17.31(a)可知，两图中记录的震前低频波主要特征是相同的. 这些特征如下：

(1)6 号台记录中都有高低频叠加现象；

(2)记录中低频振动随距离衰减快，地面上的西区台都记不到；

(3)震前低频波的优势频率都在 0.78Hz 附近.

分析震前低频波 20 个样本得到：亚临界扩展在主震前约 20 天左右开始出现. 震前低频波样本的优势频率主要分布在 0.78Hz 附近，表明震前亚临界扩展的波源半径变化不大.

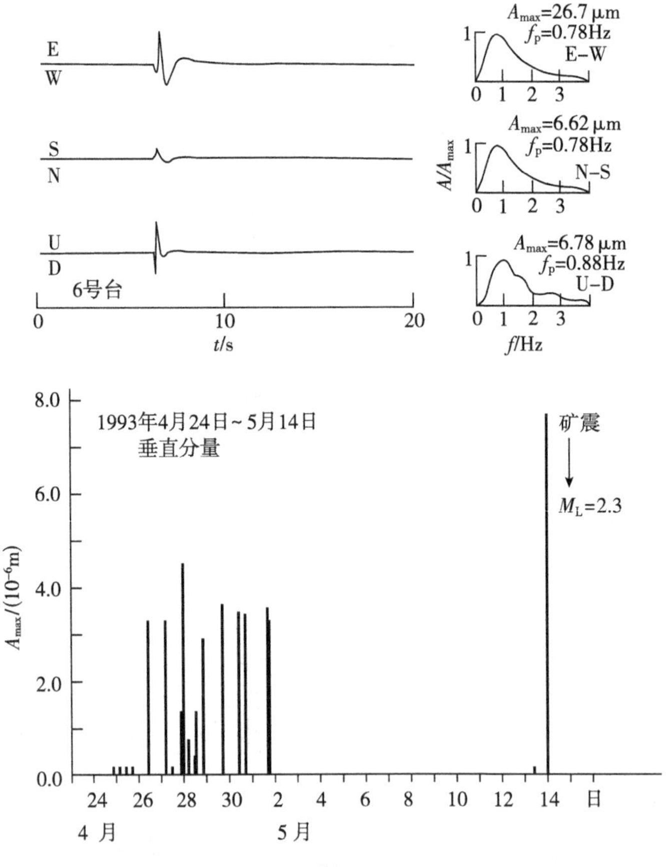

图 17.34　房山矿震前低频波典型记录及其频谱.

(a)频谱图中的纵坐标是用最大振幅 A_{max} 归一化的. f_P 为 A_{max} 对应的频率. 左图为典型记录，右图为频谱分析结果；(b)为震前低频波 20 个样本垂直分量的最大振幅随时间的变化

17.8.5　矿震的活动性

图 17.35 显示了山东兖州某煤矿矿震活动性统计.统计时间段为 2008 年 7 月 13 日～2009 年 5 月 15 日,窗长$(t_i - t_{i+1}) = 7$ 日,滑动步长 $\Delta t = 1$ 日.其中图 17.35(a)显示了兖州某矿震频次分析的例子.可以看出,当矿震频次升高接近峰值时,发生 2.5 级以上矿震的可能性明显增加.图 17.35(b)显示了山东兖州鲍店煤矿矿震 b 值随时间的变化.在处理实际资料的过程中使用的计算公式为

$$b = \frac{n \cdot \sum M_i \log N_i - \sum M_i \sum \log N_i}{(\sum M_i)^2 - n \cdot \sum M_i^2} \tag{17.10.2}$$

式中,N_i是等于、大于第 i 统计间隔的震级 M_i 的实际累加数;n 是统计间隔总数(梅世蓉,1993).可以看出,几乎在每一组 2.5 级以上矿震发生之前,都存在 b 值先下降,然后恢复高值的过程.由于采用了极微震台网的资料,拓宽了记录的震级下限,使得资料的完整性得到改善,因此分析的质量得以大大提高.

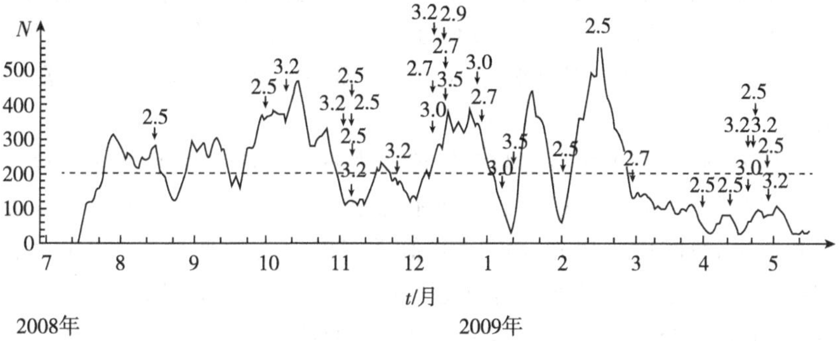

(a)频次

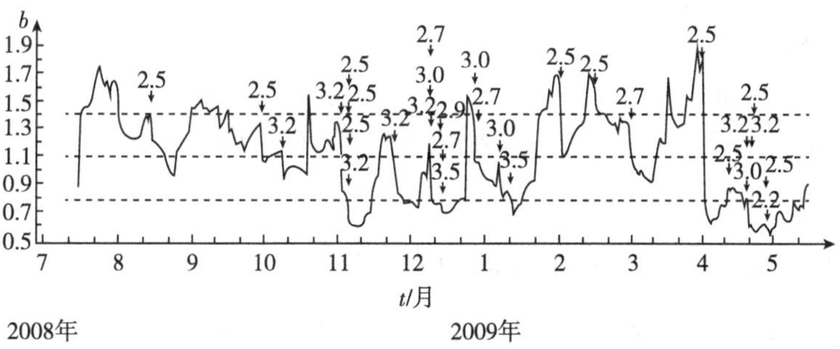

(b)b 值

图 17.35　山东兖州某煤矿矿震活动性统计

2008 年 7 月 13 日～2009 年 5 月 15 日,窗长$(t_i - t_{i+1}) = 7$ 日,滑动步长 $\Delta t = 1$ 日

17.9　关于震源物理与地震成因的进一步讨论

17.9.1　孕震区边界的确定

在 4.8.9 节中我们提到,如何将岩石断裂力学应用到野外断层活动,是个在结构和边界条件方面均不太清楚的问题,需要研究如何满足相似第三定理所要求的单值条件.这中间的一个重要问题,就是如何确定孕震区的边界位置.所谓孕震区的边界,在不同物理意义上不一定相同,但又互相关联.例如力学、重力、电磁学异常以及红外遥感异常的边界.在大尺度问题上,由于孕震区边界的不一致,往往成为对孕震物理效应达成共识的重要障碍.例如 1976 年 7 月 28 日唐山 $M_S7.8$ 地震前的 b 值异常区的边界如何确定.李全林等(1979)对唐山周围的区域进行了地震频度-震级关系的时空扫描.在扫描过程中,他们采用了全区地震个数 N 和 b 值联合扫描的方法.他们发现,唐山地震发生在长期(大约 8 年)地震活动水平较高,而最后两年又出现 N 值下降和低 b 值的特定区域内.反过来,如果不分区域地全部统计京津唐渤张地区的 N 值和 b 值在十年内的累积,就会得到 b 值在某一常数(0.91)附近摆动的结果,唐山地区的 b 值局部异常完全反映不出来.由此可见,如果边界位置不确定,异常的识别就无从谈起.

又如前震问题.尽管小样品实验已经证实岩石破裂前声发射频度异常升高的现象是普遍的,但对地震的前震识别仍存在不确定的问题.例如,如果将孕震边界就划定在唐山本地区,时间就限定在 1976 年,似乎唐山地震就是没有前震的“平静”.然而,如果将 8 级左右地震前考察的时空范围扩大,就会看到不同的图像(许紹燮和朱传镇,国内学术交流会议发言).据李全林等(1979)给出的 1963 年下半年起京津唐渤张地区的中小地震活动图像,可以看出,1973 年下半年,唐山震源区 b 值开始下降,全区 4 级以上地震主要集中在中部高 N 值区(文安、河间)一带.1974 年以后,震中分布又集中到唐山震源附近高 N 值区.在 b 值回升的阶段(1976 年 1～7 月),震中分布又出现离开震源区的趋势.因此,从更广范时空范围上讲,大地震前,确实有一个中小地震频度升高和活跃的过程.一些作者据此提出了广义前震的概念(赵根模,1980;朱传镇和王林瑛,1996;王林瑛等,2005).

17.9.2　应正确评估断层在地震成因中的作用

对于地震成因,目前公认的主要是板块构造理论和弹性回跳学说,这也是目前地震预报研究的两大理论支柱.但是,弹性回跳学说只是断层破裂的运动学描述,并不能回答地震断层破裂的动力来源.板块构造理论可以成功地解释板块边界发生的强震,但对板块内部发生的强震很难解释,对断裂力学成功的过度解释也带来了一些误解,由此产生了地震成因的“断层说”.地震成因的“断层说”一时如此普及,乃至出现了先有断层还是先有地震的争论. 然而,随着对断层的勘察和地震数据的累积以及研究的深入,地震成因的“断层说”也不断遭到质疑. 其原因如下.

(1)不少地震,甚至是 8 级地震,其震源并不是位于已知的深大断裂上,而往往是位于一些不起眼的规模较小的断裂上. 即使是板块边界上的断层,如北美洲圣安地列斯断层,有些强震也并不发生在断层主干上,而是发生在一些附近的小的分支断裂上. 曾融生院士在一次学术交流中指出,有些板内 8 级大地震破裂,甚至找不到现存的相应的断裂带.

(2)矿山中尺度试验场的观测结果表明,矿山地震不一定发生在矿区内的大断裂上,倒是有可能发生在一些小断裂上,前提是断裂位于一些向斜轴部或其他构造原因导致的高应力区域. 其次是开采的诱发应力.

事实上,从现有的岩石断裂力学并不能导出地震成因的“断层说”,恰恰相反,岩石断裂力学认为断层在地震的成因中所占地位是有限的,甚至不是深层次的因素. 从岩石断裂力学的研究成果,我们不难看出以下要点.

(1)断层首先是已有岩体多次破裂累积的结果. 从本质意义上,断层本身不是应变能累积的标志,而是应变能释放的踪迹.

(2)在局部地震孕育因素仍然存在的情况下,断层又有可能是地震原地重复的标志,同时又可能是未来地震破裂起始和能量释放的地方. 只有在这种情况下,断层才可能成为未来地震的成因的一个必要条件.

(3)地震只是断层多种运动的其中一种形式. 即使是破裂,绝大多数也是以静悄悄的方式进行.

(4)地震发生的必要条件是地壳内内差应力足够高,使得断层处于失稳的临界条件.

(5)高(差)应力,可以在缺少断层的地方逐渐发育出新的地震断层破裂. 原有断层是否存在,不是地震能否发生的必要条件.

(6)应力的升高,不是断层本身的原因,更多的是地下物质运移的结果,也就是大规模构造运动的结果. 这种构造运动的能量来源,更多地来自于热运动.

以上要点中的前 5 条,可以从现有的岩石断裂力学中找到,但第(6)条内容,则超出了岩石断裂力学的范畴. 在断裂力学的现有研究中,是不大去管载荷条件是为什么变化的,似乎这应该是其他学科的事. 换句话说,岩石断裂力学只是破解地震成因之谜的多学科组成的线索链条的其中一个片段.

17.9.3　体力作用与载荷的变化

在现有的连续介质力学中,体力的作用往往被忽略. 这可以从柯西方程的推导(见附录 I 和弹性力学书籍)中看出. 由于块体微元的体积与表面积相比为高阶小量,含体力的一项被略掉了. 然而对于大尺度块体而言,这个关系不成立,因为有限尺度问题的计算不是微分,而是积分,块体的体积与表面积相比是同阶的,含体力的作用项就不可忽略. 由于长期的惯性思维,我们对于体力的作用研究不足,往往只把眼睛盯着断层面上,就很难回答地震发生的深层次成因问题.

前面提到,载荷的变化,往往和体力作用有关. 而其他学科所提出的体力变化原因,包括重力、惯性离心力、天体在运动中的潮汐力的变化、地球自转的加速与减速以及上地幔对流引起的热应力和构造运动等. 这些体力变化与岩体应力变化的关系以及与断层破裂的关系,是跨学科的研究内容,有可能成为断层力学的新的生长点.

吴章明等(1990)研究了地震地表破裂与发震断层的性状. 数值模拟的结果表明,倾滑型发震断层在地面所产生震害主要是重力势能的释放所造成的.

17.9.4 地震孕育场的其他物理效应

关于岩石断裂力学在震源物理中的应用,本书只涉及到力学、形变、声学、矿山瓦斯突出的部分内容. 由于篇幅所限,本书没有涉及地电场、地磁场、大地电阻率、电磁波、水氡、地热、红外、微波遥感等重要内容,事实上这些物理效应与孕震的力学过程是密切相关的. 我们期望这些部分的物理效应与岩石断裂力学的关联问题的研究成果能在有关专著中继续得到阐述.

17.10 地震破裂动力学简介

17.10.1 地震破裂动力学的内容和发展

地震破裂动力学是岩石断裂力学在地震学中的应用,它是在地震学的研究成就(包括震源机制研究)和断裂力学(特别是断裂动力学)的研究成就的基础上发展起来的. 地震破裂动力学研究岩石介质中的动态破裂过程问题,包括地震能量的积累、地震断层的形成、地震失稳破裂的起始、不均匀应力降或不均匀内聚模量介质中的动态破裂过程、破裂的停止以及地震波的辐射问题等.

地震破裂动力学同地震破裂的前兆以及工程抗震问题相联系,对于增进对地震的本质的认识以致对地震的预报都具有重要的理论和实践意义,因此成为当前震源理论的一个重要的前沿课题.

把构造地震和地球介质内的破裂过程联系起来,首先是依据震中区大地测量的资料分析,这就是 1910 年 Reid 的关于地震成因的弹性回跳理论. 自从 20 世纪 20 年代末 Byerly 发现节平面以后,对震源机制的研究逐渐展开,并取得了很大进展. 从那时以后的三十多年间,对地震震源的研究包含两个平行的内容:震源机制和断裂力学. 震源机制的研究主要是从地震观测资料中提取震源的信息,断裂力学产生以后,人们把断层的生成与破裂问题模型化为微裂纹的聚合与宏观裂纹的破裂,比较满意地解释了地震过程中的断层错动的力源以及低应力降现象,在地震学中受到重视,从而发展成为地震破裂动力学.

断裂动力学在断裂力学中已构成一个新的分支(范天佑,1986),它研究惯性效应不能忽略的断裂力学问题.这些问题有两类:①裂纹稳定但外力随时间迅速变化,如振动、冲击、波动(爆炸波、地震波等);②外力变化相对不大而裂纹发生快速传播.第一类问题通常注重研究裂纹扩展的起始,这是因为工程材料的问题主要是回答断裂的危险性;第二类则不但要求给出裂纹扩展的起始条件,还要给出裂纹扩展过程以及有关动力学参数,给出破裂停止的条件及过程,就是所谓止裂问题.地震破裂动力学也就是上面所说的第二类问题.

地震位错理论是在 20 世纪 50 年代末 60 年代初建立的(Aki and Richards,1980),根据这个理论,如果已知断层面上的位错空间分布及其随时间的变化震源时间函数,原则上便可以计算地震位移场.但地震位错理论是关于地震破裂过程的运动学理论,它不能给出引起这一运动的力与震源时间函数的因果关系,这个因果关系问题要由动力学来回答.Maruyama(1963,1964),Burridge 和 Knopoff(1964)关于位错与双力偶在力学上的等效性的证明,结束了关于地震震源力学模式的争论,也明确了地震位错理论与破裂动力学各自针对的问题以及二者的相互关系,为地震震源过程研究的进一步发展奠定了坚实的理论基础.

国际上破裂动力学的研究,是从 20 世纪 60 年代中期开始的.Kostrov(1966)在其开拓性工作中,采用了在薄机翼附近的超声流动理论中的数学方法研究了二维地震断层的不稳定扩展问题.这标志着震源理论进入了一个新的阶段——地震破裂动力学阶段.

在破裂动力学目前的研究阶段,人们把剪切破裂的扩展约束在断层所在的平面之内,并且假定地震断层在扩展过程中形状保持相似性,我们称之为自相似过程,这样做主要是为了能够进行数学上的分析,实际上是一种不得已的办法.实际的破裂过程极为复杂.一些大地震的观测资料已经显示出,大地震破裂实际上是多重事件,其中的各个子事件往往并不是只发生在一个平面上(Dmowska and Rice,1983).但是另一方面,断层的剪切破坏在大体上,至少在一个段落上,又是沿着一个近似的平面进行的,作为其中一个简单事件的处理方式,把地震断层附近出现的张裂缝、树枝状断裂作为某种等效力的分布,投影在地震主断层上,并忽略一些形状上的变化细节,我们仍然可以把自相似处理作为一种等效的处理方法.

近二十年来,破裂动力学取得了许多进展(Aki and Richards,1980; Dmowska and Rice,1983).迄今为止,大量的工作处理的是二维动态破裂问题(Das and Aki,1977;Andrews,1976; Knopoff and Chatterjee,1982;Chatterjee and Knopoff,1983;Chen et al.,1987),或自相似的三维破裂问题.Yoffe(1951)计算了一个匀速扩展但后面不断愈合的裂纹问题.目前,三维自发动态破裂过程的研究主要靠数值方法(Madariaga,1976).

地震破裂动力学的数学处理就是求解波动方程(或方程组)的初值——混合边值问题.首先要解决的是裂纹扩展起始——止裂问题.裂纹的运动规律事先并不知道,

它依赖于基本方程的解,而这种解又必须靠边界条件才能确定,即使求解的问题的基本方程是线性的,它仍然会成为一个高度非线性的问题,这便是数学物理中所谓运动边界问题.在数学物理理论中只对抛物型方程的最简单运动边界问题(即所谓Stefan问题)有某些研究,而对于破裂动力学中遇到的二阶双曲型方程的运动边界问题尚缺乏研究,这样一来,研究者就不得不在物理机制和数学处理两方面同时做出努力,并在计算时做出某些必要的简化假定(范天佑,1986).

实际的地震破裂是三维地震断层的动态破裂,它既包含反平面剪切裂纹特征,也包含平面内剪切裂纹特征,换句话说,是个复合型问题.

在解析法中,目前普遍应用的是解偏微分方程积分变换方法,在破裂速度为给定常数的条件下多半采用Wiener-Hopf方法(Noble,1958).该方法是先用积分变换,把原方程变换成像域上的函数方程,然后利用边界条件,用因式分解的方法将像方程中的奇点分开,进而得到求解未知量的积分解.这个方法在解电动力学的混合边值问题中已经得到普遍应用.在断裂动力学中最早是Maue(1953)在研究稳定裂纹对冲击载荷和对弹性波响应问题时使用,其后Baker(1962)引入Weiner-Hopf方法,与Cagniard方法结合,求解常速度扩展的Ⅰ型裂纹问题.他假定裂纹面上的载荷是常数,并讨论了当破裂速度小于瑞利波速度与大于瑞利波速度这两种不同情况下的解.Freund(1972)也采用同样的方法求解张开型裂纹稳态扩展和非稳态扩展问题.他求出了点力的基本解,进而求出了当裂纹面上的载荷分布为空间的函数(不随时间变化)时的积分解,并给出了动态应力强度因子的表达式.后来Kostrov(1975)指出,Freund(1972)所得到的动态应力强度因子的表达式尽管本身是对的,但是并没有得到证明.Weiner-Hopf方法在自然变速扩展的裂纹问题中不能直接应用,因为这里不能建立稳态动坐标系,人们只好寻找另外的办法.

Kostrov(1975)进一步获得平面内剪切裂纹的解析解(基本解),他假设裂纹面上的载荷是已知的时-空二元函数,导出了裂纹端部的广义应力边界值的Abel积分方程.这些方程在形式上与他本人在文献(1966)中导出的关于反平面问题的边界积分方程一致,可以采用给出的经典方法求解.求得的结果立即可以换算成边界应力和位错,进一步求出全场位移.Kostrov给出了动态应力强度因子的普遍表达式,并且以此验证了Fruend(1972)求出的解,指出Fruend(1972)得到的解实际是一种特殊情况,即裂纹面上的载荷分布只是空间的函数,不随时间变化.鉴于Weiner-Hopf方法在自然变速扩展的裂纹问题中不能直接应用,Kostrov采用了变通方式,吸收了Weiner-Hopf方法中的因式分解技巧,并引进广义应力和广义位错的概念,来改造应力-位错在象域的边界耦合方程,使它变成广义力和广义位错的耦合象方程.Kostrov导出的普遍解只适用于破裂速度低于瑞利波速度的情况.我们不妨称Kostrov(1975)的解为经典模型的亚S波速解.

Kostrov(1975)所获得的平面内剪切裂纹的解析解比反平面剪切裂纹情况下的结果复杂得多.事实上,迄今见到的文献多采用的是数值解(Das and Aki,1977;

Andrews,1976). Andrews(1976b,1985)先后采用有限差分法和边界积分方程方法进行过计算,不过,两次得到的最大破裂速度有差别,这表明数值方法本身往往会影响计算结果. 数值解法的结果需要用解析法给出物理上的解释和理论上的证明. 解析的方法虽然遇到很大困难,但它在理论上的意义却是数值方法所不能替代的.

近年来,由于计算条件和计算技术的飞速发展,复杂情况的断层动态破裂问题的数值计算有了长足的进展. 其中,边界积分方程方法在研究复杂断层自然扩展的问题上显示了优越性(Aochi et al.,2000),不仅能处理平行断层系的问题,还能处理相交断层,甚至任意弯曲形状的断层破裂问题. 张海明(2004)通过推导,得到了适合于数值计算的离散化边界积分方程,研究了与地表倾斜相交的断层破裂的基本特征.

17.10.2　破裂判据

在弹性破裂动力学中,对于具有应力奇异性的断层(暂且称之为基础模式)的动态破裂,常要用到应力强度因子(K)判据和能量(G)判据. 在第 4 章中讨论了破裂判据问题,但所涉及的问题不属于弹性破裂动力学,相当于破裂速度 $v=0$ 的情况,断裂力学准则 $K_J=K_{JC}$ 及 $G_J=G_{JC}$ 是一致的.

对于破裂速度 $v\neq 0$ 的情况,Griffith 表面能为(Kostrov and Nikitin,1970)

$$2G(v)=\frac{-\pi}{2\mu v_S^2 v\cdot R(1/v)}\left[\left(\frac{1}{v^2}-\frac{1}{v_P^2}\right)^{1/2}K_{\mathrm{I}}^2(t)+\left(\frac{1}{v^2}-\frac{1}{v_S^2}\right)^{1/2}K_{\mathrm{II}}^2(t)\right]+\frac{\pi K_{\mathrm{III}}^2(t)}{2\mu v(v^{-2}-v_S^{-2})^{1/2}}\tag{17.10.1}$$

其中,$R(s)$为瑞利函数.

$$R(s)=\left(2s^2-\frac{1}{v_S^2}\right)^2+4s^2\left(\frac{1}{v_P^2}-s^2\right)^{1/2}\left(\frac{1}{v_S^2}-s^2\right)^{1/2}\tag{17.10.2}$$

式(17.10.1)表明,当 $v\neq 0$ 时,K 判据和 G 判据不等价. 可以证明(李世愚,1991)

$$R(1/v)=2\left(\frac{1}{v_S^2}-\frac{1}{v_P^2}\right)\left(\frac{1}{v_R^2}-\frac{1}{v^2}\right)S(1/v)\cdot S(-1/v)\tag{17.10.3}$$

其中

$$S(s)=\exp\left\{-\frac{1}{\pi}\int_{1/v_S}^{1/v_P}\arctan\frac{4\xi^2(\xi^2-1/v_P^2)^{1/2}(1/v_S^2-\xi^2)^{1/2}}{(2\xi^2-1/v_S^2)^2}\cdot\frac{d\xi}{\xi+s}\right\}\tag{17.10.4}$$

并有渐近式

$$R(1/v)=-\frac{1}{v^2}\left(\frac{1}{v_S^2}-\frac{1}{v_P^2}\right),v\to 0\tag{17.10.5}$$

代入式(17.9.1),取极限,得到静态表面能

$$2G_c=\lim_{v\to 0}2G(v)=\frac{\pi}{2\mu}\left[\frac{1}{1-v_S^2/v_P^2}K_{\mathrm{I}}^2+K_{\mathrm{II}}^2+K_{\mathrm{III}}^2\right]\tag{17.10.6}$$

可见,当 $v=0$ 时,Griffith 能量准则和 Irwin 准则等价. 注意式(17.10.1)和

(17.10.5)都是在裂纹沿自身所在平面的假定前提下导出的,它在剪切破裂问题中只适用于宏观断层,不适用于 Griffith 裂纹问题,它所引用的断裂韧性 K_{Ic}和实验室测定的量值只有在Ⅰ型破裂是等同的,在具有剪切成分的 Griffith 裂纹问题中,破裂沿裂纹自身所在平面扩展的假定就不成立了.在动态破裂问题中,式(17.10.1)的理论模型也暴露出了它的严重缺陷.

17.10.3　地震断层的破裂速度极限

地震断层的破裂速度和地震波记录的波形、频谱密切相关,并关系到强地面运动问题,因此关于破裂速度 v 的讨论始终得到地震学家们的关注.

关于Ⅰ(张开)型裂纹的破裂速度问题,Broberg(1960)得到过双向破裂稳态解,他的解在裂纹端部存在奇异性,适用于 $v \leqslant v_R$ 的情形,其中,v_R 为瑞利波速度.Baker(1962)曾经试图导出破裂速度大于 v_R 的拉张裂纹的稳态解,但是没有成功.在Ⅲ型(反平面剪切)裂纹破裂问题中,自然破裂速度是以 v_S 作为极限的.在介质均匀的情况下,破裂速度可以从零逐渐连续地接近 v_S,这中间不存在"隧道"效应,只有在介质强度不均匀的情况下才会出现"隧道"效应,而"隧道"效应产生的"次裂纹"仍然以 v_S 作为破裂速度极限(陈运泰和王璋,1989).

至于Ⅱ型(平面内剪切)裂纹,根据 Kostrov(1975)的理论,从 v_R 到 P 波速度 v_P 之间,则是破裂速度的禁区.断层破裂速度 v 跨过 v_S 的存在性最早是由 Weertman(1969)提出的假说,他甚至提出断层有超出 v_P 的破裂.但他是在位错理论的模型中提出上述假说的,没有考虑破裂扩展的因果关系.金森博雄(Kanamori,1970)和其他一些文献(Wyss and Hanks,1972; Trifunac,1972; Ben-Menahen and Toksöz,1963)给出了若干强地震震例的反演结果,认为可能存在地震断层的跨 S 波速破裂.Burridge(1973)曾经根据稳态解的分析结果从理论上预言:在介质抗剪切强度为有界的条件下,v 可能超越这个"禁区",以大于 v_S 乃至以 v_P 扩展.至于破裂速度是怎样超越"禁区"的,Burridge 的模型还不能给出说明.Andrews(1976,1985)采用数值解法验证了 Burridge 的预言,发现在某种滑动弱化模式的假定下,当 v 逐渐接近 v_R 时,裂纹前缘会出现"隧道效应",产生的次裂纹的前缘以大于 v_S 的速度扩展逐渐达到 v_P.v 是通过"隧道"效应越过物理禁区的.

Burridge(1973)假定介质抗静摩擦力为有限值,令应力降为 $\Delta\tau=\tau_b-\tau_d$,其中 τ_b 为初始应力,τ_d 为滑动摩擦力,令 τ_S 为静摩擦力,求出破裂速度的稳态解.Burridge 的模型并没有考虑破裂能的问题.后来 Andrews(1976)指出,Burridge 处理的是实际内聚带长度为零的极限情形,因此他的模型中的表面能 G 实际为零.

Andrews(1976)采用了滑动弱化模式,其中选择的参数

$$S=\frac{\tau_s-\tau_b}{\tau_b-\tau_d} \tag{17.10.7}$$

当 $S<1.63$ 时,随着裂纹扩展,破裂速度逐渐接近并达到瑞利波速 v_R,而由于 P 波和

S 波波峰处应力达到 τ_s 而产生"隧道效应"在原裂纹前缘附近出现次裂纹，次裂纹的前缘以大于 v_S 的速度扩展. 其后，该次裂纹与原裂纹融合，在有限差分法中，得到它的前缘继续以大于 1.5v_S 的速度扩展. 破裂速度就是以这种方式越过了物理禁区($v_R<v<v_S$)的. 当 $S>1.63$ 时，"隧道效应"不会产生，v 不能超过 v_R. 其后，Andrews(1985)又用边界积分方程的方法重新计算了上述问题，仍然采用滑动弱化模式，结果得到的跃变后的破裂速度为 v_P，而不是 1.5v_S. Andrews 认为边界积分方程方法得到的结果精确度较好，因而应以该方法的结果为准. 这个结果和 Das 等(1977)得到的结果是一致的.

Das 和 Aki(1977)以及 Day(1978)也计算过平面内剪切裂纹自然扩展的问题，并肯定了当 $S<1.63$ 时，破裂速度超出 v_R 的可能性. 其中，Das 等(1977)采用的是边界积分方程方法，破裂判据采用了 Hamano(1974)提出的临界应力判据. 这个判据实际上已经和裂纹端部应力奇异的假定不同了，因此不可能限制破裂速度在 $v<v_R$. Das 等的结果表明破裂速度可以达到 v_P. Dunham 等(2003)在数值模拟中考虑了介质不均匀的模型，其中包括障碍体和凹凸体两种情形，同时单元破裂既包括Ⅱ型，也包括Ⅲ型，计算中发现强障碍体对破裂扰动前缘具有类似聚焦的作用，能够激发跨 S 波速破裂，而弱的凹凸体也能引起跨 S 波速破裂.

李世愚(1991)、李世愚和陈运泰(1993，1994，1998)从理论上研究了Ⅱ型断层模型的解析解. 根据 Kostrov(1975)给出的中间结果，动态应力强度因子 K_2 为

$$K_2(t)=m_2(t)\cdot C_k(v) \tag{17.10.8}$$

其中，v 为破裂速度；$m_2(t)$为扰动因子；在 v 有效范围内 $m_2(t)$不存在奇点，因此问题的焦点就是考察 $C_k(v)$.

$$C_k(v)=1+\frac{1}{2\pi}\int_{1/v_P}^{1/v_S}\frac{Q(s)}{1-1/v(t)}\mathrm{d}s \tag{17.10.9}$$

其中

$$Q(s)=\{S(-s)\}\frac{1/v_R-s}{(s-1/v_P)^{\frac{1}{2}}\cdot(1/v_S-s)^{\frac{1}{2}}} \tag{17.10.10}$$

式中，$S(s)$是采用 Weiner-Hopf 方法将瑞利函数 $\mathrm{R}(s)$因式分解后的一个因子

$$\mathrm{R}(s)=2\left(\frac{1}{v_S^2}-\frac{1}{v_P^2}\right)\left(\frac{1}{v_R^2}-s^2\right)S(s)S(-s) \tag{17.10.11}$$

其中

$$S(s)=\exp\left\{-\frac{1}{\pi}\int_{\frac{1}{v_P}}^{\frac{1}{v_S}}\tan^{-1}\frac{4\xi^2\ (\xi^2-1/v_P^2)^{\frac{1}{2}}\cdot(1/v_S^2-\xi^2)^{\frac{1}{2}}}{(2\xi^2-1/v_S^2)^2}\frac{\mathrm{d}\xi}{\xi+s}\right\} \tag{17.10.12}$$

式(17.10.9)中的 $C_k(v)$有两个解：① 当 $v<v_S$，

$$C_k(v)=\{S(-s)\}\frac{1-v(t)/v_R}{[1-v(t)/v_P]^{\frac{1}{2}}\cdot[1-v(t)/v_S]^{\frac{1}{2}}} \tag{17.10.13}$$

上式由 Kostrov(1975)得到. ②当 $v_S<v<v_P$,李世愚和陈运泰证明,$Q(s)$的积分在不超出 $1/v(t)\pm e$ 的范围内满足黎浦希兹条件,$C_k(v)$存在. 这就证明了在区间 $v_S<v<1.70v_S$,K_2存在. 对于泊松介质,K_2为正实数. $C_k(v)$的数值计算结果由图 17.36 所示.

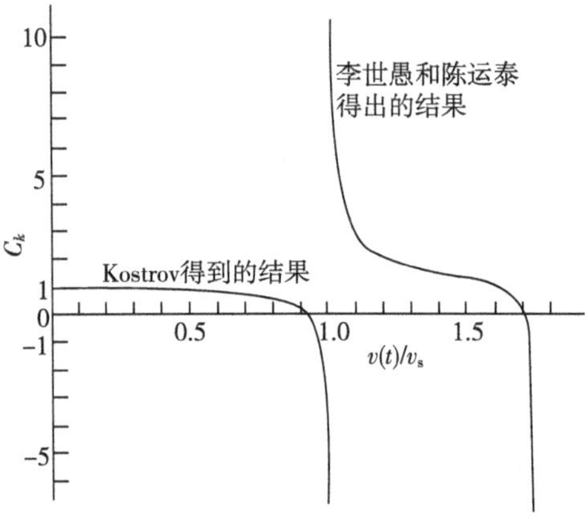

图 17.36　$C_k(v)$的计算结果

李世愚和陈运泰对 K_2在 v 处于不同区间内的属性进行了总结,得出以下结论:

(1)平面内剪切裂纹的自然破裂速度 v 有三个物理区,第一个在 0 和 v_R 之间,第二个在 v_S 和 $1.70v_S$ 之间,第三个为 v_P.

(2)v 还有两个物理"禁区",第一个在 v_R 和 β 之间,第二个在 $1.70v_S$ 和 v_P 之间,它们分别构成了破裂速度的屏障.

以上导出的广义解不仅适用于经典模型,也适用于各种其他派生模型,因此它可以作为数值结果的理论依据. 超 S 波速破裂虽然也是经典的边界积分方程的解,却在经典模型单一裂纹情况下无法实现,原因就是经典模型中的应力奇异性使得它的破裂速度无法超越第一物理禁区所形成的壁垒."隧道"效应在经典模型的多裂纹情况下有可能出现,但仍然存在起始困难和发散困难. 起始困难是指当破裂速度 $v\to v_R$(瑞利波速度)时,动态应力强度因子 $K_2(t)\to 0$,破裂速度在区间(v_R,v_S)内,$K_2(t)$由正变负,破裂速度如何越过"禁区"(v_R,v_S)呢? 发散困难是指在 $v\downarrow v_S$(指从高值趋近 β)时,$K_2(t)\to +\infty$. 李世愚和陈运泰(1998)着重考虑了在分形断层模型中如何借助"隧道"效应解决速度的超越问题,并阐述了断层破裂速度的表观性,从而给出了克服起始困难和发散困难的一种途径.

李世愚(1991)、李世愚和陈运泰(1993)还研究了拉张裂纹的破裂速度极限的理论解. 在此之前,Baker(1962)曾经试图导出破裂速度大于瑞利波速的拉张裂纹的稳态解,但是没有成功. 仿照本书的步骤,我们不难推出拉张裂纹的动态应力强度因子的广义解,这个广义解在破裂速度达到瑞利波速时为零,在超出 v_S 时成为纯虚数,因此拉张裂纹和平面内剪切断层不同,它的破裂速度极限仍然是瑞利波速,它不存在超瑞利波速的解，更不存在超过 v_S 速的解. 这个结果对 Baker(1962)的疑问给出了理论上的回答.

平面内剪切断层的跨 S 波速破裂在实验中的实验验证，最早是 Johnson(1973)利用多道位移和剪应变监测装置进行的，以后大中康誉(Ohnaka，1986)使用伺服控制的双轴加载设备，利用多道位移和剪应变监测装置，研究了具有预切口的筑波花岗岩粘滑不稳定剪切破裂，发现破裂的稳定传播视速度大致等于 v_R，而在稳定的应力降前，还存在暂态应力降，大致以 v_S 传播.

自 20 世纪 90 年代以来，由于数字技术的飞速发展，有关跨 S 波速破裂实验验证进入可视化阶段. Rosakis 等(1999)和 Kaiwen 等(2004)先后利用动光弹技术，结合高速摄影和图像转储技术，在实验中观测到了沿摩擦面发生的剪切破裂速度超过 S 波速度的现象. Rosakis 等(1999)采用的是两块光弹材料拼接粘合，在拼接粘合面的端部预制切口，使拼接面形成类似直的裂纹面，两个拼接块受到不对称的快速推进力，从而产生剪切破裂扩展. Kaiwen 等(2004)采用的是两片透明光弹材料上下对缝拼接成矩形，裂缝与水平线的夹角为 a，上下端部施加单轴压力 P，使中间对缝产生剪切摩擦.

图 17.37 显示的是利用激光光弹方法观测动态变形过程. 高速数字摄影系统的采样率为 10^8 帧/s. 破裂的激发采用对缝中间插入导线并用电火花爆炸产生瞬间膨胀的触发方法. 本书作者认为，该激发方法不但对本实验具有重要意义，而且对于天然地震的发生也具有重要启示.

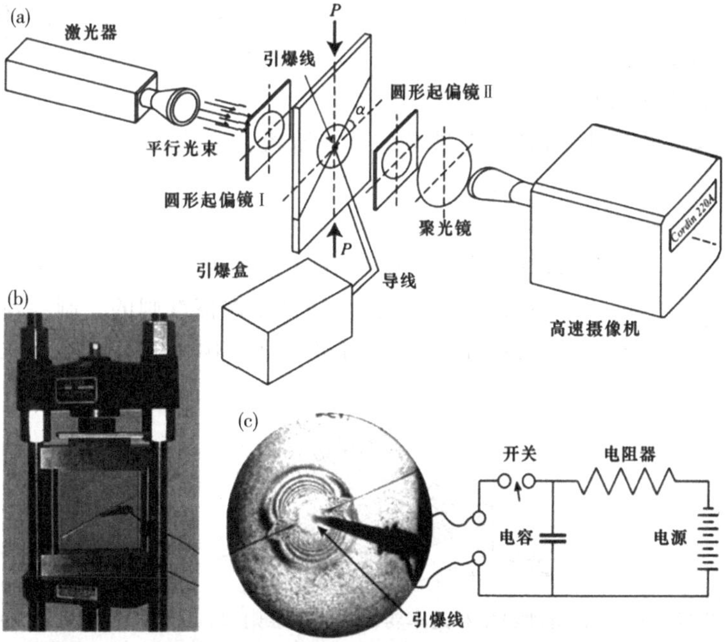

图 17.37　跨 S 波速剪切破裂实验原理图(Kaiwen et al.，2004)

在实验中，Kaiwen 等(2004)发现，如取 $\alpha=25°$，而 $P<9\text{MPa}$ 时，破裂速度不能超过瑞利波速度 v_R，见图 17.38(a)，但若控制 $P>9\text{MPa}$，则可以观测到破裂速度在破裂扩展到临界长度 L_c(本次实验 $L_c\approx 20\text{mm}$)时超过 v_S，并达到 v_P，见图 17.38(b). Kaiwen 等(2004)还就上述参数的关系给出了理论推导.

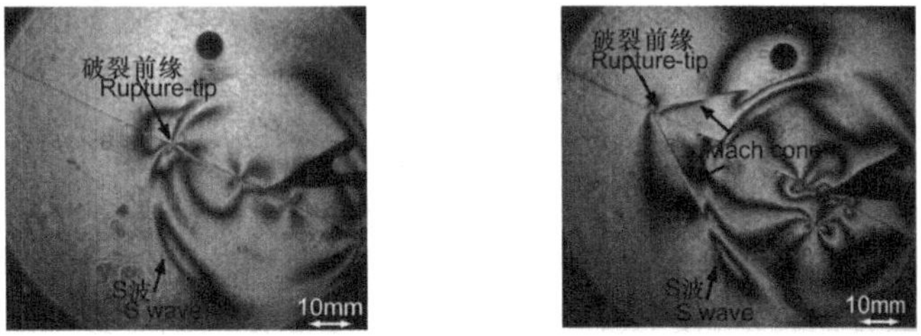

(a)$\alpha=25°$，$P=7\text{MPa}$，低于瑞利波速度破裂　　(b)$\alpha=25°$，$P=15\text{MPa}$，超 S 波速破裂

图 17.38　跨 S 波速剪切破裂实验，触发后同一时刻(28 μs)的破裂(Kaiwen et al.，2004)

图中的 Mach cone 是马赫锥面(P 波前锋)(马赫是表示速度的量词，1 马赫即一倍音速)

17.10.4　止裂条件

1. 断层翼状扩展止裂

在受压裂纹的扩展研究中指出，剪切裂纹的摩擦与错动，都是在已有的裂纹面上进行的，而裂纹端部的拐折弯曲扩展，将导致应力强度因子的衰减而止裂(参见 8.3 节和 10.5 节).

2. 有限预留力源作用下裂纹扩展的止裂

有限预留力源作用下裂纹自相似扩展的过程中，当裂纹扩展到力源作用范围的临界边缘时，裂纹会自然停止扩展，参见第 13 章的分析.

3. 速率弱化导致止裂

在速率弱化的条件下，摩擦在破裂的减速阶段会起作用，导致滑动的突然停止(Fukuyama and Madariaga，1998).

Madariaga 和 Cochard(1996)及 Madariaga 等(1998)给出了综合滑动(Δu)弱化和速率(v)弱化二者的摩擦准则，即在破裂过程的某一时刻，取式(17.5.3)和式(17.5.9)中较大的一个，如图 17.39 所示. 在这个摩擦准则的控制下，将出现破裂的自发停止. 这种停止与来自边界反射回来的停止相和障碍体等完全无关.

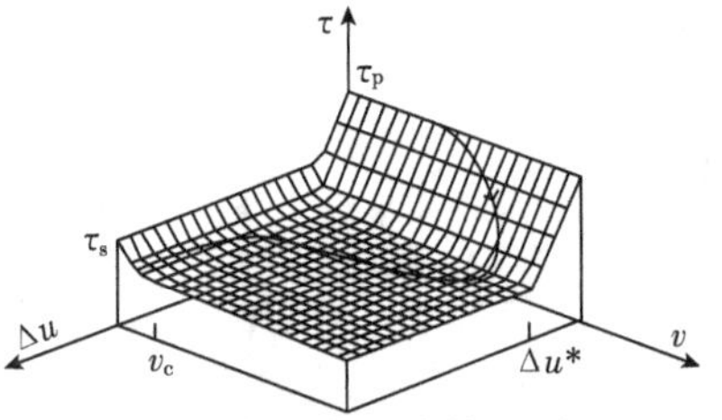

图 17.39　综合滑动弱化和速率弱化的摩擦准则(Madariaga et al.，1998)

本书对部分符号作了必要改动

参考文献

车用太，刘五洲，鱼金子. 1998. 地壳流体与地震活动关系及其在强震预测中的意义. 地震地质，20(5)：431－435.

陈篪，蔡其巩，王仁智. 1977. 工程断裂力学. 北京：国防工业出版社.

陈建华. 1984. 实验应力分析. 北京：中国铁道出版社.

陈杰，陈宇坤，丁国瑜. 2003. 2001 年昆仑山口西 8.1 级地震地表破裂带. 第四纪研究，23(6)：629－639.

陈运泰，黄立人，林邦慧，等. 1979. 用大地测量资料反演 1976 年唐山地震的位错模式. 地球物理学报，22(3)：201－217.

陈运泰，顾浩鼎. 震源理论基础，科学出版社(待出版).

陈运泰，2007. 地震预测－进展、困难与前景. 地震地磁观测与研究，28：1－24.

陈运泰，许力生，张勇，等. 2008. 2008 年 5 月 12 日汶川特大地震震源特性分析报告. 中国地震局地球物理研究所.

陈运泰，杨智娴，张勇，等，2013. 从汶川地震到芦山地震. 中国科学：地球科学，43(6)：1064－1072.

陈颙. 1986. 地壳岩石的力学性能－理论基础与实验方法. 北京：地震出版社.

陈颙，黄庭芳. 2001. 岩石物理学. 北京：北京大学出版社.

陈颙，姚孝新，耿乃光. 1979. 应力途径，岩石的强度和体积膨胀. 中国科学，(11)：1093－1100.

陈颙，黄庭芳，刘恩儒. 2009. 岩石物理学. 合肥：中国科学技术大学出版社.

褚武扬. 1979. 断裂力学基础. 北京：科学出版社.

丁原章. 1989. 水库诱发地震. 北京：地震出版社.

丁志峰，王椿镛，周民都，等. 2004. 昆仑山口西 8.1 级地震断层的浅层地震勘探//陈运泰，滕吉文，阚荣举，等. 中国大陆地震学与地球内部物理学研究进展－庆贺曾融生院士八十寿辰. 北京：地震出版社.

杜庆华，余寿文，姚振汉. 1986. 弹性理论. 北京：科学出版社.

樊腊生，贾军，吴金生，等. 2009. 汶川地震断裂带科学钻探一号孔（WFSD－1）钻探施工概况. 探矿工程：岩土钻掘工程，36(12)：5－8.

范天佑. 1978. 断裂力学基础. 南京：江苏科学技术出版社.

范天佑. 1986. 断裂动力学的进展. 力学进展，16(1)：1－13.

冯德益，潘琴龙，郑斯华，等. 1984. 长周期形变波及其所反应的短期和临震地震前兆. 地震学报，6(1)：41－56.

付淑芳，刘宝诚. 1991. 地震学教程. 北京：地震出版社.

高建理，丁健民，梁国平. 1987. 华北地区盆地内地壳应力随深度的变化. 中国地震，3(4)：82－89.

高原，李世愚，周蕙兰，等. 1999. 大理岩的剪切波分裂对应力变化响应的实验研究. 地球物理学报，42(6)：778－784.

高中，华诚，程晋，等. 2012. 龙门山断裂带深部构造变形的粘弹性模拟分析. 复旦学报(自然科学版),51(4):393－399.

耿乃光.1986.b值模拟实验的进展和我国b值模拟实验的开端.地震学报,8(3):330－333.

郭婷婷,徐锡伟,于贵华.2013.逆冲型地震地表破裂带宽度与活断层"避让带"的分析研究.地震研究,36(3):352－357.

郭增建,秦保燕,徐文耀,等.1973.震源孕育模式的初步探讨.地球物理学报,16:43－48.

国家地震局"1976年唐山地震"编辑组.1982.1976年唐山地震.北京:地震出版社.

何学秋,王恩元,林海燕.1996.孔隙气体对煤体变形及蚀损作用机理.中国矿业大学学报,25(1):6－11.

和泰名,李世愚,张洪魁,等.2011.滑动弱化模型下的库仑应力变化与远程触发问题.地震学报,33(2):165－186.

和雪松,李世愚,滕春凯.2005.不同距离力源作用下脆性破裂的止裂.地震学报,27(1):51－59.

和雪松,李世愚,潘科,等.2007.矿山地震与瓦斯突出的相关性及其在震源物理研究中的意义.地震学报,29(3):314－327.

黄克智,余寿文.1985.弹塑性断裂力学.北京:清华大学出版社.

嵇少丞.1989.水致弱化:一种重要的构造地质作用一以石英为例.国外地质,(2):8－14.

嵇少丞.2009.血的教训不应淡忘——写在汶川大地震一周年之际.南方周末,2009-05-13.http://www.infzm.com/content/28331.

监凯维奇O C.1977.有限元法.尹泽勇,柴家振,译.北京:科学出版社.

蒋承林,俞启香.1998.煤与瓦斯突出的球壳失稳机理及防治技术.北京:中国矿业大学出版社.

蒋海昆,张流.1998.岩石破裂过程的声发射研究进展(概述).世界地震译丛,(3):1－9;(5):1－10.

景耀光.2001.煤与瓦斯突出时固态烃转化为气态烃的假说验证.矿业安全与环保,28(Supp),143.

勒迈特J.1996.损伤力学教程.倪金刚,陶春虎,译.北京:科学出版社.

黎在良,1996.王元汉,李廷芥.断裂力学中的边界数值方法.北京:地震出版社.

李红,李世愚,许征宇,等.1992.高围压下岩石材料的断裂力学实验.地震学报,14(1):124－127.

李全林,于渌,郝柏林,等.1979.地震频度-震级关系的时空扫描.北京:地震出版社.

李世愚.1990.三维脆性破裂的拉应力判据.地球物理学报,33(5):547－555.

李世愚.1991.平面内剪切断层的自然扩展.博士学位论文,国家地震局地球物理研究所.

李世愚,陆阳泉,赵家骝.1993.中,俄,美大尺度岩石破裂实验考察报告.国际地震动态,(7):5－8.

李世愚,陈运泰.1993.平面内剪切断层的超S波速破裂.地震学报,15(1):9－14.Li S Y,Chen Y T.1993. On the pro Pagation of an in－plane shear fault with super－S－wave velocity. Acta Seismologica Sinica,6(2):335－341.

李世愚,陈运泰.1994.由动态裂纹退化得到的静态裂纹解.地震学报,16(3):303－311.Li S Y,Chen Y T.1994. Static solution of a crack degenerated from dynamic solution of a propagating crack. Acta Seismologica Sinica,7(3):391－401.

李世愚,朱传镇,王琳瑛.1997.大尺度岩石破裂声发射序列的实验研究//国家地震局预测预防司编辑.地震短临预报的理论与方法一"八五"攻关三级课题论文集.北京:地震出版社.

李世愚,陈运泰.1998.分形断层的隧道效应和平面内剪切断层的跨S波速破裂.地震学报,21(1):17－23.Li S Y,Chen Y T.1998. Tunnel effect of fractal fault and transient S-wave velocity rupture(TSVR)of in-plane fault. Acta Seismologica Sinica,12(1):19－25.

李世愚,滕春凯,卢振业,等.1998.裂纹间动态相互作用的实验观测与理论分析:以共线剪切裂纹归并为例.地球物理学报,41(1):79－88.

李世愚,滕春凯,卢振业,等.2000.典型构造微破裂集结的实验研究.地震学报,22(3):278－287.

李世愚,滕春凯,刘晓红.2000.1999年度中俄合作岩石破裂实验研究.国际地震动态,(3):1－3.

李世愚,张洪魁,和泰名.2009.地球深部流体的状态及其在震源物理中的意义.物理,38(2):680－689.

李世愚,和雪松,张少泉,等.2004.矿山地震仪器的使用、观测情况及前景.地球物理学进展,19(4):853-859.英文:Li S-Y,He X-S,Zhang S-Q,et al.2004.Development and recent achievement of mining shock observation. Progress in Geophysics,19(4):853－859.

李世愚,和泰名,尹祥础.2009.岩石断裂力学导论.当代科学技术基础理论与前沿问题研究丛书.中国科学技术大学校友文库.合肥:中国科学技术大学出版社.

李勇,黄润秋,周荣军,等.2009.龙门山地震带的地质背景与汶川地震的地表破裂.工程地质学报,17(1):3－18.

李四光.1973.地震地质.北京:科学出版社.

李振生,刘德良,刘波,等.2005.断裂性能差异的力学和化学因素分析.天然气地球科学,16(4):485－491.

刘国勇,金之钧,张刘平,等.2006.碎屑岩成岩压实作用模拟实验研究.沉积学报,24(3):407－413.

刘明军,王夫运,嘉世旭,等.2014.芦山 M_S7.0 地震箭杆林地表破裂带研究.地震学报,(1):129－138.

刘万琴,李世愚,郑治真,等.1999.破坏性矿震震前短临阶段震源过程研究.地震学报,21(1):57－64.

马鸿庆.1978.华北地区几次大震前的 b 值异常变化.地球物理学报,21:126－141.

彭渤,陈广浩.2002.地质过程中几种重要的构造—流体作用.地质论评,48(5):495－504.

钱伟长,叶开源.1956.弹性力学.北京:科学出版社.

浅田敏,铃木次郎,友田好文.1950.地震の频度ごエネルギーについて.地震,(2):11－15.

切列帕诺夫 Г П.1990.脆性断裂力学.黄克智,等,译.1990.北京:科学出版社.

邱吉宝.1991.加权残值法的理论和应用.北京:宇航出版社.

萨多夫斯基 MA.许同春,耿乃光,等,译.1982.震源物理.北京:地震出版社.

邵济安,傅英奇,臧启家,等.1990.韧性失稳——北京怀柔神堂峪韧性剪切带和透闪石玻璃.地球物理学报,33(2):197－201.

神村三郎.1955.石本·饭田の统计式と割に目现象.地震,2:80－83.

胜山邦久.1997.声发射(AE)技术的应用.冯夏庭,译.北京:冶金工业出版社.

石本已四雄,饭田汲事.1939.微动计による地震観测(1),地震研究所彙报,17:443－478.

孙峰.2001.特厚煤层冲击地压区防治煤与瓦斯突出的探讨.煤矿安全,3(2):30－31.

唐林波,李世愚,苏昉,等.2003.强地震前兆低频波的实验研究.中国地震,19(1):48－57.中国地震局地球物理研究所论著 03AC1011.

唐有祺.1979.统计力学及其在物理化学中的应用.北京:科学出版社.

滕春凯，尹祥础，李世愚，等. 1987. 非穿透裂纹平板试件三维破裂的实验研究. 地球物理学报，30(4)：371－378.

滕春凯，白武明，王新华. 1992. 用有限元法研究含摩擦多断层周围的应力场. 地球物理学报，35(4)：469－478.

滕春凯，李世愚，和雪松，等. 2001. 裂纹系微破裂集结和动态扩展的实验研究. 地球物理学报，44(suppl.)：136－145.

铁摩辛柯 S T，古地尔 J N. 弹性理论. 徐芝纶，译. 1990. 北京：高等教育出版社.

田洁，朱振家，朱宗德，等. 2009. 汶川 8.0 级地震后龙门山断裂地震波速异常的讨论. 高原地震，(4)：21－24.

万永革，吴忠良，周公威，等. 2002. 地震应力触发研究. 地震学报，24(5)：533－551.

王宝善，陈颙，葛洪魁，等. 2005. 高孔隙岩石变形的离散单元模型. 地球物理学报，48(6)：1336-1342.

王林瑛，陈佩燕，吴忠良，等. 2005. 前震特征及其识别研究. 地震学报，27(2)，171－177.

王龙甫. 1978. 弹性理论. 北京：科学出版社.

王萍，付碧宏，张斌. 2009. 汶川 8.0 级地震地表破裂带与岩性关系. 地球物理学报，52(1)：131－139.

王卫民，郝金来，姚振兴. 2013. 2013 年 4 月 20 日四川芦山地震震源破裂过程反演初步结果. 地球物理学报，56(4)：1412－1417.

王新华，尹祥础，滕春凯. 1984. 用断裂力学的方法研究地震破裂的方式. 地球物理学报，27(3)：258－267.

王耀文，郝晋升，刘永恩. 1991. 10000 kg/cm^2 围压容器的研制. 地球物理学报，24(1)：56－64.

吴海威. 1991. 累积损伤疲劳断裂－地壳构造变形的一种基本机制. 地质科学，2：101－110.

吴淑才，覃子建. 1994. 浅析贵州矿山地震活动. 贵州师范大学学报(自然科学版)，12(1)：49－58.

吴章明，袁岩光. 1990. 地震地表破裂与发震断层的性状. 灾害学，(4)：14－19.

谢祖军，金笔凯，郑勇，等. 2013. 近远震波形反演 2013 年芦山地震震源参数. 中国科学：地球科学，43：1010－1019.

新疆维吾尔族自治区地震局. 1988. 中国地震断层研究. 乌鲁木齐：新疆人民出版社.

夏蒙棼，韩闻生，柯孚久，等. 1995. 统计细观损伤力学和损伤演化诱致突变(Ⅰ). 力学进展，25(1)：1－40.

夏蒙棼，韩闻生，柯孚久，等. 1995. 统计细观损伤力学和损伤演化诱致突变(Ⅱ). 力学进展，25(2)：145－173.

肖承邺，冯义钧. 1996. 地球物理和地震行业量和单位实用手册. 国家地震局科技监测司. 北京：地震出版社.

谢和平. 1996. 分形-岩石力学导论. 北京：科学出版社.

谢鸿森，等. 1997. 地球深部物质科学导论. 北京：科学出版社.

徐秉业. 1981. 弹性与塑性力学－例题与习题. 北京：机械工业出版社.

徐次达. 1978. 固体力学加权残值法. 上海：同济大学出版社.

徐锡伟，闻学泽，叶建青，等. 2008. 汶川 M_s8.0 地震地表破裂带及其发震构造. 地震地质，

3:597 -629.

徐锡伟,韩竹军,李传友,等. 2013. 四川芦山 7.0 级强震:一次典型的盲逆断层型地震. 科学通报,58(15):1887 - 1893.

许向红. 2005. 岩石的细观非均匀性对其宏观变形、损伤和灾变的影响. 博士学位论文. 中国科学院研究生院.

杨章,戈树谟,郑福涴. 1988. 地震断层的构造特征. 新疆维吾尔族自治区地震局,中国地震断层研究. 乌鲁木齐:新疆人民出版社.

杨智娴,陈运泰,郑月军,等. 2003. 双差地震定位法在中西部地区地震精确定位中的应用. 中国科学 D 辑: 地球科学,33(增刊): 129 - 134.

杨智娴,于湘伟,郑月军,等. 2004. 中国中西部地区地震的重新定位和三维地震波速结构. 地震学报,26:19 - 29.

杨智娴,陈运泰,苏金蓉,等. 2012. 2008 年 5 月 12 日汶川 $M_W7.9$ 地震的震源位置与发震时刻. 地震学报,34(2): 127 - 136.

姚孝新,赖德伦,张来凤. 1988. 岩石强度降低的微观机理. 中国科学,B 辑:533 - 540

姚孝新,赖德伦,张来凤. 1990. 岩石破坏状况的实验研究. 地震学报,12(2):212 -217.

叶剑红,杨洋,常中华,等. 2009. 巴西劈裂试验应力场解析解应力函数解法,工程地质学报,17(4):528 - 532.

殷有泉. 1987. 有限单元方法及其在地学中的应用. 北京:地震出版社.

尹祥础,郑天愉. 1982. 地震孕育过程的流变模式. 中国科学,B 辑(10):923 - 930.

尹祥础,李世愚,李红,等. 1988. 闭合裂纹面相互作用的实验研究. 地球物理学报,31(3):306 - 314.

尹祥础. 1985,2011(再版). 固体力学. 北京:地震出版社.

尹祥础,李世愚,李红,等. 1987. 从断裂力学观点探讨 b 值的物理实质. 地震学报,9(4):364 - 374.

余天庆,钱济成. 1993. 损伤理论及其应用. 北京:国防工业出版社.

曾明果,悦辉,符广,等. 2009. 汶川大地震震中喷发气、石的“爆烈式泥火山”场景——兼讨论地震的超临界水流体退相爆发成因. 地质学报,29(2):250 - 251.

曾融生,师洁珊. 1978. 1974 年 5 月 10 日云南省永善-大关主震的多重性. 地球物理学报,21:160 -173.

曾祥方,罗艳,韩立波,等. 2013. 2013 年 4 月 20 日四川芦山 $M_S7.0$ 地震:一个高角度逆冲地震. 地球物理学报,56(4):1418 - 1424.

张海明. 2004. 半无限空间中平面断层的三维自发破裂传播的理论研究. 博士学位论文,北京大学.

张群,潘科,张海莹,等. 2001. 岫岩一海城 $M_S5.4$ 级地震序列空间分布特征的探讨. 地震地磁观测与研究,22(2):83 - 91.

张培震,邓起东,徐锡伟. 1994. 盲断裂,褶皱地震与新疆 1906 年玛纳斯地震. 地震地质,16(3):193 -204.

张如一,陆耀桢. 1981. 实验应力分析. 北京:机械工业出版社.

张勇,许力生,陈运泰. 2013. 芦山 4.20 地震破裂过程及其致灾特征初步分析. 地球物理学报,56(4):1408 - 1411

张之立. 1994. 断裂之间的相互作用和应力场计算. 地震学报,16(1):32 - 40.

张之立,方兴. 1987. 断裂构造体系的形成和扩展过程的力学分析及应用. 中国科学,B 辑,(11):1213-1224.

张竹琪,王伟涛,任治坤,等. 2013. 芦山 7.0 级地震:特殊的弯曲断层地震. 科学通报,(20):1933-1940.

赵根模. 1980. 我国若干强震的前兆地震序列. 地震研究(4).

赵根模. 1995. 注水诱发地震研究. 北京:地震出版社.

赵纪东. 2010. 气候变化可能触发地震和火山. 国际地震动态,(1):10-13.

郑哲敏. 1982. 从数量级和量纲分析看煤和瓦斯突出的机理,力学与生产建设. 北京大学出版社,128-137.

中国航空研究院. 1993. 应力强度因子手册. 北京:科学出版社.

中国科学院地球物理研究所. 1976. 地震学基础. 北京:科学出版社.

钟以章,丛传喜. 1988. 从海城地震裂缝特征讨论 1975 年海城 7.3 级地震的发震构造. 中国地震断层研究. 乌鲁木齐:新疆人民出版社.

周荣军,黄润秋,雷建成,等. 2009. 四川汶川 8.0 级地震地表破裂与震害特点. 岩石力学与工程学报,27(11):2173-2183.

朱传镇,王琳瑛. 1996. 前震活动特征及其识别的研究(Ⅰ). 地球物理学报,49 (1):80-88.

Aki K,Richards,P G. 1980. Quantitative seismology,theory and methods. San Francisco:Freeman,W H and Company. 中译本:安艺敬一 K,里查兹 P G. 定量地震学. 邹其嘉,李钦祖,译. 1987. 北京:地震出版社.

Albercht R,Schmidy V,Betekhtin V I. 1977. The damage process proceeding semi-brittle fracture in dependence on deformation-part one. Phys Statist Sol,39:621-630.

Anderson D L,Whitcomb J H. 1973. Proceedings of the Conference on Tectonic Problems of the San Andreas Faults System. Stan ford University.

Andrews D J. 1976 a. Rupture propagation with finite stress in antiplane strain. J Geophys Res,81:3575-3582.

Andrews D J. 1976b. Rupture velocity of plane-strain shear cracks. J Geophy Res,81:5679-5687.

Andrews. 1985. Dynamic plane-strain shear rupture with a slip-weakening friction law calculated by a boundary integral method. Bulletin of the Seismological Society of America,75(1):1-21.

Aochi H,Fukuyama E,Matsu'ura M. 2000. Spontaneous rupture propagation on a non-planar fault in 3-D elastic medium. Pure Appl Geophys,157:2003-2027.

Atkinson B K. 1987. Fracture Mechanics of Rock. London:Academic Press Limited. Atkinson BK,岩石断裂力学. 尹祥础,修济刚,尹灿,等译. 1992. 北京:地震出版社.

Aydin A,Schultz R A. 1990. Effect of mechanical interaction on the development of strike-slip faults with echelon patterns. Journal of Structural Geology,12(1):123-129.

Bai Y L,Xia M F,Ke F J,et al. 2001. Statistical microdamage mechanics and damage field evolution. Theor Appl Fract Mech,37:1-10.

Baker B R. 1962. Dynamic stress created by a moving crack. J Appli Mech,Transsctions of the ASME,29:449-458.

Bakuckas JG. 1995. Computational methodology to predict damage growth in unidirectional composites. Eng Frac Mech,52(5):937-951.

Balta P,Balta E. 1976. Introduction to the Physical Chemistry of the Vitreous State. Abacus Press. 中译本:贝尔塔 P, 贝尔塔 E. 玻璃物理化学导论. 侯立松,等,译. 1983. 北京:中国建筑工业出版社.

Barenblatt G I. 1962. Mathematical theory of equilibrium cracks in brittle fracture. Adv Appl Mech, 7:55-129.

Belytschko T,Lu Y Y. 1995. Crack propagation by element-free Galerkin methods. Eng Fra Mech, 51(2):295-315.

Bowden F P ,Tabor D. 1964. The Friction and Lubrication of Solids. Vol. Ⅱ. Oxford: Clarendon.

Bohnhoff M. 2014. Fault-zone maturity defines maximum earthquake magnitude. Research presented at the Seismological Society of America(SSA)2014 Annual Meeting. Anchorage,Alaska.

Biner S B. 1995. A FEM analysis of crack growth in microcarking brittle solids,Eng Fra Mech, 51(4):555-573.

Brace W F. 1963. Bomblakis E G. 1963. A note on brittle crack growth in compression. J Geophys Res,68:3709-3713.

Brace W F,Paulding B W,Scholz C. 1966. Dilatancy in the fracture of crystalline rocks,J Geophys Res 77:3939-3963.

Brace W F,Kohlstedt D L. 1980. Limits on lithospheric stress imposed by laboratory experiments. Journal of Geophysical Research,85(B11):6248-6252.

Broberg K B. 1960 The propagation of a brittle crack. Ark Fys,18:159-192.

Brodsky E E,Karakostas V,Kanamori H. 2000. A new observation of dynamically triggered regional seismicity:earthquakes in Greece following the August,1999 Izmit,Turkey earthquake. Geophys Res Let,27:2741-2744.

Brodsky E E,Roeloffs E,Woodcock D,et al. 2003. A mechanism for sustained groundwater pressure changes induced by distant earthquakes. J Geophys Res,108(B8):2390.

Brodsky E E,Pejean S G. 2005. New constraints on mechanisms of remotely triggered seismicity at Long Valley Caldera. J Geophys Res,110:B04302.

Brune J N,Brown S,Johnson P. 1993. Rupture mechanism and interfacese paration in foam rubber models of earthquakes:a possible solution to the heat flow paradox and the paradox of large overthrusts. Tectonophysics,218:59-67.

Bueckner. 1958. Propagation of cracks and the energy of elastic deformation. Trans of ASME,80: 1225-1241.

Burridge R,Knopoff L. 1964. Body force equivalents for seismic dislocations. Bull Seism Soc Amer, 54:1875-1888.

Burridge R,Knopoff L. 1967. Model and theoretical seismicity. Bull Seim Soc Am,57:341-371.

Burridge R. 1973. Admissible speeds for plane strain self-similar shear cracks with friction but lacking cohesion. Geophysical Journal of the Royal astronomical Society,35: 439-456.

Byerlee J D. 1978. Friction of rocks. Pure and Applied Geophysics,116:615 - 626.

Carpinteri A,Scavia C. 1996. Microcarck propagation coalescence and size effects in compression. Eng Fra Mech,54(3):335 - 347.

Chatterjee A K,Knopoff L. 1983. Bilateral propagation of a spontaneous two-dimensional anti-plane crack under the influence of cohesion. Geophys J R astr,Soc. 73:449 - 473.

Chen Y T,Knopoff L. 1986. Static shear crack with a zone of slip weakening. Geophysical Journal of the Royal astronomical Society,87,1005 - 1024.

Chen Y T,Chen X F,Knopoff L. 1987. Spontaneous growth and autonomous contraction of a two-dimensional earthquake fault//Wesson R. Mechanics of Earthquake Faulting, Techtonophsics, 144:5 - 17.

Cook N G W. 1962. A study of failure in the rock surrounding underground excavations. Thesis, University of the Witwatersrand.

Cook N G W. 1970. An experiment proving that dilatancy is a pervasive volumetric property of brittle rock loaded to failure. Rock Mechanics,(2):181 - 188.

Cox S J D,Scholz C H. 1988. On the formation and growth of faults:An experimental study. J Struct Geol,10:413 - 430.

Cundall P A,Strack O D L. 1979. A Discrete Element Model for granular assemblies. Geotechnique, 29:47 - 65.

Das S,Aki K. 1977. Fault plane with barriers:A versatile earthquake model. J Geophys Res,82(36): 5658 - 5669.

Deng Q D,Zhang P Z. 1984. Research of the geometry of shear fracture zones,J. Geophys Res, 89(B7):5699 - 5710.

Dieterich J H. 1978. Time-dependent friction and the mechanics of stick-slip. Pure and Applied Geophysics,116:790 - 806.

Dieterich J H. 1992. Earthquake nucleation on faults with rate and state dependent strength. Tectonophysics,211:851 - 855.

Dmowska R,Rice J R. 1983. Fracture theory and its seismological applications//Teisseyre R. Continuum Theories in Solid Earth Physics,Polish Scientific Publishers. 译文:Dmoska R,Rice J R. 断裂力学及其在地震学中的应用. 世界地震译丛,1984,(6):36-54,和 1985,(1):71-74,李世愚,等译.

Dugdale D S. 1960. Yielding of steel sheet containing slits. J Mech Phys Solids,8:100 - 115.

Dunham E M,P Favreau,Carison J M. 2003. A supershear transition mechanism for cracks. Science, 299(7):1557 - 1559.

Ellsworth W L,Beroza G C. 1995. Seismic evidence for an earthquake nucleation phase. Science,268 (5212): 851 - 855.

Erdogan F. 1962. On the stress distribution in plates with collinear cuts under arbitrary loads. Proc. 4th U. S. Nat. Cong on Appl. Mech,Berkely,1:547 - 553.

Erdogan F,Sih G C. 1963. On the crack extension in plates under plane loading and transverse shear. J Basic Engng,85:519 - 527.

Ernsberger F M. 1973. Origin and detection of microflaws in glass//Bradt R C,Hasselman D P H, Lange F F. Fracture Mechanics of Ceramics:1161 - 1173,New York:Plenum Press.

Evans D M. 1966. The Denver area earthquakes and the rocky mountain arsenal disposal well. Mountain Geol,(3):23 - 26.

Finnite I,A Saith. 1973. A note on the angled crack problem and the directional stability of cracks. International Journal of Fracture,9:484 - 486.

Freed A M. 2005. Earthquake triggering by static,dynamic,and postseismic stress transfer. Annual Review of Earth and Planetary Sciences,33:335 - 367.

Freund L B. 1972. Crack propagation in an elastic solid subjected to general loading Ⅱ. Non-uniform rate of extension. J Mech Phys Solids,20:141 - 152.

Fukuyama E,Madariaga R. 1998. Rupture dynamics of a planar fault in a 3D elastic medium:rate- and slip-weakening friction. Bull Seism Soc Am,88:1 - 17.

Gibowicz S J,Kijko A. 1994. An Introduction to Mining Seismicity. San Diego:Academic Press,Inc. 中译本:修济刚,徐平,杨心平,译. 1996. 矿山地震学引论. 北京:地震出版社.

Goetze C,Evans B. 1979. Stress and temperature in the bending lithosphere as constrained by experimental rock mechanics. Geophysical Journal Internation Astronomical Society,59(3):463 - 478.

Goldsby D L,Tullis T E. 2002. Low frictional strength of quartz rocks at subseismic slip rates. Geophysical Research Letters,29(17): 25-1 - 25-4.

Goldsby D L,Tullis T E. 2011. Flash heating leads to low frictional strength of crustal rocks at earthquake slip rates. Science,334(6053):216 - 218.

Griffith A A. 1920. The phenomena of rupture and flow in solids. Phil Trans R Soc,A221:163 -198.

Gutenberg B,Richter C F. 1956. Magnitude and energy of earthquake. Annali di Geofisica,9:1-15.

Halling J. 1975. Principles of Tribology. London:the MacMillan Press Ltd. 中译本:霍林 J. 摩擦学原理. 上海交通大学摩擦学研究室译. 1981. 北京:建筑工业出版社.

Harris R A. 1998. Introduction to special section:stress triggers,stress shadows,and implications for seismic hazards. Journal of Geophysical Research,103(B10):24347 - 24358.

Harris R A. 2000. Earthquake stress triggers,stress shadows,and seismic hazard. Current Science, 79(9):1215 - 1225.

He C R. 1995. Slip-weakening constitutive relation and the structure in the vicinity of a shear crack tip. Pageoph,145:747 - 757.

Healy J H. 1975. Recent highlights and future trends in research on earthquake prediction and control. Rev Geophys Space Phys,13:361 - 364.

Hill D P,Reasenberg P A,Michael A,et al. 1993. Seismicity remotely triggered by the magnitude 7.3 Landers,California,earthquake. Science,260:1617 - 1623.

Hoek E,Bieniawski Z T. 1965. Brittle fracture propagation in rock under compression. International Journal of Fracture,(1):137 - 155.

Hong K T,Kanamori H. 1996. Source complexity of the 1994 Northridge earthquake and its relation to aftershock mechanisms. Bulletin of the Seismological Society of America,86(1):S84 -S92.

Horner R B,Hasegawa H S. 1978. The seismotectonics of southern Saskatchewarn. Can J Earth Sci, 15,1341 - 1355.

Horri H, Nemat-Nasser S. 1985. Compression-induced microcrack growth in brittle solids: axial splitting and shear failure. J Geophys Res,90(B4):3105 - 3125.

Hudson J A,Brown E T,Fairhurst C. 1971. Optimising the control of rock failure in controlled laboratory tests. Rock Mechanics,3:217 - 224.

Husen S,Taylor R,Smith R B, et al. 2004. Change in geyser eruption behavior and remotely triggered seismicity in Yellowstone National Park produced by the 2002 M7. 9 Denali fault earthquake. Geology,32:537 - 540.

Husseini M I,Jovanovich D B,Randall M J,et al. 1975. The fracture energy of earthquakes. Geophysical Journal of the Royal Astronomical Society,43:367 - 385.

Ida Y. 1972. Cohesive force across the tip of a longitudinal shear crack and Griffith's specific surface energy. J Geophys Res,77: 3796 - 3805.

Inglis C E. 1913. Stresses in a plate due to the presence of cracks and sharp corners,Transactions of the Institution of Naval Architects,55:219 - 230.

Ingraffea A R, Heuze F E. 1980. Finite element models for rock fracture mechanics. International Journal for Numerical and Analytical Methods in Geomechanics,4(1):25 - 23.

Irwin G R. 1957. Analysis of stress and strains near the end of a crack extension force. J Appl Mech,24:361 - 364.

Jaeger J C, Hoskins E R. 1966a. Stress and failure in rings of rock loaded in diametral tension or compression. Br J Appl Phys, 17:685 - 692.

Jaeger J C, Hoskins E R. 1966b. Rock failure under the confined Brazilian test. J Geophys Res, 71:2651 - 2659.

Jaeger J C,Cook G W. 1979. Fundamentals of Rock Mechanics. Third edition. London:Chapman and Hall. 中译本:耶格 JC,库克 NGW. 1979. 岩石力学基础. 中国科学院工程力学研究所,译. 1981. 北京:科学出版社.

Julian B R,Miller A D,Foulger G R. 1998. Non-double-couple earthquake:observation. Reviews of Geophysics. 36(4):551 - 568.

Kaiwen X,Rosakis A J,Kanamori H. 2004. Laboratory earthquakes:the sub-Rayleigh-to-supershear rupture transition. Science,303(5665):1859 - 1861.

Kanamori H,Anderson D L. 1975. Theoretical basis of some empirical relation in seismology. Bull Seism Soc Amer,65(5):1073 - 1095.

Kikuchi M,Kanamori H. 1994. The mechanism of the deep Bolivia earthquake of June 9,1994. Geophysical Research Letters,21(22):2341 - 2344.

King C. 1986. Gas geochemistry applied to earthquake predictions:an overview. J Geophys Res,91, B12:12269 - 12281. 译文:金继宇. 1989. 应用于地震预报的气体地球化学. 世界地震译丛,(5): 1 -11.

Knauss W G. 1970. An observation of crack propagation in anti-plane shear. Int J Frac Mech,(6):183 - 187.

Knauss W G. 1973. The Mechanics of Polymer Fracture. Applied Mechanics Reviews,26:193 - 209.

Knehans R, Steinbrech R. 1982. Memory effect of crack resistance during slow crack growth in notched Al_2O_3 bend specimens. Journal of Materials Science Letters,1(8):327 - 329.

Knopoff L, Chen Y T. 2009. Single couple component of the far field radiation from dynamical fractures. Bul Seismol Soc of Am,99(2B):1091 - 1102.

Kostrov B V. 1966. Unsteady propagation of longitudinal shear cracks. PMM,30(English transl).

Kostrov B V, Nikitin L V. 1970. Some general problems of mechanics of brittle fracture. Archiwum Mechaniki Stosowanej,22(6):749 - 776.

Kostrov B V. 1975. On the crack propfagation with variable velocity. International Journal of Fracture,11(1):47 - 56.

Kuksenko V S, Ryskin, V S, Betekhtin V I, et al. 1975. Nucleation of submicroscopic cracks in stressed solids. International Journal of Fracture,11,829 - 840.

Kuksenko V S. 1995. Model for the transition from mico- to Macofracture// Rossmanith. Mechanics of Jointed Rock, Proceedings of the Second International Conference on the Mechanics of Jointed and Faulted Rock-MJFR-2 Vienna/Austria/10 - 14 April.

Kuksenko V, Tomilin N, Damaskinskaya E, et al. 1996. A two stage model of fracture of rocks. Pure and Applied Geophysics,146(2):253 - 263.

Lawn B R, Wilshaw B R. 1975. Fracture of Brittle Solids. Cambridge: Cambridge University Press. 中译本:劳恩 B R,威尔肖 T R. 1985. 脆性固体断裂力学. 陈颙,尹祥础,译. 北京:地震出版社.

Li Shiyu. 1989. Earthquake rupture model and rupture criterion. The International Symposium on Tectonophysics, Phys Chem Earth,17, Part I:55 - 61.

Li S Y, Tang L B, He X S, et al. 2005. Experimental Research of the low frequency wave that radiated into the air before failure of rock. Earthquake Research in China,19(1):86 - 96.

Li S Y, He T M, Teng C K, et al. 2011. Theoretical and experimental study of 3-D initial fracture and its significance to faulting. Earthquake Science,24:283 - 298. 中译本:李世愚,和泰名,滕春凯,等. 2011. 三维初始破裂的理论与实验研究及其在解释断层现象中的意义. 世界地震译丛,(2,总 254):24 - 41.

Liu C C, Linde A T, Sacks I S. 2009. Slow earthquake triggered by typhoons. Nature,459:833 - 836.

Lockner D A, Byerlee L D, Kuksenko V, et al. 1991a. Quasi-static fault growth and shear fracture in granite, Nature,350(6313):39 - 42.

Lockner D A, Madden T R. 1991b. A multiple crack model of brittle fracture-2. time-dependent simulations. J Geophys R,96:19643 - 19654.

Luchi M L, Rizzuti S. 1987 Boundary elements for three-dimensional elastic crack analysis. International journal for numerical methods in engineering,24(12):2253 - 2271.

Madariaga R. 1976. Dynamics of an expanding circular fault. Bull Seism Soc Amer,66:639 - 666.

Madariaga R, Cochard A. 1996. Dynamic friction and the origin of the complexity of earthquake source. Proceedings of the National Academy of Sciences of the United States of America, 93(9): 3819－3824.

Ma K F, Tanaka H, Song S R, et al. 2006. Slip zone and energetics of a large earthquake from the Taiwan Chelungpu-fault Drilling Project. Nature, 444: 473－476.

Main Z U, Tozer D C. 2007. No water, no plate tectonics: convective heat transfer and the planetary surface of Venus and Earth. Terra Nova, (2): 455－459.

Maruyama T. 1963. On the force equivalents of dynamic elastic dislocations with references to the earthquake mechanism. Bull Earthq Res Inst, Tokyo Univ, 41: 467－486.

Maruyama T. 1964. Statical elastic dislocations in an infinite and semi-infinite medium. Bull Earthq Res Inst, Tokyo Univ, 42: 289－368.

Maruyama T. 1969. Stress field in the neighborhood of a crack. 东京大学地震研究所汇报, 47(1): 1－29. 译文:破裂周围的应力场. 1978. 武汉地震大队, 译. 国外地震, (4): 1－15.

McGarr A, Spottiswoode M A, Gay N C. 1979. Observations relevant to seismic driving stress, stress drop, and efficiency. J G R 84(B5), 2251－2261.

McGarr A. 1985. Some applications of seismic mechanism studies to assessing underground hazard: Proc 1st international congress on rockbursts and seismicity in mines, Johannesburg, Sept 1982: 199-208. Publ Johannesburg: SAIMM, 1984.

Melin S. 1986. When does a crack grow under mode Ⅱ condition? International Journal of Fracture, 30: 103－114.

Mjachkin V, Brace W, Sobolev G, et al. 1975. Two models of earthquake forerunners. Pure and Applied Geophysics, 113: 169－181.

Mogi K. 1962. Study of elastic shocks caused by the number of fracture of heterogenous materials and its relations to earthquake phenomena. 東京大学地震研究所彙報, 40.

Mollema P N, Antonellini A M. 1996. Compaction bands: a structural analog for anti-mode I cracks in Aeolian sandstone. Tectonophysics, 267: 209－228.

Moore D E, Lockner D A. 1995. The role of microcraking in shear fracture pro Pagation in granite. J Struct Geol, 17: 95－114.

Muskhelishvili N I. 1953. Some Basic Problems of the Mathematical Theory of Elasticity. 4th ed. translated by Radok JRM, Groningen, Noordhoff. 中译本:穆斯海里什维里 H И. 1958. 数学弹性力学的几个基本问题. 赵惠元, 译. 北京:科学出版社.

Nersesov I L, Semonova A N, Simbireva I G. 1969. In physical basis of foreshocks. Moscow: Nauka, (English transl).

Noble B. 1958. Methods based on the Wiener-Hopf Technique for the Solution of Partial Differential Equations. New York: Pergamon Press.

Nobuki Kame. 1999. Simulation of the spontaneous growth of a dynamic crack without constraints on the crack tip path. Geophys J Int, 139: 345－358.

Nur A, Simmons G. 1969. Stress induced velocity anisotropy in rock: an experimental study. J Geophys Res, 74: 6667－6674.

Ohnaka M, Kuwahara Y, Yamamoto K, et al. 1986. Dynamic breakdown process and the generating mechanism for high-frequency elastic radiation during stick-slip instabilities//Das S, Boatwright J, Scholz C H. Earthquake Source Mechanics. M Ewing(ed in chief) Geophys. Monogr, Washington D C: Am. Geophy. Union, 6(37):13 - 24.

Ohnaka M. 1992. Earthquake source nucleation: a physical model for short-term precursors. Tectonophysics,211:149 - 178.

Ohnaka M. 2003. A constitutive scaling law and a unified comprehension for frictional slip failure, shear facture of intact rock, and earthquake rupture. Journal of Geophysics Research, 108 (B2):295.

Orowan E. 1949. Fracture and strength of solids. Rep Prog Phys,12:48 - 74.

Ortlepp W D. 2001. Thoughts on the rockburst source mechanism based on observations of the mine-induced shear rupture. Rockbursts and Seismicity in Mines—RaSiM5,South African Institute of Mining and Metallurgy,43 - 52.

Palaniswamy K,Knauss,W G. 1974. On the problem of crack extension in brittle solids under general loading//Nemat-Nasser S. Mechanics Today. New York:Pergamon Press Inc.

Palmer A C,Rice J R. 1973. The growth of slip surfaces in the progressive failure of over-consolid clay. Proc Roy Soc London Ser A,332:527 - 548.

Petit C,Vergne A. 1996. A comparative numberical review of cracked materials. Engineering Fracture Mechanics,54(3):423 - 439.

Petukhov I M,Linkov A M. 1979. The theory of post-failure deformations and the problem of stability in rock mechanics//International Journal of Rock Mechanics and Mining Sciences & Geomechanics Abstracts. Pergamon,16(2):57 - 76.

Petukhov I M,Linkov A M. 1983. Theoretical principles and fundamentals of rock burst prediction and control//Proc of Congress Int Soc Rock Mech. Rotterdam: A A Balkema,2:D113～D120.

Rice J R. 1968. A path independent integral and the approximate analysis of strain concentrations by notches and cracks. J Appl Mech,35(2):379 - 386.

Rice J R,Ruina A L. 1983. Stability of steady frictional slipping. Trans ASME,J Appl Mech,50: 343 -349.

Rice J R,Sammis C G,Parsons R. 2005. Off-fault secondary failure induced by a dynamic slip-rupture. Bull Seismol Soc Am,95:109 - 134.

Richter C F. 1958. Elementary Seismology. San Francisco:W. H. Freeman and Company.

Rivera L, H Kanamori. 2004. Representations of the radiated energy in earthquakes. Geophysical Journal International,162(1):148 - 155.

Roesler F C. 1956. Brittle fracture near equilibrium. Proc Phy Soc,B69:981 - 992.

Robinson L H. 1959. Effect of pore and confining pressure on the failure process in sedimentary rocks. Colo Sch Mines Q,54:177 - 199.

Rosakis A J, Samudraia O, Coker D. 1999. Cracks faster than the shear wave speed. Science, 284(21):1337 - 1340.

Rudnicki J W,Kanamori H. 1981. Effects of fault interaction on moment,stress drop,and strain energy release. Journal of Geophysical Research,86(B3):1785－1793.

Ruff L J. 2002. State of Stress Within the Earth//Lee H K,et al. International Handbook of Earthquake and Engineering Seismology. Amsterdam:Academic Press for International Association of Seismology and Physics of the Earth's Interior.

Ruina A L. 1983. Slip instability and state variable friction laws. J Geophysics Res,88:10359-10370.

Rutter E H. 1983. Pressure solution in nature,theory and experiment. Journal of the Geological Society,London,140(5):725－740.

Samik S,Freymueller J T. 2006. Well water level changes in Fairbanks,Alaska,due to the great Sumatra-Andaman earthquake,Earth Planets Space,58(2):181－184.

Scholz C H. 1973. Earthquake prediction:A physical basis. Science,181(4102):803－810.

Scholz CH. 1978. The frequency-magnitude relation of microfracturing in rock and its relations to earthquake. Bull Seismol Soc Am,58:399－415.

Scholz C H. 1990. The mechanics of earthquakes and faulting. London:Cambridge University Press.

Segall P,Pollard D D. 1980. Mechanics of discontinuous faults. J. Geophys. Res,85(B8):4337-4350.

Shao J A,Fu Y,Zang Q J, et al. 1989. Ductile Instability-Shentangyu Ductile shear zone and tremolite glass in Huairou,Beijing. Physics and Chemistry of the Earth,17,1:39－44.

Sih G C. 1973. Mechanics of Fracture. Leyden,Holland:Noordhoff International Publishing,1－4.

Sih G C. 1973. Handbook of stress intensity factors for researchers and engineers. Institute of Fracture and Solid Mechanics,Lehigh University,Bethlethem,Pennsylvania,USA.

Sneddon I N,Lowengrub M. 1969. Crack problem in the classical theory of elasticity. New York: John Wiley and Sons Inc.

Sobolev G A,Babich O V, Los' V F,et al. 1996. Precursors of the destruction of water-containing blocks of mountain rock. Journal of Earthquake Prediction Research,(1):63－91.

Sommer E. 1969. Formation of fracture lances in glass. Engineering Fracture Mechanics,(1): 539-546.

Starr A T. 1928. Slip in a crystal and rupture in a solid due to shear. Proc Comb Phil Soc,24: 489 -500.

Stein R S,Yeats R S. 1988. Hiddcn carthquakes. Scientific America,20:48－57.

Stevenson A C. 1945. Complex potentials in two-dimensional elasticity. Proc Roy Soc London,184A: 129－179.

Tada H,Paris P C, Irwin G R. 1973. The stress analysis of cracks handbook. Hellertown: Del Research Corp.

Tezaghi K. 1945. Stress conditions for the failure of saturated concrete and rock. Proc Am Soc Test Mat,45(78,85,86),777－792.

Timoshenko S P,Goodier J N. 1970. Theory of Elasticity,3ed. New York:McGraw-Hill Book Company. 中译本:铁摩辛柯,古地尔. 1990. 弹性理论. 徐芝纶,译. 北京:高等教育出版社.

Walsh J B. 1965. The effect of cracks on the compressibility of rock. J G R,20(2):381－384.

Wang Y C, Yin X C, Ke F J, et al. 2000. Numerical simulation of rock failure and earthquake process on meso-scopic scale. Pure and Applied Geophysics, 157: 1905 - 28.

Weatherley D K, Henley R W. 2013. Flash vaporization during earthquakes evidenced by gold deposit. Nature Geoscience, 6(4): 294 - 298.

Wells A A. 1963. Application of fracture mechanics at and beyond general yielding. British Welding Journal, 10(10): 563 - 570.

Williams J G, Ewing P D. 1972. Fracture under complex stress the angled crack problem. Int J Frac, 8: 441 - 445.

Wyllie M R J, Gregory A R, Gardner L W. 1956. Elastic wave velocities in heterogeneous and porous media. Geophysics, 21(129): 41 - 70.

Yamashita T. 1976. On the dynamic process of fault motion in the presence of friction and inhomogeneous initial stress. Part I. Rupture propagation, J Phys Earth, 24: 417 - 444.

Yin X C, Nuttli O T, Li S Y, et al. 1987. A theoretical and experimental investigation of fracture angles for compressive closed cracks(faults) and its application to seismology. Rev. de Geophysica, 43: 15 - 25.

Yin X C, Li S Y, Li H, et al. 1988. An experimental investigation on extension of non-penetrating cracks in rocks and other brittle solids, The collectanea of Chinese Scholars, 17th International Conference of Theoretical and Applied Mechanics, Grenoble France. 中文：尹祥础，李世愚，李红，等. 1988. 脆性材料中非穿透裂纹扩展的研究. 中国力学学会编，中国学者论文集锦. 1991. 第十七届国际理论与应用力学大会. Grenoble, France, 156 - 166, 北京：北京大学出版社.

Yoffe E H. 1951. The moving Griffith crack. Phil Mag, 42: 739.

Yoshizawa K. 2003. International Association of Seismology and Physics of the Earth's Interior// Shamir U. Geoscience: the future. Final Report of the IUGG Working Group Geoscience: the future. http://www.iugg.org/geosciences.pdf.

Zhang Ch, Achenbach J D. 1989. A new boundary integral equation formulation for elastodynamic and elastostatic crack analysis. J Appl Mech, 56: 284 - 290.

Zhao D P, Kanamori H, Negishi H, et al. 1996. Tomography of the Source Area of the 1995 Kobe Earthquake: Evidence for Fluids at the Hypocenter? Science, 274(13): 1891-1894. 译文：Zhao D P et al. 1995 年神户地震震源区成象：震源区存在流体的证据？世界地震译丛. 李世愚，译. 1998. (3): 33 - 37.

Zheng Z Z. 1991. Geophysical experiments of Km Size and Characteristics Recorded in focal region. Acta Seismologica Sinica, 4(3), 441 - 450.

Zhurkov S N. 1965. Kinetic concept of the strength of solids. International Journal of Fracture Mechanics, 1: 311 - 323.

Zhurkov S N, Kuksenko V S, Petrov V A, et al. 1977. On the problem of prediction of rock fracture. Izv Acad Sc USSR, Phys Solid Earth(in English), 12: 374 - 379.

Zhurkov S N, Kuksenko V S, Petrov V A. 1984. Principles of the kinetic approach of fracture prediction. Theor Appl Frac Mech, 1: 271 - 274.

Zoback M D,Zoback M L. 2002. State of Stress in the Earth's Lithosphere//Lee H K,et al. International Handbook of Earthquake and Engineering Seismology,81A:559 - 568.

Седов Л И. 1977. Методы подобия и размерности в механке Изд.《Наука》,Изд. 8-епереработанное. 中译本:谢多夫 Л И. 1982. 力学中的相似方法与量纲理论. 沈青,倪锄非,李维新,译. 北京:科学出版社.

Галин Л А. 1953. Контактные задачи теоачи,Yпругости,Гостехиздат. Москова. 中译本:Л. А. 加林. 1958. 王君键译. 弹性理论的接触问题. 北京:科学出版社.

Щамина О Г, Паълоь А А, Копничеь Ю Ф. 1973. Исследование процесса подготовки трешины. ФизикаЗемли,(8):17 - 30.

附录Ⅰ 弹性力学的基本知识和常用公式

一、直角坐标系中的向量与张量记号和运算符号

1. 物理量的表示

在空间问题中,凡数字下标 1,2,3 专门表示相应于 x,y,z 的量,凡文字下标 i,j,k 等则泛指下标 1,2,3 中的任一个.

2. 求和约定

凡文字下标重复二次时,表示对该下标求和,如

$\sigma_{ii}=\sum\limits_{i=1,2,3}\sigma_{ii}=\sigma_{11}+\sigma_{22}+\sigma_{33}=\Theta$

$\varepsilon_{ii}=\sum\limits_{i=1,2,3}\varepsilon_{ii}=\varepsilon_{11}+\varepsilon_{22}+\varepsilon_{33}=\theta$

$\sigma_{ij}n_j=\sum\limits_{i=1,2,3}\sigma_{ij}n_j=\sigma_{i1}n_1+\sigma_{i2}n_2+\sigma_{i3}n_3$

$\sigma_{ij}\varepsilon_{ij}=\sum\limits_{i,j=1,2,3}\sigma_{ij}\varepsilon_{ij}=\sigma_{11}\varepsilon_{11}+\sigma_{12}\varepsilon_{12}+\sigma_{13}\varepsilon_{13}+\sigma_{21}\varepsilon_{21}+\sigma_{22}\varepsilon_{22}+\sigma_{23}\varepsilon_{23}+\sigma_{31}\varepsilon_{31}+\sigma_{32}\varepsilon_{32}+\sigma_{33}\varepsilon_{33}$

二、应力

1. 应力矢量与应力分量间的关系,柯西(Cauchy)方程

法线为 $n(l,m,n)$的截面上的应力矢量为 $T(T_1^{(n)},T_2^{(n)},T_3^{(n)})$,$T$ 的坐标分量与应力分量间的关系如下

$$\begin{cases}T_1^{(n)}=l\sigma_{11}+m\sigma_{21}+n\sigma_{31}\\T_2^{(n)}=l\sigma_{12}+m\sigma_{22}+n\sigma_{32}\\T_3^{(n)}=l\sigma_{13}+m\sigma_{23}+n\sigma_{33}\end{cases}\tag{A1.1}$$

张量形式

$$T_i^{(n)}=\alpha_{nj}\sigma_{ji}\tag{A1.2}$$

2. 斜截面上的正应力与剪应力

法线为 $n(l,m,n)$的截面上总应力在法线方向上的分量(正应力)为

$$\sigma_{\rm N}=n\cdot T^{(n)}=l^2\sigma_{xx}+m^2\sigma_{yy}+n^2\sigma_{zz}+2lm\tau_{xy}+2mn\tau_{yz}+2nl\tau_{zx}\tag{A1.3}$$

上式的张量运算形式为

$$\sigma_{\rm N}=\alpha_{nj}T_j^{(n)}=\alpha_{ni}\alpha_{nj}\sigma_{ij}\tag{A1.4}$$

切线方向上的分量(剪应力)

$$\tau_{\rm N}=\sqrt{(T^{(n)})^2-\sigma_{\rm N}^2}=\sqrt{(T_1^{(n)})^2+(T_2^{(n)})^2+(T_3^{(n)})^2-\sigma_{\rm N}^2}\tag{A1.5}$$

3. 坐标变换时应力张量的变换

$$\sigma_{i'j'}=\sigma_{ij}\alpha_{i'i}\alpha_{j'j} \tag{A1.6}$$

其中，$\alpha_{i'i}$ 为新坐标中 $x_{i'}$ 与旧坐标中 x_i 之间夹角的方向余弦。用矩阵表示为

$$\sigma'=\alpha\sigma\alpha^{\mathrm{T}} \tag{A1.7}$$

极坐标系中应力分量与直角坐标系中应力分量的转换关系为

$$\begin{cases}\sigma_{rr}=\sigma_{xx}\cos^2\theta+\sigma_{yy}\sin^2\theta+2\tau_{xy}\sin\theta\cos\theta\\ \sigma_{\theta\theta}=\sigma_{xx}\sin^2\theta+\sigma_{yy}\cos^2\theta-2\tau_{xy}\sin\theta\cos\theta\\ \tau_{r\theta}=(\sigma_{yy}-\sigma_{xx})\sin\theta\cos\theta+\tau_{xy}(\cos^2\theta-\sin^2\theta)\end{cases} \tag{A1.8}$$

还可以得到下面的关系式

$$\begin{cases}\sigma_{\theta\theta}+\sigma_{rr}=\sigma_{xx}+\sigma_{yy}\\ (\sigma_{\theta\theta}-\sigma_{rr}+2\mathrm{i}\tau_{r\theta})=(\sigma_{yy}-\sigma_{xx}+2\mathrm{i}\tau_{xy})\mathrm{c}^{2\mathrm{i}\theta}\end{cases} \tag{A1.9}$$

极坐标的位移分量 u_r, u_θ 与直角坐标系中的位移分量间有如下关系

$$(u_r+\mathrm{i}u_\theta)=(u+\mathrm{i}v)\mathrm{e}^{-\mathrm{i}\theta} \tag{A1.10}$$

4. 应力张量不变量

求应力张量矩阵的特征值 σ 和特征向量 $N_i(l_i, m_i, n_i)(i=1,2,3)$. 主应力 $\sigma_i(i=1,2,3)$可通过应力状态特征方程求得

$$\sigma_i^3-I_1\sigma^2+I_2\sigma-I_3=0 \tag{A1.11}$$

解得 $\sigma_1\geqslant\sigma_2\geqslant\sigma_3$，即为主应力；$I_1, I_2, I_3$ 称为应力张量不变量，分别为

$$\begin{cases}I_1=\sigma_{11}+\sigma_{22}+\sigma_{33}\\ I_2=\begin{vmatrix}\sigma_{11}&\sigma_{12}\\ \sigma_{21}&\sigma_{22}\end{vmatrix}+\begin{vmatrix}\sigma_{22}&\sigma_{23}\\ \sigma_{32}&\sigma_{33}\end{vmatrix}+\begin{vmatrix}\sigma_{33}&\sigma_{31}\\ \sigma_{13}&\sigma_{11}\end{vmatrix}\\ I_3=\begin{vmatrix}\sigma_{11}&\sigma_{12}&\sigma_{13}\\ \sigma_{21}&\sigma_{22}&\sigma_{23}\\ \sigma_{31}&\sigma_{32}&\sigma_{33}\end{vmatrix}\end{cases} \tag{A1.12}$$

以特征向量 $N_i(l_i, m_i, n_i)(i=1,2,3)$为法向的平面称为主平面，或主微分面(见正文 11.4 节).

5. 应力偏量(偏应力)S_{ij}

$$S_{ij}=\sigma_{ij}-\sigma_0\delta_{ij} \tag{A1.13}$$

其中，$\sigma_0=I_1/3$；δ_{ij} 为克罗内克符号

$$\delta_{ij}=\begin{cases}1, & i=j\\ 0, & i\neq j\end{cases} \tag{A1.14}$$

6. 应力偏量特征方程

$$S^3-J_1S^2-J_2S-J_3=0 \tag{A1.15}$$

7. 应力偏量不变量

$$
\begin{cases}
J_1 = S_{11} + S_{22} + S_{33} = 0 \\
J_2 = -\left[\begin{vmatrix} S_{11} & S_{12} \\ S_{21} & S_{22} \end{vmatrix} + \begin{vmatrix} S_{22} & S_{23} \\ S_{32} & S_{33} \end{vmatrix} + \begin{vmatrix} S_{33} & S_{31} \\ S_{13} & S_{11} \end{vmatrix} \right] \\
\quad = \dfrac{1}{6}[(\sigma_{11}-\sigma_{22})^2 + (\sigma_{22}-\sigma_{33})^2 + (\sigma_{33}-\sigma_{11})^2] + (\sigma_{12}^2 + \sigma_{23}^2 + \sigma_{31}^2) \\
\quad = \dfrac{1}{6}[(\sigma_1-\sigma_2)^2 + (\sigma_2-\sigma_3)^2 + (\sigma_3-\sigma_1)^2] \\
\quad = 3\sigma_0^2 - I_2 = \dfrac{3}{2}\tau_0^2 \\
J_3 = \begin{vmatrix} S_{11} & S_{12} & S_{13} \\ S_{21} & S_{22} & S_{23} \\ S_{31} & S_{32} & S_{33} \end{vmatrix} = I_3 - I_2\sigma_0 + 2\sigma_0^2
\end{cases}
\tag{A1.16}
$$

8. 等倾面上正应力 σ_{N0} 与剪应力 τ_0

取三个主方向为坐标轴，法线 $\boldsymbol{n}$ 与三个坐标轴夹角相等的截面称为等倾面. 等倾面法线的三个方向余弦 l,m,n 绝对值相等，即 $|l|=|m|=|n|=1/\sqrt{3}$. 在空间共有八个这样的等倾面，它们组成一个正八面体.

$$\sigma_{N0} = \sigma_0 = \frac{1}{3}(\sigma_1+\sigma_2+\sigma_3) = \frac{1}{3}\sigma_{ii} = \frac{I_1}{3} \quad (\text{平均应力}) \tag{A1.17}$$

$$
\begin{aligned}
\tau_0^2 &= (T^{(n)})^2 - \sigma_0^2 = \frac{1}{3}(\sigma_1^2+\sigma_2^2+\sigma_3^2) - \sigma_0^2 = \frac{2}{3}J_2 \\
&= \frac{1}{9}[(\sigma_1-\sigma_2)^2 + (\sigma_2-\sigma_3)^2 + (\sigma_3-\sigma_1)^2]
\end{aligned}
\tag{A1.18}
$$

三、应变

1. 位移分量与应变分量间的关系（小变形或小应变）

(1)直角坐标

$$\varepsilon_{ij} = \frac{1}{2}(u_{i,j} + u_{j,i}) \tag{A1.19}$$

其中

$$\varepsilon_{xx} = \frac{\partial u}{\partial x}, \quad \varepsilon_{yy} = \frac{\partial v}{\partial y}, \quad \varepsilon_{zz} = \frac{\partial w}{\partial z} \tag{A1.20}$$

为线应变.

$$\varepsilon_{xy} = \frac{1}{2}\left(\frac{\partial u}{\partial y} + \frac{\partial v}{\partial x}\right), \quad \varepsilon_{yz} = \frac{1}{2}\left(\frac{\partial v}{\partial z} + \frac{\partial w}{\partial y}\right), \quad \varepsilon_{zx} = \frac{1}{2}\left(\frac{\partial u}{\partial z} + \frac{\partial w}{\partial x}\right) \tag{A1.21}$$

为剪应变.

(2)柱坐标

$$\varepsilon_{rr}=\frac{\partial u_r}{\partial r},\quad \varepsilon_{\theta\theta}=\left(\frac{1}{r}\frac{\partial u_\theta}{\partial\theta}+\frac{u_r}{r}\right),\quad \varepsilon_{zz}=\frac{\partial u_z}{\partial z}$$

$$\varepsilon_{\theta z}=\frac{1}{2}\left(\frac{1}{r}\frac{\partial u_z}{\partial\theta}+\frac{\partial u_\theta}{\partial z}\right),\quad \varepsilon_{zr}=\frac{1}{2}\left(\frac{\partial u_r}{\partial z}+\frac{\partial u_z}{\partial r}\right),\quad \varepsilon_{r\theta}=\frac{1}{2}\left(\frac{\partial u_\theta}{\partial r}-\frac{u_r}{r}+\frac{1}{r}\frac{\partial u_r}{\partial\theta}\right)$$

(A1.22)

(3)球坐标

$$\varepsilon_{RR}=\frac{\partial u_R}{\partial R},\quad \varepsilon_{\theta\theta}=\left(\frac{1}{R}\frac{\partial u_\theta}{\partial\theta}+\frac{u_R}{R}\right)$$

$$\varepsilon_{\varphi\varphi}=\frac{1}{R\sin\theta}\frac{\partial u_\varphi}{\partial\varphi}+\frac{u_\theta}{R}\cot\theta+\frac{u_R}{R}$$

$$\varepsilon_{\theta\varphi}=\frac{1}{2}\left[\frac{1}{R}\left(\frac{\partial u_\varphi}{\partial\theta}-u_\varphi\cot\theta\right)+\frac{1}{R\sin\theta}\frac{\partial u_\theta}{\partial\varphi}\right]$$

$$\varepsilon_{\varphi R}=\frac{1}{2}\left[\frac{1}{R\sin\theta}\frac{\partial u_R}{\partial\varphi}+\frac{\partial u_\varphi}{\partial R}-\frac{u_\varphi}{R}\right],\quad \varepsilon_{R\theta}=\frac{1}{2}\left[\frac{\partial u_\theta}{\partial R}-\frac{u_\theta}{R}+\frac{1}{R}\frac{\partial u_R}{\partial\theta}\right]$$

(A1.23)

2. 位移导数张量及其分解

位移导数张量

$$\left(\frac{\mathrm{d}u}{\mathrm{d}r}\right)_{ij}=u_{i,j}=\frac{1}{2}(u_{i,j}+u_{j,i})+\frac{1}{2}(u_{i,j}-u_{j,i})=D+R \tag{A1.24}$$

其中,D 是变形张量,为对称张量;R 是转动张量,为反对称张量.

3. 转动张量

$$R=(\omega_{ij}) \tag{A1.25}$$

与位移的关系是

$$2\omega=\mathrm{rot}(u)=\nabla\times u=\begin{vmatrix} e_1 & e_2 & e_3 \\ \dfrac{\partial}{\partial x_1} & \dfrac{\partial}{\partial x_2} & \dfrac{\partial}{\partial x_3} \\ u_1 & u_2 & u_3 \end{vmatrix} \tag{A1.26}$$

直角坐标内 $\omega=\omega_k e_k$,其中

$$\omega_{ij}=\frac{1}{2}(u_{i,j}-u_{j,i}) \tag{A1.27}$$

$$\omega_k=-e_{ijk}\omega_{ij} \tag{A1.28}$$

其中,e_{ijk} 为置换符号,$e_{111}=e_{222}=e_{333}=e_{112}=e_{113}=e_{221}=e_{223}=e_{331}=e_{332}=0$,$e_{123}=e_{231}=e_{312}=1$,$e_{213}=e_{321}=e_{132}=-1$.

4. 变形协调方程

变形协调方程的意义是用形变积分得到位移是单值函数. 满足它的必要条件如下:物体内部任何一个体积微元在变形之后仍能保持相互的连续性. 满足它的充分条件则要求用形变积分得到位移与积分路径无关.

$$\varepsilon_{ij'kl}+\varepsilon_{kl'ij}=\varepsilon_{ik'jl}+\varepsilon_{jl'ik}\quad（共 81 个）\tag{A1.29}$$

其中,6 个是独立的.

$$\begin{aligned}
&\frac{\partial^2\varepsilon_{11}}{\partial x_2^2}+\frac{\partial^2\varepsilon_{22}}{\partial x_1^2}=2\frac{\partial^2\varepsilon_{12}}{\partial x_1\partial x_2}\\
&\frac{\partial^2\varepsilon_{22}}{\partial x_3^2}+\frac{\partial^2\varepsilon_{33}}{\partial x_2^2}=2\frac{\partial^2\varepsilon_{23}}{\partial x_2\partial x_3}\\
&\frac{\partial^2\varepsilon_{33}}{\partial x_1^2}+\frac{\partial^2\varepsilon_{11}}{\partial x_3^2}=2\frac{\partial^2\varepsilon_{31}}{\partial x_3\partial x_1}\\
&\frac{\partial}{\partial x_1}\left(-\frac{\partial\varepsilon_{23}}{\partial x_1}+\frac{\partial\varepsilon_{31}}{\partial x_2}+\frac{\partial\varepsilon_{12}}{\partial x_3}\right)=\frac{\partial^2\varepsilon_{11}}{\partial x_2\partial x_3}\\
&\frac{\partial}{\partial x_2}\left(\frac{\partial\varepsilon_{23}}{\partial x_1}-\frac{\partial\varepsilon_{31}}{\partial x_2}+\frac{\partial\varepsilon_{12}}{\partial x_3}\right)=\frac{\partial^2\varepsilon_{22}}{\partial x_3\partial x_1}\\
&\frac{\partial}{\partial x_3}\left(\frac{\partial\varepsilon_{23}}{\partial x_1}+\frac{\partial\varepsilon_{31}}{\partial x_2}-\frac{\partial\varepsilon_{12}}{\partial x_3}\right)=\frac{\partial^2\varepsilon_{33}}{\partial x_1\partial x_2}
\end{aligned}\tag{A1.30}$$

5. 主应变及应变张量不变量

求应变张量矩阵的特征值 ε 和特征向量$(\alpha_{n1},\alpha_{n2},\alpha_{n3})$. ε 为主应变,由特征方程

$$\varepsilon^3-I_1'\varepsilon^2+I_2'\varepsilon-I_3'=0\tag{A1.31}$$

求得. 其中三个系数 I_1', I_2', I_3'分别为应变张量的第一、第二、第三不变量.

$$\left.\begin{aligned}
&I_1'=\varepsilon_{11}+\varepsilon_{22}+\varepsilon_{33}\\
&I_2'=\begin{vmatrix}\varepsilon_{11}&\varepsilon_{12}\\\varepsilon_{21}&\varepsilon_{22}\end{vmatrix}+\begin{vmatrix}\varepsilon_{22}&\varepsilon_{23}\\\varepsilon_{32}&\varepsilon_{33}\end{vmatrix}+\begin{vmatrix}\varepsilon_{33}&\varepsilon_{31}\\\varepsilon_{13}&\varepsilon_{11}\end{vmatrix}\\
&I_3'=\begin{vmatrix}\varepsilon_{11}&\varepsilon_{12}&\varepsilon_{13}\\\varepsilon_{21}&\varepsilon_{22}&\varepsilon_{23}\\\varepsilon_{31}&\varepsilon_{32}&\varepsilon_{33}\end{vmatrix}
\end{aligned}\right\}\tag{A1.32}$$

解特征方程求得三个实根就是主应变 $\varepsilon_1,\varepsilon_2,\varepsilon_3$.

6. 体应变

体积膨胀系数

$$\begin{aligned}\theta&=\varepsilon_{11}+\varepsilon_{22}+\varepsilon_{33}=\varepsilon_1+\varepsilon_2+\varepsilon_3\\&=3\varepsilon_0=I_1'=\mathrm{div}u\end{aligned}\tag{A1.33}$$

7. 应变张量分解为球张量和偏斜张量(偏应变)

$$\varepsilon_{ij}=\varepsilon_0\delta_{ij}+\Sigma_{ij}\tag{A1.34}$$

其中,ε_0 为应变张量球张量.

$$\varepsilon_0=\frac{I_1'}{3}=\frac{\theta}{3}\tag{A1.35}$$

Σ_{ij} 为应变偏(斜张)量,其分量称为偏应变. 因此有

$$\Sigma_{ij}=\varepsilon_{ij}-\varepsilon_0\cdot\delta_{ij}\tag{A1.36}$$

四、平衡方程或运动方程

1. 直角坐标

$$\sigma_{ji,j}+f_i=0(=\rho\ddot{u}_i) \tag{A1.37}$$

其中，f_i 为体力；ρ 为密度.

2. 柱坐标

$$\begin{cases}\dfrac{\partial\sigma_{rr}}{\partial r}+\dfrac{1}{r}\dfrac{\partial\sigma_{r\theta}}{\partial\theta}+\dfrac{\partial\sigma_{rz}}{\partial z}+\dfrac{\sigma_{rr}-\sigma_{\theta\theta}}{r}+f_r=\rho\dfrac{\partial^2 u_r}{\partial t^2}\\ \dfrac{\partial\sigma_{r\theta}}{\partial r}+\dfrac{1}{r}\dfrac{\partial\sigma_{\theta\theta}}{\partial\theta}+\dfrac{\partial\sigma_{\theta z}}{\partial z}+\dfrac{2}{r}\sigma_{r\theta}+f_\theta=\rho\dfrac{\partial^2 u_\theta}{\partial t^2}\\ \dfrac{\partial\sigma_{rz}}{\partial r}+\dfrac{1}{r}\dfrac{\partial\sigma_{\theta z}}{\partial\theta}+\dfrac{\partial\sigma_{zz}}{\partial z}+\dfrac{1}{r}\sigma_{rz}+f_z=\rho\dfrac{\partial^2 u_z}{\partial t^2}\end{cases} \tag{A1.38}$$

3. 球坐标

$$\begin{cases}\dfrac{\partial\sigma_{RR}}{\partial R}+\dfrac{1}{R}\dfrac{\partial\sigma_{R\theta}}{\partial\theta}+\dfrac{1}{R\sin\theta}\dfrac{\partial\sigma_{R\varphi}}{\partial\varphi}+\dfrac{1}{R}(2\sigma_R-\sigma_{\theta\theta}-\sigma_{\varphi\varphi}+\sigma_{R\theta})+f_R=\rho\dfrac{\partial^2 u_R}{\partial t^2}\\ \dfrac{\partial\sigma_{R\theta}}{\partial R}+\dfrac{1}{R}\dfrac{\partial\sigma_{\theta\theta}}{\partial\theta}+\dfrac{1}{R\sin\theta}\dfrac{\partial\sigma_{\theta\varphi}}{\partial\varphi}+\dfrac{1}{R}[(\sigma_{\theta\theta}-\sigma_{\varphi\varphi})\cot\theta+3\sigma_{R\theta}]+f_\theta=\rho\dfrac{\partial^2 u_\theta}{\partial t^2}\\ \dfrac{\partial\sigma_{R\varphi}}{\partial R}+\dfrac{1}{R}\dfrac{\partial\sigma_{\theta\varphi}}{\partial\theta}+\dfrac{1}{R\sin\theta}\dfrac{\partial\sigma_{\varphi\varphi}}{\partial\varphi}+\dfrac{1}{R}(3\sigma_{R\varphi}+2\sigma_{\theta\varphi}\cot\theta)+f_\varphi=\rho\dfrac{\partial^2 u_\varphi}{\partial t^2}\end{cases} \tag{A1.39}$$

五、应力应变关系(各向同性材料的广义胡克定律)

1. 以应变表示应力

$$\sigma_{ij}=2\mu\varepsilon_{ij}+\lambda\theta\delta_{ij} \tag{A1.40}$$

2. 以应力表示应变

$$\varepsilon_{ij}=\frac{1+\nu}{E}\sigma_{ij}-\frac{3\nu}{E}\sigma_0\delta_{ij}\quad(i,j=1,2,3) \tag{A1.41}$$

3. 弹性常数之间的关系

$$\lambda=\frac{2\mu\nu}{1-2\nu}=\frac{\mu(E-2\mu)}{3\mu-E}=K-\frac{2}{3}\mu=\frac{E\nu}{(1+\nu)(1-2\nu)}=\frac{3K\nu}{1+\nu}=\frac{3K(3K-E)}{9K-E}$$

$$\mu=\frac{\lambda(1-2\nu)}{2\nu}=\frac{3}{2}(K-\lambda)=\frac{E}{2(1+\nu)}=\frac{3K(1-2\nu)}{2(1+\nu)}=\frac{3KE}{9K-E}$$

$$\nu=\frac{\lambda}{2(\lambda+\mu)}=\frac{\lambda}{3K-\nu}=\frac{E}{2\mu}-1=\frac{3K-2\mu}{2(3K+\mu)}=\frac{3K-E}{6K}$$

$$E=\frac{\mu(3\lambda+2\mu)}{\lambda+\mu}=\frac{\lambda(1+\nu)(1-2\nu)}{\nu}=\frac{9K(K-\lambda)}{3K-\lambda}$$

$$=2\mu(1+\nu)=\frac{9K\mu}{3K+\mu}=3K(1-2\nu)$$

$$K=\lambda+\frac{2}{3}\mu=\frac{\lambda(1+\nu)}{3\nu}=\frac{2\mu(1+\nu)}{3(1-2\nu)}=\frac{\mu E}{3(3\mu-E)}=\frac{E}{3(1-2\nu)}$$

$$\frac{\mu}{\lambda+\mu}=1-2\nu,\ \frac{\lambda}{\lambda+2\mu}=\frac{\nu}{1-\nu}$$

(A1.42)

其中,E 为杨氏模量;λ 为拉梅常数;ν 为泊松比;μ 为剪切模量;K 为体积模量.

4. 体积改变定律

应力球张量与应变球张量成正比,比例系数为 $3K$

$$\sigma_0\delta_{ij}=K\theta\delta_{ij} \tag{A1.43}$$

其中,δ_{ij} 为克罗内克符号,见式(A1.14).

5. 形状改变定律

应力偏量与应变偏量成正比,比例系数为 2μ

$$S_{ij}=2\mu\Sigma_{ij} \tag{A1.44}$$

6. 应变能密度

$$\begin{aligned}W&=\frac{1}{2}\sigma_{ij}\varepsilon_{ij}=\frac{1}{2}\lambda\theta^2+\mu\varepsilon_{ij}\varepsilon_{ij}\\&=\frac{1}{2}\lambda\theta^2+\mu(\varepsilon_{11}^2+\varepsilon_{22}^2+\varepsilon_{33}^2)+2\mu(\varepsilon_{12}^2+\varepsilon_{23}^2+\varepsilon_{31}^2)\\&=\frac{1}{2E}[\sigma_{11}^2+\sigma_{22}^2+\sigma_{33}^2-2v(\sigma_{11}\sigma_{22}+\sigma_{22}\sigma_{33}+\sigma_{33}\sigma_{11})+2(1+v)(\sigma_{12}^2+\sigma_{23}^2+\sigma_{31}^2)]\end{aligned}$$

(A1.45)

7. 体积变形应变能密度

$$W_V=\frac{1}{2}K\theta^2 \tag{A1.46}$$

8. 形状改变应变能密度

$$W_F=\mu\varepsilon_{ij}\varepsilon_{ij}=\frac{1}{2\mu}J_2=\frac{3}{4}\tau_0^2=\frac{1}{12\mu}[(\sigma_1-\sigma_2)^2+(\sigma_2-\sigma_3)^2+(\sigma_3-\sigma_1)^2]$$

(A1.47)

9. 运动方程的位移表达形式(拉梅方程)

$$(\lambda+\mu)\frac{\partial\theta}{\partial x_i}+\mu\nabla^2u_i+f_i=\rho\frac{\partial^2u_i}{\partial t^2} \tag{A1.48}$$

相应的向量形式为

$$(\lambda+\mu)\nabla(\nabla\cdot u)+\mu\nabla^2u+f=\rho\frac{\partial^2u}{\partial t^2} \tag{A1.49}$$

对于静力学问题,相应的平衡方程为

$$(\lambda+\mu)\nabla(\nabla\cdot u)+\mu\nabla^2u+f=0 \tag{A1.50}$$

六、平面问题

1. 平衡方程

$$\left.\begin{aligned}\frac{\partial\sigma_{xx}}{\partial x}+\frac{\partial\sigma_{xy}}{\partial y}+f_x=0\\ \frac{\partial\sigma_{xy}}{\partial x}+\frac{\partial\sigma_{yy}}{\partial y}+f_y=0\end{aligned}\right\}\tag{A1.51}$$

2. 变形协调方程

$$\frac{\partial^2\varepsilon_{xx}}{\partial y^2}+\frac{\partial^2\varepsilon_{yy}}{\partial x^2}=2\frac{\partial^2\varepsilon_{xy}}{\partial x\partial y}\tag{A1.52}$$

3. 主应力和最大剪应力

$$\begin{Bmatrix}\sigma_1\\ \sigma_2\end{Bmatrix}=\frac{\sigma_{xx}+\sigma_{yy}}{2}\pm\sqrt{\left(\frac{\sigma_{xx}-\sigma_{yy}}{2}\right)^2+\tau_{xy}^2}\tag{A1.53}$$

$$\tau_{\max}=\frac{\sigma_1-\sigma_2}{2}=\sqrt{\left(\frac{\sigma_{xx}-\sigma_{yy}}{2}\right)^2+\tau_{xy}^2}\tag{A1.54}$$

4. 平面应力与平面应变

平面应力：在物体的两个端面（上下底面）上，进而整个物体内，$\sigma_{zz}=0$，其他应力分量中 $\sigma_{zx}=\sigma_{zy}=0$.

平面应变问题：z 方向的位移 $w=0$，物体内的变形只发生在与 xOy 平行的平面内. 由应变与位移的关系直接得出 $\varepsilon_{zz}=0$，其他应变分量中，$\varepsilon_{yz}=\varepsilon_{zx}=0$.

广义胡克定律可以统一写成

$$\left.\begin{aligned}\varepsilon_{xx}&=\frac{1}{E'}(\sigma_{xx}-v'\sigma_{yy})\\ \varepsilon_{yy}&=\frac{1}{E'}(\sigma_{yy}-v'\sigma_{xx})\\ \varepsilon_{xy}&=\frac{1}{2\mu}\sigma_{xy}=\frac{1+v'}{E'}\sigma_{xy}\end{aligned}\right\}\tag{A1.55}$$

其中

$$E'=\begin{cases}E/(1-v^2) & (\text{平面应变})\\ E & (\text{平面应力})\end{cases},\quad v'=\begin{cases}v/(1-v) & (\text{平面应变})\\ v & (\text{平面应力})\end{cases}\tag{A1.56}$$

5. 以应力表示的变形协调方程

$$\frac{\partial^2\sigma_{xx}}{\partial y^2}-v'\frac{\partial^2\sigma_{yy}}{\partial y^2}+\frac{\partial^2\sigma_{yy}}{\partial x^2}-v'\frac{\partial^2\sigma_{xx}}{\partial x^2}=2(1+v')\frac{\partial^2\sigma_{xy}}{\partial x\partial y}\tag{A1.57}$$

或写为

$$\nabla^2(\sigma_{xx}+\sigma_{yy})=-(1+v')\left(\frac{\partial f_x}{\partial x}+\frac{\partial f_y}{\partial y}\right)\tag{A1.58}$$

6. 平面问题的艾里(Airy)应力函数 U

引入体力势函数 V,满足

$$f_x=-\frac{\partial V}{\partial x},\quad f_y=-\frac{\partial V}{\partial y} \tag{A1.59}$$

和 Airy 函数 $U(x,y)$,使

$$\sigma_{xx}=\frac{\partial^2 U}{\partial y^2}+V,\quad \sigma_{yy}=\frac{\partial^2 U}{\partial x^2}+V,\quad \tau_{xy}=-\frac{\partial^2 U}{\partial x\partial y} \tag{A1.60}$$

则平衡方程自动满足,代入变形协调方程(A1.58),得到

$$\nabla^2(\nabla^2 U)=\nabla^4 U=-(1-v')\nabla^2 V \tag{A1.61}$$

式中

$$\nabla^4=\nabla^2(\nabla^2)=\frac{\partial^4}{\partial x^4}+2\frac{\partial^4}{\partial x^2\partial y^2}+\frac{\partial^4}{\partial y^4} \tag{A1.62}$$

当体力势为零时,U 满足双调和方程

$$\nabla^4 U=0 \tag{A1.63}$$

应力分量与 Airy 函数的关系成为

$$\sigma_{xx}=\frac{\partial^2 U}{\partial y^2},\quad \sigma_{yy}=\frac{\partial^2 U}{\partial x^2},\quad \tau_{xy}=-\frac{\partial^2 U}{\partial x\partial y} \tag{A1.64}$$

七、弹性力学的若干定理(证明从略)

1. 应变能定理(克拉珀龙定理)

如果弹性体在无限缓慢加载的条件下,始终处于平衡状态,弹性体内的应变能等于在变形过程中所做的功.

2. 功的互换定理(贝蒂定理及麦克斯韦定理)

设有两组力(包括体积力及边界上的面积力)作用于同一弹性体上,在力的作用下各自产生相应的应力、应变及位移.

贝蒂定理:第一组力对第二组力产生的位移(指在第一组力的各个作用点上的位移)所做的功 A_{12},等于第二组力对第一组力产生的位移所做的功 A_{21},即

$$A_{12}=A_{21} \tag{A1.65}$$

当贝蒂互换定理中的外载荷限于表面集中力时,就得到麦克斯韦互换定理.

3. 虚功原理

设弹性体在外力作用下处于平衡状态,其各点位移为 $u_i(x_i)$. 现使弹性体内各点发生一虚位移 $\delta u_i(x_i)$——$\delta u_1,\delta u_2,\delta u_3$(所谓虚位移又称可能位移,是指符合物体的连续条件及位移边界条件的位移),则外力对虚位移做功,称之为虚功 δA. 此虚功等于虚位移所引起的弹性体应变能的增量 δU,即

$$\delta A=\delta U \tag{A1.66}$$

这就是弹性力学中的虚功原理或虚位移原理.

4. 最小势能原理

定义 $U-A$ 为弹性体的总势能,并以符号 Π 表示,则

$$\Pi=U-A \tag{A1.67}$$

可以证明,弹性体处于平衡状态时,其总势能取驻值,即 $\delta\Pi=0$. 进而可以证明,在平衡状态时总势能 Π 取极小值. 设平衡位置时的总势能为 $\Pi=U-A$,令弹性体内各点产生一虚位移 δu,因之总势能变为 Π'. 可以证明

$$\Pi'-\Pi\geqslant 0 \tag{A1.68}$$

因而证明了弹性体处于平衡时的总势能取极小值,称之为最小势能定理.

5. 最小余能原理

设弹性体在外力 f_i,T_i 的作用下,满足下列边界条件

$$T_i=\sigma_{ij}\cdot\alpha_i \qquad (s_\sigma)$$

$$u_i=g_i(x_i) \qquad (s_u)$$

的真正解(精确解)为 u_i 及 σ_{ij}.

现考虑一组与上述应力分布相近的应力状态 $\sigma_{ij}+\delta\sigma_{ij}$,称 $\delta\sigma_{ij}$ 为虚应力. 记从 $\sigma_{ij}+\delta\sigma_{ij}$ 过程中外力的功为 δA_c,则可以证明

$$\delta A_c=\delta\iiint W_c\mathrm{d}v=\delta U_c \tag{A1.69}$$

式中,U_c 称为余应能,W_c 称为余应变能密度,A_c 称为余虚功. 令

$$\Pi_c=U_c-A_c \tag{A1.70}$$

Π_c 称为余能,则由式(A1.63)可得

$$\delta\Pi_c=0 \tag{A1.71}$$

这就是余能定理,其意义如下:在弹性静力学问题中,所有满足平衡方程及力的边界条件的应力解 $\sigma_{ij}(x_i)$ 中,真正的解使余能 Π_c 取其驻值. 进而可以用类似的方法证明在稳定平衡时,真正的应力解 $\sigma_{ij}(x_i)$ 使余能取极小值.

最小势能定理与最小余能定理在概念上和方法上都很相似,有时统称为最小能原理,前者称为最小能原理的位移形式,后者称为最小能的应力形式.

6. 卡斯提杨诺定理

在一组弹性体上加上两组力.

第一组:体力 f_i 及面力 T_i 所引起的位移记为 u'_i.

第二组:体力 f_i 及面力 $T_i+\delta T_i$ 所引起的位移记为 u''_i.

第一组力及第二组力作用于物体时所对应的应变能分别为 U' 和 U''. 当 $\delta T_i\to 0$ 时,$U''-U'=\delta U$, $u'_i\to u''_i$. 因此得

$$\delta U = \iint_S \delta T_i \cdot u_i \mathrm{d}s \tag{A1.72}$$

上式为卡斯提杨诺定理的普遍形式.

集中力作用下的卡斯提杨诺定理:设集中力 $F_i(F_1, F_2, F_3)$ 作用于弹性体,令 $F_i \to F_i + \delta F_i$,而其余面力、体力均不发生变化,则式(A1.72)将变为如下形式($\delta T_i \mathrm{d}s \to \delta F_i$)

$$u_i = \frac{\partial U}{\partial F_i} \tag{A1.73}$$

这就是集中力作用下的卡斯提杨诺定理.

上述内容的详细论述可参见铁摩辛柯,古地尔(1990);钱伟长,叶开源(1956);王龙甫(1978);尹祥础(1985,2011).

附录Ⅱ 单位及单位换算

计量单位是科学技术发展的基础,没有统一准确的计量,就不会有高质量的科学技术成果.在早期文献中的数据通常有两种单位,一种是属于科学类,通常用厘米—克—秒(cgs)制来表示;另一种是属于工程类,一般用英尺—磅(力)—秒(ft lbf/s)来给出.后者在美国和英国得到广泛的应用.近期在世界范围内发展迅速的是国际单位制(SI).国际计量大会于1960年通过了国际单位制.与此相呼应,国际标准化组织(ISO)也规定,从1970年起在所有国际标准中一律采用国际单位制.SI是当今国际上唯一的法定计量单位制.

随着科学技术的进步和经济的发展,计量将进一步走向国际化.国务院于1984年发布了以国际单位制为基础的法定计量单位,以法律形式在我国强制推行SI单位制.1985年9月6日,我国颁布了《中华人民共和国计量法》,以法律形式规定:"国家采用国际单位制,国际单位制计量单位和国家选定的其他计量单位,为国家法定计量单位"."非国家法定计量单位应当废除".本书遵循上述原则,对所引用的数据一律采用法定计量单位制(SI).表A2.1列出的是基本SI单位的定义,表A2.2列出的是诱导的SI单位,表A2.3列出的是标明10^3因子的前缀,表A2.4列出的是应废除的应力单位以及它们与Pa的换算表(肖承邺,冯义钧,1996),表A2.5列出的则是SI力学单位和其他(非法定)单位制的关系(陈颙,黄庭芳,2001).希望这些资料能为读者查阅和引用文献中的数据提供方便.

表A2.1 基本SI单位的定义

量	符号	单位	符号	定义
长度	$L(l)$	米	m	长度米等于光在真空中(1/299 792 458)s时间间隔内所经过路径的长度(1983年第十七届国际计量大会)
质量	m	千克	kg	千克是国际重量和度量衡局(法国塞夫勒)所保管的国际标准公斤的质量
时间	t	秒	s	秒是铯133的一个原子的基本状态$2S_{\frac{1}{2}}$介于两个超精细水平$f=4,m=0$和$f=3,m=0$之间转换所进行的9 192 631 770次振动持续的时间
热力学温度	T	开[尔文] Kelvin	K	热力学温度单位开尔文是水的三相点热力学温度的1/273.16

注:摄氏温度$t=T-T_0$,式中T_0定义为等于273.15 K,因此热力学温度准确地比水的三相点热力学温度低0.01 K.

表 A2.2　导出的 SI 单位

量	符号	单位名称	符号	由来	量纲	备注
位移	u,v 或 w	米	m	m	[L]	
角度	α,β	弧度			$[M^0L^0T^0]$	
速度	v	米/秒		m/s	$[LT^{-1}]$	
加速度	a	米/秒^2		m/s^2	$[LT^{-2}]$	
密度	ρ			g/cm^3	$[ML^{-3}]$	
力	F	牛顿	N	kg·m/s^2	$[MLT^{-2}]$	
力矩	M			N·m	$[ML^2T^{-2}]$	
压力、应力	P,σ	帕[斯卡]	Pa	N/m^2	$[ML^{-1}T^{-2}]$	
功、能	W,E	焦耳	J	N·m	$[ML^2T^{-2}]$	
功率	N	瓦[特]	W	N·m/s	$[ML^2T^{-3}]$	
频率	F,ν	赫兹	Hz	s^{-1}	$[T^{-1}]$	
应变	ε				$[M^0L^0T^0]$	无量纲
弹性模量	E			MPa	$[ML^{-1}T^{-2}]$	
泊松比	ν				$[M^0L^0T^0]$	无量纲
应力强度因子	K			MPa·m	$[ML^{-1/2}T^{-2}]$	

表 A2.3　标明 10^3 因子的前缀

前缀	符号	因子	前缀	符号	因子
兆兆	T	10^{12}	毫	m	10^{-3}
千兆	G	10^9	微	μ	10^{-6}
兆	M	10^6	纳(毫微)	n	10^{-9}
千	k	10^3			

表 A2.4　应废除的应力单位以及它们与 Pa 的换算表

帕(斯卡) Pa(N·m^{-2})	巴 bar	千克力/厘米^2 kgf/cm^2	标准大气压 atm	毫米水柱 mmH$_2$O	毫米汞柱·托 mmHg. Torr	Psi lbf/in^2
1	1×10^{-5}	1.01972×10^{-5}	9.86923×10^{-6}	1.01972×10^{-1}	7.50062×10^{-3}	1.45038×10^{-4}
1×10^5	1	1.01972	9.86923×10^{-1}	1.01972×10^4	7.50062×10^2	1.45038×10
9.80665×10^4	9.80665×10^{-1}	1	9.67841×10^{-1}	1.0000×10^4	7.35559×10^2	1.42232×10
1.01325×10^5	1.01325	1.03323	1	1.03323×10^4	7.60000×10^2	1.46976×10
9.80665	9.80665×10^{-5}	1.0000×10^{-4}	9.67841×10^{-5}	1	7.35559×10^{-2}	1.42249×10^{-1}
1.33322×10^2	1.33322×10^{-3}	1.3595110^{-5}	1.31579×10^{-3}	1.35951×10	1	1.93388×10^{-2}
6.8948×10^3	6.894×10^{-2}	7.02995×10^{-2}	6.80385×10^{-2}	7.02995×10^2	5.17093×10	1

表 A2.5　SI 力学单位和其他(非法定)单位制的关系

量		SI 单位		相当的其他单位制		其他换算关系	备注
名称	符号	名称	符号	厘米—克—秒(cgs)	英尺—磅—磅—秒 (ft lbm lbf s)		
长度	L	1 米	1m	10^2 厘米(cm)	3.280 84 (英尺)ft 39.370 1 (英寸)in	1in=25.400 0mm 1ft=12in 1ft=0.304 800m 1 英里(mile)=1 609.344m 1 码(yd)=0.914 4m 1 埃(Å)=10^{-10}m	
面积	A,(S)	1 平方米	$1m^2$	10^4 厘米^2 (cm^2)	10.763 9ft^2 1 550.02in^2	$1in^2$=645.160mm^2 $1ft^2$=0.092 903 0m^2 $1yd^2$=0.836 127m^2	
体积	V	1 立方米	$1m^3$	10^6 厘米^3 (cm^3)	35.314 7ft^3		
质量	M	1 千克	1kg	10^3g	2.204 622 62 磅质量(lbm)	1 吨(ton)=10^3 千克(kg)	
密度	ρ	1 千克	1 kg/m^3	$10^{-3}g/cm^3$	62.428 lbm/ft^3		
速度	V	1 米/秒	1m/s	10^2cm/s	3.280 8ft/s		
加速度	A	1 米/秒^2	$1m/s^2$	$10^2cm/s^2$	3.280 8ft/s^2	1 伽(Gal)=0.001m/s^2 $1ft/s^2$=0.304 8m/s^2 $1g_n$=9.806 65m/s^2	标准自由落体加速度： g_n=9.80665m/s^2 (第三届国际计量大会)
力 重量 (见注 1)	F W	1 牛[顿]	1N	10^5达因 (dyn)	0.224 809 磅力(lbf)	1kgf=9.806 65N 1N=0.101 972kgf 1 吨(力)(ton)= 9.806 65 千牛[顿](kN) 1lbf=4.448 22N 1kgf=2.204 63lbf	千克力(kgf)在工程单位制中表示 1kg 的物体在北纬 45°海平面上所受的重力，即 $W=mg$
能	E	1 焦耳	1J	10^7尔格 (erg)	0.73756 ft • lbf	1kgf • m=9.806 65J 1N • m=1J 1dyn • cm=10^{-7}J 1erg=10^{-7}J 1 电子伏特(eV)= (1.602 177 33± 0.000 000 49)×10^{-19}J	

续表

量		SI 单位		相当的其他单位制		其他换算关系	备注
名称	符号	名称	符号	厘米—克—秒(cgs)	英尺—磅—磅—秒(ft lbm lbf s)		
压力 应力 切应力	P σ τ	帕[斯卡]	1Pa	10dyn/cm^2	2.088 2×10^{-2}lbf/ft^2 1.450 36×10^{-4}lbf/in^2	1lbf/in^2=6.894 83×10^3Pa 1 巴(bar)=0.1 兆帕(MPa) 1MPa=1/0.098 066 5kgf/cm^2 1MPa=1/0.101 325atm	1at=1kgf/cm^2 =1 工程大气压 1atm=1 标准大气压 (见注 4)
应力强度因子 断裂韧度	K K_{Ic}		1Pa·m$^{1/2}$ 或 1N/m$^{3/2}$	10dyn/cm$^{3/2}$	9.10036×10^2lbf·in$^{1/2}$	1lbf·in$^{1/2}$=1.09886×10^{-3}MPa·m$^{1/2}$ 1MPa·m$^{1/2}$=1.01972×10^2kgf·cm$^{1/2}$ 1MPa·m$^{1/2}$=31.6227 MPa·mm$^{1/2}$ 1MPa·mm$^{1/2}$=0.0316228 MPa·m$^{1/2}$ 1kgf·cm$^{-3/2}$=9.80665×10^{-3}MPa·m$^{1/2}$ 1kgf·mm$^{-3/2}$=0.310114 MPa·m$^{1/2}$	
能量释放率	G_c		J/m^2				
功率	N	1 瓦[特]	1W	10^7erg/s	0.73756 lbf·ft/s	1(dyn·m)/s=10^{-5}W 1erg/s=10^{-7}W 1(kgf·m)/s=9.806 65W 1[米制]马力=735.498 75W	
热力学温度 摄氏温度	T,(Θ) t,(θ)	1 开[尔文] 1 摄氏度	1K 1℃		1.8 兰氏度(°R) 1.8 华氏度(°F)	华氏度=32+摄氏度×1.8 摄氏度=(华氏度−32)/1.8 兰氏度=(摄氏度+273.15)×1.8	
热,热量	Q	焦耳 千瓦小时	1J 1kW·h	0.238 84 卡(cal)	9.478 1×10^{-4} 英制热单位(Btu)	1cal=4.186 8J(热功当量) 1Btu=1.055 056×10^3J 1kW·h=3.6×10^6J 1[米制]马力[小时]=2.647 795 5×10^6J	在 SI 单位中已统一规定功、热量、能量的单位都用焦耳,热功当量就成为非法定单位

续表

量		SI 单位		相当的其他单位制		其他换算关系	备注
名称	符号	名称	符号	厘米—克—秒(cgs)	英尺—磅—磅—秒(ft lbm lbf s)		
比热	C	焦[耳]每千克开[尔文]	1J/(kg·K)	1.0×10^4 erg/(g·℃) 或 0.238 84 cal/(g·℃)	0.238 85 Btu/(lbm·℉)	1Btu/(lbm·°R)=4 186.8J/(kg·K) 1kcal(kg·℃)=$4.186\ 8\times10^3$J/(kg·K)	
热传导率	$\lambda,(\kappa)$	瓦[特]每米开[尔文]	1W/(m·K)	10^5 erg/(s·cm·℃) 或 $2.388\ 5\times10^{-3}$ cal/(s·cm·K)	0.577 78 Btu/(h·ft·℉)	1Btu/(s·ft·R) =6 230.64W/(m·K) 1cal/(s·cm·K) =418.68W/(m·K)	
[动力]黏度	$\eta,(\mu)$	帕[斯卡]·秒	1Pa·s	10 泊(P)	0.14504×10^{-3} lbf·s/in^2	1P=0.1Pa·s 1kg/(m·s)=1Pa·s 1(kgf·s)/m^2= 9.80665Pa·s 1lbm/(ft·s)= 1.488 163 944Pa·s	
运动黏度	v	米^2/秒	1m^2/s	10×10^3 斯[托克斯](Stokes)	$3.875\ 0\times10^4$ft^2/h	1stokes=1P·cm^3/g 在 cgs 制中,当流体的动力黏度为 1 泊,密度为 1g/cm^3 时的运动黏度为 1 斯托克斯	运动黏度即流体的动力黏度与同温度下该流体密度 ρ 之比,$v=\eta/\rho$
渗透率	k	米^2	1m^2	10^4cm^2	10.763 9ft^2	1 达西(D)= $9.869\ 23\times10^{-13}$m^2 1m^2=$1.01\ 325\times10^{12}$D	
物质的量	$n,(v)$	摩[尔]	1mol				摩尔是一系统的质量,该系统中所包含的基本单元数与 0.012kg 碳 12 的原子数目相等
阿伏伽德罗常数	L,N_A	每摩[尔]	mol^{-1}			$L=(6.022\ 136\ 7\pm 0.000\ 003\ 6)\times10^{23}$mol^{-1}	分子数除以物质的量 $L=N/n$
摩尔气体常数	R	焦[耳]/摩[尔]开[尔文]	1J/(mol·K)			$R=(8.314\ 510\pm 0.000\ 070)$J/(mol·K)	在理想气体定律中的普适比例常数:$pV_m=RT$

续表

量		SI 单位		相当的其他单位制		其他换算关系	备注
名称	符号	名称	符号	厘米—克—秒(cgs)	英尺—磅—磅—秒(ft lbm lbf s)		
玻尔兹曼常数	k	焦[耳]/开[尔文]	J/K			$1k=(1.380\ 658\pm 0.000012)\times 10^{-23}$ J/K	$k=R/L$

注:1. 重量(W)为物体在特定参考系中,使该物体在此参考系中获得其加速度等于当地自由落体及速度时的力. 当此参考系为地球时,此量常称为物体所在地的重力. 值得注意的是,重量不仅与物体所在地的引力的合力有关,而且与由于地球自转引起的当地离心力有关. 由于浮力的作用应被排除,因此,所定义的重量是真空中的重量.

"重量"一词按照习惯仍可用于表示质量,但是,不赞成这种习惯.

2. 千克(kg)本身为质量单位,而千克力(kgf)则为工程单位制中的力的单位,表示 1kg 的物体在北纬 45°海平面上所受的重力,即 $W=mg$,因此

1kgf=9.806 65N,或 1N=1/9.806 65kgf

同样,吨(ton)既被当做质量单位,又被用做力的单位. 作为质量单位,1ton=10^3kg,而作为工程单位制中力的单位,1吨(力)=10^3kgf=9.806 65kN.

3. 磅既被当做质量单位,又被用做力的单位,为避免混淆,分别以缩写 lbm(pounds mass,磅质量)和 lbf(pounds force,磅力)表示,其中

1lbm=0.453 592 37kg, 或 1kg=1/0.453 592 37lbm

磅力在工程单位制中表示 1 磅质量的物体在北纬 45°海平面上所受的重力,由 $W=mg$,所以

1lbf=4.448 22N,或 1N=0.224 809lbf

4. 比 Pa 更实用的单位是 MPa,1MPa=10^6Pa. 因此,

1MPa=145.036lbf/in^2, 或者 1bf/in^2=6.894 8×10^{-3}MPa

1MPa=10.1972kgf/cm^2,或者 1kgf/cm^2=9.806 65×10^{-2}MPa

5. 1 标准大气压(atm)=760mm 汞柱=10.336m 水柱=0.101 325MPa(1954 年第十届国际计量大会)

1 工程大气压(at)=1kg/cm^2=0.098 066 5MPa

6. 渗透率的量纲为[L^2](证明见 16.2.2 节). 在 SI 单位中,渗透率的单位为 m^2. 在 cgs 单位制中,渗透率单位为达西(Darcy,简写为 D),1 达西相当于黏度为 $\eta=10^{-2}$ P,在压力梯度的 dp/dx=1atm/cm 时,流量 q 为1cm/s.

附录Ⅲ 若干种岩石强度的试验数据

表 A3.1 列出的是若干种岩石单轴抗压强度 C_0 和抗拉强度 T_0 的试验测量结果(耶格和库克,1981),原文的单位为磅力/英寸^2 (lbf/in^2),这里按照 $1lbf/in^2 = 6.8948\times10^{-3}MPa$(见附录Ⅱ)折合成 SI 单位.其中,第 6 列是按照修正的格里菲斯理论模型 $C_0/T_0=4(f+\sqrt{1+f^2})$ 得出的结果.需要说明的是,岩石的强度以及其他力学性质都是在很宽的范围内变化,因此这里给出的结果仅是一种平均值.

表 A3.1 岩石单轴受压强度和受拉强度

岩石	C_0/MPa	T_0/MPa	C_0/T_0	f	$C_0/T_0=4(f+\sqrt{1+f^2})$	参考文献	τ^f /MPa
Cheshire 石英岩	460.6	27.99	16.5	0.9	8.5	Brace(1964)	175
Westerly 花岗岩	228.9	20.96	10.9	1.4	12.5	Brace(1964)	86.7
Frederick 辉绿岩	486.1	39.99	12.1	1.7	13.0	Brace(1964)	185
Gosford 砂岩	49.99	3.585	13.5	0.5	5.5	Jaeger 和 Hoskins (1966a,1966b)	18.5
Carrara 大理岩	89.66	6.897	13.0	0.7	7.5	Jaeger 和 Hoskins (1966a,1966b)	33.6
Bowral 粗面岩	150.0	13.72	10.9	1.0	9.5	Jaeger 和 Hoskins (1966a,1966b)	56.6
Witwatersrand 石英岩	193.1	20.68	9.3	1.0	9.5	Hoek (1965)	73.0

表 A3.2 列出了部分岩石断裂韧性 K_{IC} 试验测试数据.更详细的数据见 Atkinson (1987).

表 A3.2 岩石断裂韧性 K_{IC} 试验测试数据(Atkinson,1987)

岩 石	K_{IC} /(MPa·$m^{1/2}$)	测试方法	参考文献
Carrara 大理岩	1.38	V 形切口弯曲	国际岩石力学学会测试方法委员会
Ruhr 砂岩	1.03	V 形切口弯曲	同上
Tampomas 安山岩	1.50	V 形切口弯曲	同上
Klinthagen 灰岩	1.31	V 形切口弯曲	同上
黄河砂岩	0.92	双扭	Atkinson 和 Meredith(1987)

续表

岩　石	K_{IC} /(MPa·$m^{1/2}$)	测试方法	参考文献
田纳西大理岩	0.62～0.67 1.40	单向拉伸 双扭	同上
纯橄榄岩	1.39	双扭	同上
Urach 副片麻岩	1.31～1.81	三点弯曲	同上
伊朗德阔伊特石灰岩	1.36	短棒试件	同上
Finnsjon 花岗闪长岩	2.45	弯曲环形切口圆棒试件	同上
莫哈伟石英岩	2.10	双扭	同上
坎卡基白云岩	1.66	短棒试件	同上
韦斯特利花岗岩	2.50 1.79	紧凑拉伸试件 双扭	同上
济南辉长岩	0.99	双扭	同上
Icelandic 拉斑玄武岩	0.87	短棒试件	同上

附录Ⅳ　相似理论中弹性结构模型和原型的换算公式

表 A4.1　相似理论中弹性结构模型和原型的换算公式

载荷类型	应力换算	应变换算	位移换算
集中载荷 P	$\sigma'=\frac{P'}{P}\left(\frac{L}{L'}\right)^2\sigma$	$\varepsilon'=\frac{P'}{P}\left(\frac{L}{L'}\right)^2\left(\frac{E}{E'}\right)\varepsilon$	$\Delta'=\frac{P'}{P}\left(\frac{L}{L'}\right)\left(\frac{E}{E'}\right)\Delta$
弯矩 M	$\sigma'=\frac{M'}{M}\left(\frac{L}{L'}\right)^3\sigma$	$\varepsilon'=\frac{M'}{M}\left(\frac{L}{L'}\right)^3\left(\frac{E}{E'}\right)\varepsilon$	$\Delta'=\frac{M'}{M}\left(\frac{L}{L'}\right)^2\left(\frac{E}{E'}\right)\Delta$
单位长度上的 均布载荷 q	$\sigma'=\frac{q'}{q}\left(\frac{L}{L'}\right)\sigma$	$\varepsilon'=\frac{q'}{q}\left(\frac{L}{L'}\right)\left(\frac{E}{E'}\right)\varepsilon$	$\Delta'=\frac{q'}{q}\left(\frac{E}{E'}\right)\Delta$
单位面积上的 均布载荷 T	$\sigma'=\frac{T'}{T}\sigma$	$\varepsilon'=\frac{T'}{T}\left(\frac{E}{E'}\right)\varepsilon$	$\Delta'=\frac{T'}{T}\left(\frac{L'}{L}\right)\left(\frac{E}{E'}\right)\Delta$
单位体积载荷 （自重）γ	$\sigma'=\frac{\gamma'}{\gamma}\left(\frac{L'}{L}\right)\sigma$	$\varepsilon'=\frac{\gamma'}{\gamma}\left(\frac{L'}{L}\right)\left(\frac{E}{E'}\right)\varepsilon$	$\Delta'=\frac{\gamma'}{\gamma}\left(\frac{L'}{L}\right)^2\left(\frac{E}{E'}\right)\Delta$
离心力 （密度 ρ，转速 n）	$\sigma'=\frac{\rho'}{\rho}\left(\frac{n'}{n}\right)^2\left(\frac{L'}{L}\right)^2\sigma$	$\varepsilon'=\frac{\rho'}{\rho}\left(\frac{n'}{n}\right)^2\left(\frac{L'}{L}\right)^2\left(\frac{E}{E'}\right)\varepsilon$	$\Delta'=\frac{\rho'}{\rho}\left(\frac{n'}{n}\right)^2\left(\frac{L'}{L}\right)^2\left(\frac{E}{E'}\right)\Delta$

索 引

（按照汉语拼音字母顺序排列）

D

E

F

G

X

Y

彩　图

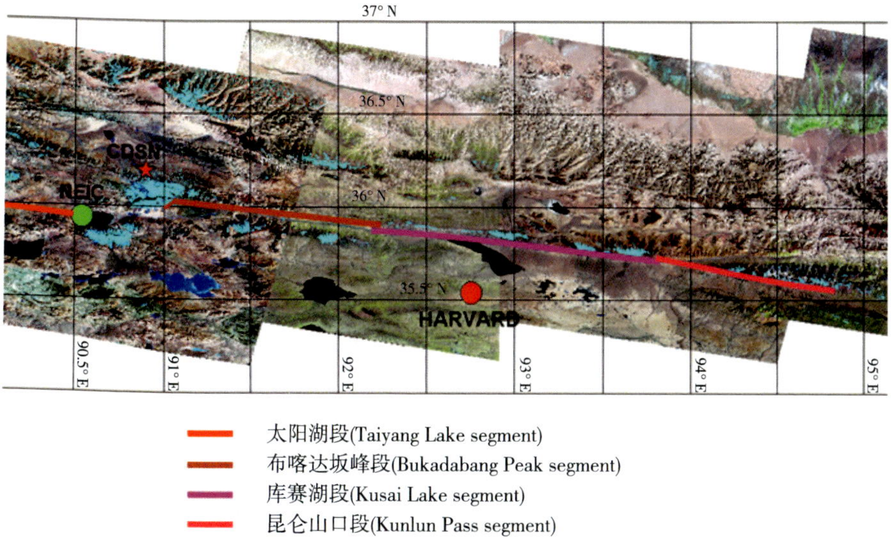

图 17.4　2001 年 2 月 14 日昆仑 M_S8.1(M_W7.8)地震的破裂大体路径(中国地震局地质考察组提供,背景为卫星遥感图像)